Ziegler
Das Ratsmitglied im Verfassungs- und Verwaltungsrecht

Herausgeber der Reihe
# Wissenschaft und Praxis der Kommunalverwaltung

- *Professor Dr. Jörg Bogumil* | Ruhr-Universität Bochum, Fakultät für Sozialwissenschaft | Lehrstuhl für Öffentliche Verwaltung, Stadt- und Regionalpolitik
- *Professor Dr. Martin Burgi* | Institut für Politik und Öffentliches Recht der LMU München | Lehrstuhl für Öffentliches Recht, Wirtschaftsverwaltungsrecht, Umwelt- und Sozialrecht
- *Professor Dr. Hans-Günter Henneke* | Geschäftsführendes Präsidialmitglied des Deutschen Landkreistages | Universität Osnabrück
- *Professor Dr. Thomas Mann* | Georg-August-Universität Göttingen | Lehrstuhl für Öffentliches Recht
- *Professor Dr. Janbernd Oebbecke* | Kommunalwissenschaftliches Institut der Westfälischen Wilhelms-Universität Münster, Rechtswissenschaftliche Fakultät | Professur für Öffentliches Recht und Verwaltungslehre
- *Professor Dr. Gunnar Schwarting* | Geschäftsführer des Städtetages Rheinland-Pfalz | Deutsche Hochschule für Verwaltungswissenschaften Speyer
- *Professor Dr. Christian O. Steger* | Hauptgeschäftsführer des Gemeindetages Baden-Württemberg a. D. | Geschäftsführendes Vorstandsmitglied der Freiherr vom Stein-Akademie | Universität Stuttgart
- *Professor Dr. Jan Ziekow* | Deutsche Hochschule für Verwaltungswissenschaften Speyer | Lehrstuhl für Öffentliches Recht

# Das Ratsmitglied
# im Verfassungs- und Verwaltungsrecht

### Grundrechte im Gemeinderat?

von
Andreas Ziegler

KOMMUNAL- UND SCHUL-VERLAG · WIESBADEN

Zugl.: Mainz, Univ., Diss., 2012
Dissertation
zur Erlangung des Grades eines Doktors der Rechte
des Fachbereichs Rechts- und Wirtschaftswissenschaften
der Johannes Gutenberg-Universität Mainz
vorgelegt von Ass. iur. Andreas Ziegler, Rechtsanwalt in Frankfurt a.M.
Erstberichterstatter: Prof. Dr. iur. Friedhelm Hufen
Zweitberichterstatter Prof. Dr. iur. Uwe Volkmann
Tag der mündlichen Prüfung: 14. Mai 2013

**Bibliografische Information der Deutschen Nationalbibliothek**
Die Deutsche Nationalbibliothek verzeichnet diese Publikation in der
Deutschen Nationalbibliografie; detaillierte bibliografische Daten sind
im Internet über http://dnb.ddb.de abrufbar.

© Copyright 2014 by Kommunal- und Schul-Verlag GmbH & Co. KG · Wiesbaden
Alle Rechte vorbehalten – Printed in Germany
Satz: Jung Crossmedia Publishing GmbH · Lahnau
Druck: CPI buchbücher.de

**ISBN 978-3-8293-1075-8**

# Vorwort

Der Fachbereich Rechts- und Wirtschaftswissenschaften der Universität Mainz hat meine Arbeit im Sommer 2012 als Dissertation angenommen. Rechtsprechung und Literatur konnte ich bis zum 1. Juni 2012 berücksichtigen.
Bei einigen der Vielen, die auf die eine oder andere Weise zum Gelingen beigetragen haben, möchte ich mich an dieser Stelle besonders bedanken.
Mein Dank gilt Herrn Prof. Dr. Hufen, der die Arbeit angenommen, zur rechten Zeit kritisch hinterfragt und mir gleichzeitig die nötige wissenschaftliche Freiheit für ihre Fertigstellung gegeben hat. Bedanken möchte ich mich auch bei PD Dr. Christian Bickenbach, der meine Arbeit ebenfalls von Anfang an begleitet hat und mir stets eine wertvolle Hilfe war. Mein besonderer Dank gilt Herrn OStR a. D. Ernst Carl Lang für die vielen Stunden, die er für das Lektorat des Manuskripts und unsere anschließende Diskussion aufgewendet hat.
Noch wertvollere Hilfe und Unterstützung habe ich durch die Geduld meiner Frau Eva und meiner Familie insgesamt erfahren. Der Dank an dieser Stelle kann das nicht annähernd aufwiegen.

Wiesbaden, im April 2014                                                                              *Andreas Ziegler*

# Inhaltsverzeichnis

| | |
|---|---|
| Vorwort | V |
| Literaturverzeichnis | XIII |
| Abkürzungsverzeichnis | XXXVII |

| | | |
|---|---|---|
| 1. | **Einleitung und Bestandsaufnahme** | 1 |
| 1.1 | **Gegenstand der Untersuchung** | 4 |
| 1.1.1 | Der Begriff „Ratsmitglied" | 4 |
| 1.1.2 | Beschränkung auf die Grundrechte des Grundgesetzes | 5 |
| 1.2 | **Bestandsaufnahme: Das Ratsmitglied als Grundrechtsträger?** | 6 |
| 1.2.1 | Fallgruppen aus der Rechtsprechung | 7 |
| 1.2.1.1 | Rauchen im Gemeinderat | 7 |
| 1.2.1.2 | Meinungsäußerungsfreiheit | 8 |
| 1.2.1.3 | Allgemeines Persönlichkeitsrecht | 10 |
| 1.2.1.4 | Kruzifix und religiöse Beteuerung | 11 |
| 1.2.1.5 | Kommunales Vertretungsverbot | 12 |
| 1.2.1.6 | Stimmenthaltungsverbot | 13 |
| 1.2.1.7 | Gleichbehandlung | 13 |
| 1.2.1.8 | Verfassungsbeschwerde für Ratsmitglieder? | 14 |
| 1.2.1.9 | Zwischenergebnis | 15 |
| 1.2.2 | Meinungsstand in der Literatur | 16 |
| 1.2.2.1 | Keine Grundrechte im Gemeinderat | 16 |
| 1.2.2.2 | Vermittelnde Lösungsvorschläge | 18 |
| 1.2.2.2.1 | Anwendbarkeit einzelner Grundrechte | 18 |
| 1.2.2.2.2 | Mitwirkungsrechte mit grundrechtlichem Einschlag | 18 |
| 1.2.2.2.3 | Nebeneinander von Grund- und Mitwirkungsrechten | 19 |
| 1.2.3 | Erste kritische Würdigung | 21 |
| 2. | **Verfassungsrechtliche Ausgangslage** | 24 |
| 2.1 | **Grundrechte, Demokratie und staatliche Gewalt unter dem Grundgesetz** | 24 |
| 2.1.1 | Das Demokratieprinzip des Grundgesetzes | 25 |
| 2.1.1.1 | Der Begriff der Demokratie | 26 |
| 2.1.1.1.1 | Demokratische Konzeptionen der Staatsrechtswissenschaft | 28 |
| 2.1.1.1.2 | Rechtsprechung des Bundesverfassungsgerichts | 31 |

# Inhaltsverzeichnis

| | | |
|---|---|---|
| 2.1.1.2 | Die Menschenwürde als Ausgangspunkt grundrechtlicher und demokratischer Freiheit | 32 |
| 2.1.1.2.1 | Demokratie und Menschenwürde im Parlamentarischen Rat | 33 |
| 2.1.1.2.2 | Menschenwürde und Grundrechte | 35 |
| 2.1.1.2.3 | Menschenwürde und Demokratie | 37 |
| 2.1.1.2.4 | Auswirkungen | 40 |
| 2.1.2 | Grundrechte und Demokratieprinzip | 42 |
| 2.1.2.1 | Grundrechtsfunktionen | 42 |
| 2.1.2.1.1 | Subjektiv-rechtliche Grundrechtsfunktionen | 44 |
| 2.1.2.1.2 | Objektiv-rechtliche Grundrechtsfunktionen | 45 |
| 2.1.2.2 | Politische und demokratische Grundrechte im status activus | 47 |
| 2.1.2.3 | Zur Entstehung staatlicher Gewalt | 50 |
| 2.1.3 | Die Bindung staatlicher Gewalt an die Grundrechte | 52 |
| 2.1.3.1 | Bindung der Gesetzgebung, vollziehenden Gewalt und Rechtsprechung | 52 |
| 2.1.3.2 | Grundrechtsbindung im Bereich privatrechtlichen Verwaltungshandelns | 54 |
| 2.1.3.3 | Exklusivität von Grundrechtsverpflichtung und Grundrechtsberechtigung? | 57 |
| 2.1.3.4 | Der Begriff der staatlichen Gewalt | 58 |
| 2.1.4 | Zusammenfassung | 60 |
| **2.2** | **Das Ratsmitglied als Teil kommunaler Selbstverwaltung nach Artikel 28 GG** | **62** |
| 2.2.1 | Geschichte und Funktion kommunalen Selbstverwaltung | 63 |
| 2.2.1.1 | Geschichte kommunaler Selbstverwaltung | 63 |
| 2.2.1.1.1 | Die Stein'sche Städteordnung | 63 |
| 2.2.1.1.2 | Entwicklung bis zur Entstehung des Grundgesetzes | 65 |
| 2.2.1.2 | Kommunale Selbstverwaltung unter dem Grundgesetz | 68 |
| 2.2.1.3 | Dimensionen kommunaler Selbstverwaltung | 71 |
| 2.2.1.3.1 | Administrative Dimension kommunaler Selbstverwaltung | 72 |
| 2.2.1.3.2 | Bürgerschaftlich-demokratische kommunale Selbstverwaltung | 74 |
| 2.2.2 | Amt und Mandat des Ratsmitglieds im Gemeinderat | 76 |
| 2.2.2.1 | Der Gemeinderat im Gefüge der Kommunalverfassung | 77 |
| 2.2.2.1.1 | Unterschiedliche Kommunalverfassungssysteme | 77 |
| 2.2.2.1.2 | Kompetenzen und Zusammensetzung des Gemeinderates | 78 |
| 2.2.2.1.3 | Innere Organisation des Gemeinderates | 79 |
| 2.2.2.1.4 | Der Parlamentscharakter des Gemeindrates | 81 |
| 2.2.2.2 | Das freie Mandat des Ratsmitglieds | 83 |

# Inhaltsverzeichnis

| | | |
|---|---|---|
| 2.2.2.3 | Das Amt des Ratsmitglieds | 85 |
| 2.2.2.3.1 | Amtsbegriff | 86 |
| 2.2.2.3.2 | Amtstypen | 89 |
| 2.2.2.3.3 | Ehrenamtliche Tätigkeit des Ratsmitglieds | 91 |
| 2.2.2.4 | Rechte und Pflichten des Ratsmitglieds | 93 |
| 2.2.2.4.1 | Amt im funktionellen und statusrechtlichen Sinne | 93 |
| 2.2.2.4.2 | Mitwirkungsrechte „im" Gemeinderat – funktionelles Amt | 95 |
| 2.2.2.4.3 | Sonstige Rechte „außerhalb" des Gemeinderats – statusrechtliches Amt | 97 |
| 2.2.2.4.4 | Pflichten | 98 |
| 2.2.3 | Zusammenfassung | 99 |
| **3.** | **Grundrechte und Amt des Ratsmitglieds** | **102** |
| 3.1 | Das Ratsmitglied als Teil staatlicher Gewalt | 102 |
| 3.1.1 | Parallelwertung: Abgeordnete des Bundestages | 102 |
| 3.1.1.1 | Amt und Mandat des Abgeordneten | 103 |
| 3.1.1.2 | Grundrechte des Abgeordneten | 104 |
| 3.1.1.2.1 | Verhältnis von Grund- und Mitwirkungsrechten | 105 |
| 3.1.1.2.2 | Abgrenzungskriterien | 108 |
| 3.1.1.3 | Amt und Mandat des Abgeordneten als Ausdruck staatlicher Gewalt? | 109 |
| 3.1.2 | Anwendung auf das Amt des Ratsmitglieds | 113 |
| 3.1.2.1 | Amt, Mandat und Grundrechte des Ratsmitglieds | 114 |
| 3.1.2.2 | Amt und Mandat des Ratsmitglieds als Ausdruck staatlicher Gewalt? | 117 |
| 3.1.3 | Zusammenfassung | 118 |
| 3.2 | Das Ratsmitglied als Grundrechtsträger | 120 |
| 3.2.1 | Parallelwertung: Grundrechte im Amt des Berufsbeamten | 120 |
| 3.2.1.1 | Vom allgemeinen Gewalt- zum Sonderstatusverhältnis | 121 |
| 3.2.1.2 | Grundrechte und statusrechtliches Amt | 124 |
| 3.2.1.3 | Grundrechte und funktionelles Amt | 124 |
| 3.2.1.3.1 | Wahrnehmung von Kompetenzen | 125 |
| 3.2.1.3.2 | Hierarchische Weisungen | 126 |
| 3.2.2 | Anwendung auf das Amt des Ratsmitglieds | 128 |
| 3.2.2.1 | Grundrechtsgeltung in und außerhalb des Gemeinderats | 129 |
| 3.2.2.1.1 | Statusrechtliches und funktionelles Amt | 129 |
| 3.2.2.1.2 | Abgrenzungskriterien zwischen Funktion und Person | 130 |
| 3.2.2.2 | Materiell-rechtliche Folgen | 132 |
| 3.2.3 | Zusammenfassung | 134 |

## Inhaltsverzeichnis

| | | |
|---|---|---|
| 3.3 | Subsumtion der Fallgruppen aus der Rechtsprechung | 135 |
| 3.3.1 | Rauchen im Gemeinderat | 135 |
| 3.3.2 | Meinungsäußerungsfreiheit | 136 |
| 3.3.3 | Allgemeines Persönlichkeitsrecht/Ehrenschutz | 136 |
| 3.3.4 | Glaubens- und Gewissensfreiheit | 138 |
| 3.3.5 | Kommunales Vertretungsverbot | 140 |
| 3.3.6 | Gleichheitsrechte | 140 |
| 3.4 | Ergebnis | 141 |
| 4. | Bisherige verwaltungsrechtliche Lösungsansätze – Das Ratsmitglied zwischen Kompetenz und subjektivem Recht | 143 |
| 4.1 | Die Unterscheidung von Innen- und Außenrecht | 143 |
| 4.2 | Das Ratsmitglied als Organmitglied | 146 |
| 4.2.1 | Das Organ | 146 |
| 4.2.2 | Die Behörde | 150 |
| 4.2.3 | Eigenzuständigkeiten des Organmitglieds | 151 |
| 4.2.4 | Zusammenfassung | 154 |
| 4.3 | Das Ratsmitglied zwischen Kompetenz und subjektivem Recht | 155 |
| 4.3.1 | Das subjektive öffentliche Recht | 156 |
| 4.3.2 | Kompetenzen und Befugnisse | 160 |
| 4.3.2.1 | Begriffsbestimmung | 160 |
| 4.3.2.2 | Parallelen zum subjektiven Recht | 162 |
| 4.3.3 | Die Diskussion um subjektive Rechte des Ratsmitglieds | 164 |
| 4.3.3.1 | Der (unzutreffende) Einwand des Individualinteresses und der Pflichtgebundenheit | 166 |
| 4.3.3.2 | Die Herleitung subjektiver Rechte über die Kontrastorgantheorie | 168 |
| 4.3.3.3 | Abstrakt-formelle Definition subjektiver Rechte | 170 |
| 4.3.4 | Zusammenfassung | 171 |
| 5. | Prozessuales | 173 |
| 5.1 | Das Ratsmitglied im verwaltungsgerichtlichen Organstreit | 173 |
| 5.1.1 | Anerkennung von Innenrechtsstreitigkeiten | 173 |
| 5.1.2 | Insichprozess, Organ- und Amtsträgerstreitigkeiten | 175 |
| 5.1.2.1 | Insichprozess und Organstreit | 175 |
| 5.1.2.2 | Organ- und Amtsträgerstreit | 175 |
| 5.1.3 | Zulässigkeitsvoraussetzungen eines Organstreits | 176 |

| | | |
|---|---|---|
| 5.1.3.1 | Verwaltungsrechtsweg | 177 |
| 5.1.3.2 | Beteiligtenbezogene Voraussetzungen | 177 |
| 5.1.3.3 | Statthafte Klageart | 178 |
| 5.1.3.4 | Klagebefugnis | 179 |
| 5.1.3.4.1 | Organstreit in Prozessstandschaft | 180 |
| 5.1.3.4.2 | Prozessuale Unanwendbarkeit | 181 |
| 5.1.3.4.3 | § 42 Abs. 2 VwGO (analog) | 181 |
| 5.1.3.4.4 | Unmittelbare Anwendung von § 42 Abs. 2 VwGO | 181 |
| **5.2** | **Verfassungsbeschwerde** | 182 |
| **6.** | **Fazit** | 185 |
| **Stichwortverzeichnis** | | 187 |

# Literaturverzeichnis

*Abendroth, Wolfgang*: Das Grundgesetz. Eine Einführung in seine politischen Probleme, 7. Aufl., Pfullingen 1978

*Achterberg, Norbert*: Rechtsverhältnisse als Strukturelemente der Rechtsordnung, Rechtstheorie 9 (1978), S. 385 ff.

*Ders.*: Besprechung von Henkel, Joachim: Amt und Mandat. Die Rechtsstellung der in den Deutschen Bundestag gewählten Angehörigen des Öffentlichen Dienstes, Berlin 1977, in: AöR 104 (1979), S. 654 ff.

*Ders.*: Parlamentsrecht, Tübingen 1984

*Ders.*: Allgemeines Verwaltungsrecht, 2. Aufl., Heidelberg 1986

*Alexy, Robert*: Theorie der Grundrechte, 2. Aufl., Frankfurt am Main 1994

*Anschütz, Gerhard*: Die Verfassung des Deutschen Reiches vom 11. August 1919, Kommentar, Neudruck der 14. Auflage (4. Bearbeitung) Berlin 1933, Aalen 1987, zit.: *Anschütz*, WRV, 14. Aufl. (1933), Art., S.

*Arnauld, Andreas v.*: Grundrechtsfragen im Bereich von Postwesen und Telekommunikation – Ein Beitrag zur Geltung der Grundrechte für und gegen gemischtwirtschaftliche Unternehmen und staatliche Eigengesellschaften, DÖV 1998, S. 437 ff.

*Arndt, Claus*: Fraktion und Abgeordneter, in: Schneider, Hans-Peter/Zeh, Wolfgang (Hrsg.), Parlamentsrecht und Parlamentspraxis, Berlin 1989, S. 643 ff.; zit.: *Arndt*, in: Schneider/Zeh (Hrsg.), Parlamentsrecht und Parlamentspraxis (1989), § 21 Rn.

*Arnim, Hans Herbert von*: Gemeindliche Selbstverwaltung und Demokratie, AöR 113 (1988), S. 1 ff

*Aulehner, Josef*: Grundrechte und Gesetzgebung, Tübingen 2011

*Bachof, Otto*: Verwaltungsakt und innerdienstliche Weisung, in: Verfassung und Verwaltung in Theorie und Wirklichkeit, Festschrift für Wilhelm Laforet, München 1952, S. 285 ff.; zit.: *Bachof*, in: FS f. Laforet (1952), S.

*Badura, Peter*: Die Stellung des Abgeordneten, in: Schneider, Hans-Peter/Zeh, Wolfgang (Hrsg.), Parlamentsrecht und Parlamentspraxis in der Bundesrepublik Deutschland, Berlin 1989, S. 489 ff.; zit.: *Badura*, in: Schneider/Zeh (Hrsg.), Parlamentsrecht und Parlamentspraxis (1989), § 15 Rn.

*Ders.*: Die parlamentarische Demokratie, in: Isensee, Josef/Kirchhof, Paul (Hrsg.), Handbuch des Staatsrechts Band II, Verfassungsstaat, 3. Aufl., Heidelberg 2004, S. 497 ff.; zit.: *Badura*, in: Isensee/Kirchhof (Hrsg.), HStR II, 3. Aufl. (2004), § 25 Rn.

*Ders.*: Die „Gemeinpflichtigkeit" des freien Mandats des Abgeordneten und der „Status der Öffentlichkeit" des Abgeordneten, in: Hufen, Friedhelm (Hrsg.), Verfassungen – Zwischen Recht und Politik, Festschrift zum 70. Geburtstag für Hans-Peter Schneider, Baden-Baden 2008; zit.: *Badura*, in: Hufen (Hrsg.), FS f. Schneider (2007), S.

**Literaturverzeichnis**

*Barth, Stefan*: Subjektive Rechte von Gemeinderatsmitgliedern im Kommunalverfassungsstreit, Regensburg 1997

*Battis, Ulrich*: Bundesbeamtengesetz, Kommentar, 4. Aufl., München 2009

*Battis, Ulrich/Kersten, Jens*: Public Private Partnership in der Städtebauförderung, LKV 2006, S. 442 ff.

*Bauer, Hartmut*: Geschichtliche Grundlagen der Lehre vom subjektiven öffentlichen Recht, Berlin 1986

*Ders.*: Subjektive öffentliche Rechte des Staates – Zugleich in Beitrag zur Lehre vom subjektiven öffentlichen Recht, DVBl. 1986, S. 208 ff.

*Bauer, Martin/Krause, Bettina*: Innerorganisatorische Streitigkeiten im Verwaltungsprozeß, JuS 1996, S. 512 ff.

*Becker-Birck, Hans-Henning*: Der Insichprozess in der Verwaltungsgerichtsbarkeit, München 1966

*Besch, Johann Christoph*: Rederecht und Redeordnung, in: Schneider, Hans-Peter/Zeh, Wolfgang (Hrsg.), Parlamentsrecht und Parlamentspraxis in der Bundesrepublik Deutschland, Berlin 1989, S. 939 ff.; zit.: *Besch*, in: Schneider/Zeh (Hrsg.), Parlamentsrecht und Parlamentspraxis (1989), § 33 Rn.

*Bethge, Herbert*: Probleme verwaltungsgerichtlicher Organstreitigkeiten, Die Verwaltung, Band 8, 1975, S. 459 ff.

*Ders*: Grundfragen innerorganisationsrechtlichen Rechtsschutzes, DVBl. 1980, S. 309 ff.

*Ders.*: Zwischenbilanz zum verwaltungsrechtlichen Organstreit, DVBl. 1980, S. 824 f.

*Ders.*: Anmerkung zu BVerwG, Urt. v. 3. 8. 1990 – 7 C 14.90, JZ 1991, S. 304 ff. (306 ff.)

*Ders.*: Der Kommunalverfassungsstreit, in: Mann, Thomas/Püttner, Günter (Hrsg.), Handbuch der kommunalen Wissenschaft und Praxis, Band 1: Grundlagen und Kommunalverfassung, 3. Aufl., Heidelberg 2007, S. 817 ff.; zit.: *Bethge*, in: Mann/Püttner (Hrsg.), HaKoWiP, Bd. 1, 3. Aufl. (2007) § 28 Rn.

*Beuthien, Volker*: Gibt es eine organschaftliche Stellvertretung?, NJW 1999, S. 1142 ff.

*Birkenfeld, Daniela*: Kommunalrecht Hessen, 5. Aufl., Baden-Baden 2011

*Bleicken, Jochen*: Die athenische Demokratie, 4. Auflage, Paderborn u. a. 1995

*Bleutge, Rolf*: Der Kommunalverfassungsstreit, München 1968

*Böckenförde, Ernst-Wolfgang*: Demokratie als Verfassungsprinzip, in: Isensee, Josef/Kirchhof, Paul (Hrsg.), Handbuch des Staatsrechts, Band II, 3. Aufl., Heidelberg 2004, S. 429 ff.; zit.: *Böckenförde*, in: Isensee/Kirchhof (Hrsg.), HStr II 3. Aufl. (2004), § 24 Rn.

*Ders.*: Zur Lage der Grundrechtsdogmatik nach 40 Jahren Grundgesetz, München 1990; zit.: *Böckenförde*, Lage der Grundrechtsdogmatik (1990), S.

*Ders.*: Grundrechtstheorie und Grundrechtsinterpretation, NJW 1974, S. 1529 ff.

*Ders.*: Organ, Organisation, Juristische Person, in: Menger, Christian-Friedrich (Hrsg.), Festschrift für Hans Julius Wolff, 1973, S. 269 ff.

## Literaturverzeichnis

*Bogner, Walter*: Mehrstufige kommunale Organisationseinheiten, in: Mann, Thomas/Püttner, Günter (Hrsg.), Handbuch der kommunalen Wissenschaft und Praxis, Band 1: Grundlagen und Kommunalverfassung, 3. Aufl., Heidelberg 2007, S. 245 ff.; zit.: *Bogner*, in: Mann/Püttner (Hrsg.), HaKoWiP, Bd. 1, 3. Aufl. (2007) § 13 Rn.

*Bonk, Heinz*: Kommunalverfassungsrechtliche Organstreitigkeiten innerhalb der Gemeinden Schleswig-Holsteins, Kiel 1966

*Botzenhart, Erich/Hubatsch, Walther*: Freiherr vom Stein, Briefe und amtliche Abschriften, Bände 1 bis 10, Stuttgart, 1957 bis 1974; zit.: *Botzenhart/Hubatsch* (Hrsg.), BuaS, Band, Nr., S.

*Bracher, Christian-Dietrich*: Zum einstweiligen Rechtsschutz im verwaltungsgerichtlichen Organstreit, NWVBl. 1994, S. 409 ff.

*Bruha, Thomas/Möllers, Peter*: Rotationsprinzip und Verfassung, JA 1985, S. 13 ff.

*Bryde, Brun-Otto*: Die bundesrepublikanische Volksdemokratie als Irrweg der Demokratietheorie, Staatswissenschaften und Staatspraxis (StWStP) 5 (1994), S. 305 ff.

*Buchwald, Katja*: Der verwaltungsgerichtliche Organstreit, Berlin 1998; zit.: *Buchwald*, Organstreit (1998), S.

*Büchner, Georg*: Dantons Tod, in: Lehmann, Werner (Hrsg.), Georg Büchner Sämtliche Werke und Briefe, Erster Band, Hamburg, S. 7 ff.

*Bühler, Ottmar*: Die subjektiven öffentlichen Rechte und ihr Schutz in der deutschen Verwaltungsrechtsprechung, Berlin 1914; zit.: *Bühler*, Die subjektiven öffentlichen Rechte (1914), S.

*Bull, Hans-Peter*: Die Staatsaufgaben nach dem Grundgesetz, Frankfurt 1973

*Ders.*: Kommunale Selbstverwaltung heute – Idee, Ideologie und Wirklichkeit – zugleich eine Anmerkung zur juristischen Methodenlehre, DVBl. 2008, S. 1 ff.

*Bumke, Christian*: Publikumsinformation, Die Verwaltung 2004, S. 3 ff.

*Burgi, Martin*: Verwaltungsorganisationsrecht, in: Erichsen, Hans-Uwe/Ehlers, Dirk (Hrsg.), Allgemeines Verwaltungsrecht, 14. Aufl., Berlin 2010, S. 253 ff.; zit.: *Burgi*, in: Erichsen/Ehlers (Hrsg.), Allgemeines Verwaltungsrecht, 14. Aufl. (2010), § Rn.

*Ders.*: Kommunalrecht, 3. Aufl., München 2010

*Campenhausen, Axel Frh. v.*: Die Verantwortung der Kirche und des Staates für die Regelung von Arbeitsverhältnissen im kirchlichen Bereich, in: ders./Christoph, Joachim E./Link, Christoph/Müller-Volbehr, Jörg/Stolleis, Michael (Hrsg.), Gesammelte Schriften, Tübingen 1995, S. 141 ff.

*Ders./de Wall, Heinrich*: Staatskirchenrecht, Eine systematische Darstellung des Religionsverfassungsrechts in Deutschland und Europa, 4. Aufl., München 2006

*Calliess, Christian*: Schutzpflichten, in: Merten, Detlef/Papier, Hans-Jürgen (Hrsg.), Handbuch der Grundrechte in Deutschland und Europa, Band II, Grundrechte in Deutschland: Allgemeine Lehren I, Heidelberg 2006, S. 963 ff.; zit.: *Calliess*, in: Merten/Papier (Hrsg.), Handbuch der Grundrechte Bd. II (2006), § 44 Rn.

**Literaturverzeichnis**

*Cremer, Hans Joachim*: Anwendungsorientierte Verfassungsauslegung – Der Status des Bundestagsabgeordneten im Spiegel der Rechtsprechung des Bundesverfassungsgerichts, Baden-Baden 2000; zit.: *Cremer*, Verfassungsauslegung (2000), S.

*Cremer, Wolfram*: Freiheitsgrundrechte – Funktionen und Strukturen, Tübingen 2003; zit.: *Cremer*, Freiheitsgrundrechte (2003), S.

*Dagtoglou, Prodromos*: Kollegialorgane und Kollegialakte der Verwaltung, Diss. Stuttgart 1960; zit.: *Dagtouglou*, Kollegialorgane und Kollegialakte (1960), S.

*Demmler, Wolfgang*: Der Abgeordnete im Parlament der Fraktionen, Berlin 1994

*Denninger, Erhard/Hoffmann-Riem, Wolfgang/Schneider, Hans-Peter/Stein, Ekkehart (Hrsg.)*: Kommentar zum Grundgesetz für die Bundesrepublik Deutschland, Reihe Alternativkommentare, 3. Aufl. Neuwied 2001 (2. Aktualisierung, August 2002); zit.: *Bearbeiter*, in: Alternativkommentar zum Grundgesetz, 3. Aufl. (2001), Art. Rn.

*Depenheuer, Otto*: Das öffentliche Amt, in: Isensee, Josef/Kirchhof, Paul (Hrsg.), Handbuch des Staatsrechts Bd. III, 3. Aufl. 2005, S. 87 ff.; zit.: *Depenheuer*, in: Isensee/Kirchhof (Hrsg.), Das öffentliche Amt, HStR III, 3. Aufl. (2005), § 36 Rn.

*Ders.*: Funktionen der Verfassung, *in*: Depenheuer, Otto/Grabenwarter, Christoph (Hrsg.), Verfassungstheorie, Tübingen 2010, § 16

*Deutscher Bundestag/Bundesarchiv* (Hrsg.), Der Parlamentarische Rat 1948 – 1949, Akten und Protokolle:

– Band 2, Der Verfassungskonvent auf Herrenchiemsee, bearbeitet von Peter Bucher, Boppard am Rhein 1981

– Band 3, Ausschuss für Zuständigkeitsabgrenzung, bearbeitet von Wolfram Werner, Boppard am Rhein 1986

– Band 5/I, Ausschuss für Grundsatzfragen, bearbeitet von Eberhard Pikart und Wolfram Werner, Boppard am Rhein 1993

– Band 9, Plenum, bearbeitet von Wolfram Werner, Boppard am Rhein 1996;

zit.: Der Parlamentarische Rat 1948 – 1949, Deutscher Bundestag/Bundesarchiv (Hrsg.), Band, S.

*Diemert, Dörte*: Der Innenrechtsstreit im öffentlichen Recht und im Zivilrecht, Berlin 2002

*Di Fabio, Uwe*: Grundrechte als Werteordnung, JZ 2004, S. 1 ff.

*Dolde, Klaus-Peter*: Die Beteiligungsfähigkeit im Verwaltungsprozeß (§ 61 VwGO), in: Erichsen, Hans-Uwe/Hoppe, Werner/v. Mutius, Albert (Hrsg.), System des verwaltungsgerichtlichen Rechtsschutzes: Festschrift für Christian-Friedrich Menger zum 70. Geburtstag, Köln 1985, S. 423 ff.; zit.: *Dolde*, in: Erichsen/Hoppe/v. Mutius (Hrsg.), FS f. Menger (1985), S.

*Dolderer, Christine*: Wie viel Parlament ist der Gemeinderat? – Zugleich ein Beitrag zum Status von Politikern auf Bundes-, Landes- und kommunaler Ebene – DÖV 2009, S. 146 ff.

*Dolzer, Rudolf/Kahl, Wolfgang/Walhoff, Christian/Graßhof, Karin (Hrsg.)*: Bonner Kommentar zum Grundgesetz, Loseblatt, Heidelberg, 156. Aktualisierung Februar 2012; zit.: *Bearbeiter*, in: Bonner Kommentar zum Grundgesetz (156. Akt., Feb. 2012), Art. Rn.

**Literaturverzeichnis**

*Dreier, Horst (Hrsg.)*: Grundgesetz, Kommentar
- Band I, Art. 1–19, 2. Aufl., Tübingen 2004
- Band II, Art. 20–82, 2. Aufl., Tübingen 2006
zit.: *Bearbeiter*, in: *Dreier* (Hrsg.), Grundgesetz, Bd., Aufl. (Jahr), Art. Rn.

*Dürig, Günter*: Der Grundrechtssatz von der Menschenwürde, AöR 81 (1956), S. 117 ff.

*Ehlers, Dirk*: Verwaltung in Privatrechtsform, Berlin 1984

*Ders.*: Die öffentlich-rechtliche Aufsichtsarbeit in der Ersten juristischen Staatsprüfung – Ärger mit der Presse, NWVBl. 1988, S. 122 ff.

*Ders.*: Die Klagearten und besonderen Sachentscheidungsvoraussetzungen im Kommunalverfassungsstreitverfahren, NVwZ 1990, S. 105 ff.

*Ders.*: Die Gemeindevertretung, in: Mann, Thomas/Püttner, Günter (Hrsg.), Handbuch der kommunalen Wissenschaft und Praxis, Band 1: Grundlagen und Kommunalverfassung, 3. Aufl., Heidelberg 2007, S. 459 ff.; zit.: *Ehlers*, in: Mann/Püttner (Hrsg.), HaKoWiP, Bd. 1, 3. Aufl. (2007), § 21 Rn.

*Eiermann, Heinrich*: Akteneinsicht durch kommunale Mandatsträger, NVwZ 2005, S. 43 ff.

*Enders, Christoph*: Die Menschenwürde in der Verfassungsordnung, Tübingen 1997; zit.: *Enders*, Menschenwürde (1997), S.

*Engel, Christoph*: Ehrenamt und Arbeitsrecht, Bayreuth 1994; zit.: *Engel*, Ehrenamt (1994), S.

*Epping, Volker/Hillgruber, Christian (Hrsg.)*: Grundgesetz, Kommentar, München 2009

*Erbguth, Wilfried*: Zur gescheiterten Kreisgebietsreform in Mecklenburg-Vorpommern – Anmerkungen zum Urteil des Landesverfassungsgerichts Mecklenburg-Vorpommern vom 26. Juni 2007 (LVerfG 9/06–17/06), DÖV 2008, S. 152 ff.

*Erichsen, Hans-Uwe*: Feststellungsklage und Innenrecht, Grundrechte und Amtswaltung, Verwaltungsarchiv Bd. 71 (1980), S. 429 ff.

*Ders.*: Der Innenrechtsstreit, in: Erichsen, Hans-Uwe/Hoppe, Werner/v. Mutius, Albert (Hrsg.), System des verwaltungsgerichtlichen Rechtsschutzes: Festschrift für Christian-Friedrich Menger zum 70. Geburtstag, Köln 1985, S. 211 ff.; zit.: *Erichsen*, in: Fs. f. Menger (1985), S.

*Erichsen, Hans-Uwe/Biermann, Christoph*: Der Kommunalverfassungsstreit, Jura 1997, S. 157 ff.

*Erlenkämper, Friedel/Zimmermann, Uwe (Hrsg.)*, Rechtshandbuch für die kommunale Praxis, Baden-Baden 2009

*Eyermann, Erich*: Verwaltungsgerichtsordnung, 12. Auflage, 2006; zit.: *Bearbeiter*, in: Eyermann, VwGO, 13. Aufl. (2010), § Rn

*Ewald, Klaus*: Zur Beteiligungsfähigkeit im Kommunalverfassungsstreitverfahren, DVBl. 1970, S. 237 ff.

*Faber, Heiko*: Erwiderung auf den Beitrag von Henneke und Ritgen zum 250. Geburtstag des Freiherrn von Stein und zu seiner Bedeutung für die kommunale Selbstverwaltung, DVBl. 2008, S. 437 f.

# Literaturverzeichnis

*Fehling, Michael*: Mitbenutzungsrechte Dritter bei Schienenwegen, Energieversorgungs- und Telekommunikationsleitungen vor dem Hintergrund staatlicher Infrastrukturverantwortung, AöR 121 (1996), S. 59 ff.

*Fehrmann, Wilderich*: Rechtsfragen des Organstreits – Entwicklungstendenzen in der neueren Rechtsprechung –, NWVBl. 1989, S. 303 ff.

*Fischer, Thomas*: Strafgesetzbuch und Nebengesetze, 59. Aufl., München 2012

*Fischer-Lescano, Andreas/Maurer, Andreas*: Grundrechtsbindung von privaten Betreibern öffentlicher Räume, NJW 2006, S. 1393 ff.

*Fölsche, Ernst*: Das Ehrenamt in Preußen und im Reiche, Breslau 1911; zit.: *Fölsche*, Ehrenamt (1911), S.

*Forsthoff, Ernst*: Lehrbuch des Verwaltungsrechts, Erster Band: Allgemeiner Teil, 10. Auflage, München 1973

*Franz, Thorsten/Kolb, Angela*: Kommunalrecht, in: Kluth, Winfried (Hrsg.), Landesrecht Sachsen-Anhalt, 2. Aufl. 2010, S. 53 ff.

*Franzius, Claudio*: Der „Gewährleistungsstaat" – ein neues Leitbild für den sich wandelnden Staat?, Der Staat 42 (2003), S. 493 ff.

*Frömel, Roland*: Kommunalrecht, Fortsetzungsaufsatz, Teil 1: VBlBW 1993, S. 488 f.; Teil 2: VBlBW 1994, S. 38 f.; Teil 3: VBlBW 1994, S. 77 f.

*Fromm, Markus*: Kommunalverfassungsstreitverfahren, gemeindliche Streitentscheidungsmöglichkeiten und verwaltungsgerichtlicher Austrag in Rheinland-Pfalz, Mainz 1980; zit.: *Fromm*, Kommunalverfassungsstreitverfahren (1980), S.

*Fromme, Friedlich Karl*: Der Demokratiebegriff des Grundgesetzgebers, DÖV 1970, S. 518 ff.

*Frotscher, Werner*: Selbstverwaltung und Demokratie, in: von Mutius, Albert (Hrsg.), Selbstverwaltung im Staat der Industriegesellschaft – Festgabe zum 70. Geburtstag von Georg Christoph von Unruh, Heidelberg 1983, S. 127 ff.; zit.: *Frotscher*, in: v. Mutius (Hrsg.), FG v. Unruh (1983), S.

*Ders.*: Stadtparlament und Stadtregierung: BVerfGE zugunsten des repräsentativ-demokratischen Prinzips auf kommunaler Ebene, ZParl 7 (1976), S. 494 ff.

*Frotscher, Werner/Pieroth, Bodo*: Verfassungsgeschichte, 10. Aufl., München 2011

*Frowein, Jochen*: Das freie Mandat der Gemeindevertreter, DÖV 1976, S. 44 ff.

*Fuhrmann, Ursus/Schmitz, Stephan*: Hessisches Kommunalverfassungsrecht, 3. Aufl., Erfurt 1996

*Fuß, Ernst-Werner*: Verwaltungsrechtliche Streitigkeiten im Universitäts-Innenbereich, WissR 1972, S. 97 ff.

*Geiger, Willi*: Der Abgeordnete und sein Beruf. Eine kritische Auseinandersetzung mit folgenreichen Mißdeutungen eines Urteils, ZParl 1978, S. 522 ff.

*Gern, Alfons*: Deutsches Kommunalrecht, 3. Aufl., Baden-Baden 2003

*Gersdorf, Hubertus*: Öffentliche Unternehmen im Spannungsfeld zwischen Demokratie- und Wirtschaftlichkeitsprinzip, Berlin 2000

# Literaturverzeichnis

*Geis, Max-Emanuel*: Zum Recht des Gemeinderatsmitglieds auf freie Meinungsäußerung in der Gemeinderatssitzung – Versuch einer dogmatischen Klarstellung, BayVBl.1992, S. 41 ff.

*Ders.*: Kommunalrecht, 2. Aufl., München 2011

*Gierke, Otto von*: Das deutsche Genossenschaftsrecht, Bd. 1: Rechtsgeschichte der Deutschen Genossenschaft, Berlin 1868; unveränderter photomechanischer Nachdruck der ersten Auflage, Darmstadt 1954

*Glaser, Andreas*: Nachhaltige Entwicklung und Demokratie, Ein Verfassungsrechtsvergleich der politischen Systeme Deutschlands und der Schweiz, Tübingen 2006

*Glauben, Paul J./Brocker, Lars*: Das Recht der parlamentarischen Untersuchungsausschüsse in Bund und Ländern, 2. Aufl., Köln 2011; zit.: *Glauben/Brocker*, Recht der Untersuchungsausschüsse, 2. Aufl. (2011), § Rn.

*Gönnenwein, Otto*: Gemeinderecht, Tübingen 1963

*Gröpl, Christoph/Guckelberger, Annette/Wohlfarth, Jürgen*: Landesrecht Saarland, Baden-Baden 2009; zit.: *Bearbeiter*, in: Gröpl/Guckelberger/Wohlfarth, Landesrecht Saarland (2009), § Rn.

*Kielmannsegg, Peter Graf von*: Volkssouveränität. Eine Untersuchung der Bedingungen demokratischer Legitimität, Stuttgart 1977

*Gramlich, Ludwig*: Zum Ordnungsrecht der Vorsitzenden kommunaler Organe, BayVBl. 1989, S. 9 ff.

*Grawert, Rolf*: Staatsvolk und Staatsangehörigkeit, in: Isensee, Josef/Kirchhof, Paul (Hrsg.), Handbuch des Staatsrechts, Band II, 3. Aufl., Heidelberg 2004, S. 107 ff.; zit.: *Grawert*, in: Isensee/Kirchhof (Hrsg.), HStr II, 3. Aufl. (2004), § 16 Rn.

*Groh, Christian*: Neuanfänge der kommunalen Selbstverwaltung nach 1945, in: Mann, Thomas/Püttner, Günter (Hrsg.), Handbuch der kommunalen Wissenschaft und Praxis, Band 1: Grundlagen und Kommunalverfassung, 3. Aufl., Heidelberg 2007, S. 133 ff.; zit.: *Groh*, in: Mann/Püttner (Hrsg.), HaKoWiP, Bd. 1, 3. Aufl. (2007) § 8 Rn.

*Groß, Thomas*: Das Kollegialprinzip in der Verwaltungsorganisation, Tübingen 1999

*Gruber, Herbert/Molodovsky, Paul*: Gemeinderat und Bürgermeister in Bayern – Rechte und Pflichten der kommunalen Mandatsträger, München 1990

*Grzeszick, Bernd*: Staatshaftungsrecht, in: Erichsen, Hans-Uwe/Ehlers, Dirk (Hrsg.), Allgemeines Verwaltungsrecht, 14. Aufl., Berlin 2010, S. 931 ff.; zit.: *Grzeszick*, in: Erichsen/Ehlers (Hrsg.), Allgemeines Verwaltungsrecht, 14. Aufl. (2010), § Rn.

*Häberle, Peter*: Unmittelbare staatliche Parteifinanzierung unter dem Grundgesetz – BVerfGE 20, 56, JuS 1967, S. 64 ff.

*Ders.*: Grundrechte im Leistungsstaat, VVDStRL 30 (1972), S. 43 ff.

*Ders.*: Die offene Gesellschaft der Verfassungsinterpreten, JZ 1975, S. 297 ff.

*Ders.*: Freiheit, Gleichheit und Öffentlichkeit des Abgeordnetenstatus, NJW 1976, S. 537 ff.

*Ders.*: Die Wesensgehaltsgarantie des Art. 19 Abs. 2 Grundgesetz, 3. Aufl., Heidelberg 1983

## Literaturverzeichnis

*Ders.*: Die Menschenwürde als Grundlage der staatlichen Gemeinschaft, in: Isensee, Josef/ Kirchhof, Paul (Hrsg.), Handbuch des Staatsrechts, Band II, 3. Aufl., Heidelberg 2004, S. 317 ff.; zit.: *Häberle*, in: Isensee/Kirchhof (Hrsg.), HStr II, 3. Aufl. (2004), § 22 Rn.

*Ders.*: Das Menschenbild im Verfassungsstaat, 4. Aufl., Berlin 2008

*Hain, Karl-Eberhard*, Die Grundsätze des Grundgesetzes. Eine Untersuchung zu Art. 79 Abs. 3 GG, Baden-Baden 1999

*Hamm-Brücher, Hildegard*: Abgeordneter und Fraktion, in: Schneider, Hans-Peter/Zeh, Wolfgang (Hrsg.), Parlamentsrecht und Parlamentspraxis, Berlin 1989, S. 673 ff.; zit.: *Hamm-Brücher*, in: Schneider/Zeh (Hrsg.), Parlamentsrecht und Parlamentspraxis (1989), § 22 Rn.

*Hanebeck, Alexander*: Der demokratische Bundesstaat des Grundgesetzes, Berlin 2004

*Ders.*: Bundesverfassungsgericht und Demokratieprinzip – Zwischen monistischem und pluralistischem Demokratieverständnis, DÖV 2004, S. 901 ff.

*Hebeler, Timo*: Der Rücktritt von öffentlichen Ämtern, DVBl. 2011, S. 317 ff.

*Heilmann, Hartmut*: Verfassungswidrigkeit des Art. 48 Abs. 1 Satz 2 BayGO? – Zugleich ein Beitrag zum Institut der Stimmenthaltung in der freiheitlichen Demokratie, BayVBl. 1984, S. 196 ff.

*Heinrich, Bernd*: Der Amtsträgerbegriff im Strafrecht – Auslegungsrichtlinien unter besonderer Berücksichtigung des Rechtsguts der Amtsdelikte, Berlin 2001

*Hendler, Reinhard*: Grundbegriffe der Selbstverwaltung, in: Mann, Thomas/Püttner, Günter (Hrsg.), Handbuch der kommunalen Wissenschaft und Praxis, Band 1: Grundlagen und Kommunalverfassung, 3. Aufl., Heidelberg 2007, S. 3 ff.; zit.: *Hendler*, in: Mann/Püttner, HaKoWiP, Bd. 1, 3. Aufl. (2007), § 1 Rn.

*Ders.*: Das Prinzip Selbstverwaltung, in: Isensee, Josef/Kirchhof, Paul (Hrsg.), Handbuch des Staatsrechts, Band VI, 3. Aufl., Heidelberg 2008, S. 1103 ff.; zit.: *Hendler*, in: Isensee/Kirchhof (Hrsg.), HStR VI, 3. Aufl. (2008), § 143 Rn.

*Henke, Wilhelm*: Das demokratische Amt der Parlamentsmitglieder, DVBl. 1973, S. 553 ff.

*Henneke, Hans-Günter/Ritgen, Klaus*: Aktivierung bürgerschaftlicher Selbst-Verwaltung in Städten, Kreisen und Gemeinden – zur Bedeutung der Lehren des Freiherr vom Stein für die kommunale Selbstverwaltung der Gegenwart, DVBl. 2007, S. 1253 ff.

*Hennis,* **Wilhelm**: Amtsgedanke und Demokratiebegriff, in: Hesse, Konrad/Reicke, Siegfried/ Scheuner, Ulrich (Hrsg.), Staatsverfassung und Kirchenordnung, Festgabe für Rudolf Smend, Tübingen 1962, S. 51 ff.; zit.: *Hennis*, Amtsgedanke und Demokratiebegriff, FG Smend (1962), S.

*Herbert, Alexander*: Die Klagebefugnis von Gremien, DÖV 1994, S. 108 ff.

*Hermes, Georg/Groß, Thomas (Hrsg.)*: Landesrecht Hessen, 7. Aufl., Baden-Baden 2011

*Hesse, Konrad*: Verfassungsrecht, 20. Aufl., Heidelberg 1995

*Heun, Werner*: Freiheit und Gleichheit, in: Merten, Detlef/Papier, Hans-Jürgen (Hrsg.), Handbuch der Grundrechte in Deutschland und Europa, Band II, Grundrechte in Deutschland: Allgemeine Lehren I, Heidelberg 2006, S. 437 ff.; zit.: *Heun*, in: Merten/Papier (Hrsg.), Handbuch der Grundrechte Bd. II (2006), § 34 Rn.

*Hien, Eckart*: Zum Stimmenthaltungsverbot in den Bayerischen Kommunalgesetzen, BayVBl. 1984, S. 203 ff.

*Höfling, Wolfram*: Demokratische Grundrechte – zu Bedeutungsgehalt und Erklärungswert einer dogmatischen Kategorie, Der Staat 33 (1994), S. 493 ff.

*Hölscheidt, Sven*: Das Recht der Parlamentsfraktionen, Rheinbreitbach 2001

*Hösch, Ulrich*: Öffentlicher Zweck und wirtschaftliche Betätigung von Kommunen, DÖV 2000, S. 393 ff.

*Hofmann, Jochen*: Anmerkung zu BayVerfGH, Entscheidung v. 23. 7. 1984 – Vf. 15 – VII – 83 (= BayVBl. 1984, 621), BayVBl. 1984, S. 747 ff.

*Hofmann, Harald/Theisen, Rolf-Dieter*: Kommunalrecht in Nordrhein-Westfalen, 13. Aufl., Witten 2008

*Ders.*: Die Entwicklung kommunaler Selbstverwaltung von 1848 bis 1918, in: Mann, Thomas/ Püttner, Günter (Hrsg.), Handbuch der kommunalen Wissenschaft und Praxis, Band 1: Grundlagen und Kommunalverfassung, 3. Aufl., Heidelberg 2007, S. 73 ff.; zit.: *Hofmann*, in: Mann/Püttner (Hrsg.), HaKoWiP, Bd. 1, 3. Aufl. (2007), § 5 Rn.

*Hoppe, Bernd/Kleindiek, Ralf*: Der kommunale Untersuchungsausschuß in Hessen, VR 1992, S. 82 ff.

*Hoppe, Werner*: Organstreitigkeiten vor den Verwaltungs- und Sozialgerichten, Siegburg 1970; zit.: *Hoppe*, Organstreitigkeiten (1970), S.

*Ders.*: Organstreitigkeiten und organisationsrechtliche subjektiv-öffentliche Rechte, DVBl. 1970, S. 845 ff.

*Ders.*: Die Regelung der verwaltungsgerichtlichen Organstreitigkeiten – eine Aufgabe des Gesetzgebers, NJW 1980, S. 1017 ff.

*Horn, Hans-Detlef*: Demokratie, in: Depenheuer, Otto/Grabenwarter, Christoph (Hrsg.), Verfassungstheorie, Tübingen 2010, § 22

*Huber, Peter M.*: Natürliche Personen als Grundrechtsträger, in: Merten, Detlef/Papier, Hans-Jürgen (Hrsg.), Handbuch der Grundrechte in Deutschland und Europa, Band II, Grundrechte in Deutschland: Allgemeine Lehren I, Heidelberg 2006, S. 1129 ff. zit.: *Huber*, in: Merten/Papier (Hrsg.), Handbuch der Grundrechte Bd. II (2006), § 49 Rn.

*Ders.*: Die Vorgaben des Grundgesetzes für kommunale Bürgerbegehren und Bürgerentscheide, AöR 126 (2001), S. 165 ff.

*Ders.*: Volksgesetzgebung und Ewigkeitsgarantie. Zur Verfassungsmäßigkeit des Volksbegehrens „Mehr Demokratie in Thüringen", Stuttgart u. a., 2003; zit.: *Huber*, Volksgesetzgebung und Ewigkeitsgarantie (2003), S.

*Hufen, Friedhelm*: Entstehung und Entwicklung der Grundrechte, NJW 1999, S. 1504 ff.

*Ders.* Erosion der Menschenwürde, JZ 2004, S. 313 ff.

*Ders.*: Staatsrecht II Grundrechte, 3. Aufl., München 2011

## Literaturverzeichnis

*Ders.*: Verwaltungsprozessrecht, 8. Aufl., München 2011

*Hufen, Friedhelm/Ziegler, Andreas*: Vor 60 Jahren: Der Beitrag der Koblenzer Rittersturzkonferenz zum Entstehen des Grundgesetzes, LKRZ 2009, S. 41 ff.

*Ingold, Albert/Lenski, Sophie-Charlotte*: Ordnungsgeld und Sitzungsausschluss als Ordnungsmaßnahmen gegen Bundestagsabgeordnete, JZ 2012, S. 120 ff.

*Ipsen, Jörn*: Schutzbereich der Selbstverwaltungsgarantie und Einwirkungsmöglichkeiten des Gesetzgebers, ZG 1994, S. 194 ff.

*Ders.*: Die Entwicklung der Kommunalverfassung in Deutschland, in: Mann, Thomas/Püttner, Günter (Hrsg.), Handbuch der kommunalen Wissenschaft und Praxis, Band 1: Grundlagen und Kommunalverfassung, 3. Aufl., Heidelberg 2007, S. 565 ff.; zit.: *Ipsen*, in: *Mann/Püttner* (Hrsg.), HaKoWiP, Bd. 1, 3. Aufl. (2007) § 24 Rn.

*Isensee, Josef*: Grundrechte und Demokratie – Die polare Legitimation im grundgesetzlichen Gemeinwesen, Der Staat 20 (1981), S. 161 ff.

*Ders.*: Das antiquierte Amt, in: Wolfgang Knies (Hrsg.): Staat – Amt – Verantwortung, Festschrift zu Ehren Karl Fromme, Stuttgart 2002, S. 41 ff.; zit.: *Isensee*, in: FS f. Fromme (2002), S.

*Ders.*: Gemeinwohl im Verfassungsstaat, in: Isensee, Josef/Kirchhof, Paul (Hrsg.), Handbuch des Staatsrechts Band IV, Aufgaben des Staates, 3. Aufl., Heidelberg 2006, S. 3 ff.; zit.: *Isensee*, in: Isensee/Kirchhof (Hrsg.), HStR IV, 3. Aufl. (2006), § 71 Rn.

*Jäkel, Rainer*: Anm. zu BVerfG, DVBl. 1980, 49 (= BVerfGE 52, 42), DVBl. 1980, S. 829 ff.

*Jarass, Hans D.*: Die Grundrechte: Abwehrrechte und objektive Grundsatznormen. Objektive Grundrechtsgehalte, insbes. Schutzpflichten und privatrechtsgestaltende Wirkung, in: Badura, Peter/Dreier, Horst (Hrsg.), Festschrift 50 Jahre Bundesverfassungsgericht, Zweiter Band, Klärung und Fortbildung des Verfassungsrechts, Tübingen 2001, S. 35 ff.; zit.: *Jarass*, in: Badura/Dreier (Hrsg.), FS 50 Jahre BVerfG, Bd. II (2001), S.

*Ders.*: Funktionen und Dimensionen der Grundrechte, in: Merten, Detlef/Papier, Hans-Jürgen (Hrsg.), Handbuch der Grundrechte in Deutschland und Europa, Band II, Grundrechte in Deutschland: Allgemeine Lehren I, Heidelberg 2006, S. 625 ff.; zit.: *Jarass*, in: Merten/Papier (Hrsg.), Handbuch der Grundrechte Bd. II (2006), § 38 Rn.

*Jarass, Hans D./Pieroth, Bodo*: Grundgesetz für die Bundesrepublik Deutschland, 11. Aufl., München 2011

*Jellinek, Georg*: System der subjektiv-öffentlichen Rechte, 2. Aufl., Tübingen 1905, Neudruck, Aalen 1964

*Ders.*: Allgemeine Staatslehre, 3. Aufl. (Berlin 1914), 6. Neudruck, Darmstadt 1959

*Jellinek, Walter*: Verwaltungsrecht, 3. Aufl. (Berlin 1931), Neudruck, Bad Homburg 1966

*Jestaedt, Matthias*: Demokratieprinzip und Kondominialverwaltung – Entscheidungsteilhabe Privater an der öffentlichen Verwaltung auf dem Prüfstand des Verfassungsprinzips Demokratie, Berlin 1993; zit.: *Jestaedt*, Demokratieprinzip und Kondominialverwaltung (1993), S.

## Literaturverzeichnis

*Jockisch, Martin*: Die Prozessvoraussetzungen im Kommunalverfassungsstreitverfahren, Regensburg 1996

*Jordan, Silvester*: Versuche über allgemeines Staatsrecht in systematischer Ordnung und mit Bezugnahme auf Politik, Marburg 1828

*Jung, Otmar*: Grundgesetz und Volksentscheid – Die Entscheidungen des Parlamentarischen Rats gegen Formen direkter Demokratie, Opladen 1994

*Kämmerer*, Privatisierung, Typologie – Determinanten – Rechtspraxis – Folgen, Tübingen 2001

*Kahl, Wolfgang*: Neuere Entwicklungslinien der Grundrechtsdogmatik, AöR 131 (2006), S. 579 ff.

*Ders.*: Grundrechte, in: Depenheuer, Otto/Grabenwarter, Christoph (Hrsg.), Verfassungstheorie, Tübingen 2010, § 24

*Kaufmann, Marcel*: Kommunales Unionsbürgerwahlrecht und demokratischer Staatsaufbau, ZG 1998, S. 25 ff.

*Katz, Alfred/Ritgen, Klaus*: Bedeutung und Gewicht der kommunalen Selbstverwaltungsgarantie – Ist das Recht auf Selbstverwaltung verfassungsrechtlich „wegwägbar"?, DVBl. 2008, S. 1525 ff.

*Kempen, Bernhard*: Grundrechtsverpflichtete, in: Merten, Detlef/Papier, Hans-Jürgen (Hrsg.), Handbuch der Grundrechte in Deutschland und Europa, Band II, Grundrechte in Deutschland: Allgemeine Lehren I, Heidelberg 2006, S. 1293 ff.; zit.: *Kempen*, in: Merten/Papier (Hrsg.), Handbuch der Grundrechte Bd. II (2006), § 54 Rn.

*Kenntner, Markus*: Zehn Jahre nach Rastede – Zur dogmatischen Konzeption der kommunalen Selbstverwaltung im Grundgesetz, DÖV 1998, S. 701 ff.

*Kersten, Jens/Meinel, Florian*, Grundrechte in privatisierten öffentlichen Räumen, JZ 2007, S. 1127 ff.

*Kingreen Thorsten*: Die Bedeutung der gemeinderechtlichen Beanstandung für die Zulässigkeit des Kommunalverfassungsstreitverfahrens, DVBl. 1995, S. 1337 ff.

*Kintz, Roland*: Klausurrelevante kommunalrechtliche Probleme in juristischen Staatsprüfungen in Rheinland-Pfalz (Teil 1), LKRZ 2011, S. 476 ff.

*Kiock, Wolfgang*: Die Kommunalverfassungsstreitigkeiten und ihre Eingliederung in die VwGO, Köln 1972

*Kisker, Günter*: Insichprozeß und Einheit der Verwaltung – Zur Frage der Zulässigkeit von Insichprozessen vor den Verwaltungsgerichten, Baden-Baden 1968; zit.: *Kisker*, Insichprozeß (1968), S.

*Ders.*: Organe als Inhaber subjektiver Rechte, JuS 1975, S. 704 ff.

*Klein, Eckart*: Staatliches Gewaltmonopol, in: Depenheuer, Otto/Grabenwarter, Christoph (Hrsg.), Verfassungstheorie, Tübingen 2010, § 19

*Klein, Hans Hugo*: Demokratie und Selbstverwaltung, in: Schnur, Roman (Hrsg.), Festschrift für Ernst Forsthoff zum 70. Geburtstag, München 1972, S. 165 ff.; zit.: *Klein*, in: FS Forsthoff (1972), S.

# Literaturverzeichnis

*Ders.*: Indemnität und Immunität, in: Schneider, Hans-Peter/Zeh, Wolfgang, Parlamentsrecht und Parlamentspraxis in der Bundesrepublik Deutschland, Berlin 1989, S. 555 ff.; zit.: *Klein*, in: Schneider/Zeh (Hrsg.), Parlamentsrecht und Parlamentspraxis (1989), § 17 Rn.

*Ders.*: Status des Abgeordneten, in: Isensee, Josef/Kirchhof, Paul (Hrsg.), Handbuch des Staatsrechts Band III, Demokratie – Bundesorgane, 3. Aufl., Heidelberg 2005, S. 741 ff.; zit.: *Klein*, in: Isensee/Kirchhof (Hrsg.), HStR III, 3. Aufl. (2005), § 51 Rn.

*Klement, Jan Henrik*: Der Vorbehalt des Gesetzes für das Unvorhersehbare, DÖV 2005, S. 507 ff.

*Kloepfer, Michael*: Einrichtungsgarantien, in: Merten, Detlef/Papier, Hans-Jürgen (Hrsg.), Handbuch der Grundrechte in Deutschland und Europa, Band II, Grundrechte in Deutschland: Allgemeine Lehren I, Heidelberg 2006, S. 921 ff.; zit.: *Kloepfer*, in: Merten/Papier (Hrsg.), Handbuch der Grundrechte Bd. II (2006), § 43 Rn.

*Ders.*: Verfassungsrecht I – Grundlagen, Staatsorganisationsrecht, Bezüge zum Völker- und Europarecht –, München 2011

*Knemeyer, Franz-Ludwig*: Die Verfassungsrechtliche Gewährleistung des Selbstverwaltungsrechts der Gemeinden und Landkreise, in: Mutius, Albert von (Hrsg.), Selbstverwaltung im Staat der Industriegesellschaft. Festgabe zum 70. Geburtstag von Georg Christoph von Unruh, 1983, S. 209 ff.; zit.: *Knemeyer*, in: v. Mutius (Hrsg.), FG v. Unruh (1983)

*Ders.*: Das verfassungsrechtliche Verhältnis der Kommunen zueinander und zum Staat, DVBl. 1984, S. 23 ff.

*Ders.*: Die duale Rat-Bürgermeister-Verfassung als Leitverfassung nach den Kommunalverfassungsreformen, JuS 1998, 193 ff.

*Ders.*: Bayerisches Kommunalrecht, 12. Aufl., Stuttgart u. a. 2007

*Knemeyer, Franz-Ludwig/Wehr, Matthias*: Die Garantie der kommunalen Selbstverwaltung nach Art. 28 Abs. 2 GG in der Rechtsprechung des Bundesverfassungsgerichts, Verwaltungsarchiv 92 (2001), S. 317 ff.

*Köttgen, Arnold*: Das anvertraute öffentliche Amt, in: Hesse, Konrad/Reicke, Siegfried/Scheuner, Ulrich (Hrsg.), Staatsverfassung und Kirchenordnung, Festgabe für Rudolf Smend, Tübingen 1962, S. 119 ff.; zit.: *Köttgen*, in: Hesse/Reicke/Scheuner (Hrsg.), FG f. Smend (1962), S.

*Kopp, Ferdinand/Schenke, Wolf-Rüdiger*: Verwaltungsgerichtsordnung, Kommentar, 17. Aufl., München 2011

*Krajewski, Markus*: Kommunalwahlrechtliche Sperrklauseln im föderativen System, DÖV 2008, S. 345 ff.

*Krebs, Walter*: Rechtsprobleme des Kommunalverfassungsstreites, Verwaltungsarchiv 68 (1977), S. 189 ff.

*Ders.*: Zum aktuellen Stand der Lehre vom Vorbehalt des Gesetzes, Jura 1979, S. 304 ff.

*Ders.*: Grundfragen des verwaltungsrechtlichen Organstreits, Jura 1981, S. 569 ff.

*Krüger, Herbert*: Die Einschränkung von Grundrechten nach dem Grundgesetz, DVBl. 1950, S. 625 ff.

*Ders.*: Allgemeine Staatslehre, 2. Aufl., Stuttgart 1966

*Kube, Hanno*: Besprechung von Hanebeck, Alexander: Der demokratische Bundesstaat des Grundgesetzes, Berlin 2004, AöR 130 (2005), S. 161 ff.

*Kühn, Matthias M*: Verhaltensregeln für Bundestagsabgeordnete, Berlin 2011

*Kühne, Jörg-Detlef*: Die Reichsverfassung der Paulskirche, Vorbild und Verwirklichung im späteren deutschen Rechtsleben, Frankfurt, 2. Aufl. 1998

*Ders.*: Von der bürgerlichen Revolution bis zum Ersten Weltkrieg, in: Merten, Detlef/Papier, Hans-Jürgen (Hrsg.), Handbuch der Grundrechte in Deutschland und Europa, Band I, Entwicklung und Grundlagen, Heidelberg 2004, S. 97 ff.; zit.: *Kühne*, in: Merten/Papier (Hrsg.), Handbuch der Grundrechte Bd. I (2004), § 3 Rn.

*Kühne, Gunther*, Anmerkung zu BVerfG, Beschl. v. 16. 05. 1989 – 1 BvR 705/88, JZ 1990, S. 335 ff.

*Ders.*, Anmerkung zu BVerfGK 15, 484 = JZ 2009, 1069 ff., JZ 2009, S. 1071 ff.

*Kuhla, Wolfgang/Hüttenbrink, Jost*: Der Verwaltungsprozess, 3. Aufl., München 2002

*Kunig, Philip*: Das Recht des öffentlichen Dienstes, in: Schmidt-Aßmann, Eberhard/Schoch, Friedrich (Hrsg.), Besonderes Verwaltungsrecht, 14. Aufl., Berlin 2008; zit.: *Kunig*, in: Schmidt-Aßmann/Schoch (Hrsg.), Besonderes Verwaltungsrecht, 14. Aufl. (2008), Kap. Rn.

*Laband, Paul*: Das Staatsrecht des Deutschen Reiches, Band 1 und 2, Neudruck der 5. Aufl. (Tübingen 1911), Aalen 1964

*Ladeur, Karl-Heinz*: Zum Anspruch des fraktionslosen Gemeinderatsmitglieds auf Einräumung von Mitgliedschaftsrechten in Gemeinderatsausschüssen, BayVBl. 1992, S. 387 ff.

*Lange, Klaus*: Der Kommunalverfassungsstreit, in: Baumeister, Peter/Roth, Wolfgang/Ruthig, Josef (Hrsg.): Staat, Verwaltung, Rechtsschutz – Festschrift für Wolf-Rüdiger Schenke zum 70. Geburtstag, Berlin 2011, S. 959 ff.

*Laubinger*, Die Konkurrentenklage im öffentlichen Dienst – eine unendliche Geschichte, Teil 1 ZBR 2010, S. 289 ff., Teil 2 S. 332 ff.

*Leimbrock, Claus Nils*: Strafrechtliche Amtsträger, Tübingen 2009

*Leisner, Walter*: Öffentliches Amt und Berufsfreiheit, AöR 93 (1968), S. 161 ff.

*Linkermann, Günter*: Das kommunale Ehrenamt, Marburg 1962

*Lissack, Gernot*: Bayerisches Kommunalrecht, 3. Auflage, München 2009

*Löwer, Wolfgang*: Der Insichprozess in der Verwaltungsgerichtsbarkeit, Verwaltungsarchiv 68 (1977), S. 327 ff.

*Loschelder*, Wolfgang: Grundrechte im Sonderstatus, in: Isensee, Josef/Kirchhof, Paul (Hrsg.), Handbuch des Staatsrechts Band V, Allgemeine Grundrechtslehren, 2. Aufl., Heidelberg 2000, S. 805 ff. (§ 123); Handbuch des Staatsrechts Band IX, Allgemeine Grundrechts-

## Literaturverzeichnis

lehren, 3. Aufl., Heidelberg 2011, S. 1077 ff. (§ 202); zit.: *Loschelder*, in: Isensee/Kirchhof (Hrsg.), HStR (V/IX), (2./3.) Aufl. (2000/2011), § (123/202) Rn.

*Mandelartz, Herbert/Wendt, Karl*: Rauchverbot bei Gemeinderats- und Ausschusssitzungen, VR 1979, S. 293 ff.

*Mangoldt, Hermann v./Klein, Friedrich/Starck, Christian* (Hrsg.): Kommentar zum Grundgesetz, 6. Aufl., München 2010, 3 Bände; zit.: *Bearbeiter*, in: v. Mangoldt/Klein/Starck, Grundgesetz, 6. Aufl. (2010), Bd., Art. Rn.

*Mann, Thomas*: Die Rechtsstellung von Bürgern und Einwohnern, in: Mann, Thomas/Püttner, Günter (Hrsg.), Handbuch der kommunalen Wissenschaft und Praxis, Band 1: Grundlagen und Kommunalverfassung, 3. Aufl., Heidelberg 2007, S. 331 ff.; zit.: *Mann*, in: Mann/Püttner (Hrsg.), HaKoWiP, Bd. 1, 3. Aufl. (2007) § 17 Rn.

*Martens, Wolfgang*: Grundrechte im Leistungstaat, in: VVDStRL 30 (1971), S. 7 ff.

*Martensen, Jürgen*: Grundfälle zum Kommunalverfassungsstreit, JuS 1995, Teil 1 S. 989 ff.; Teil 2 S. 1077 ff.

*Martini, Mario*: Wenn das Volk (mit)entscheidet ..., Wechselbeziehungen und Konfliktlinien zwischen direkter und indirekter Demokratie als Herausforderung für die Rechtsordnung, Berlin 2011

*Martins, Renata*: Grundrechtsdogmatik im Gewährleistungsstaat: Rationalisierung der Grundrechtsanwendung?, DÖV 2007, S. 456 ff.

*Masing, Johannes*: Der Rechtsstatus des Einzelnen im Verwaltungsrecht, in: Hoffmann-Riem, Wolfgang/Schmidt-Aßmann, Eberhard/Voßkuhle, Andreas (Hrsg.); Grundlagen des Verwaltungsrechts, Band I, München 2006, § 7

*Maunz, Theodor/Dürig, Günter*: Grundgesetz, Kommentar, Hrsg.: Herzog, Roman/Herdegen, Matthias/Scholz, Rupert/Klein, Hans H., Loseblatt, Stand: 64. Erg.Lfr. Januar 2012; zit.: *Bearbeiter*, in: Maunz/Dürig, Grundgesetz, Kommentar (64. Akt., Jan. 2012) Bd., Art. Rn.

*Maurer, Hartmut*: Verfassungsrechtliche Grundlagen der kommunalen Selbstverwaltung, DVBl. 1995, S. 1037 ff.

*Ders.*: Staatsrecht I, 6. Auflage, München 2010

*Ders.*: Allgemeines Verwaltungsrecht, 18. Auflage, München 2011

*Mayer, Otto*: Deutsches Verwaltungsrecht Band 1 und 2, 3. Aufl., Berlin 1924

*Meister, Johannes*: Der Kommunalverfassungsstreit, JA 2004, S. 414 ff.

*Menger, Christian-Friedrich*: Die Problematik des sogenannten kommunalrechtlichen Vertretungsverbotes, NJW 1980, S. 1827 ff.

*Merten, Detlef*: Art. 1 Abs. 3 GG als Schlüsselnorm des grundrechtsgeprägten Verfassungsstaates, in: Sachs, Michael/Siekmann, Helmut (Hrsg.): Der grundrechtsgeprägte Verfassungsstaat – Festschrift für Klaus Stern zum 80. Geburtstag, Berlin 2012

*Metzler-Müller, Karin/Rieger, Reinhard/Seeck, Erich/Zentgraf, Renate*: Beamtenstatusgesetz, Kommentar, 2. Aufl., Wiesbaden 2012

## Literaturverzeichnis

*Meyer, Hans*: Kommunalwahlrecht, in: Mann, Thomas/Püttner, Günter (Hrsg.), Handbuch der kommunalen Wissenschaft und Praxis, Band 1: Grundlagen und Kommunalverfassung, 3. Aufl., Heidelberg 2007, S. 391 ff.; zit.: *Meyer*, in: Mann/Püttner (Hrsg.), HaKoWiP, Bd. 1, 3. Aufl. (2007) § 20, Rn.

*Meyer, Hubert*: Die Entwicklung der Kreisverfassungssysteme, in: Mann, Thomas/Püttner, Günter (Hrsg.), Handbuch der kommunalen Wissenschaft und Praxis, Band 1: Grundlagen und Kommunalverfassung, 3. Aufl., Heidelberg 2007, S. 661 ff.; zit.: *Meyer*, in: Mann/Püttner, HaKoWiP, 3. Aufl. (2007), § 25 Rn.

*Meyn, Karl-Ulrich*: Kommunalrecht, in: Huber, Peter M. (Hrsg.), Thüringer Staats- und Verwaltungsrecht, Teil 3, S. 197 ff., Stuttgart u. a. 2000

*Möstl*, Grundrechtsbindung öffentlicher Wirtschaftstätigkeit, München 1999

*Morlok, Martin*: Parlamentarisches Geschäftsordnungsrecht zwischen Abgeordnetenrechten und politischer Praxis, JZ 1989, S. 1035 ff.

*Müller, Andreas*: Der praktische Fall – Öffentliches Recht: Das aktionsfreudige Ratsmitglied, JuS 1990, S. 997 ff.

*Müller, Jürgen*: Zu den Abwehrrechten des Ratsmitglieds gegenüber organisationsrechtswidrigen Eingriffen in seine Mitwirkungsrechte, NVwZ 1994, S. 120 ff.

*Mutius, Albert v.*: Kommunalrecht, München 1996

*Neumann, Peter*: Bürgerbegehren und Bürgerentscheid, in: Mann, Thomas/Püttner, Günter (Hrsg.), Handbuch der kommunalen Wissenschaft und Praxis, Band 1: Grundlagen und Kommunalverfassung, 3. Aufl., Heidelberg 2007, S. 353 ff.; zit.: *Neumann*, in: Mann/Püttner (Hrsg.), HaKoWiP, Bd. 1, 3. Aufl. (2007) § 18

*Nierhaus, Michael*: Kommunalrecht für Brandenburg, Baden-Baden 2003

*Nolte, Jakob Julius*: Das freie Mandat der Gemeindevertretungsmitglieder, DVBl. 2005, S. 870 ff.

*Oebbecke, Janbernd*: Kommunale Gemeinschaftsarbeit, in: Mann, Thomas/Püttner, Günter (Hrsg.), Handbuch der kommunalen Wissenschaft und Praxis, Band 1: Grundlagen und Kommunalverfassung, 3. Aufl., Heidelberg 2007, S. 843 ff.; zit.: *Oebbecke*, in: Mann/Püttner (Hrsg.), HaKoWiP, Bd. 1, 3. Aufl. (2007) § 29 Rn.

*Ogorek, Markus*: Der Kommunalverfassungsstreit im Verwaltungsprozess, JuS 2009, S. 511 ff.

*Oppermann, Thomas*: Das parlamentarische Regierungssystem des Grundgesetzes, VVDStRL 33 (1975), S. 9 ff.

*Ossenbühl, Fritz*: Staatshaftungsrecht, 5. Aufl., München 1998

*Pahlke, Michael*: Gibt es einen ungeschriebenen verfassungsunmittelbaren Informationsanspruch eines jeden Gemeinderatsmitglieds gegenüber dem Bürgermeister?, BayVBl. 2011, S. 686 ff.

*Papier, Hans-Jürgen*: Die verwaltungsgerichtliche Organklage, DÖV 1980, S. 292 ff.

*Ders.*: Drittwirkung der Grundrechte, in: Merten, Detlef/Papier, Hans-Jürgen (Hrsg.), Handbuch der Grundrechte in Deutschland und Europa, Band II, Grundrechte in Deutsch-

# Literaturverzeichnis

land: Allgemeine Lehren I, Heidelberg 2006, S. 1331 ff.; zit.: *Papier*, in: Merten/Papier (Hrsg.), Handbuch der Grundrechte Bd. II (2006), § 54 Rn.

*Pestalozza, Christian*: Verfassungsprozessrecht, 3. Aufl., München 1991

*Pfeil, Hanno*: Der Abgeordnete und die Fraktion – verfassungsrechtliche Vorgaben und gesetzliche sowie binnenrechtliche Ausgestaltung, Hamburg 2008

*Pieroth, Bodo*: Materiale Rechtsfolgen grundgesetzlicher Kompetenz- und Organisationsformen, AöR 114 (1989), S. 422 ff.

*Pieroth, Bodo/Schlink, Bernhard*, Grundrechte Staatsrecht II, 27. Aufl., Heidelberg u. a. 2011

*Pietzcker, Jost*: Vorrang und Vorbehalt des Gesetzes, JuS 1979, S. 710 ff.

*Pietzner, Rainer/Ronellenfitsch, Michael*: Das Assessorexamen im Öffentlichen Recht: Widerspruchsverfahren und Verwaltungsprozess, 12. Auflage, München 2010

*Posser, Herbert/Wolff, Heinrich Amadeus*: Verwaltungsgerichtsordnung, München 2008

*Preuss, Hugo*: Die Entwicklung des deutschen Städtewesens, 1. Entwicklungsgeschichte der Deutschen Städteverfassung, Leipzig 1906; zit.: *Preuss*, Städtewesen (1906), S.

*Püttner, Günter (Hrsg.)*: Handbuch der kommunalen Wissenschaft und Praxis, Band 2 Kommunalverfassung, 2. Auflage, Heidelberg u. a. 1982; zit.: *Bearbeiter*, in: Püttner (Hrsg.), HaKoWiP, 2. Aufl. (1982), Bd. 2, § S

*Ders.*: Organstreitverfahren, in: Dokumentation zum Sechsten Deutschen Verwaltungsrichtertag, München 1980, S. 129 ff.

*Ders.*: Zum Verhältnis von Demokratie und Selbstverwaltung, in: Mann, Thomas/Püttner, Günter (Hrsg.), Handbuch der kommunalen Wissenschaft und Praxis, Band 1: Grundlagen und Kommunalverfassung, 3. Aufl., Heidelberg 2007, S. 381 ff.; zit.: *Püttner*, in: Mann/Püttner (Hrsg.), HaKoWiP, Bd. 1, 3. Aufl. (2007) § 19 Rn.

*Ders.*: 200 Jahre Preußische Städteordnung, DÖV 2008, S. 973 ff.

*Ders.*: Kommunale Selbstverwaltung, in Isensee, Josef/Kirchhof, Paul (Hrsg.), Handbuch des Staatsrechts Band VI, Bundesstaat, 3. Aufl., Heidelberg 2008, S. 1141 ff.; zit.: *Püttner*, in: Isensee/Kirchhof (Hrsg.), HStr VI, 3. Aufl. (2008), § 144, Rn.

*Quaritsch, Helmut*: Staatsangehörigkeit und Wahlrecht, DÖV 1983, S. 1 ff.

*Rauball, Johannes/Rauball, Reinhard/Rauball, Werner/Pappermann, Ernst/Roters, Wolfgang*: Gemeindeordnung für Nordrhein-Westfalen, 3. Aufl., München 1981

*Rennert, Klaus*: Die Klausur im Kommunalrecht, Fortsetzungsaufsatz, JuS 2008, S. 29 ff., 119 ff., 211 ff.

*Ridder, Helmut K.J.*: Meinungsfreiheit, in: Neumann, Franz L./Nipperdey, Hans Carl/Scheuner, Ulrich (Hrsg.), Die Grundrechte, Handbuch der Theorie und Praxis der Grundrechte, Zweiter Band, Die Freiheitsrechte in Deutschland, Berlin 1954, 2. unveränderte Auflage, Berlin 1968; S. 243 ff.; zit.: *Ridder*, in: Neuman/Nipperdey/Scheuner (Hrsg), Die Grundrechte (1954), Bd. 2, S.

*Ringe, Karl*: Über die Rechtsstellung der niedersächsischen Ratsausschüsse, DVBl. 1966, S. 813 ff.

## Literaturverzeichnis

*Robbers, Gerhard*, Menschenrechte aus der Sicht des Protestantismus, in: Merten, Detlef/Papier, Hans-Jürgen (Hrsg.), Handbuch der Grundrechte in Deutschland und Europa, Band I, Entwicklung und Grundlagen, Heidelberg 2004, S. 387 ff.; zit.: *Robbers*, in: Merten/Papier (Hrsg.), Handbuch der Grundrechte Bd. I (2004), § 9 Rn.

*Röhl, Klaus F./Röhl, Hans Christian*: Allgemeine Rechtslehre, 3. Aufl., Köln 2008

*Roth, Wolfgang*: Verwaltungsrechtliche Organstreitigkeiten: das subjektive Recht im innerorganisatorischen Verwaltungsrechtskreis und seine verwaltungsgerichtliche Geltendmachung, Berlin (2001); zit.: *Roth*, Verwaltungsrechtliche Organstreitigkeiten (2001), S.

*Rothe, Karl-Heinz*: Gibt es noch ein Rederecht der kommunalen Mandatsträger?, DÖV 1990, S. 736 ff.

*Rüfner, Wolfgang*: Leistungsrechte, in: Merten, Detlef/Papier, Hans-Jürgen (Hrsg.), Handbuch der Grundrechte in Deutschland und Europa, Band II, Grundrechte in Deutschland: Allgemeine Lehren I, Heidelberg 2006, S. 679 ff.; zit.: *Rüfner*, in: Merten/Papier (Hrsg.), Handbuch der Grundrechte Bd. II (2006), § 40 Rn.

*Ders.*: Grundrechtsadressaten, in: Isensee, Josef/Kirchhof, Paul (Hrsg.), Handbuch des Staatsrechts Band IX, Allgemeine Grundrechtslehren, 3. Aufl., Heidelberg 2011, S. 793 ff.; zit.: *Rüfner*, in: Isensee/Kirchhof (Hrsg.), HStR IX, 3. Aufl. (2011), § 197 Rn.

*Rupp, Hans Heinrich*: Grundfragen der heutigen Verwaltungsrechtslehre, Verwaltungsnorm und Verwaltungsrechtsverhältnis, 2. ergänzte Auflage, Tübingen 1991

*Ders.*: Die Unterscheidung von Staat und Gesellschaft, in: Isensee, Josef/Kirchhof, Paul (Hrsg.), Handbuch des Staatsrechts Band II, Verfassungsstaat, 3. Aufl., Heidelberg 2004, S. 879 ff.; zit.: *Rupp*, in: Isensee/Kirchhof (Hrsg.), HStR II, 3. Aufl. (2004), § 31 Rn.

*Sachs, Michael*: Abwehrrechte, in: Merten, Detlef/Papier, Hans-Jürgen (Hrsg.), Handbuch der Grundrechte in Deutschland und Europa, Band II, Grundrechte in Deutschland: Allgemeine Lehren I, Heidelberg 2006, S. 655 ff.; zit.: *Sachs*, in: Merten/Papier (Hrsg.), Handbuch der Grundrechte Bd. II (2006), § 39 Rn.

*Ders.*: Grundgesetz, Kommentar, 6. Aufl. München 2011

*Salzmann, Heinrich/Schunck, Egon/Hofmann, Walter/Schrick, Alfred*: Das Selbstverwaltungsgesetz für Rheinland-Pfalz, 3. Aufl., Siegburg 1965

*Schaefer, Jan Philipp*: Das Individuum als Grund und Grenze deutscher Staatlichkeit, AöR 135 (2010), S. 404 ff.

*Schäfer, Thomas*: "Checks and Balances" im Verhältnis von Bürgermeister, Gemeindevorstand und Gemeindevertretung nach der Kommunalverfassungsnovelle 1999, LKRZ 2008, S. 241 ff.

*Schenke, Wolf-Rüdiger*: Verwaltungsprozessrecht, 13. Aufl., Heidelberg 2012

*Scheuner, Ulrich*: Die Funktion der Grundrechte im Sozialstaat – Die Grundrechte als Richtlinie und Rahmen der Staatstätigkeit, DÖV 1971, S. 505 ff.

*Schink, Alexander*: Wirtschaftliche Betätigung kommunaler Unternehmen, NVwZ 2002, S. 129 ff.

# Literaturverzeichnis

*Schlaich, Klaus/Korioth, Stefan*: Das Bundesverfassungsgericht, Stellung, Verfahren, Entscheidungen, 8. Aufl., München 2010

*Schmelter, Hubert*: Rechtsschutz gegen nicht zur Rechtsetzung gehörende Akte der Legislative – Gleichzeitig ein Beitrag zur Auslegung des Art. 19 Abs. 4 GG, Berlin 1977

*Schmidt, Thorsten Ingo*: Kommunalrecht, Tübingen 2011

*Ders.*: Kommunalrecht, in: Bauer, Hartmut/Peine, Franz-Joseph (Hrsg.), Landesrecht Brandenburg, 2. Aufl., Baden-Baden 2011

*Schmitt, Carl*: Verfassungslehre, 7. Unveränderter Nachdruck der in Berlin 1928 erschienenen 1. Auflage, Berlin 1989

*Ders.*: Verfassungsrechtliche Aufsätze aus den Jahren 1924–1954, 4. Aufl., Berlin 2003, unveränderter Nachdruck der 1. Auflage, Berlin 1958; zit.: *Schmitt*, (Aufsatztitel) in: Verfassungsrechtliche Aufsätze (1958), S.

*Schmidt, Fritz W./Kneip, Hans-Otto*: Hessische Gemeindeordnung (HGO) mit Landkreisordnung, 2. Aufl., München 2008

*Schmidt-Aßmann, Eberhard*: Verwaltungslegitimation als Rechtsbegriff, in: AöR 116 (1991), S. 329 ff.

*Ders.*: Die Garantie der kommunalen Selbstverwaltung, in: Badura, Peter/Dreier, Horst (Hrsg.), Festschrift 50 Jahre Bundesverfassungsgericht, Zweiter Band, Klärung und Fortbildung des Verfassungsrechts, Tübingen 2001, S. S. 803 ff.; zit.: *Schmidt-Aßmann*, in: Badura/Dreier (Hrsg.), FS 50 Jahre BVerfG, Bd. II (2001), S.

*Schmidt-Aßmann, Eberhard/Röhl, Hans Christian*: Kommunalrecht, in: Schmidt-Aßmann, Eberhard/Schoch, Friedrich (Hrsg.), Besonderes Verwaltungsrecht, 14. Aufl., Berlin 2008; zit.: *Schmidt-Aßmann/Röhl*, in: Schmidt-Aßmann/Schoch (Hrsg.), Besonderes Verwaltungsrecht, 14. Aufl. (2008), Kap. Rn.

*Schmidt-Bleibtreu, Dr. Bruno/Hofmann, Dr. Hans/Hopfauf, Axel* (Begr. u. Hrsg.): Kommentar zum Grundgesetz, 12. Aufl., Köln 2011; zit.: *Bearbeiter*, in: Schmidt-Bleibtreu/Hofmann/Hopfauf, GG, 12. Aufl. (2011), Art. Rn.

*Schmidt-Jortzig, Edzard*: Verfassungsmäßige und soziologische Legitimation gemeindlicher Selbstverwaltung im modernen Industriestaat; DVBl. 1980, S. 1 ff.

*Schmitt Glaeser, Walter*: Die grundrechtliche Freiheit des Bürgers zur Mitwirkung an der Willensbildung, in: Isensee, Josef/Kirchhof, Paul (Hrsg.), Handbuch des Staatsrechts Band III, Demokratie – Bundesorgane, 3. Aufl., Heidelberg 2005, S. 229 ff.; zit.: *Schmitt Glaeser*, in: Isensee/Kirchhof (Hrsg.), HStR III, 3. Aufl. (2005), § 38 Rn.

*Ders.*: Der freiheitliche Staat des Grundgesetzes, Tübingen 2008

*Schnapp, Friedrich E.*: Amtsrecht und Beamtenrecht: eine Untersuchung über normative Strukturen des staatlichen Innenbereichs, Habil. (Bochum), Berlin 1977; zit.: *Schnapp*, Amtsrecht (1977), S.

*Ders.*: Zur Dogmatik und Funktion des staatlichen Organisationsrechts, Rechtstheorie 9 (1978), S. 275 ff.

*Ders.*: Grundbegriffe des öffentlichen Organisationsrechts, Jura 1980, S. 68 ff.

## Literaturverzeichnis

*Ders.*: Der Streit um die Sitzungsöffentlichkeit im Kommunalrecht – Zugleich ein Beitrag zum subjektiven öffentlichen Recht im organisatorischen Binnenbereich, Verwaltungsarchiv 78 (1987), S. 407 ff.

*Ders.*: Zur Grundrechtsberechtigung juristischer Personen des öffentlichen Rechts, in: Merten, Detlef/Papier, Hans-Jürgen (Hrsg.), Handbuch der Grundrechte in Deutschland und Europa, Band II, Grundrechte in Deutschland: Allgemeine Lehren I, Heidelberg 2006, S. 1235 ff.; zit.: *Schnapp*, in: Merten/Papier (Hrsg.), Handbuch der Grundrechte Bd. II (2006), § 52 Rn.

*Ders.*: Der trialistische Behördenbegriff, in: Baumeister, Peter/Roth, Wolfgang/Ruthig, Josef (Hrsg.): Staat, Verwaltung, Rechtsschutz – Festschrift für Wolf-Rüdiger Schenke zum 70. Geburtstag, Berlin 2011, S. 1187 ff.

*Schneider, Otmar*: Der verfahrensfehlerhafte Ratsbeschluß – Zur Dogmatik der Verfahrensfehlerfolgen, NWVBl. 1996, S. 89 ff.

*Schnell, Heidrun*: Freie Meinungsäußerung und Rederecht der kommunalen Mandatsträger unter verfassungsrechtlichen, kommunalrechtlichen und haftungsrechtlichen Aspekten, Diss., Münster 1997; zit.: *Schnell*, Rederecht kommunaler Mandatsträger (1998), S.

*Schnellenbach, Helmut*: Beamtenrecht in der Praxis, 7. Auflage, München 2011

*Schoch, Friedrich/Schmidt-Aßmann, Eberhard/Pietzner, Rainer (Hrsg.)*: Verwaltungsgerichtsordnung, Kommentar, Loseblatt, München, 22. Akt. (2011); zit.: *Bearbeiter*, in: Schoch/Schmidt-Aßmann/Pietzner (Hrsg.), VwGO (22. Akt., 2011), § Rn.

*Schoch, Friedrich*: Der Kommunalverfassungsstreit im System des verwaltungsgerichtlichen Rechtsschutzes – OVG Koblenz, NVwZ 1985, 283, in: JuS 1987, S. 783 ff.

*Ders.*: Grundrechtsfähigkeit juristischer Personen, JURA 2001, S. 201 ff.

*Ders.*: Rechtliche Steuerung der Privatisierung staatlicher Aufgaben, JURA 2008, S. 672 ff.

*Ders.*: Der verwaltungsgerichtliche Organstreit, JURA 2008, S. 826 ff.

*Ders.*: Das gemeindliche Selbstverwaltungsrecht gemäß Art. 28 Abs. 2 Satz 1 GG als Privatisierungsverbot?, DVBl. 2009, S. 1533 ff.

*Schönke, Adolf/Schröder, Horst*: Strafgesetzbuch, 28. Auflage, München 2010; zit.: *Bearbeiter*, in: Schönke/Schröder, StGB, 28. Aufl. (2010), § Rn.

*Schreiner, Hermann-Josef*: Geschäftsordnungsrechtliche Befugnisse des Abgeordneten, in: Schneider, Hans-Peter/Zeh, Wolfgang (Hrsg.), Parlamentsrecht und Parlamentspraxis, Berlin 1989, S. 593 ff.; zit.: *Schreiner*, in: Schneider/Zeh (Hrsg.), Parlamentsrecht und Parlamentspraxis (1989), § 18 Rn.

*Schröder, Meinhard*: Grundlagen und Anwendungsbereich des Parlamentsrechts. Zur Übertragbarkeit parlamentsrechtlicher Grundsätze auf Selbstverwaltungsorgane, insbesondere in der Kommunal- und Hochschulverwaltung, Baden-Baden 1979

*Ders.*: Die Geltendmachung von Mitgliedschaftsrechten im Kommunalverfassungsstreit, NVwZ 1985, S. 246 ff.

**Literaturverzeichnis**

*Ders.*: Kommunalverfassungsrecht, in: Achterberg, Norbert/Püttner, Günter/Würtenberger, Thomas (Hrsg.), Besonderes Verwaltungsrecht Band II – Kommunal-, Haushalts-, Abgaben-, Ordnungs-, Sozial-, Dienstrecht, 2. Aufl., Heidelberg 2000, S. 1 ff.

*Ders.*: Die Bereiche der Regierung und der Verwaltung, in: Isensee, Josef/Kirchhof, Paul (Hrsg.), Handbuch des Staatsrechts Band V, Rechtsquellen, Organisation, Finanzen, 3. Aufl., Heidelberg 2007, S. 387 ff.; zit.: *Schröder*, in: Isensee/Kirchhof (Hrsg.), HStR V, 3. Aufl. (2005), § 106 Rn.

*Schütz, Hans-Joachim*: Kommunalrecht, in: Schütz, Hans-Joachim/Classen, Claus Dieter (Hrsg.), Landesrecht Mecklenburg-Vorpommern, 2. Aufl., Baden-Baden 2010, § 5, S. 231 ff.

*Schwarplys, Judith*: Die allgemeine Gestaltungsklage als Rechtsschutzform gegen verwaltungsinterne Regelungen – Am Beispiel der Kommunalverfassungsstreitigkeit in Bayern, Baden-Baden 1996; zit.: *Schwarplys*, Gestaltungsklage (1996), S.

*Schwerdtner, Eberhard*: Der Minderheitenschutz – auch ein elementarer Grundsatz im Kommunalrecht?, VBlBW 1993, S. 328 ff.

*Smend, Rudolf*: Verfassung und Verfassungsrecht (1928), in: Staatsrechtliche Abhandlungen und andere Aufsätze, 4. Aufl., Berlin 2010; zit.: *Smend*, Verfassung und Verfassungsrecht (1928), S.

*Ders.*: Deutsche Staatsrechtwissenschaft vor 100 Jahren – und heute, in: *Ehmke, Horst*/Schmid, Carlo/Scharoun, Hans (Hrsg.), Festschrift für Adolf Arndt, Frankfurt am Main 1969, S. 451 ff.; zit.: *Smend*, in: Fs. f. Arndt (1969), S.

*Sodan, Helge/Ziekow, Jan (Hrsg.)*, Verwaltungsgerichtsordnung, Großkommentar, 3. Aufl., Baden-Baden 2010

*Spaemann, Robert*: Die Philosophenkönige, in: Höffe, Otfried (Hrsg.), Platon Politeia, 3. Aufl., Berlin 2011, S. 121 ff.

*Spiegel, Jan-Peter*: Parlamentsrechtliche Strukturmerkmale im Recht der kommunalen Volksvertretung, Frankfurt 2005

*Starck, Christian*: Grundrechtliche und demokratische Freiheitsidee, in: Isensee, Josef/Kirchhof, Paul (Hrsg.), Handbuch des Staatsrechts Band III, Demokratie – Bundesorgane, 3. Aufl., Heidelberg 2005, S. 3 ff; zit.: *Starck*, in: Isensee/Kirchhof (Hrsg.), HStR III, 3. Aufl. (2005), § 33 Rn.

*Ders.* Teilnahmerechte, in: Merten, Detlef/Papier, Hans-Jürgen (Hrsg.), Handbuch der Grundrechte in Deutschland und Europa, Band II, Grundrechte in Deutschland: Allgemeine Lehren I, Heidelberg 2006, zit.: *Starck*, in: Merten/Papier (Hrsg.), Handbuch der Grundrechte Bd. II (2006), § 41 Rn.

*Steiger, Heinhard*: Organisatorische Grundlagen des parlamentarischen Regierungssystems – Eine Untersuchung zur rechtlichen Stellung des Deutschen Bundestages, Berlin 1973

*Ders.*: Selbstorganisation und Ämterbesetzung, in: Schneider, Hans-Peter/Zeh, Wolfgang (Hrsg.), Parlamentsrecht und Parlamentspraxis in der Bundesrepublik Deutschland, Berlin 1989, S. 763 ff.; zit.: *Steiger*, in: Schneider/Zeh (Hrsg.), Parlamentsrecht und Parlamentspraxis (1989), § 25 Rn.

*Stern, Klaus*: Das Staatsrecht der Bundesrepublik Deutschland
- Band I: Grundbegriffe und Grundlagen des Staatsrechts, Strukturprinzipien der Verfassung, 2 Aufl., München 1984;
- Band II: Staatsorgane, Staatsfunktionen, Finanz- und Haushaltsverfassung, Notstandsverfassung, München 1980;
- Band III: Allgemeine Lehren der Grundrechte, 1. Halbband München 1988; 2. Halbband München 1994;
- Band IV: Die einzelnen Grundrechte, 2. Halbband, München 2011

zit.: *Stern*, Staatsrecht (Bd.), (Aufl.) (Jahr), S.; *Bearbeiter*, in: Stern, Staatsrecht (Bd.), (Aufl.) (Jahr), S.

*Ders.*: Die Idee der Menschen- und Grundrechte, in: Merten, Detlef/Papier, Hans-Jürgen (Hrsg.), Handbuch der Grundrechte in Deutschland und Europa, Band I, Entwicklung und Grundlagen, Heidelberg 2004, S. 3 ff.; zit.: *Stern*, in: Merten/Papier (Hrsg.), Handbuch der Grundrechte Bd. I (2004), § 1 Rn.

*Stettner, Rupert*: Grundfragen einer Kompetenzlehre, Berlin 1983

*Stober, Rolf*: Der Ehrenbeamte in Verfassung und Verwaltung, Königstein 1981

*Ders.*: Kommunalrecht in der Bundesrepublik Deutschland, 3 Aufl., Stuttgart 1996

*Storr, Stefan*: Der Staat als Unternehmer, Tübingen 2001

*Strunk, Gert Peter*, Anmerkung zu BVerfG, Beschl. v. 14. 12. 1976 (2 – BvR 802/75), DVBl. 1977, S. 615 ff.

*Stüer, Bernhard*: Verwaltungsreform auf Kreisebene – Effektivitätsgewinn nur bei bürgerschaftlichem Engagement, DVBl. 2007, S. 1267 ff.

*Suerbaum, Joachim*: Die Fraktionen in den kommunalen Vertretungskörperschaften, in: Mann, Thomas/Püttner, Günter (Hrsg.), Handbuch der kommunalen Wissenschaft und Praxis, Band 1: Grundlagen und Kommunalverfassung, 3. Aufl., Heidelberg 2007, S. 535 ff.; zit.: *Suerbaum*, in: Mann/Püttner (Hrsg.), HaKoWiP, Bd. 1, 3. Aufl. (2007) § 22 Rn.

*Suhr, Dieter*: Entfaltung der Menschen durch die Menschen: Zur Grundrechtsdogmatik der Persönlichkeitsentfaltung, der Ausübungsgemeinschaft und des Eigentums, Berlin 1976

*Ders*: Die Freiheit vom staatlichen Eingriff als Freiheit zum privaten Eingriff?, JZ 1980, S. 166 ff.

*Tettinger, Peter J.*: Das Recht der persönlichen Ehre in der Wertordnung des Grundgesetzes, JuS 1997, S. 769 ff.

*Ders.*: Juristische Personen des Privatrechts als Grundrechtsträger, in: Merten, Detlef/Papier, Hans-Jürgen (Hrsg.), Handbuch der Grundrechte in Deutschland und Europa, Band II, Grundrechte in Deutschland: Allgemeine Lehren I, Heidelberg 2006, S. 1203 ff.; zit.: *Tettinger*, in: Merten/Papier (Hrsg.), Handbuch der Grundrechte Bd. II (2006), § 51 Rn.

*Ders.*: Die Verfassungsgarantie der kommunalen Selbstverwaltung, in: Mann, Thomas/Püttner, Günter (Hrsg.), Handbuch der kommunalen Wissenschaft und Praxis, Band 1: Grundlagen und Kommunalverfassung, 3. Aufl., Heidelberg 2007, S. 187 ff.; zit.: *Tettinger*, in: Mann/Püttner (Hrsg.), HaKoWiP, Bd. 1, 3. Aufl. (2007) § 11 Rn.

## Literaturverzeichnis

*Trésoret, Julie-Andrée*: Die Geltendmachung von Grundrechten im verwaltungsinternen Organstreitverfahren, Saarbrücken 2011, zit.: *Trésoret*, Grundrechte im verwaltungsrechtinternen Organstreitverfahren (2011), S.

*Troßmann, Hans*: Der Bundestag – Verfassungsrecht und Verfassungswirklichkeit, JöR n. F. 28 (1979), S. 1 ff.

*Tsatsos, Dimitris*: Der verwaltungsgerichtliche Organstreit: Zur Problematik verwaltungsgerichtlicher Auseinandersetzungen zwischen Organen einer Körperschaft des öffentlichen Rechts, Bad Homburg v.d.H., 1969; zit.: *Tsatsos*, Organstreit (1969), S.

*Ule, Carl Hermann*: Das besondere Gewaltverhältnis, VVDStRL 15 (1957), S. 133 ff.

*Umbach, Dieter/Clemens, Thomas (Hrsg.)*: Grundgesetz – Mitarbeiterkommentar und Handbuch, Band 1, Heidelberg 2002; zit.: *Bearbeiter*, in: Umbach/Clemens (Hrsg.), Grundgesetz Mitarbeiterkommentar Bd. 1 (2002), Art. Rn.

*Umbach, Dieter/Clemens, Thomas/Dollinger, Franz-Wilhelm* (Hrsg.): Bundesverfassungsgerichtsgesetz, Mitarbeiterkommentar und Handbuch, 2. Auflage, Heidelberg 2005; zit.: *Bearbeiter*, in: Umbach/Clemens/Dollinger (Hrsg.), Bundesverfassungsgerichtsgesetz, 2. Aufl. (2005), § Rn.

*Unger, Sebastian*: Das Verfassungsprinzip der Demokratie, Tübingen 2008, zit.: *Unger*, Verfassungsprinzip Demokratie (2008), S.

*Ungern-Sternberg, Antje v.*: Gemeinderat als „Kommunalparlament"?, Jura 2007, S. 256 ff.

*Unruh, Georg-Christoph v.*: Selbstverwaltung als staatsbürgerliches Recht, DÖV 1972, S. 17 ff.

*Ders.*: Die Veränderungen der Preußischen Staatsverfassung durch Sozial- und Verwaltungsreformen, in: Jeserihm, Kurt G. A./Pohl, Hans/Unruh, Georg-Christoph v. (Hrsg.), Deutsche Verwaltungsgeschichte, Band II, Vom Reichsdeputationshauptschluss bis zur Auflösung des Deutschen Bundes, Stuttgart 1983, S. 399 ff.; zit.: *v. Unruh*, Deutsche Verwaltungsgeschichte II (1983), S.

*Ders.*: Demokratie und kommunale Selbstverwaltung – Betrachtungen über die Eigenart und den Inhalt von Artikel 28 GG, DÖV 1986, S. 217 ff.

*Ders.*: Ursprung und Entwicklung der kommunalen Selbstverwaltung im frühkonstitutionellen Zeitalter, in: Mann, Thomas/Püttner, Günter (Hrsg.), Handbuch der kommunalen Wissenschaft und Praxis, Band 1: Grundlagen und Kommunalverfassung, 3. Aufl., Heidelberg 2007, S. 57 ff.; zit.: *v. Unruh*, in: Mann/Püttner (Hrsg.), HaKoWiP, Bd. 1, 3. Aufl. (2007), § 4 Rn.

*Vitzthum, Wolfgang Graf*: Die Menschenwürde als Verfassungsbegriff, JZ 1985, S. 201 ff.

*Ders*: Der funktionale Anwendungsbereich der Grundrechte, in: Merten, Detlef/Papier, Hans-Jürgen (Hrsg.), Handbuch der Grundrechte in Deutschland und Europa, Band II, Grundrechte in Deutschland: Allgemeine Lehren I, Heidelberg 2006, S. 1079 ff.; zit.: *Vitzthum*, in: Merten/Papier (Hrsg.), Handbuch der Grundrechte Bd. II (2006), § 48 Rn.

*Volkmann, Uwe*: Setzt Demokratie den Staat voraus?, AöR 127 (2002), S. 575 ff.

*Wächter, Kay*: Kommunalrecht: Ein Lehrbuch, 3. Aufl., Köln 1997

*Wallrabenstein, Astrid*: Das Verfassungsrecht der Staatsangehörigkeit, Baden-Baden 1999; zit.: *Wallrabenstein*, Staatsangehörigkeit (1999)

*Wefelmeier, Christian*: Repräsentation und Abgeordnetenmandat, Stuttgart u. a. 1991

*Weiß, Karl-Eduard*: System des deutschen Staatsrechts, Regensburg 1843

*Wengenroth, Thomas*: Rechtsstellung und Rechtsschutz der Gemeinderatsmitglieder in Baden-Württemberg, Mannheim 1996; zit.: *Wengenroth*, Gemeinderatsmitglieder in Baden-Württemberg (1996), S.

*Wiese, Walter*: Das Amt des Abgeordneten, AöR 101 (1976), S. 548 ff.

*Wild, Michael*: Grundrechtseingriff durch Unterlassen staatlicher Leistungen?, DÖV 2004, S. 366 ff.

*Winkler, Markus*: Anmerkung zum Urteil des BVerwG vom 17.05.2009 – 8 C 10.08, JZ 2009, S. 1167 ff.

*Ders.*: Kommunalrecht, in: Hendler, Reinhard/Hufen, Friedhelm/Jutzi, Siegfried (Hrsg.), Landesrecht Rheinland-Pfalz, 6. Aufl., Baden-Baden 2012

*Wißman, Hinnerk*; Verfassungsrechtliche Vorgaben der Verwaltungsorganisation, in: *Hoffmann-Riem, Wolfgang/Schmidt-Aßmann, Eberhard/Voßkuhle, Andreas* (Hrsg.); Grundlagen des Verwaltungsrechts, Bd. I, München 2006, § 15

*Witzsch, Günter*: Rauchverbot während der Gemeinderats- und Kreistagssitzungen, BayVBl. 1975, S. 327 ff.

*Wolff, Hans J.*: Organschaft und juristische Person, Untersuchungen zur Rechtstheorie und zum öffentlichen Recht. Band 2: Theorie der Vertretung – Stellvertretung, Organschaft und Repräsentation als soziale und juristische Vertretungsformen, Berlin 1934; berichtigter Neudruck, Aalen 1968; zit.: *Wolff*, Theorie der Vertretung (1934), S.

*Wolff, Hans J./Bachof, Otto*: Verwaltungsrecht II, 3. Aufl., München 1970; 4. Aufl., München 1976

*Dies.*: Verwaltungsrecht I, 9. Aufl., München 1974

*Wolff, Hans J./Bachof, Otto/Stober, Rolf*: Verwaltungsrecht Band 3, 5. Aufl., München 2004

*Wolff, Hans J./Bachof, Otto/Stober, Rolf/Kluth, Winfried*: Verwaltungsrecht I, 12. Aufl., München 2007

*Dies.*: Verwaltungsrecht II, 7. Aufl., München 2010

*Würtenberger, Thomas*: Von der Aufklärung zum Vormärz, in: Merten, Detlef/Papier, Hans-Jürgen (Hrsg.), Handbuch der Grundrechte in Deutschland und Europa, Band I, Entwicklung und Grundlagen, Heidelberg 2004, S. 49 ff.; zit.: *Würtenberger*, in: Merten/Papier (Hrsg.), Handbuch der Grundrechte Bd. I (2004), § 2 Rn.

*Wurzel, Gabriele*: Usurpation parlamentarischer Kompetenzen durch Stadt- und Gemeinderäte, in: BayVBl. 1986, S. 417 ff.

*Ziekow, Jan*: Der Fraktionsausschluß im Kommunalrecht: Zulässigkeit und vorläufiger Rechtsschutz, NWVBl. 1998, S. 297 ff.

# Abkürzungsverzeichnis

| | |
|---|---|
| a. a. O. | am angegebenen Ort |
| Abs. | Absatz |
| a. E. | am Ende |
| ähnl. | ähnlich |
| a. F. | alte Fassung |
| Akt. | Aktualisierung |
| Alt. | Alternative |
| AO | Amtsordnung |
| AöR | Anstalt des öffentlichen Rechts; Archiv des öffentlichen Rechts (Zs.) |
| Art. | Artikel |
| AS | Amtliche Sammlung |
| Bay. | Bayern, bayerisch |
| BayVBl. | Bayerische Verwaltungsblätter (Zs.) |
| BayVerf | Verfassung des Freistaates Bayern |
| Bbg. | Brandenburg, brandenburgisch |
| BbgKVerf | Brandenburgische Kommunalverfassung |
| BeamtStG | Beamtenstatusgesetz |
| Beschl. | Beschluss |
| BGB | Bürgerliches Gesetzbuch |
| BGBl. | Bundesgesetzblatt |
| Bln. | Berlin; Berliner |
| BMinG | Bundesministergesetz |
| Brem. | Bremen, bremisch |
| BVerfG | Bundesverfassungsgericht |
| BVerfGE | Entscheidungen des Bundesverfassungsgerichts |
| BVerfGG | Bundesverfassungsgerichtsgesetz |
| BVerfGK | Kammerentscheidungen des Bundesverfassungsgerichts |
| BVerwG | Bundesverwaltungsgericht |
| BVerwGE | Entscheidungen des Bundesverwaltungsgerichts |
| BW | Baden-Württemberg, baden-württembergisch |
| DGO | Deutsche Gemeindeordnung |
| d. h. | das heißt |
| DÖV | Die Öffentliche Verwaltung (Zs.) |
| Dr. | Doktor |
| Drs. | Drucksache |
| DV | Die Verwaltung (Zs.) |
| DVBl. | Deutsches Verwaltungsblatt (Zs.) |
| Entsch. | Entscheidung |
| etc. | et cetera |
| EU | Europäische Union |
| EuGH | Europäischer Gerichtshof |
| f., ff. | für, folgende(r) |

## Abkürzungsverzeichnis

| | |
|---|---|
| FamFG | Gesetz über das Verfahren in Familiensachen und in den Angelegenheiten der freiwilligen Gerichtsbarkeit |
| FG | Festgabe |
| FS | Festschrift |
| GBl. | Gesetzblatt |
| GemO | Gemeindeordnung |
| GG | Grundgesetz |
| GmbH | Gesellschaft mit beschränkter Haftung |
| GO | Gemeindeordnung |
| grds. | grundsätzlich |
| GrdsA | Grundsatz-Ausschuss |
| GVBl. | Gesetz- und Verordnungsblatt |
| GVG | Gerichtsverfassungsgesetz |
| Hamb. | Hamburg, hamburgisch |
| HBKG | Hessisches Brand- und Katastrophenschutzgesetz |
| HChE | Entwurf des Verfassungskonvents von Herrenchiemsee |
| Hess. | Hessen, hessisch |
| HessOGerG | Hessisches Ortsgerichtsgesetz |
| HGO | Hessische Gemeindeordnung |
| HGr | Handbuch der Grundrechte |
| HKO | Hessische Landkreisordnung |
| h. M. | herrschende Meinung |
| Hrsg.; hrsg. | Herausgeber, herausgegeben |
| Hs. | Halbsatz |
| HSchaG | Hessisches Schiedsamtsgesetz |
| HStR | Handbuch des Staatsrechts |
| i. d. F. | in der Fassung |
| i. V. m. | in Verbindung mit |
| JA | Juristische Arbeitsblätter (Zs.) |
| Jhd. | Jahrhundert |
| JURA | Juristische Ausbildung (Zs.) |
| JuS | Juristische Schulung (Zs.) |
| JZ | Juristenzeitung (Zs.) |
| KO | Kommunalordnung |
| KrO | Kreisordnung |
| KSVG | Kommunalselbstverwaltungsgesetz |
| KV | Kommunalverfassung |
| LBG | Landesbeamtengesetz |
| LBKG | Landesgesetz über den Brandschutz, die allgemeine Hilfe und den Katastrophenschutz |
| lit. | littera (Buchstabe) |
| LKV | Landes- und Kommunalverwaltung (Zs.) |
| LReg. | Landesregierung |
| LSA | Sachsen-Anhalt, sachsen-anhaltinisch |
| LV | Landesverfassung |
| LVerfG | Landesverfassungsgericht |
| LVerfGG | Landesverfassungsgerichtsgesetz |

# Abkürzungsverzeichnis

| | |
|---|---|
| MinG | Ministergesetz |
| MV | Mecklenburg-Vorpommern, mecklenburg-vorpommerisch |
| m.w.N. | mit weiteren Nachweisen |
| Nds. | Niedersachen, niedersächsisch |
| NKomVG | Niedersächsisches Kommunalverfassungsgesetz |
| n. F. | neue Fassung |
| NJW | Neue Juristische Wochenschrift (Zs.) |
| Nr. | Nummer |
| NRW | Nordrhein-Westfalen, nordrhein-westfälisch |
| NVwZ | Neue Zeitschrift für Verwaltungsrecht (Zs.) |
| NWVBl. | Nordrhein-Westfälische Verwaltungsblätter (Zs.) |
| OVG | Oberverwaltungsgericht |
| OVGE | Entscheidungen der Oberverwaltungsgerichte |
| OVGE MüLü | Entscheidungen der Oberverwaltungsgerichte für das Land Nordrhein-Westfalen in Münster sowie für die Länder Niedersachsen und Schleswig-Holstein in Lüneburg mit Entscheidungen des Verfassungsgerichtshofes Nordrhein-Westfalen und des Niedersächsischen Staatsgerichtshofes |
| ParlRat | Parlamentarischer Rat |
| Prot. | Protokoll |
| PrOVGE | Entscheidungen des Oberverwaltungsgerichts Preußen |
| Rn. | Randnummer |
| RP | Rheinland-Pfalz, rheinland-pfälzisch |
| S. | Seite |
| s. | siehe |
| SL | Saarland, saarländisch |
| Sächs. | Sachsen, sächsisch |
| Sächs-Schieds-GütStG | Sächsisches Schieds- und Gütestellengesetz |
| SchO | Schiedsamtsordnung |
| SchulG | Schulgesetz |
| SGB | Sozialgesetzbuch |
| SH | Schleswig-Holstein; schleswig-holsteinisch |
| s. o. | siehe oben |
| sog. | so genannt(e/r) |
| StGH | Staatsgerichtshof |
| StGHG | Staatsgerichtshofgesetz |
| StPO | Strafprozessordnung |
| Thür | Thüringen, thüringisch |
| u. a. | und andere |
| Urt. | Urteil |
| usw. | und so weiter |
| v. | von/vom |
| Var. | Variante |
| VBlBW | Verwaltungsblätter Baden-Württemberg (Zs.) |
| Verf. | Verfassung |

**Abkürzungsverzeichnis**

| | |
|---|---|
| VerfBrhV | Verfassung Bremerhaven |
| VerwArch | Verwaltungsarchiv |
| VG | Verwaltungsgericht |
| VGH | Verwaltungsgerichtshof |
| VerfG | Verfassungsgericht |
| VerfGG | Verfassungsgerichtsgesetz |
| VerfGH | Verfassungsgerichtshof |
| VerfGHG | Verfassungsgerichtshofgesetz |
| vgl. | vergleiche |
| VwVfG | Verwaltungsverfahrensgesetz |
| VwGO | Verwaltungsgerichtsordnung |
| VR | Verwaltungsrundschau (Zs.) |
| WRV | Weimarer Reichsverfassung |
| z. B. | zum Beispiel |
| ZBR | Zeitschrift für Beamtenrecht (Zs.) |
| ZG | Zeitschrift für Gesetzgebung (Zs.) |
| ZPO | Zivilprozessordnung |
| Zs. | Zeitschrift |

# 1. Einleitung und Bestandsaufnahme

Nach Art. 28 Abs. 1 Satz 2 GG muss das Volk in den Ländern, Kreisen und Gemeinden eine Vertretung haben, die aus allgemeinen, unmittelbaren, freien, gleichen und geheimen Wahlen hervorgegangen ist. Infolgedessen streiten in den Kreisen und Gemeinden bundesweit etwa 200 000 Mandatsträger um den richtigen Kurs kommunaler Selbstverwaltung.[1]

Trotz dieser beeindruckenden Zahl und auch nach über 60 Jahren Grundgesetz scheint aber nicht abschließend geklärt, wie sich die Grundrechte dieser Ratsmitglieder zu ihrem Status als kommunalem Volksvertreter verhalten und ob diese im verwaltungsgerichtlichen Organstreit geltend gemacht werden können. Auch wenn die Frage teilweise bereits als beantwortet angesehen oder schlicht ignoriert wird,[2] hat das das Grundproblem der Grundrechte im Gemeinderat seine Aktualität bis heute bewahrt.[3] Denn in der Rechtsstellung des Ratsmitglieds verbinden sich *„individuelle Rechte und Interessen mit amtlich verliehenen Kompetenzen"*[4] in einer *„eigentümlichen Mischung aus parlaments- und amtsrechtlichen Elementen"*[5] zwischen Verfassungs- und Verwaltungsrecht. Schaut man also etwas genauer hin, lässt sich ein bis heute buntes Meinungsbild in Rechtsprechung und Wissenschaft nachzeichnen: Dem Ratsmitglied als *„Chamäleon kommunalis"*[6] werden die Grundrechte in der Rechtswissenschaft mit unterschiedlichster Begründung teils ab-[7] und teils zugesprochen.[8] Während die Befürworter einer Berufung auf Grundrechte beispielsweise auf deren grundsätzliche Geltung in Sonderstatusverhältnissen verweisen, ranken sich die vorgebrachten Gegenargumente vor allem um die Begriffe des Organs und des subjektiven Rechts: Dem Ratsmitglied stünden als Teil des Gemeinderats keine subjektiven Rechte und damit auch keine Grundrechte zu.[9] Kristallisationspunkt dieser Argumentation ist die inzwischen bereits angestaubte, aber fast jedem Juristen bekannte Entscheidung zum „Rauchen im Gemeinderat"[10]: Danach berührt das Rauchverbot allein die Innenrechtsbeziehun-

---

1 *Katz/Ritgen*, DVBl. 2008, S. 1525 (1529 f.): *„weit über 200 000 ehrenamtlich tätige Mandatsträger"*; vorsichtiger: *Püttner*, in: Mann/Püttner (Hrsg.), HaKoWiP, Bd. 1, 3. Aufl. (2007) § 19 Rn. 26: *„über 100 000 Mandatsträger"*.
2 Vgl. dazu die Nachweise unter 1.2.2.
3 Vgl. *Hufen*, Verwaltungsprozessrecht, 8. Aufl. (2011), § 21 Rn. 17; *Kluth*, in: Wolff/Bachof/Stober, Verwaltungsrecht Bd. 3, 5 Aufl. (2004), § 83 Rn. 177; *Roth*, Verwaltungsrechtliche Organstreitigkeiten (2001), S. 300 ff.; *Schoch*, Jura 2008, S. 826 (828); *Schnell*, Rederecht kommunaler Mandatsträger (1998), S. 58 ff.; *Trézoret*, Grundrechte im verwaltungsinternen Organstreitverfahren (2011); *Wahl*, in: Schoch/Schmidt-Aßmann/Pietzner (Hrsg.), VwGO (22. Akt., 2011), Vorb. § 42 Abs. 2 Rn. 118 ff; *Wahl/Schütz*, a. a. O., § 42 Abs. 2 Rn. 91 ff.
4 *Püttner*, Deutscher Verwaltungsrichtertag 1980, S. 129 (133).
5 *Schröder*, in: Achterberg/Püttner/Würtenberger (Hrsg.), Besonderes Verwaltungsrecht II, 2. Aufl. (2000), § 16 Rn. 70.
6 Begriff nach *Hien*, BayVBl. 1984, 203 (206).
7 *Bauer/Krause*, JuS 1996, 512 (513); *Bethge*, DVBl. 1980, S. 824 (825); *ders.* JZ 1991, S. 304 (306 f.); *Burgi*, Kommunalrecht, 2. Aufl. (2008), § 12 Rn. 33, 40 ff.; *Ehlers*, in: Mann/Püttner (Hrsg.), HaKoWiP, Bd. 1, 3. Aufl. (2007), § 21 Rn. 127; *Erichsen/Biermann*, Jura 1997, S. 157 (160); *Fehrmann*, NWVBl. 1989, S. 303 (307); *Gern*, Deutsches Kommunalrecht, 3. Aufl. (2003), Rn. 348, 791; *Hofmann*, BayVBl. 1984, S. 747 (749); *Jockisch*, Prozessvoraussetzungen (1996), S. 27; *Müller*, JuS 1990, S. 997 (999); *Roth*, Verwaltungsrechtliche Organstreitigkeiten (2001), S. 108, 660 f.; *Stober*, Kommunalrecht, 3. Aufl. (1996), S. 187 f.; *Wengenroth*, Gemeinderatsmitglieder in Baden-Württemberg (1996), S. 113 f.; für Amtsträger allg. *Herzog*, in: Maunz/Dürig, Grundgesetz (64. Akt., Jan. 2012), Bd. I, Art. 5 Abs. I, II Rn. 107; *Starck*, in: v. Mangoldt/Klein/Starck, Grundgesetz, Bd. 1, 6. Aufl. (2011), Art. 5 Abs. 1, 2 Rn. 188.
8 *Barth*, Subjektive Rechte von Gemeinderatsmitgliedern im Kommunalverfassungsstreit (1997), S. 140 ff.; *Burgi*, Kommunalrecht, 3. Aufl. (2010), § 12 Rn. 40; *Geis*, BayVBl. 1992, S. 41 (43); *ders.* Kommunalrecht, 2. Aufl. (2011), § 25 Rn. 17; *Heilmann*, BayVBl. 1984, S. 196 (199 f.); *Kintz*, LKRZ 2011, S. 476 (479); *v. Mutius*, Kommunalrecht (1996), Rn. 764 ff., 768; *Nierhaus*, Kommunalrecht Brandenburg (2003), Rn. 367; *Vitzthum*, in: Merten/Papier (Hrsg.), Handbuch der Grundrechte Bd. II (2006), § 48 Rn. 48, 71 ff.; differenzierend: *Ehlers*, NWVBl. 1988, 122 (125); *Hufen*, Verwaltungsprozessrecht, 8. Aufl. (2011), § 21 Rn. 20; *Martensen*, JuS 1995, S. 1077 (1079); *Mandelartz/Wendt*, VR 1979, S. 296 (297); *Witzsch*, BayVBl. 1975, S. 327 (329).
9 Dazu ausführlich 1.2.2.
10 OVG NRW, NVwZ 1983, 485 ff.

# 1 | Einleitung und Bestandsaufnahme

gen der Gemeinde bzw. ihrer Organe. Das Ratsmitglied könne daher, so weiland das OVG Nordrhein-Westfalen, nur die Verletzung ihm zugeordneter organschaftlicher Befugnisse gerichtlich geltend machen und der rauchbedingten Funktionsstörung des Gemeinderats nur mit einem „innerorgansiatorischen Störungsbeseitigungsanspruch" begegnen. Es könne sich aber nicht auf die im Außenrechtsbereich angesiedelten Grundrechte berufen, die ihm nur als Person, nicht aber in seiner Eigenschaft als Mitglied des Rates zustünden. Kurz darauf stellte das Bundesverwaltungsgericht dann ebenfalls klar, dass ein Ratsmitglied auch während der Ratssitzung zwar sein Recht auf freie Meinungsäußerung nicht verliere. Es nehme dieses aber nicht wahr, wenn es zu einem Tagesordnungspunkt spreche.[11] Gleichsam als Abschluss der Rechtsentwicklung erklärte das Bundesverfassungsgericht dann Verfassungbeschwerden von Ratsmitgliedern für unstatthaft, da es sich bei diesen um Inhaber eines öffentlichen Amtes handele, die hoheitliche Befugnisse ausübten.[12] Trotz dieser vermeintlich klaren Vorgaben deutet sich seit einiger Zeit ein Wandel, wenigstens aber eine Nachsteuerung dieser, in der Literatur immer auch kritisch beobachteten Entwicklung an. Es mehren sich in jüngerer Zeit Entscheidungen, in denen Verwaltungsgerichte die Grundrechte der Ratsmitglieder – trotz der vom OVG Nordrhein-Westfalen in Stein gemeißelten Argumente – im Rahmen verwaltungsgerichtlicher Organstreitigkeiten wieder prüfen und anwenden.[13] Insoweit konstatierte das VG Darmstadt in einem Streit um ein in einem Ratssaal hängenden Kruzifix vor einiger Zeit: „*Der Klägerin stehen nicht nur als Person im staatsfreien Raum, sondern auch als ehrenamtlich tätigem Kreistagsmitglied Grundrechte zu, soweit deren Inanspruchnahme den ordnungsgemäßen Ablauf der Sitzungen des Kreistages nicht stört.*"[14] Und schließlich hat auch das Bundesverfassungsgericht auf die Verfassungsbeschwerde eines Ratsmitglieds dessen Grundrecht auf freie Meinungsäußerung gegen eine strafrechtliche Verurteilung in Stellung gebracht. Hintergrund der Auseinandersetzung war, dass das Ratsmitglied einen Kollegen im Laufe der Debatte im Gemeinderat als „Dummschwätzer" bezeichnet hatte.[15] Und in der Literatur wurde in diesem Zusammenhang jüngst vorgebracht, dass Grund- und Mitwirkungsrechte schlicht nebeneinander existierten. Notwendig sei daher, die Betroffenheiten prozessual zu trennen und Verletzungen von Mitwirkungsbefungissen im verwaltungsgerichtlichen Organstreit und die Verletzung von Grundrechten im normalen Außenrechtsstreit vor den Verwaltungsgerichten auszufechten.[16]

Wer vor diesem Hintergrund versucht, das Problem der „Grundrechte im Gemeinderat" zu erklären und einer einigermaßen stringenten Lösung zuzuführen, wird mit einem ganzen Bündel an Problemen aus Verfassungs-, Kommunal- und Allgemeinem Verwaltungsrecht konfrontiert. Die daraus resultierenden uneinheitlichen Entscheidungen und vielfältigen wissenschaftlichen Lösungsansätze lassen sich aber auf zwei zentrale Punkte zurückführen: Erstens sind die Ratsmitglieder Inhaber eines Amtes. Und wie immer auch dessen Begriff definiert wird, immer ist die Person mitgesetzt, der das Amt anvertraut ist.[17] Wie bei allen Amtsträgern sind daher Abgrenzungskriterien erforderlich, die die persönliche Betroffenheit von amtlichem Handeln trennen. Insoweit ist deshalb nicht die „*Janusköpfigkeit*"[18] des Ratsmitglieds das Problem, sondern die bislang fehlenden Abgrenzungskriterien. Denn es wird zwar bereits heute der Rechtskreis

---

11 BVerwG, DVBl. 1988, 792 (793); BVerwGE 85, 283 (286).
12 BVerfG, NVwZ 1994, 56 (57); ähnlich VerfG Bbg., LKV 2009, 27f.
13 VG Würzburg, Urt. v. 27. 11. 2002, W 2 K 02 828 (juris), Rn. 47f., 51ff., 111f.; VG Darmstadt, Urt. v. 26. 09. 2003, 3 E 2482/02(1) (juris), Rn. 17, NJW 2003, 455 (456); VG Oldenburg, Urt. v. 12. 01. 2010 – 1 A 1062/09 (juris), Rn. 23, 28.
14 VG Darmstadt, Urt. v. 26. 09. 2003, 3 E 2482/02(1) (juris), Rn. 17, NJW 2003, 455 (456).
15 BVerfG, NJW 2009, 749 (749f.) – Dummschwätzer.
16 *Trésoret*, Grundrechte im verwaltungsrechtinternen Organstreitverfahren (2011), S. 91f.
17 *Köttgen*, in: Fg. f. Smend (1962), S. 119 (123).
18 Zum Begriff vgl. auch *Schnell*, Rederecht kommunaler Mandatsträger (1998), S. 58.

des Ratsmitglieds als die Gesamtheit der ihm zugewiesenen Kompetenzen und Zuständigkeiten verstanden und die Berufung auf Grundrechte nur außerhalb dieses Rechtskreises für möglich erachtet.[19] Allerdings gelten die Grundrechte auch im „Sonderstatusverhältnis"[20] und zeigen gerade die jüngeren Entscheidungen, dass offensichtlich Fallgestaltungen existieren, in denen Amt und Person des Ratsmitglieds nicht derart holzschnittartig getrennt werden können. Insoweit existieren zwar durchaus taugliche Kriterien für die Abgrenzung des Rederechts im Gemeinderat zur grundrechtlichen Meinungsfreiheit[21] und wurde jüngst auch wieder ein allgemeines Abgrenzungskriterium vorgeschlagen.[22] Es ist aber gerade zu überprüfen, ob diese Kriterien zur Abgrenzung von Funktion und Person des Ratsmitglieds herangezogen werden können. Denn die Ermittlung eines tauglichen Abgrenzungskriteriums ist zweitens gerade deshalb erschwert, weil bei der Bestimmung des „*Rechtskreis*" des „*Amtes*" Ratsmitglied, das sich als Teil des „*Organs*" Gemeinderat nicht auf „*subjektive Rechte*" berufen dürfe, nahezu ausschließlich Argumente aufgeboten werden, die im Kern *verwaltungsrechtlicher* Natur sind. Streitig ist hier alles, von der Fähigkeit des Amtsträgers, Träger von Rechten und Pflichten zu sein bis hin zur Frage, ob die unstreitig vorhandenen Mitwirkungsrechte des Ratsmitglieds als Kompetenzen, subjektive Rechte oder wehrfähige Innenrechtspositionen bezeichnet werden müssen.[23] Das mag darauf zurückzuführen sein, dass die Rechtsstellung des Ratsmitglieds weder im Grundgesetz noch in den Landesverfassungen explizit geregelt ist. Und es mag auch daran liegen, dass diese eigentlich materiell-rechtliche Frage fast immer im Zusammenhang mit den prozessualen Problemen des kommunalen Organstreits auftritt und in diesem Zusammenhang zu lösen versucht wird.[24] Das darf aber nicht darüber hinwegtäuschen, dass die Frage, wie sich die Funktion und der Status des Ratsmitglieds zu dessen Grundrechten verhalten, zunächst einmal auf der Ebene beantwortet werden muss, auf der auch die Grundrechte normiert sind, also der Verfassung. Erst danach können die gefundenen Strukturen verwaltungsrechtlich und verwaltungsprozessual ausgestaltet werden. Die eigentliche Frage dürfte daher lauten: Welche verfassungsrechtliche Natur haben die Rechte und Pflichten des Ratsmitglieds? Handelt es sich dabei um die Ausübung grundrechtsverpflichteter staatlicher Gewalt nach Art. 1 Abs. 3 GG, so dürfte ihm die Berufung auf seine eigenen Grundrechte insoweit verwehrt sein. Denn die Vorschrift „*anerkennt keine Reservate gegenüber der Bindung an die Grundrechte als unmittelbar geltendes Recht*"[25] und verpflichtet alle Hoheitsträger auf den Schutz der Grundrechte der Bürger. Diese Frage wird soweit ersichtlich nicht weiter erörtert, sondern scheinbar stillschweigend bejaht. Die Frage bedarf aber aufgrund der bestehenden Definitionsprobleme, der Geschichte und Funktion kommunaler Selbstverwaltung sowie dem den Abgeordneten in Bundestag und Landtagen nachgebildeten freien Mandat des Ratsmitglieds einer genaueren Überprüfung. Das Fehlen

---

19 *Bauer/Krause*, JuS 1996, 512 (513); *Bethge*, DVBl. 1980, S. 824 (825); *ders.* JZ 1991, S. 304 (306f.); *Ehlers*, in: Mann/Püttner (Hrsg.), HaKoWiP, Bd. 1, 3. Aufl. (2007), § 21 Rn. 127; *Erichsen/Biermann*, Jura 1997, S. 157 (160); *Fehrmann*, NWVBl. 1989, S. 303 (307); *Gern*, Deutsches Kommunalrecht, 3. Aufl. (2003), Rn. 348, 791; *Hofmann*, BayVBl. 1984, 747 (749); *Jockisch*, Prozessvoraussetzungen (1996), S. 27; *Müller*, JuS 1990, S. 997 (999); *Roth*, Verwaltungsrechtliche Organstreitigkeiten (2001), S. 108, 660f.; *Stober*, Kommunalrecht, 3. Aufl. (1996), S. 187f.; für Amtsträger allg. *Herzog*, in: Maunz/Dürig, Grundgesetz (64. Akt., Jan. 2012), Bd. I, Art. 5 Abs. I, II, Rn. 107; *Starck*, in: v. Mangoldt/Klein/Starck, Grundgesetz, Bd. 1, 6. Aufl. (2010), Art. 5 Abs. 1, 2 Rn. 188.
20 BVerfGE 33, 1 (10f.) – Strafgefangene; st. Rspr., vgl. zuletzt BVerfG, NJW 2006, 2093 (2094) – Jugendstrafvollzug; *Dreier*, in: Dreier (Hrsg.), Grundgesetz, Bd. I, 2. Aufl. (2004), Art. 1 III Rn. 64.
21 Vgl. *Geis*, BayVBl. 1992, 41 (44), m.w.N.; ähnlich auch *Schnell*, Rederecht kommunaler Mandatsträger (1998), S. 58f.; *Winkler*, in: Hendler/Hufen/Jutzi (Hrsg.), Landesrecht Rheinland-Pfalz, 6. Aufl. (2012), § 3 Rn. 117; *Vitzthum*, in: Merten/Papier (Hrsg.), Handbuch der Grundrechte Bd. II (2006), § 48 Rn. 48, 71 ff.
22 *Trésoret*, Grundrechte im verwaltungsrechtinternen Organstreitverfahren (2011), S. 91 f.
23 Vgl. die Nachweise unter 1.2.2. und 4.
24 Vgl. etwa *Barth*, Subjektive Rechte von Gemeinderatsmitgliedern im Kommunalverfassungsstreit (1997); *Trésoret*, Grundrechte im verwaltungsrechtinternen Organstreitverfahren (2011).
25 *Böckenförde*, Lage der Grundrechtsdogmatik (1990), S. 17; *Hesse*, Verfassungsrecht, 20. Aufl. (1995), Rn. 345 ff.

**1.1 | Gegenstand der Untersuchung**

einer solchen Analyse dürfte maßgeblich dazu beigetragen haben, sämtliche Rechte und Pflichten des Ratsmitglieds „pauschal" als Organrechte anzusehen und den Status des Ratsmitglieds insgesamt holzschnittartig von der dahinter stehenden Person zu trennen.

Dementsprechend versucht diese Arbeit nach einer kurzen einleitenden Bestandsaufnahme zum Sach- und Streitstand (Teil 1) zunächst die Frage zu beantworten, ob und in welchem Umfang sich Status, Rechte und Pflichten des Ratsmitglieds als Ausdruck staatlicher Gewalt darstellen und inwieweit sich das Ratsmitglied auf die ihm als Person zukommenden Grundrechte berufen kann (Teile 2 und 3). Anschließend sollen die verwaltungsrechtlichen Lösungsansätze darauf überprüft werden, ob sie geeignet sind, die verfassungsrechtliche Grundentscheidung auszugestalten (Teil 4), und es wird erläutert, welche Folgen für die gerichtliche Geltendmachung etwaiger Rechtsverletzungen hieraus resultieren (Teil 5).

## 1.1 Gegenstand der Untersuchung

### 1.1.1 Der Begriff „Ratsmitglied"

Die Ratsmitglieder sind weitgehend ehrenamtlich tätig[26] bzw. den ehrenamtlich Tätigen gleichgestellt.[27] Nur in Mecklenburg-Vorpommern werden sie schlicht als Mitglieder der Gemeindevertretung bezeichnet.[28] Von der Vielzahl kommunaler Ehrenämter[29] stehen im Mittelpunkt der folgenden Ausführungen aber lediglich die Mitglieder von Gemeinderat, Gemeindevertretung, Stadträten oder Stadtverordnetenversammlung, je nachdem, wie die jeweilige Gemeindeordnung des Landes diese bezeichnet.[30] Die einheitliche, länderübergreifende Behandlung ist möglich, da die Kommunalverfassungen der einzelnen Bundesländer – abgesehen von den Stadtstaaten Berlin und Hamburg[31] – in ihrer Struktur vergleichbar sind. Die historisch gewachsene Unterscheidung zwischen Norddeutscher Ratsverfassung, Süddeutscher (Gemeinde-) Ratsverfassung, Magistratsverfassung und (rheinischer) Bürgermeisterverfassung wirkt sich heute meist nur noch in Detailfragen aus,[32] hier scheint die Tendenz zur bloßen Unterscheidung zwischen Magistratsverfassung einerseits und dualer Rat-Bürgermeisterverfassung andererseits zu führen.[33] Trotz unterschiedlichen historischen Ursprungs kennen all diese Modelle zumindest zwei gemeindliche Hauptorgane: Auf der einen Seite steht eine gewählte Gemeindevertretung, deren Existenz schon aufgrund der Regelung des Art. 28 Abs. 1 Satz 2 GG vorgezeichnet ist. Danach muss das Volk in den Kreisen und Gemeinden eine Vertretung haben, die aus allgemeinen, unmittelbaren, freien, gleichen und geheimen Wahlen hervorgegangen ist. Auf der anderen Seite steht eine Verwal-

---

26  Art. 31 Abs. 2 S. 1 BayGO; §§ 32 Abs. 1 S. 1 GemO BW; 26 Abs. 1, 38 Abs. 1 BbgKVerf; 30, 18 GemO RP; 30 Abs. 1 KSVG SL; 35 Abs. 1 SächsGemO; 28 Abs. 1, 42 GO LSA; 24 Abs. 1 ThürKO; für eine grundsätzliche Ausgestaltung als Ehrenamt auch BVerfGE 48, 64 (89) – Inkompatibilität (Unternehmen).
27  §§ 10 bis 13 VerfBrhV; 35 Abs. 2 HGO; 54 Abs. 3 NKomVG; 43 Abs. 2 GO NRW; 32 Abs. 3 GO SH.
28  § 23 KV MV; *Schütz*, in: Schütz/Classen (Hrsg.), Landesrecht Mecklenburg-Vorpommern, 2. Aufl. (2010), § 5 Rn. 171 nimmt insoweit eine ehrenamtliche Tätigkeit eigener Art an.
29  Z. B. **Schiedsleute** nach § 2 HSchaG, zuständig für Schlichtungsversuche u. a. in bürgerlichen Rechtsstreitigkeiten (in Sachsen nach §§ 3, 4 SächsSchiedsGütStG als Friedensrichter bezeichnet); **ehrenamtliche Feuerwehrangehörige**, vgl. § 13 Abs. 1 LBKG RP, § 10 Abs. 1 HBKG.
30  Überblick etwa bei *Schmidt*, Kommunalrecht (2011), Rn. 381.
31  Für den Stadtstaat Bremen existiert mit der Verfassung Bremerhaven eine echte Kommunalverfassung.
32  *Maurer*, Allgemeines Verwaltungsrecht, 18. Aufl. (2011), § 23 Rn. 8 ff.; *Schmidt-Aßmann/Röhl*, in: Schmidt-Aßmann/Schoch (Hrsg.) Besonderes Verwaltungsrecht, 14. Aufl. (2008), 1. Kap. Rn. 55 ff; *Stober*, Kommunalrecht, 3. Aufl. (1996), S. 26 ff.
33  *Dreier*, in: Dreier (Hrsg.), Grundgesetz, Bd. II, 2. Aufl. (2006), Art. 28 Rn. 94; *Gern*, Deutsches Kommunalrecht, 3. Aufl. (2003), Rn. 45.

tungsspitze, meist der (Ober-) Bürgermeister, in Hessen der Gemeindevorstand (Magistrat), als Kollegialorgan.[34] Die Ausführungen in dieser Arbeit gelten deshalb für Gemeindevertreter, Stadtverordnete[35] und Stadträte[36], Abgeordnete, Ratsfrauen und Ratsherren[37] gleichermaßen. Ebenso werden aufgrund der für die vorliegende Bearbeitung vergleichbaren Rechtsstellung auch Kreistagsmitglieder erfasst. Denn auch die innere Organisation in den Landkreisen folgt dem dargestellten Muster. Auch hier stehen sich im Wesentlichen der Kreistag auf der einen Seite und der Landrat bzw. Kreisausschuss auf der anderen Seite gegenüber.[38] Der Kreistag ist die Vertretung der Bürger des Landkreises, legt die Grundsätze für die Verwaltung des Landkreises fest und beschließt über die Selbstverwaltungsangelegenheiten.[39] Er besteht aus den gewählten Kreistagsmitgliedern.[40] Der Landrat bzw. Kreisausschuss auf der anderen Seite besorgt die laufende Verwaltung und führt die Beschlüsse des Kreistages aus.[41] Infolge der gleichen Struktur behandeln einige Bundesländer die Kommunalverfassungen der Kreise und Gemeinden denn auch in einheitlichen Gesetzen.[42] Vereinfachend soll in der weiteren Bearbeitung der Terminus „Ratsmitglied" daher einheitlich für die Volksvertreter auf kommunaler Ebene verwendet werden.[43]

Gegenstand der nachfolgenden Ausführungen sind dabei lediglich die Ratsmitglieder als natürliche Personen. Es sollen keinerlei Aussagen zur Grundrechtsfähigkeit von Organen oder Organteilen juristischer Personen, also etwa des Gemeinderates als solchem, seiner Untergliederungen oder der Fraktionen getroffen werden. Nach überschlägiger Prüfung dürften sich diese Organe und Organteile indes nicht auf Grundrechte berufen können, weil es an der nach Art. 19 Abs. 3 GG notwendigen „wesensmäßigen Anwendbarkeit" mangelt.[44]

### 1.1.2 Beschränkung auf die Grundrechte des Grundgesetzes

Im Rahmen dieser Arbeit wird die Frage, ob und in welchem Umfang sich das Ratsmitglied auf Grundrechte berufen kann, (ferner) auf Grundlage des Grundgesetzes beantwortet. Dabei bleiben die Landesverfassungen mit den dort normierten Grundrechten aber selbstverständlich nicht außer Betracht.[45] Diese sind zwar in vielen Fällen wortgleich mit denen des Grundgesetzes, gehen aber teilweise auch über die grundgesetzlichen Gewährleistungen hinaus und entstammen als Ausdruck des bundesdeutschen Föderalismus *„grundsätzlich selbständigen Verfassungsräumen".*[46] Infolge der umfassenden Bindungswirkung des Art. 1 Abs. 3 GG bzw. des in Art. 28 Abs. 1 Satz 1 GG enthaltenen Homogenitätsprinzips gelten die im Rahmen dieser Arbeit gefundenen Ergebnisse aber strukturell auch für die Grundrechte der Landesverfassungen.[47] Denn mit dieser Arbeit soll nur die grundsätzliche Frage geklärt werden, „ob" und „in-

---

34 Dazu 2.2.2.1.
35 Vgl. §§ 49 HGO, 27 Abs. 1 BbgKVerf.
36 Vgl. §§ 36 Abs. 1 GO LSA, § 27 Abs. 2 SächsGemO, Art. 30 Abs. 1 BayGO; 22 Abs. 1, 23 Abs. 1 ThürKO.
37 § 45 NKomVG.
38 Zur Kommunalverfassung der Landkreise *Meyer*, in: Mann/Püttner, HaKoWiP, 3. Aufl. (2007), § 25.
39 Vgl. §§ 25 LKO RP, § 1, 8 HKO.
40 Vgl. §§ 22 Abs. 1, 23 Abs. 1 LKO RP, 28 HKO.
41 Vgl. §§ 41 LKO RP; 41 HKO.
42 BbgKVerf; NKomVG, KV MV; ThürKO.
43 Zur Übersicht vgl. *Stober*, Kommunalrecht, 3. Aufl. (1996), S. 183 f.
44 Vgl. dazu *Vitzthum*, in: Merten/Papier (Hrsg.), Handbuch der Grundrechte Bd. II (2006), § 48 Rn. 10 ff.; so auch SächsOVG, NVwZ-RR 2009, 774 (775).
45 Zum Verhältnis von Bundes- und Landesgrundrechten allgemein *Hufen*, Staatsrecht II, 3. Aufl. (2011), § 4 Rn. 8.
46 Vgl. BVerfGE 4, 178 (189) – Landesgesetze zur Verwaltungsgerichtsbarkeit; 60, 175 (209) – Startbahn West; 96, 231 (242 f.) – Müllkonzept; vgl. zu den Wahlrechtsgrundsätzen auch BVerfG, NVwZ 2009, 776 (777) – passives Wahlrecht.
47 Zur Reichweite von Art. 1 Abs. 3 GG vgl. 2.1.3; zur Verpflichtung der Länder auf die Grundrechte nach dem Homogenitätsprinzip *Stern*, Staatsrecht I, 2. Aufl. (1984), S. 706; *ders.*, in: Bonner Kommentar zum Grundgesetz (156. Akt., Feb. 2012), Art. 28 Rn. 23 ff.

## 1.2 | Bestandsaufnahme: Das Ratsmitglied als Grundrechtsträger?

wieweit" sich ein Ratsmitglied auf seine Grundrechte berufen kann. Damit ist aber weder vorgegeben, ob sich ein Ratsmitglied in einem solchen Fall auf ein Grundrecht „seiner" Landesverfassung oder des Grundgesetzes beruft, noch, ob kraft Landesverfassung weitergehende Berechtigungen gewährleistet werden. Neben der insofern bestehenden Wahlfreiheit des Ratsmitglieds dürfte für die Rechtsanwendung in diesem Zusammenhang daher vor allem interessant sein, welches Gericht bei der behaupteten Verletzung von Grundrechten anzurufen ist. Maßgeblich ist insoweit die Bestimmung des § 90 Abs. 3 BVerfGG, der ausdrücklich klarstellt, dass das Recht zur Erhebung einer Verfassungsbeschwerde nach Art. 93 Abs. 1 Nr. 4a) GG das Recht, eine Verfassungsbeschwerde an das Landesverfassungsgericht nach dem Recht der Landesverfassung zu erheben, unberührt lässt. Sofern eine behauptete Grundrechtsverletzung also sowohl auf ein Grundrecht des Grundgesetzes als auch einer Landesverfassung zurückgeführt werden kann, steht dem Bürger daher der Rechtsweg sowohl zum Bundes- wie auch dem jeweiligen Landesverfassungsgericht offen.[48] Möglich sind daher theoretisch auch Parallelverfahren mit unterschiedlichem Ausgang. Dabei sind die Landesverfassungsgerichte wegen § 31 BVerfGG zwar an die Rechtsprechung des Bundesverfassungsgerichts gebunden. Sofern allerdings nach dessen Grundrechtsjudikatur Spielräume bestehen, können abschließende Entscheidungen der Landesverfassungsgerichte vor dem Bundesverfassungsgericht nicht mehr angegriffen werden.[49]

Ferner ist darauf hinzuweisen, dass auf die völker- und gemeinschaftsrechtliche Garantie der Grund- und Menschenrechte im Rahmen dieser Arbeit ebenfalls nicht näher eingegangen wird.[50] Zwar sind aufgrund des Kommunalwahlrechts für EU-Bürger nach Art. 28 Abs. 1 Satz 3 GG Beeinträchtigungen von Gemeinschaftsgrundrechten und auch der europarechtlichen Grundfreiheiten der Ratsmitglieder durchaus denkbar. Man denke nur an das auch für französische Ratsmitglieder geltende kommunale Vertretungsverbot, das aufgrund des dann existierenden grenzüberschreitenden Bezugs die Anwendbarkeit der gemeinschaftsrechtlichen Grundfreiheiten auslöst. Andererseits werden hier zumeist ähnliche und inhaltsgleiche Rechte garantiert und ist das französische Ratsmitglied aus deutscher Sicht jedenfalls auch über Art. 2 GG geschützt.[51] Das eigentliche Problem dürfte hier darum eher die Frage des Verhältnisses von nationalem Recht zu Völker- bzw. europäischem Gemeinschaftsrecht sein[52] und weniger das dieser Arbeit zugrunde liegende Problem, ob und inwieweit die Grundrechte im Amt des Ratsmitglieds Anwendung finden können.

## 1.2 Bestandsaufnahme: Das Ratsmitglied als Grundrechtsträger?

Sowohl um Grundrechte als auch Mitwirkungsrechte und Pflichten der einzelnen Ratsmitglieder entbrennt in den Gemeinderäten vor Ort ein zuweilen heftiger Streit, der nicht selten im gerichtlichen Verfahren endet. Neben den hier interessierenden Streitigkeiten mit Grundrechtsbezug, etwa Rauchverbot oder Kruzifix, geht es meist um die einfachgesetzlichen Mitwirkungs-

---

48 *Schlaich/Korioth*, Das Bundesverfassungsgericht, 8. Aufl. (2010), Rn. 349 ff.; *Ruppert*, in: Umbach/Clemens/Dollinger (Hrsg.), Bundesverfassungsgerichtsgesetz, 2. Aufl. (2005), § 90 Rn. 163 ff.
49 BVerfGE 96, 231 (242 f.) – Müllkonzept; zum Ganzen *Ruppert*, in: Umbach/Clemens/Dollinger (Hrsg.), Bundesverfassungsgerichtsgesetz, 2. Aufl. (2005), § 90 Rn. 169.
50 Überblick statt aller bei *Stern*, in: Merten/Papier (Hrsg.), Handbuch der Grundrechte Bd. I (2004), § 1 Rn. 35 ff.
51 *Hufen*, Staatsrecht II, 3. Aufl. (2011), § 6 Rn. 34, § 35 Rn. 11; *Pieroth/Schlink*, Grundrechte, 27. Aufl. (2011), Rn. 128 ff.; vgl. auch *Stern*, Staatsrecht III/1 (1988), S. 1040 f.
52 Vgl. dazu statt aller *Pernice*, in: Dreier (Hrsg.), Grundgesetz, Bd. II, 2. Aufl. (2006), Art. 23 Rn. 27 ff. und 72 ff., m. w. N.

rechte des Ratsmitglieds, wie etwa Rede- oder Teilnahmerecht.[53] Die Frage der Grundrechte im Gemeinderat ist zwar einerseits – gemessen an der Zahl der von den Gerichten entschiedenen Fälle – weniger häufig. Die hier existierenden Entscheidungen sind andererseits aber nicht weniger praxisrelevant. Insbesondere haben die hier von den Gerichten getroffenen Entscheidungen wie auch die hierzu vertretenen Auffassungen in der Wissenschaft mindestens genau so große Auswirkungen auf den Status und das Selbstverständnis der Ratsmitglieder wie die zu den „einfachen" Mitwirkungsrechten getroffenen Entscheidungen. Denn mit der Abgrenzung von Mitwirkungsrechten und Grundrechten des Ratsmitglieds wird der Status, also Funktion und Bedeutung des Rechtsinstitutes „Ratsmitglied", maßgeblich mitbestimmt.

### 1.2.1 Fallgruppen aus der Rechtsprechung

Die Frage, in welchem Verhältnis Grund- und Mitwirkungsrechte der Ratsmitglieder zueinander stehen und ob sich die Ratsmitglieder im Rahmen ihrer Amtstätigkeit auf Grundrechte berufen können, wurde und wird in der Rechtsprechung unterschiedlich beurteilt. Neben der geradezu klassischen Frage, inwieweit rauchende Ratsmitglieder die Gesundheit und damit das Grundrecht aus Art. 2 Abs. 1 GG der übrigen Ratsmitglieder beeinträchtigen, hat die Gerichte vielfach die Frage beschäftigt, inwieweit sich Ratsmitglieder im Rahmen von Sitzungen des Gemeinderates auf das Grundrecht der freien Meinungsäußerung aus Art. 5 Abs. 1 GG berufen können. Daneben existieren noch weitere grundrechtsrelevante Problemkreise im Zusammenhang mit der Rechtsstellung des Ratsmitglieds. So ergingen Entscheidungen zum Ehrenschutz kommunaler Mandatsträger, zu deren Glaubensfreiheit nach Art. 4 GG sowie zur Berufsfreiheit und zu Fragen der Gleichbehandlung nach Art. 12 und 3 GG. Dabei dienen die nachfolgenden Fallgruppen der Veranschaulichung und der Verschaffung eines Überblicks, erheben aber keinen Anspruch auf Vollständigkeit.

#### *1.2.1.1 Rauchen im Gemeinderat*

Ursprünglich nahmen einzelne Gerichte unproblematisch an, dass das Rauchen im Gemeinderat Grundrechte der passiv rauchenden Ratsmitglieder beeinträchtigen kann.[54] Dies änderte sich zu Beginn der 1980er Jahre mit einer, in ihren Auswirkungen kaum zu überschätzenden, Entscheidung des OVG Nordrhein-Westfalen.[55] In dieser sah das Gericht für den Fall des Rauchens im Gemeinderat einen kommunalverfassungsrechtlichen Organstreit als statthaft an. Dieser betreffe allein die Innenrechtsbeziehungen der Gemeinde oder ihrer Organe. Ein einzelnes Ratsmitglied könne daher nur die Verletzung ihm zugeordneter organschaftlicher Befugnisse gerichtlich geltend machen und ggf. die Beseitigung der Beeinträchtigung verlangen. Es könne sich aber nicht auf die im Außenrechtsbereich angesiedelten subjektiv-öffentlichen Rechtspositionen berufen. Dadurch scheide eine Berufung auf grundrechtliche Gewährleistungen, die dem Ratsmitglied nur als Person, nicht aber in seiner Eigenschaft als Mitglied des Rates zustünden, aus. In weiteren Entscheidungen präzisierte das OVG dann seine Rechtsauffassung:

*„Grundlage dieser Rechtsprechung ist die Erkenntnis, daß im Organstreit nicht über subjektive Rechte, sondern über körperschaftsinterne Kompetenzen zu befinden ist, die dem*

---

53  Zu den Mitwirkungsrechten im Einzelnen 2.2.2.4.2.
54  So etwa VG Würzburg, NJW 1981, 243 (243 f.).
55  OVG NRW, NVwZ 1983, 485 (486).

## 1.2 | Bestandsaufnahme: Das Ratsmitglied als Grundrechtsträger?

*Antragsteller nur im Funktionsinteresse der Körperschaft, nicht um seiner selbst willen zugewiesen sind."*[56]

In der Folge bestätigte das Gericht mehrmals seine Auffassung, wonach die kommunalen Mandatsträger im Hinblick auf ihre organinterne Amtsausübung nicht grundrechtsfähig seien.[57] Konsequenz daraus ist, dass im Falle des Rauchens im Gemeinderat dem Zuschauer ein aus Art. 2 GG resultierender grundrechtlicher Abwehranspruch zukommen soll,[58] während das Ratsmitglied nur nach Regeln des kommunalen Innenrechts, also den Bestimmungen der Gemeindeordnung über die körperschaftsinternen Mitwirkungsrechte und der Ordnungsgewalt des Vorsitzenden, die Beseitigung der Störungsquelle „Rauchen" verlangen könne.[59]

Diese Rechtsprechung zur Trennung subjektiver Rechte von zugewiesenen Kompetenzen prägt die nachfolgende Rechtsprechung sowie das rechtswissenschaftliche Schrifttum maßgeblich. Gleichwohl finden sich immer wieder Entscheidungen, die die aufgezeigte dogmatische Stringenz missen lassen. So hat etwa das OVG Rheinland-Pfalz in einer Rauchverbot-Entscheidung einerseits betont, dass dem einzelnen Ratsmitglied ein Anspruch gegen den Vorsitzenden zustehe, Störungen der äußeren Ordnung, die den Sitzungsablauf beeinträchtigen, zu beseitigen. Das Gericht spricht in seinem Beschluss dann aber von möglicherweise auftretenden Gesundheitsgefährdungen und grenzt damit Grund- und Mitwirkungsrechte des Ratsmitglieds längst nicht so deutlich ab wie zuvor das OVG Nordrhein-Westfalen.[60] Als plakatives Beispiel für die sich aus der Trennung von Grund- und Mitwirkungsrechten ergebenden Schwierigkeiten mag eine Entscheidung des VG Stade[61] (Niedersachsen) zum Rauchverbot im Gemeinderat dienen. Hier ging das VG zwar im Sinne des OVG Nordrhein-Westfalen von den Voraussetzungen eines innerorganisatorischen Störungsbeseitigungsanspruches aus. Das Gericht stützte diesen auf einen Verstoß gegen die gegenseitige Rücksichtnahme und damit einhergehend einer Beeinträchtigung des Funktionsinteresses des Rates insgesamt. Im Weiteren spricht das Gericht dann aber von *„wahrscheinlichen Gesundheitsbeeinträchtigungen"* und einem *„begründeten Verdacht möglicher Gesundheitsschäden für den betroffenen Nichtraucher"*. Weiterhin seien die Ratsmitglieder *„schwerwiegenden Einwirkungen auf ihr Wohlbefinden ausgesetzt"*. Das Gericht schließt (im Abdruck der NJW) dann mit folgender Passage: *„Dem Recht des Rauchers auf freie Entfaltung seiner Persönlichkeit steht das Recht des Nichtrauchers auf körperliche Unversehrtheit als höherrangig gegenüber."*

### 1.2.1.2 Meinungsäußerungsfreiheit

Für das Verhältnis von ratsinternem Rederecht und Meinungsäußerungsfreiheit nach Art. 5 Abs. 1 S. 1 GG läßt sich ein differenzierteres, aber auch klareres Bild der Rechtsprechung herausarbeiten. Die Gerichte scheinen hier dem Ratsmitglied die Berufung auf sein Grundrecht versagen zu wollen, wenn es von seinem kommunalverfassungsrechtlichem Rederecht im Gemeinderat Gebrauch macht. Eine Berufung auf die Meinungsäußerungsfreiheit soll aber möglich sein, sofern private Meinungsäußerungen in die Ratssitzung hineingetragen werden.

---

56 OVG NRW, OVGE MüLü 42, 70 (76); ebenso Beschl. v. 29. 11. 1988 – 15 B 3259/88 (juris), Rn. 6; OVG NRW, DVBl. 1993, 212 (213).
57 OVG NRW, DVBl. 1991, 498 (499f.).
58 Vgl. dazu BVerwG, NVwZ 1990, 165 (165); das OVG Nds. hatte zuvor noch einen Abwehranspruch des Zuschauers unter Verweis auf den nur den Ratsmitgliedern zustehenden Störungsbeseitigungsanspruch verneint, DVBl. 1989, 935 (935f.).
59 OVG NRW, DVBl. 1991, 498 (499f.).
60 OVG RP, NVwZ-RR 1990, 98 (98f.).
61 VG Stade, NJW 1988, 790.

So hat etwa das OVG Rheinland-Pfalz die Grundrechtsfähigkeit eines Ratsmitglieds bejaht als dieses einen Aufkleber mit der Aussage „L. Atomwaffenfreie Stadt" in der Ratssitzung trug und dessen Verbot an der Meinungsäußerungsfreiheit des Ratsmitglieds gemessen. Die Gemeindeordnung mit dem darin normierten Sitzungs- und Hausrecht des Vorsitzenden sei als „allgemeines Gesetz" im Sinne von Art. 5 Abs. 2 GG dazu geeignet, die Meinungsäußerung des Ratsmitglieds wirksam einzuschränken, um eine Atmosphäre von Ruhe und Sachlichkeit im Rat zu schaffen und zu sichern.[62] Demgegenüber soll das durch einen förmlichen Ordnungsruf betroffene Ratsmitglied nur die Verletzung einer Rechtsposition (innerorganschaftlicher Art) geltend machen können. Denn im Bereich des organschaftlichen Rederechts gehe nicht um den Bereich der grundrechtlich gesicherten Meinungsäußerungsfreiheit, wie sie dem Ratsmitglied als Staatsbürger zustehe.[63] Dieses Grundrecht stehe dem Kläger gerade nicht in seiner Eigenschaft als Amtswalter, sondern nur als Privatperson zu.[64] In dem hierauf folgenden Revisionsverfahren führte das Bundesverwaltungsgericht dann aus:

> *„Es ist nicht zweifelhaft und bedarf daher keiner Klärung in einem Revisionsverfahren, daß ein Ratsmitglied auch während der Ratssitzungen nicht sein Recht zur freien Meinungsäußerung verliert. Es steht ihm jedoch nicht einschränkungslos, sondern nur insoweit zu, als der ordnungsgemäße Ablauf der Sitzung für private Meinungsäußerungen Raum lässt. Da die Ratssitzungen einem anderen Zweck, nämlich der Willensbildung der Gemeinde dienen, muß das Ratsmitglied (wie übrigens auch jeder andere Sitzungsteilnehmer) während der Sitzungen um der Funktionsfähigkeit der gemeindlichen Selbstverwaltung willen Einschränkungen seines Grundrechts aus Art. 5 I 1 GG hinnehmen. Wird durch eine dem Schutzbereich dieses Grundrechts unterfallende Meinungsäußerung der ordnungsgemäße Ablauf der Sitzung gestört, so kann der Ratsvorsitzende eine solche Störung auf Grund der ihm nach der Gemeindeordnung zustehenden Leitungs- und Ordnungsbefugnisse unterbinden. Die entsprechende Vorschrift der Gemeindeordnung ist, wie das BerGer. zutreffend erkannt hat, ein „allgemeines Gesetz" i. S. des Art. 5 II GG, das die Meinungsfreiheit der Sitzungsteilnehmer wirksam einschränkt."*[65]

Diese Argumentation soll allerdings dann nicht gelten, wenn das Ratsmitglied „zur Sache", also einem Beratungsgegenstand im Rat spricht. Denn der Gemeinderat sei kein Forum zur Äußerung und Verbreitung privater Meinungen, sondern ein Organ der Gemeinde, das die Aufgabe habe, der Gemeinde durch Willensbildung die nötige Entscheidungs- und Handlungsfähigkeit zu verschaffen:

> *„Demgemäß nimmt das Ratsmitglied, das sich zu einem Tagesordnungspunkt zu Wort meldet, nicht seine im GG verbürgten Freiheitsrechte gegenüber dem Staat, sondern organschaftliche Befugnisse in Anspruch, die ihm als Teil eines Gemeindeorgans verliehen sind (...). Der organschaftliche Charakter seines Rederechts kommt vor allem darin zum Ausdruck, dass dieses Recht nur in den Grenzen der gemeindlichen Aufgabenzuständigkeit und nur nach Maßgabe der den Ablauf der Ratssitzungen regelnden Verfahrensbestimmungen der GemO und der GeschO des Rates besteht."*[66]

Zur Begründung verweist das Bundesverwaltungsgericht auf das Rederecht des Abgeordneten im Bundes- bzw. Landtag, das ebenfalls unabhängig von grundrechtlichen Freiheiten be-

---

62 OVG RP, DÖV 1985, 632.
63 OVG RP, AS 25, 74 (78).
64 OVG RP, AS 21, 206 (208 f.).
65 BVerwG, DVBl. 1988, 792 (793); BVerwGE 85, 283 (286); so wohl auch VG Oldenburg, Urt. v. 29. 09. 2005 – 2 A 68/03 (juris), Rn. 33.
66 BVerwG, DVBl. 1988, 792 (793).

## 1.2 | Bestandsaufnahme: Das Ratsmitglied als Grundrechtsträger?

stehe.[67] Insgesamt dürfte nach der Rechtsprechung des Bundesverwaltungsgerichts daher eine Trennlinie zwischen amtlicher Kompetenz und grundrechtlichem Freiheitsraum zu ziehen sein.[68] Die Berufung auf das Grundrecht der Meinungsäußerungsfreiheit dürfte also nur dann ausscheiden, wenn das Ratsmitglied gerade sein mitgliedschaftliches Rederecht im Gemeinderat in Anspruch nimmt.[69] In diesem Sinne dürfte ferner auch die Entscheidung des Bundesverfassungsgerichts zu werten sein, das im Rahmen einer Verfassungsbeschwerde eines Ratsmitgliedes dessen strafrechtliche Verurteilung wegen Beleidigungs am Maßstab der Meinungsäußerungsfreiheit nach Art. 5 Abs. 1 GG prüft, obwohl die behauptete „Beleidigung" im Rahmen einer Ratssitzung erfolgt war.[70] Und auch wenn das Ratsmitglied außerhalb des Gemeinderates redet und dadurch Verschwiegenheitsverpflichtungen verletzt, stellt dementsprechend ein ihm deswegen auferlegtes Ordnungsgeld einen rechtfertigungsbedürftigen Eingriff in Art. 5 Abs. 1 GG dar.[71]

### 1.2.1.3 Allgemeines Persönlichkeitsrecht

Eine wieder andere Situation ergibt sich für das allgemeine Persönlichkeitsrechts aus Art. 2 i. V. m. Art. 1 Abs. 1 GG. Geht es im Gemeinderat einmal „hoch her", kann es im Einzelfall durchaus auch zu Beleidigungen kommen, die in das dem allgemeinen Persönlichkeitsrecht unterfallenden Recht der persönlichen Ehre eingreifen können.

Hier hatte beispielsweise das VG Würzburg über einen öffentlich-rechtlichen Unterlassungs- und Widerrufsanspruch[72] wegen ehrverletzender Äußerungen zu entscheiden.[73] Ein Ratsmitglied hatte nach Wertung des Gerichts in amtlicher Eigenschaft den Bürgermeister und den Schriftführer des Gemeinderates unter anderem der Fälschung der Sitzungsniederschriften bezichtigt und den Gemeinderat insgesamt als „kriminelle Vereinigung" tituliert. Das Gericht sah diese Behauptungen als unwahr und ehrverletzend an und verurteilte das Ratsmitglied im Rahmen eines kommunalen Organstreitverfahrens zu Widerruf und Unterlassung. Die Äußerungen griffen in das Recht auf Ehre des Bürgermeisters, des Schriftführers und des Gemeinderates ein. Letzterer sei zwar keine natürliche Person, allerdings könnten durch die Bezeichnung als „kriminelle Vereinigung" alle übrigen Ratsmitglieder als durch ihre Zugehörigkeit zum Gemeinderat abgegrenzte Personengruppe in ihrer jeweiligen personalen Ehre betroffen sein. Das Ehrenrecht sei als Bestandteil des allgemeinen Persönlichkeitsrechts durch Art. 2 Abs. 1 GG geschützt, weshalb das Gericht das Begehren auf Unterlassung künftiger Äußerungen explizit auf die Abwehrdimension der Grundrechte stützte.[74] Ähnlich urteilte vor kurzem das Verwal-

---

67  BVerwG, DVBl. 1988, 792 (793); vgl. zu Tonbandaufzeichnungen durch Journalisten, die nur die mitgliedschaftliche Stellung des Ratsmitglieds beeinträchtigen sollen BVerwGE 85, 283 (286 ff.); ähnlich argumentiert das BVerwG bei der Frage der Wahlwerbung durch Bürgermeister, vgl. BVerwGE 104, 323 (326).
68  So etwa auch OVG Nds., Urt. v. 3. 09. 1991, 10 M 5462/91 (juris), Rn. 9; OVG, Beschl. v. 27. 06. 1995, 2 L 257/93 (juris), Rn. 55; in diesem Sinne bereits VGH BW, NVwZ 1984, 664 (665) und NVwZ-RR 1993, 505 (506).
69  BVerwGE 85, 283 (286 f.); in diesem Sinne der VGH BW, NVwZ-RR 2001, 262, wonach die Verpflichtung eines Gemeinderates, die ihm übertragenen Geschäfte uneigennützig und verantwortungsbewusst zu führen, sein (Grund)Recht, (auch) in Angelegenheiten der Gemeinde bei einer öffentlichen Veranstaltung seine Meinung frei zu äußern, nicht einschränkt.
70  BVerfG, NJW 2009, 749 (749 f.) – Dummschwätzer.
71  BVerwG, NVwZ 1989, 975; so auch VG Düsseldorf, Urt. v. 14. 08. 2009 – 1 K 6465/08 (juris), Rn. 98 ff.; nachgehend OVG NRW, NWVBl. 2010, S. 237 (238).
72  Allg. dazu *Hufen*, Verwaltungsprozessrecht, 8. Aufl. (2011), § 27 Rn. 3 ff.; a. a. O., § 28 Rn. 5, 11; je m. w. N.
73  VG Würzburg, Urt. v. 27. 11. 2002, W 2 K 02 828 (juris), Rn. 47 f., 51 ff., 111 f.; zuvor bereits im einstweiligen Rechtsschutz VG Würzburg, Beschl. v. 19. 09. 2002, W 2 E 02 829 (juris) Rn. 33 ff.; vgl. zum Ehrenschutz auch VG Oldenburg, Urt. v. 29. 09. 2005, 2 A 68/03 (juris), Rn. 21, 33.
74  Zum Ehrenschutz als Element des allg. Persönlichkeitsrechts *Murswiek*, in: Sachs (Hrsg.), Grundgesetz, 6. Aufl. (2011), Art. 2 Rn. 123 f., 130; *Tettinger*, JuS 1997, S. 769 (770).

tungsgericht Oldenburg und sprach in dem in der Einleitung genannten Fall davon,[75] dass eine vom Rat einer Gemeinde beschlossene Missbilligung eines einzelnen Ratsmitglieds einen Eingriff in dessen Persönlichkeitsrecht darstelle.[76] In der Sache führt das Gericht hier eine Grundrechtsprüfung durch und spricht von einer einer „*Verletzung des Persönlichkeitsrechts*"[77] und „*verfassungsrechtlich garantierter Rechte*".[78] Und auch das kritisierte Fehlen einer Ermächtigungsgrundlage ist typischerweise im Zusammenhang mit der verfassungsrechtlichen Rechtfertigung eines Eingriffs in Grundrechte zu prüfen.[79]

Im Gegensatz dazu sollen sich nach dem sächsischen Oberverwaltungsgericht Organe und Organteile öffentlich-rechtlicher Gebietskörperschaften nicht auf das allgemeine Persönlichkeitsrecht berufen können. In diesem Fall hatte eine Ratsfraktion ihr Klagebegehren auf Grundrechte gestützt. Deren Handeln soll sich, sofern die Wahrnehmung organschaftlicher Befugnisse im Streit steht, als Ausübung öffentlicher Gewalt darstellen.[80] Die gleiche Stoßrichtung dürfte das Oberverwaltungsgericht des Saarlandes verfolgen. Nach einer jüngeren Entscheidung dieses Gerichts können dem Begehren von Journalisten, in Ratssitzungen Ton- und Bildaufnahmen anzufertigen, nicht die Persönlichkeitsrechte der einzelnen Ratsmitglieder, sondern nur die Funktionsfähigkeit des Rats als solchem entgegengehalten werden. Denn die Ratsmitglieder seien insofern nicht als Person, sondern als Amtsträger betroffen. Ihre Persönlichkeitsrechte würden hierdurch relativiert und müssten hinter den für eine lebendige Demokratie bedeutsamen Grundrechten der Informations- und Rundfunkfreiheit der Journalisten zurücktreten.[81]

Einen wieder anderen Lösungsweg beschritt zunächst das OVG Rheinland-Pfalz und stützte einen Widerrufsanspruch gegen ein Ratsmitglied nicht auf den öffentlich-rechtlichen Folgenbeseitigungsanspruch, sondern auf die entsprechenden zivilrechtlichen Grundsätze. Es ordnete beleidigende Äußerungen also nicht dem öffentlichen, sondern dem privaten Recht zu.[82] Allerdings zog es in dieser Entscheidung die (öffentlich-rechtlichen) Vorschriften des Kommunalverfassungsrechts zur Beurteilung der Voraussetzungen des (zivilrechtlichen) Widerrufsanspruchs heran. In einer späteren Entscheidung zu beleidigenden Äußerungen im Gemeinderat, aber außerhalb eines verwaltungsgerichtlichen Organstreits, wägt das Gericht dann die Meinungsäußerungsfreiheit aus Art. 5 GG unmittelbar mit dem Ehrenschutz ab.[83] Denn der Widerrufsanspruch sei zumindest dann im öffentlichen Recht begründet, wenn die Äußerungen nicht das Gepräge einer privaten Meinungsäußerung hätten.[84]

### 1.2.1.4 *Kruzifix und religiöse Beteuerung*

Welchen Schwierigkeiten sich die Gerichte bei der Beurteilung der Frage ausgesetzt sehen, ob Ratsmitglieder sich auf Grundrechte berufen können, zeigt sich auch am Beispiel von Art. 4 GG. So hatte sich vor kurzem ein Kreistagsmitglied gegen ein im Sitzungssaal hängendes Kruzifix gewehrt. Dieses sei unter anderem mit seiner Bekenntnisfreiheit aus Art. 4 Abs. 1 GG unvereinbar. Der VGH Hessen konstatierte diesbzüglich im Rahmen des vorläufigen Rechtsschutzes

---

75 VG Oldenburg, Urt. v. 12.01.2010 – 1 A 1062/09 (juris).
76 VG Oldenburg, Urt. v. 12.01.2010 – 1 A 1062/09 (juris), Rn. 23.
77 VG Oldenburg, a. a. O., Rn. 21.
78 VG Oldenburg, a. a. O., Rn. 28.
79 *Hufen*, Staatsrecht II, 3. Aufl. (2011), § 9; *Pieroth/Schlink*, Grundrechte, 27. Aufl. (2011), Rn. 263 ff.
80 Sächs. OVG, NVwZ-RR 2009, 774 (776).
81 OVG SL, Beschl. v. 30.08.2010 – 3 B 203/10 (juris), Rn. 54 f. (66) = LKRZ 2010, 433 f. – Leitsatz; vgl. auch BVerwGE 85, 283 (286).
82 OVG RP, NJW 1992, 1844 f.
83 OVG RP, AS 25, 182 (187 f.).
84 OVG RP, AS 25, 182 (186).

## 1.2 | Bestandsaufnahme: Das Ratsmitglied als Grundrechtsträger?

zwar zunächst, dass es keiner Entscheidung bedürfe, ob im Kommunalverfassungsstreitverfahren Grundrechte geltend gemacht werden könnten. Anschließend fühlte sich das Gericht aber dennoch hervorzuheben bemüßigt, dass es im vorliegenden Fall um die unbeeinträchtigte Mitwirkung einer demokratisch legitimierten Mandatsträgerin an der Willensbildung und Entscheidungsfindung des parlamentarischen Organs des Kreises und mit ihrer Glaubens- und Bekenntnisfreiheit um ein Grundrecht gehe, dass in enger Beziehung zur Menschenwürde als oberstem Wert im System der Grundrechte stehe. In der Sache dürfte der VGH Hessen daher Grundrechte angewandt haben.[85] Jedenfalls konstatierte das VG Darmstadt in der hierauf folgenden Hauptsacheentscheidung im Rahmen eines kommunalen Organstreitverfahrens: *„Der Klägerin stehen nicht nur als Person im staatsfreien Raum, sondern auch als ehrenamtlich tätigem Kreistagsmitglied Grundrechte zu, soweit deren Inanspruchnahme den ordnungsgemäßen Ablauf der Sitzungen des Kreistages nicht stört.“*[86]

Auch in anderem Zusammenhang kann die Glaubens- und Gewissensfreiheit eines kommunalen Mandatsträgers aus Art. 4 GG mit den Regelungen der Kommunalverfassung konfligieren. So ist in der bayerischen Kommunalverfassung die Ableistung eines Amtseides bei Amtsantritt vorgesehen.[87] Auf die Klage eines gewählten Kreistagsmitglieds, dass sich aufgrund seiner Glaubensüberzeugungen nicht in der Lage sah, zu schwören und anbot seine Verfassungs- und Gesetzestreue anderweitig feierlich zu beteuern, entschied das Bundesverfassungsgericht, dass bereits die Eidespflicht einen rechtfertigungsbedürftigen Eingriff in dessen nach Art. 4 Abs. 1 GG geschützte Glaubens- und Gewissensfreiheit darstelle.[88]

### 1.2.1.5 Kommunales Vertretungsverbot

Ähnliche aus der rechtlichen Stellung des Ratsmitglieds erwachsende Schwierigkeiten hängen mit dem sog. kommunalen Vertretungsverbot zusammen. Danach dürfen Ratsmitglieder Ansprüche und Interessen eines Dritten gegen die Gemeinde grundsätzlich nicht geltend machen, sofern sie nicht als gesetzlicher Vertreter handeln.[89] Betroffen von dieser Regelung sind vor allem Ratsmitglieder, die den Beruf des Rechtsanwalts oder Architekten ausüben und aufgrund des Vertretungsverbots grundsätzlich nicht gegen „ihre" Gemeinde tätig werden dürfen. In diesem Fall hatte das Bundesverfassungsgericht einen Eingriff in den Schutzbereich von Art. 12 GG in mehreren Entscheidungen ausdrücklich verneint und stattdessen Art. 2 Abs. 1 GG angewendet.[90] Später ließ es die Frage, ob der Schutzbereich der Berufsfreiheit berührt ist, offen, weil ein Eingriff jedenfalls gerechtfertigt wäre.[91] Das Bundesverwaltungsgericht hatte zuvor mehrfach betont, dass der Schutzbereich von Art. 12 Abs. 1 GG durch das kommunale Vertretungsverbot durchaus tangiert sei.[92] Unabhängig davon musste durch ein Verwaltungsgericht unlängst hervorgehoben werden, dass auch einem Mandatsträger unabhängig von seiner Verpflichtung, sich für das Wohl seiner Gemeinde einzusetzen, ein Freiraum privater Disposi-

---

85 Hess. VGH, NJW 2003, 2471 (2471).
86 VG Darmstadt, Urt. v. 26.09.2003, 3 E 2482/02(1) (juris), Rn. 17; NJW 2003, 455 (456).
87 Art. 31 Abs. 4 BayGO bzw. 24 Abs. 4 BayLKrO.
88 BVerfGE 79, 69 (75 ff.) – feierliche Beteuerung.
89 Vgl. §§ 17 Abs. 3 GemO BW; 31 Abs. 2 i. V. m. 23 BbgKVerf; 35 Abs. 2 i. V. m. 6 HGO; 26 KV MV; 43 Abs. 2 i. V. m. 32 GO NRW; 54 Abs. 3 i. V. m. 42 NkomVG; 21 GemO RP; 26 Abs. 2 KSVG SL; § 19 Abs. 3 SächsGemO; 30 Abs. 3 GO LSA; 32 Abs. 3 GO SH.
90 BVerfGE 41, 231 (241) – Vertretungsverbot I; 52, 42 (54) – Vertretungsverbot II; 56, 99 (107) – Vertretungsverbot III; 61, 68 (72) – Vertretungsverbot IV.
91 BVerfG, NJW 1988, 694 (694 f.) – Vertretungsverbot V.
92 BVerwG, NJW 1984, 377; NJW 1988, 1994.

tionen und beruflicher Lebensplanung unter Einbeziehung von Gesichtspunkten wie der Existenzsicherung zuzubilligen sei.[93]

### 1.2.1.6 Stimmenthaltungsverbot

Gleich mehrere Grundrechte der bayerischen Landesverfassung prüfte der Bayerische Verfassungsgerichtshof hinsichtlich des in Art. 48 Abs. 1 S. 2 BayGO normierten Stimmenthaltungsverbots für Ratsmitglieder.[94] Danach dürfen sich Ratsmitglieder bei Wahlen und Abstimmungen im Gemeinderat in Bayern nicht der Stimme enthalten, nach Satz 1 der Vorschrift besteht für sie überdies auch noch die Pflicht zur Teilnahme an Ratssitzungen. Das Gericht erklärte das Stimmenthaltungsverbot in seiner Entscheidung sowohl als vereinbar mit den Grundsätzen des freien Mandats, als auch mit den Grundrechten der Ratsmitglieder. Es nahm zwar einen Eingriff in den Schutzbereich der Meinungsfreiheit in Art. 110 Abs. 1 BayVerf an, rechtfertigte diesen aber mit den Grundsätzen kommunaler Selbstverwaltung. Insbesondere die Eigenschaft der Ratsmitglieder als Inhaber eines kommunalen Ehrenamtes sei als sachlicher Grund für die Einschränkung der Meinungsfreiheit anzuerkennen. Mit der (freiwilligen) Wahl zum Ratsmitglied habe dieses auch die Pflicht zur Sachentscheidung übernommen.[95] Daneben sei der sachlichen Schutzbereich der Gewissensfreiheit, Art. 107 Abs. 1 BayVerf mangels Vorliegen einer Gewissensentscheidung nicht eröffnet und auch die Menschenwürde, Art. 100 BV, und der Gleichheitssatz, Art. 118 Abs. 1 BayVerf, nicht verletzt. An keiner Stelle prüfte das Verfassungsgericht, dass einem Ratsmitglied als Teil eines gemeindlichen Organs die Berufung auf Grundrechte a priori verwehrt sein könnte.

### 1.2.1.7 Gleichbehandlung

Der Gleichbehandlungsgrundsatz war in mehreren Facetten Gegenstand gerichtlicher Entscheidungen. Bezüglich der speziellen Wahlrechtsgleichheit entschied etwa das OVG Rheinland-Pfalz im Rahmen einer kommunalen Wahlanfechtung über die Besetzung von Ausschüssen im Gemeinderat. Hier wendete das Gericht die Grundsätze der Wahlgleichheit an,[96] ohne allerdings zu präzisieren, ob es diesen Grundsatz aus dem Grundgesetz[97] oder der Verfassung für Rheinland-Pfalz[98] herleitete. Das Bundesverfassungsgericht hatte die Wahlrechtsgleichheit dabei ursprünglich aus Art. 3 und 28 GG hergeleitet.[99] Nach der jüngeren Rechtsprechung des Gerichts gelten die in Art. 28 Abs. 1 GG niedergelegten Grundsätze demgegenüber allerdings abschließend und soll für einen Rückgriff auf Art. 3 GG kein Raum verbleiben.[100] Eine analoge Anwendung der Wahlrechtsgrundsätze des Art. 38 Abs. 1 Satz 1 GG scheide ebenfalls aus, da dieser sich nur auf Wahlen zum Deutschen Bundestag beziehe.[101] Da Art. 28 Abs. 1 Satz 2 GG zudem nur objektiv-rechtliche Bindungen entfalte könne subjektiv-rechtlicher Rechtsschutz im Falle von Kommunalwahlen nur durch die Länder gewährt werden (dazu sogleich).

---

93 VG Osnabrück, Beschl. v. 17. 10. 2008, 1 B 27/08 (juris), Rn. 27 = NJW-RR 2009, 260 (Leitsatz).
94 BayVerfGH, BayVBl. 1984, 621 ff.
95 BayVerfGH, BayVBl. 1984, 621 (623).
96 OVG RP, NVwZ-RR 1996, S. 591 (592).
97 Art. 28 Abs. 1 Satz 2 GG.
98 Art. 50 Satz 1 i. V. m. Art. 76 Abs. 1 LV RP.
99 BVerfGE 12, 73 (77) – Inkompatibilität.
100 BVerfGE 99, 1 (8 ff.) – Bay. Kommunalwahlen.
101 BVerfG, NJW 2009, S. 776 ff.; BVerfGE 3, 383 (391) – Landeswahlgesetz NRW; 6, 121 (130) – Kommunalwahlgesetz NRW; 6, 376 (384) – Kommunalwahlgesetz BW; 99, 1 (7) – Bay. Kommunalwahlen; BVerfG, NVwZ 2009, S. 776 (777) – passives Wahlrecht.

## 1.2 | Bestandsaufnahme: Das Ratsmitglied als Grundrechtsträger?

Ob der allgemeine Gleichheitssatz – sei er grundgesetzlich oder in der jeweiligen Landesverfassug normiert – unbeschadet der speziellen Wahlrechtsgleichheit im Gemeinderat Anwendung finden kann, scheint ebenfalls nicht letztverbindlich geklärt. So sah das Bundesverfassungsgericht zwar den allgemeinen Gleichheitssatz anwendbar, aber nicht verletzt, wenn kommunale Mandatsträger aufgrund des kommunalen Vertretungsverbotes Ansprüche nicht gegen ihre Kommune, Abgeordnete des Landtages Ansprüche aber gegen das Land geltend machen dürften.[102] Und auch das Bundesverwaltungsgericht spricht explizit davon, dass das Grundrecht aus Art. 3 Abs. 1 GG des Kreisrates verletzt sei, wenn Verdienstausfallentschädigungen nur für angestellte, nicht aber selbständige Kreistagsmitglieder gewährt werde.[103] An anderer Stelle sah das Bundesverwaltungsgericht dagegen keinen Verstoß gegen den Gleichheitssatz des Art. 3 Abs. 1 GG, wenn die Mindest-Fraktionsgröße durch die Geschäftsordnung eines Gemeinderates auf 3 Ratsmitglieder festgelegt sei, Vertretungen anderer Gemeinden gleicher Größe eine Fraktionsbildung aber bei nur zwei Gemeinderatsmitgliedern zulassen. Denn der jeweilige Normgeber sei nur verpflichtet, in seinem Herrschaftsbereich den Gleichheitssatz zu wahren.[104] Das Bundesverfassungsgericht hat indes gerade im Fall der Bildung einer Ratsfraktion sich einer Festlegung enthalten, ob die klagenden Ratsmitglieder ihr Grundrecht aus Art. 3 Abs. 1 GG geltend machen könnten, da jedenfalls gegen den Gleichheitssatz nicht verstoßen worden sei.[105] In der Folge entschied dann ein Instanzgericht, dass sich der *„Funktionsträger"* eines kommunalen Organs nicht auf sein Grundrecht aus Art. 3 Abs. 1 G berufen könne, der kommunale Satzungsgeber bei der Regelung der Rechtsverhältnisse des Funktionsträgers aber an den im Rechtsstaatsprinzip des Art. 20 Abs. 3 GG verankerten objektiv-rechtlichen Gleichheitssatz gebunden sei.[106]

### 1.2.1.8 *Verfassungsbeschwerde für Ratsmitglieder?*

Das Bundesverfassungsgericht hatte am Beispiel des kommunalen Vertretungsverbotes wie oben dargestellt den Ratsmitgliedern zumindest die Möglichkeit eröffnet, sich auf Art. 2 GG zu berufen und später einen etwaigen Eingriff in Art. 12 GG als jedenfalls gerechtfertigt angesehen.[107] In der Folge verwarf es dann zunächst Verfassungsbeschwerden von Ratsmitgliedern, weil kein Sachverhalt vorgetragen worden sei, nach dem eine Verletzung der Rechte als Mitglied einer kommunalen Vertretungskörperschaft als möglich erscheine.[108] Dies sei allerdings unverzichtbar, wenn sich Organe öffentlich-rechtlicher Körperschaften oder Teile solcher Organe der Fähigkeit berühmten, Träger von Grundrechten zu sein.[109] In der Folge verwehrte das Gericht kommunalen Mandatsträgern dann aber die Berufung auf Grundrechte im Rahmen einer Verfassungsbeschwerde. Denn das Verfahren der Verfassungsbeschwerde sei nicht statthaft, wenn Mitglieder kommunaler Vertretungskörperschaften gegenüber hoheitlichen Maßnahmen, die sie in ihrem Status als Mandatsträger beträfen, eine Verletzung von Grundrechten geltend machten. Bei der Verfassungsbeschwerde handele es sich um den spezifischen Rechtsbehelf des Bürgers gegen den Staat, wenn dieser in die grundrechtliche oder durch grundrechtsgleiche Gewährleistungen gesicherte Sphäre des Bürgers eingreife. Die Mitglieder einer kom-

---

102  BVerfG, NJW 1988, S. 694.
103  BVerwG, NVwZ 1990, 162 (163 f.).
104  BVerwG, NJW 1980, 304; ebenso BVerwG, NJW 1984, 377 (378).
105  BVerfG, NVwZ-RR 2005, 494 (495).
106  VG Magdeburg, Urt. v. 25. 09. 2008, 9 A 147/07 (juris), Rn. 32.
107  BVerfGE 41, 231 (241) – Vertretungsverbot I; 52, 42 (54) – Vertretungsverbot II; 56, 99 (107) – Vertretungsverbot III; 61, 68 (72) – Vertretungsverbot IV; NJW 1988, 694 – Vertretungsverbot V.
108  BVerfGE 78, 344 (348) – kommunaler Mandatsträger.
109  BVerfG, NVwZ 1990, 355 (355 f.); vgl. auch Beschl. v. 08. 03. 1995, 2 BvR 1295/91 (juris), Rn. 1.

munalen Vertretungskörperschaft seien dagegen Inhaber eines öffentlichen Amtes und übten kraft dieses Amtes hoheitliche Befugnisse aus. Darum könnten sie gegenüber hoheitlichen Maßnahmen, die sie in ihrem Status als Mandatsträger beträfen, keine Verletzung von Grundrechten im Wege der Verfassungsbeschwerde geltend machen.[110] Ist der Status als Mandatsträger dagegen nicht betroffen, erachtet das Bundesverfassungsgericht die Verfassungsbeschwerde demgegenüber als zulässig.[111] Unabhängig davon hat das Gericht die Anwendbarkeit der Justizgrundrechte wegen deren objektiver Bedeutung bereits bejaht.[112]

Für den Fall der Wahlrechtsgleichheit der Ratsmitglieder sieht das Gericht die Verfassungsbeschwerde hingegen nach seiner jüngeren Rechtsprechung als generell unstatthaft an. Diesbezüglich genössen die Länder, denen die Gesetzgebungskompetenz für ihre jeweilige Kommunalverfassung zukomme, bei der Ausgestaltung von Wahlsystem und Wahlrecht Autonomie und könnten den Zugang zu ihren Parlamenten und kommunalen Volksvertretungen selbst regeln. Die in Art. 28 Abs. 1 GG niedergelegten Wahlrechtsgrundsätze entfalten danach eine Sperrwirkung insbesondere gegenüber Art. 3 GG.[113] Gleichzeitig sollen sie nur objektiv-rechtliche Bindungen entfalten und enthalten keine subjektiven Rechte.[114] Behauptete Verstöße gegen die Wahlrechtsgleichheit des Grundgesetzes sind nach der Rechtsprechung des Bundesverfassungsgerichts daher nur im Falle eines Gesetzes und dann nur mittels der (abstrakten oder konkreten) Normenkontrolle angreifbar. Subjektiver Rechtsschutz im Bereich des Wahlrechts bei politischen Wahlen ist demgegenüber durch das jeweilige Land in seinem Verfassungsraum zu gewährleisten.[115]

### 1.2.1.9 Zwischenergebnis

Die herausgearbeiteten Fallgruppen der Rechtsprechung zeichnen ein uneinheitliches Bild von der aufgeworfenen Frage, ob und in welchen Fällen sich Ratsmitglieder auf ihre Grundrechte berufen können. Einerseits zeigen die Entscheidungen am Beispiel der Abgrenzung von kommunalverfassungsrechtlichem Rederecht und grundrechtlicher Meinungsäußerungsfreiheit die Möglichkeit, die organschaftlichen Befugnisse des Ratsmitglieds im Gemeinderat von seinen im Grundgesetz verbürgten Freiheitsrechten gegenüber dem Staat zu unterscheiden.[116] Insoweit könnten die Ratsmitglieder als Inhaber eines öffentlichen Amtes, kraft dessen sie hoheitliche Befugnisse ausüben, sich nicht auf Grundrechte berufen.[117] Einer solchen „Alles-oder-Nichts" Lösung, bei der den Ratsmitgliedern die Berufung auf Grundrechte gänzlich versagt wird, wenn die Wahrnehmung organschaftlicher Befugnisse in Rede steht,[118] begegnet die jüngere Rechtsprechung differenzierter. Denn wenn auch die Abgrenzungen im Einzelfall schwierig zu sein scheint, so zeigen doch etwa die Beispiele des Kuzifixes im Kreistag, der feierlichen Beteuerung oder der „Beleidigungsfälle", dass die Berufung auf Grundrechte auch „innerhalb"

---

110 BVerfG, NVwZ 1994, 56 (57); NVwZ-RR 2012, 2 (2); ähnl. VerfG Bbg., LKV 2009, 27 f.
111 BVerfG, NJW 2009, 749 (749 f.) – Dummschwätzer.
112 BVerfG, Beschl. v. 16. 03. 2005, 2 BvR 315/05 (juris), Rn. 17 = NVwZ-RR 2005, 494, Passage dort nicht abgedruckt; die Justizgrundrechte werden vom BVerfG aber teils nicht als individualschützende Grundrechte, sondern objektive Verfahrensgrundsätze angesehen, vgl. BVerfGE 61, 82 (104) – Sasbach.
113 BVerfGE 99, 1 (8 ff.) – Bay. Kommunalwahlen; ebenso scheidet eine analoge Anwendung der Wahlrechtsgrundsätze des Art. 38 Abs. 1 Satz 1 GG aus, BVerfG, NVwZ 2009, 776 (777) – passives Wahlrecht.
114 BVerfG, NVwZ 2009, 776 (777) – passives Wahlrecht.
115 BVerfG, NVwZ-RR 2012, 2 (3); so auch BVerfG, NVwZ 2009, 776 (777) – passives Wahlrecht; vgl. dazu etwa VerfG Bbg., Beschl. v. 16. 10. 2008 – 46/08, 7/08 EA (juris); BayVerfGH, Entsch. V. 11. 01. 2010 – Vf. 79-VI-09 (juris), Rn. 18 ff.; VG München, Urt. v. 12. 10. 2009 – M 7 K 08 3929 (juris), Rn. 25.
116 Vgl. BVerwG, DVBl. 1988, 792 (793).
117 Vgl. BVerfG, NVwZ 1994, 56 (57); ähnlich auch VerfG Bbg., Beschl. v. 16. 10. 2008, 46/08 – 7/08 EA, LKV 2009, 27 f.
118 Vgl. auch OVG NRW, NVwZ 1983, 485 (486).

## 1.2 | Bestandsaufnahme: Das Ratsmitglied als Grundrechtsträger?

des Gemeinderats möglich sein soll. Unabhängig davon wendet das Bundesverfassungsgericht die Justizgrundrechte des Grundgesetzes wegen deren objektiver Bedeutung stets an.[119]

### 1.2.2 Meinungsstand in der Literatur

In Wissenschaft und Lehre wurde das Problem der Grundrechtsfähigkeit von Ratsmitgliedern vor der Leitentscheidung des OVG Nordrhein-Westfalen teilweise nicht problematisiert[120] oder die Möglichkeit des Ratsmitglieds, sich auf Grundrechte zu berufen, unkritisch angenommen.[121] Auch heute noch gehen viele Handbücher und Kommentare zu Gemeindeordnungen, aber auch Übersichtsaufsätze zum Kommunalrecht über dieses Problem zum Teil gänzlich hinweg[122] oder reißen das Problem nur an, ohne es einer Lösung zuzuführen bzw. diese zu begründen.[123]

#### 1.2.2.1 Keine Grundrechte im Gemeinderat

Sofern in Wissenschaft und Lehre zum Problem der Grundrechtsfähigkeit Stellung genommen wird ist verbreitete Ansicht, Grundrechte könnten für Ratsmitglieder keine Anwendung finden.[124] Dieses Ergebnis wird im Wesentlichen mit vier Argumentationssträngen begründet, die sich allerdings teilweise überschneiden:

– Zunächst wird aus Sicht des Verwaltungsorganisationsrechts argumentiert, das Ratsmitglied sei Teil des gemeindlichen Organs Gemeinderat und könne sich als Organwalter der Ge-

---

119   BVerfG, Beschl. v. 16.03.2005, 2 BvR 315/05 (juris), Rn. 17 = NVwZ-RR 2005, 494, Passage dort nicht abgedruckt; die Justizgrundrechte werden vom BVerfG aber teils nicht als individualschützende Grundrechte, sondern objektive Verfahrensgrundsätze angesehen, vgl. BVerfGE 61, 82 (104) – Sasbach.
120   Vgl. etwa *Frowein*, in: Püttner (Hrsg.), HaKoWiP, 2. Aufl. (1982), Bd. 2, § 28, S. 81 (88); *Rauball/Pappermann/Roters*, Gemeindeordnung NRW, 3. Aufl. (1981), § 30 Rn. 1 ff., § 36 Rn. 7, 9 ff.
121   Vgl. *Salzmann/Schunck/Hofmann/Schrick*, Selbstverwaltungsgesetz Rheinland-Pfalz, 3. Aufl. (1965), § 30 S. 160.
122   *Birkenfeld*, Kommunalrecht Hessen, 5. Aufl. (2011), Rn. 441 ff., 615; *Dreßler/Adrian*, Hessische Kommunalverfassung, 13. Aufl. (1997), S. 3 ff.; *Frömel*, VBlBW 1993, S. 488 ff., VBlBW 1994, S. 38, 77 ff.; *Fuhrmann/Schmitz*, Hessisches Kommunalverfassungsrecht, 3. Aufl. (1996), S. 14 ff.; *Gruber/Molodovsky*, Gemeinderat und Bürgermeister in Bayern (1990), S. 23 ff.; *Hofmann/Theisen*, Kommunalrecht in Nordrhein-Westfalen (2008), S. 303 ff., 451 ff.; *Kluth*, in: Wolff/Bachof/Stober/Kluth*, Verwaltungsrecht II, 7. Aufl. (2010), § 97 Rn. 76 ff.; *Knemeyer*, Bayerisches Kommunalrecht, 12. Aufl. (2007), Rn. 211, 241; *Meyn*, in: Huber, (Hrsg.), Thüringer Staats- und Verwaltungsrecht (2000), 3. Teil, Rn. 103 ff.; *Schmidt*, Kommunalrecht (2011), Rn. 418 ff., 534; *Ders.*: Kommunalrecht, in: Bauer/Peine (Hrsg.), Landesrecht Brandenburg, 2. Aufl. (2011), § 4 Rn. 116 ff.; *Schmidt/Kneip*, HGO, 2. Aufl. (2008), § 35 Rn. 1–5; *Schröder*, in: Achterberg/Püttner/Würtenberger (Hrsg.), Besonderes Verwaltungsrecht II, 2. Aufl. (2000), § 16 Rn. 69 ff., 95 ff.; *Schütz*, in: Schütz/Classen, (Hrsg.), Landesrecht Mecklenburg-Vorpommern, 2. Aufl. (2010), § 5 Rn. 168 ff.; *Thieme*, GemO Niedersachsen, 7. Aufl. (2004), Erl. Zu §§ 39, 44; *Wohlfarth*, in: Gröpl/Guckelberger/Wohlfarth, Landesrecht Saarland (2009), § 3 Rn. 89 f.
123   Vgl. etwa *Erlenkämper*, in: Erlenkämper/Zimmermann (Hrsg.), Rechtshandbuch für die kommunale Praxis (2009), § 2 Rn. 9, 15 f.; *Franz/Kolb*, in: Kluth (Hrsg.), Landesrecht Sachsen-Anhalt, 2. Aufl. (2010), § 2 Rn. 140; *Gramlich*, BayVBl. 1989, S. 9 (10); *Groß*, in: Hermes/Groß (Hrsg.), Landesrecht Hessen, 7. Aufl. (2011), § 4 Rn. 212; *Lissack*, Bayerisches Kommunalrecht, 3. Aufl. (2009), § 5 Rn. 92; *Rennert*, JuS 2008, 119 (123); *Schmidt-Aßmann/Röhl*, in: Schmidt-Aßmann (Hrsg.), BesVerwR, 13. Aufl. (2005), Kap. 1 Rn. 84, insb. Fn. 312; *Schneider/Dreßler/Lüll*, HGO (Stand 1999), § 58 Rn. 6; *Schnell*, Rederecht kommunaler Mandatsträger (1998), S. 68 ff. hins. Art. 5 Abs. 1 S. 1 GG; *Wächter*, Kommunalrecht, 3. Aufl. (1997), Rn. 337, 347, 414; *Winkler*, in: Hendler/Hufen/Jutzi (Hrsg.), Landesrecht Rheinland-Pfalz, 6. Aufl. (2012), § 3 Rn. 117.
124   *Bauer/Krause*, JuS 1996, 512 (513); *Bethge*, DVBl. 1980, S. 824 (825); *ders.* JZ 1991, S. 304 (306 f.); *Burgi*, Kommunalrecht, 2. Aufl. (2008), § 12 Rn. 33, 40 ff.; *Ehlers*, in: Mann/Püttner (Hrsg.), HaKoWiP, Bd. 1, 3. Aufl. (2007), § 21 Rn. 127; *Erichsen/Biermann*, Jura 1997, S. 157 (160); *Fehrmann*, NWVBl. 1989, S. 303 (307); *Gern*, Deutsches Kommunalrecht, 3. Aufl. (2003), Rn. 348, 791; *Hofmann*, BayVBl. 1984, 747 (749); *Jockisch*, Prozessvoraussetzungen (1996), S. 27; *Müller*, JuS 1990, S. 997 (999); *Roth*, Verwaltungsrechtliche Organstreitigkeiten (2001), S. 108, 660 f.; *Stober*, Kommunalrecht, 3. Aufl. (1996), S. 187 f.; *Wengenroth*, Gemeinderatsmitglieder in Baden-Württemberg (1996), S. 113 f.; für Amtsträger allg. *Herzog*, in: Maunz/Dürig, Grundgesetz (64. Akt., Jan. 2012), Bd. I, Art. 5 Abs. I, II Rn. 107; *Starck*, in: v. Mangoldt/Klein/Starck, Grundgesetz, Bd. 1, 6. Aufl. (2011), Art. 5 Abs. 1, 2 Rn. 188.

meinde nicht auf die ihm als Person zukommenden Grundrechte berufen. Denn im Rahmen der amtlichen Tätigkeit nehme es keine individuellen Freiheiten, sondern allein öffentlich-rechtliche Organbefugnisse wahr.[125] Das organschaftliche Handeln werde dann grundsätzlich der juristischen Person zugeordnet, der das Organ bzw. der Organwalter angehöre. Es sei darum eine Neutralisierung, d. h. die Aufspaltung der Handlungen in individuelle und organisierte Bestandteile erforderlich.[126] Handele das Ratsmitglied in seiner Funktion, dann werde dieses Handeln grundsätzlich dem Organ zugeordnet. Handele es dagegen nicht in Wahrnehmung seiner Aufgaben, dann liege individuelles, d. h. privates Handeln vor. Die Mitwirkungsbefugnisse dienten aber nicht wie die Grundrechte dem Schutz von Individualinteressen, sondern wiesen einen instrumentalen, pflichtenorientierten Charakter auf.[127] Den Ratsmitgliedern stünden daher lediglich die ihnen durch die Gemeindeordnungen zugewiesenen organschaftlichen Mitwirkungsbefugnisse zu.[128]
- Hinzu kommt, dass die Rechtsnatur der den Ratsmitgliedern zugewiesenen Mitwirkungsbefugnisse höchst streitig ist. Ohne an dieser Stelle bereits auf die Einzelheiten einzugehen ist hier im Wesentlichen fraglich, ob es sich bei diesen um subjektive Rechte oder lediglich wehrfähige Innenrechtspositionen handelt.[129] Hinter diesem Streit steht wohl letztlich die Befürchtung, mit der Anerkennung der Mitwirkungsbefugnisse als subjektiver Rechte eine zu große Nähe zu den Grundrechten der Ratsmitglieder herzustellen, da subjektive Rechte der Bürger zumeist auf grundrechtliche Positionen zurückgeführt werden können.[130] Wo aber schon keine subjektiven Rechte existieren, da kann auch kein Grundrechtsschutz Raum greifen. Soweit dementsprechend subjektive Rechte der Ratsmitglieder anerkannt werden, werden sie rein formal definiert. So lehnt *Roth* die Grundrechtsgeltung ab, weil Organrechte nur entlang der die Organe konstituierenden Gesetze, sprich der Gemeindeordnungen, entstehen könnten. Außerhalb dieser Gesetze liegende Rechte sind nach *Roth* nicht die des Organs, sondern der Person und können daher in der Folge auch nicht Gegenstand eines Organstreites sein.[131]
- Teilweise wird auch schlicht darauf verwiesen, dass im verwaltungsrechtlichen Innenrechtskreis kein Grundrechtsschutz stattfinde[132] und Grundrechte nur Außenrechtssubjekten zustehen könnten.[133] Auch widerspreche es der Grundrechtsdogmatik, einem Organ oder Organteil, dessen Organträger dem öffentlichen Recht zuzuordnen sei, die Grundrechtsfähigkeit zuzugestehen.[134]
- Schließlich wird die Grundrechtsfähigkeit noch unter teleologischen Gesichtspunkten verneint. Denn auch das Ratsmitglied sei Träger hoheitlicher Gewalt. Gehe es um seinen Status, stehe nicht die grundrechtlich geschützte Rechtsposition des Staatsbürgers im Raum, sondern die Bildung und Ausübung des Staatswillens.[135] Deshalb sei etwa die Meinungsäußerungsfreiheit auch dann nicht einschlägig, wenn ein öffentlicher Mandatsträger im Rah-

---

125 *Degenhart*, in: Bonner Kommentar zum Grundgesetz (156. Akt., Feb. 2012), Art. 5 Abs. 1 und 2, Rn. 178; *Gern*, Deutsches Kommunalrecht, 3. Aufl. (2003), Rn. 791.
126 Vgl. *Bethge*, DVBl. 1980, S. 824 (825); dazu auch *Diemert*, Innenrechtsstreit (2002), S. 42.
127 *Kiock*, Kommunalverfassungsstreitigkeiten (1972), S. 65.
128 *Erichsen/Biermann*, Jura 1997, S. 157 (160); *Fehrmann*, NWVBl. 1989, S. 303 (307).
129 Ausführliche Nachweise dazu unten, 4.3.
130 *Kluth*, in: Wolff/Bachof/Stober, Verwaltungsrecht Bd. 3, 5 Aufl. (2004), § 83 Rn. 177.
131 *Roth*, Verwaltungsrechtliche Organstreitigkeiten (2001), S. 660 f.; so auch *Schnell*, Rederecht kommunaler Mandatsträger (1998), S. 73.
132 *Bethge*, in: Mann/Püttner (Hrsg.), HaKoWiP Bd. 1, 3. Aufl. (2007), § 28, Rn. 21; *ders.*, DVBl. 1980, S. 824 (825); *Gern*, Deutsches Kommunalrecht, 3. Aufl. (2003), Rn. 348; *Jockisch*, Prozessvoraussetzungen (1996), S. 27.
133 *Erichsen/Biermann*, Jura 1997, S. 157 (160); *Fehrmann*, NWVBl. 1989, S. 303 (307).
134 *Bauer/Krause*, JuS 1996, 512 (513); *Roth*, Verwaltungsrechtliche Organstreitigkeiten (2001), S. 108.
135 *Degenhart*, in: Bonner Kommentar zum Grundgesetz (156. Akt., Feb. 2012), Art. 5 Abs. 1 und 2, Rn. 177.

men einer öffentlichen Auseinandersetzung im Rahmen seiner Amtstätigkeit zu einer Sachfrage seine Meinung äußere. In diesem Zusammenhang bestünde keine grundrechtstypische Gefährdungslage, es sei hier weder die staatslimitierende noch freiheitssichernde Funktion der Grundrechte relevant.[136]

#### 1.2.2.2 Vermittelnde Lösungsvorschläge

In Wissenschaft und Lehre finden sich aber auch Auffassungen, die die Grundrechtsgeltung nicht von vornherein verneinen. Die vorgefundenen Lösungsvorschläge differieren aber teilweise stark.

##### 1.2.2.2.1 Anwendbarkeit einzelner Grundrechte

So wird an einigen Stellen Ratsmitgliedern die Grundrechtsfähigkeit lediglich für einzelne Grundrechte zugestanden. Beispielsweise meldeten sich noch vor der Leitentscheidung des OVG Nordrhein-Westfalen zum Rauchverbot in Ratssitzungen mehrere Stimmen in der Literatur, die ein Rauchverbot durchaus auf Art. 2 Abs. 1 oder 2 GG stützen wollten, allerdings dessen Voraussetzungen als nicht gegeben ansahen.[137] Diese Auffassung wird auch heute noch vertreten.[138] Ebenso kritisierten zu dieser Zeit mehrere Stimmen in der Literatur die damals noch vom Bundesverfassungsgericht vertretene Meinung, das kommunale Vertretungsverbot berühre Art. 12 GG nicht.[139] Auch wird vereinzelt ein aus Art. 28 Abs. 1 Satz 2 GG abgeleitetes und mindestens durch Art. 3 Abs. 1 GG subjektiviertes Recht auf freie und gleiche Mandatsausübung anerkannt.[140] An anderer Stelle wird relativ undifferenziert davon gesprochen, dass das Ratsmitglied im Rahmen der Sitzungen – um der Funktionsfähigkeit der gemeindlichen Selbstverwaltung willen – Einschränkungen seines Grundrechts aus Art. 5 Abs. 1 S. 1 GG hinnehmen müsse,[141] oder dass das bayerische Stimmenthaltungsverbot des Art. 51 Abs. 1 S. 2 BayGO den Schutzbereich der Meinungsäußerungsfreiheit berühre und der Rechtfertigung bedürfe.[142]

##### 1.2.2.2.2 Mitwirkungsrechte mit grundrechtlichem Einschlag

Daneben wird vorgeschlagen, die Mitwirkungsrechte der Ratsmitglieder im Sinne der Grundrechte auszulegen. So geht *Hufen* davon aus, dass den Ratsmitgliedern in erster Linie die Mitwirkungsrechte zustünden. Sie seien dementsprechend am Kommunalverfassungsstreit nicht als Bürger (und insoweit Grundrechtsträger) beteiligt. Dies schließe aber nicht aus, dass die Mitwirkungsrechte durch Grundrechtspositionen verstärkt würden.[143] Ähnlich argumentiert auch *Ehlers*, der die Grundrechte zwar im Außenrechtskreis ansiedelt, indes zugesteht, dass zum Beispiel die Verletzung von Persönlichkeitsrechten des Amtsträgers auch Auswirkungen auf seine Amtsführung haben kann, weshalb die Grundrechte mittelbar auch im Innenverhältnis wirkten.[144]

Auch *Martensen* konstatiert am Beispiel des Rauchens im Gemeinderat, dass der vom rauchbelästigten Ratsmitglied angerufene Vorsitzende sich bei seiner Entscheidung über das Rauch-

---

136  *Müller*, JuS 1990, S. 997 (999); in diesem Sinne auch *v. Mutius* in: Bonner Kommentar zum Grundgesetz (156. Akt., Feb. 2012), Art. 19 Abs. 3 Rn. 114.
137  *Mandelartz/Wendt*, VR 1979, S. 296 (297); *Witzsch*, BayVBl. 1975, S. 327 (329); je m.w.N.
138  *Nierhaus*, Kommunalrecht Brandenburg (2003), Rn. 367.
139  *Jäkel*, DVBl. 1980, S. 829 f.; *Menger*, NJW 1980, S. 1827 (1829); *Schoch*, Das kommunale Vertretungsverbot (1981), S. 196 (198).
140  *Ladeur*, BayVBl. 1992, 387 (388).
141  *Rothe*, DÖV 1990, 736 (737).
142  *Hien*, BayVBl. 1984, 203 (206 f.).
143  *Hufen*, Verwaltungsprozessrecht, 8. Aufl. (2011), § 21 Rn. 20.
144  *Ehlers*, NWVBl. 1988, 122 (125).

Einleitung und Bestandsaufnahme | 1

verbot zwar primär an der Funktionsfähigkeit des Rates zu orientieren habe. Daneben komme ihm aber auch die Aufgabe zu, Ereignissen, die den Organwalter persönlich schädigten, entgegen zu treten. Insbesondere habe er darauf zu achten, dass der Amtswalter nicht in seinen Grundrechten verletzt werde. Das Ratsmitglied könne sich bei Amtsausübung zwar nicht ohne weiteres auf seine Grundrechte berufen, verliere aber andererseits während der Zeit der Ratssitzungen nicht jede Grundrechtssubjektivität. Drohten anlässlich einer Ratssitzung Gesundheitsgefahren, so liege eine grundrechtstypische Gefährdungslage vor. Werde diese personale Betroffenheit des Amtswalters nicht berücksichtigt, sei eine Ordnungsmaßnahme des Vorsitzenden zugleich funktions- *und* grundgesetzwidrig. Und insoweit könne im Einzelfall eine organschaftliche Position grundrechtlich verstärkt sein.[145]

Einen umgekehrten Weg geht *Dolde*, der das Vorliegen eines „Rechts" des Ratsmitglieds mittels verfassungskonformer Auslegung der Gemeindeordnungen in vielen Fällen erst begründen will. Man könne zwar nicht von grundrechtlichen Abwehrrechten der natürlichen Person auf subjektiv-rechtlich angereicherte Rechte des Organs schließen. Im Einzelfall könne aber der Nachweis geführt werden, daß die Kompetenzzuweisung grundrechtssichernde Funktion habe und deshalb nicht nur der optimalen Aufgabenerfüllung durch die Körperschaft diene.[146]

### 1.2.2.2.3 Nebeneinander von Grund- und Mitwirkungsrechten

Schließlich wird die Geltung der Grundrechte auch für Ratsmitglieder befürwortet.[147] Dabei sollen indes auf verschiedene Weise die Besonderheiten des (Kommunal-) Verfassungsrechts und des Verwaltungsrechts berücksichtigt werden. So bezweifelt etwa *v. Mutius*, ob der Rechtsprechung, die organschaftlichen Verhältnisse von der Grundrechtsgeltung generell auszunehmen, im Grundsatz gefolgt werden könne. Unter Hinweis auf verwaltungsrechtliche Sonderverbindungen geht er vielmehr von einem Nebeneinander von Mitgliedschaftsrechten und Grundrechten aus. Es sei dann im Einzelnen zu prüfen, welche Rechtsbeeinträchtigung im Klagewege geltend gemacht werde.[148]

Auch *Geis* konstatiert, dass es kaum begründbar sei, ein nach Art. 48 BayGO gegen ein Ratsmitglied verhängtes und nach dem BayVwZVG vollstrecktes Ordnungsgeld nicht als Eingriff zumindest in Art. 2 I GG anzusehen.[149] Auf der anderen Seite bezieht er Äußerungen von Ratsmitgliedern im Gemeinderat nicht in den Schutzbereich von Art. 5 Abs. 1 GG ein, wenn sie in amtlicher Eigenschaft erfolgt sind. Als Grund führt er an, Grundrechte und Rechte des Ratsmitglieds dienten völlig unterschiedlichen Zwecken. Bei den Grundrechten gehe es darum, gegenüber dem Staat die Verletzung eines jedermann zustehenden Freiheitsbereiches geltend machen zu können. Die Rechte des Ratsmitgliedes im Gemeinderat, insbesondere das Rederecht, dienten demgegenüber dazu, die Funktionsfähigkeit des Organs Gemeinderat erst zu gewährleisten. Art. 5 Abs. 1 GG will er deshalb auch vor dem Hintergrund des Demokratieprinzips nicht für die Rede des Ratsmitglieds im Gemeinderat nutzbar machen. Das Grundrecht sei auch nach der Rechtsprechung des Bundesverfassungsgerichts als unmittelbarer Ausdruck der

---

145 *Martensen*, JuS 1995, 1077 (1079), Hervorhebung durch den Verfasser.
146 *Dolde*, in: Erichsen/Hoppe/v. Mutius (Hrsg.), FS f. Menger (1985), S. 423 (439 f.).
147 *Barth*, Subjektive Rechte von Gemeinderatsmitgliedern im Kommunalverfassungsstreit (1997), S. 140 ff.; *Burgi*, Kommunalrecht, 3. Aufl. (2010), § 12 Rn. 40; *Geis*, BayVBl. 1992, S. 41 (43); *ders*. Kommunalrecht, 2. Aufl. (2011), § 25 Rn. 17; *Heilmann*, BayVBl. 1984, 196 (199 f.); *Kintz*, LKRZ 2011, 476 (479); *v. Mutius*, Kommunalrecht (1996), Rn. 764 ff., 768; *Nierhaus*, Kommunalrecht Brandenburg (2003), Rn. 367; *Trésoret*, Grundrechte im verwaltungsrechtinternen Organstreitverfahren (2011), S. 100; *Vitzthum*, in: Merten/Papier (Hrsg.), Handbuch der Grundrechte Bd. II (2006), § 48 Rn. 48, 71 ff.
148 *v. Mutius*, Kommunalrecht (1996), Rn. 764 ff., 768; so auch *Burgi*, Kommunalrecht, 3. Aufl. (2010), § 12 Rn. 40; so auch *Ogorek*, JuS 2009, S. 511 (515).
149 *Geis*, BayVBl. 1992, S. 41 (43); *ders*. Kommunalrecht, 2. Aufl. (2011), § 25 Rn. 12.

## 1.2 | Bestandsaufnahme: Das Ratsmitglied als Grundrechtsträger?

Persönlichkeit gekennzeichnet. Im Rahmen der Ratssitzungen gehe es aber nicht vordringlich um Persönlichkeitsentfaltung. Es sei darum eine demokratie-theoretische Überhöhung, sich im Rahmen von Ratssitzungen auf Art. 5 GG zu berufen. Insofern sei ein struktureller Unterschied gegeben, der es rechtfertige, die Grundrechte dort nicht anzuwenden, wo es nicht um individuelle Abwehrrechte, sondern spezifisch organschaftliche Rechte bzw. Kompetenzen gehe.[150] Werde eine Meinungsäußerung dagegen beispielsweise nur „bei Gelegenheit" einer staatlichen Funktionsausübung getätigt, so seien die Grundrechte anwendbar.[151] *Geis* differenziert damit zwischen spezifisch organschaftlichen Rechten und denen der natürlichen Person.[152] Er verweist zur Veranschaulichung auf die Meinungsäußerung eines Wahlbeisitzers mittels einer Anti-Atomkraft-Plakette, bei der das Bundesverfassungsgericht dessen Grundrechtsfähigkeit angenommen hatte.[153] Und auch das Bundesverwaltungsgericht unterscheide innerhalb des Abgeordnetenstatus zwischen spezifisch personalen Rechten und den „bloßen" organschaftlichen Rechten, wie Rede- oder Fragerecht.[154]

Ähnlich in der Argumentation geht *Barth* davon aus, dass das Gemeinderatsmitglied seine ihm als natürliche Person zustehenden Rechte mit der Aufnahme des Amtes oder des Mandates nicht verliere. Den Umfang dieser subjektiven Rechte und deren Verhältnis zu den durch die Gemeindeordnungen zugewiesenen Rechten bestimmt *Barth* unter anderem mittels eines Vergleiches von Innenrechtsstreitigkeiten im Bundesverfassungsrecht, Beamtenrecht und Kommunalverfassungsrecht.[155] Da Gemeinderatsmitglieder natürliche Personen seien, stünden ihnen damit auch die Grundrechte unzweifelhaft zu. Hinsichtlich der Berufung auf diese Grundrechte gegenüber dem Ratsvorsitzenden, Bürgermeister oder der Gemeinde selbst schlägt *Barth* vor, genau wie im Beamtenrecht unter Anwendung der Rechtskreistheorie zu sachgerechten Ergebnissen zu gelangen. Ähnlich wie im Beamtenverhältnis sei den Ratsmitgliedern dort, wo sie nicht in Wahrnehmung eigener Rechte handelten, sondern lediglich als Organwalter Befugnisse des Gemeinderates ausübten, die Berufung auf Grundrechte verwehrt. Handelten sie dagegen aus ihrer eigenen Rechtsposition heraus, sei ihr „Grundverhältnis", d. h. ihr Individualrechtskreis, betroffen und die Berufung auf Grundrechte möglich. Zu diesem Individualrechtskreis gehören nach *Barth* das Recht auf den Status als Gemeinderatsmitglied, Rechte aus dem Status, die die Gemeindeordnungen den Ratsmitgliedern zuweisen sowie Rechte, die ihnen als natürliche Person zustünden, also insbesondere die Grundrechte.[156]

Nach Ansicht von *Trésoret* sollen die Grundrechte neben den aus dem Status des Ratsmitglieds fließenden Rechten und Pflichten anwendbar sein. Im Falle einer personalen Betroffenheit der hinter dem Ratsmitglied stehenden natürlichen Person müsse Rechtsschutz daher nicht im Wege des verwaltungsgerichtlichen Organstreits, sondern eines „normalen" Außenrechtsstreits gesucht werden.[157] Dabei soll danach abgegrenzt werden, ob das Ratsmitglied die Auswirkungen einer Maßnahme bei objektiver Betrachtung auch noch in dem Moment träfen, in dem es

---

150 *Geis*, BayVBl. 1992, S. 41 (43 f.); *ders.* Kommunalrecht, 2. Aufl. (2011), § 25 Rn. 17; im Ergebnis ebenso zwischen Art. 2 und 5 GG differenzierend *Nierhaus*, Kommunalrecht Brandenburg (2003), Rn. 367.
151 *Geis*, BayVBl. 1992, 41 (44), m.w.N.; ähnlich auch *Schnell*, Rederecht kommunaler Mandatsträger (1998), S. 58 f.; *Winkler*, in: Hendler/Hufen/Jutzi (Hrsg.), Landesrecht Rheinland-Pfalz, 6. Aufl. (2012), § 3 Rn. 117; *Vitzthum*, in: Merten/Papier (Hrsg.), Handbuch der Grundrechte Bd. II (2006), § 48 Rn. 48, 71 ff.
152 *Geis*, Kommunalrecht, 2. Aufl. (2011), § 25 Rn. 17; in diesem Sinne auch *Burgi*, Kommunalrecht, 3. Aufl. (2010), § 12 Rn. 40.
153 BVerfGE 71, 108 (113 f.) – Neutralität im Wahlraum.
154 BVerwG, NJW 1985, 2344 (2345).
155 *Barth*, Subjektive Rechte von Gemeinderatsmitgliedern im Kommunalverfassungsstreit (1997), S. 121 ff.
156 *Barth*, Subjektive Rechte von Gemeinderatsmitgliedern im Kommunalverfassungsstreit (1997), S. 142 f.; ähnlich *Heilmann*, BayVBl. 1984, 196 (199 f.).
157 *Trésoret*, Grundrechte im verwaltungsrechtinternen Organstreitverfahren (2011), S. 100 ff.

seine Mandatsausübung zeitweise oder dauerhaft beende. Sei dies der Fall, so sei nicht mehr der innerorganisatorische Rechts- und Pflichtenkreis, sondern der personale Status des Ratsmitglieds betroffen. In diesem Fall könne das Ratsmitglied sich also auch auf seine Grundrechte berufen.[158]

### 1.2.3 Erste kritische Würdigung

Die solchermaßen vorgefundene Vermischung individueller Rechte und Interessen mit amtlich verliehenen Kompetenzen[159] führt zu einem Bündel verfassungs- und verwaltungsrechtlicher Probleme. Während dabei in der jüngeren Rechtsprechung Tendenzen erkennbar sind, wie sich die Grund- und Mitwirkungsrechte der Ratsmitglieder zueinander verhalten könnten, stellt sich das in der Rechtswissenschaft vorgefundene Meinungsbild weitaus differenzierter dar. Die weit überwiegende Meinung, soviel lässt sich erkennen, will dem Ratsmitglied die Berufung auf Grundrechte nach wie vor gänzlich bzw. in weitem Umfang versagen. Nahezu alle angebotenen Lösungsansätze und Argumente suchen die Lösung dabei aber auf Ebene des Verwaltungsrechts. Es erscheint aber äußerst problematisch, die den Ratsmitgliedern kommunalverfassungsrechtlich zukommenden Mitwirkungsrechte ausschließlich mit Mitteln des Verwaltungsrechts von deren verfassungsrechtlich garantierten Grundrechten abzugrenzen. Denn das hier bestehende dogmatische Kernproblem dürfte schlicht nicht mit Mitteln des Verwaltungsorganisationsrechts oder der Antwort auf die Frage, ob es sich bei den Befugnissen des Ratsmitglieds um subjektive Rechte handelt, zu beantworten sein. Der gesamte genannte Streitstand dürfte daher im Ergebnis auf die Frage zurück fallen, ob das Handeln der Ratsmitglieder im Gemeinderat schon als Ausübung staatlicher Gewalt im Sinne von Art. 1 Abs. 3 GG oder noch als Fortsetzung der Ausübung bürgerlicher Freiheit anzusehen ist. Erst eine solche verfassungsrechtliche Analyse, ob und gegebenenfalls in welchen Fällen das Ratsmitglied grundrechtsverpflichtete staatliche Gewalt ausübt, eröffnet auch die Möglichkeit einer differenzierten Abgrenzung von Funktion und Person. Denn ist die verfassungsrechtliche Frage einmal beantwortet, kann sich die verwaltungsrechtliche Einordnung des Ratsmitglieds als Organmitglied oder die Qualifizierung seiner Befugnisse als organschaftliche Kompetenz oder subjektives Recht hieran orientieren. Und auf dieser Grundlage können dann Abgrenzungskriterien erarbeitet werden, in welchen Fällen sich das Ratsmitglied auf seine Grundrechte berufen kann und wie diese ggf. prozessual geltend gemacht werden können.

Ohne eine einigermaßen eindeutige und praktikable verfassungsrechtliche Abgrenzung der Grund- und Mitwirkungsrechte des Ratsmitglieds setzen sich Rechtsprechung und Wissenschaft dagegen der realistischen Gefahr aus, dass Grundrechte im Gemeinderat im Zweifel gar keine Anwendung finden. Es erschiene aber mehr als befremdlich, wenn dem gewählten Volksvertreter im Gemeinderat eine schwächere grundrechtliche Position zugestanden würde als dem „quivis ex populo".[160] Die Ansichten, die den Ratsmitgliedern die Berufung auf ihre Grundrechte nicht pauschal versagen[161] und beispielsweise dem passivrauchenden Ratsmitglied dadurch die Berufung auf seine körperliche Unversehrtheit ermöglichen[162] verdienen daher dem Grunde nach Zustimmung. Denn nur damit wird ein Gleichlauf zum passivrauchenden Zu-

---

158 *Trésoret*, Grundrechte im verwaltungsrechtinternen Organstreitverfahren (2011), S. 91 f.
159 So schon *Püttner*, Deutscher Verwaltungsrichtertag 1980, S. 129 (133).
160 *Geis*, BayVBl. 1992, 41 (45).
161 Vgl. bereits *Barth*, Subjektive Rechte von Gemeinderatsmitgliedern im Kommunalverfassungsstreit (1997), S. 140 ff.
162 *Trésoret*, Grundrechte im verwaltungsrechtinternen Organstreitverfahren (2011), S. 93; a. A. statt aller *Burgi*, Kommunalrecht, 3. Aufl. (2010), § 12 Rn. 40.

## 1.2 | Bestandsaufnahme: Das Ratsmitglied als Grundrechtsträger?

schauer hergestellt, dem in gleicher Situation die Berufung auf Grundrechte ohnehin gestattet wird.[163] Und es erscheint schwer verständlich, das kommunale Vertretungsverbot nicht als Eingriff in die Berufsfreiheit des Rechtsanwaltes oder Architekten, der zugleich Ratsmitglied ist, anzusehen[164] und verhängte Ordnungsgelder nicht zumindest als Eingriffe in die allgemeine Handlungsfreiheit der Ratsmitglieder aus Art. 2 Abs. 1 GG einzustufen.

Die jüngst von *Trésoret* vorgelegte Analyse des verwaltungsinternen Organstreits kommt insoweit zwar zum vermittelnden und überzeugenden Ergebnis, dass bei einer personalen Betroffenheit des Ratsmitglieds statt eines verwaltungsrechtlichen Organstreits eine normale Außenrechtsstreitigkeit angestrengt werden müsse.[165] Auch hier wird aber stillschweigend voraus gesetzt, dass es sich bei (sämtlichen?) Rechten und Pflichten des Ratsmitglieds um ein aliud zu dessen Grundrechten handelt. Augenscheinlich wird dies an der Tatsache, dass für die Entwicklung eines Abgrenzungskriteriums zwischen Funktion und Person das Ratsmitglied ohne nähere Begründung mit dem Beamten verglichen und die dort gefundenen Lösungen übertragen werden.[166] Dabei ist die Rechtsstellung des Ratsmitglieds funktional gerade nicht dem Beamten, sondern den Abgeordneten auf Ebene des Bundes und der Länder nachgebildet. Während die Ratsmitglieder als kommunale Volksvertreter gerade in den Gemeinderat gewählt werden, um persönliche Meinungen, Werte und Erfahrungen zum Wohle der Gemeinde einzusetzen[167] und den Willen der Gemeinde zu bilden haben die Beamten als „verlängerter Arm" des Staates diese Entscheidungen auszuführen. Während die Beamten in ein hierarchisches Treue- und Fürsorgeverhältnis eingebunden sind, kommt dem Ratsmitglied mit seinem kommunalrechtlichen freien Mandat eine besondere Unabhängigkeit zu. Eine Begründung, ein gemeinsamer Bezugspunkt, warum und inwieweit das Ratsmitglied gerade mit dem Beamten und nicht den Abgeordneten des Bundestages vergleichbar sein soll, wird soweit ersichtlich nicht hergeleitet. Und genau daraus resultieren dann auch die Schwierigkeiten des vorgeschlagenen Abgrenzungskriteriums. Denn die laut *Trésoret* zu stellende Frage, ob das Ratsmitglied die Auswirkungen einer Maßnahme bei objektiver Betrachtung auch noch in dem Moment treffen, in dem es seine Mandatsausübung zeitweise oder dauerhaft beendet,[168] greift ohne eine verfassungsrechtliche Fundierung wohl zu kurz. Insoweit existieren Fallgestaltungen, in denen die Auswirkungen einer Maßnahme das Ratsmitglied nur während der Mandatsausübung treffen, aber gleichwohl die Person und nicht die Funktion des Ratsmitglieds zum Ziel haben. Und umgekehrt können die Auswirkungen einer Maßnahme auch dann noch bestehen, wenn die Mandatsausübung zeitweise oder dauerhaft beendet ist, bei objektiver Betrachtung aber nicht die Person sondern Funktion des Ratsmitglieds betreffen.

Beispielsweise dienen Ton- und Bildaufnahmen im Ratssaal zunächst einmal der Berichterstattung über die Beratungen und Willensbildung im Gemeinderat und nicht über die Person des Ratsmitglieds. Diese Aufnahmen werden über Rundfunk und Internet aber üblicherweise erst nach der Mandatsausübung verbreitet und hätten nach *Trésoret* daher Auswirkungen auf die Person des Ratsmitglieds, das sich damit beispielsweise auf sein allgemeines Persönlichkeitsrecht berufen können müsste. Es erscheint aber mehr als fraglich, ob bei der Aufzeichnung einer Rede im Gemeinderat – unbeschadet etwaiger hierdurch hervorgerufener psychischer Hemm-

---

163 Vgl. BVerwG, NVwZ 1990, 165; das OVG Nds. hatte zuvor noch einen Abwehranspruch des Zuschauers unter Verweis auf den nur den Ratsmitgliedern zustehenden Störungsbeseitigungsanspruch verneint, DVBl. 1989, 935 (935f.).
164 1.2.1.5; die Anwendbarkeit bejahend *Geis*, Kommunalrecht, 2. Aufl. (2011), § 11 Rn. 15; Nachweise zum Streit um die Verfassungsmäßigkeit bei *v. Mutius*, Kommunalrecht (1996), Rn. 768.
165 *Trésoret*, Grundrechte im verwaltungsrechtinternen Organstreitverfahren (2011), S. 100ff.
166 *Trésoret*, Grundrechte im verwaltungsrechtinternen Organstreitverfahren (2011), S. 87ff.
167 So etwa *Wächter*, Kommunalrecht, 3. Aufl. (1997), Rn. 337.
168 *Trésoret*, Grundrechte im verwaltungsrechtinternen Organstreitverfahren (2011), S. 91f.

nisse[169] – tatsächlich die Person im Mittelpunkt steht. Denn bei objektiver Betrachtung dient die Medienberichterstattung nicht der Information über persönliche Meinungen sondern amtlicher Äußerungen im Gemeinderat. Und auch am Fall des Kruzifixes im Kreistag zeigen sich die Schwächen des vorgeschlagenen Abgrenzungskriteriums. So meint *Trésoret*, dass das Ratsmitglied nur in seiner Aufgabenwahrnehmung betroffen sei, weil der Einfluss des Kreuzes eben nur im Sitzungssaal Auswirkungen entfalte. Das Ratsmitglied könne sich daher nicht auf sein Grundrecht berufen.[170] Die Religions- und Weltanschauungsfreiheit und mit ihr die Entscheidung, einen oder keinen Glauben zu haben gehört aber nicht nur zu den traditionsreichsten Grundrechten, sondern auch zu denjenigen, bei denen in besonderer Weise die Individualität und Subjektivität der Grundrechtsträger im Mittelpunkt stehen.[171] Und gerade deshalb dürfte ein bloßes Kruzifix das Ratsmitglied immer in seiner Person und nie in seiner Aufgabenwahrnehmung beeinträchtigen. Meiner Meinung nach hindert das Kruzifix ein Ratsmitglied nicht daran, seine Mitwirkungsrechte auch „unter dem Kreuz" sachgemäß wahrzunehmen. Insoweit stehen nicht – wie *Trésoret* meint – apersonale Auswirkungen, sondern gerade persönliche Betroffenheiten in Rede.

Unter Berücksichtigung der in Rechtsprechung und Wissenschaft vorgefundenen Argumente wird in der Folge versucht, die aufgeworfenen Fragen einer juristisch vertretbaren, aber auch praktikablen Lösung zuzuführen.

---

169  Vgl. dazu OVG SL, Beschl. v. 30. 08. 2010 – 3 B 203/10 (juris), Rn. 54 f. (66) = LKRZ 2010, 433 f. – Leitsatz; vgl. auch BVerwGE 85, 283 (286).
170  *Trésoret*, Grundrechte im verwaltungsrechtsinternen Organstreitverfahren (2011), S. 94.
171  *Hufen*, Staatsrecht II, 3. Aufl. (2011), § 22 Rn. 1, 8.

## 2. Verfassungsrechtliche Ausgangslage

Wie aufgezeigt, wird das Verhältnis der dem Ratsmitglied durch die Kommunalverfassungen zukommenden Mitwirkungsrechte zu seinen Grundrechten bislang vorwiegend mit Mitteln des Verwaltungsrechts, namentlich Amts- und Organisationsrecht, zu lösen versucht. Bei aller Unterschiedlichkeit in der Begründung sollen sich Ratsmitglieder nach überwiegender Meinung im Rahmen ihrer Amtstätigkeit nicht auf Grundrechte berufen können.[172] Allerdings bestehen hier wie aufgezeigt erhebliche Abgrenzungsschwierigkeiten, wie weit denn nun diese Amtstätigkeit reicht und ob nicht die Person des Ratsmitglieds auch bei der Ausübung der ratsinternen Funktionen Berücksichtigung finden müsse.[173] Im Kern dürfte diese Frage nicht auf Ebene des Verwaltungs- also einfachen Rechts, sondern auf Ebene des Verfassungsrechts zu beantworten sein: Bestehen die Mitwirkungsrechte des Ratsmitglieds unabhängig von den Grundrechten des Einzelnen als durch Wahl erworbene und im Demokratieprinzip wurzelnde Ansprüche der Ratsmitglieder auf Teilhabe an der gemeindlichen Willensbildung, sind sie also Ausdruck staatlicher Gewalt im Sinne von Art. 1 Abs. 3 GG oder besteht eine innere, materiell-rechtliche Verbindung zu den Grundrechten? Wirkt mit anderen Worten die Meinungsäußerungsfreiheit nach Art. 5 Abs. 1 Satz 1 GG im Rederecht des Ratsmitglieds fort, bauen grundrechtliche Meinungsfreiheit und kommunalrechtliches Rederecht also aufeinander auf oder handelt es sich bei dem kommunalverfassungsrechtlichen Rederecht um ein rechtliches Aliud zur grundrechtlichen Meinungsfreiheit?

Zur Beantwortung dieser Frage sollen zunächst unter **2.1** die Grundzüge grundrechtlicher und demokratischer Freiheit unter dem Grundgesetz sowie deren Verhältnis zueinander und unter **2.2** die Rechtstellung des Ratsmitglieds als Teil kommunaler Selbstverwaltung nach Art. 28 GG dargestellt werden.

## 2.1 Grundrechte, Demokratie und staatliche Gewalt unter dem Grundgesetz

Die Frage, in welchem Verhältnis die dem Ratsmitglied gewährten Mitwirkungsrechte zu dessen Grundrechten stehen, kann möglicherweise zurückgeführt werden auf das umstrittene grundsätzliche Verhältnis der Grundrechte zur Demokratie. Holzschnittartig[174] lassen sich hier zwei Modelle unterscheiden: Während die einen meinen, der Demokratie wagende Aktivbürger und das sich frei entfaltende Grundrechtssubjekt bildeten in der menschlichen Person oder der Synthese des status activus processualis eine Einheit,[175] sehen die anderen in den Grundrechten einerseits und dem Demokratieprinzip andererseits bipolare Legitimationsquellen des grundgesetzlichen Gemeinwesens.[176] Konsequenz der unterschiedlichen Ausgangspunkte ist, dass Volkssouveränität und Demokratie einmal individuell oder pluralistisch, das heißt vom Individuum ausgehend und einmal kollektiv oder monistisch, also vom Volk als dem Zusammen-

---

172 Vgl. *Roth*, Verwaltungsrechtliche Organstreitigkeiten (2001), S. 108, 660f.; *Kluth*, in: Wolff/Bachof/Stober, Verwaltungsrecht Bd. 3, 5. Aufl. (2004), § 83 Rn. 177; weitere Nachweise oben, 1.2.1 und 1.2.2.
173 Dazu 1.2.2.2.
174 Vgl. *Kube*, AöR 130 (2005), S. 161 (162).
175 Vgl. etwa *Häberle*, VVDStRL 30 (1972), S. 43 (86f., 89).
176 *Isensee*, Der Staat 20 (1981), S. 161 (162).

schluss der Staatsbürger als feststehender Größe ausgehend, bestimmt werden.[177] Je nach verfassungstheoretischem Ausgangspunkt können sich hieraus unterschiedliche Wertungen ergeben. So leiten sich bei einer monistischen Sichtweise die demokratischen Rechte des Grundgesetzes, allen voran das Wahlrecht des Art. 38 Abs. 1 GG, konstitutiv vom Volk ab. Die demokratische Freiheit wäre dann per se von grundrechtlicher Freiheit zu unterscheiden. Nach individueller oder pluralistischer Sichtweise wäre dagegen die freie Selbstbestimmung des Individuums Ausgangspunkt auch demokratischer Freiheit und stünde damit in enger Verbindung zu den freiheitlichen Grundrechten des Individuums. Die Beantwortung dieser Frage kann daher auch einen Baustein für die Antwort auf die Frage nach der Rechtsnatur der Mitwirkungsrechte der Ratsmitglieder liefern. Denn diese wurzeln dann bei monistischer Sichtweise als abgeleitete Staatsgewalt originär im Volk. Bei individueller Sicht scheint dagegen eine Verbindung von Grund- und Mitwirkungsrechten in der Person des Ratsmitglieds nicht ausgeschlossen. Zur Bestimmung von Grund und Grenzen ratsinterner Mitwirkungsrechte sowie deren Verhältnis zu den Grundrechten der Ratsmitglieder ist also deren verfassungsrechtlicher Ausgangspunkt zu erforschen.

Dabei soll nicht verkannt werden, dass das hierbei zu erörternde Staatsverständnis, maßgeblich das Verhältnis der Gesellschaft zum Staat,[178] und der dabei auch betroffene Begriff der Verfassung[179] zu den wohl schillerndsten und am schwersten fassbaren Begriffen der Rechtswissenschaft gehören. Die viele Bibliotheken füllenden Abhandlungen hierzu können und sollen allerdings an dieser Stelle nicht in Gänze wiedergegeben, sondern nur in einigen für die vorliegende Arbeit wesentlichen Aspekten herangezogen werden.

### 2.1.1 Das Demokratieprinzip des Grundgesetzes

Unter dem Grundgesetz besteht ein notwendiger enger Zusammenhang zwischen Organisations- und Grundrechtsordnung. Das Grundgesetz greift in bewußter Abkehr von den Konzeptionen der Weimarer Reichsverfassung und dem darin enthaltenen Staatsverständnis die verfassungsstaatlichen Ideale insbesondere der französischen und amerikanischen Verfassungen auf. Dabei mag ein gewisser Druck der Alliierten auf Entstehung und Gestaltung des Grundgesetzes mitgewirkt haben.[180] Wesentlich war aber auch die Einsicht, dass das Verfassungsrecht und die Demokratie des Grundgesetzes nicht länger als „Untertanenrecht",[181] sondern in der Tradition der Errungenschaften der französischen Revolution und der amerikanischen Staatsgründung stehen sollte. Der Staat sollte nicht mehr Quelle allen Rechts, sondern selbst dem Recht unterworfen sein und daher die persönliche Freiheit und Selbständigkeit des einzelnen Menschen schützen.[182] Aus diesem Grund schreibt das Grundgesetz neben der Grundrechtsbindung aller staatlichen Gewalt in Art. 1 Abs. 3 GG auch Demokratie und Volkssouveränität fest und bestimmt, dass nach Art. 20 Abs. 2 GG alle staatliche Gewalt vom Volke ausgeht.

---

177 Vgl. einerseits zur eher kollektiven Sicht statt aller *Böckenförde*, in: Isensee/Kirchhof (Hrsg.), HStR II, 3. Aufl. (2004), § 24 Rn. 35 ff.; andererseits zur eher individuellen Sicht *Bryde*, StWStP 5 (1994), S. 305 ff.; *Häberle*, in: Isensee/Kirchhof (Hrsg.), HStR II, 3. Aufl. (2004), § 22 Rn. 61 ff.; im Hinblick auf die Rspr. des BVerfG vgl. *Hanebeck*, DÖV 2004, S. 901 ff.; je m. w. N.; Überblick zum Streitstand etwa bei *Hanebeck*, Der demokratische Bundesstaat des Grundgesetzes (2004); S. 76 ff.; *Unger*, Verfassungsprinzip Demokratie (2008), S. 56 ff., 75 ff.
178 Hierzu etwa *Rupp*, in: Isensee/Kirchhof (Hrsg.), HStR II, 3. Aufl. (2004), § 31.
179 Dazu statt aller *Stern*, Staatsrecht I, 2. Aufl. (1984), S. 69 ff.; zu den Funktionen der Verfassung auch *Depenheuer*, in: Depenheuer/Grabenwarter (Hrsg.), Verfassungstheorie (2010), § 16.
180 Vgl. etwa die Auseinandersetzungen der Ministerpräsidenten um die Frankfurter Dokumente, hierzu *Hufen/Ziegler*, LKRZ 2009, S. 41 ff.
181 Vgl. zum Begriff *Stern*, Staatsrecht III/1 (1988), S. 180, 185.
182 Vgl. bereits die Beratungen des Parlamentarischen Rates, etwa *Dr Süsterhenn*, ParlRat-Plenum, (2. Sitzung v. 8.09. 1948), in: Der Parlamentarische Rat 1948 – 1949, Deutscher Bundestag/Bundesarchiv (Hrsg.), Band 9 (1993), S. 46 ff. (54 f.).

## 2.1 | Grundrechte, Demokratie und staatliche Gewalt unter dem Grundgesetz

Die Beziehung zwischen Grundrechten, Demokratie und dem beide verklammernden Begriff der Verfassung ist allerdings bereits deshalb vielschichtig, weil deren historische und inhaltliche Entwicklung einerseits auf unterschiedlichen Quellen beruht und sich die Prinzipien historisch regional unterschiedlich durchgesetzt haben, andererseits aber in gemeinsamen Werten wurzeln. Die hier vorgefundenen Standpunkte zum Verhältnis demokratischer und grundrechtlicher Freiheit lassen sich aber, bei aller Verschränkung im Detail, auf die beiden bereits genannten Argumentationslinien einer monistischen oder pluralistischen Demokratievorstellung zurückführen.[183] Denn Grundrechte und Demokratie haben ihren verfassungsrechtlichen Ursprung jeweils in der französischen Revolution und den nordamerikanischen Verfassungen des 18. Jahrhunderts. Sie sind insofern gleichgerichtete Ausstrahlungen derselben geistigen Atmosphäre[184] in der für Aussagen zur deutschen Verfassung maßgeblichen europäisch-amerikanischen Staatenwelt.[185] Einigkeit besteht daher insoweit, als dass beide Prinzipien materiell-rechtlich auf der grundsätzlichen Freiheit und Gleichheit aller Bürger beruhen, die im Wahlspruch der französischen Revolution *„liberté, egalité, fraternité"* ihren Niederschlag gefunden haben. Während allerdings die nordamerikanische Verfassung unter dem Einfluss *John Lockes* den Staat ausgehend vom Menschen verstand, ergänzten die Europäer nach Scheitern der französischen Revolution in der Tradition *Rousseaus* den als vorgegeben verstandenen „abstrakt-souveränen Staat" um bürgerliche Freiheiten unter dem Dach der Nation.[186] Bis heute ist daher strittig, ob etwa die grundrechtliche und die demokratische Gleichheit als Rechte des Individuums im Ausgangspunkt identisch sind oder die demokratisch-politischen Rechte auf der Zugehörigkeit zu einem bestimmten Staatsvolk beruhen,[187] dem Demokratieprinzip also ein verfassungsrechtlicher „Selbststand" zukommt.[188]

Die Frage allerdings, ob das Volk als solches nach Art. 20 Abs. 2 GG in der kontinentaleuropäischen Tradition *Rousseaus* oder der Staatsbürger im Zusammenspiel mit Art. 1 GG im Sinne *Lockes* Ausgangspunkt staatlicher Gewalt und damit Subjekt der Demokratie ist, wurde vom Grundgesetzgeber letztlich offen gelassen.[189] Als Konsequenz hieraus stehen sich bis heute die beiden genannten Auffassungen gegenüber, die Volkssouveränität und Demokratie einmal kollektiv oder monistisch, also vom Volk als dem Zusammenschluss der Staatsbürger als feststehender Größe ausgehend und einmal individuell oder pluralistisch, das heißt vom Individuum ausgehend, bestimmen wollen.[190]

### *2.1.1.1 Der Begriff der Demokratie*

Demokratie meint wörtlich aus dem Griechischen übersetzt Volksherrschaft.[191] Das Volk soll nach der Idee der freien Selbstbestimmung aller Bürger über alle das Gemeinwesen betreffenden Fragen entscheiden.[192] Diese Selbstbestimmung bedeutet keine *„Identität von Regierenden und Regierten"*.[193] Sie beinhaltet vielmehr als rechtliche Dimension einerseits die Rückführbar-

---

183  Vgl. die Nachweise unter 2.1.
184  Vgl. *Stern*, Staatsrecht III/1 (1988), S. 181, m.w.N.
185  Vgl. *Stern*, Staatsrecht I, 2. Aufl. (1984), S. 75, m.w.N.
186  Vgl. *Stern*, Staatsrecht III/1 (1988), S. 183, m.w.N.
187  Vgl. dazu statt aller einerseits etwa *Bryde*, StWStP 5 (1994), S. 305 ff. und andererseits etwa *Böckenförde*, in: Isensee/Kirchhof (Hrsg.), HStR II 3. Aufl. (2004), § 24 Rn. 46 ff. sowie die nachfolgenden Ausführungen unter 2.1.1.1 und 2.1.1.2.
188  Dazu ausführlich *Unger*, Verfassungsprinzip Demokratie (2008), S. 228 ff.
189  Vgl. *Fromme*, DÖV 1970, 518 (523 f.); siehe dazu ausführlich 2.1.1.2.1.
190  Vgl. die Nachweise unter 2.1.
191  Demos = Volk; kratia = Herrschaft.
192  BVerfGE 44, 125 (142) – Öffentlichkeitsarbeit Bundesregierung; zum Demokratieprinzip statt aller *Hesse*, Verfassungsrecht, 20. Aufl. (1995) S. 127 ff.
193  So *Schmitt*, Verfassungslehre (1928), S. 234 ff.

keit einer hoheitlichen Entscheidung auf die Staatsbürger, was sowohl deren Inhalt als auch die Art und Weise ihres Zustandekommens erfasst. Enthalten ist andererseits aber auch eine politische Komponente, also das Ziel, alle Bürger auch möglichst effektiv zu beteiligen. Demokratie ist damit sowohl eine juristische Methode als auch *„ein politisches Ideal und damit ein – fast schon utopisches – Staatsziel und Verfassungsprinzip".*[194]

Seinen Niederschlag im Grundgesetz hat das Demokratieprinzip vor allem in Art. 20 Abs. 1 und 2 GG gefunden.[195] Dieser legt fest, dass die Bundesrepublik ein demokratischer Staat ist, innerhalb dessen alle Staatsgewalt vom Volke ausgeht. Das Grundgesetz ist bei der Organisation der demokratischen Entscheidungsfindung zwar offen für direkte und repräsentative Demokratie. Im GG sind aber fast keine Elemente einer unmittelbaren Demokratie enthalten, in der das Volk über Sachfragen entscheidet.[196] Solche Abstimmungen i. S. v. Art. 20 Abs. 2 S. 2 GG sind in Art. 29, 118, 118a GG nur für wenige explizit genannte Fälle vorgesehen.[197] Die Demokratie in der Bundesrepublik ist daher im Wesentlichen repräsentativ ausgestaltet, d. h. das Volk wird durch von ihm gewählte Vertreter im Parlament repräsentiert.[198] Durch die Wahl werden damit die zu Entscheidungen im Parlament ermächtigten Personen bestimmt und wird das Parlament zum am engsten mit dem Volk verbundenen Staatsorgan mit dem größten Maß an Legitimation zur Entscheidung über die das Gemeinwesen betreffenden Fragen.[199]

Struktur- und Kontrollelemente für die Ausübung demokratischer Herrschaft sind das Mehrheitsprinzip, das Annuitätsprinzip, also die Herrschaft auf Zeit, die Minderheitenrechte sowie die Möglichkeit der Opposition. Insbesondere die beiden letzten Aspekte sind nötig, um die Voraussetzungen einer „echten" Demokratie sicher zu stellen, nämlich die Möglichkeit zur freien politischen Willensbildung und offenen Kommunikation.[200] Das Bundesverfassungsgericht spricht diesbezüglich davon, dass der Kerngehalt bestimmter Kommunikationsgrundrechte vom Demokratieprinzip umfasst sei, um in einem demokratischen Staat die Willensbildung vom Volk zu den Staatsorganen und nicht umgekehrt zu vollziehen.[201] Das Prinzip der Volkssouveränität ist daher zwar geleitet vom Gedanken der Gleichheit aller Bürger, erfasst in einem streng formalen Sinne aber zunächst einmal nur die Chancengleichheit jedes Bürgers, mit gleicher (Wähler-)Stimme an der Staatsgewalt mitzuwirken und den gleichen Zugang zu öffentlichen Ämtern zu haben.[202] Trotz politischer Freiheit verliert Demokratie dabei aber nicht ihren Herrschaftscharakter: Wenn nach Art. 20 Abs. 2 GG alle Staatsgewalt vom Volke ausgeht, so organisiert die Vorschrift lediglich die Herrschaftsform, setzt aber das Vorhandensein staatlicher Gewalt voraus.[203]

Die durch Wahlen und Abstimmungen vom Volk „getrennte" staatliche Gewalt macht einen Legitimationszusammenhang zwischen Volk und dem jeweils die staatliche Gewalt ausübenden

---

194 Vgl. *Dreier*, in: Dreier (Hrsg.), Grundgesetz, Bd. II, 2. Aufl. (2006), Art. 20 (Demokratie) Rn. 66, m.w.N.
195 Zu Bindungen für die Landesverfassungen infolge des verfassungsrechtlichen Homogenitätsgebotes des Art. 28 Abs. 1 Satz 1 GG statt aller *Stern*, Staatsrecht Bd. I, 2. Aufl. (1984), S. 704ff.
196 Zu den Möglichkeiten direkt-demokratischer Elemente vgl. etwa *Glaser*, Nachhaltige Entwicklung und Demokratie, S. 265ff, 365f., 367ff.
197 *Stern*, Staatsrecht Bd. 1, 2. Aufl. (1984), S. 607; a. A. *Dreier*, in: Dreier (Hrsg.), Grundgesetz, Bd. II, 2. Aufl. (2006), Art. 20 (Demokratie) Rn. 104, der darauf abstellt dass in diesen Fällen nur ein Teil der Bevölkerung abstimmt.
198 Zur repräsentativen Demokratie des Grundgesetzes statt aller *Stern*, Staatsrecht Bd. I, 2. Aufl. (1984), S. 939ff. (959ff.); zu aktuellen Wechselbeziehungen unmittelbarer und mittelbarer Demokratie in der deutschen Rechtsordnung etwa *Martini*, Wenn das Volk (mit)entscheidet ... (2011).
199 *Dreier*, in: Dreier (Hrsg.), Grundgesetz, Bd. II, 2. Aufl. (2006), Art. 20 (Demokratie) Rn. 119, m.w.N.; vgl. auch *Grawert*, in: Isensee/Kirchhof (Hrsg.), HStr II, 3. Aufl. (2004), § 16 Rn. 58.
200 *Sachs*, in: Sachs (Hrsg.), Grundgesetz, 6. Aufl. (2011), Art. 20 Rn. 21ff.
201 BVerfGE 20, 56 (98f.) – Parteienfinanzierung I; 69, 315 (345ff.) – Brokdorf; ausführlich dazu unten 2.1.2.2.
202 Statt aller *Stern*, Staatsrecht Bd. 1, 2. Aufl. (1984), S. 613f.
203 *Hesse*, Verfassungsrecht, 20. Aufl. (1995), Rn. 133f.

## 2.1 | Grundrechte, Demokratie und staatliche Gewalt unter dem Grundgesetz

Staatsorgan notwendig.[204] Dabei ist zu unterscheiden: Die *funktionell-institutionelle* Legitimation verlangt, dass in der Verfassung selbst die Funktionen und Institutionen von Gesetzgebung, vollziehender und rechtsprechender Gewalt vorgesehen sind.[205] Die *personell-organisatorische* Legitimation verlangt demgegenüber das Bestehen einer letztlich auf das Volk rückführbaren Legitimationskette für jedes staatliche Handeln.[206] Diese Legitimationskette reicht vom Volk über das Parlament zu den in Gesetze gegossenen Regelungen und über die vom Parlament kontrollierte Regierung zu deren Verwaltungsapparat, der die Gesetze ausführt, sowie zu den die Entscheidungen kontrollierenden Gerichten. Sie reicht also bis zum einzelnen Amtsträger, der dem Bürger gegenüber tritt und staatliche Gewalt ausübt.[207]

### 2.1.1.1.1 Demokratische Konzeptionen der Staatsrechtswissenschaft

Zwar sind die praktischen Ausprägungen des Demokratieprinzips inzwischen weitgehend geklärt. Wie eingangs bereits dargelegt ist verfassungsrechtlich bis heute aber dessen Ausgangspunkt problematisch, der einmal individuell oder pluralistisch, das heißt vom Individuum ausgehend und einmal kollektiv oder monistisch, also vom Volk als dem Zusammenschluss der Staatsbürger als feststehender Größe ausgehend, bestimmt wird.[208] Dabei wird ein enger Zusammenhang zwischen Demokratieprinzip und Menschenwürde sowie den sich aus dieser ergebenden Grundrechten nicht in Abrede gestellt.[209] Unbestritten folgt aus der Achtung der Menschenwürde, dass die Menschen und damit das Volk das beherrschende Element des Staatswesens bilden müssten. Denn die Möglichkeit der Selbstbestimmung des Volkes hänge maßgeblich davon ab, dass im Volk ein Prozess freier Kommunikation, Schutz vor willkürlicher Verhaftung und ein Wettbewerb freier Ideen möglich sei. Demokratische Legitimation des Staates ohne grundrechtliche Freiheit sei daher nicht möglich.[210] Gleichwohl seien grundrechtliche und demokratische Lebensäußerungen voneinander zu unterscheiden, weil die grundrechtliche und die demokratische Freiheitsidee zwei selbständige Quellen der Legitimation des Staates seien.[211] Es bestünden zwar starke Verbindungen zwischen beiden Prinzipien. Die heute feststellbare Neigung, beide Legitimationsquellen als zusammengehörend zu betrachten, sei aber lediglich Folge ihrer gemeinsamen geschichtlichen Realisierung im 18. und 19. Jahrhundert. Letztlich seien die Grundrechte aber unabhängig von demokratischen Ideen, wie sich am Beispiel konstitutioneller Staaten zeige, die die Freiheit ihrer Bürger effektiv schützten, ohne auf der Idee der Volkssouveränität zu beruhen.[212] Die notwendige Trennung der beiden Bereiche folge daraus, dass auch Demokratie als Staatsform die Herrschaft von Menschen über Menschen bedeute. Und während der demokratische Aspekt der Freiheitsidee gerade auf die Teilhabe und Teilnahme an staatlicher Gewalt ziele, diene die grundrechtliche Freiheitsidee dazu, die Ausübung staatlicher Herrschaft zu beschränken. Die Grundrechte bildeten danach zwar

---

204 *Starck*, in: Isensee/Kirchhof (Hrsg.), HStR Bd. III, 3. Aufl. (2005), § 33 Rn. 33; vgl. auch *Unger*, Verfassungsprinzip Demokratie (2008), S. 66 f., m.w.N.
205 BVerfGE 49, 89 (125) – Kalkar I; 68, 1 (88 f.) – NATO-Doppelbeschluss.
206 BVerfGE 68, 1 (88 f.) – NATO-Doppelbeschluss; 107, 59 (87 f.) – Lippeverband.
207 *Dreier*, in: Dreier (Hrsg.), Grundgesetz, Bd. II, 2. Aufl. (2006), Art. 20 (Demokratie) Rn. 113 ff.; 119 ff.; 123 ff.; 143 ff.
208 Dazu bereits 2.1; vgl. einerseits zur eher kollektiven Sicht statt aller *Böckenförde*, in: Isensee/Kirchhof (Hrsg.), HStR II, 3. Aufl. (2004), § 24; andererseits zur eher individuellen Sicht *Bryde*, StWStP 5 (1994), S. 305 ff.; *Häberle*, in: Isensee/Kirchhof (Hrsg.), HStR II, 3. Aufl. (2004), § 22 Rn. 61 ff.; im Hinblick auf die Rspr. des BVerfG vgl. *Hanebeck*, DÖV 2004, S. 901 ff.; je m.w.N.; Überblick zum Streitstand etwa bei *Hanebeck*, Der demokratische Bundesstaat des Grundgesetzes (2004); S. 76 ff.; *Unger*, Verfassungsprinzip Demokratie (2008), S. 56 ff., 75 ff., m.w.N.
209 Instruktiv und ausführlich zum Streitstand *Unger*, Verfassungsprinzip Demokratie (2008), S. 56 ff., 75 ff., m.w.N.
210 Dazu statt vieler, *Starck*, in: Isensee/Kirchhof (Hrsg.), HStR III, 3. Aufl. (2005), § 33 Rn. 2 ff., m.w.N.
211 Dazu ausführlich *Isensee*, Der Staat 20 (1981), S. 161 (162 ff.).
212 Dazu statt vieler, *Starck*, in: Isensee/Kirchhof (Hrsg.), HStR III, 3. Aufl. (2005), § 33 Rn. 2 ff., m.w.N.

den Nährboden der Demokratie und deren unersetzbares Fundament.[213] Grundrechte und Demokratie seien damit aber gleichwohl gegenläufige Bauprinzipien des Grundgesetzes.[214]

Neben dieser Argumentation nach Sinn und Zweck wird auch die demokratische Gleichheit zum Ausgangspunkt der demokratietheoretischen Diskussion gemacht. Ohne den Prozess freier und offener Willensbildung in Abrede zu stellen wird argumentiert, die Zugehörigkeit zur politischen Gemeinschaft des Volkes begründe eine spezifische Gleichheit, die sich von der allgemeinen (grundrechtlichen) Gleichheit aller Menschen unterscheide.[215] Zur Begründung führt *Böckenförde* unter anderem an, dass hierdurch Abstufungen oder Differenzierungen nach Würdigkeit, Verdienst, Erfahrung, Bildung oder Leistung eine Absage erteilt werden solle und jedem Bürger im Wahlakt dasselbe, formal gleiche Gewicht zukommen müsse.[216] Diese gleiche Teilhabe am demokratischen Prozess sei dementsprechend explizit nicht als Bezug zum einzelnen Menschen als dem Ausgangspunkt demokratischer Selbstbestimmung gemeint.[217] Der einzelne Bürger soll vielmehr nur als Teil der Gesamtheit an der Demokratie mitspracheberechtigt, das Wahlrecht nicht Menschen-, sondern nur Bürgerrecht sein.[218] Die Freiheit des Einzelnen gehe dabei in der Freiheit des Volkes als Kollektiv auf, wodurch sich die individuelle zur kollektiven Freiheit wandele.[219] Die (grundrechtliche) Selbstbestimmung des Einzelnen wurzelt danach in der Individualität des Einzelnen, die (demokratische) Selbstbestimmung demgegenüber im Verband „Volk".[220] Anknüpfungspunkt demokratischer Mitwirkungsrechte ist nach dieser Argumentation die Einheit des Volkes über der Vielheit der Volkszugehörigen. Denn der Charakter des Verbandes „Volk" gehe über die Summe der Zugehörigen hinaus.[221] Insoweit bestehe ein unauflösbarer Zusammenhang zwischen Volkssouveränität und Staatlichkeit: Das Volk im Sinne von Art. 20 Abs. 2 GG weise einen unmittelbaren und ausschließlichen Staatsbezug auf. Demokratie meine damit staatliche Demokratie und Volk dementsprechend Staatsvolk.[222] Die Beziehung zwischen grundrechtlicher Freiheit und demokratischer Legitimation wird darum von *Isensee* mit einer Fundamentalalternative des Verfassungsrechts beantwortet, wonach alle Lebensäußerungen entweder der grundrechtlichen Freiheit oder der demokratischen Legitimation zugeordnet werden müssten: *„Tertium non datur."*[223]

Diese als monistisch[224] bezeichnete Demokratiekonzeption geht dementsprechend davon aus, dass Bezugspunkt und Quelle demokratischer Legitimation und staatlicher Gewalt nur das deutsche Staatsvolk als solches ist.[225] Auf Basis dieses Gesamtvolkes als politischer Einheit folgt daraus dementsprechend auch eine zentralistisch ausgerichtete Staatsorganisation.[226] Im Ergebnis kennt dieses monistische Demokratieverständnis als Pole demokratischer Inklusion auf Sei-

---

213 Vgl. *Starck*, in: Isensee/Kirchhof (Hrsg.), HStR III, 3. Aufl. (2005), § 33 Rn. 8, 12; zur demokratischen und grundrechtlichen Gleichheit auch etwa *Böckenförde*, in: Isensee/Kirchhof (Hrsg.), HStR II, 3. Aufl. (2004), § 24 Rn. 46 f.; je m. w. N.
214 So *Starck*, in: Isensee/Kirchhof(Hrsg.), HStR III, 3. Aufl. (2005), § 33 Rn. 8, 12.
215 *Böckenförde*, in: Isensee/Kirchhof (Hrsg.), HStR II, 3. Aufl. (2004), § 24 Rn. 41 f., 46.
216 *Böckenförde*, in: Isensee/Kirchhof (Hrsg.), HStR II, 3. Aufl. (2004), § 24 Rn. 42.
217 So die Wertung *Hanebecks*, DÖV 2004, S. 901 (902 f.).
218 *Böckenförde*, in: Isensee/Kirchhof (Hrsg.), HStR II, 3. Aufl. (2004), § 24, Rn. 27 und 46.
219 *Böckenförde*, in: Isensee/Kirchhof (Hrsg.), HStR II, 3. Aufl. (2004), § 24, Rn. 37 ff.
220 *Isensee*, Der Staat 20 (1981), S. 161 (164).
221 Vgl. *Jestaedt*, Demokratieprinzip und Kondominialverwaltung (1993), S. 208.
222 *Jestaedt*, Demokratieprinzip und Kondominialverwaltung (1993), S. 207.
223 *Isensee*, Der Staat 20 (1981), S. 161 (168); vgl. auch *Starck*, in: Isensee/Kirchhof (Hrsg.), HStR III, 3. Aufl. (2005), § 33; im Ergebnis auch *Böckenförde*, in: Isensee/Kirchhof (Hrsg.), HStR II 3. Aufl. (2004), § 24 Rn. 46 f.
224 Vgl. *Groß*, Kollegialprinzip (1999), S. 163 ff.; *Hanebeck*, DÖV 2004, S. 901 (901 f.); *Unger*, Verfassungsprinzip Demokratie (2008), S. 56 ff.
225 *Böckenförde*, in: Isensee/Kirchhof (Hrsg.), HStR II, 3. Aufl. (2004), § 24 Rn. 26; *Isensee*, Der Staat 20 (1981), S. 161 (164); vgl. auch *Hanebeck*, DÖV 2004, S. 901 (903), m. w. N.
226 Vgl. *Groß*, Kollegialprinzip (1999), S. 165 f.; *Hanebeck*, Demokratischer Bundesstaat (2004), S. 116 ff.

## 2.1 | Grundrechte, Demokratie und staatliche Gewalt unter dem Grundgesetz

ten der Gesellschaft ausschließlich das Staatsvolk und auf Seiten des Staates das Parlament[227] und geht folglich davon aus, *„daß demokratische Legitimation nur vom Volk als ganzem und (...) nur über den Weg der parlamentarischen Repräsentation vermittelt werden kann."*[228]

Die Kritik an dieser Auffassung entzündet sich am Begriff des Volkes als dem Ausgangspunkt von Demokratie und staatlicher Gewalt. Bezugspunkt für Demokratie und staatliche Legitimation dürfe nicht das *„kryptomonarchische"* Volk, sondern müsse die grundrechtliche Freiheit des Einzelnen sein.[229] Nicht die vom Monarchen auf das Volk übergegangene staatliche Gewalt sei demnach Gegenstand der Volkssouveränität, sondern die Idee der freien Selbstbestimmung des Individuums.[230] Dies setze das Grundgesetz voraus, indem es nicht von einem einheitlichen Volkswillen, sondern der in der Gesellschaft als real existent anerkannten Gegensätzlichkeiten und Unterschiede ausgehend die demokratische Bildung staatlicher Gewalt moderiere.[231] Insbesondere unter Bezugnahme auf die Garantie der Menschenwürde wird dargelegt, dass die Staatsgewalt nicht notwendig in einem Kollektiv „Volk" zu verankern sei.[232] Die traditionelle bürgerliche Freiheit im Sinne einer Freiheit vor staatlicher Gewalt einerseits und die demokratische Freiheit zur Mitbestimmung im politischen Gemeinwesen andererseits werden dadurch auf die gleiche Grundlage gestellt. Beide sollen Ausdruck der grundsätzlichen freien Selbstbestimmung des Einzelnen sein und damit beiderseits – im Ergebnis – auf der Anerkennung der Person mit deren Würde und Freiheit beruhen.[233] Daraus folge, dass alle Staatsbürger in gleicher Weise auf das Geschehen im Staat Einfluss nehmen[234] und dadurch auch ihren eigenen Lebensentwurf absichern können.[235] Ferner spreche auch die gegliederte Demokratie des Grundgesetzes gegen „ein" einheitliches Staatsvolk, da zumindest auch in den Ländern ein jeweiliges Landesvolk existiere.[236] Das Staatsvolk im Sinne von Art. 20 Abs. 2 GG beinhaltet damit nicht die eigenständige konstitutive Legitimationsquelle des demokratischen Gemeinwesens sondern stellt klar, dass das Volk und nicht die *„traditionalen Autoritäten"* Legitimationsquelle staatlicher Gewalt ist.[237] Teilweise wird gegen diese pluralistische Begründung demokratischer Legitimation eingewandt, sie erschöpfe sich in einer Kritik der monistischen Sicht und stelle dieser kein eigenständiges theoretisches Demokratiekonzept gegenüber.[238] Maßgeblich ist jedoch, dass der starken Betonung der Einheit demokratischer Legitimation durch das monistische Demokratieverständnis eine Struktur entgegengesetzt wird, die nicht das Staatsvolk als Kollektiv, sondern den einzelnen Menschen als kleinste demokratische Einheit in den Mittelpunkt stellt.[239]

---

227 Dazu *Unger*, Verfassungsprinzip Demokratie (2008), S. 55, 62, 70.
228 So die Zusammenfassung bei *Groß*, Kollegialprinzip (1999), S. 164.
229 *Häberle*, JZ 1975, S. 297 (302).
230 Ausführlich hierzu *Unger*, Verfassungsprinzip Demokratie (2008), S. 75 ff.
231 Vgl. *Hesse*, Verfassungsrecht, 20. Aufl. (1995), Rn. 133.
232 *Bryde*, StWStP 5 (1994), S. 305 (321 f.); *Wallrabenstein*, Staatsangehörigkeit (1999), S. 124 ff.; so auch *Schaefer*, AöR 135 (2010), S. 404 (421).
233 In diesem Sinne etwa *Bryde*, StWStP 5 (1994), S. 305 (322 ff.); vgl. auch *Häberle*, VVDStRL 30 (1972), S. 43 (86 f., 89); *P.M. Huber*, AöR 126 (2001), S. 165 (178); *ders.*: Volksgesetzgebung und Ewigkeitsgarantie (2003), S. 28 f.
234 *Hain*, Die Grundsätze des Grundgesetzes (1999), S. 326; *Hesse*, Verfassungsrecht, 20. Aufl. (1995), Rn. 133; *Maurer*, Staatsrecht I, 6. Aufl. (2010), § 7 Rn. 18.
235 *P.M. Huber*, AöR 126 (2001), S. 165 (178); *ders.*: Volksgesetzgebung und Ewigkeitsgarantie (2003), S. 28 f.
236 *Bryde*, StWStP 5 (1994), S. 305 (318); *Groß*, Kollegialprinzip (1999), S. 167 f.
237 *Groß*, Kollegialprinzip (1999), S. 166.
238 Vgl. *Unger*, Verfassungsprinzip Demokratie (2008), S. 75 f., m. w. N.
239 So *Unger*, Verfassungsprinzip Demokratie (2008), S. 76; vgl. auch *Horn*, in: Depenheuer/Grabenwarter (Hrsg.), Verfassungstheorie (2010), § 22 Rn. 46 ff.

## 2.1.1.1.2 Rechtsprechung des Bundesverfassungsgerichts

Bis vor kurzem orientierte sich die Rechtsprechung des Bundesverfassungsgerichts an einer das Volk in den Mittelpunkt der Demokratie stellenden Konzeption.[240] Ursprünglich allerdings entsprach die Rechtsprechung des Gerichts, das sich unter anderem in seinem KPD-Urteil mit den Inhalten „freiheitlicher Demokratie" umfangreich auseinandersetzte,[241] eher der zuletzt genannten pluralistischen oder individuellen Demokratiekonzeption. In diesem Urteil hob das Gericht die Würde des Menschen als obersten Wert in einer freiheitlichen Demokratie hervor.[242] Der Einzelne solle daher in möglichst weitem Umfange verantwortlich auch in den Entscheidungen für die Gesamtheit mitwirken.[243] An anderer Stelle zog das Gericht die Idee der freien Selbstbestimmung aller Bürger zur Begründung der verpflichtenden Kraft von Mehrheitsentscheidungen heran.[244] Während diese frühen, meist vom Ersten Senat des Bundesverfassungsgerichts getroffenen, Entscheidungen die individuelle Seite der Demokratie betonten, entschied der Zweite Senat in der späteren Rechtsprechung dagegen deutlich zugunsten von Tendenzen zur Kollektivierung und Zentralisierung demokratischer Legitimation im einheitlichen Staatsvolk.[245] Maßgeblich in der Entscheidung zum kommunalen Ausländerwahlrecht in Schleswig-Holstein wurde nicht das Individuum, sondern das Volk zum Bezugspunkt der Demokratie erklärt:

> *„Es ist das Staatsvolk der Bundesrepublik Deutschland (…). Diese Personengesamtheit bildet das Staatsvolk, von dem alle Staatsgewalt ausgeht. Art. 20 Abs. 2 Satz 1 GG hat nicht zum Inhalt, dass sich die Entscheidungen der Staatsgewalt vom jeweils Betroffenen her zu legitimieren haben; vielmehr muß die Staatsgewalt das Volk als eine zur Einheit verbundene Gruppe von Menschen zu ihrem Subjekt haben."*[246]

Diese Gruppe sei das deutsche Volk als der Summe der deutschen Staatsangehörigen. Aus einer systematischen Zusammenschau der Präambel, sowie Art. 20, 33, 56, 64 Abs. 2 und 146 GG ergebe sich eine innere Verbindung zwischen der Eigenschaft als Deutschem und der Zugehörigkeit zum Staatsvolk als dem Inhaber der Staatsgewalt.[247] Die Nähe zur Demokratiekonzeption insbesondere *Böckenfördes*, der zum Zeitpunkt der Entscheidung Mitglied des entscheidenden zweiten Senats des Bundesverfassungsgerichts war, scheint unübersehbar.[248] Den genannten Begriff des Volkes und die Ableitung der Staatsgewalt aus dem als einheitlich verstandenen Volk wollte das Gericht dann auch im Rahmen der Länder und Gemeinden angewendet wissen, deren Volk „*als Legitimationssubjekt an die Stelle des Staatsvolkes der Bundesrepublik Deutschland*" trete.[249] Wenn das Gericht dabei die „*Einheitlichkeit*" der demokratischen Legitimationsgrundlage betonte,[250] bedeutet das meiner Meinung nach aber zunächst einmal nur, dass die Kriterien,

---

240 Vgl. einerseits BVerfGE 2, 1 (11 f.) – SRP-Verbot; 5, 85 (205) – KPD-Verbot und andererseits BVerfGE 83, 37 (50 f.) – Ausländerwahlrecht SH; 83, 60 (71) – Ausländerwahlrecht Hamb.; BVerfGE 99, 1 (8) – Bay. Kommunalwahlen; Überblick etwa bei *Hanebeck*, DÖV 2004, S. 901 (905 f.).
241 BVerfGE 5, 85 (195–207) – KPD-Verbot; ähnlich bereits E 2, 1 (11 f.) – SRP-Verbot.
242 BVerfGE 5, 85 (204) – KPD-Verbot.
243 BVerfGE 5, 85 (205) – KPD-Verbot.
244 BVerfGE 44, 125 (142) – Öffentlichkeitsarbeit Bundesregierung.
245 BVerfGE 83, 37 (50 f.) – Ausländerwahlrecht SH; 83, 60 (71) – Ausländerwahlrecht Hamb.; BVerfGE 99, 1 (8) – Bay. Kommunalwahlen; *Bryde*, StWStP 5 (1994), S. 305 (322), der allerdings die die Selbstbestimmung aller betonende Entscheidung (E 44, 125 (142) – Öffentlichkeitsarbeit Bundesregierung) fälschlich dem ersten Senat zuordnet.
246 BVerfGE 83, 37 (50 f.) – Ausländerwahlrecht SH; vgl. auch E 83, 60 (71) – Ausländerwahlrecht Hamb. und E 107, 59 (87) – Lippeverband.
247 BVerfGE 83, 37 (51 f.) – Ausländerwahlrecht SH.
248 Vgl. *Böckenförde*, in: Isensee/Kirchhof (Hrsg.), HStR II, 3. Aufl. (2004), § 24 Rn. 26 f.; vgl. zu dem Zusammenhang auch *Hanebeck*, DÖV 2004, S. 901 (905, Fn. 62).
249 BVerfGE 83, 37 (53) – Ausländerwahlrecht SH.
250 BVerfGE 83, 37 (37 [LS 5], 53, 55) – Ausländerwahlrecht SH.

**2.1 | Grundrechte, Demokratie und staatliche Gewalt unter dem Grundgesetz**

die die Zugehörigkeit zum Gemeinde-, Landes- und Bundesvolk bestimmen, einheitlich sein müssen.

Ob sich hieraus weitergehend ergibt, dass Gemeinde- und Landesvölker als bloße Teile des Gesamtvolkes verstanden werden müssen, deren Legitimation und Rechte sich vom Gesamtvolk ableiten,[251] kann dagegen bezweifelt werden. Für die vorliegende Arbeit maßgeblich ist aber die Argumentation des Bundesverfassungsgerichts, die demokratischen Freiheitsrechte der Bürger konstitutiv an die Zugehörigkeit zum Staatsvolk zu koppeln. Das Gericht sah den Bürger insoweit bei Ausübung seines Wahlrechts als „*Glied des Staatsorgans Volk*" an[252] und führte aus:

> „*Mit seinem Wahlrecht übt der Bürger die vom Volk ausgehende Staatsgewalt aus. Die Wahrnehmung dieses Rechts ist nicht Teil der jedem Menschen gewährleisteten freien Entfaltung seiner Persönlichkeit. Die allgemeine Handlungsfreiheit ist umfassender Ausdruck der persönlichen Freiheitssphäre des Menschen und unterscheidet sich damit grundlegend von den im Grundgesetz gewährleisteten politischen Rechten des Aktiv-Status.*"[253]

Die Wahlrechte des Bürgers wurzelten demnach entsprechend des monistischen Ansatzes im Volk und nicht der Person. In jüngeren Entscheidungen hat das Bundesverfassungsgericht diesen Ansatz nicht mehr weiter verfolgt. So hatte es bereits in einer Entscheidung zur funktionalen Selbstverwaltung demokratische Mitwirkungsrechte explizit auf die Idee der „*Verwirklichung des übergeordneten Ziels der freien Selbstbestimmung*" bezogen und dabei ausdrücklich auf Art. 1 Abs. 1 GG verwiesen.[254] Zwar hatte sich das Gericht für den Bereich funktionaler Selbstverwaltung die grundrechtliche Herleitung demokratischer Prinzipien zuvor explizit offen gelassen.[255] Eine generelle Öffnung des Demokratieverständnisses kann daher dieser Entscheidung noch nicht entnommen werden.[256] Die Wende in der Rechtsprechung des Bundesverfassungsgerichts hin zur pluralistischen Konzeption scheint aber durch dessen Entscheidungen zum Lissabon-Vertrag und zur Griechenland-Hilfe unzweideutig eingeläutet. Denn in beiden Entscheidungen leitet das Gericht das Wahlrecht des Bürgers explizit nicht aus Art. 20 GG, sondern aus Art. 1 GG her.[257]

### *2.1.1.2 Die Menschenwürde als Ausgangspunkt grundrechtlicher und demokratischer Freiheit*

Nach den vorstehenden Ausführungen führt die Annahme eines monistischen, auf das Volk konzentrierten Demokratieverständnisses dazu, eine rechtlich verselbständigte Volkssouveränität anzunehmen und die bürgerliche Freiheit des Einzelnen gegenüber dieser souveränen Staatsgewalt in Stellung zu bringen.[258] Dagegen sucht die pluralistische Konzeption eine einheitliche Legitimationsquelle für Grundrechte und Demokratie in der Selbstbestimmung des Einzelnen, ohne eine dem monistischen Konzept vergleichbar vollständige Systematik zu beinhalten.[259] Wie aufgezeigt scheinen die jüngeren Entscheidungen des Bundesverfassungsgerichts zur letztgenannten Auffassung zu tendieren. Nachfolgend soll der vom Gericht gewählte Ansatz, das

---

251 So etwa *Hanebeck*, DÖV 2004, 901 (906).
252 BVerfGE 83, 60 (71) – Ausländerwahlrecht Hamb.
253 BVerfGE 99, 1 (8) – Bay. Kommunalwahlen.
254 BVerfGE 107, 59 (92) – Lippeverband.
255 BVerfGE 83, 37 (55) – Ausländerwahlrecht SH.
256 So aber wohl *Hanebeck*, DÖV 2004, 901 (907 f.).
257 BVerfG, NJW 2011, 2946 (2948) – Griechenland-Hilfe; BVerfGE 123, 267 (341) – Lissabon.
258 *Häberle* in: Isensee/Kirchhof (Hrsg.), HStR II, 3. Aufl. (2004), § 22 Rn. 61 ff.
259 Hierzu *Unger*, Verfassungsprinzip Demokratie (2008), S. 75 f.

demokratische Wahlrecht und damit den Kern demokratischer Mitwirkung in Art. 1 GG zu verorten,[260] näher untersucht werden. Denn enthält die dort garantierte Würde des Menschen auch dessen demokratische Freiheit, so ist nicht das Volk, sondern der Einzelne Ausgangspunkt der Demokratie des Grundgesetzes. Art. 20 Abs. 2 GG enthielte dann Folgeregelungen für die Ausgestaltung dieser demokratischer Freiheit, nicht aber deren Ursprung. Es wären dann also Demokratie und Grundrechte beiderseits im Menschen verankert und dessen demokratischen Mitwirkungsrechte nicht vom Volk abgeleitet oder vom Staat gewährt. Unbestritten ist dabei, dass sowohl Art. 1 als auch Art. 20 GG als Grundentscheidungen der Verfassung aufeinander bezogen sind. Problematisch ist aber, ob diese Wertsetzungen höchsten Ranges jeweils von einer anderen Warte aus gesehen werden müssen,[261] die Menschenwürde als *„Fundament aller Grundrechte"*[262] an das Demokratieprinzip angebunden ist[263] oder Menschenwürde, egalitäre Demokratie und sozialer Rechtsstaat als Trias[264] gleichberechtigt nebeneinander stehen.

#### 2.1.1.2.1 Demokratie und Menschenwürde im Parlamentarischen Rat

Der Verfassungsgeber des Grundgesetzes hat sich im Parlamentarischen Rat nicht festgelegt, ob die Demokratie des Grundgesetzes nach *Rousseau'schem* Vorbild im Volk oder in der Tradition *Lockes* in der Person des Bürgers wurzeln sollte. Wie die Diskussionen des Parlamentarischen Rates zeigen, sollte im Wesentlichen eine Volksdemokratie nach sowjetischem Vorbild[265] verhindert und eine Abkehr von den mehr oder weniger staatsverabsolutierenden Verfassungen von vor 1933 vollzogen werden.[266] Als Kennzeichen der vom Parlametarischen Rat erstrebten Demokratie nannte etwa *Carlo Schmid* die Merkmale Gleichheit und Freiheit der Bürger, Teilung der Gewalten und Garantie der Grundrechte.[267] Zur Frage aber, ob Demokratie vom Volk als solchem oder vom einzelnen Menschen ausgehen sollte, äußerten sich die Mitglieder des Parlamentarischen Rates nicht.[268] Demokratie war für die Abgeordneten vereinfacht gesagt „Nicht-Diktatur".[269] Diskutiert wurde dagegen ausführlich über die Ausgestaltung der Demokratie, etwa über die Frage, ob der Parlamentarismus im Grundgesetz festgeschrieben werden müsse[270] und inwieweit plebiszitäre Elemente Aufnahme finden sollten.[271] Auch in den Diskussionen um mögliche Einschränkungen demokratischer Entscheidungen zeigt sich die pragmatische Herangehensweise des Parlamentarischen Rates. Denn angesichts der Erfahrungen der Mitglieder unter dem nationalsozialistischen Regime mit einem allzu formalen, weil auf Mehrheitsentscheidung basierten Demokratieverständnis wurde zwar ausführlich erwogen, ob das Volk oberste und letzte Quelle der Staatsgewalt sein solle oder ob nach den Lehren des Naturrechts neben oder über dem Volk eine Ableitung und damit Bindung staatlicher Gewalt anzu-

---

260 BVerfG, NJW 2011, 2946 (2948) – Griechenland-Hilfe; BVerfGE 123, 267 (341) – Lissabon.
261 *Stern*, Staatsrecht III/1 (1988), S. 26.
262 BVerfGE 107, 275 (284) – Benetton.
263 So etwa *Hanebeck*, DÖV 2004, 901 (908).
264 So *Häberle*, VVDStRL 30 (1974), S. 43 (77).
265 Vgl. dazu etwa *Fromme*, DÖV 1970, 518 (521); vgl. auch *Stern*, Staatsrecht I, 2. Aufl. (1984), S. 601 ff.
266 Vgl. Abg. *Schmid* (SPD), ParlRat-GrdsA (4. Sitzung v. 23.09.1948), in: Der Parlamentarische Rat 1948 – 1949, Deutscher Bundestag/Bundesarchiv (Hrsg.), Band 5/I (1993), S. 68.
267 Abg. *C. Schmid* (SPD), ParlRat-Plenum, Sten.Ber (2. Sitzung v. 8.09.1948), in: Der Parlamentarische Rat 1948 – 1949, Deutscher Bundestag/Bundesarchiv (Hrsg.), Band 9 (1996), S. 35 ff.
268 Zu den Verfassungsmodellen von SPD und CDU/CSU vor Übergabe der Frankfurter Dokumente vgl. etwa *Bucher*, in: Der Parlamentarische Rat 1948 – 1949, Deutscher Bundestag/Bundesarchiv (Hrsg.), Band 2 (1981), S. XXXV ff.
269 *Fromme*, DÖV 1970, S. 518 (521).
270 Vgl. den Vorschlag *v. Mangoldts* (CDU), ParlRat-GrdsA (11. Sitzung v. 14.10.1948), in: Der Parlamentarische Rat 1948 – 1949, Deutscher Bundestag/Bundesarchiv (Hrsg.), Band 5/I (1993), S. 289 f.
271 Zusammenfassend etwa *Fromme*, DÖV 1970, 518 (522 f.); ausführlich *Jung*, Grundgesetz und Volksentscheid (1994), S. 258 ff.

## 2.1 | Grundrechte, Demokratie und staatliche Gewalt unter dem Grundgesetz

nehmen sei.[272] Die Mitglieder des Parlamentarischen Rates haben dabei aber letztlich nicht entscheiden wollen, ob eine totale Ableitung der Staatsgewalt vom Volkswillen im Sinne *Rousseaus* im Verfassungstext zu postulieren sei.[273] Wesentlich war für sie vielmehr, dass das Grundgesetz nicht vom Gedanken einer Staatsallmacht oder eines Staatszwanges geprägt sein und der Staat nicht den höchsten Wert des Menschen darstellen sollte.[274] Mit der Schaffung des Art. 79 Abs. 3 GG wurde diese eigentlich materiell-rechtlich Frage umgangen und eine formell-rechtliche Schranke für die Verfügungsmacht des eigentlich souveränen Volkes errichtet. Die Frage, ob die unabänderlichen Grundsätze der Art. 1 und 20 GG eine im Volk oder im Einzelnen wurzelnde Volkssouveränität enthalten oder nicht, musste das Grundgesetz damit nicht beantworten.[275] Denn mit der Ewigkeitsgarantie des Art. 79 Abs. 3 GG wurde der Selbst-Entmündigung der Demokratie ein wirksamer Riegel vorgeschoben, ohne eine staatstheoretische Begründung mitzuliefern, deren es für das Funktionieren des Grundgesetzes seinerzeit letztlich nicht bedurfte.[276]

Neben der Demokratie sollten auch Menschenwürde und Menschenrechte – ebenfalls unabhängig von ihrer geistesgeschichtlichen Herkunft – als Fundament der Verfassungsordnung des Grundgesetzes verankert werden. Auch hier wurde über den Ursprung der Menschenwürde zwar diskutiert. Den Mitgliedern des Parlamentarischen Rats war bewusst, dass sich der Ursprung der Menschenwürde theologisch, philosophisch oder ethisch begründen lässt.[277] Dementsprechend verweist etwa *Starck* auf christliche, „humanistisch-aufklärerische", marxistische, systemtheoretische und „behavioristische" Würdekonzepte.[278] Da die Idee der Menschenwürde aber sowohl von der christlichen Glaubenslehre als auch von einem weltanschaulich neutralen Verständnis des Menschen als einem vernunftbegabten, autonom handelnden Wesen getragen werden kann, wurde über die „Wertfundierung" der Menschenwürde im Parlamentarischen Rat nicht weiter gestritten.[279] Unbeschadet ihrer Herleitung war die Aufnahme der Menschenwürde in das Grundgesetz für *Carlo Schmid* „*der Schlüssel für das Ganze*",[280] da der Mensch vor dem Staat komme.[281] Das Leitmotiv des Herrenchiemseer Entwurfes des Grundgesetzes, nach dessen Art. 1 GG „*der Staat um des Menschen willen*" da sein solle,[282] hat dadurch Eingang auch in das Grundgesetz gefunden.[283] Wenn aber nach der Intention des Parlamentarischen Rates die Menschenwürde als oberster Verfassungswert und „*Schlüssel*" für das Verständnis des Grundgesetzes festgeschrieben werden sollte, dann hat dies Auswirkungen sowohl auf die grundrechtliche, als auch demokratische Freiheit der Bürger. Denn wenn der Staat als Menschenwerk nur

---

272 Vgl. die Diskussionen des ParlRat-GrdsA (11. Sitzung v. 14. 10. 1948), in: Der Parlamentarische Rat 1948 – 1949, Deutscher Bundestag/Bundesarchiv (Hrsg.), Band 5/I (1993), S. 291 ff.
273 So *Fromme*, DÖV 1970, 518 (523 f.).
274 Vgl. Abg. *Süsterhenn* (CDU), ParlRat-Plenum (2. Sitzung v. 8. 09. 1948), in: Der Parlamentarische Rat 1948 – 1949, Deutscher Bundestag/Bundesarchiv (Hrsg.), Band 9 (1993), S. 46 ff. (54 f.).
275 Vgl. *Fromme*, DÖV 1970, 518 (523 f.).
276 So *Fromme*, DÖV 1970, 518 (524).
277 Vgl. Abg. *Heuss* (FDP), ParlRat-GrdsA (4. Sitzung v. 23. 09. 1948), in: Der Parlamentarische Rat 1948 – 1949, Deutscher Bundestag/Bundesarchiv (Hrsg.), Band 5/I (1993), S. 67.
278 Vgl. *Starck*, in: v. Mangoldt/Klein/Starck, Grundgesetz, Bd. 1, 6. Aufl. (2011), Art. 1 Abs. 1 Rn. 4, m.w.N.
279 Vgl. statt aller *Stern*, Staatsrecht III/1 (1988), S. 20 ff., m.w.N.
280 Abg. *C. Schmid* (SPD), ParlRat-GrdsA (4. Sitzung v. 23. 09. 1948), in: Der Parlamentarische Rat 1948 – 1949, Deutscher Bundestag/Bundesarchiv (Hrsg.), Band 5/I (1993), S. 64.
281 Abg. *C. Schmid* (SPD), ParlRat-GrdsA (4. Sitzung v. 23. 09. 1948), in: Der Parlamentarische Rat 1948 – 1949, Deutscher Bundestag/Bundesarchiv (Hrsg.), Band 5/I (1993), S. 65.
282 Zur Formulierung etwa Bericht des Unterausschusses I des Verfassungskonvents auf Herrenchiemsee, in: Der Parlamentarische Rat 1948 – 1949, Deutscher Bundestag/Bundesarchiv (Hrsg.), Band 2 (1981), S. 189 (217).
283 Vgl. Abg. *Süsterhenn*, ParlRat-Plenum (2. Sitzung v. 8. 09. 1948), in: Der Parlamentarische Rat 1948 – 1949, Deutscher Bundestag/Bundesarchiv (Hrsg.), Band 9 (1993), S. 46 ff. (54 f.); *Enders*, Menschenwürde (1997), S. 22, m.w.N.

Anspruch auf das haben soll, was jener ihm gibt,[284] dann bildet die Menschenwürde nicht nur die Grenze, sondern auch die Grundlage staatlicher Gewalt. Zumindest vom einzelnen Bürger aus besteht damit ein gedanklicher „Fortsetzungszusammenhang" zwischen Menschenwürde und freiheitlicher Demokratie.[285]

### 2.1.1.2.2 Menschenwürde und Grundrechte

Diese Konsequenz der Menschenwürde als oberstem Verfassungswert wird jedoch nur vereinzelt gezogen[286] und die Menschenwürde zumeist nicht in Verbindung mit demokratischer Freiheit verwendet. Maßgeblicher Grund hierfür scheint einerseits die systematische Stellung der Menschenwürde in Art. 1 Abs. 1 GG an der Spitze des Grundrechtsteiles der Verfassung und andererseits die Formulierung, dass sich das Grundgesetz in Art. 1 Abs. 2 GG „darum" zu unveräußerlichen Menschenrechten bekennt und Art. 1 Abs. 3 GG alle staatliche Gewalt an die „nachfolgenden" Grundrechte bindet, zu sein. Hieraus wird geschlossen, dass die Menschenwürde Ausgangspunkt der Grundrechte ist und überwiegend selbst als Grundrecht eingestuft.[287] Daneben steht die Menschenwürde als Staatsgrundsatz[288] und „Wurzel"[289] oder „Fundament"[290] der Grundrechte als tragendes Konstitutionsprinzip[291] und oberster Wert der freiheitlichen Demokratie[292] im Mittelpunkt des Wertsystems des Grundgesetzes. Im Lüth-Urteil stellte das Bundesverfassungsgericht insoweit fest,

> „dass das Grundgesetz, das keine wertneutrale Ordnung sein will (BVerfGE 2, 1 (12); 5, 85 (134ff.), 197ff.); 6, 32 (40f.)), in seinem Grundrechtsabschnitt auch eine objektive Wertordnung aufgerichtet hat und daß gerade hierin eine prinzipielle Verstärkung der Geltungskraft der Grundrechte zum Ausdruck kommt. (...) Dieses Wertsystem, das seinen Mittelpunkt in der innerhalb der sozialen Gemeinschaft sich frei entfaltenden menschlichen Persönlichkeit und ihrer Würde findet, muß als verfassungsrechtliche Grundentscheidung für alle Bereiche des Rechts gelten."[293]

Das Gericht hat sich allerdings einer umfänglichen Definition der Reichweite und Ausstrahlungswirkung der Menschenwürde enthalten und vielmehr fallweise im Sinne einer Beispieltechnik sein Verständnis der Menschenwürde und deren Verhältnis zur Staatsgewalt entwickelt.[294] Aufgrund der Schwierigkeiten bei der Ausfüllung und Bestimmung des Begriffes der

---

284 Vgl. Abg. *C. Schmid* (SPD), ParlRat-GrdsA (4. Sitzung v. 23. 09. 1948), in: Der Parlamentarische Rat 1948 – 1949, Deutscher Bundestag/Bundesarchiv (Hrsg.), Band 5/I (1993), S. 70.
285 *Häberle* in: Isensee/Kirchhof (Hrsg.), HStR II, 3. Aufl. (2004), § 22 Rn. 66.
286 In diesem Sinne etwa *Bryde*, StWStP 5 (1994), S. 305 (322ff.); vgl. auch *Häberle* in: Isensee/Kirchhof, HStR II, 3. Aufl. (2004), § 22 Rn. 61ff.; *ders.*, VVDStRL 30 (1972), S. 43 (86f., 89); *P.M. Huber*, AöR 126 (2001), S. 165 (178); *ders.*: Volksgesetzgebung und Ewigkeitsgarantie (2003), S. 28f.
287 Hierzu ausführlich *Cremer*, Freiheitsgrundrechte (2003), S. 236ff., 243ff.; *Enders*, Menschenwürde (1997), S. 92ff.; vgl. statt vieler auch *Stern*, Staatsrecht III/1 (1988), S. 26, m.w.N., der Art. 1 Abs. 1 GG zumindest als unstreitig subjektives Recht ansieht.
288 *Hufen*, JZ 2004, S. 313 (314).
289 BVerfGE 93, 266 (293) – „Soldaten sind Mörder".
290 BVerfGE 107, 275 (284) – Benetton.
291 BVerfGE 45, 187 (227) – lebenslange Freiheitsstrafe; 109, 279 (311) – großer Lauschangriff.
292 Vgl. BVerfGE 5, 85 (204) – KPD-Verbot; 6, 32 (41) – Elfes; 27, 1 (6) – Mikrozensus; 30, 173 (193) – Mephisto; 32, 98 (108) – Gesundbeter; 33, 125 (158) – Facharztbeschluss; 50, 166 (175) – Ausweisung; 72, 155 (170) – elterliche Vertretungsmacht; 109, 279 (311) – großer Lauschangriff.
293 BVerfGE 7, 198 (205)- Lüth; in späteren Entscheidungen spricht das Gericht dann synonym u. a. auch von „objektivrechtlichen Wertentscheidungen", BVerfGE 49, 89 (142) – Kalkar I, oder „verfassungsrechtlichen Wertentscheidungen", BVerfGE 103, 89 (100) – Ehevertrag; zur Synonimität der Begriffe vgl. etwa *Jarass*, in: Badura/Dreier (Hrsg.), FS 50 Jahre BVerfG, Bd. II, (2001), S. 35 (37).
294 *Häberle*, in: Isensee/Kirchhof, HStR II, 3. Aufl. (2004), § 22 Rn. 8ff., 10ff., m.w.N.

## 2.1 | Grundrechte, Demokratie und staatliche Gewalt unter dem Grundgesetz

Menschenwürde[295] sowie deren unverkennbarer Nähe zu den Grundrechten hat sich daher faktisch ein Verständnis von Art. 1 GG durchgesetzt, das von einer negativen, also von den Verletzungstatbeständen her denkenden Erläuterung der Menschenwürde maßgeblich geprägt wird.[296] Dementsprechend ist nach der bis heute insbesondere in der Rechtsprechung des Bundesverfassungsgerichts Gültigkeit beanspruchenden Objektformel *Dürigs* die Menschenwürde jedenfalls dann betroffen, wenn der konkrete Mensch zum Objekt, zu einem Mittel, zur vertretbaren Größe herabgewürdigt wird.[297] Daneben ist die Menschenwürde als Basisnorm zwar auch abwägungsresistente Richtschnur[298] bei der Interpretation der übrigen Grundrechte.[299] Bei dieser wohl vorherrschenden Sichtweise bleibt allerdings der positive Aspekt der Menschenwürde in Form eines Anspruches des Einzelnen auf Mitwirkung an der Gestaltung der Gesellschaft zumeist ungerechtfertigt im Hintergrund. Dagegen hat bereits *Dürig* die Menschenwürde auch positiv bestimmt, die jeden Menschen

> *„kraft seines Geistes, der ihn abhebt von der unpersönlichen Natur und ihn aus eigener Entscheidung dazu befähigt, seiner selbst bewußt zu werden, sich selbst zu bestimmen und sich und die Umwelt zu gestalten."* [300]

Und wohl auch unter dem Gesichtspunkt der Fähigkeit zur Gestaltung seiner Umwelt und zu eigenverantwortlicher Lebensgestaltung[301] hat das Bundesverfassungsgericht das „Menschenbild des Grundgesetzes" wie folgt geprägt:

> *„Das Menschenbild des Grundgesetzes ist nicht das eines isolierten souveränen Individuums; das Grundgesetz hat vielmehr die Spannung Individuum-Gemeinschaft im Sinne der Gemeinschaftsbezogenheit und Gemeinschaftsgebundenheit der Person entschieden, ohne dabei deren Eigenwert anzutasten."*[302]

Die menschliche Selbstbestimmung als ein Kernelement der Menschenwürde[303] wird allerdings wiederum zumeist nur abwehrrechtlich gegen zu starke Einwirkungsmöglichkeiten des Staates in die bürgerlich gedachte Selbstbestimmung und die in der Gesellschaft für den Einzelnen bestehenden Entwicklungs- und Entfaltungsmöglichkeiten gedacht: Der Staat habe das „Menschenbild des gemeinschaftsbezogenen Individuums" bei seinen Entscheidungen zu berücksichtigen.[304] Wenn aber Eigenverantwortung und Selbstbestimmung Elemente der Menschenwürde darstellen, liegt es nahe, deren Bedeutungskreis auch weiter zu ziehen, als dies durch die grundrechtlich-abwehrrechtliche allgemeine Handlungsfreiheit des Art. 2 Abs. 1 GG

---

295 Dazu etwa *Hufen*, JZ 2004, S. 313 (315 ff.).
296 *Vitzthum*, JZ 1985, S. 201 (202, 204); ausf. *Enders*, Menschenwürde (1997), S. 20 ff., 92 ff., m. w. N.
297 Vgl. etwa BVerfGE 27, 1 (6) – Mikrozensus; 50, 166 (175) – Ausweisung; 109, 279 (312) – Großer Lauschangriff; NJW 2010, 2193 (2195) – Aktion Ausländerrückführung; *Dürig*, AöR 81 (1956), S. 117 (127); *ders.*, in: Maunz/Dürig, Grundgesetz (Stand 1958), Art. 1 Rn. 1 ff.; dazu statt aller *Enders*, Menschenwürde (1997), S. 20 ff.
298 *Häberle*, in: Isensee/Kirchhof (Hrsg.), HStR II, 3. Aufl. (2004), § 22 Rn. 56 f.
299 *Enders*, Menschenwürde (1997), S. 152 ff., 310 ff.
300 *Dürig*, AöR 81 (1956), S. 117 (125); vgl. hierzu auch *Enders*, Menschenwürde (1997), S. 10 ff.; *Masing*, in: Hoffmann-Riem/Schmidt-Aßmann/Voßkuhle (Hrsg.), Grundlagen des Verwaltungsrechts, Bd. I (2006), § 7 Rn. 8.
301 Vgl. BVerfGE 5, 85 (204) – KPD-Urteil; 41, 29 (50) – Gemeinschaftsschule; 108, 282 (300) – Kopftuch.
302 BVerfGE 4, 7 (15 f.) – Investitionshilfe; 30, 1 (20) – Abhör-Urteil; vgl. auch 8, 274 (329) – Preisgesetz; 27, 1 (7) – Mikrozensus; 27, 344 (351) – Scheidungsakte; 33, 303 (334) – numerus clausus I; 45, 187 (227) – lebenslange Freiheitsstrafe; 50, 166 (175) – Ausweisung; 50, 290 (353) – Mitbestimmung; 109, 133 (151 f.) – Sicherungsverwahrung; vgl. auch NJW 1993, 3315 f.
303 *Hufen*, JZ 2004, S. 313 (316); *Masing*, in: Hoffmann-Riem/Schmidt-Aßmann/Voßkuhle (Hrsg.), Grundlagen des Verwaltungsrechts, Bd. I (2006), § 7 Rn. 8.
304 Statt aller *Stern*, Staatsrecht III/1 (1988), S. 32 f.; *Häberle*, in: Isensee/Kirchhof (Hrsg.), HStR II, 3. Aufl. (2004), § 22 Rn. 45, je m. w. N.; vgl. auch die „Fünf-Komponenten-Lehre" *Podlechs*, in: Alternativkommentar zum Grundgesetz, 3. Aufl. (2001), Art. 1 Abs. 1 Rn. 23 ff.

ohnehin geschieht.[305] Die jüngsten Entscheidungen des Bundesverfassungsgerichts, die auch die demokratischen Rechte auf Art. 1 Abs. 1 GG zurückführen, weisen eindeutig in diese Richtung.[306]

### 2.1.1.2.3 Menschenwürde und Demokratie

Bei einer nur auf die grundrechtliche Freiheit bezogenen Sicht der Menschenwürde gerät in Vergessenheit, dass die Gemeinschaftsbezogenheit des Individuums und seine aus der Würde fließende Freiheit und Gleichheit es nahe legen, auch die demokratische Freiheit in den Begriff der Menschenwürde einzubeziehen.[307]

Denn das Grundgesetz nimmt mit seiner Entstehung Abstand von einem Menschenbild, bei dem *„aus dem Wesen des Menschen (...) sich historisch und logisch als notwendig nur die Pflicht, aber nicht das Recht gegen den Staat"* ergibt.[308] Der freiheitliche Staat des Grundgesetzes gründet sich vielmehr auf einem Menschenbild, das von der Würde des Menschen und der freien Entfaltung der Persönlichkeit in Selbstbestimmung und Eigenverantwortung geprägt ist.[309] Die Freiheit des Bürgers bliebe aber unvollständig, wenn nicht auch der Anspruch des Einzelnen auf freie und gleiche Teilhabe an der öffentlichen Gewalt in der Würde des Menschen und damit Art. 1 Abs. 1 GG verankert wäre.[310] Denn die traditionelle bürgerliche Freiheit im Sinne einer Freiheit vor staatlicher Gewalt einerseits und die demokratische Freiheit zur Mitbestimmung im politischen Gemeinwesen andererseits sind gleichermaßen Ausdruck der grundsätzlichen freien Selbstbestimmung des Einzelnen und beruhen beide auf der Anerkennung der Person, deren Würde und Freiheit.[311] Dies ist für die „politischen" Grundrechte wie Meinungsäußerungs- und Versammlungsfreiheit im Rahmen des status activus bereits de facto anerkannt. Dies gilt aber auch für die unmittelbar auf Mitwirkung am staatlichen Gemeinwesen gerichteten „demokratischen" Grundrechte wie dem Wahlrecht und Recht auf Ämterzugang.[312]

Insofern ist auch die Entscheidung des Grundgesetzes zur freiheitlich-demokratischen Grundordnung[313] Folge des Bekenntnisses zur Menschenwürde. Denn es mag richtig sein, dass der Mensch auch in anderen Staatsformen den Schutz individueller Freiheit genießen kann, weil wie in der Utopie Platons vom Philosophenkönig[314] der Herrscher die Würde seiner Untertanen schützt und achtet. Insofern ging bereits *Immanuel Kant* davon aus, dass diese Form der Freiheit durchaus in einer Monarchie möglich sei – sie wurde denn auch im aufgeklärt absolutistischen Preußen (*Friedrich II.*, 1740–1786) teilweise realisiert.[315] Die Trennung von bürgerlicher Freiheit des unpolitischen „Bourgeois" von dem an politischer Mitwirkung interessierten „Citoyen" während der konstitutionellen Monarchie des 19. Jahrhunderts dürfte indes auf einer spezifisch

---

305   Zu Art. 2 Abs. 1 GG als allgemeiner Handlungsfreiheit vgl. etwa BVerfGE 6, 32 (36 f.) – Elfes; aus der Literatur statt aller *Cremer*, Freiheitsgrundrechte (2003), S. 79 ff. m.w.N.
306   BVerfG, NJW 2011, 2946 (2948) – Griechenland-Hilfe; BVerfGE 123, 267 (341) – Lissabon; so bereits *Häberle*, in: Isensee/Kirchhof (Hrsg.), HStR II, 3. Aufl. (2004), § 22 Rn. 8 unter Verweis auf BVerfGE 2, 1 (12 f.) – SRP-Verbot; 5, 85 (204 f.) – KPD-Verbot.
307   Vgl. etwa *Schaefer*, AöR 135 (2010), S. 404 (416 f.); in diesem Sinne wohl auch *Masing*, in: Hoffmann-Riem/Schmidt-Aßmann/Voßkuhle (Hrsg.), Grundlagen des Verwaltungsrechts, Bd. I (2006), § 7 Rn. 65 f.
308   So noch *G. Jellinek*, Das System der subjektiven öffentlichen Rechte, 2. Aufl. (1905), S. 82.
309   Vgl. statt aller BVerfGE 108, 282 (300) – Kopftuch; in diesem Sinne bereits BVerfGE 41, 29 (50) – Gemeinschaftsschule; 2, 1, 12 – SRP-Verbot.
310   BVerfGE 123, 267 (341) – Lissabon; so wohl auch *Masing*, in: Hoffmann-Riem/Schmidt-Aßmann/Voßkuhle (Hrsg.), Grundlagen des Verwaltungsrechts, Bd. I (2006), § 7 Rn. 65 f.
311   Vgl. *Bryde*, StWStP 5 (1994), S. 305 (322 ff.); vgl. auch *Häberle*, VVDStRL 30 (1972), S. 43 (86 f., 89); *P.M. Huber*, AöR 126 (2001), 165 (178); *ders.*: Volksgesetzgebung und Ewigkeitsgarantie (2003), S. 28 f.
312   Dazu sogleich 2.1.2.2.
313   Hierzu statt aller Stern, Staatsrecht I, 2. Aufl. (1984), S. 555 ff., m.w.N.
314   *Platon*, Politeia 473c–d, dazu *Spaemann*, in: Höffe, Otfried (Hrsg.), Platon Politeia, 3. Aufl. (2011), S. 121 ff.
315   *Stern*, Staatsrecht III/1 (1988), S. 100 f. (103 f.).

## 2.1 | Grundrechte, Demokratie und staatliche Gewalt unter dem Grundgesetz

deutschen (Fehl-)Entwicklung beruhen.[316] Denn die Demokratie als sich selbst legitimierende Herrschaft des Volkes ist gerade auf die in der Würde des Einzelnen wurzelnde Freiheit und Gleichheit angewiesen, um die Herrschaft der Mehrheit nicht zur Tyrannei über die Minderheit werden zu lassen. Damit die Demokratie nicht wie Saturn ihre Kinder frißt,[317] ist die freiheitlich demokratische Grundordnung Schutz und Auftrag der Demokratie zugleich. Denn schützte die Menschenwürde nur die freiheitlichen Grundrechte, nicht aber die demokratischen Mitwirkungsrechte, dann könnte das Fehlen demokratischer Mitbestimmung auch kaum einen Verstoß gegen die Menschenwürde darstellen. Ohne die Möglichkeit demokratischer Mitbestimmung und dadurch bewirkter Einflussnahme auf die staatliche Gewalt wird der Einzelne oder Teile des Volkes aber durch diese zum Objekt, zu einem Mittel, zur vertretbaren Größe herabgewürdigt. Dies bedingt nun nicht, dass alle der grundgesetzlichen (demokratischen) Herrschaft Unterworfenen auch automatisch zum „Volk" gehören müssten. Wohl aber bedingen die in Art. 1 Abs. 1 GG wurzelnden demokratischen Rechte, dass allen staatlicher Gewalt Unterworfenen die Möglichkeit eingeräumt wird, bei Vorliegen der näheren Voraussetzungen durch Einbürgerung die Staatsangehörigkeit zu erwerben.[318] Schon durch diese Rückbesinnung der Volkssouveränität auf den einzelnen Menschen wird der Gefahr eines Umschlagens der Volkssouveränität als „volonté générale" in eine Volksautorität und totalitäre Herrschaft durch eine Überbetonung der Gemeinschaft vorgebeugt.[319]

Die Verwurzelung der demokratischen Rechte des Einzelnen in dessen Würde verständlicht auch, worauf die Demokratie des Grundgesetzes basiert und warum alle staatliche Gewalt an die Beachtung der Grundrechte gebunden ist: weil diese Begrenzung der staatlichen Gewalt von vornherein mitgegeben ist. In den Worten *Carlo Schmids* hat der Staat als Menschenwerk nur Anspruch auf das, was der Mensch ihm gibt.[320] Art. 1 GG bildet damit zugleich Grund und Grenze staatlicher Gewalt.[321] Freilich bleibt es auch dann bei der Doppelrolle des Individuums, das mit grundrechtlicher und demokratischer Freiheit ausgestattet ist. *Rupp* charakterisiert diese Doppelrolle einerseits als diejenige des Citoyen, also des Mitinhabers hoheitlicher, staatlicher Gewalt und andererseits als die des Bourgeois, also des Alleininhabers individueller Entschließungen für den Bereich der Gesellschaft.[322] Und tatsächlich verbleibt der Einzelne auch nach der hier vorgeschlagenen Lösung in gewissem Sinne *„Bürger zweier Reiche"*.[323] Die beiden Reiche von Staat und Gesellschaft treffen sich nach hier vertretener Auffassung aber nicht nur im Individuum, sondern nehmen von ihm seinen Ausgangspunkt.[324] Dadurch sind Staat und Gesellschaft heute nicht mehr primär durch ein Gegenüber von Macht und Freiheit wie zu Zeiten von Absolutismus, Monarchie oder des frühen Konstitutionalismus gekennzeichnet und der moderne Staat keine jenseits realer Kräfte stehende, vorgegebene, wesenhaft-zuständliche Einheit im Sinne der Staatsrechtslehre des 19. Jahrhunderts.[325] Und grundrechtliche und demokratische Freiheitsidee sind dementsprechend nicht auf den Grundsatz freiheitlicher *und* politischer

---

316 Vgl. insofern *Hufen*, Staatsrecht II, 3. Aufl. (2011), § 5 Rn, 4; in diesem Sinne etwa auch *Dreier*, in: Dreier (Hrsg.), Grundgesetz Bd. I, 2. Aufl. (2004), Vorb. Rn. 86, m. w. N.
317 Vgl. *Büchner*, Dantons Tod, 1. Akt, 5. Szene.
318 In diesem Sinne *Hain*, Die Grundätze des Grundgesetzes (1999), S. 325 ff.; dazu nochmals sogleich, 2.1.1.2.4.
319 *Häberle*, in: Isensee/Kirchhof (Hrsg.), HStR II, 3. Aufl. (2004), § 22 Rn. 66; vgl. dazu auch *Volkmann*, AöR 127 (2002), S. 575 (599 ff.).
320 Abg. *C. Schmid* (SPD), ParlRat-GrdsA (4. Sitzung vom 23. 09. 1948), S. 14.
321 *Häberle*, in: Isensee/Kirchhof (Hrsg.), HStR II, 3. Aufl. (2004), § 22 Rn. 63, 65; *Masing*, in: Hoffmann-Riem/Schmidt-Aßmann/Voßkuhle (Hrsg.), Grundlagen des Verwaltungsrechts, Bd. I (2006), § 7 Rn. 8; so auch *Schaefer*, AöR 135 (2010), S. 404 (405).
322 *Rupp*, in: Isensee/Kirchhof (Hrsg.), HStR II, 3. Aufl. (2004), § 31 Rn. 18 ff.
323 *Jestaedt*, Demokratieprinzip und Kondominialverwaltung (1993), S. 183 f.
324 Vgl. dazu auch *Schaefer*, AöR 135 (2010), S. 404 (420 ff.).
325 *Hesse*, Verfassungsrecht, 20. Aufl. (1995), Rn. 8 f.

Selbstbestimmung, sondern mit *Häberle* auf die Menschenwürde als beider gemeinsamer „*Grundnorm*"[326] des Grundgesetzes zurück zu führen.[327] Demokratie und Grundrechte sind zwar auch dann insoweit Gegenpole, als dass die Grundrechte den Wirkungsbereich demokratisch basierter staatlicher Gewalt einschränken.[328] Auch die demokratische Legitimation staatlicher Herrschaft folgt aber aus der grundrechtlichen Freiheit der Bürger[329] und nimmt ihren Ausgangspunkt in der Würde des Menschen.[330] Die eigentliche Frage ist daher nicht die einer Wesensverschiedenheit von Grundrechten und Demokratie, sondern die Frage, zu welchem Zeitpunkt die demokratische Mitwirkung des Einzelnen in die demokratisch legitimierte Ausübung staatlicher Gewalt umschlägt.[331]

Im Ergebnis ist eine konstitutiv im „Volk" wurzelnde Demokratietheorie daher letztlich deswegen unrichtig, weil lediglich die ursprünglich beim Monarchen verortete einheitliche Staatsgewalt auf einen – ebenso einheitlich gedachten – Volkskörper übertragen würde. Das Grundgesetz würde dadurch in zwei selbständig nebeneinander stehende Bereiche geteilt, so dass Grundrechtsordnung und Staatsorganisation als zwei voneinander unabhängige Säulen des Grundgesetzes erschienen.[332] Tatsächlich gründet das Grundgesetz jedoch nicht auf selbständig nebeneinander stehenden Säulen grundrechtlicher und demokratischer Freiheit. Bei diesen handelt es sich vielmehr um die zwei Seiten derselben Medaille: der freien und größtmöglichen Selbstbestimmung des Menschen.[333] Auf demokratischer Seite bedeutet das egalitäre Mitspracherechte bei demokratischen Entscheidungen. Und auf grundrechtlicher Seite folgt die Freiheit vor der – auch in der Demokratie existenten – Herrschaftsausübung des Staates. Dementsprechend stellt das Grundgesetz nicht die Volkssouveränität, sondern die Menschenwürde an seinen Anfang.[334] Nach der Ordnung des Grundgesetzes sammeln sich dessen oberste Prinzipien, also neben den Grundrechten auch Demokratie und Rechtsstaat im Brennpunkt der Menschenwürde und fallen auf alle materiellen Bestimmungen der Verfassung zurück.[335] Von hier aus fingiert die Formel des Art. 20 GG, dass alle Staatsgewalt vom Volke ausgeht, nicht eine Willenseinheit des Volkes, sondern setzt jene Vielfalt und Gegensätzlichkeit der Staatsangehörigen voraus, die stets und erneut die Herstellung politischer Einheit als Bedingung der Entstehung und des Wirkens staatlicher Gewalt notwendig macht.[336]

Das Volk im Sinne von Art. 20 GG als Ausgangspunkt staatlicher Gewalt ist durch eine in der Menschenwürde verankerte Demokratie selbstverständlich nicht obsolet. Es wird aber von einer naturhaft vorgegebenen, „mystischen" Größe[337] zu einer sich in der Verfassung konstituierenden, immer neu werdenden pluralistischen Größe. Der demokratische Staat kennt daher zwar das Volk als Rechtsbegriff, meint damit aber kein einheitliches Subjekt der Herrschaft, sondern wird zu einem Stück Selbstorganisation der modernen Industriegesellschaft, deren Konflikte in

---

326 *Schaefer*, AöR 135 (2010), S. 404 (405); zur Bezeichnung Grundnorm BVerfGE 27, 344 (351) – Scheidungsakte.
327 *Häberle* in: Isensee/Kirchhof (Hrsg.), HStR II, 3. Aufl. (2004), § 22 Rn. 61 ff.; so auch *Schaefer*, AöR 135 (2010), S. 404 (416 f.); jetzt auch BVerfG, NJW 2011, 2946 (2948) – Griechenland-Hilfe; BVerfGE 123, 267 (341) – Lissabon.
328 Vgl. *Aulehner*, Grundrechte und Gesetzgebung (2011), S. 174.
329 Hierzu etwa *Horn*, in: Depenheuer/Grabenwarter (Hrsg.), Verfassungstheorie (2010), § 22 Rn. 46 ff.
330 BVerfG, NJW 2011, 2946 (2948) – Griechenland-Hilfe; BVerfGE 123, 267 (341) – Lissabon.
331 Zum staatlichen Gewaltmonopol statt aller *E. Klein*, in: Depenheuer/Grabenwarter, Verfassungstheorie (2010), § 19 Rn. 14 f., m.w.N.; zur Transformation demokratischer Freiheit zu staatlicher Gewalt sogleich, 2.1.2.3.
332 In diesem Sinne etwa *Starck*, in: Isensee/Kirchhof (Hrsg.), HStR III, 3. Aufl. (2005), § 33 Rn. 8, 12; so wohl auch *Unger*, Verfassungsprinzip Demokratie (2008), S. 228 ff., 241 ff. m.w.N.
333 *Schaefer*, AöR 135 (2010), S. 404 (421, insb. Fn. 68).
334 In diesem Sinne etwa *Bryde*, StWStP 5 (1994), S. 305 (321 f.); *P.M. Huber*, AöR 126 (2001), S. 165 (178); so auch *Schaefer*, AöR 135 (2010), S. 404 (421, 425).
335 *Schaefer*, AöR 135 (2010), S. 404 (421); ähnlich *di Fabio*, JZ 2004, S. 1 (5).
336 In diesem Sinne *Hesse*, Verfassungsrecht, 20. Aufl. (1995), Rn. 133.
337 *Häberle*, in: Isensee/Kirchhof (Hrsg.), HStR II, 3. Aufl. (2004), § 22 Rn. 65.

## 2.1 | Grundrechte, Demokratie und staatliche Gewalt unter dem Grundgesetz

den Prozess politischer Einheits- und staatlicher Willensbildung eingehen und hier ausgetragen und befriedet werden müssen.[338] Das Volk besteht daher nicht als solches, sondern aus Bürgern als Grundrechtsträgern. Deren Freiheit und Gleichheit gebietet, dass alle Staatsbürger in gleicher Weise auf das Geschehen im Staat Einfluss nehmen,[339] dadurch auch ihren eigenen Lebensentwurf absichern[340] und gleichberechtigt an der politischen Willensbildung teilhaben.[341] Das Volk ist dadurch die Zusammenfassung der Staatsangehörigen mit je eigener Würde und findet die Volkssouveränität in Art. 1 Abs. 1 GG ihren *„letzten und ersten (!) Grund."*[342] Die Menschenwürde wird somit zum Bezugspunkt auch staatlicher Gewalt und verklammert die Individualrechte mit der Staatsorganisation.[343] Und zwar nicht nur abwehrrechtlich mit ihrem Postulat der Unverletzlichkeit, sondern auch positiv als Ausgangspunkt demokratischer Mitbestimmung und einem „Grundrecht auf Demokratie".[344] Art. 20 GG entfaltet dann als Konkretisierung die mit der Menschenwürde des Art. 1 GG mitgesetzten Werte der Freiheit, Gleichheit und Brüderlichkeit: der Rechtsstaat der Freiheit, die Demokratie der Gleichheit und der Sozialstaat der Brüderlichkeit.[345]

### *2.1.1.2.4 Auswirkungen*

Der demokratische Aspekt der Menschenwürde wird von *Enders* mit der Begründung, über die Bejahung der Autonomie des menschlichen Subjekts könne die Menschenwürde zur Präzisierung des Demokratieprinzips nichts beitragen, zu Unrecht nur am Rande erwähnt. Nach seiner Ansicht werden, soweit dem Demokratieprinzip materielle Gehalte aus der Menschenwürde zuflössen, diese durch die Grundrechte umgesetzt.[346] Richtig ist demgegenüber, dass sich das Demokratieprinzip selbst an dem in Art. 1 Abs. 1 GG enthaltenen Grundsatz der freien Selbstbestimmung aller Bürger[347] zu orientieren hat und nicht umgekehrt. Es ist nicht „die Demokratie" oder „das Volk", von dem sich Menschenwürde und Grundrechte ableiten, sondern es haben sich Demokratie und Volkssouveränität am Maßstab der möglichst weitgehenden Mitbestimmung des Einzelnen auszurichten.[348] Positiv gewendet besteht seit Entstehung von Grundrechten und Demokratie in den nordamerikanischen und französischen Verfassungen des 18. Jahrhunderts eine Konnexität zwischen bürgerlicher und politischer Freiheit.[349] Seinerzeit ging man teilweise sogar so weit, neben aktivem und passivem Wahlrecht und dem Zugang zu öffentlichen Ämtern auch die Rechte der Volksrepräsentanten als staatsbürgerliche Rechte anzusehen.[350] Für die vorliegende Arbeit am relevantesten ist dabei aber die Erkenntnis, dass die demokratischen Grundrechte des Grundgesetzes, insbesondere das Wahlrecht und Recht auf Ämterzugang, von demselben materiell-rechtlichen Ausgangspunkt ausgehen wie die Grund-

---

338  Vgl. *Hesse*, Verfassungsrecht, 20. Aufl. (1995), Rn. 8 f.
339  *Hain*, Die Grundsätze des Grundgesetzes (1999), S. 326; *Hesse*, Verfassungsrecht, 20. Aufl. (1995), Rn. 133; *Maurer*, Staatsrecht I, 6. Aufl. (2010), § 7 Rn. 18.
340  *P.M. Huber*, AöR 126 (2001), S. 165 (178); *ders.*: Volksgesetzgebung und Ewigkeitsgarantie (2003), S. 28 f.
341  Vgl. *Hesse*, Verfassungsrecht, 20. Aufl. (1995), Rn. 133.
342  *Häberle*, in: Isensee/Kirchhof (Hrsg.), HStR II, 3. Aufl. (2004), § 22 Rn. 63, 65; so auch *Schaefer*, AöR 135 (2010), S. 404 (405).
343  *di Fabio*, JZ 2004, S. 1 (5).
344  *Häberle*, in: Isensee/Kirchhof (Hrsg.), HStR II, 3. Aufl. (2004), § 22 Rn. 63, 65.
345  Vgl. *Schaefer*, AöR 135 (2010), S. 404 (422).
346  Vgl. *Enders*, Menschenwürde (1997), S. 88 ff.
347  BVerfGE 44, 125 (142) – Öffentlichkeitsarbeit der Bundesregierung.
348  So schon BVerfGE 5, 85 (204 f.) – KPD-Urteil.
349  *Dreier*, in: Dreier (Hrsg.), Grundgesetz Bd. I, 2. Aufl. (2004), Vorb. Rn. 86; *Hufen*, Statsrecht II, 3. Aufl. (2011), § 5 Rn. 4; je m. w. N.
350  So etwa *S. Jordan*, Versuche über allgemeines Staatsrecht (1828), S. 460; *K.E. Weiß*, System des deutschen Staatsrechts (1843), S. 574; dazu *Höfling*, Der Staat 33 (1994), S. 493 (495 f.).

rechte. Grundrechtliche und demokratische Freiheitsidee stehen nicht nur gleichberechtigt nebeneinander, sondern finden in der Menschenwürde ihre gemeinsame Wurzel.

Hieraus folgen indes weit weniger gravierende Konsequenzen als teilweise befürchtet. Insbesondere wird durch eine pluralistische Demokratiekonzeption weder eine unmittelbare, noch eine repräsentative Demokratie vorgegeben: Weder ist eine unmittelbare Demokratie besonders menschenwürdig, noch eine repräsentative Ausgestaltung die eigentliche Form der Demokratie.[351] Die wesentliche Aussage einer pluralistischen Demokratie ist vielmehr die auch für die Grundrechte geltende Maßgabe größtmöglicher Selbstbestimmung: Sowohl im Rahmen der freiheitlichen Grundrechte, als auch der demokratischen Mitbestimmung bedürfen staatliche Einschränkungen der Rechtfertigung, um ein größtmögliches Maß an grundrechtlicher Freiheit und demokratischer Mitbestimmung zu gewährleisten. Dies gilt für das Wahlrecht und das Wahlalter genauso wie für die Entscheidung für repräsentative oder plebiszitäre demokratische Elemente. Insofern dürften beispielsweise plebiszitäre Elemente in kleinen Einheiten, etwa auf kommunaler Ebene, einleuchtende und praktikable Mitwirkungsformen bieten. Formen unmittelbarer Demokratie werden dagegen umso schwieriger umsetzbar, je größer die von demokratischen Entscheidungen betroffene gesellschaftliche Gruppe ist. Im Sinne *Hesses* ist hier im Wege praktischer Konkordanz[352] ein größtmöglicher Ausgleich zwischen dem Anspruch des Einzelnen auf gleichberechtigte und effektive Mitbestimmung, Funktionsfähigkeit des Gemeinwesens, Konsistenz demokratisch gefällter Entscheidungen, Zurverfügungstellung einer gesicherten Entscheidungsgrundlage, etc. zu finden.

Aus diesem Grunde folgt aus einer pluralistischen Demokratiekonzeption auch keine Entwertung des Alleinvertretungsanspruches des Staatsvolkes.[353] Insbesondere wird auch im Rahmen dieser Arbeit Demokratie nicht im Sinne einer reinen Betroffenenpartizipation verstanden und dadurch der Zusammenhang zwischen Staatsvolk und Staatlichkeit aufgelöst. Denn auch aus der Verankerung demokratischer Freiheit im Prinzip der Selbstbestimmung prinzipiell freier und gleicher Menschen folgt nicht, dass zur Demokratie gehört, alle von staatlicher Herrschaft jeweils Betroffenen zum Träger staatlicher Gewalt zu erklären.[354] Insbesondere ginge es zu weit, das Volk im Sinne des Art. 20 Abs. 2 GG als „Kurzformel für Menschen" zu verstehen und alle in der Bundesrepublik ansässigen Menschen hierunter zu subsumieren.[355] Dafür sprechen nicht nur die vom Bundesverfassungsgericht herangezogenen verfassungssystematischen Erwägungen im Hinblick auf Art. 33 Abs. 1 und 2 sowie Art. 56, 64 Abs. 2 und Art. 116 GG, die die deutsche Staatsangehörigkeit zum Maßstab demokratischer Mitwirkungsrechte erheben.[356] Hierfür spricht auch, dass mit der durch die Staatsangehörigkeit dokumentierten Zugehörigkeit zum Staatsvolk eine Bindung an das Staatsvolk als Personenverband perpetuiert wird. Denn ungeachtet etwaiger wirtschaftlicher oder sozialer Integration und dem Betroffensein von staatlicher Gewalt, bleibt ein Nicht-Staatsangehöriger politisch gesehen „Gast", der sich dem politischen Schicksal der im Staatsvolk verbundenen Staatsangehörigen (rechtlich) durch Rückkehr in sein „Heimatland" entziehen kann.[357] Zudem stellt die formal durch die Staatsangehörigkeit dokumentierte Zugehörigkeit zu einem politischen Gemeinwesen eine Funktionsbedingung des Staates als Rechtsordnung dar. Erst durch die äußerlich formale Zuordnung der Staatsangehörigen als Staatsvolk kann der Staat rechtlich existieren und Rahmenbedingungen schaffen, inner-

---

351 So ausdrücklich *Häberle*, in: Isensee/Kirchhof (Hrsg.), HStr II, 3. Aufl. (2004), § 22 Rn. 68.
352 Vgl. *Hesse*, Verfassungsrecht, 20. Aufl. (1995), Rn. 72, 317 ff.
353 So etwa *Unger*, Verfassungsprinzip Demokratie (2008), S. 78 f., m.w.N.
354 *Böckenförde*, in: Isensee/Kirchhof (Hrsg.), HStr II, 3. Aufl. (2004), § 24 Rn. 27.
355 So aber wohl *Bryde*, StWStP 5 (1994), S. 305 (322).
356 BVerfGE 83, 37 (50 f.) – Ausländerwahlrecht SH.
357 *Böckenförde*, in: Isensee/Kirchhof (Hrsg.), HStr II 3. Aufl. (2004), § 24 Rn. 28.

**2.1** | Grundrechte, Demokratie und staatliche Gewalt unter dem Grundgesetz

halb derer dann auch die demokratische Mitwirkung des Einzelnen möglich ist.[358] Zwar bietet auch das keine letztliche Sicherheit für eine relative Homogenität des Staatsvolkes, weil der Staatsangehörige auch dann Teil des Volkes bleibt, wenn er sich „geistiger, sozialer und politischer Homogenität" mit seinen Mitbürgern verweigert.[359] Dieser Rückzug ins Private ist aber als persönliche Freiheitsausübung genauso zu respektieren wie die freiheitliche Entscheidung, die Staatsangehörigkeit eines „Gastlandes" nicht anzunehmen. Auch bei Rückführung demokratischer Rechte auf die Menschenwürde berechtigt die demokratisch-formale Gleichheit,[360] abgesichert durch die Wahlrechtsgrundsätze des Art. 38 GG[361] daher nur die Angehörigen des Volkes im Sinne von Art. 20 Abs. 2 GG zur demokratischen Teilhabe an staatlicher Gewalt.[362]

### 2.1.2 Grundrechte und Demokratieprinzip

Wenn auch die demokratischen Rechte in Art. 1 Abs. 1 GG wurzeln, dann ist weiter zu erörtern, wie sich diese zu den freiheitlichen Grundrechten des Grundgesetzes verhalten und welche Auswirkungen hieraus auf die Entstehung staatlicher Gewalt resultieren.

#### *2.1.2.1 Grundrechtsfunktionen*

Grundrechte stellen als subjektive, statusbegründende Rechte zunächst einmal verfassungsrechtliche Fundamentalrechte des Einzelnen als Mensch und als Bürger gegenüber dem Staat dar.[363] Sie sind dabei aber nicht nur *„subjektive Rechte par excellence"*[364], sondern auch objektive Rechtssätze.[365] Für ihre Interpretation werden daher unterschiedliche Theoreme herangezogen,[366] um das Beziehungsverhältnis des Einzelnen sowie der Gesellschaft insgesamt zum Staat zu erklären.[367] Während danach eine liberale (bürgerlich-rechtsstaatliche) Grundrechtstheorie[368] die Grundrechte vorrangig als Freiheitsrechte des Einzelnen zur Begrenzung staatlicher Macht begreift, will eine institutionelle Grundrechtstheorie[369] traditionelle und rechtliche Vorprägungen der grundrechtlichen Freiheiten berücksichtigen. Durch die so begrenzte Reichweite der Grundrechte wird dann auch die Selbstbestimmung des Einzelnen nicht allumfassend, sondern

---

358  So *Volkmann*, AöR 127 (2002), S. 575 (586 ff.); zum Staatsbegriff und Drei-Elementen-Lehre vgl. allgemein *Kloepfer*, Verfassungsrecht, Bd. I. (2011), Rn. 9 ff.; *G. Jellinek*, Allgemeine Staatslehre, 3. Aufl. (1914), S. 406 ff.
359  So etwa *Bryde*, StWStP 5 (1994), S. 305 (311).
360  Zur Wahlrechtsgleichheit vgl. BVerfGE 120, 82 (102 f.) – 5-% Hürde Kommunalwahl; 99, 1 (13) – Bay. Kommunalwahl; 85, 148 (157 f.) – Stimmenauszählung; 85, 264 (315) – Parteienfinanzierung VII; 82, 322 (337) – Bundestagswahl 1990; 78, 350 (357 f.) – Parteienfinanzierung VI; 51, 222 (234) – Europawahlgesetz.
361  Zu den Wahlrechtsgrundsätzen allgemein statt aller *Klein*, in: Maunz/Dürig, Grundgesetz (64. Akt., Jan. 2012), Bd. IV, Art. 38 Rn. 82 ff.; *Dietlein*, in: Stern, Staatsrecht IV/2 (2011), S. 181 ff., jeweils m.w.N.
362  *Böckenförde*, in: Isensee/Kirchhof (Hrsg.), HStr II, 3. Aufl. (2004), § 24 Rn. 26 ff.; *Grawert*, in: Isensee/Kirchhof (Hrsg.), HStr II, 3. Aufl. (2004), § 16 Rn. 20, 30 ff., 35 ff.; *Dreier*, in: Dreier (Hrsg.), Grundgesetz, Bd. II, 2. Aufl (2006), Art. 20 (Demokratie), Rn. 94; *Jestaedt*, Demokratieprinzip und Kondominialverwaltung (1993), S. 207 ff.; *Quaritsch*, DÖV 1983, 1 (3); je m.w.N.; zur Besonderheit des kommunalen Wahlrechts für Unionsbürger vgl. *Kaufmann*, ZG 1998, S. 25 ff.; *Nierhaus*, in: Sachs (Hrsg.), Grundgesetz, 6. Aufl. (2011), Art. 28 Rn. 24 ff.
363  *Hesse*, Verfassungsrecht, 20. Aufl. (1995), Rn. 283; Überblick statt aller bei *Hufen*, Staatsrecht II, 3. Aufl. (2011), § 5.
364  So *Schmitt Glaeser*, Der freiheitliche Staat des Grundgesetzes (2008), S. 51.
365  Zum Verhältnis subjektiver und objektiver Grundrechtsfunktionen instruktiv *Kahl*, in: Depenheuer/Grabenwarter (Hrsg.), Verfassungstheorie (2010), § 24.
366  Überblick bei *Sachs*, in: Sachs (Hrsg.), Grundgesetz, 6. Aufl. (2011), Vor Art. 1 Rn. 63 ff.; ausführlich *Stern*, Staatsrecht III/2, S. 1678 ff.; vgl. auch *Cremer*, Freiheitsgrundrechte (2003), S. 180 ff., 190 ff., 364 ff.; grundlegend *Böckenförde*, NJW 1974, 1529 ff.
367  Vgl. *Böckenförde*, NJW 1974, S. 1529 (1537).
368  Vgl. BVerfGE 80, 137 (154 f.) – Reiten im Walde; vgl. auch *Böckenförde*, NJW 1974, S. 1529 (1530).
369  Vgl. dazu etwa *Häberle*, Die Wesensgehaltsgarantie des Art. 19 Abs. 2 Grundgesetz, 3. Aufl. (1983), S. 163 f.; Überblick etwa bei *Cremer*, Freiheitsgrundrechte (2003), S. 180 ff., m.w.N.

nur im Rahmen der Grundrechte geschützt.[370] Einen anderen Schwerpunkt setzt die demokratisch-funktionale Grundrechtstheorie, die die Grundrechte vor allem des politischen Lebens als vorrangig im Interesse des demokratischen Prozesses auszuübende Kompetenzen verstehen will.[371] Individuelle Freiheit wird dabei als Mittel zum Zweck funktionalisiert. Eine eher sozialstaatliche Grundrechtstheorie will dagegen durch geeignete Vorkehrungen sichergestellt wissen, dass von den grundrechtlichen Freiheiten auch wirksam Gebrauch gemacht werden kann oder dass vorgeschriebene Gleichheit auch realisiert wird.[372] Und schließlich hat das Bundesverfassungsgericht in seinem *Lüth*-Urteil[373] eine Werttheorie der Grundrechte geschaffen, nach der mit den Grundrechten auch ein ojektives Wertsystem festgelegt sein soll. Dieses Wertsystem konstituiert inhaltliche Vorgaben vor allem für das Handeln des Staates, der die Grundrechte also auch dann zu berücksichtigen hat, wenn er dem Bürger nicht freiheitsbedrohend gegenüber tritt.[374] Daneben soll das Wertesystem auch dem Bürger Orientierung bieten, sein Verhalten nicht an absolutem Freiheitsdenken, sondern den Werten der Grundrechte auszurichten und damit eine gemeinsame Basis für das gesellschaftliche Zusammenleben zu schaffen. Die Wurzeln dieser Idee der Grundrechte als objektiver Wertordnung reichen zurück auf die Integrationslehre *Rudolf Smends*, aus der Zeit der Weimarer Republik.[375] Dagegen will die Prinzipientheorie *Alexys* die Grundrechte schlicht als zu befolgende Prinzipien verstanden wissen, ohne dass es darauf ankäme, auf welchen Werten diese beruhten oder welche Ziele zuvörderst bezweckt würden.[376] Die Prinzipientheorie unterscheidet sich also dadurch maßgeblich von den übrigen Theorien, als sie nicht in erster Linie danach trachtet, Herkunft und telos grundrechtlich vorgegebener Werte zu begründen, sondern die vorgefundenen Prinzipien zu verarbeiten und zu strukturieren.[377] Mit dieser Vorgehensweise können die aufgezeigten Grundrechtstheorien, insbesondere die Werttheorie des Bundesverfassungsgerichts, miteinander in Verbindung gebracht und integriert werden. Denn insofern unterschieden sich Werte und Prinzipien nur wegen ihres *„einerseits deontologischen und anderseits axiologischen Charakters."*[378] Zur Integration soll dabei insbesondere das Abwägungskonzept *Alexys* beitragen, nach dem die Wichtigkeit der Erfüllung des einen Prinzips umso größer sein muss, je höher der Grad der Nichterfüllung oder der Beeinträchtigung des anderen Prinzips ist.[379]

Aus heutiger Sicht kann festgestellt werden, dass sich keine dieser Grundrechtstheorien vollständig durchgesetzt haben dürfte. Abgesehen von der Prinzipientheorie Alexys, die den Anspruch erhebt, als „integrative" oder „ideale"[380] Theorie umfassend zu gelten, geben die übrigen Theorien jeweils nur einen Ausschnitt aus dem Geltungsbereich und dem Geltungsanspruch der

---

370 Vgl. die Diskussion um den Gewährleistungsbereich der Grundrechte, Überblick bei *Hufen*, Staatsrecht II, 3. Aufl. (2011), § 6 Rn. 22 ff.; *Kahl*, AöR 131 (2006), S. 579 (605 ff.).
371 *Ridder*, in: Neuman/Nipperdey/Scheuner (Hrsg), Die Grundrechte (1954), Bd. 2, S. 243 (249 ff.); *Abendroth*, Das Grundgesetz, 7. Aufl. (1978), S. 76; Überblick etwa bei *Cremer*, Freiheitsgrundrechte (2003), S. 190 f., m.w.N.
372 Nachweise insoweit etwa bei. *Böckenförde*, NJW 1974, 1529 (1535 f.) und *Martens*, VVDStRL 30 (1971), 7 (26); ausführlich bei *Cremer*, Freiheitsgrundrechte (2003), S. 364 ff.
373 BVerfGE 7, 198 (204 f.) – Lüth.
374 Dazu nochmals sogleich, 2.1.3.2.
375 *Smend*, Verfassung und Verfassungsrecht, S. 119 (157 ff., 265); Kritik an der Funktion der Grundrechte als objektiver Wertordnung etwa bei *Kahl*, in: Depenheuer/Grabenwarter (Hrsg.), Verfassungstheorie (2010), § 24 Rn. 13 ff.; vgl. auch *Cremer*, Freiheitsgrundrechte (2003), S. 191 ff.
376 *Alexy*, Theorie der Grundrechte, 2. Aufl. (1994); vgl. dazu statt aller *Cremer*, Freiheitsgrundrechte (2003), S. 218 ff. (223 ff.).
377 „analytische Folie", *Dreier*, in: Dreier (Hrsg.), Grundgesetz, Bd. I, 2. Aufl. (2004), Vorb. Rn. 79; vgl. auch *Cremer*, Freiheitsgrundrechte (2003), S. 221 ff.
378 *Alexy*, Theorie der Grundrechte, 2. Aufl. (1994), S. 133, vgl. auch S. 509 f.; Axiologie: Wertlehre, Wertphilosophie; Deontologie: Pflichtenlehre.
379 Vgl. *Alexy*, Theorie der Grundrechte, 2. Aufl. (1994), S. 32 ff., 147 ff.
380 *Alexy*, Theorie der Grundrechte, 2. Aufl. (1994), S. 28.

## 2.1 | Grundrechte, Demokratie und staatliche Gewalt unter dem Grundgesetz

Grundrechte wieder und wollen teilweise bereits nach eigenem Verständnis nicht als abschließend angesehen werden, sondern Raum für weitere Bedeutungen der Grundrechte eröffnen.[381] Aus diesem Grunde wird vermehrt von einer Mehrdimensionalität oder Multipolarität der Grundrechte ausgegangen, um die unterschiedlichen Funktionen der Grundrechte wiederzugeben.[382] Dabei wird teilweise versucht, mit einer Doppeltheorie der Grundrechte – primär subjektive Rechte, ergänzend und verstärkend objektive Wertentscheidungen – die vom Bundesverfassungsgericht bereits in seinem *Lüth*-Urteil angelegte objektiv-rechtliche Dimension mit den traditionell abwehrrechtlichen Konzeptionen zu vereinen.[383] An anderer Stelle werden etwa auch die anerkannten „objektiv-rechtlichen" Gewährleistungen als Ausfluss der Abwehrfunktion der Grundrechte gesehen.[384] Ohne dieses dogmatische Problem abschließend zu beurteilen, soll für diese Arbeit dementsprechend nicht von Grundrechtstheorien, sondern von Grundrechtsfunktionen gesprochen werden. Diese schließen sich nicht gegenseitig aus, sondern ergeben sich aus den Grundrechten und den von ihnen erfassten Lebensbereichen. Der klassischen Statuslehre *G. Jellineks* folgend und die oben genannten Theorien oder Dimensionen der Grundrechte aufnehmend, existieren damit sowohl subjektiv- wie auch objektiv-rechtliche Grundrechtsfunktionen.[385] Die subjektiv-rechtlichen Funktionen können dabei auch heute noch nach dem *status negativus*, dem *status positivus* und dem *status activus* unterschieden werden,[386] freilich nicht mehr auf Grundlage des der Definition *G. Jellineks* zugrunde liegenden allgemeinen Gewaltverhältnisses.[387] Hinzu treten objektiv-rechtliche Funktionen wie *objektive Schutzpflichten, Einrichtungsgarantien* und *objektive Wertordnung*.[388]

### 2.1.2.1.1 *Subjektiv-rechtliche Grundrechtsfunktionen*

Grundrechte sind in ihrer ursprünglichen Ausprägung als *status negativus* Abwehrrechte des Einzelnen gegenüber dem Staat.[389] Sie dienen nach klassischem Verständnis im Subordinationsverhältnis zwischen mächtigem Staat und schutzbedürftigem Untertan dessen Schutz gegen jenes Handeln.[390] Noch mehr als zu *G. Jellineks* Zeiten steht dem Bürger heute die prinzipiell unbegrenzte Freiheit zu, sein Leben ohne Eingriffe durch den Staat zu regeln und über seine Freiräume und Rechtsgüter selbstbestimmt zu verfügen.[391] Hierzu gehört auch, dass bereits eingetretene Verletzungen wieder beseitigt werden und bevorstehende Eingriffe zu unterlassen sind.[392] Diese Funktion und mit ihr der Vorbehalt des Gesetzes als der Maßgabe, Eingriffe in

---

381 Vgl. *Sachs*, in: Sachs (Hrsg.), Grundgesetz, 6. Aufl. (2011), Vor Art. 1 Rn. 63 ff., m.w.N.
382 *Dietlein*, in: Stern, Staatsrecht IV/2 (2011), S, 27 ff. (31); *Dreier*, in: Dreier (Hrsg.), Grundgesetz, Bd. I, 2. Aufl. (2004), Vorb. Rn. 82 ff.; *Sachs*, in: Sachs (Hrsg.), Grundgesetz, 6. Aufl. (2011), Vor Art. 1 Rn. 69; *Häberle*, VVDStRL 30 (1972), S. 43 (73); *Herdegen* in: Maunz/Dürig, Grundgesetz (64. Akt., Jan. 2012), Bd. I, Art. 1 Abs. 3 Rn. 12 ff.; instruktiv, wenn auch nur auf die Verwaltung bezogen *Masing*, in: Hoffmann-Riem/Schmidt-Aßmann/Voßkuhle (Hrsg.), Grundlagen des Verwaltungsrechts, Bd. I (2006), § 7 Rn. 46 ff.; vgl. auch *Hesse*, Verfassungsrecht, 20. Aufl. (1995), Rn. 290 ff.
383 So der Schluss *Kahls*, in: Depenheuer/Grabenwarter (Hrsg.), Verfassungstheorie (2010), § 24 Rn. 30, m.w.N.
384 So etwa *Cremer*, Freiheitsgrundrechte (2003), S. 228 ff., m.w.N.
385 *Dreier*, in: Dreier (Hrsg.), Grundgesetz, Bd. I, 2. Aufl. (2004), Vorb. Rn. 82 ff.; *Hufen*, Staatsrecht II, 3. Aufl. (2011), § 5 Rn. 2 ff.; *Stern*, Staatsrecht III/1, S. 919 f.
386 *G. Jellinek*, System der subjektiven öffentlichen Rechte, 2. Aufl. (1905), S. 87, 94 ff; *Hufen*, Staatsrecht II, 3. Aufl. (2011), § 5.
387 *Hesse*, Verfassungsrecht, 20. Aufl. (1995), Rn. 281; zum allgemeinen Gewaltverhältnis 3.2.1.1.
388 Überblick statt aller bei *Stern*, Staatsrecht III/1 (1988), S. 477 ff.
389 BVerfGE 7, 198 (204) – Lüth; BVerfGE 21, 362 (369) – Sozialversicherungsträger; 50, 290 (336 f.) – Mitbestimmun; *Cremer*, Freiheitsgrundrechte (2003), S. 74 ff.
390 Vgl. BVerfGE 27, 1 (6) – Mikrozensus; ausführlich *Sachs*, in: Merten/Papier (Hrsg.), Handbuch der Grundrechte Bd. II (2006), § 39.
391 BVerfGE 27, 1 (6) – Mikrozensus; *Hesse*, Verfassungsrecht, 20. Aufl. (1995), Rn. 281.
392 *Cremer*, Freiheitsgrundrechte (2003), S. 74 f.; *Pieroth/Schlink*, Grundrechte, 27. Aufl. (2011), Rn. 76.

Grundrechte nur aufgrund eines Gesetzes zuzulassen, bildete sich bereits im 19. Jahrhundert heraus.[393]

Mit *status positivus* wird die Leistungsdimension der Grundrechte beschrieben. Hierunter fallen zunächst originäre Leistungsrechte des Bürgers aus dem Grundgesetz. Dies ist neben dem in Art. 6 Abs. 4 GG gewährleisteten Recht der Mutter auf Fürsorge und Schutz der Gemeinschaft vor allem der Anspruch des Bürgers auf Rechtsschutz aus Art. 19 Abs. 4 GG.[394] Aus den Grundrechten folgen aber nur in den vom Grundgesetz selbst vorgesehenen Fällen originäre Ansprüche auf Leistung. Daneben kennt das Grundgesetz vor allem derivative Teilhaberechte. Sie folgen aus der Bereitstellung von Leistungen des Staates für seine Bürger, um ihnen die Ausübung ihrer grundrechtlichen Freiheiten erst zu ermöglichen.[395] Sofern der Staat dies tut, etwa mit der Schaffung und Unterhaltung von Universitäten oder Berufsschulen, haben die Bürger einen grundrechtlichen Anspruch auf Teilhabe an dieser Leistung. Dieser folgt aus dem jeweiligen Freiheitsgrundrecht in Verbindung mit dem Gleichheitssatz, im Fall der Universitäten etwa aus Art. 12 und 3 GG die Möglichkeit des Studiums. Dieser Anspruch ist aber auf die Teilhabe an vorhandenen Kapazitäten beschränkt und umfasst nicht das Recht auf Bereitstellung eines Studienplatzes.[396] Denn bei Leistungen des Staates, die erst die Freiheitsausübung ermöglichen, handelt es sich um „knappe Güter", die vom Parlament als zuständiger und mit Budgethoheit ausgestatteter Volksvertretung verteilt werden müssen – anderenfalls fände der sozialstaatliche Verteilungskampf nicht im politischen Prozess, sondern vor den Gerichten statt.[397] Faktisch schafft der Gesetzgeber damit in vielen Fällen erst die Bedingungen zur Ausübung der Freiheit, hat sich bei der Bereitstellung der „knappen Güter" und Erlass der entsprechenden Gesetze aber an den Grundrechten zu orientieren. Er hat sich schützend und fördernd vor die Grundrechte zu stellen und ist vor dem Hintergrund *objektiver Schutzpflichten* (dazu sogleich) kraft Art. 1 Abs. 3 GG unter bestimmten Voraussetzungen sogar dazu verpflichtet.

Neben *status negativus* und *status positivus* dienten Grundrechte auch immer schon der Möglichkeit, die persönliche Freiheit im und für den Staat zu betätigen und waren nicht auf ihre Abwehrfunktion beschränkt.[398] Insoweit verbindet der *status activus*[399] Staat und Bürger unmittelbar. Aufgrund der Bedeutung dieser Grundrechtsfunktion für die vorliegende Arbeit wird der status activus nach Darstellung der objektiv-rechtlichen Grundrechtsfunktionen einer gesonderten Untersuchung unterzogen.

### 2.1.2.1.2 Objektiv-rechtliche Grundrechtsfunktionen

Während die subjektiv-rechtlichen Grundrechtsfunktionen den Einzelnen vor ungerechtfertigtem staatlichen Handeln schützen, richten sich die objektiv-rechtlichen Funktionen gleichzei-

---

393 Vgl. dazu *Hufen*, Staatsrecht II, 3. Aufl. (2011), § 2 Rn. 15.
394 Übersicht etwa bei *Dreier*, in: Dreier (Hrsg.), Grundgesetz, Bd. I, 2. Aufl. (2004), Vorb. Rn. 89 ff.
395 *Rüfner*, in: Merten/Papier (Hrsg.), Handbuch der Grundrechte Bd. II (2006), § 40, insb. Rn. 55 ff.; Stern, Staatsrecht III/1 (1988), S. 690 ff.
396 BVerfGE 33, 303 (333, 338) – numerus clausus; *Hufen*, Staatsrecht II, 3. Aufl. (2011), § 5 Rn. 10; *Dreier*, in: Dreier (Hrsg.), Grundgesetz, Bd. I, 2. Aufl. (2004), Vorb. Rn. 89 ff., 93.
397 *Rüfner*, in: Merten/Papier (Hrsg.), Handbuch der Grundrechte Bd. II (2006), § 40, Rn. 14 f. und 47 ff.; Hesse, Verfassungsrecht, 20. Aufl. (1995), Rn. 208, 289, 298; vgl. auch *Hufen*, Staatsrecht II, 3. Aufl. (2011), § 5 Rn. 9 mit Verweis auf *Martens*, VVDStRL 30 (1972), S. 7 ff. und *Häberle*, a. a. O., S. 43 ff.
398 BVerfGE 61, 82 (101) – Sasbach; *Dreier*, in: Dreier (Hrsg.), Grundgesetz, Band I, 2. Aufl. (2004), Vorb. Rn. 86; Herdegen, in: Maunz/Dürig, Grundgesetz (64. Akt., Jan. 2012), Bd. I, Art. 1 Abs. 3 Rn. 15; zu den freiheitlichen und demokratischen Grundrechten sogleich ausführlich, 2.1.2.2.
399 Zum Grundrechtsschutz durch Verfahren, von *Hufen* in Anlehnung an *Häberle* als „status activus processualis" bezeichnet, vgl. *Hufen*, Staatsrecht II, 3. Aufl. (2011), § 5 Rn. 11 und *Häberle*, VVDStRL 30 (1972), S. 43 (86).

## 2.1 | Grundrechte, Demokratie und staatliche Gewalt unter dem Grundgesetz

tig mit dem Auftrag an den Staat, diese Beeinträchtigungen möglichst zu unterlassen.[400] Denn dort, wo Grundrechte subjektive Freiheits- und Abwehrrechte des Einzelnen normieren, enthalten sie gleichzeitig objektive Wertentscheidungen, Grundsatznormen oder Prinzipien zum Schutz von Leben, Leib, Meinung, Beruf, Eigentum usw. der Person. Auch haben Kunst, Wissenschaft und Religion eine über die einzelne natürliche Person hinausgehende Bedeutung. Die von den Grundrechten garantierte *objektive Wertordnung*[401] bzw. die in ihnen enthaltenen *„Elemente objektiver Ordnung"*[402] sind dementsprechend von jedweder staatlichen Gewalt auch unabhängig von einer etwaigen subjektiven Geltendmachung zu beachten.[403] Hieraus folgt zunächst die sogenannte *„grundrechtskonforme Auslegung"* des einfachen Rechts, um den Grundrechten bei dessen Anwendung Rechnung zu tragen.[404] Vor allem aber hat der Gesetzgeber die Grundrechte im Rahmen seines Prognose-, Einschätzungs- und Bewertungsspielraums bei der Schaffung des einfachen Rechts zu beachten. Zwar sind in diesem Zusammenhang sowohl die Begrifflichkeiten als auch die vom Gesetzgeber zu beachtenden Grenzen noch nicht letztlich geklärt.[405] Gleichwohl dürfte dieser Aspekt in einer durch Wissenschaft, Technik und die beinahe jederzeitige Verfügbarkeit von Informationen immer komplexer erscheinenden Gesellschaft die wohl bedeutendste Herausforderung für Rechtswissenschaft und Praxis sein. Denn wenn im „Informations- und Medienzeitalter" Gewissheiten von heute in atemberaubender Geschwindigkeit morgen schon veraltet sind und über Generationen gewachsene gesellschaftliche Wertvorstellungen in einer multikulturellen Gesellschaft innerhalb einer Generation in Frage gestellt werden, benötigt der Gesetzgeber für seine zukunftsgerichtete und stets prognostische Gesetzgebung eine Richtschnur. Die Werte, an denen er sich orientiert, müssen vor diesem Hintergrund vor allem aus den an die Spitze des Grundgesetzes gestellten Grundrechten stammen.[406]

Die praktisch relevanteste objektive Grundrechtsfunktion ist daher wohl die der *objektiven Schutzpflicht*,[407] deren wiederum wichtigsten Fall Art. 1 Abs. 1 Satz 2 GG darstellt: Die Pflicht des Staates zur Achtung und zum Schutz der Menschenwürde.[408] Als weitere spezielle Schutzpflicht dürfte die sog. *mittelbare Drittwirkung der Grundrechte*, also die Pflicht des Richters, auch zivilrechtliche Normen im Lichte der Grundrechte auszulegen, zählen.[409] Insgesamt aber zielen die grundrechtlichen Schutzpflichten nicht auf die Abwehr von Eingriffen durch den Staat, sondern darauf, dass der Staat die grundrechtlich geschützten Güter vor Beeinträchtigungen durch Dritte bewahrt.[410] Das Bundesverfassungsgericht hat dementsprechend freiheits-

---

400 *Hesse*, Verfassungsrecht, 20. Aufl. (1995), Rn. 290 ff.; *Jarass*, in: Merten/Papier (Hrsg.), Handbuch der Grundrechte Bd. II (2006), § 38 Rn. 15 f.; *ders.*, in: Badura/Dreier (Hrsg.), FS 50 Jahre BVerfG, Bd. II (2001), S. 35 (39 f.).
401 BVerfGE 7, 198 (205) – Lüth.
402 BVerfGE 53, 30 (57) – Mülheim-Kärlich; zu dem terminologischen Wandel vgl. *Dreier*, in: Dreier (Hrsg.), Grundgesetz Bd. I, 2. Aufl. (2004), Vorb. Rn. 94; *Cremer*, Freiheitsgrundrechte (2003), S. 191 ff. (195 ff.).
403 Vgl. nur BVerfGE 21, 362 (371 f.) – Sozialversicherungsträger; *Scheuner*, DÖV 1971, 505 (507); ausführlich *Bull*, Staatsaufgaben nach dem Grundgesetz (1973), S. 155 ff.; vgl. auch *Sachs*, in: Sachs (Hrsg.), Grundgesetz, 6. Aufl. (2011), Vor Art. 1 Rn. 27 ff.
404 *Pieroth/Schlink*, Grundrechte, 27. Aufl. (2011), Rn. 110 ff.
405 Siehe dazu sogleich die Ausführungen zu den objektiven Schutzpflichten.
406 Zur grundrechtsgeleiteten Gesetzgebung etwa BVerfGE 81, 242 (254 ff.) – Handelsvertreter; 97, 169 (176) – Kündigungsschutz; *Herdegen*, in: Maunz/Dürig, Grundgesetz (64. Akt., Jan. 2012), Bd. I, Art. 1 Abs. 3, Rn. 20; vgl. auch *Klement*, DÖV 2005, 507 ff.
407 Zu deren grundsätzlicher Anerkennung etwa *Alexy*, Theorie der Grundrechte, 2. Aufl. (1994), S. 410 ff.; *Cremer*, Freiheitsgrundrechte (2003), S. 228 ff., 232 f. *Herdegen*, in: Maunz/Dürig, Grundgesetz (64. Akt., Jan. 2012), Bd. I, Art. 1 Abs. 3 Rn. 20 ff., je m. w. N.
408 Dazu *Dreier*, in: Dreier (Hrsg.), Grundgesetz, Bd. I, 2. Aufl. (2004), Art. 1 I, Rn. 135 ff.
409 *Hufen*, Staatsrecht II, 3. Aufl. (2011), § 7 Rn. 9.
410 *Cremer*, Freiheitsgrundrechte (2003), S. 228; *Dreier*, in: Dreier (Hrsg.), Grundgesetz Bd. I, 2. Aufl. (2004), Vorb. Rn. 101; *Sachs*, in: Sachs (Hrsg.), Grundgesetz, 6. Aufl. (2011), Vor Art. 1 Rn. 35 ff., je m. w. N.

grundrechtliche Schutzpflichten bereits für Art. 2 Abs. 2 Satz 1 GG,[411] Art. 12 Abs. 1 GG,[412] Art. 14 Abs. 1 GG[413] sowie für das allgemeine Persönlichkeitsrecht des Art. 2 Abs. 1 i. V. m. Art. 1 Abs. 1 GG[414] anerkannt. Verallgemeinernd kann eine grundrechtliche Schutzpflicht am ehesten bejaht werden, wenn eine drohende Grundrechtsgefährdung irreparabel ist,[415] der tatsächliche Geschehensablauf unbeherrschbar erscheint[416] oder eine tatsächliche Konfliktlage nicht privatautonom reguliert werden kann.[417] Unterlässt es der Staat in solchen Fällen einzugreifen, kann dem Bürger aus seinem *status negativus* ein Anspruch auf Abwehr der Gefahr entwachsen.[418] Allerdings steht dem demokratisch legitimierten Gesetzgeber in diesem Zusammenhang ein Einschätzungs-, Wertungs- und Gestaltungsspielraum zu, dessen genaue Grenzen und Konkretisierungen noch nicht abschließend geklärt sind.[419]

Aus der Weimarer Reichsverfassung übernommen hat das Grundgesetz schließlich die Rechtsfigur der *Einrichtungsgarantie*.[420] Verschiedene Grundrechte wie etwa der Schutz von Ehe und Familie in Art. 6 Abs. 1 GG schützen nicht nur subjektiv die jeweiligen Ehepartner, sondern garantieren auch objektiv das Rechtsinstitut „Ehe" oder „Eigentum".[421] Unter der Geltung des Grundgesetzes darf allerdings die Institution nicht gegen das sich auf sie berufende Individuum ausgespielt werden. Es geht daher stets um den Schutz des grundrechtlich geschützten Individuums *in* der Institution und den Schutz seiner Freiheit *durch* die Institution und nicht allein um den Schutz *der* Institution als solcher.[422]

### 2.1.2.2 *Politische und demokratische Grundrechte im status activus*

Aus der Menschenwürde fließend, kennt das Grundgesetz sowohl klassische Freiheitsrechte als auch politische oder demokratische Rechte. Allerdings dominiert bei den zahlreichen Grundrechts-Typologien[423] zunächst einmal die Grobeinteilung der Freiheitsrechte in Menschen- und Bürgerrechte,[424] bzw. nach sachlichem Geltungsbereich in Persönlichkeits-, Kommunikationsgrundrechte oder Rechte der wirtschaftlichen Betätigung.[425] Daneben wird gemeinhin noch formal zwischen den im I. Abschnitt des Grundgesetzes enthaltenen Grundrechten und grundrechtsgleichen Rechten differenziert, die an anderer Stelle des Grundgesetzes garantiert

---

411 BVerfGE 53, 30 (57 ff.) – Mülheim-Kärlich; 49, 89 (140 ff.) – Kalkar I; 46, 160 (164) – Schleyer; 39, 1 (42) – Fristenlösung.
412 BVerfGE 97, 169 (175) – Kündigungsschutz; 81, 242 (255 f.) – Handelsvertreter.
413 BVerfG (Kammer), NJW 1998, 3263 (3265 f.) – Waldschäden.
414 BVerfGE 99, 185 (194 f.) – Scientology; 96, 56 (64) – Recht auf Kenntnis der Abstammung.
415 Z. B. beim Schwangerschaftsabbruch, BVerfGE 39, 1 (42 f.) – Fristenlösung; 88, 203 (251 ff.) – Schwangerschaftsabbruch.
416 Z. B. bei der atomaren Entwicklung, BVerfGE 53, 30 (57 ff.) – Mülheim-Kärlich; 49, 89 (140 ff.) – Kalkar I.
417 Z. B. bei erheblichem wirtschaftlichem Ungleichgewicht, BVerfGE 81, 242 (255 f.) – Handelsvertreter.
418 *Pieroth/Schlink*, Grundrechte, 27. Aufl. (2011), Rn. 110 ff.; Übersicht zur und Kritik an der dogmatischen Herleitung bei *Calliess*, in: Merten/Papier (Hrsg.), Handbuch der Grundrechte Bd. II (2006), § 44 Rn. 4 ff. und insb. Rn. 18 ff.
419 Vgl. etwa BVerfGE 50, 290 (332 f.) – Mitbestimmung; aus der jüngeren (Kammer-)Rechtsprechung etwa BVerfG, NJW 1995, 2343 – Alkoholgrenzwert; NJW 1996, 651 – Ozon; NVwZ 2000, 309 (310) – Strahlenschutz; vgl. auch NVwZ 2010, 702 (703) – CERN; zusammenfassend etwa *Cremer*, Freiheitsgrundrechte (2003), S: 291 ff., 298 ff., m. w. N.; vgl. auch *Dreier*, in: Dreier (Hrsg.), Grundgesetz, Bd. I, 2. Aufl. (2004), Vorb. Rn. 103; *Hufen*, Staatsrecht II, 3. Aufl. (2011), § 5 Rn. 5; *Sachs*, in: Sachs (Hrsg.), Grundgesetz, 6. Aufl. (2011), Vor Art. 1 Rn. 35 ff.
420 *Herdegen*, in: Maunz/Dürig, Grundgesetz (64. Akt., Jan. 2012), Bd. I, Art. 1 Abs. 3 Rn. 18; vgl. zur kommunaler Selbstverwaltung die Ausführungen unten 2.2.1.2.
421 Ausführlich *Kloepfer*, in: Merten/Papier (Hrsg.), Handbuch der Grundrechte Bd. II (2006), § 43, insb. Rn. 65 ff.
422 *Stern*, Staatsrecht III/1 (1988), S. 792 ff.
423 Überblick etwa bei *Sachs*, in: *Stern*, Staatsrecht III/1 (1988), § 64 (S. 388 ff., vgl. auch S. XXVIII f.).
424 Zurück gehend auf die französische *Déclaration des Droits de l'Homme et du Citoyen* vom 26. August 1789.
425 Vgl. etwa *Hufen*, Staatsrecht II, 3. Aufl. (2011), S. XIII ff.

## 2.1 | Grundrechte, Demokratie und staatliche Gewalt unter dem Grundgesetz

werden und sich aber allenfalls nach ihrer Bezeichnung, nicht aber nach ihrer Struktur von den „echten" Grundrechten unterscheiden.[426]

Für die vorliegende Arbeit maßgeblich ist die funktionale Unterscheidung im Sinne der Statuslehre G. Jellineks.[427] Die hierin enthaltene Aufteilung der Grundrechte in freiheitliche Rechte einerseits (*status negativus* bzw. *status positivus*) und staatsbürgerliche oder politische Rechte andererseits *(status activus)* kann für die vorliegende Arbeit fruchtbar gemacht werden.[428] Die Differenzierung geht auf die bereits in der Frankfurter Paulskirchenverfassung enthaltene[429] und etwa von *Jordan* vorgedachte Differenzierung zurück, wonach die Grundrechte nach ihrem Bezugspunkt entweder „*auf die menschliche Selbstbestimmung und die hierzu nothwendigen Mittel*" oder „*auf den Zweck des Staates*" bezogen sind.[430] Während die freiheitlichen Grundrechte damit die Grenzen der Staatsgewalt bestimmen sollen, wird mit den demokratischen Rechten deren Herkunft erklärt.[431] Die Unterscheidung hat sich trotz mancher terminologischer Unsicherheiten behaupten können und dürfte ihrerseits auf das französische Vorbild der Trennung von *droit civils* (publique) und *droit politiques* zurückgehen.[432] Unter dem Grundgesetz finden beide Aspekte wie oben dargelegt in der Würde des Einzelnen nach Art. 1 GG ihre gemeinsame Grundlage. Diese beinhaltet die Möglichkeit, die eigene Lebensführung in Selbstverantwortung und Selbstbestimmung vorzunehmen – und dies sowohl als Citoyen wie auch als Bourgeois.[433] Das Grundgesetz greift diese geradezu klassische Zweiteilung der Grundrechte in Art. 33 Abs. 3 Satz 1 GG sowie in Art. 140 GG i.V.m. Art. 136 Abs. 1 und 2 Weimarer Reichsverfassung als „*bürgerliche und staatsbürgerliche Rechte*" explizit auf.[434]

Nach hier vertretener Auffassung sammeln sich im *status activus* dabei zwei Grundrechtsfunktionen. Zunächst gehören hierin als „klassische" demokratische Grundrechte im eigentlichen Sinn diejenigen, die in unmittelbarer Nähe zur Wahrnehmung der Volkssouveränität des Art. 20 Abs. 2 GG stehen und damit „*auf den Zweck des Staates*" bezogen sind.[435] Daneben stehen die Grundrechte, die die Teilhabe der Bürger an der politischen Willensbildung in der

---

[426] Vgl. etwa BVerfGE 79, 69 (75) – feierliche Beteuerung, zu Art. 33 Abs. 3 Satz 1 GG; *Dreier*, in: Dreier (Hrsg.), Grundgesetz, Bd. I, 2. Aufl. (2004), Art. 1 Abs. 3 Rn. 31; *Herdegen*, in: Maunz/Dürig, Grundgesetz (64. Akt., Jan. 2012), Bd. I, Art. 1 Abs. 3 Rn. 9; *Hesse*, Verfassungsrecht, 20. Aufl. (1995), Rn. 277; *Hufen*, Staatsrecht II, 3. Aufl. (2011), § 1 Rn. 8; *Jarass*, in: Jarass/Pieroth, Grundgesetz, 11. Aufl. (2011), Art. 1 Rn. 30; *Pieroth/Schlink*, Grundrechte, 27. Aufl. (2011), Rn. 65 f.

[427] G. Jellinek, System der subjektiven öffentlichen Rechte, 2. Aufl. (1905), S. 87, 94 ff.

[428] Vgl. hierzu allgemein etwa *Dietlein*, in: Stern, Staatsrecht IV/2 (2011), S. 171; *Dreier*, in: Dreier (Hrsg.), Grundgesetz Bd. I, 2. Aufl. (2004), Vorb. Rn. 80; *Horn*, in: Depenheuer/Grabenwarter, Verfassungstheorie (2010), § 2 Rn. 48; *Höfling*, Der Staat 33 (1994), S. 493 (496 f.); vgl. auch *Badura*, in: Maunz/Dürig, Grundgesetz (64. Akt., Jan. 2012), Bd. IV, Art. 33 Rn. 4; *Masing*, in: Dreier (Hrsg.), Grundgesetz, Bd. II, 2. Aufl. (2006), Art. 33 Rn. 29; *ders.*, in: Hoffmann-Riem/Schmidt-Aßmann/Voßkuhle (Hrsg.), Grundlagen des Verwaltungsrechts, Bd. I (2006), § 7 Rn. 65 ff.; das der Definition *G. Jellineks* zugrunde liegende allgemeine Gewaltverhältnis findet in o. g. Darstellung keine Anwendung, vgl. *Hesse*, Verfassungsrecht, 20. Aufl. (1995), Rn. 281.

[429] Vgl. *Kühne*, Die Reichsverfassung der Paulskirche, 2. Aufl. (1998), S. 160 ff., 176 ff., 410 ff., 422; zur Grundrechtskozeption der Paulskirche sogleich unter 2.2.1.2.

[430] S. Jordan, Versuche über allgemeines Staatsrecht (1828), S. 409.

[431] *Horn*, in: Depenheuer/Grabenwarter, Verfassungstheorie (2010), § 22 Rn. 48; zur historischen Verbindung zwischen Grundrechten und staatlicher Ordnung vgl. auch *Dreier*, in: Dreier (Hrsg.), Grundgesetz Bd. I, 2. Aufl. (2004), Vorb. Rn. 86 m. w. N.; von Grundrechten als Grundprinzipien der Demokratie spricht *Dietlein*, in: Stern, Staatsrecht IV/2 (2011), S. 32 f., 171 ff., m. w. N.

[432] Vgl. hierzu *Sachs*, in: Stern, Staatsrecht III/1 (1988), S. 399 ff., m. w. N.

[433] Siehe 2.1.1.2.3.

[434] BVerfGE 79, 69 (75) – feierliche Beteuerung; *Dreier*, in: Dreier (Hrsg.), Grundgesetz, Bd. I, 2. Aufl. (2004), Vorb. Rn. 80; *Höfling*, Der Staat 33 (1994), S. 493 (495); *Sachs*, in: Sachs (Hrsg.), Grundgesetz, 6. Aufl. (2011), Vor Art. 1 Rn. 26.

[435] Übersicht über die demokratischen Rechte etwa bei *Starck*, in: Merten/Papier (Hrsg.), Handbuch der Grundrechte Bd. II (2006), § 41 Rn. 6 ff. und 37 ff.; *Dietlein*, in: Stern, Staatsrecht IV/2 (2011), S. 173.

Gesellschaft ermöglichen sollen.[436] Zu der ersten Gruppe, den demokratischen Grundrechten, gehören danach solche, die entweder die Beteiligung des Einzelnen an Wahlen und Abstimmungen zum Gegenstand haben oder die Besetzung der besonderen Organe durch Personen aus dem Volk betreffen.[437] Hervorzuheben sind insoweit die Wahl- und Abstimmungsrechte der Art. 38 und 29 GG, die den Einzelnen unmittelbar an der Umsetzung des Volkswillens in staatliche Gewalt beteiligen und dadurch individuelle Freiheit und staatliche Ordnung funktional aufeinander beziehen.[438] Insgesamt können zu den demokratischen, in Verbindung mit Art. 20 GG stehenden, Grundrechten jedenfalls gezählt werden:[439]

– das aktive und passive Wahlrecht nach Maßgabe der Wahlrechtsgrundsätze (Art. 38 Abs. 1 Satz 1 GG),
– das Abstimmungsrecht nach Art. 29 Abs. 2 bis 6 GG,
– der Ämterzugang (Art. 33 Abs. 2 und Abs. 3 Satz 1 GG, Art. 140 GG i. V. m. Art. 136 Abs. 2 WRV),
– die staatsbürgerliche Gleichheit (als leges speciales zu Art. 3 GG[440]) in Art. 33 Abs. 1 GG und Art. 140 GG i. V. m. Art. 136 Abs. 1 und 2 WRV und
– Art. 33 Abs. 5 GG, soweit er Grundsätze für die Ämterbesetzung beinhaltet (z. B. Anstellung grundsätzlich auf Lebenszeit, Gesetzesvorbehalt für die Beendigung des Beamtenverhältnisses).

Gleichberechtigt neben diesen „demokratischen" Grundrechten gehören nach hier vertretener Ansicht zum *status activus* Grundrechte mit einer auch politischen Funktion.[441] Denn kraft der grundrechtlichen Gewährleistungen wirken die Bürger nicht nur durch ihr Wahlrecht, sondern maßgeblich auch durch ihre Kommunikationsgrundrechte an der staatlichen Willensbildung mit.[442] Hierzu zählen insbesondere die Meinungsäußerungs- und Versammlungsfreiheit nach Art. 5 Abs. 1 Satz 1 GG und Art. 8 Abs. 1 GG.[443] Die deutsche Staatsrechtswissenschaft hält insoweit mit dem Bundesverfassungsgericht das Grundrecht der freien Meinungsäußerung für eine freiheitlich-demokratische Staatsordnung schlechthin konstituierend. Erst dieses ermögliche die ständige geistige Auseinandersetzung, den Kampf der Meinungen, der das Lebenselement der Demokratie sei.[444] Diese Formel hat das Bundesverfassungsgericht später auf Presse-, Rundfunk- und Filmfreiheit,[445] die Informationsfreiheit[446] sowie auf die Versammlungsfrei-

---

436 Hierzu *Dietlein*, in: Stern, Staatsrecht IV/2 (2011), S. 6, vgl. auch S. 171 ff.; *Schmitt Glaeser*, in: Isensee/Kirchhof (Hrsg.), HStR III, 3. Aufl. (2005), § 38 Rn. 11 ff.; zum rein akademischen Streit, ob diese Grundrechte zum status activus zählen oder die politische Dimension im Rahmen des status negativus im Wege der Auslegung zu berücksichtigen ist, vgl. einerseits *Hufen*, Staatsrecht II, 3. Aufl. (2011), § 5 Rn. 11; andererseits *Dietlein*, a. a. O., S. 172; *Pieroth/Schlink*, Grundrechte, 27. Aufl. (2011), Rn. 84.
437 *Höfling*, Der Staat 33 (1994), S. 493 (498).
438 *Starck*, in: Merten/Papier (Hrsg.), Handbuch der Grundrechte Bd. II (2006), § 41 Rn. 2, 8 f.
439 Zum folgenden vgl. *Höfling*, Der Staat 33 (1994), S. 493 (498 f.); *Dietlein*, in: Stern, Staatsrecht IV/2 (2011), S. 173; *Sachs*, in: *Stern*, Staatsrecht III/1 (1988), S. 468 f.
440 Vgl. etwa *Masing*, in: Dreier (Hrsg.), Grundgesetz, Bd. II, 2. Aufl. (2006), Art. 33 Rn. 94.
441 Allgemein zur politischen Betätigung *Dietlein*, in: Stern, Staatsrecht IV/2 (2011), S. 3 ff.; *Schmitt Glaeser*, in: Isensee/Kirchhof (Hrsg.), HStR III, 3. Aufl. (2005), § 38 Rn. 11 ff.; je m. w. N.
442 *Häberle*, Die Wesensgehaltsgarantie des Artikels 19 Abs. 2 Grundgesetz, 3. Aufl. (1983), S. 17 ff.; *Schmitt Glaeser*, in: Isensee/Kirchhof (Hrsg.), HStR III, 3. Aufl. (2005), § 38 Rn. 11 ff.
443 *Herzog*, in: Maunz/Dürig, Grundgesetz (64. Akt., Jan. 2012), Bd. I, Art. 5 Abs. I, II Rn. 4 ff.; allg. statt aller *Dreier*, in: Dreier (Hrsg.), Grundgesetz, Bd. I, 2. Aufl. (2004), Vorb. Rn. 80 m. w. N.
444 BVerfGE 5, 85 (134 ff.), 199, 205 ff.) – KPD-Verbot; 7, 198 (208, 212) – Lüth; 10, 118 (121) – Berufsverbot I; 12, 113 (125) Schmid-Spiegel; 20, 56 (97 ff.) – Parteienfinanzierung I; 35, 202 (221 f.) – Lebach; 62, 230 (247) Boykottaufruf; 69, 315 (344 f.) – Brokdorf; 77, 65 (74) – Beschlagnahme von Filmmaterial; aus der Literatur statt aller *Hufen*, Staatsrecht II, 3. Aufl. (2011), § 25 Rn. 4, 47.
445 BVerfGE 20, 56 (97 f.) – Parteienfinanzierung I.
446 BVerfGE 27, 71 (81) – Leipziger Volkszeitung.

**2.1 | Grundrechte, Demokratie und staatliche Gewalt unter dem Grundgesetz**

heit[447] und Vereinigungsfreiheit[448] erstreckt. Teilweise wurde auch die Lehr- und Forschungsfreiheit zu den politischen Grundrechten gerechnet[449] und nimmt das Bundesverfassungsgericht unpolitische Versammlungen tendenziell vom Versammlungsbegriff des Art. 8 GG aus.[450] Insoweit kommt diesen Grundrechten eine Doppelfunktion zu. Sie schützen im Rahmen des *status negativus* einerseits die bürgerliche Freiheit des Bourgeois vor dem Staat, indem sie diesem verbieten, in die Freiheitssphäre des Einzelnen ungerechtfertigt einzugreifen. Sie schützen aber andererseits auch gleichzeitig die Möglichkeit des Bürgers, im *status activus* als Citoyen auf die politische und staatliche Willensbildung Einfluss zu nehmen.[451]

Im grundrechtlichen *status activus* sind damit sowohl demokratische Grundrechte im eigentlichen Sinne, also Wahl- und Abstimmungsrecht, als auch politische Grundrechte im weiteren Sinne wie Meinungsäußerungs- und Versammlungsfreiheit zusammengefasst. Obwohl diese dem Bürger einmal unmittelbare und einmal lediglich mittelbare Mitwirkungsmöglichkeiten einräumen, so sind sie doch deshalb beide dem *status activus* zuzuordnen. Denn beide dienen dem gleichen Ziel, der Mitwirkung und Gestaltung der Willensbildung des Staates.[452] Diese Verknüpfung demokratischer und freiheitlicher Wirkungen der Grundrechte entspricht auch der Integrationslehre *Smends*, wonach die Grundrechte nicht nur reine Abwehrrechte enthalten, sondern wesentlich für den geistigen Gesamtzusammenhang des Staates sind, der nach dem Ende der Monarchie immer (auch) eine Wertegemeinschaft sei.[453] Denn unabhängig von der Klassifizierung erschöpft sich die Staatswillensbildung als Grundlage der Ausübung staatlicher Gewalt nicht – wie Art. 20 Abs. 2 GG suggeriert – in der Wahlhandlung des Bürgers. Vielmehr werden die demokratischen Grundrechte zur Abstimmung und Wahl um die mittelbaren Mitwirkungsformen der primär freiheitlich wirkenden bürgerlichen Grundrechte im *status activus* ergänzt und komplementiert.[454]

Richtig ist zwar, dass Grundrechte als Abwehrrechte „vor" dem Staat und demokratische Rechte als Mitwirkungsrechte „im" oder „am" Staat teilweise gegenläufig wirken können. Das bedeutet aber keine notwendige Trennung oder „Selbststand" der demokratischen Rechte und des Demokratieprinzips von den politisch-freiheitlichen Grundrechten.[455] Denn wie aufgezeigt wurzeln grundrechtliche und demokratische Freiheit beiderseits in der Würde des Einzelnen und seiner Möglichkeit, sein Leben in Freiheit und Eigenverantwortung zu gestalten.[456] Konsequenz dieser inneren Verbindung zwischen freiheitlichen, politischen und demokratischen Grundrechten ist vielmehr, dass der Zeitpunkt des Umschlagens demokratischer Freiheit zu staatlicher Gewalt eindeutig zu bestimmen ist.

*2.1.2.3 Zur Entstehung staatlicher Gewalt*

Da nicht mehr das Volk als solches, sondern das in der Menschenwürde wurzelnde Recht der freien Selbstbestimmung Ausgangspunkt demokratischer Mitbestimmungsrechte ist, existieren

---

447 BVerfGE 69, 315 (345) – Brokdorf.
448 BVerfGE 50, 290 (353 f.) – Mitbestimmung; 100, 214 (223) – Gewerkschaftsausschluss.
449 So etwa *Fromme*, DÖV 1970, S. 518 (524).
450 BVerfGE 104, 92 (104) – Blockadeaktion; NJW 2001, 2459 (2460 f.) – Love-Parade; dazu statt aller *Schultze-Fielitz*, in: Dreier (Hrsg.), Grundgesetz, Bd. I, 2. Aufl. (2004), Art. 8 Rn. 26 f., m. w. N.
451 *Starck*, in: Merten/Papier (Hrsg.), Handbuch der Grundrechte Bd. II (2006), § 41 Rn. 56.
452 Vgl. *G. Jellinek*, Das System der subjektiven öffentlichen Rechte, 2. Aufl. (1905), S. 139.
453 Vgl. *Smend*, Verfassung und Verfassungsrecht, S. 119 (262 ff.), 266 f.).
454 Vgl. BVerfGE 20, 56 (98) – Parteienfinanzierung I; 69, 315 (344 ff.) – Brokdorf.
455 Zum geforderten „Selbststand" des Demokratieprinzips vgl. *Unger*, Verfassungsprinzip Demokratie (2008), S. 228 ff., 241 ff., m. w. N.
456 Siehe 2.1.1.2.3.

unter dem Grundgesetz freiheitliche und demokratische Grundrechte. Wenn aber das Demokratieprinzip keinen Selbststand zu eigen hat, sondern gemeinsam mit den Grundrechten in Art. 1 GG wurzelt, stellt sich drängend die Frage, wie die Transformation grundrechtlicher und demokratischer Freiheit zu staatlicher Gewalt „technisch" von statten gehen kann. Denn wenn demokratische Mitwirkungsrechte in ihrem Kern aus dem (Grund-)Recht auf freie politische Selbstbestimmung folgen und nicht materiell-rechtlich von grundrechtlicher Freiheit zu unterscheiden sind, dann ist notwendig der Zeitpunkt des „Umschlagens" oder der Transformation von demokratischer Freiheitsausübung in staatliche Gewalt zu bestimmen.[457] Diese formale Unterscheidung ist umso wichtiger, als die Willensbildung im Volk und im Staat auf vielfältige Weise miteinander verschränkt und einer gegenseitigen Wechselbeziehung unterworfen sind, auf die an dieser Stelle indes nicht weiter eingegangen werden soll.[458]

Unter dem Grundgesetz bestimmt Art. 20 Abs. 2 GG den Moment der Transformation von Freiheitsausübung in staatliche Gewalt. Nach Satz 2 der Vorschrift wird staatliche Gewalt vom Volke in Wahlen und Abstimmungen und durch besondere Organe der Gesetzgebung, der vollziehenden Gewalt und der Rechtsprechung ausgeübt. Wahlen und Abstimmungen stellen damit das Moment der Transformation oder des Umschlagens demokratischer Freiheit zu staatlicher Gewalt dar. Inhaltlich sind Wahlen Entscheidungen über Personen, also die „*Auswahl der zur Sachentscheidung befugten Personen*".[459] In der bundesrepublikanisch repräsentativ ausgestalteten Demokratie des Grundgesetzes stellen die Parlamentswahlen damit einen für die Willensbildung im demokratischen Staat entscheidenden Akt dar.[460] Das Parlament steht damit – und wegen der ihm zukommenden Aufgaben – im Zentrum institutionalisierter Staatlichkeit und bildet das „*Gravitationszentrum des demokratischen Verfassungsstaates*".[461]

Im Hinblick auf die vorliegende Arbeit interessant ist dabei das Verhältnis von Art. 20 Abs. 2 GG zum Wahlrecht des Einzelnen aus Art. 38 Abs. 1 GG in Verbindung mit den dort normierten Wahlrechtsgrundsätzen. Insoweit stellt sich der Wahlakt aus Sicht von Art. 20 Abs. 2 GG als Ausübung staatlicher Gewalt durch das Volk und aus Sicht von Art. 38 Abs. 1 GG als Grundrechtsausübung des einzelnen Bürgers dar. Mit anderen Worten ist die Wahl aus Sicht der Bürger „von unten" betrachtet Ausübung grundrechtlicher Freiheit im Rahmen des status activus. Staatsrechtlich, also „von oben" gesehen ist die Wahl hingegen Ausübung staatlicher Gewalt. Grundrechtsausübung und staatliche Gewalt sind im Wahlakt damit untrennbar miteinander verknüpft. Daran und zeigt sich exemplarisch, dass Grundrechte und staatliche Organisation kein absoluter Gegensatz, sondern wechselseitig aufeinander bezogen sind.[462] Dabei ist es aber nicht so, dass der Bürger mit der Ausübung seines Wahl- oder Stimmrechts zugleich Organkompetenzen des Staatsorgans Volk wahrnähme.[463] Vielmehr ist der Übergang freiheitlicher Betätigung zu staatlicher Ordnung, also die Ausübung staatlicher Gewalt im Sinne von Art. 20 Abs. 2 GG nicht in der Wahlhandlung, sondern erst im Wahl*ergebnis* zu sehen. Denn während die Wahlhandlung noch kraft Art. 38 GG grundrechtlich abgesichert ist, wird das Ergebnis der Wahl als Volkes Wille zu staatlicher Gewalt im Sinne von Art. 20 Abs. 2 GG.[464] Nur auf diese

---

457 Zur Grundrechtsqualität des staatsbürgerlichen Wahlrechts vgl. oben, 2.1.2.2.
458 Ausführlich statt aller *Dietlein*, in: Stern. Staatsrecht IV/2 (2011), S. 3 ff.; *Schmitt Glaeser*, in: Isensee/Kirchhof (Hrsg.), HStR III, 3. Aufl. (2005), § 38 Rn. 11 ff.
459 *Grawert*, in: Isensee/Kirchhof, (Hrsg.), HStR II, 3. Aufl. (2004), § 16 Rn. 58.
460 BVerfGE 20, 56 (113) – Parteienfinanzierung I; Vgl. *Dreier*, in: Dreier (Hrsg.), Grundgesetz, Bd. II, 2. Aufl. (2006), Art. 20 (Demokratie), Rn. 98 mit ausführlichen Nachweisen zur Rechtsprechung des BVerfG.
461 *Dreier*, in: Dreier (Hrsg.), Grundgesetz, Bd. II, 2. Aufl. (2006), Art. 20 (Demokratie), Rn. 98, m.w.N.
462 Statt aller *Starck*, in: Merten/Papier (Hrsg.), Handbuch der Grundrechte Bd. II (2006), § 41 Rn. 2, 8 f.; Grundrechte als „Grundprinzipien der Demokratie", vgl. *Dietlein*, in: Stern, Staatsrecht IV/2 (2011), S. 32 ff.
463 So aber etwa *Höfling*, Der Staat 33 (1994), S. 493 (504); ebenso BVerfGE 83, 60 (71) – Ausländerwahlrecht Hamb.
464 Vgl. BVerfGE 44, 125 (142) – Öffentlichkeitsarbeit Bundesregierung.

**2.1** | Grundrechte, Demokratie und staatliche Gewalt unter dem Grundgesetz

Weise wird der bei Wahlen kraft Mehrheitsentscheidung unterlegenen Minderheit das Ergebnis als staatliche Gewalt vermittelbar. Denn wäre bereits die Wahlhandlung Ausübung staatlicher Gewalt, dann stünden sich die Staatsgewalt der unterlegenen Minderheit und die Staatsgewalt der obsiegenden Mehrheit gegenüber und es wäre „die" Staatsgewalt nicht mehr als einheitliche, feststehende Größe denkbar. Die Wahlhandlung ist damit nicht gleichzeitig Grundrechtsausübung und Wahrnehmung abgeleiteter Organkompetenzen und auch nicht als Gesamtvorgang Ausübung von Staatsgewalt.[465] Erst das Ergebnis der wählerischen Auswahlentscheidung, welche Personen als Volksvertreter im Bundestag oder den Landtagen gesetzgebende Funktionen erfüllen, mit anderen Worten ein Mandat erhalten, ist Ausdruck staatlicher Gewalt. Gleiches gilt für die in Art. 20 Abs. 2 GG genannten Abstimmungen. Der nur scheinbare Gegensatz zwischen demokratischen Rechten und Grundrechten wird damit aufgelöst und es wird erklärbar, auf welche Weise das Zusammenspiel zwischen Herkunft und Grenzen der Staatsgewalt erfolgt.[466] Folge dieses „Umschlagens" freiheitlicher Betätigung in staatliche Gewalt ist, dass die aus Wahlen und Abstimmungen resultierenden Handlungen der besonderen Organe von Rechtsprechung, Verwaltung und Gesetzgebung demokratisch legitimiert und zur Beachtung der Grundrechte verpflichtet sind. Es gilt daher nunmehr festzulegen, wie weit die Bindung staatlicher Gewalt an die Grundrechte nach Art. 1 Abs. 3 GG reicht.

### 2.1.3 Die Bindung staatlicher Gewalt an die Grundrechte

Einmal entstanden, ist staatliche Gewalt in all ihren Formen an die Grundrechte gebunden. Art. 1 Abs. 3 GG verpflichtet Gesetzgebung, vollziehende Gewalt und Rechtsprechung als unmittelbar geltendes Recht umfassend auf die Grundrechte[467] und *„anerkennt keine Reservate gegenüber der Bindung an die Grundrechte als unmittelbar geltendes Recht".*[468] Banden die Grundrechte unter Geltung der Weimarer Reichsverfassung noch allenfalls den Gesetzgeber,[469] wird mit Art. 1 Abs. 3 GG als „Schlüsselnorm" des Grundgesetzes die rechtliche Geltungskraft und Bindungswirkung der Grundrechte für alle staatliche Gewalt festgeschrieben. Die Art und Weise, „wie" die Grundrechte gelten, folgt dann aus deren jeweiligem Gehalt.[470]

#### 2.1.3.1 Bindung der Gesetzgebung, vollziehenden Gewalt und Rechtsprechung

Im Hinblick auf die *Gesetzgebung* verpflichtet das Grundgesetz nicht nur die des Bundes, sondern auch der Länder auf die Grundrechte. Daher sind alle bundes- wie landesverfassungsrechtlich in einem parlamentarischen Gesetzgebungsverfahren zustande gekommenen (formellen) Gesetze von der Bindungswirkung erfasst.[471] Schwierigkeiten bei der Zuordnung zur Gesetzgebung können sich insoweit zwar bei materiellen Gesetzen ergeben, die nicht von Parlamenten, sondern als Satzung etwa durch Gemeinden erlassen werden. Da Gemeinden und andere Selbstverwaltungsträger wie etwa Universitäten, Rundfunkanstalten oder berufsständische Kammern

---

465  So aber etwa *Schmidt-Aßmann*, AöR 116 (1991), 329 (351 f.).
466  Dazu statt aller *Horn*, in: Depenheuer/Grabenwarter (Hrsg.), Verfassungstheorie (2010), § 22 Rn. 46 ff., m.w.N.
467  BVerfGE 128, 226 (244 ff.). – Fraport; *Herdegen*, in: Maunz/Dürig, Grundgesetz (64. Akt., Jan. 2012), Bd. I, Art. 1 Abs. 3 Rn. 11, 92; *Jarass*, in: Jarass/Pieroth, Grundgesetz, 11. Aufl. (2011), Art. 1 Rn. 35; *Stern*, Staatsrecht III/1 (1988), S. 1201 ff.; *Dreier*, in: Dreier (Hrsg.), Grundgesetz, Bd. I, 2. Aufl. (2004), Art. 1 Abs. 3 Rn. 53; jeweils m.w.N.
468  *Böckenförde*, Lage der Grundrechtsdogmatik (1990), S. 17; *Hesse*, Verfassungsrecht, 20. Aufl. (1995), Rn. 321 ff.; 345; *Herdegen*, in: Maunz/Dürig, Grundgesetz (64. Akt., Jan. 2012), Bd. I, Art. 1 Abs. 3, Rn. 11.
469  Grundrechte galten seinerzeit nur *„im Rahmen der Gesetze"*, vgl. *Krüger*, DVBl. 1950, 625 (626).
470  *Merten*, in: Sachs/Siekmann (Hrsg.), FS f. Stern (2012), S. 483 (484 ff., 491); Überblick zur Entwicklung der Bindungswirkung etwa bei *Stern*, Staatsrecht III/1 (1988), S. 1178 ff., m.w.N.
471  *Rüfner*, in: Isensee/Kirchhof (Hrsg.), HStR Bd. IX, 3. Aufl. 2011, § 197 Rn. 10, 32 ff.; *Stern*, Staatsrecht III/1 (1988), S. 1269.

## Verfassungsrechtliche Ausgangslage | 2

aber jedenfalls der vollziehenden Gewalt zugerechnet werden können, sind diese insoweit ebenfalls grundrechtsgebunden.[472] Im Ergebnis müssen sich daher umfassend sowohl der Akt des Normerlasses als auch der Normgebung am Vorrang der Verfassung messen lassen.[473] Dies gilt auch für ein gesetzgeberisches Unterlassen. Die Bindungswirkung der Grundrechte erstreckt sich nicht nur darauf, keine grundrechtswidrigen Gesetze zu erlassen, sondern im jeweiligen Einzelfall auch grundrechtswidrige Zustände qua gesetzlicher Regelung zu beseitigen.[474] Ein solches gesetzgeberisches Unterlassen kann allerdings nur bei einer verfassungsrechtlichen Handlungspflicht, also einer Pflicht zum Gesetzeserlass angenommen werden.[475] Dies kommt etwa in Betracht bei der Nichterfüllung von Aufträgen zur Gesetzgebung,[476] Gleichheitsverstößen, die nur durch den Gesetzgeber beseitigt werden können[477] oder bei Mißachtung grundrechtlicher Schutz- oder Ausgestaltungspflichten.[478] In diesem Bereich ist die gesetzgebende mit der vollziehenden Gewalt verschränkt, weil diese nach dem Vorbehalt des Gesetzes nur dann überhaupt in Grundrechte eingreifen darf, wenn jene eine verfassungsrechtlich zulässige gesetzliche Ermächtigungsgrundlage geschaffen hat.[479] Die besondere Bedeutung einer umfassenden Bindung gerade der Gesetzgebung an die Grundrechte folgt auch aus der sogenannten *Wesentlichkeitstheorie*, nach deren zentraler Ausage unter dem Grundgesetz gerade der Gesetzgeber als am stärksten demokratisch legitimierte Instanz dazu berufen ist, die in der Gesellschaft auftretenden Freiheitskonflikte und Grundrechtskollisionen aufzulösen. Danach muss der Gesetzgeber in grundlegenden normativen Bereichen, insbesondere im Bereich der Grundrechtsausübung, alle wesentlichen Entscheidungen selbst treffen, soweit diese einer staatlichen Regelung zugänglich sind.[480] Die grundrechtswesentlichen Fragen dürfen damit insbesondere nicht Rechtsverordnungen der Verwaltung überlassen bleiben. Der Gesetzesvorbehalt erstarkt dadurch zu einem Parlamentsvorbehalt.[481]

Die *Rechtsprechung* ist bei der Verfahrensgestaltung, auch des Zivilprozesses, „*in Ausübung unmittelbarer staatlicher Hoheitsgewalt*" den Grundrechten unterworfen.[482] Sie ist dabei in doppeltem Sinne grundrechtsverpflichtet. Sie hat einerseits in ihrem eigenen Bereich, also innerhalb des Gerichtsverfahrens, die Grundrechte prozessual zu achten. Zum anderen ist ihr grundrechtsgebunden die Aufgabe übertragen, durch den Inhalt ihrer Entscheidungen die Einhaltung der Grundrechte durch Gesetzgebung, vollziehende Gewalt und verfassungskonforme Rechtsanwendung zu sichern.[483] Materiell-rechtlich entfaltet sich die Grundrechtswirkung unmittelbar im Verwaltungs- und Strafprozess, wogegen der Richter im Zivilprozess die „mittelbare Drittwirkung" der Grundrechte zu beachten hat.[484] Während die Grundrechtsbindung die

---

472  Hierzu etwa *Höfling*, in: Sachs, Grundgesetz, 6. Aufl. (2011), Art. 1 Rn. 92; zur Zuordnung der Kommunen zur Exekutive der Länder sogleich, 2.2.1.2.
473  *Höfling*, in: Sachs, Grundgesetz, 6. Aufl. (2011), Art. 1 Rn. 97.
474  *Rüfner*, in: Isensee/Kirchhof (Hrsg.), HStR, Bd. V, 2. Aufl. 2000, § 117 Rn. 15; *Stern*, Staatsrecht III/1 (1988), S. 1257.
475  BVerfGE 6, 257 (264) – Unterlassen des Gesetzgebers; *Höfling*, in: Sachs, Grundgesetz, 6. Aufl. (2011), Art. 1 Rn. 97, m.w.N. zur Rechtsprechung des BVerfG.
476  Etwa BVerfGE 8, 210 (216) – Vaterschaft, zu Art. 6 Abs. 5 GG.
477  Vgl. etwa BVerfGE 75, 166 (182) – Arzneimittelverkauf; weitere Nachweise etwa bei *Höfling*, in: Sachs, Grundgesetz, 6. Aufl. (2011), Art. 1 Rn. 98.
478  *Höfling*, in: Sachs, Grundgesetz, 6. Aufl. (2011), Art. 1 Rn. 98; *Rüfner*, in: Isensee/Kirchhof (Hrsg.), HStR Bd. V, 2. Aufl. (2000), § 117 Rn. 15; *Stern*, Staatsrecht III/1 (1988), S. 1298 ff.; 2.1.2.1.2.
479  Vgl. BVerfGE 116, 69 (80) – Jugendstrafvollzug; *Sachs*, in: Sachs, Grundgesetz, 6. Aufl. (2011), Art. 20 Rn. 113 f., m.w.N.; *Stern*, Staatsrecht I, 2. Aufl. (1984), S. 802, 805 f.
480  BVerfGE 61, 260 (275); 88, 103 (116) – Postbeamter; zur Entwicklung statt aller *Stern*, Staatsrecht II (1980), S. 572 ff.
481  Dazu *Krebs*, Jura 1979, S. 304 (309 ff.); *Pietzcker*, JuS 1979, S. 710 (712 ff.); *Pieroth/Schlink*, Grundrechte, 27. Aufl. (2011), Rn. 271 ff.
482  BVerfGE 52, 203 (207) – rechtliches Gehör.
483  *Höfling*, in: Sachs, Grundgesetz, 6. Aufl. (2011), Art. 1 Rn. 105; *Stern*, Staatsrecht III/1 (1988), S. 1429.
484  *Herdegen*, in: Maunz/Dürig, Grundgesetz (64. Akt., Jan. 2012), Bd. I, Art. 1 Abs. 3 Rn. 98.

**2.1** | Grundrechte, Demokratie und staatliche Gewalt unter dem Grundgesetz

freiwillige Gerichtsbarkeit erfasst, ist strittig, ob sie auch für private Schiedsgerichte greift oder Grundrechtsschutz in ausreichender Form durch die staatliche Kontrolle von Aufhebung und Vollstreckung von Schiedssprüchen gewährt ist.[485]

Im Bereich der *vollziehenden Gewalt*[486] sind Bindungsadressaten alle Formen der unmittelbaren und mittelbaren Verwaltung des Bundes und der Länder einschließlich der staatsleitenden Tätigkeit der Regierung sowie der gesamte Bereich der Streitkräfte.[487] Auch juristische Personen des öffentlichen Rechts sind als unmittelbare Teile der vollziehenden Gewalt daher umfassend an Grundrechte gebunden.[488] Nur in wenigen Fällen besteht für sie die Möglichkeit, sich ausnahmsweise auf Grundrechte berufen zu können, so namentlich im Fall der Universitäten, öffentlich-rechtlichen Rundfunkanstalten und öffentlich-rechtlichen Religionsgemeinschaften.[489] Die Grundrechtsbindung erstreckt sich im Übrigen auf sämtliche hoheitliche Handlungen, sowohl im Bereich der eingreifenden als auch leistenden Verwaltung und erfasst damit auch Regierungsakte[490] und Sonderstatusverhältnisse.[491] Auch Handlungen im Umfeld der Gesetzgebung und Rechtsprechung können in den Bereich der vollziehenden Gewalt fallen. Hierzu gehört im Bereich der Gesetzgebung etwa die Tätigkeit von Enquete-Kommissionen, Untersuchungs-,[492] oder Petitionsausschüssen, aber wohl auch schlichte Parlamentsbeschlüsse.[493] Die Rechtsprechung handelt im Bereich der Gerichts- und Justizverwaltung als grundrechtsgebundene vollziehende Gewalt.[494] Aufgrund der umfassenden Geltungsanordnung des Art. 1 Abs. 3 GG erscheint aber eine nähere Differenzierung, in welchen Fällen Gesetzgebung und Rechtsprechung verwaltend tätig werden, unter dem Gesichtspunkt der Grundrechtsverpflichtung entbehrlich.

### 2.1.3.2 *Grundrechtsbindung im Bereich privatrechtlichen Verwaltungshandelns*

Umstritten ist die Reichweite der Bindungswirkung des Art. 1 Abs. 3 GG im Bereich privatrechtlichen Verwaltungshandelns. Wird die vollziehende Gewalt privatrechtlich tätig, so sind bis heute nicht alle Fragen der Grundrechtsgebundenheit letztverbindlich und allgemein anerkannt geklärt.[495]

Grundsätzlich soll sich der Staat der Grundrechtsbindung nicht durch eine „Flucht ins Privatrecht" entledigen können.[496] Daher ist jedenfalls die unmittelbare Erfüllung hoheitlicher Aufgaben in Privatrechtsform *(Verwaltungsprivatrecht)* nach einhelliger Auffassung grundrechtsverpflichtet.[497] Auch das *erwerbswirtschaftliche Verhalten* des Staates, also das Angebot von wirtschaftlichen Leistungen am Markt ist uneingeschränkt den Grundrechten unterworfen, sofern

---

485 Vgl. hierzu *Herdegen*, in: Maunz/Dürig, Grundgesetz (64. Akt., Jan. 2012), Bd. I, Art. 1 Abs. 3 Rn. 98, m.w.N.; zum Begriff der Rechtsprechung vgl. auch *Stern*, Staatsrecht III/1, S. 1431 ff.
486 Ursprünglicher Wortlaut „Verwaltung", Änderung im Zuge der Wehrverfassungsnovelle zur heutigen Fassung durch Gesetz zur Ergänzung des Grundgesetzes vom 19. März 1956, BGBl. I, S. 111 ff.; vgl. insoweit BT-Drs. II/2150, S. 2.
487 *Herdegen*, in: Maunz/Dürig, Grundgesetz (64. Akt., Jan. 2012), Bd. I, Art. 1 Abs. 3 Rn. 94.
488 Statt aller *Sachs*, in: Sachs, Grundgesetz, 6. Aufl. (2011), Art. 19 Rn. 89 ff. m.w.N.
489 Überblick etwa bei *Schnapp*, in: Merten/Papier (Hrsg.), Handbuch der Grundrechte Bd. II (2006), § 52; zu den Ausnahmen sogleich, 2.1.3.3.
490 *Dreier*, in: Dreier (Hrsg.), Grundgesetz, Bd. I, 2. Aufl. (2004), Art. 1 Abs. 3 Rn. 62; *Höfling*, in: Sachs, Grundgesetz, 6. Aufl. (2011), Art. 1 Rn. 100; je m.w.N.
491 Dazu ausführlich unter 3.2.1.
492 BVerfGE 67, 100 (142) – Flick-Untersuchungsausschuss; *Glauben/Brocker*, Recht der Untersuchungsausschüsse, 2. Aufl. (2011), § 5 Rn. 154 ff.
493 *Rüfner*, in: Isensee/Kirchhof (Hrsg.), HStR, Bd. V, 2. Aufl. (2000), § 117 Rn. 24; *Stern*, Staatsrecht III/1 (1988), S. 1288 ff.
494 *Höfling*, in: Sachs, Grundgesetz, 6. Aufl. (2011), Art. 1 Rn. 98.
495 Grundsätzlicher Überblick bei *Ehlers*, Verwaltung in Privatrechtsform (1984), S. 74 ff., (97 ff., 151, 212 ff.).
496 BVerfGE 128, 226 (245) – Fraport.
497 *Ehlers*, Verwaltung in Privatrechtsform (1984), S. 78 ff. (85); *Herdegen*, in: Maunz/Dürig, Grundgesetz (64. Akt., Jan. 2012), Bd. I, Art. 1 Abs. 3 Rn. 95.

## Verfassungsrechtliche Ausgangslage | 2

der Staat und seine Untergliederungen selbst tätig werden.[498] Insoweit ist nicht ersichtlich, inwieweit die Beachtung der Grundrechte staatlicher Wirtschaftstätigkeit unangemessene Fesseln anlegen sollte.[499] Für *Bedarfsdeckungsgeschäfte* der Verwaltung *(fiskalische Hilfsgeschäfte)* wird von Teilen der Rechtsprechung zwar eine Grundrechtsverpflichtung abgelehnt.[500] Richtigerweise dürfte die öffentliche Hand aber auch in diesem Bereich aufgrund der ausnahmslosen Anordnung des Art. 1 Abs. 3 GG grundrechtsverpflichtet sein.[501] Denn auch bei der Auftragsvergabe und der Bedarfsdeckung handelt der Staat gerade nicht als grundrechtsgeschützter Privater, sondern als Sachwalter bzw. Treuhänder der Allgemeinheit,[502] wenn sich auch eine grundrechtstypische Gefährdungslage in der Praxis auf den diskriminierenden Mißbrauch von Marktmacht, also des Anwendungsbereichs von Art. 3 GG, beschränken dürfte.[503]

Problematisch wird die Frage der Grundrechtsbindung dann, wenn sich der Staat zur Erfüllung seiner Aufgaben in den genannten Bereichen – Verwaltungsprivatrecht, fiskalische Hilfsgeschäfte und erwerbswirtschaftliche Tätigkeit – verselbständigter juristischer Personen des Privatrechts bedient, an denen er sich zivilrechtlich beteiligt. In diesen Fällen ergibt sich ein besonderes verfassungsrechtliches Spannungsverhältnis zwischen Art. 1 Abs. 3 GG und Art. 19 Abs. 3 GG. Denn grundsätzlich können sich inländische juristische Personen nach Maßgabe des Art. 19 Abs. 3 GG auf Grundrechte berufen, soweit die Grundrechte ihrem Wesen nach anwendbar sind. Dabei sind de Begriffe der *„juristischen Person"*[504] sowie der *„wesensmäßigen"* Anwendbarkeit[505] weitgehend geklärt, soweit rein zivilrechtliche juristische Personenen und Personenvereinigungen betroffen sind. Diese können sich grundsätzlich auf Grundrechte berufen.

Sofern juristische Personen des Privatrechts dagegen *öffentliche Aufgaben* erfüllen und *allein* in der Hand eines Hoheitsträgers liegen, ist dies nicht der Fall. Denn ein Betrieb oder Unternehmen, das allein der öffentlichen Aufgabe der Daseinsvorsorge gewidmet ist und sich trotz privatrechtlicher Organisationsform vollständig in der Hand eines Trägers öffentlicher Verwaltung befindet, stellt letztlich nur eine besondere Erscheinungsform der Ausübung öffentlicher Verwaltung dar.[506] Eine Berufung auf Grundrechte scheidet in diesem Fall daher aus.

Die eigentlichen Problemfälle stellen daher Mischformen dar, bei denen privatrechtlich organisierte Unternehmen nur teilweise in öffentlicher Hand liegen. Fraglich ist insoweit zunächst, ob *gemischt-wirtschaftliche Unternehmen* die Möglichkeit haben, sich auf Grundrechte berufen

---

498  *Ehlers*, Verwaltung in Privatrechtsform (1984), S. 100 ff.; *Hesse*, Verfassungsrecht, 20. Aufl. (1995), Rn. 347.
499  *Herdegen*, in: Maunz/Dürig, Grundgesetz (64. Akt., Jan. 2012), Bd. I, Art. 1 Abs. 3 Rn. 95.
500  Vgl. BGHZ 36, 91 (95 ff.).
501  *Dreier*, in: Dreier (Hrsg.), Grundgesetz, Bd. I, 2. Aufl. (2004), Art. 1 Abs. 3 Rn. 65; *Ehlers*, Verwaltung in Privatrechtsform (1984), S. 212 ff.; *Herdegen* in: Maunz/Dürig, Grundgesetz (64. Akt., Jan. 2012), Bd. I, Art. 1 Abs. 3 Rn. 95; *Höfling*, in: Sachs, Grundgesetz, 6. Aufl. (2011), Art. 1 Rn. 103; *Stern*, Staatsrecht III/1 (1988), S. 1412 ff.
502  *Höfling*, in: Sachs, Grundgesetz, 6. Aufl. (2011), Art. 1 Rn. 103.
503  Vgl. hierzu etwa *Dürig*, in: Maunz/Dürig, Grundgesetz (64. Akt., Jan. 2012), Bd. I, Art. 3 Abs. 1 Rn. 496 ff.
504  Vgl. etwa *Remmert*, in: Maunz/Dürig, Grundgesetz (64. Akt., Jan. 2012), Bd. III, Art. 19 Abs. 3 Rn. 37 ff.; *Sachs*, in: Sachs (Hrsg.), Grundgesetz, 6. Aufl. (2011), Art. 19 Rn. 57 ff.; *P.M. Huber*, in: v. Mangoldt/Klein/Starck, Grundgesetz, Bd. 1, 6. Aufl. (2011), Art. 19 Abs. 3 Rn. 235 ff., jeweils m.w.N.
505  Dazu *Sachs*, in: Sachs (Hrsg.), Grundgesetz, 6. Aufl. (2011), Art. 19 Rn. 67 ff.; *Hofmann*, in: Schmidt-Bleibtreu/Hofmann/Hopfauf, Grundgesetz, 12. Aufl. (2011), Art. 19 Rn. 21 ff., jeweils m.w.N.
506  BVerfGE 45, 63, (79 f.) – Stadtwerke; 128, 226 (245 f.) – Fraport; BVerwGE 113, 208 (211); aus dem Schrifttum etwa *Remmert*, in: Maunz/Dürig, Grundgesetz (64. Akt., Jan. 2012), Bd. III, Art. 19 Abs. 3 Rn. 57 ff.; *P.M. Huber*, in: v. Mangoldt/Klein/Starck, Grundgesetz, Bd. 1, 6. Aufl. (2010), Art. 19 Abs. 3 Rn. 277 ff.; *Dreier*, in: Dreier, Grundgesetz, Bd. I, 2. Aufl. (2004), Art. 19 Abs. 3 Rn. 70; *Vitzthum*, in: Merten/Papier (Hrsg.), Handbuch der Grundrechte Bd. II (2006), § 48 Rn. 54; *v. Arnauld*, DÖV 1998, 437 (443 f.); *Kersten/Meinel*, JZ 2007, S. 1127 (1129); *Fischer-Lescano/Maurer*, NJW 2006, S. 1393 (1394); *Gersdorf*, Öffentliche Unternehmen im Spannungsfeld zwischen Demokratie- und Wirtschaftlichkeitsprinzip (2000), S. 134 f.; *Storr*, Der Staat als Unternehmer (2001), S. 198 ff., 216 ff.; *Rüfner*, in: Isensee/Kirchhof (Hrsg.), HStR, Bd. V, 2. Aufl. (2000), § 117 Rn. 43.

## 2.1 | Grundrechte, Demokratie und staatliche Gewalt unter dem Grundgesetz

zu können oder diesen verpflichtet sind. Dabei handelt es sich um juristische Personen des Privatrechts, deren Gesellschafter oder Anteilseigner teilweise juristische Personen des öffentlichen Rechts, teilweise Personen des Privatrechts sind. Im Schrifttum existierten hier eine Vielzahl unterschiedlicher Auffassungen,[507] bis das Bundesverfassungsgericht schließlich auch bei diesen Unternehmen deren Grundrechtsverpflichtung feststellte, sofern sie von der *öffentlichen Hand beherrscht* werden *und* öffentliche Aufgaben der *Daseinsvorsorge* erfüllen.[508] Denn bei diesen Unternehmen sei im Gegensatz zu juristischen Personen des Privatrechts ohne Beteiligung eines Hoheitsträgers gerade kein „Durchgriff" auf die hinter dem Unternehmen stehenden Personen möglich. Die unternehmerische Tätigkeit sei – neben der Erfüllung von Aufgaben der Daseinsvorsorge – kein Ausdruck der freien Entfaltung natürlicher Personen.[509] Die Berufung auf Grundrechte scheidet daher für gemischt-wirtschaftliche Unternehmen aus, sie sind vielmehr zur Beachteung der Grundrechte verpflichtet.

Dagegen war bis vor kurzem umstritten, ob auch rein *erwerbswirtschaftlich* tätige Unternehmen des Privatrechts,[510] an denen Träger öffentlicher Verwaltung beteiligt sind, grundrechtsverpflichtet sind. Insoweit wurde die Berufung auf Grundrechte teilweise als zulässig angesehen, soweit keine Aufgaben der Daseinsvorsorge wahrgenommen würden.[511] Die überwiegende Auffassung im Schrifttum stellt demgegenüber auf das „Durchgriffsargument" des Bundesverfassungsgerichts ab. Sofern danach die juristische Person des Privatrechts von einer solchen des öffentlichen Rechts beherrscht wird, soll eine Berufung auf Grundrechte nicht möglich sein.[512] Das Gericht hat in einer jüngeren Entscheidung unter Hinweis auf die umfassende Bindungswirkung des Art. 1 Abs. 3 GG diese Auffassung nun bestätigt. Damit sind nach der Rechtsprechung des Bundesverfassungsgerichtes auch die vom Staat zivilrechtlich wahrgenommenen Aufgaben und auch dessen erwerbswirtschaftliche Betätigung grundrechtsgebunden. Mit anderen Worten: die von öffentlicher Hand beherrschte Aktiengesellschaft oder Gesellschaft mit beschränkter Haftung unterliegt unmittelbar der Grundrechtsbindung des Art. 1 Abs. 3 GG.[513] In der Literatur wird zwar teilweise weiterhin zum Schutz der Grundrechte der privaten Anteilseigner vertreten, dass die Grundrechtsbindung nicht die juristische Person als solche, sondern nur die betreffenden Hoheitsträger bei Ausübung ihrer Beteiligungsrechte binde.[514] Dies dürfte jedoch vor dem Hintergrund der notwendigen demokratischen Legitimation staatlichen Handelns abzulehnen sein, dazu sogleich.

---

507 Überblick etwa bei *Remmert*, in: Maunz/Dürig, Grundgesetz (64. Akt., Jan. 2012), Bd. III, Art. 19 Abs. 3 Rn. 65 ff.; *Dreier*, in: Dreier, Grundgesetz, Bd. I, 2. Aufl. (2004), Art. 19 Abs. 3 Rn. 72 ff.; *Storr*, Der Staat als Unternehmer (2001), S. 238 ff.; *Gersdorf*, Öffentliche Unternehmen im Spannungsfeld zwischen Demokratie- und Wirtschaftlichkeitsprinzip (2000), S. 134 ff.; *Kämmerer*, Privatisierung (2001), S. 464 ff.; *P.M. Huber*, in: v. Mangoldt/Klein/Starck, Grundgesetz, Bd. 1, 6. Aufl. (2010), Art. 19 Abs. 3 Rn. 280 ff.
508 BVerfG, JZ 1990, 335; BVerfGK 15, 484 (488 ff.).
509 BVerfG, JZ 1990, 335; vgl. auch BVerfG 21, 362 (369) – Sozialversicherungsträger; 61, 82 (101) – Sasbach; 68, 193 (205 f.) – Zahntechniker-Innung.
510 Die also keine Aufgaben der Daseinsvorsorge übernehmen.
511 Vgl. *Kämmerer*, Privatisierung (2001), S. 464 ff., 472 f.; *Kühne*, JZ 1990, S. 335 f.; *ders.*, JZ 2009, 1071 ff.; *Möstl*, Grundrechtsbindung öffentlicher Wirtschaftstätigkeit (1999), S. 144 ff., 211; *Fehling*, AöR 121 (1996), S. 59 (91).
512 Vgl. *Gersdorf*, Öffentliche Unternehmen im Spannungsfeld zwischen Demokratie- und Wirtschaftlichkeitsprinzip (2000), S. 134 ff.; *Storr*, Der Staat als Unternehmer, 2001, S. 237 f.; *P.M. Huber*, in: v. Mangoldt/Klein/Starck, Grundgesetz, Bd. 1, 6. Aufl. (2010), Art. 19 Abs. 3 Rn. 280 ff.; *Remmert*, in: Maunz/Dürig, Grundgesetz (64. Akt., Jan. 2012), Bd. III, Art. 19 Abs. 3 Rn. 57 ff.; *Dreier*, in: Dreier, Grundgesetz, Bd. I, 2. Aufl. (2004), Art. 19 Abs. 3 Rn. 70 f.; *Jarass*, in: Jarass/Pieroth, Grundgesetz, 11. Aufl. (2011), Art. 1 Rn. 40; *Vitzthum*, in: Merten/Papier (Hrsg.), Handbuch der Grundrechte Bd. II (2006), § 48 Rn. 53; *Stern*, Staatsrecht III/1, (1988), S. 1161; *v. Arnauld*, DÖV 1998, 437 (444 f.); *Schoch*, Jura 2001, S. 201 (206); offen *Sachs*, in: Sachs (Hrsg.), Grundgesetz, 6. Aufl. (2011), Art. 19 Rn. 112a.
513 BVerfGE, 128, 226 (245 ff.) – Fraport.
514 So etwa *Höfling*, in: Sachs (Hrsg.), Grundgesetz, 6. Aufl. (2011), Art. 1 Rn. 104.

### 2.1.3.3 Exklusivität von Grundrechtsverpflichtung und Grundrechtsberechtigung?

Das Bundesverfassungsgericht scheint mit seiner vorgenannten Entscheidung zur Grundrechtsverpflichtung gemischt-wirtschaftlicher Unternehmen[515] den Gedanken zu Ende zu führen, dass eine vom Staat geschaffene oder beherrschte juristische Person des *Privatrechts* nur entweder zum Schutz fremder Grundrechte verpflichtet oder selbst Grundrechtsschutz genießen können soll.[516] Insoweit sieht es in Art. 1 Abs. 3 GG eine elementare Unterscheidung zwischen der prinzipiellen Freiheit der Bürger und der prinzipiellen Bindung des Staates. Der Bürger finde danach in den Grundrechten seine Anerkennung als freie Person, die in der Entfaltung ihrer Individualität selbstverantwortlich sei. Er könne und dürfe sein Handeln nach subjektiven Präferenzen in privater Freiheit gestalten, ohne hierfür rechenschaftspflichtig zu sein. Seine Inpflichtnahme durch die Rechtsordnung sei von vornherein relativ und insbesondere nach Maßgabe der Verhältnismäßigkeit prinzipiell begrenzt. Der Staat handele demgegenüber in treuhänderischer Aufgabenwahrnehmung für die Bürger und sei ihnen rechenschaftspflichtig. Seine Aktivitäten verstünden sich nicht als Ausdruck freier Überzeugungen in Verwirklichung persönlicher Individualität, sondern blieben in distanziertem Respekt vor den verschiedenen Überzeugungen der Staatsbürger und würden dementsprechend von der Verfassung umfassend und unabhängig von der Art der staatlichen Aktivität gebunden.[517] *„Wenn die Grundrechte das Verhältnis des Einzelnen zur öffentlichen Gewalt betreffen, so ist es damit undenkbar, den Staat selbst zum Teilhaber oder Nutznießer der Grundrechte zu machen; er kann nicht gleichzeitig Adressat und Berechtigter der Grundrechte sein."*[518]

Gleichwohl sind Ausnahmen anerkannt, in denen sich – grundrechtsverpflichtete – juristische Personen des *öffentlichen* Rechts ausnahmsweise auf Grundrechte berufen können sollen.[519] Diese Ausnahmen betreffen nach herrschender Meinung öffentlich-rechtliche Religionsgesellschaften,[520] Ordensgemeinschaften der katholischen Kirche,[521] Universitäten, Fakultäten und staatliche Forschungsinstitute[522] sowie öffentlich-rechtliche Rundfunkanstalten.[523] Diese können sich allerdings nicht in vollem Umfang, sondern nur auf die für sie jeweils relevanten Grundrechte berufen. Das sind die kollektive Glaubensfreiheit nach Art. 140 GG i. V. m. Art. 137 Abs. 3 WRV im Falle der Religionsgemeinschaften, die Freiheit der Wissenschaft, Forschung und Lehre nach Art. 5 Abs. 3 GG im Falle der Universitäten sowie die Film- und Rundfunkfreiheit des Art. 5 Abs. 1 Satz 2 GG im Falle der Rundfunkanstalten.[524] Das Bundesverfassungsgericht erkennt diese Fälle an, weil die betreffenden Institutionen durch die jeweiligen

---

515   BVerfGE 128, 226 (245 ff.) – Fraport.
516   Vgl. auch *Huber*, in: v. Mangoldt/Klein/Starck, Grundgesetz Bd. 1, 6. Aufl. (2010), Art. 19 Abs. 3 Rn. 289 ff.; *Kämmerer*, Privatisierung (2001), S. 467 f.; *Storr*, Der Staat als Unternehmer (2001), S. 188; kritisch etwa *Hufen*, Staatsrecht II, 3. Aufl. (2011), § 6 Rn. 40; *Schnapp*, in: Merten/Papier (Hrsg.), Handbuch der Grundrechte Bd. II (2006), § 52 Rn. 22 ff.
517   BVerfGE 128, 226 (244 f.) – Fraport.
518   BVerfGE 21, 362 (369 f.) – Sozialversicherungsträger; in diesem Sinne bereits E 15, 256 (262) – universitäre Selbstverwaltung; vgl. auch *P.M. Huber*, in: v. Mangoldt/Klein/Starck, Grundgesetz, Bd. 1, 6. Aufl. (2011), Art. 19 Abs. 3 Rn. 289 ff.; *Kämmerer*, Privatisierung (2001), S. 467 f.; *Storr*, Der Staat als Unternehmer (2001), S. 188; kritisch etwa *Hufen*, Staatsrecht II, 3. Aufl. (2011), § 6 Rn. 40; *Schnapp*, in: Merten/Papier (Hrsg.), Handbuch der Grundrechte Bd. II (2006), § 52 Rn. 22 ff.
519   Vgl. *Remmert*, in: Maunz/Dürig, Grundgesetz (64. Akt., Jan. 2012), Bd. III, Art. 19 Abs. 3 Rn. 49 ff.; *Sachs*, in: Sachs (Hrsg.), Grundgesetz, 6. Aufl. (2011), Art. 19 Rn. 93 ff.; *Schnapp*, in: Merten/Papier (Hrsg.), Handbuch der Grundrechte Bd. II (2006), § 52 Rn. 12 f.; jeweils m. w. N.
520   BVerfGE 19, 1 (5) – Neuapostolische Kirche.
521   BVerfGE 70, 138 (161) – Kündigung in der Kirche.
522   BVerfGE 15, 256 (262) – universitäre Selbstverwaltung; 35, 79 (112 ff.) – Hochschulurteil; 85, 360 (370) – Akademie der Wissenschaften.
523   BVerfGE 31, 314 (322) – Rundfunkanstalten; 83, 238 (295 ff.) – 6. Rundfunkurteil; zur Möglichkeit, sich auf Art. 10 GG zu berufen vgl. BVerfGE 107, 299 (312 f.) – Handy-Überwachung.
524   Überblick etwa bei *Schnapp*, in: Merten/Papier (Hrsg.), Handbuch der Grundrechte Bd. II (2006), § 52 Rn. 12 f.

Grundrechte den geschützten Bereichen unmittelbar zugeordnet sind. So sind den Universitäten etwa Wissenschaft, Forschung und Lehre, den Rundfunkanstalten die Gewährleistung freier, individueller und öffentlicher Meinungsbildung anvertraut.[525]

Auf der anderen Seite scheidet nach der Rechtsprechung des Bundesverfassungsgerichts für Gemeinden und andere juristische Personen des öffentlichen Rechts die Möglichkeit aus, sich auf Grundrechte zu berufen. Denn diese befänden sich auch bei Wahrnehmung nicht-hoheitlicher Tätigkeit in keiner grundrechtstypischen Gefährdungslage.[526] Diese Rechtsprechung soll an dieser Stelle nicht weiter vertieft werden.[527] Für die vorliegende Arbeit ausreichend erscheint die Feststellung, dass jedenfalls keine absolute Exklusivität oder Alternativität zwischen Grundrechtsberechtigung und Grundrechtsverpflichtung besteht. Vielmehr führt etwa die Möglichkeit von Universitäten sich auf Art. 5 GG zu berufen, zu einem Nebeneinander von Grundrechtsberechtigung und Grundrechtsverpflichtung. Maßgeblich dürfte insoweit sein, ob die juristische Person des öffentlichen Rechts im konkreten Fall im Interesse des Gemeinwohls eine öffentliche Aufgabe erfüllt, in dieser Situation also grundrechtsgebunden ist, oder sich ihrerseits ähnlich dem Bürger in einer grundrechtstypischen Gefährdungslage befindet. So können sich Universitäten einerseits gegen Eingriffe des Staates behaupten und diesem ihr Grundrecht auf Forschungs- und Lehrfreiheit entgegen halten, wirkt dieser zu stark in die Universität hinein. Sie sind aber gleichzeitig ihren Studierenden gegenüber zur Beachtung derer Grundrechte verpflichtet.[528] Die „gleichzeitige" Grundrechtsträgerschaft und Grundrechtsberechtigung der Universität führt also nicht dazu, dass sich grundsätzliche Freiheit und grundsätzliche Bindung gegenseitig aufheben oder blockieren. Maßgeblich ist vielmehr eine differenzierte, einzelfallbezogene Betrachtung des jeweiligen Sachverhalts und die Beantwortung der Frage, wer wem freiheitsbedrohend gegenüber tritt und ob der Drohende in diesem Fall grundrechtsverpflichtet bzw. der Bedrohte grundrechtsberechtigt ist. Im Fall der Universität ist demnach danach zu differenzieren, ob sich die Universität selbst in Wahrnehmung ihrer Augaben freiheitsbedrohend gegenüber den Studierenden verhält oder der Staat in Wahrnehmung seiner Aufgaben der Universität freiheitsbedrohend gegenüber tritt.[529]

### 2.1.3.4 Der Begriff der staatlichen Gewalt

Für den Begriff der staatlichen Gewalt folgt aus den vorstehenden Ausführungen, dass Art. 1 Abs. 3 GG Gesetzgebung, vollziehende Gewalt und Rechtsprechung sowohl in einem formellen wie auch in einem materiellen Sinne auf die Grundrechte verpflichtet.[530] Erfasst sind sowohl die „formellen" Erscheinungsform der staatlichen Gewalt, also etwa Gesetz, Verwaltungsakt, etc., als auch die sonstige Erfüllung aller Staatsaufgaben als staatlicher Gewalt in einem materiellen

---

525  Vgl. BVerfGE 21, 362 (374) – Sozialversicherungsträger; 61, 82 (102) – Sasbach; 78, 101 (102f.) – Eigentumsrecht der Rundfunkanstalten.
526  Keine Berufung auf Art. 14 GG durch Gemeinden, BVerfGE 61, 82 (108f.) – Sasbach; BVerfG, NVwZ 2007, 1176 (1176f.) – Waldschlösschenbrücke; gleiches soll für öffentliche Rundfunkanstalten hinsichtlich des durch Art. 14 GG geschützten Urheberrechts gelten, BVerfGE 78, 101 (102f.) – Eigentumsrecht der Rundfunkanstalten; vgl. auch BVerfGE 75, 192 (195ff.) – Sparkasse, NJW 1990, 1783 – Stromversorgungsunternehmen.
527  Kritisch etwa *Hufen*, Staatsrecht II, 3. Aufl. (2011), § 6 Rn. 40; *Schnapp*, in: Merten/Papier (Hrsg.), Handbuch der Grundrechte Bd. II (2006), § 52 Rn. 22ff., je m.w.N.
528  Z.B. BVerfG, NVwZ 2000, 909 (909f.) – tierversuchsfreies Universitäts-Praktikum; dazu *Hufen*, Staatsrecht II, 3. Aufl. (2011), § 24 Rn. 10.
529  Vgl. auch *von Arnauld*, DÖV 1998, 437 (450f.), der im Bereich von Postwesen und Telekommunikation einer Organisation ebenfalls sowohl Grundrechtsberechtigung als auch Grundrechtsverpflichtung zubilligen will.
530  *Herdegen*, in: Maunz/Dürig, Grundgesetz (64. Akt., Jan. 2012), Bd. I, Art. 1 Abs. 3 Rn. 92; *Höfling*, in: Sachs, Grundgesetz, 6. Aufl. (2011), Art. 1 Rn. 83; *Jestaedt*, Demokratieprinzip und Komdominialverwaltung (1993), S. 226ff. (262f.), m.w.N.; *Pieroth/Schlink*, Grundrechte, 27. Aufl. (2011), Rn. 181ff.; kritisch hierzu *Dreier*, in: Dreier (Hrsg.), Grundgesetz, Bd. I, 2. Aufl. (2004), Art. 1 III, Rn. 53.

Sinne wie etwa der erwerbswirtschaftlichen Betätigung der öffentlichen Hand.[531] Im Zentrum des Begriffs der staatlichen Gewalt steht damit letztlich nicht die Zwangsausübung, sondern die Herrschaftsbefugnis des Staates.[532] Zu den grundrechtsverpflichteten Staatsaufgaben zählen dadurch alle Angelegenheiten, deren sich der Staat in verfassungskonformer Weise angenommen hat.[533]

Hintergrund dieser umfassenden Grundrechtsbindung ist mit den Worten des Bundesverfassungsgerichts die elementare Unterscheidung zwischen der prinzipiellen Freiheit der Bürger und der prinzipiellen Bindung des Staates. Während der Bürger sein Handeln in privater Freiheit gestalten könne, sei der Staat in seiner treuhänderischen Aufgabenwahrnehmung für die Allgemeiheit dieser rechenschaftspflichtig.[534] Daraus folgt, dass die Bindungswirkung der Grundrechte eintritt, wenn auch nur eines der beiden Kiterien erfüllt ist, also eine der drei Gewalten entweder formell oder materiell in Wahrnehmung ihrer Staatsfunktionen tätig wird.[535] Zum Begriff der staatlichen Gewalt zählt daher nicht nur alles amtliche Handeln mit Entscheidungscharakter,[536] sondern darüber hinaus die gesamte Tätigkeit der Träger hoheitlicher Gewalt und ihrer Organe, unabhängig davon, welcher Rechtsform sie sich bedienen.[537] Mit anderen Worten erstreckt sich der Begriff der staatlichen Gewalt nicht nur auf imperative Maßnahmen, sondern auf sämtliche Entscheidungen, Äußerungen und Handlungen, die – auf den jeweiligen staatlichen Entscheidungsebenen – den Anspruch erheben können, autorisiert im Namen aller Bürger getroffen worden zu sein.[538] Einendes Kriterium für die Grundrechtsverpflichtung ist damit letztlich, dass der Staat bei den entsprechenden Maßnahmen in „Reserve" steht und Handlungen den Anspruch erheben, im Namen der Bürger getroffen worden zu sein.[539] Der Grund für diese umfassende Bindung staatlicher Gewalt liegt neben dem Ziel eines umfassenden Grundrechtsschutzes vor allem in dem im Demokratieprinzip verankerten Legitimationsgedanken, also der Rückführbarkeit allen staatlichen Handelns auf das Volk.[540] Art. 1 Abs. 3 GG soll damit jegliches gemeinwohlorientierte Handeln des Staates erfassen und an die Grundrechte der Bürger binden.[541] Es besteht daher insoweit zwischen Art. 1 Abs. 3 und Art. 20 Abs. 2 GG ein verfassungsdogmatischer Zusammenhang: Alle staatliche Gewalt ist grundrechtsgebunden und bedarf demokratischer Legitimation. Grundrechtsbindung und demokratische Legitimation entsprechen sich damit in Art und Umfang.[542]

Mit dieser aufgezeigten lückenlosen Grundrechtsbindung, die auch vom Staat beherrschte juristische Personen des Zivilrechts erfasst, wird die Grundrechtsbindung weit in den ursprünglich privatrechtlichen Raum hinein verschoben, damit aber die Rechtslage gleichzeitig den tat-

---

531 Ausführlich *Jestaedt*, Demokratieprinzip und Komdominialverwaltung (1993), S. 226 ff. (262 f.), m.w.N.
532 *Jestaedt*, Demokratieprinzip und Komdominialverwaltung (1993), S. 226 ff. (223 f.), m.w.N.
533 *Jestaedt*, Demokratieprinzip und Komdominialverwaltung (1993), S. 226 ff. (247 f.), m.w.N.
534 BVerfGE 128, 226 (244 f.) – Fraport.
535 *Dreier*, in: Dreier (Hrsg.), Grundgesetz, Bd. I, 2. Aufl. (2004), Art. 1 III Rn. 53; *Höfling*, in: Sachs, Grundgesetz, 6. Aufl. (2011), Art. 1 Rn. 83; *Pieroth/Schlink*, Grundrechte, 27. Aufl. (2011), Rn. 181 ff.; im Ergebnis auch *Hufen*, Staatsrecht II, 3. Aufl. (2011), § 7 Rn. 14.
536 BVerfGE 47, 253 (272) – Gemeindeparlamente; 83, 60 (73) – Ausländerwahlrecht Hamb.; 107, 59 (87) – Lippeverband.
537 *Gersdorf*, Öffentliche Unternehmen im Spannungsfeld zwischen Demokratie- und Wirtschaftlichkeitsprinzip (2000), S. 164 f.; *Jestaedt*, Demokratieprinzip und Kondominialverwaltung (1993), S. 233 ff. (245 f.); *Huster/Rux*, in: Epping/Hillgruber (Hrsg.), Grundgesetz (2009), Art. 20 Rn. 56.
538 BVerfGE 128, 226 (244 f.) – Fraport.
539 BVerfGE 128, 226 (244) – Fraport; *Höfling*, in: Sachs, Grundgesetz, 6. Aufl. (2011), Art. 1 Rn. 85; *Stern*, Staatsrecht III/1 (1988), S. 1205.
540 Vgl. BVerfGE 83, 60 (71 f.) – Ausländerwahlrecht Hamb.; aus der Lit. statt aller *Dreier*, in: Dreier (Hrsg.), Grundgesetz, Bd. II, 2. Aufl. (2006), Art. 20 (Demokratie), Rn. 113 ff., m.w.N.
541 BVerfGE 128, 226 (244 f.) – Fraport.
542 Dazu statt aller *Jestaedt*, Demokratieprinzip und Komdominialverwaltung (1993), S. 233 ff. (236, m.w.N.).

## 2.1 | Grundrechte, Demokratie und staatliche Gewalt unter dem Grundgesetz

sächlichen Gegebenheiten angepasst. Denn war vor Inkrafttreten des Grundgesetzes das Verhältnis des Bürgers zum Staat im „allgemeinen Gewaltverhältnis"[543] noch maßgeblich durch ein Subordinationsverhältnis gekennzeichnet, treten sich beide heute vermehrt auf Ebene der Gleichordnung gegenüber. Angesichts der anerkannten Möglichkeit des Staates, Verträge mit dem Bürger zu schließen, des zunehmenden „informellen" oder auch „kooperativen" staatlichen Handelns, der zahlreichen Kommissionen und runden Tische zu komplexen Fragestellungen und angesichts der formellen und materiellen Privatisierung hoheitlicher Aufgaben, handelt der Staat heute in einer Vielzahl gemeinwohlbezogener Tätigkeitsfelder, ohne dass ein Subordinationsverhältnis vorliegt.[544] Neben weiterhin ausschließlich bzw. weitgehend vom Staat wahrgenommenen Kernaufgaben wie Polizei- und Ordnungsrecht, Justiz oder Währung, wurden weite Teile ehemals staatlicher Tätigkeit, etwa im Bereich Post- und Telekommunikation, aber auch Energie und Umweltrecht privatisiert. In diesem Bereich gewährleistet der Staat durch Initiierung, Anleitung und Überwachung und vor allem Regulierung des gesellschaftlichen Tätigwerdens nur noch die Erfüllung der Aufgaben.[545] Der „Gewährleistungsstaat" tritt dem Bürger also nicht mehr strikt „freiheitsbedrohend" gegenüber, sondern bindet Private in die Aufgabenerfüllung ein. Er „gewährleistet" die Aufgabenerfüllung, durch vom Staat beherrschte Unternehmen und beschränkt sich im übrigen darauf, den Wettbewerb um die privatisierten Aufgaben zu regulieren.[546] Die *„klassische Trennlinie zwischen Staat und Bürger"* wird damit aber nicht überwunden,[547] sondern lediglich in den ursprünglich privaten Raum hinein verschoben. Die öffentliche Hand bleibt wie dargelegt bei der Erfüllung öffentlicher Aufgaben vor dem Hintergrund des Demokratieprinzips und eines umfassenden Grundrechtsschutzes umfassend an die Grundrechte gebunden.

### 2.1.4 Zusammenfassung

An dieser Stelle sollen erste Erkenntnisse für die Frage, ob sich die Mitwirkungsrechte des Ratsmitglieds als Ausdruck grundrechtsgebundener staatlicher Gewalt oder Fortsetzung bürgerlicher Freiheit darstellen, festgehalten werden.

Insoweit wurde zunächst untersucht, ob sich aus dem Verhältnis des Demokratieprinzips zu den Grundrechten des Grundgesetzes Aussagen ableiten lassen. Ausgangspunkt waren Überlegungen zur Frage, ob die Demokratie des Grundgesetzes monistisch, also vom Volk als einer feststehenden Größe, oder pluralistisch, also vom einzelnen Menschen ausgehend zu verstehen ist. Denn während bei einer monistischen Demokratiekonzeption grundrechtliche Freiheit einerseits und demokratische Mitwirkung samt darauf aufbauender staatlicher Gewalt andererseits selbständig nebeneinander stünden, erscheint bei einer pluralistisch- individuellen Demokratiekonzeption eine Verbindung von Grund- und Mitwirkungsrechten in der Person des Ratsmitglieds nicht ausgeschlossen.

Wie aufgezeigt, folgt das Grundgesetz nach hier vertretener Auffasung einer pluralistischen Demokratiekonzeption. Nicht das Volk als solches, sondern die Gesamtheit aller Bürger ist Ausgangspunkt der Demokratie des Grundgesetzes. Grundrechte und Demokratie sind damit keine bipolaren Legitimationsquellen des grundgesetzlichen Gemeinwesens, sondern finden in der Würde des Einzelnen nach Art. 1 GG ihren gemeinsamen Ausgangspunkt. Freiheitliche und

---

543 Dazu sogleich, 3.2.1.1.
544 Vgl. statt aller *Rupp*, in: Isensee/Kirchhof (Hrsg.), HStR II, 3. Aufl. (2004), § 31 Rn. 55 ff.
545 *Bumke*, Die Verwaltung 2004, S. 3 (3); *Franzius*, Der Staat 42 (2003), S. 493 (504 ff.).
546 Vgl. *Franzius*, Der Staat 42 (2003), S. 493 (499); Überblick bei *Martins*, DÖV 2007, S. 456 (457 f.), m.w.N.
547 *Franzius*, Der Staat 42 (2003), S. 493 (500).

demokratische Gleichheit als Rechte des Individuums sind daher als zwei Seiten derselben Medaille gleicher Herkunft. Dem Demokratieprinzip kommt somit kein verfassungsrechtlicher „Selbststand" zu. Vielmehr hat der Einzelne kraft Art. 1 GG das Recht, sein Leben frei und eigenverantwortlich zu gestalten – und zwar nicht nur abwehrrechtlich als Freiheit vor staatlichen Eingriffen, sondern auch positiv als Freiheit zur Mitwirkung am politisch-demokratischen Gemeinwesen. Die Volkssouveränität findet damit in der Würde des jeweils einzelnen Menschen nach Art. 1 Abs. 1 GG sowohl ihren Grund, als auch ihre Grenze.

Dem Einzelnen kommt dadurch einerseits die Rolle des Citoyen, also des Mitinhabers hoheitlicher, staatlicher Gewalt zu und andererseits die des Bourgeois, also des Alleininhabers individueller Entscheidungen für den Bereich der Gesellschaft. Er bleibt damit zwar in gewissem Sinne „Bürger zweier Reiche". Die beiden Reiche von Staat und Gesellschaft treffen sich nach hier vertretener Auffassung aber nicht nur im Individuum, sondern nehmen von ihm seinen Ausgangspunkt. Demokratie und Grundrechte sind dabei zwar weiterhin insoweit Gegenpole, als die Grundrechte den Wirkungsbereich des demokratischen Mehrheitssystems einschränken. Auch die demokratische Legitimation staatlicher Herrschaft folgt aber aus der grundrechtlichen Freiheit der Bürger und nimmt ihren Ausgangspunkt in der Würde des Menschen.

Das Grundgesetz kennt dementsprechend sowohl freiheitliche als auch politische bzw. demokratische Grundrechte, was im Terminus der bürgerlichen und staatsbürgerlichen Rechte des Art. 33 Abs. 2 GG zum Ausdruck kommt. Während die Grundrechte im *status negativus* die traditionelle Funktion der Grundrechte als Abwehrrechte vor dem Staat beinhalten, hat der Bürger mit den im *status activus* verorteten demokratischen Grundrechten, wie etwa dem Wahlrecht aus Art. 38 GG, die Möglichkeit der aktiven Teilhabe an der politischen Willensbildung im Staat. Hinzu treten als politische Grundrechte solche, die, wie die Meinungs- und Versammlungsfreiheit, es dem Bürger ermöglichen, an der politischen Willensbildung in der Gesellschaft teilzuhaben.

Die eigentliche Frage ist daher nicht die einer Wesensverschiedenheit von Grundrechten und Demokratie, sondern die Frage, zu welchem Zeitpunkt die grundrechtlich-demokratische Mitwirkung des Einzelnen in die demokratisch legitimierte Ausübung staatlicher Gewalt umschlägt. Den Zeitpunkt dieses Umschlagens normiert Art. 20 Abs. 2 GG mit der Bestimmung, dass alle staatliche Gewalt vom Volke ausgeht und von diesem in Wahlen und Abstimmungen ausgeübt wird. Während dabei die Wahlhandlung aus Sicht der Bürger nach Art. 38 GG „von unten" Ausübung grundrechtlicher Freiheit im Rahmen des status activus ist, handelt es sich hierbei staatsrechtlich, also „von oben" um Ausübung staatlicher Gewalt. Der Übergang von freiheitlicher Betätigung zu staatlicher Ordnung und staatlicher Gewalt ist daher nicht in der Wahlhandlung, sondern erst im Wahl*ergebnis* zu sehen. Denn während die Wahlhandlung noch kraft Art. 38 GG grundrechtlich abgesichert ist, wird das Ergebnis der Wahl als Volkes Wille zu staatlicher Gewalt im Sinne von Art. 20 Abs. 2 GG.

Die so entstandene staatliche Gewalt ist dann nach Art. 1 Abs. 3 GG als gesetzgebende, vollziehende und rechtsprechende Gewalt in all ihren Erscheinungsformen grundrechtsgebunden. Da der Staat in seinen Handlungen grundsätzlich gegenüber den Bürgern treuhänderisch gebunden ist, tritt die Bindungswirkung der Grundrechte ein, wenn eine der drei Gewalten entweder formell oder materiell in Wahrnehmung ihrer Staatsfunktionen tätig wird. Der Begriff der staatlichen Gewalt erfasst daher nicht nur alles imperative, amtliche Handeln mit Entscheidungscharakter, sondern sämtliche Entscheidungen, Äußerungen und Handlungen, die – auf den jeweiligen staatlichen Entscheidungsebenen – den Anspruch erheben können, autorisiert im Namen aller Bürger getroffen worden zu sein. Mit dieser weiten Fassung des Begriffs der staatlichen

**2.2** | Das Ratsmitglied als Teil kommunaler Selbstverwaltung nach Artikel 28 GG

Gewalt soll neben einem effektiven Grundrechtsschutz auch dem im Demokratieprinzip wurzelnden Legitimationsgedanken, also der Rückführbarkeit allen staatlichen Handelns auf das Volk, Rechnung getragen werden. Art. 1 Abs. 3 und Art. 20 Abs. 2 GG rücken damit in einen engen Zusammenhang: Alle staatliche Gewalt ist grundrechtsgebunden und bedarf demokratischer Legitimation, unabhängig davon, in welcher Form und Gestalt sie auftritt.

Für die in dieser Arbeit interessierende Problemstellung ist damit die Frage zu beantworten, ob und wenn ja inwieweit sich die Handlungen der Ratsmitglieder bereits als grundrechtsgebundene staatliche Gewalt nach Art. 1 Abs. 3, 20 Abs. 2 GG darstellen oder ob und ggf. wie weit unter dem Gesichtspunkt demokratischer Mitwirkung am Gemeinwesen eine materiell-rechtliche Verbindung zwischen Person und Funktion des Ratsmitglieds besteht. Die Beantwortung dieser Frage liefert damit einen entscheidenden Baustein zur Abgrenzung zwischen Funktion und Person des Ratsmitglieds, die wie eingangs aufgezeigt bis heute erheblichen Schwierigkeiten bereitet. Hierzu ist zunächst die Rechtsstellung des Ratsmitglieds als Teil der kommunalen Selbstverwaltung nach Artikel 28 GG näher zu beleuchten.

## 2.2 Das Ratsmitglied als Teil kommunaler Selbstverwaltung nach Artikel 28 GG

Grundnorm kommunaler Selbstverwaltung unter dem Grundgesetz ist Art. 28 GG. Die Vorschrift gewährleistet in Abs. 2 den Gemeinden das Recht, alle Angelegenheiten der örtlichen Gemeinschaft im Rahmen der Gesetze in eigener Verantwortung zu regeln.[548] Die Verfassungen der Flächenländer kennen ähnliche Garantien, deren Umfang teilweise über das Grundgesetz hinausgeht.[549] Tendenziell weniger im Fokus von Rechtsprechung und Lehre, für die vorliegende Arbeit aber äußerst relevant, ist Abs. 1 Satz 2 der Vorschrift. Sie determiniert maßgeblich die Rechtsstellung des Ratsmitglieds, indem sie die Entscheidung des Grundgesetzes für die – dadurch gegliederte – Demokratie auf die Landes- und kommunale Ebene überträgt.[550] Danach muß das Volk in den Ländern, Kreisen und Gemeinden eine Vertretung haben, die aus allgemeinen, unmittelbaren, freien, gleichen und geheimen Wahlen hervorgegangen ist. In den Gemeinden stellt der Gemeinderat, den alle Gemeindeordnungen kennen, wenngleich sie ihn unterschiedlich benennen, diese Volksvertretung dar.[551] Aufgabe des Ratsmitglieds ist es, durch seine Mitwirkung im Gemeinderat an der Willensbildung der Gemeinde mitzuwirken und über Selbstverwaltungsangelegenheiten zu entscheiden.

Insgesamt wird den Gemeinden damit eine spezifische Funktion zugewiesen, nach der die kommunale Selbstverwaltung unter dem Grundgesetz sowohl eine administrative als auch eine

---

548 Zum hier nicht weiter thematisierten Umfang gemeindlicher Selbstverwaltung vgl. statt aller *Dreier*, in: Dreier (Hrsg.), Grundgesetz, Bd. II, 2. Aufl. (2006), Art. 28 Rn. 110 ff.; *Knemeyer/Wehr*, Verwaltungsarchiv 92 (2001), S. 317 ff.; *Nierhaus*, in: Sachs (Hrsg.), Grundgesetz, 6. Aufl. (2011), Art. 28 Rn. 32 ff.; je m.w.N.; zu den Bezügen des Kommunalrechts zum Europäischen Recht/Europarecht vgl. *Geis*, Kommunalrecht, 2. Aufl. (2011), § 4 Rn. 12 ff., m.w.N.
549 Art. 71–76 LV BW; Art. 10–12, 83 BayVerf; Art. 97–100 BbgVerf; Art. 143–149 BremVerf; Art. 137, 138 HessVerf; Art. 72–75 Verf MV; Art. 57–59 Nds.Verf; Art. 78, 79 VerfNRW; Art. 49, 50 LV RP; Art. 117–124 SaarlVerf; Art. 82 Abs. 2, 84–90 SächsVerf; Art. 87–90 Verf LSA; Art. 46–49 VerfSH; Art. 91–95 ThürVerf.
550 BVerfGE 79, 127 (148 f.) – Rastede; 83, 37 (54) – Ausländerwahlrecht SH; 107, 1 (11 f.) – Verwaltungsgemeinschaften LSA; 110, 370 (400 f.) – Klärschlamm-Entschädigungsfond; *Gönnenwein*, Gemeinderecht (1963), S. 65; *Stober*, Kommunalrecht, 3. Aufl. (1996), S. 59, 116; allgemein statt aller *Dreier*, in: Dreier (Hrsg.), Grundgesetz Bd. II, 2. Aufl. (2006), Art. 28 Rn. 50 ff., m.w.N.
551 *Dreier*, in: Dreier (Hrsg.), Grundgesetz, Bd. II, 2. Aufl. (2006), Art. 28 Rn. 74; die nach Artikel 28 Abs. 1 S. 4 GG an deren Stelle tretende Gemeindeversammlung ist nur noch in der Gemeindeordnung Schleswig-Holsteins vorgesehen, *Pieroth*, in: Jarass/Pieroth, Grundgesetz, 11. Aufl. (2011), Art. 28 Rn. 9.

bürgerschaftlich-demokratische Dimension beinhaltet.[552] Das Ratsmitglied steht damit in einem Spannungsfeld zwischen Meinungsbildung und – darauf aufbauend – Aufgabenerfüllung im Rahmen kommunaler Selbstverwaltung. Wenn aber nach den vorstehenden Ausführungen das Grundgesetz kommunale Selbstverwaltung einerseits nach Art. 28 Abs. 2 GG als „staatliche" Angelegenheit begreift, diese aber andererseits nach Art. 28 Abs. 1 GG in besondere Nähe zur Demokratie rückt, dann können daraus möglicherweise Rückschlüsse gezogen werden, wie die Handlungen der Ratsmitglieder verfassungsrechtlich zu beurteilen sind. Die Frage also, ob Amt und Handlungen der Ratsmitglieder bereits als Ausübung staatlicher Gewalt im Sinne von Art. 1 Abs. 3, 20 Abs. 2 GG oder noch als Fortsetzung demokratischer Mitbestimmung gewertet werden müssen, kann daher ohne Rückgriff auf die kommunalverfassungsrechtlichen Grundentscheidungen des Grundgesetzes nicht beantwortet werden. Dabei ist auch zu berücksichtigen, dass die kommunale Selbstverwaltung als solche nach ihrer Funktion und wechselvollen Geschichte selbst im Spannungsfeld zwischen bürgerlicher Freiheit und staatlicher Gewalt steht und stand. Zur Beantwortung der aufgeworfenen Fragen scheint daher ein genauerer Blick auf Geschichte und Funktion kommunaler Selbstverwaltung wie auch Amt und Mandat des Ratsmitglieds im Gemeinderat ertragreich.

### 2.2.1 Geschichte und Funktion kommunalen Selbstverwaltung

Der Ursprung „moderner" kommunaler Selbstverwaltung wird gemeinhin bei den preußischen Reformen des *Freiherrn vom Stein* und „seiner" preußischen Städteordnung von 1808 verortet.[553] Dies ist insofern richtig, als dass mit diesem Gesetz einige bis heute fortwirkende Leitlinien kommunaler Selbstverwaltung gezogen wurden. Dies ist jedoch falsch, soweit übersehen wird, dass auch in den Städten des Mittelalters Elemente ehrenamtlicher kommunaler Selbstverwaltung verwirklicht waren und die Gemeinwesen der Antike, sei es Rom oder Griechenland, auf sich selbst verwaltenden Städten aufbauten.[554]

#### 2.2.1.1 *Geschichte kommunaler Selbstverwaltung*

##### 2.2.1.1.1 *Die Stein'sche Städteordnung*

Als Folge der Kriegsniederlage gegen Napoleon 1807 musste das Zeichen von Auflösung zeigende preußische Staatswesen dringend reformiert werden. Im Zuge dessen suchten die preußischen Reformer, hier vor allem der *Freiherr vom Stein*, die während des Absolutismus geschwundene Identifikation der Bürger mit dem staatlichen Gemeinwesen wiederherzustellen. Da zum Ende des 18. Jahrhunderts „*das Ehrenamt, besonders in Preußen, zu einem fast unbekannten Begriff geworden*"[555] war, beabsichtigte *v. Stein*, mit der Wiedereinführung von Ehrenämtern dem Volk die Möglichkeit zu geben, am Gemeinwesen mitzuwirken. Er gilt seither als Schöpfer des „*politischen Ehrenamtes*".[556] Ausgangspunkt dafür sollte eine Reform der Ver-

---

[552] BVerfGE 79, 127 (143) – Rastede; 107, 1 (12, 17, 21) – Verwaltungsgemeinschaften LSA; Zusammenfassungen zu Art. 28 Abs. 2 GG in der Rspr. des BVerfG bei *Knemeyer/Wehr*, Verwaltungsarchiv 92 (2001), S. 317 ff.; *Schmidt-Aßmann*, in: Badura/Dreier (Hrsg.) FS 50 Jahre BVerfG, Bd. II, S. 803 (805 ff.); zum Spannungsfeld der beiden Dimensionen vgl. *Hendler*, in: Isensee/Kirchhof (Hrsg.), HStR VI, 3. Aufl. (2008), § 143 Rn. 12 ff.; dazu 2.2.1.3.1 und 2.2.1.3.2.

[553] *Hendler*, in: Isensee/Kirchhof (Hrsg.), HStR VI, 3. Aufl. (2008), § 143 Rn. 2; kurzer Überblick über die geschichtlich Entwicklung des Kommunalrechts insgesamt etwa bei *Geis*, Kommunalrecht, 2. Aufl. (2011), § 2.

[554] Zu antiken Vorläufern vgl. *Fölsche*, Ehrenamt (1911), S. 4 f.; zum Mittelalter vgl. *Preuss*, Städtewesen (1906), S. 24 („Stadtluft macht frei"), 78 ff.; zum Ganzen statt aller *Dreier*, in: Dreier (Hrsg.), Grundgesetz Bd. II, 2. Aufl. (2006), Art. 28 Rn. 7 ff., m. w. N.

[555] *Fölsche*, Ehrenamt (1911), S. 10.

[556] Vgl. *v. Unruh*, Deutsche Verwaltungsgeschichte II, S. 401, unter Verweis auf eine Rede *Theodor Heuss'*.

## 2.2 | Das Ratsmitglied als Teil kommunaler Selbstverwaltung nach Artikel 28 GG

waltung sein. Darüber hinaus wollte *v. Stein* mit seinen Reformen später auch die Legislative erfassen.[557] Die hierfür umfangreich konzipierte Mitwirkung der Bürger wurde im Ergebnis allerdings nur in der preußischen Städteordnung von 1808 umgesetzt. In ihr findet sich mit dem Stadtverordneten der erste echte Vorläufer des Ratsmitglieds.[558] In seiner Nassauer Denkschrift hatte er zuvor die verschiedenen Formen der Provinzialverwaltung verglichen und dabei die ehrenamtlich geführte Verwaltung der hauptamtlichen vorgezogen. Der Grund hierfür dürfte in seiner Abneigung gegen die absolutistische Bürokratie zu finden sein:

> *„In die besoldeten Landeskollegia drängt sich leicht und gewöhnlich ein Mietlingsgeist ein, ein Leben in Formen und Dienst-Mechanismen, eine Unkunde des Bezirks, den man verwaltet, eine Gleichgültigkeit, oft eine lächerliche Abneigung gegen denselben, eine Furcht vor Veränderungen und Neuerungen, die die Arbeit vermehren, womit die besseren Mitglieder überladen sind und der die geringhaltigeren sich entziehen."*[559]

Diesen „Formenkram" abzuschaffen und das fehlende Band zwischen Grundeigentümer und Vaterland wiederherzustellen war *Steins* Intention:

> *„Der Formenkram und Dienstmechanismus in den Kollegien wird durch Aufnahme von Menschen aus dem Gewirre des praktischen Lebens zertrümmert und an seine Stelle tritt ein lebendiger, feststrebender, schaffender Geist und ein aus der Natur gewonnener Reichtum von Ansicht und Gefühlen."*[560]

Die Bürger sollten in die Lage versetzt werden, eigene Angelegenheiten selbst zu regeln und „aus dem Zustand der Kindheit", d. h. einer Zeit der Bevormundung, hervorzutreten.[561] *V. Stein* strebte dabei allerdings nicht nach der Verwirklichung allgemeiner, demokratischer Prinzipien. Adressat seiner Reformen war lediglich die sozioökonomische Elite der Grundeigentümer, nicht aber die Gesamtheit der Bewohner der Städte.[562] Es sollten nur die besitzenden, die selbständigen Bürger beteiligt werden, die ihr Auskommen sicher hatten. Als Grund dafür mag auch der geringe Bildungsstand weiter Teile der Bevölkerung eine Rolle gespielt haben.[563] Die Möglichkeit zur Übernahme eines Ehrenamtes und der Teilhabe an kommunaler Selbstverwaltung stand im Ergebnis damit nur ausgewählten Bürgern offen. Selbstverwaltung der Gemeinden in Sinne *v. Steins* war folglich Teil des weiterhin bestehenden monarchischen Staates.[564] Den Bürgern sollte mittels der Selbstverwaltung lediglich die Teilhabe an Staatsgeschäften gewährt werden: Sie „durften" neben der Erledigung von Auftragsangelegenheiten ihre eigenen örtlichen Angelegenheiten selbst verwalten.[565] Nebenbei erhoffte man sich von der ehrenamtlichen Heranziehung der Bürger natürlich auch eine Kostenersparnis in der Verwaltung.[566] Insgesamt sollten auf diese Weise *„örtliche Inseln der Selbstbestimmung in einem im Übrigen absolutistischen oder doch dualistischen, teils monarchischen, teils demokratischen staatlichen System"* geschaffen werden.[567]

---

557   So in einem Schreiben an Minister *Schroetter*, vgl. Botzenhart/Hubatsch (Hrsg.), BuaS, Band II/2, Nr. 795, S. 834 f.
558   Vgl. *Fölsche*, Ehrenamt (1911), S. 22; zu den rechtlichen Regelungen der Städteordnung im Einzelnen vgl. statt vieler *Linkermann*, Das kommunale Ehrenamt (1962), S. 16 ff.
559   Botzenhart/Hubatsch (Hrsg.), BuaS, Band II/1, Nr. 354, S. 380 (389).
560   Botzenhart/Hubatsch (Hrsg.), BuaS, Band II/1, Nr. 354, S. 380 (394f.).
561   So in einem Schreiben an *Hardenberg*, vgl. Botzenhart/Hubatsch (Hrsg.), BuaS, Band II/2, Nr. 479, S. 561 (562).
562   Vgl. *Henneke/Ritgen*, DVBl. 2007, 1253 (1255); *v. Stein* sah Eigentum als Grundvoraussetzung für die Ausübung von Freiheit an, vgl. *v. Unruh*, Deutsche Verwaltungsgeschichte II, S. 402 ff. (404, 409).
563   *v. Unruh*, DÖV 1986, S. 216 (218).
564   *Frotscher/Pieroth*, Verfassungsgeschichte, 10. Aufl. (2011), Rn. 236, 241.
565   Vgl. *Faber*, DVBl. 2008, S. 437 (437 f.).
566   Vgl. den Anhang zur Nassauer Denkschrift, abgedruckt Botzenhart/Hubatsch (Hrsg.), BuaS, Band II/1, Nr. 354, S. 380 (399f.).
567   *v. Arnim*, AÖR 113 (1988), S. 1 (15).

Vorbild für die Schaffung der kommunalen Ehrenämter waren für *v. Stein* dabei nicht die antiken Stadtstaaten, sondern die englische Verwaltung, die zum damaligen Zeitpunkt überwiegend ehrenamtlich organisiert war.[568] Insofern hat *v. Stein* die Begriffe „Selbstverwaltung" und „Ehrenamt" nie bzw. erst in seinen späten Lebensjahren verwandt, sondern sprach nur von der *„Belebung des Gemeingeistes"* und einer *„freien selbständigen Verwaltung".*[569] Für *v. Stein* sollte das eigentliche Element der Selbstverwaltung das Ehrenamt und die ehrenamtliche Tätigkeit sein.[570] Zusammenfassend lässt sich v. Steins Entwurf einer (kommunalen) Selbstverwaltung mit dem Ziel beschreiben,

> *„das bürgerliche Element mit dem Staate zu verbinden, den Gegensatz zwischen Obrigkeit und Untertan zu mildern und durch selbstverantwortliche Beteiligung der Bürgerschaft an der öffentlichen Verwaltung in der Kommunalebene den Gemeinsinn und das politische Interesse des Einzelnen neu zu beleben und zu kräftigen."*[571]

### 2.2.1.1.2 Entwicklung bis zur Entstehung des Grundgesetzes

Während der preußischen Städteordnung *v. Steins* eher die Vorstellung einer Honoratiorenherrschaft zugrunde lag, entstanden in der Folge in Württemberg und Baden Gemeindeverfassungen, die sehr viel stärker von liberalem und demokratischem Gedankengut geprägt waren. Neben die preußisch-norddeutsche Selbstverwaltung „von oben" trat die Württemberg-Badische Selbstverwaltung „von unten".[572]

Bis zur Märzrevolution 1848 gewann diese Selbstverwaltung „von unten" immer mehr Einfluss. Und auch in Preußen wusste das liberale Bürgertum die ihm zuerkannte Möglichkeit der Selbstverwaltung und die ihr innewohnenden demokratischen Elemente zu nutzen und formte sie zu einem Abwehrrecht gegen den monarchischen und absoluten Staat um. Selbstverwaltung wurde damit zu einer politischen Waffe gegen den Staat und zum Mittel, die Staatsaufsicht in diesem Bereich auf die Kontrolle der Gesetzmäßigkeit der Verwaltung zu beschränken.[573] Diesem Dualismus zwischen Staat und Gesellschaft entspricht wohl auch die Einordnung des Rechts zur gemeindlichen Selbstverwaltung in § 184 der Paulskirchenverfassung von 1849 als Grundrecht gegenüber dem Staat.[574] Erklärungsversuche, warum gerade die kommunale Selbstverwaltung als Grundrecht galt, existieren einige. So wurden die Gemeinden seinerzeit rechtlich oft dem gesellschaftlichen Bereich zugeordnet und teilweise sogar als eine vorstaatliche Gemeinschaft und natürliche Fortsetzung der Linie Individuum – Familie – Gemeinde verstanden.[575] Politisch wurden sie teilweise als Korporationen oder Genossenschaften der Bürger verstanden[576] und der pouvoir municipal gegenüber dem Staat, ja als Kontrapunkt zu diesem, in Stellung gebracht.[577] Allerdings vereinten die Grundrechte der Paulskirche unter dem neu eingeführten Begriff der Grundrechte sowohl individualschützende und staatsorganisatorische Rechte wie auch soziale Forderungen. Eine einheitliche Erfassung des Frankfurter Grundrechtskatalogs, gemessen an den dogmatischen Grundsätzen des Grundgesetzes, erscheint daher

---

568   Vgl. *Fölsche*, Ehrenamt (1911), S. 10 ff.
569   Vgl. *v. Unruh*, Deutsche Verwaltungsgeschichte II, S. 410, 424; *Linkermann*, Das kommunale Ehrenamt (1962), S. 13.
570   Vgl. *Linkermann*, Das kommunale Ehrenamt (1962), S. 13 f.
571   BVerfGE 11, 266 (274) – Wählervereinigung.
572   Überblick bei *Wengenroth*, Gemeinderatsmitglieder in Baden-Württemberg (1996), S. 17 ff.
573   BVerfG 11, 266 (274) – Wählervereinigung.
574   Ausführlich *Kühne*, Die Reichsverfassung der Paulskirche, 2. Aufl. (1998), S. 426 ff., m. w. N.
575   Vgl. dazu OVG Nds., DÖV 1980, 417 (418); *Stober*, Kommunalrecht, 3. Aufl. (1996), S. 66.
576   *Kühne*, Die Reichsverfassung der Paulskirche, 2. Aufl. (1998), S. 169, 430.
577   Ausführlich *Kühne*, Die Reichsverfassung der Paulskirche, 2. Aufl. (1998), S. 426 ff.; vgl. auch *v. Unruh*, in: Mann/Püttner (Hrsg.), HaKoWiP, Bd. 1, 3. Aufl. (2007), § 4 Rn. 14, 18.

## 2.2 | Das Ratsmitglied als Teil kommunaler Selbstverwaltung nach Artikel 28 GG

kaum möglich.[578] Die Einordnung kommunaler Selbstverwaltung als Grundrecht ist nach *Kühne* vielmehr Folge eines spezifischen, politisch-pragmatischen Grundrechtsverständnisses der Paulskirchenverfassung. Die Grundrechte sollen seiner Auffassung nach daher nicht nach dem Gegensatz zwischen staatlicher Organisation einerseits und individueller Rechte andererseits bestimmt werden können. Vielmehr sollten sie unterhalb der Gesamtstaatsebene sämtliche Rechte enthalten, die für das gesellschaftliche Leben einschließlich des Staatslebens bedeutsam waren. Sie regelten dementsprechend den gesamten, seinerzeit für notwendig erachteten Unterbau der Reichsgenossenschaft und enthielten damit sowohl staatsabwehrende wie staatsaufbauende Gewährleistungen.[579] Dabei sollten die Gemeinden als Grundlage eines gesunden Staatslebens eigenständig, aber nicht völlig selbständig sein. *Kühne* legt dar, dass ihnen in der Paulskirchenverfassung eine Doppelnatur von ursprünglicher Freiheit und staatlicher Gebunenheit zugewiesen wurde, die den Ansatz für den Übergang zum Staat bilden und zwischen Bürger und Staat vermitteln sollte.[580] In der Einordnung kommunaler Selbstverwaltung als Grundrecht sowie der seinerzeit vielfach angenommenen genossenschaftlichen Wurzel kommunaler Selbstständigkeit wird daher deutlich, dass es der Paulskirchenverfassung zwar wohl um eine kommunale Selbstverwaltung „von unten" ging. Es muss aber gleichzeitig betont werden, dass nach dem Verständnis der Paulskirchenverfassung kommunale Selbstverwaltung nicht individualschützend, sondern staatsaufbauend zu verstehen sein dürfte. Denn im Mittelpunkt kommunaler Selbstverwaltung stand seinerzeit nicht die Mäßigung staatlicher Gewalt zu Gunsten des Einzelnen, sondern die mäßigende Vermittlung und Aufbereitung der Individualinteresen im Interesse der „Staatgrundlegungsfunktion der Gemeinden" und des staatlichen Ganzens.[581]

Nach dem Scheitern der Paulskirchenverfassung existierten in einigen Teilen Deutschlands dann aber die überkommenen patrimonialen Herrschaftsformen weiter. In der zweiten Hälfte des 19. Jahrhunderts trat daher wieder die preußische Selbstverwaltungsidee „von oben" in den Vordergrund. So sollte mittels der von *v. Stein* nicht realisierten preußischen Kreisordnung das mit Durchsetzung des Konstitutionalismus zufriedengestellte Bürgertum wieder näher an den Staat herangeführt werden. Dieser, 1872 auf Vorschläge *Rudolf von Gneists* erlassen Kreisordnung wohnte wieder der Gedanke inne, den besitzenden Klassen ein Mitspracherecht einzuräumen, sie näher an den Staat zu holen und damit die Akzeptanz des Staates in diesen Kreisen zu erhöhen. Selbstverwaltung und kommunales Ehrenamt sollten dagegen nicht auf demokratischen Prinzipien wie Volkssouveränität oder Freiheit und Gleichheit der Bürger beruhen.[582] Im Sinne *v. Gneists* war kommunale Selbstverwaltung im Sinne des englischen „local government" zu verstehen, also ein ehrenamtlich und bürgerschaftlich geprägtes System der Staatsverwaltung auf der unteren Ebene, ein *„Staatsauftrag an die Kommunen"*, und in erster Linie administrative Dezentralisation.[583] War Hauptstoßrichtung der Paulskirchenverfassung noch die Ebene der Willensbildung in der Gemeinde, wurde Selbstverwaltung nunmehr auf die Willensausführungsebene verlagert.[584] Die in diesem Rahmen gewährte bürgerschaftliche Partizipation sollte gerade kein Ausdruck von Demokratie sein.[585] Dementsprechend wurde auch die Übernahme eines Ehrenamtes im Rahmen kommunaler Selbstverwaltung nicht mehr so stark als

---

578 *Kühne*, Die Reichsverfassung der Paulskirche, 2. Aufl. (1998), S. 160ff., m.w.N.; *Dreier*, in: Dreier (Hrsg.), Grundgesetz Bd. II, 2. Aufl. (2006), Art. 28 Rn. 12 spricht von einer *„grundrechtsanalogen"* Konzeption.
579 *Kühne*, Die Reichsverfassung der Paulskirche, 2. Aufl. (1998), S. 160ff., 169ff., 174.
580 *Kühne*, Die Reichsverfassung der Paulskirche, 2. Aufl. (1998), S. 428f.
581 *Kühne*, Die Reichsverfassung der Paulskirche, 2. Aufl. (1998), S. 430.
582 *Frotscher*, in: v. Mutius (Hrsg.), FG v. Unruh (1983), S. 127 (136).
583 *Schmidt*, Kommunalrecht (2011), Rn. 31.
584 *Kühne*, Die Reichsverfassung der Paulskirche, 2. Aufl. (1998), S. 432.
585 *Püttner*, in: Mann/Püttner (Hrsg.), HaKoWiP, Bd. 1, 3. Aufl. (2007), § 19 Rn. 9; vgl. dazu auch *Dreier*, in: Dreier (Hrsg.), Grundgesetz Bd. II, 2. Aufl. (2006), Art. 28 Rn. 11, m.w.N.

Freiheit vor dem Staat, sondern als Dienst am Staat verstanden. Den für die kommunalen Ehrenämter interessanten Leitgedanken der Kreisordnung hob der freikonservative Abgeordnete *Friedenthal* im Einklang mit *v. Gneist* hervor:

> Erst dadurch werde „*die moralische, die großartige Wirkung der Selbstverwaltung erreicht, dass das gesamte Volk in den Dienst des Staates tritt (…) daß jeder einzelne Staatsbürger zugleich Staatsbeamter wird, ein Stückchen, ein sichtbares Stückchen des Staates, daß jeder einzelne zugleich gehorcht und befiehlt und dabei zugleich das Gehorchen und das Befehlen lernt. Das (…) führt zum richtigen Volksstaat (…) Die wahre Volkssouveränität besteht darin, dass das Volk in den Dienst des Staates tritt (…)*"[586]

Diese stärkere Ausrichtung der Selbstverwaltung auf den Staat blieb allerdings nicht unwidersprochen. Einen maßgeblichen Beitrag zur Selbstverwaltungsidee „von unten" lieferte insoweit *Lorenz von Stein*. Nach der gescheiterten Revolution 1848/49 versuchte er, den Einfluß der Bürger auf staatliche Tätigkeit zu erhöhen bzw. zu sichern. Er verband deren zwischenzeitlich erworbenes Wahlrecht mit der Idee kommunaler Selbstverwaltung, um den Bürgern auch ihren Anteil an der Verwaltung zu sichern.[587] Parallel dazu entwickelte *Otto von Gierke* aus dem Gegensatz von Staat und Gesellschaft die Selbstverwaltungskonzeption auf Grundlage des privatrechtlichen genossenschaftlichen Prinzips weiter. Selbstverwaltung war für ihn tätige bürgerliche Freiheit mittels derer die Bürger an der Aufgabenerfüllung beteiligt wurden. Für ihn stand die Selbstverwaltung damit in unmittelbarem Zusammenhang mit dem klassisch liberalen, auf die Abwehr staatlicher Eingriffe ausgerichteten Freiheitsbegriff kraft dessen die Gemeinde dem Staat als lebendige Gemeinschaft genauso vorgegeben ist wie der Mensch.[588]

Vor dem Hintergrund dieser unterschiedlichen Selbstverwaltungskonzeptionen unterschieden sich auch die nach der Revolution von 1848/49 erlassenen Gemeinde- und Städteordnungen in ihren Details stark. Bis 1918 gab es fast keine einheitliche Gemeindeordnung, sondern viele unterschiedliche Städte- und Landgemeindeordnungen in den einzelnen Staaten, in Preußen sogar für einzelne Landesteile. In der Weimarer Republik existierten schließlich 25 Städteordnungen in Deutschland, davon allein 9 in Preußen.[589] Neben vielen Unterschieden im Detail kannten aber alle die auf die preußische Städteordnung von 1808 zurückgehende Institution des Stadtverordneten – wenn auch in unterschiedlichen Bezeichnungen[590] – und damit das kommunale Ehrenamt. Gemein war ihnen außerdem, dass aufgrund der Ausgestaltung des kommunalen Wahlrechts im Sinne *v. Steins* und *v. Gneists* nur ein relativ geringer Teil der Bevölkerung von den Neuerungen unmittelbar profitierte. Durch die Regeln von wirtschaftlichem Zensus, Mündigkeit und vor allem des Männerwahlrechts machte der Wahlkörper anfangs nur einen geringen Anteil der Bevölkerung aus,[591] so dass diesbezüglich oft von kommunaler Selbstverwaltung als Honoratiorenverwaltung gesprochen wird.[592] Der Gedanke der ehrenamtlichen Tätigkeit breitete sich in der Folge der Reformen aber auch auf anderen Gebieten aus, etwa im Bereich Justiz mit Ein-

---

586   Sitzung des preußischen Abgeordnetenhauses v. 16.3. 1872, Stenograph. Berichte, Bd. 3, Berlin 1872, S. 1282 – zitiert nach *Frotscher*, in: v. Mutius (Hrsg.), FG v. Unruh (1983), S. 127 (136); positivere Deutung der Äußerungen *Friedenthals* bei *v. Unruh*, DÖV 1972, S. 11 (18).
587   Vgl. *Hendler*, in: Isensee/Kirchhof (Hrsg.), HStR VI, 3. Aufl. (2008), § 143 Rn. 7.
588   *Gierke*, Das deutsche Genossenschaftsrecht, Bd. 1 (1868), S. 652; vgl. dazu *Hendler*, in: Isensee/Kirchhof (Hrsg.), HStR VI, 3. Aufl. (2008), § 143 Rn. 9.
589   *Hofmann*, in: Mann/Püttner (Hrsg.), HaKoWiP, Bd. 1, 3. Aufl. (2007), § 5 Rn. 9, 13; Überblick zur Bedeutung und Entwicklung der Preußischen Städteordnung etwa bei *Püttner*, DÖV 2008, S. 973 ff.; vgl. hierzu auch *Dreier*, in: Dreier (Hrsg.), Grundgesetz Bd. II, 2. Aufl. (2006), Art. 28 Rn. 12 ff., m.w. N.
590   Vgl. die Übersicht bei *Fölsche*, Ehrenamt (1911), S. 220 f.
591   Vgl. *Schmidt*, Kommunalrecht (2011), Rn. 32 f.
592   Vgl. dazu *Hofmann*, in: Mann/Püttner (Hrsg.), HaKoWiP, Bd. 1, 3. Aufl. (2007), § 5 Rn. 31.

## 2.2 | Das Ratsmitglied als Teil kommunaler Selbstverwaltung nach Artikel 28 GG

führung eines Schiedsmannes zur Entlastung der erstinstanzlichen Gerichte oder der Schaffung von Handelskammern.[593] Um 1900 existierte dann etwa in Preußen eine Vielzahl von Ehrenämtern in den unterschiedlichsten staatlichen Bereichen.[594]

Trotz unterschiedlicher Selbstverwaltungskonzeptionen verlor der historische Gegensatz zwischen monarchischem Obrigkeitsstaat und demokratisch geprägter Selbstverwaltung zur Zeit der *Stein'schen* Reformen im Verlauf des 19. Jahrhunderts zunehmend an Schärfe. Das Bürgertum gelangte trotz des Scheiterns der Paulskirchenverfassung zu mehr Einfluss auf die Staatslenkung. Mit Gründung des Deutschen Reiches 1871 und vor allem der Weimarer Republik wurde der politische Gegensatz zwischen Staats- und Kommunalverwaltung auch durch Einführung des parlamentarischen Systems weiter eingeebnet.[595] Das ambivalente Verhältnis von kommunaler Selbstverwaltung zum Staat – einerseits (auch) Ausdruck bürgerlicher Freiheit und andererseits Einbindung der Bürger in den staatlichen Verwaltungsaufbau – setzte sich aber bis in die Weimarer Reichsverfassung fort. Und immerhin stand in dieser, genau wie in der Paulskirchenverfassung, die kommunale Selbstverwaltung in Art. 127 WRV in unmittelbarer Nähe zu den Grundrechten. Zwar teilte sie damit die relative Schwäche der seinerzeitigen Grundrechte.[596] Gleichwohl erfuhr der demokratische Gedanke kommunaler Selbstverwaltung durch die Einführung des allgemeinen Wahlrechts in Art. 17 Abs. 2 WRV auch auf kommunaler Ebene sowie der Abschaffung des bis dahin etwa in Preußen geltenden Zensuswahlrechtes eine erhebliche Stärkung.[597] Allerdings wurde die kommunale Selbstverwaltung mit der Deutschen Gemeindeordnung des Dritten Reiches nurmehr formal aufrechterhalten und durch eine strikte Fachaufsicht sowie die Berufung der Ratsherren durch die NSDAP anstelle einer Wahl konsequent unterbunden.[598] Die Aufgabe der Ratsherren in dieser Zeit beschränkte sich darauf, den ebenfalls bestellten Bürgermeister zu beraten und „*seinen Maßnahmen in der Bevölkerung Verständnis zu verschaffen*".[599]

### 2.2.1.2 *Kommunale Selbstverwaltung unter dem Grundgesetz*

Unter dem Grundgesetz handelt es sich bei der kommunalen Selbstverwaltung nach Art. 28 Abs. 2 GG nach nicht unbestrittener, aber dennoch herrschender Meinung nicht um ein Grundrecht, sondern um eine institutionelle Garantie.[600]

Zur Begründung wurde ursprünglich angeführt, dass die kommunale Selbstverwaltung des Grundgesetzes in der Tradition der Weimarer Reichsverfassung stünde. Das Bundesverfassungsgericht führte insoweit aus, Art. 28 Abs. 2 GG unterscheide sich „*von Art. 127 WRV nur dadurch, dass sie den Begriff der Selbstverwaltung in ihrem ersten Satz näher umschreibt und*

---

593 Vgl. *Engel*, Ehrenamt (1994), S. 17.
594 Überblick bei *Fölsche*, Ehrenamt (1911), S. 219 ff.
595 Vgl. BVerfGE 11, 267 (274 f.) – Wählervereinigung.
596 Dazu *Anschütz*, WRV, 14. Aufl. (1933), Art. 127, S. 582 ff.; vgl. auch *Hufen*, Staatsrecht II, 3. Aufl. (2011), Vorb. § 41 Rn. 2; zur Auslegung von Art. 127 WRV sogleich, 2.2.1.2.
597 Dazu *Anschütz*, WRV, 14. Aufl. (1933), Art. 17, S. 137 f; vgl. auch *Geis*, Kommunalrecht, 2. Aufl. (2011), § 2 Rn. 25 f.
598 Vgl. statt aller *Geis*, Kommunalrecht, 2. Aufl. (2011), § 2 Rn. 29 f.
599 Vgl. §§ 33, 44 DGO 1935; *Gönnenwein*, Gemeinderecht (1963), S. 24.
600 BVerfGE 1, 167 (174 ff.) – Offenbach; 8, 256 (259) – Kriegsgefangenenentschädigungsgesetz; 79, 127 (143) – Rastede; *Dreier*, in: Dreier (Hrsg.), Grundgesetz, Bd. II, 2. Aufl. (2006), Art. 28 Rn. 87; *Hufen*, Staatsrecht II, 3. Aufl. (2011), vor § 41 Rn. 2 ff.; *Nierhaus*, in: Sachs (Hrsg.), Grundgesetz, 6. Aufl. (2011), Art. 28 Rn. 40; *Pieroth*, in: Jarass/Pieroth, Grundgesetz, 11. Aufl. (2011), Art. 28 Rn. 11; *Schmidt-Aßmann/Röhl*, in: Schmidt-Aßmann/Schoch (Hrsg.), Besonderes Verwaltungsrecht, 14. Aufl. (2008), 1. Kap. Rn. 10 f., 13 f., 24; *Maunz*, in: Maunz/Dürig, Grundgesetz (64. Akt., Jan. 2012), Bd. IV, Art. 28 Rn. 45, 56; *Stern*, Staatsrecht I, 2. Aufl. (1984), S. 408 ff.; *Stober*, Kommunalrecht, 3. Aufl. (1996), S. 63; *Tettinger*, in: Mann/Püttner (Hrsg.), HaKoWiP, Bd. 1, 3. Aufl. (2007) § 11 Rn. 1 ff; jeweils m.w.N.; kritisch etwa *Hösch*, DÖV 2000, S. 393 (394 f.); *Ipsen*, ZG 1994, S. 194 (208); *Kenntner*, DÖV 1998, S. 701 ff.; *Knemeyer*, in: v. Mutius (Hrsg.), FG v. Unruh (1983), S. 209 (210 f.); *Maurer*, DVBl. 1995, S. 1037 (1041 f.).

*das Prinzip der Allzuständigkeit in diese Umschreibung aufnimmt"*.[601] Die Entstehungsgeschichte ergebe nicht, dass der Grundgesetzgeber im Übrigen hinter der Auslegung, die Art. 127 WRV gegen Ende der Weimarer Republik gefunden hatte, habe zurückbleiben oder darüber hinausgehen wollen.[602] Dabei hatte der „Autor" der Weimarer Reichsverfassung, *Hugo Preuß*, das Recht auf Selbstverwaltung – letztlich in der Tradition der Paulskirchenverfassung und auf der genossenschaftlichen Grundlage *v. Gierkes* – sogar noch als ursprüngliches und nicht als vom Staat abgeleitetes Recht der Gemeinden sehen wollen.[603] Infolge des Widerstandes der Länder wurde die kommunale Selbstverwaltung dann aber in Art. 127 WRV und damit im Grundrechtsteil der Weimarer Reichsverfassung platziert, mit einem Gesetzesvorbehalt ausgestattet und wie auch den übrigen Grundrechten ein materiell-rechtlicher Gehalt weitgehend abgesprochen.[604] *Carl Schmitt* entwickelte daraufhin die Lehre einer „institutionellen Garantie" mit dem Musterbeispiel kommunaler Selbstverwaltung. Grundgedanke der institutionellen Garantie ist, dass sie nicht wie die Grundrechte einer prinzipiell unbegrenzten, der Verfassung und den Gesetzen vorgelagerten Freiheitssphäre entstammt, sondern eine Institution durch Verfassung und/oder Gesetz geschaffen, geschützt und ggf. auch mit subjektiven Rechten ausgestattet wird – aber eben nur im Rahmen der Rechtsordnung. Neben der Selbstverwaltung zählt *Schmitt* etwa die Ehe oder das Berufsbeamtentum zu den institutionellen Garantien der Weimarer Verfassung. All diese müssten als Institut bzw. Institution innerhalb der Rechtsordnung existieren, beinhalteten immanent aber auch immer etwas Umschriebenes oder Umgrenztes, könnten also durch die Gesetze ausgeformt, dürften aber nicht ausgehöhlt werden.[605] Damit war Art. 127 WRV zwar kein Grundrecht der Gemeinde mehr. Gleichwohl wurde mit der institutionellen Garantie eine Rechtsposition der Gemeinden geschaffen, die keinen reinen Programmsatz darstellte, sondern eine Rechtsposition, die weder gänzlich aufgehoben, noch inhaltlich ausgehöhlt werden durfte.[606]

Trotz der Verweise des Bundesverfassungsgerichts auf die Auslegung von Art. 127 WRV zeigt doch die Entstehungsgeschichte von Art. 28 Abs. 2 GG im Parlamentarischen Rat, dass dieser eher an die Landesverfassungen von 1946/47, denn an Art. 127 WRV anknüpfen dürfte.[607] Wohl deswegen hat das Bundesverfassungsgericht seine Betrachtungsweise später erweitert und die Selbstverwaltungsgarantie als offen für eine vernünftige Fortentwicklung bezeichnet und diese Fortentwicklung maßgeblich im *Rastede*-Beschluss auch betrieben.[608] Die Abkehr des Grundgesetzes von einem grundrechtlichen Verständnis kommunaler Selbstverwaltung hin zur institutionellen Garantie kommt bereits durch die systematische Stellung im Abschnitt II. des Grundgesetzes, „Der Bund und die Länder", zum Ausdruck.[609] Ein weiteres Indiz

---

601 BVerfGE 1, 167 (175) – Offenbach; 11, 266 (273 f.) – Wählervereinigung; ausführlich zur Rechtsprechung des BVerfG *Knemeyer/Wehr*, Verwaltungsarchiv 92 (2001), S. 317 ff.
602 BVerfGE 1, 167 (175) – Offenbach; vgl. auch die Beratungen im Parlamentarischen Rat, Ausschuss für Zuständigkeitsabgrenzung (10. Sitzung vom 8. Oktober 1948), in: Der Parlamentarische Rat 1948 – 1949, Deutscher Bundestag/Bundesarchiv (Hrsg.), Band 3 (1986), S. 413 ff.
603 Hierzu *Dreier*, in: Dreier (Hrsg.), Grundgesetz Bd. II, 2. Aufl. (2006), Art. 28 Rn. 14, m. w. N.; vgl. auch *Geis*, Kommunalrecht, 2. Aufl. (2011), § 2 Rn. 26.
604 Dazu *Anschütz*, WRV, 14. Aufl. (1933), Art. 127, S. 582 ff.; vgl. auch *Dreier*, in: Dreier (Hrsg.), Grundgesetz Bd. II, 2. Aufl. (2006), Art. 28 Rn. 14, m. w. N.
605 *Schmitt*, Verfassungslehre, S. 170 f.; *ders.* Freiheitsrechte und institutionelle Garantien der Reichsverfassung (1931), in: Verfassungsrechtliche Aufsätze (2003), S. 140 (143 ff.).
606 StGH, Urt. v. 10/11. 12. 1929, RGZ 126, Anhang, S. 14 (22 f.); vgl. auch *Anschütz*, WRV, 14. Aufl. (1933), Art. 127, S. 582 ff.; *Knemeyer/Wehr*, Verwaltungsarchiv 92 (2001), S. 317 (319).
607 Vgl. *Maurer*, DVBl. 1995, 1037 (1039); *Kenntner*, DÖV 1998, 701 (703 f.).
608 BVerfGE 38, 258 (279) – Magistratswahl SH; 52, 95 (117) – Amtsverwaltung SH; 79, 127 (143 ff.) – Rastede; *Knemeyer/Wehr*, Verwaltungsarchiv 92 (2001), S. 317 (320 ff.).
609 *Knemeyer/Wehr*, Verwaltungsarchiv 92 (2001), S. 317 (322); *Stern*, Staatsrecht I, 2. Aufl. (1984), S. 405.

## 2.2 | Das Ratsmitglied als Teil kommunaler Selbstverwaltung nach Artikel 28 GG

für ein institutionelles und nicht grundrechtliches Vorverständnis der Kommunen folgt dann aus Art. 28 Abs. 1 Satz 2 GG, wonach das Volk in den Kreisen und Gemeinden eine Vertretung haben muss, die aus allgemeinen, unmittelbaren, freien, gleichen und geheimen Wahlen hervorgegangen sein muss. Das Grundgesetz ordnet damit nicht nur Bund und Ländern, sondern auch den Gemeinden das „Volk" als Legitimationssubjekt zu,[610] ohne freilich die Kommunen damit Bund und Ländern gleichzustellen. Zwar sind den Gemeinden im Zusammenspiel ihrer Allzuständigkeit für alle Angelegenheiten der örtlichen Gemeinschaft und ihrer hoheitlichen Tätigkeit auf dem Gemeindegebiet nach Art. 28 Abs. 2 GG[611] mit den Wahlrechtsgrundsätzen in Abs. 1 Satz 2 Strukturelemente eigen, wie sie auch einen staatlichen Verband kennzeichnen.[612] Die hierauf aufbauende Theorie vom „dreigliedrigen Bundesstaat", nach der die Gemeinden und Kreise als „dritte" staatliche Ebene gleichsam „neben" Bund und Länder treten sollen, wird jedoch fast nicht mehr vertreten.[613] Dagegen spricht schon der klare Wortlaut des Art. 28 Abs. 2 GG, der die Aufgaben der Gemeinde auf ihren örtlichen Wirkungskreis beschränkt und mit der Gewährleistung der Selbst*verwaltung* die Zuordnung zur Exekutive der Länder trifft.[614] Die Gemeinden sind daher keine „dritte" staatliche Ebene, sondern als eigenständige Rechtspersönlichkeiten organisatorisch der unmittelbaren Staatsverwaltung ausgegliedert und Teil der sog. mittelbaren Landesverwaltung.[615] Sie haben daher kein „allgemein-politisches Mandat", und sind im Gegensatz zu Bund und Ländern von der „Staatswillensbildung ausgeschlossen"[616]. So darf die Gemeinde nicht zur Rüstungspolitik als solcher,[617] wohl aber zu gemeindlichen Belangen einer möglichen Truppenstationierung Stellung nehmen. Die Gemeinden sind im Ergebnis als „ein Stück Staat"[618] im Rahmen der staatlichen Organisation als Körperschaften des öffentlichen Rechts konstituiert und in den staatlichen Aufbau integriert.[619] Trotz des zuweilen „legislatorischen Charakters" kommunaler Satzungsgebung werden sie fomal der Exekutive der Länder zugeordnet.[620]

Unter dem Grundgesetz werden die Kommunen organisatorisch damit nicht mehr der gesellschaftlichen, grundrechtlichen Sphäre zugerechnet. Trotz ihrer Integration in den Staatsaufbau kommt den Kommunen kraft Art. 28 Grundgesetz mit der Garantie kommunaler Selbtverwal-

---

610 BVerfGE 47, 253 (272) – Gemeindeparlamente; vgl. BVerfGE 38, 258 (271) – Magistratswahl SH.
611 St. Rspr., zuletzt BVerfGE 110, 370 (400) – Klärschlamm-Entschädigungsfond; vgl. statt aller *Dreier*, in: Dreier (Hrsg.), Grundgesetz, Bd. II, 2. Aufl. (2006), Art. 28 Rn. 100 ff., jeweils m. w. N.; ausführlich unten 2.2.1.3.1.
612 BVerfGE 83, 37 (54) – Ausländerwahlrecht SH.
613 Vgl. zum Streit statt aller *Bauer*, in: Dreier (Hrsg.), Grundgesetz, Bd. II, 2. Aufl. (2006), Art. 20 Rn. 32, m.w.N.; a. A. *Faber*, in: Alternativkommentar zum Grundgesetz, 3. Aufl. (2001), Art. 28 Abs. 1 II, Abs. 2 Rn. 28 – „*kleine Republiken*"; wohl auch *Hoppe/Kleindiek*, VR 1992, S. 82 f.
614 BVerfGE 39, 96 (109) – Städtebauförderungsgesetz; 78, 344 (348) – kommunaler Mandatsträger; BVerwGE 90, 359 (362); *Geis*, Kommunalrecht, 2. Aufl. (2011), § 5 Rn. 25; *Gern*, Deutsches Kommunalrecht, 3. Aufl. (2003), Rn. 314.
615 Vgl. BVerfG, DVBl. 1995, 286 (287) – Landesgrenze Berlin; *Dreier* in: Dreier (Hrsg.), Grundgesetz, Bd. II, 2. Aufl. (2006), Art. 28 Rn. 118 ff.; zu den Stadtstaaten vgl. *Gern*, Deutsches Kommunalrecht, 3. Aufl. (2003), Rn. 120.
616 BVerfGE 79, 127 (151 f.) – Rastede; NVwZ 2002, S 72 f.; BVerfGE 87, 228 (231 f.); *Gern*, Deutsches Kommunalrecht, 3. Aufl. (2003), Rn. 64; *Wurzel*, BayVBl. 1986, S. 417 (420 f.).
617 BVerfGE 8, 122 (134) – Atomwaffen Volksbefragung (Hess.); vgl. zu einer Kinderarbeit in Indien sanktionierenden Friedhofsatzung OVG RP, AS 36, 439 ff.
618 BVerfGE 73, 118 (191) – 4. Rundfunkurteil.
619 BVerfGE 8, 122 (132) – Atomwaffen Volksbefragung (Hess.); 83, 37 (54) – Ausländerwahlrecht SH; *Knemeyer/Wehr*, Verwaltungsarchiv 92 (2001), S. 317 (322 ff.); *Wißmann*, in: Hoffmann-Riem/Schmidt-Aßmann/Voßkuhle (Hrsg.), Grundlagen des Verwaltungsrechts, Bd. I (2006), § 15 Rn. 29, m.w.N.
620 BVerfGE 65, 283 (289) – Bebauungsplan; 78, 344 (348) – kommunaler Mandatsträger; 120, 82 (112) – 5-% Hürde Kommunalwahl; so auch BVerwGE 90, 359 (362); aus dem Schrifttum *Gönnenwein*, Gemeinderecht (1963), S. 145; *Wurzel*, BayVBl. 1986, S. 417 (419 f.); anders noch BVerfGE 21, 54 (62 f.) – Lohnsummensteuer; 32, 346 (361) – Strafbestimmung in Gemeindesatzungen; dazu *Hoppe/Kleindiek*, VR 1992, S. 82 (83); *Spiegel*, Parlamentsrechtliche Merkmale im Recht der kommunalen Volksvertretung (2005), S. 13, 47 f., 54 f. sieht die Gemeinden nur als „institutionelle" Exekutivorgane mit echter Legislativfunktion.

tung allerdings eine Rechtsposition zu, die sie in die Lage versetzt, sich eigenständig und eigenverantwortlich „gegenüber" dem Staat zu behaupten. Die besondere Nähe der Kommunen zu den Verhältnissen und der Gesellschaft vor Ort sind auch der Grund dafür, dass sich Gemeinden und Gemeindeverbände gegen Eingriffe in und Verletzung der kommunalen Selbstverwaltungsgarantie gerichtlich zur Wehr zu setzen können.[621] Den Gemeinden kommt dabei nicht nur das Recht zur Abwehr von Eingriffen zu. Sie haben darüber hinaus zum Beispiel auch Ansprüche auf Anhörung, gemeindefreundliches Verhalten oder Mitwirkung bei staatlichen Planungsprozessen.[622] Die aus Art. 28 Abs. 2 GG folgenden Rechtspositionen werden daher auch als „subjektives Recht" im Sinne von § 42 Abs. 2 VwGO eingestuft[623] und den Kommunen insoweit Rechtspositionen eingeräumt, die denjenigen Privater strukturell ähnlich sind. Die Gemeinde kann gegen deren Verletzung daher mit dem vollen Arsenal prozessualer Rechtsbehelfe der VwGO vorgehen und als ultima ratio Kommunalverfassungsbeschwerde erheben, Art. 93 Abs. 1 Nr. 4a GG, § 90 Abs. 1 BVerfGG.[624] Darüber hinaus gewährleisten auch die Landesverfassungen die Möglichkeit (landes)verfassungsgerichtlichen Rechtsschutzes.[625] Die Kommunen sind damit zwar Teil der staatlichen Verwaltung, aber sie sind es nicht nur, sie haben auch das Recht dazu.[626]

### 2.2.1.3 Dimensionen kommunaler Selbstverwaltung

Der Grund für die starke Rechtsstellung der Kommunen gegenüber dem Staat, dessen organischer Teil sie sind, liegt in ihrer besonderen, zweigeteilten Funktion. Denn auch unter dem Grundgesetz setzt sich das aufgezeigte Spannungsverhältnis zwischen einer bürgerschaftlichen Selbstverwaltung „von unten" und einer administrativen Selbstverwaltung „von oben" fort.[627]

Einerseits bestimmt Art. 28 Abs. 2 GG, dass den Gemeinden das Recht gewährleistet sein muss, alle Angelegenheiten der örtlichen Gemeinschaft im Rahmen der Gesetze in eigener Verantwortung zu regeln. Dieses „Recht" zur Selbstverwaltung ist gleichzeitig ein Auftrag an die Gemeinden, die Angelegenheiten „vor Ort" effektiv zu erfüllen und damit den ihnen zukommenden Anteil der vom Staat insgesamt zu erfüllenden hoheitlichen Aufgaben unter Beteiligung der Betroffenen[628] zu erfüllen. Die Kommunen sind zu diesem Zweck, wie aufgezeigt, im Rahmen der staatlichen Organisation als Körperschaften des öffentlichen Rechts konstituiert und in den staatlichen Aufbau integriert. Dem Staat verbleiben dabei „im Rahmen der Gesetze" „von oben" Zugriffsrechte. Kommunale Selbstverwaltung ist daher insofern administrativ, also auf die Erledigung von Verwaltungsaufgaben gerichtet, zu verstehen.

Die eigenverantwortliche umfassende Aufgabenwahrnehmung nach Art. 28 Abs. 2 Satz 1 GG dient aber auch dazu, den Bürgern eine wirksame Teilnahme an den Angelegenheiten des Ge-

---

621 *Dreier*, in: Dreier (Hrsg.), Grundgesetz, Bd. II, 2. Aufl. (2006), Art. 28 Rn. 103; *Schmidt-Aßmann/Röhl*, in: Schmidt-Aßmann/Schoch (Hrsg.), Besonderes Verwaltungsrecht, 14. Aufl. (2008), 1. Kap. Rn. 24; *Stober*, Kommunalrecht, 3. Aufl. (1996), S. 66 f.
622 Vgl. VerfGH NRW, DVBl. 2001, 1595 (1598); *Schmidt-Aßmann/Röhl*, in: Schmidt-Aßmann/Schoch (Hrsg.), Besonderes Verwaltungsrecht, 14. Aufl. (2008), 1. Kap. Rn. 26; Stern, Staatsrecht I, 2. Aufl. (1984), S. 418 f.
623 BVerwGE 69, 256 (261); DVBl. 1990, 1066; *Kopp/Schenke*, VwGO, 17. Aufl. (2011), § 42 Rn. 137 ff.; *Sodan*, in: Sodan/Ziekow, VwGO, 3. Aufl. (2010), § 42 Rn. 430; vgl. auch *Nierhaus*, in: Sachs (Hrsg.), Grundgesetz, 6. Aufl. (2011), Art. 28 Rn. 39 f., m. w. N.
624 Übersicht hierzu etwa bei *Geis*, Kommunalrecht, 2. Aufl. (2011), § 26.
625 Vgl. nur Art. 130 Abs. 1, 49 LV RP; Art. 137 Hess. LV i. V. m. § 46 Hess StGHG.
626 *Maurer*, DVBl. 1995, 1037 (1041); vgl. auch *Knemeyer*, DVBl. 1984, S. 23 (28 f.); *Hendler*, in: Isensee/Kirchhof (Hrsg.), HStR VI, 3. Aufl. (2008), § 143 Rn. 35 f.
627 „*Januskopfig*", vgl. *Nierhaus*, in: Sachs (Hrsg.), Grundgesetz, 6. Aufl. (2011), Art. 28 Rn. 34.
628 BVerfGE 107, 59 (92) – Lippeverband; allgemein zum Partizipationsprinzip im Falle der Selbstverwaltung *Hendler*, in: Isensee/Kirchhof (Hrsg.), HStR VI, 3. Aufl. (2008), § 143 Rn. 28 ff.

**2.2 | Das Ratsmitglied als Teil kommunaler Selbstverwaltung nach Artikel 28 GG**

meinwesens zu ermöglichen, und hat damit auch eine politische Dimension.[629] Weitergehend als die Selbsverwaltungskonzeptionen *v. Steins* und seiner Nachfolger überträgt das Grundgesetz hierzu die Grundentscheidung der Verfassung zur repräsentativen Demokratie kraft Art. 28 Abs. 1 Satz 2 GG auf die Ebene der Gemeinden. Die Vorschrift bestimmt zwar zunächst einmal nur technisch, dass in den Ländern, Kreisen und Gemeinden das Volk eine Vertretung haben muß, die aus allgemeinen, unmittelbaren, freien, gleichen und geheimen Wahlen hervorgegangen sein muß. Sie steht dabei in unmittelbarem Zusammenhang mit dem Homogenitätsgebot des Art. 28 Abs. 1 Satz 1 GG, wonach die verfassungsmäßige Ordnung in den Ländern den Grundsätzen des republikanischen, demokratischen und sozialen Rechtsstaates im Sinne dieses Grundgesetzes genügen muss. Die Kommunale Selbstverwaltung hat damit aber nicht nur eine „mitgliedschaftlich-partizipatorische" Komponente.[630] Sie wird darüber hinaus vielmehr materiell als bürgerschaftlich demokratische Selbstverwaltung „von unten" konstituiert. Kraft dieser Bestimmung wird die Teilhabe der Bürger an den demokratischen Entscheidungsfindungsprozessen vor Ort gewährleistet und die Gemeinde zu einer „Urzelle der Demokratie".[631]

### 2.2.1.3.1 Administrative Dimension kommunaler Selbstverwaltung

Zahlreiche für die Kommunen richtungweisende Entscheidungen, sei es im Bereich der Stadtplanung, der Kultur oder der Wasserver- und entsorgung, sind vielfach von örtlichen Gegebenheiten und Besonderheiten abhängig. Um Lösungen zu finden, müssen eine Vielzahl von Belangen berücksichtigt werden, die von betriebs- und volkswirtschaftlichen Elementen, über (Stadt-)Geschichte bis hin zu Fragen des Städtebaus und Bevölkerungsentwicklung reichen.[632] Hier ist es sachlich richtig, auf die Erfahrungen und Kenntnisse der Einwohner zurückzugreifen.[633] Art. 28 Abs. 2 S. 1 GG gewährleistet den Gemeinden daher das Recht, alle Angelegenheiten der örtlichen Gemeinschaft im Rahmen der Gesetze in eigener Verantwortung zu regeln. Die Gewährleistung kommunaler Selbstverwaltung sichert den Gemeinden einen grundsätzlich alle Angelegenheiten der örtlichen Gemeinschaft umfassenden Aufgabenbereich sowie die Befugnis zu eigenverantwortlicher Führung der Geschäfte in diesem Bereich.[634]

Wenn die Vorschrift dabei davon spricht, dass die Gemeinde „alle" Angelegenheiten der örtlichen Gemeinschaft in eigener Verantwortung regeln darf, kommt darin ferner ein verfassungsrechtliches Aufgabenverteilungsprinzip zugunsten der Gemeinden zum Ausdruck, das der zuständigkeitsverteilende Gesetzgeber zu berücksichtigen hat.[635] Ausgehend vom Gedanken der Subsidiarität, nach dem Aufgaben nach Möglichkeit von der jeweils kleinsten und damit sachnähesten Einheit zu erfüllen sind, umfasst Art. 28 Abs. 2 Satz 1 GG das Recht der Gemeinde, jede Aufgabe mit örtlich relevantem Bezug zu übernehmen und sich ohne besonderen Kompetenztitel selbst neue Aufgaben zu schaffen, die nicht durch Gesetz bereits anderen Trägern öffentlicher

---

629 BVerfGE 79, 127 (149f.) – Rastede; 91, 228 (244) – kommunale Gleichstellungsbeauftragte; 107, 1 (11f., 17) – Verwaltungsgemeinschaften LSA; 110, 370 (400) – Klärschlamm-Entschädigungsfond; *Stober*, Kommunalrecht, 3. Aufl. (1996), S. 59.
630 BVerfGE 83, 37 (55) – Ausländerwahlrecht SH; BVerfGE 110, 370 (401) – Klärschlamm-Entschädigungsfond.
631 *Gönnenwein*, Gemeinderecht (1963), S. 65; BVerfGE 79, 127 (149) – Rastede *(„Keimzelle")*.
632 Vgl. *Stober*, Kommunalrecht, 3. Aufl. (1996), S. 16f.
633 Vgl. BVerfGE 79, 127 (151ff.) – Rastede; 83, 363 (382f.) – Krankenhausfinanzierungsumlage RP; 107, 1 (12) – Verwaltungsgemeinschaften LSA.
634 St. Rspr., vgl. nur BVerfGE 79, 127 (143) – Rastede; 107, 1 (11) – Verwaltungsgemeinschaften LSA; 110, 370 (399f.) – Klärschlamm-Entschädigungsfond m.w.N.; aus der Literatur statt aller *Tettinger*, in: Mann/Püttner, HaKoWiP Bd. 1, 3. Aufl. (2007), § 11 Rn. 6ff.
635 Vgl. BVerfGE 79, 127 (150ff.) – Rastede; BVerfGE 83, 363 (382) – Krankenhausfinanzierungsumlage RP; 107, 1 (12) – Verwaltungsgemeinschaften LSA.

Verwaltung zugewiesen sind.[636] Dieses Regel-Ausnahme-Prinzip steht in der Tradition des 19. Jahrhunderts und den nach 1945, aber vor dem Grundgesetz, geschaffenen Landesverfassungen.[637] Der hieraus erwachsende Vorrang einer dezentralen Aufgabenverteilung verbürgt den Gemeinden den grundsätzlich ersten Zugriff auf alle Angelegenheiten der örtlichen Gemeinschaft.[638] Das hat dazu geführt, dass Gemeinden und Gemeindeverbände im eigenen und in der Folge auch übertragenen Wirkungskreis einen Hauptanteil der insgesamt anfallenden Verwaltungsaufgaben erledigen.[639]

Die potentiell höhere Sachgerechtigkeit von Entscheidungen im Rahmen kommunaler Selbstverwaltung wird dabei zwar vereinzelt auch auf demokratische Entscheidungsprinzipien und den größeren Einfluss des Einzelnen auf die Geschicke seiner Gemeinde zurückgeführt.[640] Angesichts der teilweise hochkomplexen und technischen Herausforderungen ist auf der anderen Seite erheblicher Sachverstand vonnöten, um beispielsweise gemeindliche Unternehmen zu gründen, zu steuern und zu überwachen, sei es ein Regie- oder Eigenbetrieb oder kommunales Wirtschaftsunternehmen.[641] Hier zeigen sich schon die praktischen Probleme kommunaler Selbstverwaltung. Oft sind Gemeinderatsmitglieder aufgrund der Komplexität vieler Fragen nicht in der Lage, relevante Entscheidungen ohne Beratung und Unterstützung von dritter Seite zu treffen. In der Praxis kommt dieser Sachverstand zumeist aus der gemeindlichen Verwaltung, bestehend aus Berufsbeamten und Angestellten. Damit ein solcher Verwaltungsapparat aber vorgehalten werden kann, benötigen die Gemeinden eine entsprechende Verwaltungskraft und Gemeindegröße. Denn kommunale Selbstverwaltung ist zwar seit je her immer auch administrative Dezentralisierung.[642] Selbstverwaltung in Kommunen ohne eine entsprechende Verwaltungskraft ist aber kontraproduktiv, so dass es stets eines Ausgleichs zwischen Selbstverwaltung und Verwaltungseffizienz bedarf.[643] Gemeinhin wird eine entsprechende Verwaltungskraft ab einer Einwohnerzahl von mindestens 7500 bis 10 000 angenommen,[644] wobei allerdings dem Gesetzgeber ein Einschätzungs- und Beurteilungsspielraum zukommt.[645]

Aber auch die Selbstverwaltung als solche kann durch die mit ihr einhergehende Dezentralisation effizientes Verwaltungshandeln erschweren. Denn die Einschaltung einer Fülle eigenverantwortlicher kleiner Organisationseinheiten kann Reibungsverluste bewirken, die eine zentralistisch organisierte Verwaltung nicht hat.[646] Viele öffentliche Aufgaben, z. B. die Unterhaltung von Kultureinrichtungen oder die Abfallentsorgung, könnten genauso kostengünstig und effizient, wenn nicht sogar günstiger und effizienter, von größeren Verwaltungsgebilden erledigt

---

636 BVerfGE 79, 127 (146f., 150f.) – Rastede; 107, 1 (12) – Verwaltungsgemeinschaften LSA; *Spiegel*, Parlamentsrechtliche Strukturmerkmale im Recht der kommunalen Volksvertretung (2005), S. 14 ff.
637 Vgl. PrOVGE 13, 89 (106); Art. 49 LVRP; Art. 137 HessLV; zu Art. 127 WRV vgl. Anschütz, WRV, 14. Aufl. (1933), Art. 127, S. 583.
638 BVerfGE 79, 127 (146f., 150f.) – Rastede; 110, 370 (400) – Klärschlamm-Entschädigungsfond.
639 *Stober*, Kommunalrecht, 3. Aufl. (1996), S. 49.
640 *v. Arnim*, AÖR 113 (1988), S. 1 (14ff., 17).
641 Überblick über deren Erscheinungsformen etwa bei *Schink*, NVwZ 2002, S. 129 (129f.).
642 Vgl. PrOVGE 13, 89 (106); Art. 49 LV RP; Art. 137 Hess. LV; *Anschütz*, WRV, 14. Aufl. (1933), Art. 127, S. 583; allg. *Püttner*, in: Isensee/Kirchhof (Hrsg.), HStR VI, 3. Aufl. (2008), § 144 Rn. 9.
643 *Katz/Ritgen*, DVBl. 2008, S. 1525 (1528).
644 *Bogner*, in: Mann/Püttner (Hrsg.), HaKoWiP, Bd. 1, 3. Aufl. (2007) § 13 Rn. 4.
645 Vgl. BVerfGE 107, 1 (21) – Verwaltungsgemeinschaften LSA; hier hatte das BVerfG die Einschätzung des Landesgesetzgebers, bei einer Einwohnerzahl von 5 000 auf eine entsprechende Leistungsfähigkeit zu schließen, als frei von Beurteilungsfehlern anerkannt; der rheinland-pfälzische Gesetzgeber hat 10 000 Einwohner bei verbandsfreien und 12 000 Einwohner bei Verbandsgemeinden als in der Regel Gewähr für eine ausreichende Leistungsfähigkeit, Wettbewerbsfähigkeit und Verwaltungskraft bietend festgesetzt; § 2 Abs. 2 des Landesgesetzes über die Grundsätze der Kommunal- und Verwaltungsreform (KomVwRGrG) vom 28. September 2010, GVBl. S. 272.
646 *Frotscher*, in: v. Mutius (Hrsg.), FG v. Unruh (1983), S. 127 (141); *Hendler*, in: Isensee/Kirchhof (Hrsg.), HStR VI, 3. Aufl. (2008), § 143 Rn. 72f.

werden. Vor diesem Hintergrund sind auch die großen Gebietsreformen im Westen Deutschlands Mitte der 1970er Jahre und in den neuen Bundesländern zu sehen, bei denen es immer auch um die „Hochzonung" von Aufgaben und Zusammenlegung von Gemeinden ging.[647] Dementsprechend haben die Gemeinden auch die Möglichkeit, sich zur Erledigung ihrer Selbstverwaltungsaufgaben mit anderen Gemeinden, z. B. in der Form von Zweckverbänden, zusammenzuschließen.[648] Der Gesetzgeber hat auf Effizienzverluste ferner mit Anzeige-, Vorlage- und Genehmigungspflichten im Rahmen der Kommunalaufsicht sowie der Betonung sparsamen und wirtschaftlichen gemeindlichen Handelns reagiert.[649] Auf der anderen Seite ist die Finanzdecke der Kommunen derzeit dermaßen dünn, dass ihnen kaum ein Spielraum zur sachgerechten Aufgabenerfüllung bleibt. Als Reaktion auf zunehmende Privatisierungen auch auf Ebene der Gemeinden wird daher vereinzelt bereits eine „Selbstverwaltungspflicht" postuliert.[650]

Die vorstehenden Ausführungen zeigen, dass kommunale Selbstverwaltung nicht schon per se die effektivste Form der Aufgabenerfüllung ist.[651] Kommunale Selbstverwaltung ist zwar in der Tendenz durch die Beteiligung der ortsansässigen Bevölkerung sachnäher.[652] Je nach konkreter Ausgestaltung kann aber auch eine zentrale Verwaltung gleichermaßen effizient organisiert und bürgernah sein.[653]

### 2.2.1.3.2 Bürgerschaftlich-demokratische kommunale Selbstverwaltung

Der eigentliche Grund für die Existenz kommunaler Selbstverwaltung unter dem Grundgesetz liegt in der verfassungsrechtlichen Wertentscheidung für eine bürgerschaftlich-demokratische Selbstverwaltung.

Um das Verhältnis zwischen administrativer und bürgerschaftlich-demokratischer kommunaler Selbstverwaltung wurde in der Vergangenheit allerdings teilweise heftig gerungen. Fraglich erschien, ob kommunale Selbstverwaltung in der „preußischen Tradition" im Kern eher mittelbare *Staats*verwaltung oder demokratisch geprägte *Selbst*verwaltung ist.[654] Mit dem Ziel der Einbindung der Kommunen in die Exekutive wurde vor diesem Hintergrund beispielsweise versucht, Demokratie und Selbstverwaltung als Gegensätze zu konterkarieren.[655] Richtig ist insoweit, dass Demokratie und Selbstverwaltung rechtsgeschichtlich auf unterschiedlichen Quellen beruhen. Wie aufgezeigt, hatten *v. Stein* und *v. Gneist* in der Tat nicht beabsichtigt, mit der kommunalen Selbstverwaltung die preußische Monarchie zu unterwandern. Vor diesem Hintergrund wurde dann teils argumentiert, Kommunale Selbstverwaltung könne nicht für eine der Demokratie im Wesentlichen entsprechende Einrichtung gehalten werden.[656] Dabei würde aber vernachlässigt, dass die preußischen Reformen mit ihrem Ziel ehrenamtlicher Mitwirkung an der

---

647 BVerfGE 79, 127 (148) – Rastede; BVerwGE 67, 321 (323).
648 Vgl. zu den Formen interkommunaler Zusammenarbeit *Oebbecke*, in: Mann/Püttner (Hrsg.), HaKoWiP, Bd. 1, 3. Aufl. (2007) § 29.
649 Vgl. nur §§ 93 Abs. 3, 95 Abs. 4 GemO RP, 92 Abs. 2, 97 Abs. 4 HGO für die Haushaltsführung sowie §§ 92 Abs. 1 S. 3 GemO RP, 127a HGO für die wirtschaftliche Betätigung.
650 Zur „Selbstverwaltungspflicht BVerwG, DVBl. 2009, 1382 (1383 ff.); dazu kritisch *Schoch*, DVBl. 2009, 1533 (1535 ff.; 1538: *„Fehlentscheidung"*); *Winkler*, JZ 2009, 1169 ff.; zur Städtebaupartnerschaft *Battis/Kerstens*, LKV 2006, 442 (445 f.); allgemein den rechtlichen Grenzen von Privatisierungen *Schoch*, Jura 2008, S. 672 (678 ff).
651 In diesem Sinne auch BVerfGE 79, 127 (153) – Rastede.
652 *v. Arnim*, AöR 113 (1988), S. 1 (17).
653 Vgl. zu diesem Gesichtspunkt etwa *Hendler*, in: Isensee/Kirchhof (Hrsg.), HStR VI, 3. Aufl. (2008), § 143 Rn. 72 ff.
654 Zur Begriffsprägung BVerfGE 79, 127 (148) – Rastede; zum Streit insgesamt etwa *v. Arnim*, in: AöR 113 (1988), S. 1 ff.; *Frotscher*, in: v. Mutius (Hrsg.), FG v. Unruh (1983) S. 127 ff.; *Püttner*, in: Mann/Püttner (Hrsg.), HaKoWiP, Bd. 1, 3. Aufl. (2007) § 19 Rn. 8 f.; *Schmidt-Jortzig*, DVBl. 1980, S. 1 (2 ff.); *v. Unruh*, DÖV 1986, S. 217 (218 ff.).
655 *„strukturfremd"*, vgl. *v. Unruh*, DÖV 1986, S. 217 (223).
656 *v. Unruh*, DÖV 1986, S. 217 (218).

Staatsverwaltung de facto demokratischen Ideen Vorschub geleistet haben.[657] Gemeinden sind nun einmal traditionell keine beliebigen dezentralen Verwaltungsuntergliederungen, sondern Gemeinwesen, die in der Eigenverantwortlichkeit ihrer Aufgabenerfüllung ihren Bürgern ein überzeugender Anlass für ihre lokale, ja politisch-demokratische Identität sein können.[658] Demokratie und kommunale Selbstverwaltung haben insofern ein gemeinsames Grundanliegen, nämlich mittels ihres jeweils partizipatorischen Charakters Akzeptanz des und Identifikation mit dem staatlichen Gemeinwesen zu schaffen.[659] Während *v. Stein* mit der preußischen Städteordnung der Nation *„selbst einen Anteil an der Verwaltung geben"*[660] wollte, bedeutet kommunale Selbstverwaltung unter dem Grundgesetz Mitwirkung und Teilhabe an der freiheitlich demokratischen Grundordnung insgesamt.[661] Als grundgesetzliche Wertentscheidung steht dieses Motiv hinter der administrativen wie auch der demokratischen Funktion kommunaler Selbstverwaltung.[662]

Freilich sind für die Akzeptanz eines staatlichen Gemeinwesens noch eine ganze Reihe weitere Faktoren zu berücksichtigen, die von einer transparenten und funktionierenden Gerichtsbarkeit, einer sowohl im Verfahren wie im Ergebnis nachvollziehbaren Gesetzgebung über einen funktionierenden Föderalismus bis hin zu einem legitimen Verhalten der Funktionsträger im Staat wie in den Parteien reichen. Gleichwohl ist die Kommunale Selbstverwaltung ein nicht zu unterschätzender struktureller und integrierender Faktor im demokratischen Staatsaufbau des Grundgesetzes. Denn wenn nach Art. 20 Abs. 2 GG alle staatliche Gewalt vom Volke ausgeht, dann muss der Einzelne sich auch im Staat wiederfinden und ihm diese Gewalt anvertrauen. Dazu ist es nach *Smend* nötig, dass eine demokratische Staats- und Verfassungslehre nicht am formalen Staatswillen einsetzt, sondern am Menschen in seiner gesellschaftlichen, politischen Lage und an der Frage, was von ihm zu erwarten, was ihm zu bieten und was ihm zuzumuten ist.[663] Gestützt ist dieses Verständnis auf Art. 1 und 20 GG, die wie oben aufgezeigt, den Menschen in den Mittelpunkt staatlichen Handelns rücken.[664] Vorrangiges Ziel kommunaler Selbstverwaltung ist daher, auf unterster Verwaltungsebene die Strukturprinzipien des demokratischen Staates dem Bürger zu vermitteln, damit dieser sich im Staat wiederfindet, sich mit dem Staat identifizieren kann und sich aus Überzeugung integriert.[665] Denn die demokratischen Prinzipien und demokratische Willensbildung sind für den Bürger in „seiner" Gemeinde am stärksten erfahrbar, hier hat er auch die größten Einflussmöglichkeiten.[666] Denn nur solange der Staat sich immer wiederkehrend aus dem Handeln und den Überzeugungen der Einzelnen aufbaut, kann er nicht nur rechtlich, sondern auch tatsächlich existieren. Diese dauernde Integration *„ist sein Wesen als geistig-soziale Wirklichkeit"*.[667]

Ein besonderes Gewicht erhält die bürgerschaftlich-demokratische kommunale Selbstverwaltung dabei vor dem Hintergrund der zentralistischen Gleichschaltung des nationalsozialisti-

---

657 So auch *Frotscher*, in: v. Mutius (Hrsg.), FG v. Unruh (1983), S. 127 (128); *Püttner*, in: Mann/Püttner (Hrsg.), HaKoWiP, Bd. 1, 3. Aufl. (2007) § 19 Rn. 8 f.
658 BVerfGE 107, 1 (14, 20) – Verwaltungsgemeinschaften LSA.
659 Vgl. zum partizipatorischen Charakter kommunaler Selbstverwaltung *Hendler*, in: Mann/Püttner, HaKoWiP, Bd. 1, 3. Aufl. (2007), § 1 Rn. 5 f.
660 Schreiben an *Reden*, in: Botzenhart/Hubatsch (Hrsg.), BuaS, Band II/1, Nr. 355, S. 403 f.
661 Zum Begriff der freiheitlich demokratischen Grundordnung BVerfGE 2, 1 (12 f.) – SRP-Verbot; allgemein *Stern*, Staatsrecht I, 2. Aufl. (1984), S. 556 ff.
662 Vgl. *Katz/Ritgen*, DVBl. 2008, S. 1525 (1529 f.).
663 *Smend*, in: Ehmke/Schmid/Scharoun (Hrsg.), FS f. Arndt (1969), S. 451 (460).
664 Dazu oben 2.1.1.2.
665 Dazu ausführlich *Schmidt-Jortzig*, DVBl. 1980, S. 1 (4 ff.); vgl. auch *Hendler*, in: Isensee/Kirchhof (Hrsg.), HStR VI, 3. Aufl. (2008), § 143 Rn. 68 f.
666 *Katz/Ritgen*, DVBl. 2008, S. 1525 (1530); *Püttner*, in: Isensee/Kirchhof (Hrsg.), HStR VI, 3. Aufl. (2008), § 144 Rn. 16 ff.
667 *Smend*, Verfassung und Verfassungsrecht, S. 119 (138).

schen Regimes. Insoweit soll die demokratisch selbstverwaltete Gemeinde als am engsten mit dem Bürger verzahnte staatliche Stelle eine höhere Resistenz gegen die Diktatur bieten und der Demokratie als Fundament dienen.[668] Dieser Gedanke kommt in Art. 11 Abs. 4 der Verfassung des Freistaates Bayern wohl am deutlichsten zum Ausdruck, wonach die Selbstverwaltung der Gemeinden dem Aufbau der Demokratie *„von unten nach oben"* dient. Und auch in den Gemeindeordnungen werden die Gemeinden als Grundlage[669] und Glied des demokratischen Staates bezeichnet.[670] Nach alledem ist festzuhalten, dass das Grundgesetz das Spannungsverhältnis zwischen Verwaltungseffizienz und Bürgernähe materiell-rechtlich zu Gunsten der Teilnahme der Bürger löst.[671] Trotz der Zuordnug zur Exekutive hat Verwaltungsökonomie daher keinen Vorrang vor der Demokratie, darf die kommunale Selbstverwaltung nicht ausschließlich oder ganz überwiegend von Effektivitätsmaßstäben, von Wirtschaftlichkeit und Leistungsfähigkeit bestimmt werden.[672] Darum ist beim räumlichen Zuschnitt von Gemeinden etwa darauf zu achten, dass sie nicht zu groß werden, auch wenn dies aus administrativer Sicht möglicherweise sinnvoll wäre.[673] Denn bei großen Gemeindegebieten wird die Teilhabe von Bürgern, die im Randbezirk der Gemeinde leben, naturgemäß geschwächt.[674] Und in der Sache, also inhaltlich, muss den Gemeinden ebenfalls ein Kernbereich oder Wesensgehalt kommunaler Selbstverwaltung verbleiben, damit diese kein kraftloses Schattendasein führt[675] – denn auch dann könnte sie ihrer bürgerschaftlich-demokratischen Funktion nicht gerecht werden.

### 2.2.2 Amt und Mandat des Ratsmitglieds im Gemeinderat

Die Rechtsstellung des Ratsmitglieds im Gemeinderat folgt den soeben dargestellten Funktionen kommunaler Selbstverwaltung. Aufgabe des Ratsmitglieds ist es, durch seine Mitwirkung im Gemeinderat an der Willensbildung der Gemeinde mitzuwirken und über Selbstverwaltungsangelegenheiten zu entscheiden. Die Ratsmitglieder werden nach den Wahlgrundsätzen des Art. 28 Abs. 1 Satz 2 GG in den Gemeinderat gewählt. Sie haben infolge der bürgerschaftlich-demokratischen Dimension kommunaler Selbstverwaltung ein durch Wahl erworbenes kommunalrechtliches Mandat eigener Prägung inne und sind Inhaber eines freien, nicht imperativen Mandates.[676] Danach sind die einzelnen Räte an Verpflichtungen und Aufträge der Bürger, die diese Freiheit einschränken, nicht gebunden sondern nur ihrem Gewissen bzw. ihrer Überzeugung vom Gemeinwohl unterworfen.[677] Auf der anderen Seite erfüllen sie aufgrund der administrati-

---

668 Vgl. BVerfGE 79, 127 (149) – Rastede; *Stober*, Kommunalrecht, 3. Aufl. (1996), S. 116.
669 § 1 BbgKVerf; § 1 HGO, § 1 NKomVG.
670 Vgl. § 1 KV MW; § 1 GO NW; § 1 GemO RP; § 1 SächsGemO; § 1 GO LSA in diesem Sinne auch *Geis*, Kommunalrecht, 2. Aufl. (2011), § 5 Rn. 3 ff.
671 BVerfGE 79, 127 (147 ff., 153) – Rastede.
672 *Frotscher*, in: v. Mutius (Hrsg.), FG v. Unruh (1983), S. 127 (146 f.); *Katz/Ritgen*, DVBl. 2008, S. 1525 (1528); *Knemeyer/Wehr*, Verwaltungsarchiv 92 (2001), S. 317 (329); *v. Unruh*, DÖV 1972, S. 17 (21 f.).
673 Dazu LVerfG MV, DVBl. 2007, S. 1102 (1103).
674 BVerfGE 107, 1 (21) – Verwaltungsgemeinschaften LSA; vgl. auch LVerfG MV, DVBl. 2007, 1102 (1109), zustimmend etwa *Stüer*, DVBl. 2007, 1267 (1271 f.), kritisch etwa *Bull*, DVBl. 2008, 1 (6, 8); *Erbguth*, DÖV 2008, S. 152 (154 f.).
675 St. Rspr., vgl. nur BVerfGE 1, 167 (175) – Offenbach; 79, 127 (146) – Rastede; 103, 332 (365) – Landesnaturschutzgesetz SH; zuletzt BVerfGE 119, 331 (363 ff.) – Arbeitslosengeld II.
676 Überblick bei *Nolte*, DVBl. 2005, S. 870 (874 ff.).
677 BVerwG, DÖV 1992, 832; vgl. §§ 32 Abs. 3 GemO BW; § 30 Abs. 1 BbgKVerf.; 35 Abs. 1 HGO; 23 Abs. 3 KV MV; 43 Abs. 1 GO NRW; 54 Abs. 1 NKomVG; 30 Abs. 1 GemO RP; 30 Abs. 1 KSVG SL; 35 Abs. 3 SächsGemO; 42 Abs. 1 GO LSA; 32 Abs. 1 GO SH; 24 Abs. 1 ThürKO; nicht explizit genannt in Art. 31 Abs. 4 BayGO der nur die „gewissenhafte" Erfüllung der Amtspflichten betont, vgl. aber BayVerfGH, BayVBl. 1984, 621 (622).

ven Dimension kommunaler Selbstverwaltung Verwaltungsaufgaben und sind darum qua Gesetz beinahe durchweg ehrenamtlich tätig[678] bzw. den ehrenamtlich Tätigen gleichgestellt.[679]

#### 2.2.2.1 Der Gemeinderat im Gefüge der Kommunalverfassung

Ausgangspunkt für die verfassungsrechtliche Einordnung des Gemeinderats ist Art. 28 Abs. 1 Satz 2 GG, wonach das Volk in den Ländern, Kreisen und Gemeinden eine Vertretung haben muss, die aus allgemeinen, unmittelbaren, freien, gleichen und geheimen Wahlen hervorgegangen ist. Diese Volksvertretung ist der Gemeinderat, den alle Gemeindeordnungen kennen, wenn auch unterschiedlich benennen.[680] Und auch auf kommunaler Ebene stellen sich die Ergebnisse der Wahlen als staatliche Gewalt nach Art. 20 Abs. 2 GG i. V. m. Art. 28 Abs. 1 Satz 2 GG dar. Dadurch ermächtigen die Gemeindebürger die Ratsmitglieder, als Volksvertreter nach ihren eigenen Meinungen und Überzeugungen zu handeln, das Gemeindevolk zu repräsentieren und seine Interessen zu wahren.[681]

##### 2.2.2.1.1 Unterschiedliche Kommunalverfassungssysteme

Über die nach Art. 28 GG notwendige Existenz des Gemeinderates hinaus macht das Grundgesetz keinerlei Vorgaben, wie die innere Verfassung der Gemeinden ausgestaltet sein muß. Die Konzeption der Kommunalverfassungssysteme überlässt das Grundgesetz den Ländern als zuständigen Gesetzgebern im Rahmen des Homogenitätsgebotes des Art. 28 Abs. 1 GG. Die historisch gewachsene Unterscheidung zwischen Norddeutscher Ratsverfassung, Süddeutscher (Gemeinde-)Ratsverfassung, Magistratsverfassung und (rheinischer) Bürgermeisterverfassung[682] wirkt sich dabei heute oft nur noch in Detailfragen aus. Als Ergebnis eines „Wettbewerbs der Kommunalsysteme", der Verwaltungseffizienz und demokratische Anforderungen zu vereinen suchte,[683] hat sich insbesondere nach der Wiedervereinigung heute in der Tendenz die Unterscheidung zwischen Magistratsverfassung einerseits und „dualer Rats-Bürgermeisterverfassung" andererseits heraus gebildet.[684] Beide Systeme sind gleichermaßen verwaltungs- und demokratiegeeignet[685] und kennen trotz unterschiedlichen historischen Ursprungs zwei gemeindliche Hauptorgane:[686] Zum einen den Gemeinderat als Volksvertretung und zum anderen einen Bürgermeister bzw. den Gemeindevorstand/Magistrat als Verwaltungsspitze. Dieser vertritt die Gemeinde nach außen, ist also die Verwaltungsbehörde der Gemeinde bzw. leitet die Gemeindeverwaltung.[687] Ebenso führt er die Beschlüsse des Gemeinderates aus, entscheidet in eigener Verantwortung über Angelegenheiten der laufenden Verwaltung und führt die Aufgaben im übertragenen Wirkungskreis aus.[688] Die Wahl des Bürgermeisters entweder durch die Bürger direkt oder durch die Gemeindevertretung war lange Zeit ein Hauptunterscheidungskri-

---

678 Art. 31 Abs. 2 S. 1 BayGO; §§ 32 Abs. 1 S. 1 GemO BW; 26 Abs. 1, 38 Abs. 1 BbgKVerf; 30, 18 GemO RP; 30 Abs. 1 KSVG SL; 35 Abs. 1 SächsGemO; 28 Abs. 1, 42 GO LSA; 24 Abs. 1 ThürKO.
679 §§ 10 bis 13 VerfBrhV; 35 Abs. 2 HGO; 54 Abs. 3 NKomVG; 43 Abs. 2 GO NRW; 32 Abs. 3 GO SH; keine Zuordnung trifft die KV MV.
680 *Dreier*, in: Dreier (Hrsg.), Grundgesetz, Bd. II, 2. Aufl. (2006), Art. 28 Rn. 74.
681 Zum freien Mandat der Abgeordneten und Ratsmitglieder sogleich, 2.2.2.2.
682 Vgl. statt aller *Püttner*, in: Isensee/Kirchhof (Hrsg.), HStR VI, 3. Aufl. (2008), § 144 Rn. 63; *Stober*, Kommunalrecht, 3. Aufl. (1996), S. 26 ff.
683 *Stober*, Kommunalrecht, 3. Aufl. (1996), S. 32, m. w. N.
684 *Dreier*, in: Dreier (Hrsg.), Grundgesetz, Bd. II, 2. Aufl. (2006), Art. 28 Rn. 94; *Gern*, Deutsches Kommunalrecht, 3. Aufl. (2003), Rn. 45; *Knemeyer*, JuS 1998, S. 193 ff.
685 *Knemeyer*, JuS 1998, S. 193 (196 f.).
686 z. B. §§ 28 Abs. 1 GemO RP; 1 Abs. 4 SächsGemO; 35 GO LSA.
687 z. B. §§ 66 Abs. 1, 71 Abs. 1 HGO; 47 I GemO RP; 51 Abs. 1 SächsGemO.
688 Vgl. dazu vgl. statt aller *Schmidt-Aßmann/Röhl*, in: Schmidt-Aßmann/Schoch (Hrsg.), Besonderes Verwaltungsrecht, 14. Aufl. (2008), 1. Kap. Rn. 70 ff.; *Stober*, Kommunalrecht, 3. Aufl. (1996), S. 32 ff.

terium der unterschiedlichen Kommunalverfassungssysteme. Die nunmehr flächendeckend eingeführte Direktwahl des Bürgermeisters hat diesen Unterschied eingeebnet. Auch die einzig verbliebene Magistratsverfassung in Hessen kennt dessen – eigentlich systemwidrige – Direktwahl.[689] In den Details sind Rechtsstellung und Zusammenspiel der Hauptorgane allerdings weiterhin unterschiedlich ausgestaltet.[690]

### 2.2.2.1.2 Kompetenzen und Zusammensetzung des Gemeinderates

Der Gemeinderat übernimmt im Rahmen der Kommunalverfassung die zentralen Aufgaben der gemeindlichen Willensbildung. Er ist die gewählte rechtliche wie politische Vertretung der Bürgerschaft, wodurch ihm als Hauptorgan der Gemeinde grundsätzlich die kommunalpolitische Führung zukommt.[691] Seine Aufgabe ist es, die unterschiedlichen Meinungen der durch die Ratsmitglieder repräsentierten Bürgerschaft mittels Abstimmungen und Wahlen zu einem einheitlichen Gemeindewillen zusammenzuführen und die Gemeinde damit handlungsfähig zu machen.[692] Er legt auf diese Weise die Grundsätze für die Verwaltung der Gemeinde fest und entscheidet im Rahmen der kommunalen Verbandskompetenz über alle politisch, rechtlich, wirtschaftlich oder in sonstiger Hinsicht wichtigen und grundsätzlichen Angelegenheiten der Gemeinde.[693] Die Ratssitzungen müssen deshalb auch grundsätzlich öffentlich stattfinden.[694] Sie sind das primäre Forum für die Meinungsbildung und Entscheidungsfindung des Gemeinderates.[695]

Alle vom Gemeinderat behandelten Probleme, seine Beschlüsse und Diskussionen setzen entweder eine Angelegenheit der örtlichen Gemeinschaft nach Art. 28 Abs. 2 GG oder eine spezielle Rechtsgrundlage voraus. Die Beratungsgegenstände sind also nicht auf den Bereich kommunaler Selbstverwaltung begrenzt, sondern können im Einzelfall auch solche des übertragenen Wirkungsbereiches sein.[696] Zu den vom Gemeinderat zu entscheidenden Angelegenheiten gehören etwa der Satzungserlaß, Einrichtung kommunaler wirtschaftlicher Unternehmen, die Übernahme neuer Selbstverwaltungsaufgaben oder etwa auch die Verleihung des Ehrenbürgerrechtes.[697] Obwohl zuweilen als „Vertretungskörperschaft" bezeichnet, handelt es sich bei ihm nicht um eine vollrechtsfähige juristische Person („Körperschaft") des Öffentlichen Rechts, sondern ein Organ der Gemeinde. Er kann allerdings die ihm zugewiesenen Befugnisse gegenüber anderen gemeindlichen Organen und Organteilen gerichtlich durchsetzen und ist insoweit teilrechtsfähig.[698]

---

689 *Maurer*, Allgemeines Verwaltungsrecht, 18. Aufl. (2011), § 23 Rn. 9 f.
690 Z.B. bei der Frage der Abwahl eines Bürgermeisters sowie dessen Kompetenzen und Stellung gegenüber dem Gemeinderat; vgl. dazu etwa *Schmidt-Aßmann/Röhl*, in: Schmidt-Aßmann/Schoch (Hrsg.), Besonderes Verwaltungsrecht, 14. Aufl. (2008), 1. Kap. Rn. 71 ff., 80 f; vgl. auch die Schaubilder bei *Wächter*, Kommunalrecht, 3. Aufl. (1997), Rn. 268; ausführlich *Ipsen*, in: Mann/Püttner (Hrsg.), HaKoWiP, Bd. 1, 3. Aufl. (2007), § 24.
691 Vgl. § 45 Abs. 1 NKomVG; 27 SächsGemO; 44 Abs. 1 GO LSA; ausführlicher Überblick zum Gemeinderat bei *Ehlers*, in: Mann/Püttner (Hrsg.), HaKoWiP, Bd. 1, 3. Aufl. (2007), § 21.
692 BVerwG, DVBl. 1988, 792 (793); *Stober*, Kommunalrecht, 3. Aufl. (1996), S. 184 f.
693 Z.B Art. 30 BayGO; §§ 24 GemO BW; 28 BbgKVerf; 50 HGO; 22 KV MV; 32 Abs. 1 GemO RP; 28 Abs. 1 SächsGemO; vgl. statt aller die Zusammenstellung von *Ipsen*, in: Mann/Püttner (Hrsg.), HaKoWiP, Bd. 1, 3. Aufl. (2007), § 24 Rn. 24 ff.; *Gern*, Deutsches Kommunalrecht, 3. Aufl. (2003), Rn. 315.
694 Vgl. Art. 52 BayGO, §§ 35 GemO BW; 36 BbgKVerf; 52 HGO; 29 Abs. 5 KV MV; 48 Abs. 2 GO NRW; 64 NKomVG; 35 GemO RP; 40 KSVG SL; 37 SächsGemO; 50 GO LSA; 35 GO SH; 40 ThürKO.
695 *Schmidt-Aßmann/Röhl*, in: Schmidt-Aßmann/Schoch (Hrsg.), Besonderes Verwaltungsrecht, 14. Aufl. (2008), 1. Kap. Rn. 65, 67 ff.
696 BVerfGE 78, 344 (348) – kommunaler Mandatsträger.
697 Z. B. §§ 32 Abs. 2 GemO RP, 51 HGO; 26, 41 Abs. 2 SächsGemO.
698 Vgl. ausführlich unten 5.1.

Die Mitglieder des Gemeinderates werden nach Art. 28 Abs. 1 Satz 2 GG in allgemeiner, gleicher, freier, geheimer und unmittelbarer Wahl gewählt.[699] In den meisten Bundesländern können die Wähler dabei Kumulieren und Panaschieren, d. h. ihre Stimme unabhängig von dem Wahlvorschlag der Parteien/Wählergruppierungen auf die einzelnen Kandidaten verteilen bzw. einzelne Wahlbewerber von der Wahlvorschlagsliste streichen.[700] Dadurch und durch das bei Kommunalwahlen geltende Verhältniswahlrecht soll der Gemeinderat ein verkleinertes Abbild der Gemeindebürgerschaft in ihrer politischen Zusammensetzung darstellen.[701] Auf kommunaler Ebene existieren Sperrklauseln („5-% Hürde") inzwischen in keinem Bundesland mehr.[702] Diese sind nur dann gerechtfertigt, wenn ohne eine Sperrklausel mit einiger Wahrscheinlichkeit die Beeinträchtigung der Funktionsfähigkeit der kommunalen Vertretungsorgane zu erwarten wäre.[703] Da aber mit der Direktwahl der Bürgermeister die Gemeinden fast immer ein funktionierendes Exekutivorgan haben, sind sie also auch dann noch in vielen Fällen handlungsfähig, wenn sich im Gemeinderat keine Mehrheiten mehr finden sollten.

### 2.2.2.1.3 Innere Organisation des Gemeinderates

Mitglieder des Gemeinderates sind die nach den Wahlgrundsätzen des Art. 28 Abs. 1 Satz 2 GG gewählten Ratsmitglieder. Deren Anzahl hängt von der Einwohnerzahl der Gemeinde ab und ist in den Gemeindeordnungen bzw. Kommunalwahlgesetzen festgelegt.[704] Für die innere Organisation der Ratssitzungen, also des Verfahrens der Entscheidungsfindung und Beschlussfassung, geben die Gemeindeordnungen einen äußeren Rahmen vor, innerhalb dessen der Gemeinderat selbständig agieren kann. Die innere Organisation ist dabei infolge der bürgerschaftlich-demokratischen Dimension kommunaler Selbstverwaltung funktional derjenigen von Bundestag und Landtagen angenähert.[705] Wichtige Verfahrensfragen des Gemeinderates sind insoweit in der Geschäftsordnung des Gemeinderates zu regeln, deren Erlass teilweise zwingend vorgesehen ist.[706] Die Geschäftsordnung kann als Satzung erlassen werden. Ist dies nicht der Fall, so ist streitig, welchen Rechtscharakter sie hat. Nach wohl herrschender Meinung handelt es sich bei ihr um einen besonderen inneradministrativen Rechtssatz eigener Art, der nur die Ratsmitglieder bindet.[707] Dennoch kann sie als Rechtsvorschrift im Sinne von § 47 Abs. 1 Nr. 2 VwGO Gegenstand einer Normenkontrolle sein.[708] Verstöße gegen die Geschäftsordnung können außerdem im Wege eines kommunalen Organstreits durch die von der Geschäftsordnung Betroffenen geltend gemacht werden.[709]

Mediator der Entscheidungsfindung im Gemeinderat ist der Ratsvorsitzende. Die Gemeindeordnungen sehen zumeist den Bürgermeister kraft Amtes als Vorsitzenden vor, teilweise wird

---

699 Zum Kommunalwahlrecht statt aller *Meyer*, in: Mann/Püttner (Hrsg.), HaKoWiP, Bd. 1, 3. Aufl. (2007), § 20.
700 *Meyer*, in: Mann/Püttner (Hrsg.), HaKoWiP, Bd. 1, 3. Aufl. (2007), § 20, Rn. 80ff.
701 *Geis*, Kommunalrecht, 2. Aufl. (2011), § 11 Rn. 10.
702 *Geis*, Kommunalrecht, 2. Aufl. (2011), § 11 Rn. 9.
703 BVerfGE 120, 82 (102ff.) – 5%-Hürde Kommunalwahl; dazu *Krajewski*, DÖV 2008, S. 345 (350ff.).
704 *Stober*, Kommunalrecht, 3. Aufl. (1996), S. 185.
705 Zum Parlamentscharakter des Gemeinderates unten 2.2.2.1.4.
706 Dazu *Geis*, Kommunalrecht, 2. Aufl. (2011), § 11 Rn. 114; *Stober*, Kommunalrecht, 3. Aufl. (1996), S. 195f.
707 BVerwG, NVwZ 1988, 1019; *Schmidt-Aßmann/Röhl*, in: Schmidt-Aßmann/Schoch (Hrsg.), Besonderes Verwaltungsrecht, 14. Aufl. (2008), 1. Kap. Rn. 64; ähnlich *Gern*, Kommunalrecht, 3. Aufl. (2003), Rn. 441; a. A. Verwaltungsvorschrift, vgl. insoweit VGH Mannheim, ESVGH 22, 180; *Stober*, Kommunalrecht, 3. Aufl. (1996), S. 196.
708 BVerwG, NVwZ 1988, 1019; BayVGH, BayVBl. 1990, 53.
709 Streitig ist, ob eine unter Verstoß gegen die Geschäftsordnung zustande gekommene Entscheidung unwirksam ist, vgl. OVG Bautzen, SächsVBl. 2004, 244; OVG Münster, NVwZ-RR 1997, 184; zum Streitstand *Stober*, Kommunalrecht, 3. Aufl. (1996), S. 205f.; *Wächter*, Kommunalrecht, 3. Aufl. (1997), Rn. 300ff.

## 2.2 | Das Ratsmitglied als Teil kommunaler Selbstverwaltung nach Artikel 28 GG

der Vorsitzende aber auch aus den Mitgliedern des Gemeinderats gewählt.[710] Er hat die Aufgabe, die Sitzungen einzuberufen, die Tagesordnung festzusetzen,[711] die Verhandlungen zu leiten, für den ordnungsgemäßen Ablauf der Sitzungen zu sorgen und das Hausrecht auszuüben.[712] Zu diesem Zweck ist er zu Ordnungsmaßnahmen sowohl gegenüber Besuchern als auch den Ratsmitgliedern ermächtigt, die vom Wortentzug bis hin zum Sitzungsausschluss reichen können.

Daneben sehen die Gemeindeordnungen die Möglichkeit, teilweise auch die Verpflichtung,[713] zur Bildung von Ausschüssen vor, also fachlich spezialisierten Untergliederungen des Plenums. Die Ausschüsse dienen der sachkundigen Vorberatung von Fach- und Detailfragen und damit der Vorbereitung der Entscheidungen des Gemeinderates, damit dieser sich auf die Beratung und Beschlussfassung der wichtigeren Angelegenheiten konzentrieren kann. Die Ausschüsse gehen in ihrer rechtlichen Bedeutung daher den Fraktionen vor.[714] Aus diesem Grunde können weniger bedeutende Angelegenheiten den Ausschüssen auch zur Beschlussfassung überwiesen werden.[715] Aufgrund der notwendigen demokratischen Legitimation muss außerdem die Zusammensetzung der Ausschüsse grundsätzlich die Mehrheitsverhältnisse und das Parteienspektrum im Gemeinderat widerspiegeln.[716] Der Gemeinderat bestimmt und wählt die Mitglieder der Ausschüsse und deren Stellvertreter dementsprechend aus seiner Mitte. Teilweise wird den Fraktionen diesbezüglich ein Vorschlagsrecht eingeräumt.[717]

Die Möglichkeit der Ratsmitglieder, sich zu Fraktionen zusammen zu schließen, dient ebenfalls der Vorbereitung der gemeindlichen Willensbildung.[718] Bei diesen handelt es sich um Gruppen von Mitgliedern der Gemeindevertretung mit jeweils gemeinsamen politischen Grundansichten, die sich zusammengeschlossen haben, um ihre Vorstellungen und Aktivitäten aufeinander abzustimmen und diesen im arbeitsteiligen Zusammenwirken zu besserer Wirksamkeit zu verhelfen.[719] Nicht zulässig sind daher nur „technische Fraktionen" von Ratmitgliedern völlig unterschiedlicher Gesinnung, die sich nur deshalb zusammenschließen, um sich die Vorteile einer Fraktion, z. B. Fraktionszimmer im Rathaus, Ausschusssitz, etc., zu sichern.[720] Fraktionen bilden sich daher üblicherweise anhand der Parteizugehörigkeit der Ratsmitglieder. Mit dieser Aufgabenstellung üben die Fraktionen im gemeindlichen Willensbildungsprozess wichtige Funktionen aus, indem sie den Beratungsprozess straffen und auf deutlich unterscheidbare Alternativen konzentrieren.[721] Zentrale Führungsinstanz der Gemeinde bleibt aber der Ge-

---

710 **Bürgermeister**: Art. 36 BayGO; §§ 42 GemO BW; 40 Abs. 2 GO NRW; 36 GemO RP; 42 Abs. 1 KSVG SL; 36 Abs. 1 SächsGemO; 23 Abs. 1 ThürKO; **Ratsmitglied**: § 57 HGO; 63 NKomVG; 33 GO SH; differenzierend §§ 33 BbgKVerf; 28 KV MV; 36 Abs. 2 GO LSA.
711 Vgl. §§ 34 GemO BW; 34, 35 BbgKVerf; 58 HGO; 29 KV MV; 47, 48 Abs. 1 GO NRW; 34; 41 KSVG SL; 36 SächsGemO; 51 GO LSA; 34 GO SH; 35 ThürKO; in Abstimmung mit dem Hauptverwaltungsbeamten nach 63 NKomVG.
712 z. B. Art. 53 BayGO, §§ 36 GemO BW; 37 BbgKVerf; 58 HGO; 29 Abs. 1 KV MV; 51 Abs. 1 GO NRW; 63 NKomVG; 36 Abs. 2, 38 GemO RP; 43 KSVG SL; 38 SächsGemO; 55 GO LSA; 37, 42 GO SH; 41 ThürKO; *Schmidt-Aßmann/Röhl*, in: Schmidt-Aßmann/Schoch (Hrsg.), Besonderes Verwaltungsrecht, 14. Aufl. (2008), 1. Kap. Rn. 63; zum Hausrecht vgl. auch *Maurer*, Allgemeines Verwaltungsrecht, 18. Aufl. (2011), § 3 Rn. 34.
713 Z. B. Haushaltsausschuß nach § 62 Abs. 1 S. 2 HGO; § 57 GO NRW; Hauptausschuss nach § 45a GO SH; § 35 MV KV.
714 BVerwGE 90, 104 (109).
715 *Gern*, Deutsches Kommunalrecht, 3. Aufl. (2003), Rn. 408.
716 BVerwG, NVwZ-RR 1988, 41 (42); BayVGH, NVwZ-RR 1993, 503; OVG RP, AS 25, 215 (218); a. A. noch OVG SL, NVwZ 1992, 289 f.
717 Vgl. § 43 Abs. 2 BbgKVerf; optional Wahl oder Fraktionsstärke § 62 Abs. 2 HGO; nach Fraktionsstärke § 71 NKomVG und § 46 GO LSA; nach Gruppenzugehörigkeit § 45 GemO RP und § 48 KSVG SL; Wahl auf Verlangen einer Fraktion § 46 GO SH; Bestimmung anhand Fraktionsstärke § 27 ThürKO.
718 Dazu ausführlich *Suerbaum*, in: Mann/Püttner (Hrsg.), HaKoWiP, Bd. 1, 3. Aufl. (2007) § 22.
719 Zum Begriff BVerwGE 90, 104 (105); zu den Rechten z. B.: §§ 32 BbgKVerf; 36a HGO; 23 Abs. 5 KV MV; 56 GO NRW; 57 NKomVG; 30a GemO RP; 30 Abs. 5 KSVG SL; 35a SächsGemO; 43 GO LSA; 32a GO SH; 25 ThürKO.
720 BVerfG, NVwZ-RR 2005, 494 (495).
721 BVerwGE 90, 104 (105 f.); BVerfGE 38, 258 (273 f.) - Magistratswahl SH; vgl. auch BVerfGE 80, 188 (231) - Wüppesahl.

meinderat, dessen Funktion die Fraktionen nicht ersetzen können.[722] Fraktionen sind damit zwar als Teilorgane des Rates tatsächlich und institutionell-rechtlich in dessen Meinungs- und Willensbildungsprozess einbezogen. Sie verkörpern jedoch nur einen Ausschnitt aus dem im Rat vertretenen politischen Meinungs- und Kräftespektrum und können infolgedessen nicht das Gemeindevolk als Ganzes repräsentieren.[723] Auf die in Ausbildung und Praxis immer wiederkehrenden Probleme der Rechtsnatur der Ratsfraktionen[724] oder des Rechtsschutzes des Ratsmitgliedes gegen einen Fraktionsausschluss[725] sei an dieser Stelle lediglich hingewiesen.

### 2.2.2.1.4 Der Parlamentscharakter des Gemeindrates

Vor dem Hintergrund der Geschichte kommunaler Selbstverwaltung sowie deren unterschiedlicher Funktionen war und ist die Rechtsnatur des Gemeinderates umstritten.[726] Einerseits qualifiziert ihn Art. 28 Abs. 1 Satz 2 GG als Volksvertretung, dessen Mitglieder nach den gleichen Wahlgrundsätzen gewählt werden wie die Abgeordneten des Bundestages und der Landtage. Auch die innere Organisation mit Geschäftsordnung, Fraktionen und Ausschüssen entspricht der eines Parlamentes.[727] Und schließlich haben die Gemeinderatsmitglieder genau wie Abgeordnete des Bundestages und der Landtage ein freies, nicht imperatives Mandat.[728] Andererseits hat das Bundeserfassungsgericht kommunale Selbstverwaltung insgesamt als „ein Stück Staat" und trotz des zuweilen „legislatorischen Charakters" kommunaler Satzungsgebung fomal der Exekutive zugeordnet.[729] Die Frage ist daher, ob der Gemeinderat neben Bundestag und Landtagen ebenfalls als Parlament zu qualifizieren oder ein bloßes Kollektiv- und Beschlussorgan der Gemeinde ist.

Hauptmerkmal eines Parlamentes ist dessen Funktion als gesetzgebendes Organ im Rahmen der Gewaltenteilung des modernen demokratischen Staates.[730] Weiterhin kommen dem Bundestag unter dem Grundgesetz über die Gesetzgebung hinaus noch weitere Funktionen zu, so die Wahl des Bundeskanzlers und Kontrolle der Regierung, Zustimmung zu wichtigen politischen Akten sowie die Aufgabe der Repräsentation des Volkes als Volksvertretung, vgl. Art. 23, 59,

---

722 BVerfGE 38, 258 (274) – Magistratswahl SH.
723 BVerfGE 38, 258 (273 f.) – Magistratswahl SH.
724 E.A.: öffentlich-rechtlicher Zusammenschluss, OVG NRW, NJW 1989, 1105 (1105 f.); OVGE MüLü 42, 214 (217); NVwZ-RR 2003, 376 (376); Hess. VGH, NVwZ 1992, 506; *Schmidt-Aßmann/Röhl*, in: Schmidt-Aßmann/Schoch (Hrsg.), Besonderes Verwaltungsrecht, 14. Aufl. (2008), 1. Kap. Rn. 66a; *Stober*, Kommunalrecht, 3. Aufl. (1996), S. 212 f.; *Suerbaum*, in: Mann/Püttner (Hrsg.), HaKoWiP, Bd. 1, 3. Aufl. (2007) § 22 Rn. 7 f. (je m.w.N.); a.A. privatrechtlicher Zusammenschluss: VGH München, NJW 1988, 2754.
725 Dazu statt aller *Suerbaum*, in: Mann/Püttner (Hrsg.), HaKoWiP, Bd. 1, 3. Aufl. (2007) § 22 Rn. 18 ff., 35 f.; *Ziekow*, NWVBl. 1998, S. 297 ff. (je m.w.N.).
726 **Pro Parlament**: *Dolderer*, DÖV 2009, S. 146 (147 f.); *Faber*, in: Alternativkommentar zum Grundgesetz, 3. Aufl. (2001), Art. 28 Abs. 1 II, Abs. 2, Rn. 24, 28; *Frotscher*, ZParl. 7 (1976), 494 (499); *Hoppe/Kleindiek*, VR 1992, 82; *Ott*, Der Parlamentscharakter der Gemeindevertretung (1994); *Spiegel*, Parlamentsrechtliche Strukturmerkmale im Recht der kommunalen Volksvertretung (2005), S. 135 f.; **contra Parlament**: BVerfGE 78, 344 (348) – kommunaler Mandatsträger; 120, 82 (112) – 5 – % Hürde Kommunalwahl; BVerwGE 90, 104 (105); 119, 305 (307); BayVBl 1984, 623 (623); *Ehlers*, in: Mann/Püttner (Hrsg.), HaKoWiP, Bd. 1, 3. Aufl. (2007) § 21 Rn. 2; *Geis*, Kommunalrecht, 2. Aufl. (2011), § 5 Rn. 25; *Groß*, in: Hermes/Groß (Hrsg.), Landesrecht Hessen, 7. Aufl. (2011), § 4 Rn. 138; *Hien*, BayVBl. 1984, 203 (205 f.); *Lissack*, Bayerisches Kommunalrecht, 3. Aufl. (2009), § 4 Rn. 54; in diesem Sinne wohl auch *Masing*, in: Hoffmann-Riem/Schmidt-Aßmann/Voßkuhle (Hrsg.), Grundlagen des Verwaltungsrechts, Bd. I (2006), § 7 Rn. 67; *Rennert*, in: Umbach/Clemens (Hrsg.), Grundgesetz Mitarbeiterkommentar, Bd. 1 (2002), Art. 28 I 2 – 4, Rn. 46; *Schmidt*, Kommunalrecht (2011), Rn. 382; *Schmidt-Aßmann/Röhl*, in: Schmidt-Aßmann/Schoch (Hrsg.), Besonderes Verwaltungsrecht, 14. Aufl. (2008), 1. Kap. Rn. 59; *Stober*, Kommunalrecht, 3. Aufl. (1996), S. 184; *v. Ungern-Sternberg*, Jura 2007, S. 256 (257 ff.); *Wächter*, Kommunalrecht, 3. Aufl. (1997), Rn. 284 f.; *Wurzel*, BayVBl. 1986, S. 417 (419 f.).
727 Zur inneren Organisation von Bundes- und Landtag vgl. statt aller *Hesse*, Verfassungsrecht, 20. Aufl. (1995), Rn. 576 ff.; *Maurer*, Staatsrecht I, 6. Aufl. (2010), § 13 Rn. 87 ff.
728 Dazu sogleich, 2.2.2.2.
729 Dazu oben, 2.2.1.2.
730 Zur Gewaltenteilung statt aller *Maurer*, Staatsrecht I, 6. Aufl. (2010), § 12.

## 2.2 | Das Ratsmitglied als Teil kommunaler Selbstverwaltung nach Artikel 28 GG

63 f. GG. Zu diesem Zweck kann der Bundestag zu allen ihm im Rahmen der Verbandskompetenz zukommenden und wesentlich erscheinenden Fragen Stellung nehmen und Empfehlungen aussprechen. Im Sinne der Wesentlichkeitstheorie ist das Parlament sogar dazu berufen, bei grundrechtswesentlichen Fragen gesetzliche Regelungen zu treffen. Parlamente haben damit im Gegensatz zu den Volksvertretungen der Gemeinden ein allgemein-politisches Mandat.[731] Der Bundestag als deutsches Parlament und auch die Parlamente anderer demokratischer Nationalstaaten sind damit das jeweils höchste Staatsorgan[732] mit der Gesamtaufgabe demokratischer Gesamtleitung, Willensbildung und Kontrolle.[733]

Auf Gemeindeebene ist der Gemeinderat ebenfalls für die Gemeinde als Volksvertretung im Sinne von Art. 28 Abs. 1 Satz 2 GG das zentrale Willensbildungsorgan.[734] Befürworter einer Einordnung des Gemeinderates als Parlament stellen meist diese Funktion sowie das freie Mandat der Ratsmitglieder in den Vordergrund: Der Gemeinderat habe sich vom Exekutivausschuss zum Parlament mit Gesetzgebungsfunktion entwickelt[735] und solle ein Gegengewicht zur Machtfülle der „Exekutive" der Gemeinden, also insbesondere dem Bürgermeister darstellen.[736] Die Gemeinde ist indes kein Staat und kennt innergemeindlich daher auch keine staatsrechtliche Gewaltenteilung.[737] Auch das Bundesverfassungsgericht hat den Gemeinderat nach anfänglichem Zögern und trotz des zuweilen *„legislatorischen Charakters"* gemeindlicher Satzungsgebung eindeutig der Exekutive zugeordnet und ihn als Verwaltungsorgan bezeichnet.[738] Die Wahl des Gemeinderates ist darum als demokratische Legitimationsgrundlage für exekutives Handeln zwar notwendige Bedingung, führt aber nicht zum Parlamentscharakter des Gemeinderates.[739] Auf Gemeindeebene ist infolge der bürgerschaftlich-demokratischen Funktion kommunaler Selbstverwaltung zwar eine Art Gewaltenteilung zwischen Gemeinderat und Verwaltungsspitze nachgebildet.[740] Auch wird der Gemeinderat durch den Erlass von Satzungen rechtsetzend tätig. Diese Rechtsetzungsgewalt ist indes exekutive, den Gemeinden durch Art. 28 Abs. 2 GG verliehene und keine originäre in der Gemeinde wurzelnde Staatsgewalt.[741] Dementsprechend kennt die innergemeindliche „Gewaltenteilung" aus der Zuordnung zur Exekutive folgend einige Wesensmerkmale, die sich mit einem „echten Parlament" und der staatsorganisationsrechtlichen Gewaltenteilung rechtlich nicht vereinbaren lassen. So ist eine Rechtsaufsicht, wie die Gemeindeordnungen sie im Rahmen der Kommunalaufsicht vorsehen, für „echte" Parlamente mit den Grundsätzen der Gewaltenteilung unvereinbar.[742] Auch die Möglichkeit des Bürgermeisters, die Durchführung von Ratsbeschlüssen auszusetzen, ist mit der staatsrechtlichen Gewaltenteilung

---

731 Zum Ganzen *Maurer*, Staatsrecht I, 6. Aufl. (2010), § 13 Rn. 119 ff.; *Hesse*, Verfassungsrecht, 20. Aufl. (1995), Rn. 572 f., 576, 588 ff.; zum Repräsentationsprinzip *Achterberg*, Parlamentsrecht, S. 76 ff; zur Wesentlichkeitstheorie vgl. BVerfGE (126 f.) – Kalkar I; 84, 212 (226) – Arbeitskampf; *Morlok*, in: Dreier (Hrsg.), Grundgesetz, Bd. II, 2. Aufl. (2006), Art. 38 Rn. 28 ff.
732 *Achterberg*, Parlamentsrecht, S. 94 f.
733 *Hesse*, Verfassungsrecht, 20. Aufl. (1995), Rn. 572 ff., 588 ff.
734 Siehe 2.2.2.1.2.
735 *Faber*, in: Alternativkommentar zum Grundgesetz, 3. Aufl. (2001), Art. 28 Abs. 1 II, Abs. 2 Rn. 28; *Spiegel*, Parlamentsrechtliche Merkmale im Recht der kommunalen Volksvertretung (2005), S. 135 f.
736 *Frotscher*, Zparl 7 (1976), S. 494 (499).
737 *Ehlers*, in: Mann/Püttner (Hrsg.), HaKoWiP, Bd. 1, 3. Aufl. (2007) § 21 Rn. 2.
738 BVerfGE 65, 283 (289) – Bebauungsplan; 78, 344 (348) – kommunaler Mandatsträger; so auch BVerwGE 90, 104 (105); 97, 223 (225); 119, 305 (307); anders noch BVerfGE 21, 54 (62 f.) – Lohnsummensteuer; 32, 346 (361) – Strafbestimmung in Gemeindesatzungen.
739 Zum Demokratieprinzip vgl. 2.1.1.1.
740 Zur bürgerschaftlich-demokratischen Funktion 2.2.1.3.2.
741 BVerfGE 120, 82 (112) – 5-% Hürde Kommunalwahl; *Gönnenwein*, Gemeinderecht (1963), S. 145; *Wurzel*, BayVBl. 1986, S. 417 (419 f.); a. A. *Hoppe/Kleindiek*, VR 1992, S. 82 (83); so wohl auch *Spiegel*, Parlamentsrechtliche Merkmale im Recht der kommunalen Volksvertretung (1995), S. 29.
742 Vgl. BVerfGE 120, 82 (112) – 5-% Hürde Kommunalwahl.

nur schwer verträglich.[743] Und schließlich gilt auch der Grundsatz der Diskontinuität wegen der im Gemeinderat zu wahrenden Effektivität der Verwaltung nur in Bundestag und Landesparlamenten.[744]

Der Gemeinderat ist darum zwar parlamentsähnlich organisiert, aber kein Parlament im staatsorganisationsrechtlichen Sinne, sondern allenfalls ein „de-facto Parlament".[745] Diese Zwischenlösung folgt aus der Konstruktion des Art. 28 GG, der einerseits die Gemeinden der Exekutive zuordnet und andererseits eine demokratische Legitimationsgrundlage für ihr Handeln sucht.[746] Das Bundesverwaltungsgericht ist in seiner Rechtsprechung hierzu vielleicht am pragmatischsten. Danach ist der Gemeinderat kein Parlament, wird aber so weit möglich wie ein solches behandelt, es sei denn der Verwaltungscharakter gebietet eine Differenzierung. In seinen Entscheidungen betont das Bundesverwaltungsgericht denn auch einerseits den Charakter des Gemeinderates als Organ einer Gebietskörperschaft mit der Aufgabe, die Bürger zu repräsentieren. In der Folge wendet das Gericht dann aber andererseits Wertungen des Bundesverfassungsgerichts zum freien Mandat im Bundestag auf die Gemeinderäte an.[747] Und auch nach der Rechtsprechung des Bundesverfassungsgerichts selbst spricht nichts gegen die Übertragung parlamentsrechtlicher Strukturen und Begriffe auf die Kommunalverfassung,[748] obwohl der Gemeinderat kein Parlament im staatsrechtlichen Sinne ist.[749] Entscheidend für die Anwendbarkeit parlamentsrechtlicher Strukturen ist dabei die jeweils im Vordergrund stehende bürgerschftlich-demokratische Funktion kommunaler Selbstverwaltung.[750] Zusammengefasst weist der Gemeinderat daher strukturell Ähnlichkeiten mit einem „echten" Parlament auf, rechtlich ist er aber keines.

### 2.2.2.2 Das freie Mandat des Ratsmitglieds

Die Rechtsstellung des Ratsmitglieds ist kraft seiner Eigenschaft als Volksvertreter im Rahmen der bürgerschaftlich-demokratischen Dimension kommunaler Selbstverwaltung funktional derjenigen der Abgeordneten angenähert.[751] Das freie Mandat, das als telos hinter den Rechten und Pflichten des Ratsmitglieds steht, kann bis auf die Preußische Städteordnung von 1808 zurückverfolgt werden, die in § 110 bereits einen Vorläufer beinhaltete:

> „Das Gesetz und ihre Wahl sind ihre Vollmacht, ihre Überzeugung und ihre Absicht vom gemeinen Besten der Stadt ihre Instruktion, ihr Gewissen aber ist die Behörde, der sie deshalb Rechenschaft zu geben haben. Sie sind im vollsten Sinne Vertreter der ganzen Bürgerschaft, mithin so wenig Vertreter des einzelnen Bezirks, der sie gewählt hat, noch einer Korporation, Zunft usw., der sie zufällig angehören."[752]

---

743  Vgl. § 42 GemO RP; dazu *Winkler*, in: Hendler/Hufen/Jutzi (Hrsg.), Landesrecht Rheinland-Pfalz, 6. Aufl. (2012), § 3 Rn. 162 f.; Widerspruch und Beanstandung nach § 63 HGO, dazu *Schäfer*, LKRZ 2008, S. 241 (242 ff.).
744  Zur Diskontinuität allg. *Morlok*, in: Dreier (Hrsg.), Grundgesetz, Bd. II, Art. 39 Rn. 21 ff.; zur Nichtgeltung im Gemeinderat BVerwGE 97, 223 (225); OVG NRW, DVBl. 1971, 660 (661 f.).
745  BVerfGE 120, 82 (112) – 5-% Hürde Kommunalwahl; ausführlich *v. Ungern-Sternberg*, Jura 2007, 256 ff.
746  Zur exekutiven Zuordnung kommunaler Selbstverwaltung unter dem Grundgesetz bereits oben 2.2.1.2.
747  BVerwGE 90, 104 (105) unter Verweis auf BVerfGE 43, 142 (149) – Fraktionsgröße; 70, 324 (354, 363) – Haushaltskontrolle der Nachrichtendienste; 80, 188 (231) – Wüppesahl; NJW 1991, 2474 ff.; oder BVerfGE 119, 305 (307) unter Verweis auf BVerfGE 70, 324 (362 ff.) – Haushaltskontrolle der Nachrichtendienste; 80, 188 (217 f., 222) – Wüppesahl; 84, 304 (321 ff., 327 ff.) – PDS/Linke Liste.
748  Vgl. zum Begriff der Fraktion BVerfG, NVwZ-RR 2005, 494 (495).
749  BVerfGE 120, 82 (112) – 5-% Hürde Kommunalwahl.
750  Wie hier *Dreier*, in: Dreier (Hrsg.), Grundgesetz, Bd. II, 2. Aufl. (2006), Art. 28 Rn. 76.
751  Vgl. dazu ausführlich *Dolderer*, DÖV 2009, S. 146 ff.; zum Inhalt des freien Mandats vgl. die Ausführungen zu den Abgeordneten unter 3.1.1.1.
752  Zitiert nach *Hennis*, in: Hesse/Reicke/Scheuner (Hrsg.), FG f. Smend (1962), S. 51 (63, Fn. 26).

## 2.2 | Das Ratsmitglied als Teil kommunaler Selbstverwaltung nach Artikel 28 GG

Das freie Mandat der Ratsmitglieder wird heute durch die Gemeindeordnungen der Länder einfachgesetzlich garantiert. Die dort enthaltenen Bestimmungen ähneln in ihrem Wortlaut zwar Art. 38 Abs. 1 Satz 2 GG, der das freie Mandat für die Abgeordneten des Bundestages normiert. Weil der Gemeinderat wie dargestellt aber Organ einer Selbstverwaltungskörperschaft und kein Parlament im staatsrechtlichen Sinne ist, ist die Vorschrift nach überwiegender Ansicht nicht auf Ratsmitglieder anwendbar. Die organschaftlichen Strukturen innerhalb einer kommunalen Vertretungskörperschaft werden primär durch einfaches, nicht aber Verfassungsrecht geregelt.[753] Darum gilt Art. 38 GG auch nicht für etwaige Statusrechte der Mitglieder kommunaler Vertretungen und auch nicht für die von ihnen gebildeten Vereinigungen.[754] Art. 38 Abs. 1 S. 2 GG ist auch nicht analog auf kommunale Mandatsträger anwendbar, da es aufgrund der Regelungen der Gemeindeordnungen zum freien Mandat an einer planwidrigen Regelungslücke mangelt.[755] Auch im Übrigen soll die Vorschrift mit Rücksicht auf die selbständigen Verfassungsräume von Bund und Ländern weder direkt noch analog auf Landtags- oder Kommunalwahlen anwendbar sein.[756] Trotzdem sind die rechtlichen Status der Mandatsträger in den Volksvertretungen in Bund, Ländern und Gemeinden einander infolge der Grundentscheidung des Art. 28 GG zur bürgerschaftlich-demokratischen Selbstverwaltung strukturell bzw. funktional angenähert.[757] Organisation, Abläufe sowie Rechte und Pflichten des Gemeinderates und seiner Mitglieder sind strukturell und verfassungsrechtlich zulässig dem Parlamentsrecht entlehnt,[758] was beispielsweise auch durch § 108e StGB zum Ausdruck kommt, der es unter Strafe stellt, die Stimme eines Ratsmitgliedes bei einer Wahl oder Abstimmung zu kaufen. Unvollständig durchgesetzt hat sich diese bürgerschaftlich-demokratische Dimension kommunaler Selbstverwaltung insoweit, als den Ratsmitgliedern weder Immunität, Indemnität noch ein Zeugnisverweigerungsrecht zukommt.[759] Hauptunterschied zwischen Abgeordneten und Ratsmitgliedern ist daher neben dem unterschiedlichen Zuständigkeitsbereich die größere Pflichtenbindung letzterer.[760] Beispielsweise kann Ratsmitgliedern aufgrund der kommunalverfassungsrechtlichen Befangenheitsvorschriften die Teilnahme an Beratungen und Abstimmungen verwehrt werden, während bei Abgeordneten deren Selbstbetroffenheit eine Beteiligung grundsätzlich nicht ausschließt.[761] Das Amt des Ratsmitglieds weist dadurch nach wie vor einige Charakteristika auf, die es – der administrativen Dimension kommunaler Selbstverwaltung geschuldet – vom Status des Abgeordneten unterscheiden.

Unabhängig davon ist das in den Gemeindeordnungen einfachgesetzlich garantierte freie Mandat auch verfassungsrechtlich verankert. Denn durch die Verpflichtung der Gemeinden auf die repräsentative Demokratie in Art. 28 Abs. 1 Satz 2 GG hat auch das Verfassungsrecht bestimmenden Einfluss auf die kommunale Selbstverwaltung und die Rechtsstellung der Ratsmit-

---

753 BVerfG, NVwZ-RR 2005, 494 (494f.).
754 BVerfGE 47, 253 (269) – Gemeindeparlamente; NVwZ 2009, 776 (777) – passives Wahlrecht; NVwZ-RR 2005, 494 (494f.); NVwZ-RR 2012, 2 (2f.).
755 *Schnell*, Rederecht kommunaler Mandatsträger (1998), S. 72.
756 BVerfG, NVwZ 2009, S. 776f. – passives Wahlrecht; BVerfGE 3, 383 (391) – Landeswahlgesetz NRW; 6, 121 (130) – Kommunalwahlgesetz NRW; 6, 376 (384) – Kommunalwahlgesetz BW; 99, 1 (7) – Bay. Kommunalwahlen.
757 Vgl. dazu ausführlich *Spiegel*, Parlamentsrechtliche Strukturmerkmale im Recht der kommunalen Volksvertretung (2005), S. 137ff., 239ff.
758 BVerfG, NVwZ-RR 2005, 494 (495); vgl. zur Organisation des Gemeinderats 2.2.2.1.3 und 2.2.2.1.4.
759 Art. 46, 47 GG; vgl. dazu OVG RP, AS 25, 182 (184ff., 186f.); nur in Bayern existieren für das Abstimmungsverhalten in Art. 51 II BayGO derartige Regelungen, um den dort geltenden Zwang zur Abstimmung nach Art. 48 Abs. 1 BayGO im Gemeinderat abzufedern; zu dessen Rechtmäßigkeit vgl. *Heilmann*, BayVBl. 1984, S. 196ff.; *Hien*, BayVBl. 1984, S. 203ff.; *Hofmann*, BayVBl. 1984, S. 747ff.
760 Überblick etwa bei *Dolderer*, DÖV 2009, S. 146ff.
761 *Klein*, in: Maunz/Dürig, Grundgesetz (64. Akt., Jan. 2012), Bd. IV, Art. 38 Rn. 231 m.w.N.; zu den Befangenheitsvorschriften im Fall des Ratsmitglieds sogleich 2.2.2.4.4.

glieder.[762] Denn die Vorschrift überträgt die in Art. 20 Abs. 1 und 2 GG getroffene Grundentscheidung der Verfassung für die Prinzipien der Volkssouveränität und Demokratie auf die Ebene der Gemeinden.[763] Daraus folgt zunächst die Repräsentationsfunktion des Gemeinderates als oberstes Willensbildungsorgan der Gemeinde. Dieser Repräsentativfunktion muss weiterhin aber auch die Rechtsstellung der Ratsmitglieder Rechnung tragen. Diese haben daher im Rahmen der Eigenverantwortlichkeit, wie sie dem verfassungsrechtlich geformten Bild der in den staatlichen Aufbau integrierten kommunalen Selbstverwaltung entspricht, ein „freies Mandat".[764]

### 2.2.2.3 Das Amt des Ratsmitglieds

Die Ratsmitglieder sind qua Gesetz beinahe durchweg ehrenamtlich tätig[765] bzw. den ehrenamtlich Tätigen gleichgestellt.[766] Diese feinsinnige Unterscheidung dürfte aus den beiden Funktionen kommunaler Selbstverwaltung mit einerseits administrativer und andererseits bürgerschaftlich-demokratischer Komponente folgen, aufgrund derer die Rechtsstellung des Ratsmitglieds eine *„eigentümliche Mischung aus parlaments- und amtsrechtlichen Elementen"* aufweisen soll.[767] Wird kommunale Selbstverwaltung eher administrativ begriffen, liegt eine formal-ehrenamtliche Tätigkeit der Ratsmitglieder nahe. Wird der Schwerpunkt eher auf die bürgerschaftlich-demokratische Selbstverwaltung gelegt, sind die Ratsmitglieder den Trägern von Ehrenämtern lediglich gleichgestellt.

Bevor die konkreten Rechte und Pflichten des Ratsmitglieds dargestellt und hieraus Ableitungen auf das Vorliegen staatlicher Gewalt im Sinne von Art. 1 Abs. 3, 20 Abs. 2 GG getroffen werden, scheint daher ein Blick auch auf das „Amt" des Ratsmitglieds lohnenswert. Eine begriffliche Klärung dürfte bereits deshalb gewinnbringend sein, weil dem „Amt" in der deutschen Rechtsordnung eine Vielzahl an Bedeutungen zukommt. Wesentlich für die vorliegende Bearbeitung sind dabei nur die von natürlichen Personen wahrgenommenen „öffentlichen" Ämter bei und für Institutionen des öffentlichen Rechts.[768] Für dieses so verstandene öffentliche Amt existiert ein Dickicht von Definitionen, Unterscheidungen und Überschneidungen, je nachdem, von welchem Ansatzpunkt „das Amt" betrachtet wird. Eine gesetzliche Definition „des" öffentlichen Amtes steht jedenfalls bis heute aus.[769] Dementsprechend existiert hier das Hauptamt neben dem Neben- und dem Ehrenamt, es gibt Träger von Ehrenämtern und ehrenamtliche Tätige, der Ehrenbeamte steht neben dem Berufsbeamten, abhängig von seinem Dienstherrn ist dieser wiederum Kommunal-, Landes- oder Bundesbeamter. Der Beamte wird außerdem staatsrechtlich, haftungsrechtlich und strafrechtlich definiert. Der staatsrechtliche Beamte kann dann Beamter

---

762 BVerfG, NVwZ-RR 2005, 494 (494); *Frowein*, DÖV 1976, S. 44 (45).
763 BVerfGE 47, 253 (272) – Gemeindeparlamente; 83, 37 (53 f.) – Ausländerwahlrecht SH.
764 BVerwGE 90, 104 (105); *Frowein*, DÖV 1976, S. 44 (45); *Stober*, Kommunalrecht, 3. Aufl. (1996), S. 185.
765 Art. 31 Abs. 2 S. 1 BayGO; §§ 32 Abs. 1 S. 1 GemO BW; 26 Abs. 1, 38 Abs. 1 BbgKVerf; 30, 18 GemO RP; 30 Abs. 1 KSVG SL; 35 Abs. 1 SächsGemO; 28 Abs. 1, 42 GO LSA; 24 Abs. 1 ThürKO.
766 §§ 10 bis 13 VerfBrhV; 35 Abs. 2 HGO; 54 Abs. 3 NKomVG; 43 Abs. 2 GO NRW; 32 Abs. 3 GO SH; keine Zuordnung trifft die KV MV; zum Ganzen vgl. etwa *Ehlers*, in: Mann/Püttner (Hrsg.), HaKoWiP, Bd. 1, 3. Aufl. (2007) § 21 Rn. 12.
767 *Schröder*, in: Achterberg/Püttner/Würtenberger (Hrsg.), Besonderes Verwaltungsrecht II, 2. Aufl. (2000), § 16 Rn. 70.
768 Vgl. dazu *Leisner*, AöR 93 (1968), S. 161 (173 f.); zur kirchlichen Ämterordnung etwa *v. Campenhausen*, Gesammelte Schriften (1995), S. 141 ff. (144 f.) und *v. Campenhausen/de Wall*, Staatskirchenrecht, 4. Aufl. (2006) § 21; auf das Amt als Bezeichnung für eine Behörde, etwa Justizprüfungsamt, Finanzamt oder Bundes- bzw. Landeskriminalamt sei nur kurz hingewiesen, vgl. zum Begriff der Behörde insoweit nachfolgend die Ausführungen unter 4.2.2; daneben bleibt das „Amt" als Körperschaft des öffentlichen Rechts in der Kommunalverwaltung einiger Bundesländer (vgl. § 133 BbgKVerf; § 125 Abs. 1 KV MV; § 1 AO SH; vgl. dazu *Bogner*, in: Mann/Püttner (Hrsg.), HaKoWiP, Bd. 1, 3. Aufl. (2007), § 13 Rn. 16) bei der Bearbeitung ebenso unberücksichtigt, wie die bei privaten Institutionen und Organisationen (ehren-)amtlich tätigen Personen, z. B. bei Vereinen.
769 So schon *Köttgen*, in: Fg. f. Smend (1962), S. 119 (119).

**2.2 | Das Ratsmitglied als Teil kommunaler Selbstverwaltung nach Artikel 28 GG**

auf Lebenszeit, nur auf Zeit, auf Widerruf oder Probe, Laufbahnbeamter, politischer oder Wahlbeamter sein.[770]

In diesem verzweigten System sollen zunächst einige Leitlinien zum Amtsbegriff und den verschiedenen Amtstypen herausgearbeitet werden. Erst danach kann auf die eigentliche Frage eingegangen werden, in welchen Fällen das Ratsmitglied staatliche Gewalt im Sinne von Art. 1 Abs. 3 GG ausübt.

*2.2.2.3.1 Amtsbegriff*

Mit der Übernahme eines öffentlichen oder auch hoheitlichen Amtes verlässt die natürliche Person den rein privaten Bereich und betritt den öffentlichen Raum. Sie übernimmt es, als Amtsträger für einen Hoheitsträger dessen Aufgaben zu erfüllen. Das ist für Bund, Länder und Kommunen unabdingbare Voraussetzung, um überhaupt handlungsfähig zu sein.[771] Denn als juristische Person ist der Staat zwingend auf Amtsträger angewiesen, die in seinem Namen mit Wirkung für ihn handeln. Wenn der Bürger es mit „dem Staat" zu tun hat, dann immer in Gestalt eines konkreten Trägers eines öffentlichen Amtes: Sei er Polizist, Behördenmitarbeiter, Abgeordneter oder Richter. Sichtbar wird der Staat im Inhaber eines öffentlichen Amtes, der den Staat repräsentiert.[772] Auf der anderen Seite zeichnet sich das Amt dadurch aus, dass es gerade abstrakt und losgelöst von der Person besteht, der es zur Ausübung durch den Staat übertragen ist:[773]

*„Das Amt bildet den kleinsten Bauteil der staatlichen Zuständigkeitsordnung. (…) Im Amt reduziert sich das Ganze der Staatstätigkeit auf ein Pensum, das der Arbeitskraft des Individuums angemessen ist und seiner Fähigkeit, persönliche Verantwortung zu tragen. Das Amt vermittelt zwischen der abstrakten Größe des Staates und dem konkreten Menschen. Diesem bildet es die Vollmacht, im Namen der staatlichen Allgemeinheit zu handeln, jenem rechnet es das Amtshandeln des Amtswalters zu (…)."*[774]

Schon traditionell wurde das Amt in diesem funktionellen Sinne verstanden. So definierte bereits das Reichsgericht das Amt als *„einen durch das öffentliche Recht begrenzten Kreis von Geschäften"*.[775] Auch *Laband*[776] und *G. Jellinek*[777] verstanden das Amt in einem funktionellen Sinne.[778] Dabei ist zu berücksichtigen, dass der Amtsbegriff – ohne stets gesondert gekennzeichnet zu sein – zumeist auf den Beamten als „Idealtypus" des Amtsträgers gemünzt ist. Der Grund hierfür dürfte in der Überlagerung des Amtsrechts als eigenständiger Kategorie durch das Beamtenrecht im Sinne *O. Mayers* liegen: *„Kein Amt ohne öffentliche Dienstpflicht."*[779] Auf den Beamten und nicht sonstige Amtsträger haben sich Rechtsprechung und Lehre daher in der Ver-

---

770 Überblick etwa bei *Kunig*, in: Schmidt-Aßmann/Schoch (Hrsg.), Besonderes Verwaltungsrecht, 14. Aufl. (2008), Kap. 6 Rn. 7 ff., 55 ff.
771 *Krüger*, Allgemeine Staatslehre, 2. Aufl. (1966), S. 253 f., 256; *Depenheuer*, in: Isensee/Kirchhof (Hrsg.), HStR III, 3. Aufl. (2005), § 36 Rn. 1.
772 Vgl. *Depenheuer*, in: Isensee/Kirchhof (Hrsg.), HStR III, 3. Aufl. (2005), § 36 Rn. 1, 8 f.
773 *Köttgen*, in: Fg. f. Smend (1962), S. 119 (143 f.) spricht insoweit vom *„anvertrauten"* öffentlichen Amt; *Krüger*, Allgemeine Staatslehre, 2. Aufl. (1966), S. 253 vom *„Amt als Repräsentation reinsten Wassers"*.
774 *Isensee*, in: Knies (Hrsg.) FS f. Fromme, S. 44 (48 ff.).
775 RGZ 37, 241 (243 f., m.w.N.); ähnlich auch *Badura*, in: Schneider/Zeh (Hrsg.), Parlamentsrecht und Praxis (1989), § 15 Rn. 59.
776 Laband, Staatsrecht Bd. 1, 5. Aufl. (1911), S. 365: *„Ein Staatsamt ist … ein Inbegriff von Geschäften."*
777 *Jellinek*, System der subjektiven öffentlichen Rechte, 2. Aufl. (1905), S. 177: Amt als *„abgegrenzte Kompetenz"*.
778 *Mayer*, Deutsches Verwaltungsrecht, Bd. 2, 3. Aufl. (1924), S. 141: *„Kein Amt ohne öffentliche Dienstpflicht."*; vgl. davor noch zur Verbreitung auch öffentlicher Ehrenämter im Kaiserreich *Fölsche*, Ehrenamt (1911), S. 219 ff.
779 Vgl. dazu *Mayer*, Deutsches Verwaltungsrecht, Bd. 2, 3. Aufl. (1924), S. 141.

gangenheit konzentriert, wenn es darum ging, Wesen und Begriff des Amtes zu bestimmen.[780] Lange wurde für ein Amt daher die Einordnung in das hierarchische Verwaltungs- und Beamtensystem vorausgesetzt und beispielsweise nicht von einem „Abgeordnetenamt" gesprochen, da dieser nach Art. 38 GG „frei" sei.[781] Dies mag entstehungsgeschichtlich darauf zurückgehen, dass Parlament und Abgeordneter zu Zeiten der konstitutionellen Monarchie kein förmlicher Teil der Staatsorganisation waren und der Abgeordnete auch unter der Weimarer Reichsverfassung noch als Träger eines gesellschaftlichen Ehrenamtes bezeichnet wurde.[782] Unter dem Grundgesetz stellt das Parlament aber kein bloßes gesellschaftliches Vertretungsorgan mehr dar, sondern ist das einzige unmittelbar durch das Volk legitimierte Staatsorgan und steht dadurch im Mittelpunkt des staatlichen Willensbildungs- und Entscheidungsprozesses.[783] Gleiches gilt wie dargelegt für den Gemeinderat. Dieser ist zwar als Kollegialorgan der Exekutive kein Parlament im Rechtssinne, aber wie ein Parlament ein unmittelbar demokratisch legitimiertes Organ der (Kommunal-)Verfassung mit der Aufgabe der gemeindlichen Willensbildung.[784] Aus diesem Grunde üben heute auch die Mandatsträger, also die Volksvertreter in Bund und Ländern ein Amt aus. Ihr Amt ist die Mitgliedschaft im Parlament bzw. Gemeinderat.[785] Dementsprechend bezeichnet das Grundgesetz die Abgeordneten,[786] Bundeskanzler und Bundespräsident[787] sowie die Bundesrichter[788] gleichermaßen als Amtsträger. Der Amtsbegriff ist daher schon nach dem Grundgesetz nicht auf die Ämter des Art. 33 Abs. 2 GG beschränkt, der nur diejenigen Ämter erfasst, die der Exekutive, nicht aber der Legislative oder Gubernative zuzurechnen sind.[789] Für das Amt des Ratsmitglieds ist es daher beispielsweise unerheblich, dass das Bundesverfassungsgericht das kommunale Mandat als *staatsbürgerliches Recht* im Sinne von Art. 33 Abs. 3 S. 1 GG und nicht als *öffentliches Amt* nach Abs. 2 der Vorschrift qua-

---

780 Vgl. *Depenheuer*, in: Isensee/Kirchhof (Hrsg.), HStR III, 3. Aufl. (2005), § 36 Rn. 6; *Köttgen*, in: Fg. f. Smend (1962), S. 119 (121).
781 *Achterberg/Schulte*, in: v. Mangoldt/Klein/Starck, Grundgesetz, Bd. 2, 6. Aufl. (2010), Art. 38 Abs. 1, Rn. 72; vgl. auch *Achterberg*, Parlamentsrecht, S. 215 f., 781 f.; *Leisner*, AöR 93 (1968), S. 161 (167); *Nolte*, DVBl. 2005, S. 870 (871 f.) zum Amtsbegriff des § 11 StGB; *Schröder*, Grundlagen und Anwendungsbereich des Parlamentsrechts (1979), S. 146, 288 ff.; krit. auch *Isensee*, in: Isensee/Kirchhof (Hrsg.), HStR III, 3. Aufl. (2006), § 71 Rn. 142.
782 Vgl. dazu *Demmler*, Der Abgeordnete im Parlament der Fraktionen (1994), S. 48, m.w.N.
783 *Demmler*, Der Abgeordnete im Parlament der Fraktionen (1994), S. 49; *Dreier*, in: Dreier (Hrsg.), Grundgesetz, Bd. II, 2. Aufl. (2006), Art. 20 (Demokratie), Rn. 98, m.w.N.; *Steiger*, Organisatorische Grundlagen des parlamentarischen Regierungssystems (1973), S. 15 ff.
784 Siehe 2.2.2.1.4.
785 Für das **Ratsmitglied** vgl. etwa BVerfG, NVwZ 1994, 56 (57); NVwZ-RR 2012, 2 (2); *Erlenkämper*, in: Erlenkämper/Zimmermann (Hrsg.), Rechtshandbuch für die kommunale Praxis (2010), § 2 Rn. 6; *Gern*, Deutsches Kommunalrecht, 3. Aufl. (2003), Rn. 348; *Kluth*, in: Wolff/Bachof/Stober/Kluth (Hrsg.), Verwaltungsrecht II, 7. Aufl. (2010), § 97 Rn. 78, 96; *Lissack*, Bayerisches Kommunalrecht, 3. Aufl. (2009), § 4 Rn. 54, 57; *Schmidt*, Kommunalrecht (2011), Rn. 424; *Schmidt-Aßmann/Röhl*, in: in Schmidt-Aßmann/Schoch (Hrsg.), Besonderes Verwaltungsrecht, 14. Aufl. (2008), 1. Kap. Rn. 59; *Schröder*, in: Achterberg/Püttner/Würtenberger (Hrsg.), Besonderes Verwaltungsrecht II, 2. Aufl. (2000), § 16 Rn. 70; *Stober*, Kommunalrecht, 3. Aufl. (1992), S. 185 f.; für **Abgeordnete** des Bundestages vgl. etwa BVerfGE 20, 56 (103) – Parteienfinanzierung I; 40, 296 (314) – Abgeordnetendiäten; 44, 308 (315) – Beschlußfähigkeit des Bundestages; 56, 396 (405) – Agententätigkeit; 80, 188 (218) – Wüppesahl; *Badura*, in: Schneider/Zeh (Hrsg.), Parlamentsrecht und Parlamentspraxis (1989), § 15 Rn. 59; *Demmler*, Der Abgeordnete im Parlament der Fraktionen (1994), S. 41 f.; *Depenheuer*, in: Isensee/Kirchhof (Hrsg.), HStR III, 3. Aufl. (2005), § 36 Rn. 24; *Henke*, DVBl. 1973, S. 553 (559); *Hennis*, in: Hesse/Reicke/Scheuner (Hrsg.), FG f. Smend (1962), S. 51 (65); *Klein*, in: Maunz/Dürig, Grundgesetz (64. Akt., Jan. 2012), Bd. IV, Art. 38 Rn. 191; *ders.*: in: Isensee/Kirchhof (Hrsg.), HStR III, 3. Aufl. (2005), § 51 Rn. 1; *Köttgen*, in: Fg. f. Smend (1962), S. 119 (129 f., 136); *Magiera*, in: Sachs (Hrsg.), Grundgesetz, 6. Aufl. (2011), Art. 38 Rn. 52; *ders.*: Parlament und Staatsleitung (1979), S. 110; *Steiger*, Organisatorische Grundlagen des parlamentarischen Regierungssystems (1973), S. 69; *Stern*, Staatsrecht I, 2. Aufl. (1984), S. 1051; *Strunk*, DVBl. 1977, S. 615 (616); *Wiese*, AöR 101 (1976), S. 548 (548 f.).
786 Art. 48 Abs. 2 Satz 1 GG.
787 Art. 54 Abs. 2 Satz 1, 55 Abs. 2, 66, 69 Abs. 2 GG.
788 Art. 97 Abs. 2 Satz 1, 98 Abs. 2 Satz 1 GG.
789 *Hebeler*, DVBl. 2011, S. 317 (317); *Laubinger*, ZBR 2010, 289 (290).

## 2.2 | Das Ratsmitglied als Teil kommunaler Selbstverwaltung nach Artikel 28 GG

lifiziert hat.[790] Denn es grenzt hiermit lediglich das Amt des Beamten im Sinne von Art. 33 Abs. 2 GG vom Amt des Ratsmitglieds nochmals ab, das als Wahlamt schlicht aus dem Anwendungsbereich des Abs. 2 GG hinausfällt. Die für den Zugang zum Amt des Beamten nach Art. 33 Abs. 2 GG maßgeblichen Kriterien „Eignung, Befähigung und fachliche Leistung" werden für das kommunale Wahlamt vor dem Hintergrund des Demokratieprinzips schlicht durch das politische Vertrauen des Wahlvolkes ersetzt.[791]

Der eigentliche Inhalt des Amtsbegriffs wird also vom Grundgesetz vorausgesetzt. Denn die Idee des Amtes ist viel älter als das Grundgesetz, so dass es an eine selbstverständliche Verfassungsvoraussetzung anknüpfen und als *„hintergründige Grundentscheidung"* in die Verfassung inkorporieren konnte.[792] Hinter dem Begriff des Amtes steht im Wesentlichen die Idee der Repräsentation, also der Wahrnehmung einer Aufgabe im Interesse Dritter bzw. der Allgemeinheit.[793] Dieser Leitgedanke wohnte bereits den Ehrenämtern im antiken Rom und Griechenland inne.[794] Der Amtsträger wird durch die Übertragung des Amtes gleichsam zu einem Treuhänder des Gemeinwohls, dessen Amt sich durch im Wesentlichen vier Elemente auszeichnet:

– *„Die Befugnis, für andere verbindlich zu entscheiden, wird nicht aus eigenem, ursprünglichem Recht ausgeübt, sondern als übertragene Vollmacht.*
– *Die Befugnis, für andere verbindlich zu entscheiden, ist rechtlich eingegrenzt. Die Idee des Amtes ist mit unbegrenzter Handlungsfreiheit unvereinbar.*
– *Die Befugnis, für andere verbindlich zu entscheiden, hat eine Bestimmung, die nicht zur Disposition des Amtsinhabers steht, sondern ihm vorgegeben ist. Die Bestimmung des Amtes ist das Gemeinwohl.*
– *Wer befugt ist, für andere verbindlich zu entscheiden, muss sich verantworten. (...)"*[795]

Diese Befugnis, für andere zu entscheiden trifft im Rahmen seines jeweiligen Zuständigkeitsbereiches den Beamten, den Abgeordneten und auch alle sonstigen Amtsträger. Während der Abgeordnete im Rahmen seines freien Mandats und der Kompetenzordnung der jeweiligen Verfassung nach seinem Gewissen zur Willensbildung des Staates und gemeinwohlorientierten Entscheidung über Gesetze berufen ist, hat der Beamte als verlängerter Arm des Staates die Gesetze auszuführen und ein ihm eingeräumtes Ermessen gemeinwohlorientiert auszuüben.[796] Staats- und verfassungsrechtlich ist „Amt" daher jede Wahrnehmung hoheitlicher Aufgaben, also jede Aufgabenerfüllung, die legitimerweise von der Staatsgewalt erfüllt und von einem konkreten Amtsträger wahrgenommen wird.[797] Vereinfachend gesagt bildet die Summe aller öffentlichen Ämter die Summe aller staatlichen Gewalt und aller staatlichen Befugnisse.[798] Nicht zuletzt deshalb wird die deutsche Rechtsordnung auch als „Ämterverfassung" bezeichnet.[799]

---

790  BVerfGE 79, 69 (75) – feierliche Beteuerung.
791  *Masing*, in: Dreier (Hrsg.), Grundgesetz, Bd. II, 2. Aufl. (2006), Art. 33 Rn. 43.
792  *Depenheuer*, in: Isensee/Kirchhof (Hrsg.), HStR III, 3. Aufl. (2005), § 36 Rn. 6; zur Geschichte des Amtes vgl. auch *Hennis*, in: Hesse/Reicke/Scheuner (Hrsg.), FG f. Smend (1962), S. 51 (61 ff.); *Isensee*, in: Knies (Hrsg.), FS f. Fromme, S. 41 (44 ff.).
793  *Hennis*, in: Hesse/Reicke/Scheuner (Hrsg.), FG f. Smend (1962), S. 51 (65); *Klein*, in: Maunz/Dürig, Grundgesetz (64. Akt., Jan. 2012), Bd. IV, Art. 48 Rn. 31; *Krüger*, Allgemeine Staatslehre, 2. Aufl. (1966), S. 253, 256.
794  Zu den Ehrenämtern im antiken Rom („cursus honorum") und Griechenland: Überblick u. a. bei *Engel*, Ehrenamt (1994), S. 9 ff.; *Fölsche*, Ehrenamt (1911), S. 5 f., *Bleicken*, Athenische Demokratie, 4. Aufl. (1995), S. 190 f.
795  *Graf Kielmansegg*, Volkssouveränität (1977), S. 59.
796  Zur Rechtsstellung der Abgeordneten siehe unten 3.1.1 und der Beamten unten 3.2.1.
797  *Depenheuer*, in: Isensee/Kirchhof (Hrsg.), HStR III, 3. Aufl. (2005), § 36 Rn. 8.
798  Vgl. *Depenheuer*, in: Isensee/Kirchhof (Hrsg.), HStR III, 3. Aufl. (2005), § 36 Rn. 18; *Krüger*, Allgemeine Staatslehre (1964), S. 256 ff, 260 ff.
799  Vgl. *Stern*, Staatsrecht I, 2. Aufl. (1984), S. 187.

„Das" Amt wird daher vorliegend als uneigennützige, treuhänderische Erfüllung einer öffentlichen Aufgabe für einen Hoheitsträger,[800] mit anderen Worten der Übernahme von Staatsfunktionen verstanden.[801]

### *2.2.2.3.2 Amtstypen*

Funktional lassen sich mit Beamten, Ehrenbeamten und Trägern eines Ehrenamtes zunächst einmal drei Gruppen von Amtsträgern in der deutschen Rechtsordnung unterscheiden.[802] Die weitaus größte Gruppe bildet dabei die der Beamten im staatsrechtlichen oder „beamtenrechtlichen" Sinne von Art. 33 Abs. 4, Abs. 5 GG. Danach ist Beamter, wer in einem öffentlich-rechtlichen Dienst- und Treueverhältnis steht.[803] Ergänzend zu diesem materiell-rechtlichen Kriterium bestimmen die Beamtengesetze, dass Beamter nur ist, wer in das Dienstverhältnis unter Aushändigung einer formgerechten Urkunde berufen, mithin zum Beamten ernannt worden ist.[804] Dieser staatsrechtliche Beamtenbegriff ist immer dann maßgebend, wenn eine gesetzliche Begriffsverwendung keinen anderen Inhalt erkennen lässt.[805] Seltener anzutreffen sind Ehrenbeamte, also Amtsträger, auf die alle Begriffsmerkmale des staatsrechtlichen Beamtenbegriffes zutreffen, ohne dass ihnen allerdings Besoldungs- oder Versorgungsansprüche zustehen, wohl aber ist eine Aufwandsentschädigung zulässig. Während auf Bundesebene hier zumeist nur der Honorarkonsul genannt wird, sehen einige Länder etwa auch Ortsgerichtsmitglieder als Ehrenbeamte vor.[806] Der Übergang zwischen Ehrenbeamten und Inhaber eines Ehrenamtes ist dann fließend. So ist etwa der Status von Schiedspersonen in den Ländern teils als Ehrenamt ausgestaltet, teilweise sind diese aber auch Ehrenbeamte.[807] Unterscheidungsmerkmal dürfte daher weniger die wahrgenommene Funktion, denn die förmliche Ernennung des Ehrenbeamten sein. Von den Trägern eines Ehrenamtes dürften neben den Schöffen im Strafverfahren und ehrenamtlichen Richtern bei den Kammern für Handelssache[808] die ehrenamtlichen Feuerwehrangehörigen die zahlenmäßig größte Gruppe stellen.[809] Die Beispiele zeigen, dass ehrenamtlicher Tätigkeit für

---

800 Zu dem so verstandenen funktionalen Amtsbegriff vgl. auch RGZ 37, 241 (243 f., m.w.N.); ähnlich auch *Badura*, in: Schneider/Zeh (Hrsg.), Parlamentsrecht und Praxis (1989), § 15 Rn. 59; *Depenheuer*, in: Isensee/Kirchhof (Hrsg.), HStR III, 3. Aufl. (2005), § 36 Rn. 8; vgl. auch *Laband*, Staatsrecht Bd. 1, 5. Aufl. (1911), S. 365; *G. Jellinek*, System der subjektiv öffentlichen Rechte, 2. Aufl. (1905), S. 177.
801 *Hebeler*, DVBl. 2011, 317 (317); *Schröder*, in: Isensee/Kirchhof (Hrsg.), HStR V, 3. Aufl. (2007), § 106 Rn. 33.
802 Auf die Gruppe der vertraglich im Öffentlichen Dienst Beschäftigten soll an dieser Stelle nicht weiter eingegangen werden, vgl. dazu *Kunig*, in: Schmidt-Aßmann/Schoch (Hrsg.), Besonderes Verwaltungsrecht, 14. Aufl. (2008), 6. Kap. Rn. 9, 35, 183 ff. Auch der Beliehene, der zwar öffentliche Aufgaben übernimmt, ohne in die Exekutive eingegliedert ist, soll hier nicht weiter erörtert werden (z.B. Luftfahrzeugführer nach § 29 Abs. 3 LuftVG oder Jagdaufseher nach § 25 Abs. 2 BJagdG), vgl. dazu *Maurer*, Allgemeines Verwaltungsrecht, 18. Aufl. (2011), § 23 Rn. 56 ff.; vgl. auch bereits *Leisner*, AöR 93 (1968), S. 161 (192 ff.). Auch der Verwaltungshelfer, Schulbeispiel Schülerlotse (OLG Köln, NJW 1968, 655 [656]), soll nur der Vollständigkeit halber erwähnt werden.
803 § 3 BeamtStG, § 2 Abs. 1 BBG; § 2 HessBG; § 5 LBG RP.
804 § 8 BeamtStG, § 5 Abs. 1, 2 BBG, § 9 Abs. 1, 2 HessBG; § 8 Abs. 1, 2 LBG RP.
805 *Kunig*, in: Schmidt-Aßmann/Schoch (Hrsg.), Besonderes Verwaltungsrecht, 14. Aufl. (2008), 6. Kap. Rn. 56; für das Richteramt gelten insoweit die gleichen Grundsätze, freilich aber eine besondere Unabhängigkeit gegenüber dem Dienstherrn, vgl. Art. 97 GG, ohne dass dadurch der Amtscharakter der Rechtsstellung der Richter entfiele, vgl. insoweit Aer. 98 Abs. 2 GG.
806 Vgl. *Schnellenbach*, Beamtenrecht in der Praxis, 7. Aufl. (2011), § 3 Rn. 9; ausführlich zum Ehrenbeamten *Stober*, Der Ehrenbeamte in Verfassung und Verwaltung (1981); z.B. auf Bundesebene der Honorarkonsul, vgl. §§ 20 ff. Gesetz über die Konsularbeamten, ihre Aufgaben und Befugnisse; auf Landesebene etwa Ortsgerichtsmitglieder in Hessen, § 6 HessOGerG, zuständig für näher bestimmte Aufgaben nach FamFG und Schätzungswesen.
807 Vgl. **Ehrenbeamter**: § 3 Abs. 2 SchO RP; **Ehrenamt**: § 2 HSchaG, jeweils zuständig für Schlichtungsversuche u.a. in bürgerlichen Rechtsstreitigkeiten; in Sachsen wird das Ehrenamt nach §§ 3, 4 SächsSchiedsGütStG als Friedensrichter bezeichnet.
808 §§ 31, 105 GVG.
809 Z.B. § 13 Abs. 1 LBKG RP, § 10 Abs. 1 HBKG.

## 2.2 | Das Ratsmitglied als Teil kommunaler Selbstverwaltung nach Artikel 28 GG

die Funktionsfähigkeit des demokratischen Gemeinwesens eine erhebliche Bedeutung zukommt und die Rolle des „Aktivbürgers" zum Ausdruck bringt.[810]

Die Gemeinsamkeiten und Unterschiede von Berufs- und Ehrenbeamtem sowie den Trägern von Ehrenämtern lassen sich wie folgt überblicksartig zusammenfassen:

|  | Berufsbeamter | Ehrenbeamter | Ehrenamtsträger |
|---|---|---|---|
| hauptamtlich | + | - | - |
| Staatsrechtlicher Beamtenbegriff | + | + | - |
| förmliche Ernennung | + | + | - |
| Besoldung und Versorgung | + | - | - |
| Aufwandsentschädigung | grds. - | + | + |
| Lebenszeit | grds. + | - | - |
| Haftungsrechtlicher Beamtenbegriff | + | + | + |
| Strafrechtlicher Beamtenbegriff | + | + | +/- |
| Bundes-, Landes- und kommunale Ebene | + | + | + |

Eine Sonderkonstruktion in der deutschen Ämterverfassung bildet vor diesem Hintergrund schließlich das Amt des Volksvertreters als vierte Gruppe der Amtsträger.[811] Ihr Amt ist die Mitgliedschaft im Parlament bzw. Gemeinderat. Auch sie erfüllen eine öffentliche Aufgabe, indem sie auf Ebene von Bund, Ländern und Gemeinden die jeweilige Regierung bzw. die Gemeindeverwaltung kontrollieren und die Gesetze beschließen, die dann durch andere Amtsträger, insbesondere Beamte auszuführen sind. Das Amt des Volksvertreters unterscheidet sich schon formal von demjenigen des Beamten: Während der Beamte von seinem Dienstherren ernannt wird, werden die Volksvertreter in ihr Amt gewählt.[812] Das Amt des Volksvertreters folgt daneben aber auch aus dem positiven Recht, so für die Abgeordneten des Bundestages aus Art. 48 Abs. 2 Satz 1 GG und für das Amt des Ratsmitglieds aus den jeweiligen Kommunalverfassungen, nach denen das Ratsmitglieder beinahe durchweg ehrenamtlich tätig[813] bzw. den ehrenamtlich Tätigen gleichgestellt ist.[814] Mit anderen Worten: Während das Amt des Beamten durch die förmliche Ernennung des Amtsinhabers und dessen Einbindung in ein hierarchisches Treue- und Fürsorgeverhältnis charakterisiert wird, zeichnet sich das Amt des Volksvertreters durch seine Wahl und besondere Unabhängigkeit in der Amtswahrnehmung durch sein freies Mandat aus.

---

810 Vgl. *Häberle*, Menschenbild, 4. Aufl. (2008) S. 50 ff.
811 *Leisner*, AöR 93 (1968), S. 161 (167); auf die Mitglieder der Bundes- und Landesregierungen, die in den einschlägigen Ministergesetzen in einem öffentlich-rechtlichen Amtsverhältnis stehen, soll an dieser Stelle nicht weiter eingegangen werden, vgl. § 1 BMinG, § 1 MinG RP.
812 BVerfG NVwZ 1994, 56 (57).
813 Art. 31 Abs. 2 S. 1 BayGO; §§ 32 Abs. 1 S. 1 GemO BW; 26 Abs. 1, 38 Abs. 1 BbgKVerf; 30, 18 GemO RP; 30 Abs. 1 KSVG SL; 35 Abs. 1 SächsGemO; 28 Abs. 1, 42 GO LSA; 24 Abs. 1 ThürKO.
814 §§ 10 bis 13 VerfBrhH; 35 Abs. 3 HGO; 54 Abs. 3 NKomVG; 43 Abs. 2 GO NRW; 32 Abs. 3 GO SH; keine Zuordnung trifft die KV MV, *Schütz*, in: Schütz/Classen (Hrsg.), Landesrecht Mecklenburg-Vorpommern, 2. Aufl. (2010), § 5 Rn. 171 nimmt insoweit eine ehrenamtliche Tätigkeit eigener Art an.

### 2.2.2.3.3 Ehrenamtliche Tätigkeit des Ratsmitglieds

Das Amt des Ratsmitglieds ist durch die Gemeindeordnungen als Ehrenamt ausgestaltet[815] bzw. den ehrenamtlich Tätigen gleichgestellt.[816] Die wohl einzige Ausnahme sind die in Bayern existierenden berufsmäßigen Ratsmitglieder, die zu Beamten auf Zeit ernannt werden, Art. 40, 41 BayGO.[817] Die Ratsmitglieder werden bei Amtsantritt entweder vereidigt[818] oder zumeist durch den Bürgermeister auf die Erfüllung ihrer Amtspflichten öffentlich verpflichtet.[819] Da die Ratsmitglieder aber außerhalb der üblichen Verwaltungshierarchie stehen, schließt die Ratsmitgliedschaft es aus, gleichzeitig Beamter oder auf andere Art hauptberuflich in der jeweiligen Gemeinde angestellt zu sein. Die Gemeindeordnungen sehen hier im Detail unterschiedlich ausgestaltete Inkompatibilitätsvorschriften vor,[820] die auf Art. 137 Abs. 1 GG zurückgehen.

Das Ehrenamt ist heute wie früher eines der essentiellen Elemente kommunaler Selbstverwaltung, das einerseits die „Kräfte des Volkes" zur Erfüllung öffentlicher Aufgaben i. S. des *Freiherrn v. Stein* aktiviert und andererseits die Mitverantwortung der Bürger am Wohlergehen ihrer Gemeinde wie auch des gesamten Staates betont.[821] Die „amtlichen" Elemente der Ratsmitgliedschaft rücken aber oft in den Hintergrund, wenn die Ratsmitglieder von weiten Teilen der Bevölkerung weniger als Amtsträger denn als „Feierabendpolitiker" bezeichnet werden, die keinen politischen „Fulltime-Job" wahrnähmen.[822] Dies ist insoweit richtig, als die Übernahme des kommunalrechtlichen Mandats als Erfüllung einer Bürgerpflicht gilt und nicht der Sicherstellung der materiellen Lebensgrundlage dient.[823] Auf der anderen Seite dürfen aber weder die aus der Ratsmitgliedschaft folgenden Pflichten noch der tatsächliche Aufwand für eine ernsthafte Wahrnehmung der Ratsmitgliedschaft unterschätzt werden. Zu der Teilnahme an Rats- und Ausschusssitzungen kommen gegebenenfalls Fraktionssitzungen, Ortsbesichtigungen, zuweilen Fortbildungsveranstaltungen und vor allem eine Vielzahl an Veranstaltungen in der Gemeinde hinzu. Für die Tätigkeit im Rat gerade in größeren Städten wird hier teilweise ein zeitlicher Aufwand von 30 bis 50 Stunden pro Woche angesetzt. Aus diesem Grunde wird vereinzelt bereits die Alimentation oder Diäten für Ratsmitglieder in größeren Städten erwogen.[824]

Die gesetzliche Einordnung der Ratsmitglieder als Träger von Ehrenämtern bzw. ihre Gleichstellung hiermit führt zur Anwendbarkeit des haftungsrechtlichen Amtsbegriffes auf die Ratsmitglieder.[825] Der haftungsrechtliche Amtsbegriff aus Art. 34 GG i. V. m. § 839 BGB knüpft an ein pflichtwidriges Verhalten (irgend-)eines Amtsträgers Schadensersatzansprüche des geschädigten Dritten. Zum Schadensersatz verpflichtet wird aber nicht der Amtsträger selbst, sondern dessen Dienstherr. Art. 34 Satz 1 GG sieht dafür die Überleitung der bürgerlich-rechtlichen Beamtenhaftung aus § 839 BGB auf den Staat vor. Für die Zurechnung dieser Haftung ist entschei-

---

815 Art. 31 Abs. 2 S. 1 BayGO; §§ 32 Abs. 1 S. 1 GemO BW; 26 Abs. 1, 38 Abs. 1 BbgKVerf; 30, 18 GemO RP; 30 Abs. 1 KSVG SL; 35 Abs. 1 SächsGemO; 28 Abs. 1, 42 GO LSA; 24 Abs. 1 ThürKO.
816 §§ 10 bis 13 VerfBrhV; 35 Abs. 2 HGO; 54 Abs. 3 NKomVG; 43 Abs. 2 GO NRW; 32 Abs. 3 GO SH; keine Zuordnung trifft die KV MV.
817 Dazu *Lissack*, Bayerisches Kommunalrecht, 3. Aufl. (2009), § 4 Rn. 83 ff.
818 Art. 31 Abs. 4 BayGO.
819 Vgl. §§ 32 Abs. 1 S. 2 GemO BW; 60 NKomVG; 30 Abs. 2 GemO RP; 33 Abs. 2 KSVG SL; 35 Abs. 1 SächsGemO; § 51 Abs. 2 GO LSA; 24 Abs. 2 THürKO.
820 Grundlegend: BVerfGE 48, 64 (82 ff.) – Inkompatibilität (Unternehmen); vgl. Art. 31 Abs. 3 BayGO; §§ 29 GemO BW; 37 HGO; 25 KV MV; 50 NKomVG; 5 KWG RP; 32 SächsGemO; 40 GO LSA; 23 Abs. 4 ThürKO; vgl. auch für Gemeinden bis 10 000 Einwohner in BW §§ 29 Abs. 2 S. 1, 18 Abs. 1 Nr. 1 GemO BW – dazu BVerfGE 93, 373 (375 ff.) – Vetternwirtschaft.
821 *Stober*, Kommunalrecht, 3. Aufl. (1996), S. 4, 59, 186.
822 *Stober*, Kommunalrecht, 3. Aufl. (1996), S. 185.
823 BVerfGE 48, 64 (89) – Inkompatibilität (Unternehmen).
824 Vgl. *Dolderer*, DÖV 2009, S. 146 (154).
825 BGHZ 84, 292 (298 f.); 106, 323 (330).

## 2.2 | Das Ratsmitglied als Teil kommunaler Selbstverwaltung nach Artikel 28 GG

dend, dass „*jemand*" in Ausübung eines ihm anvertrauten öffentlichen Amtes eine Amtspflicht verletzt. Für den von der Norm vorausgesetzten „jemand", den Amtswalter, ist nicht dessen Status, sondern seine Tätigkeit entscheidend. Für die notwendige Ausübung eines Amtes werden also lediglich funktionale und keine organisatorischen Maßstäbe angelegt.[826] Mit anderen Worten stellt Art. 34 GG allein auf die Wahrnehmung hoheitlicher Aufgaben und nicht auf die Eingliederung des Handelnden in die Verwaltungsorganisation oder seine persönliche Rechtsstellung ab. Maßgeblich ist nach herrschender Meinung unter Hinweis auf die Entstehungsgeschichte von Art. 34 GG, dass die Amtsausübung mit hoheitlicher Gewalt einhergeht.[827] Handelt der Staat also in Formen des Privatrechts, greift unter Umständen nicht Art. 34 GG, sondern sind die zivilrechtlichen Haftungstatbestände heranzuziehen.[828] Ein haftungsrechtliches öffentliches Amt können danach neben Beamten, Ehrenbeamten und Trägern von Ehrenämtern auch Angestellte und Arbeiter im öffentlichen Dienst sowie Privatpersonen, also Beliehene und Verwaltungshelfer, innehaben.[829] Ebenso kann ein öffentliches Amt im Sinne von Art. 34 GG auf allen Ebenen des Staates ausgeübt werden,[830] weshalb auch Minister[831] und Parlamentsabgeordnete[832] genauso erfasst werden wie Mitglieder eines Gemeinderates[833] oder eines Kreistages[834]. Für die Rats- und Kreistagsmitglieder bedeutet das, dass sie beim Satzungsbeschluss Amtshaftungsansprüche auslösen können. Dagegen existieren bei „legislativem Unrecht" von Abgeordneten des Bundestags und der Landtage mangels Drittbezug einer etwaig verletzten Amtspflicht keine amtshaftungsrechtlichen Ansprüche.[835]

Lange Zeit umstritten war die Frage, ob Ratsmitglieder den strafrechtlichen Amtsbegriff des § 11 Abs. 1 Nr. 2 StGB erfüllen.[836] In diesem Fall könnte sich das Ratsmitglied „echter" Amtsdelikte[837] also Straftaten, die nur von Amtsträgern begangen werden können strafbar machen und sähe sich im Falle „unechter" Amtsdelikte[838] einer höheren Strafandrohung ausgesetzt. Die Straftaten im Amt sollen dabei einem ganzen Bündel an Rechtsgütern dienen, die vom Schutz der Amts- und Dienstpflichten über die Funktionsfähigkeit der Verwaltung bis zum Schutz der von der Amtsführung betroffenen Dritten reichen sollen.[839] Mit der Entscheidung des BGH vom 9. Mai 2006 dürfte dieser Streit zumindest für die Praxis entschieden sein. Danach stellen Mitglieder kommunaler Volksvertretungen jedenfalls dann keine Amtsträger dar, wenn sie nicht mit der Erledigung konkreter Verwaltungsaufgaben betraut sind, also nicht in ein mit der Erledigung konkreter Verwaltungsaufgaben korrespondierendes Dienst- oder Auf-

---

826 *Ossenbühl*, Staatshaftungsrecht, 5. Aufl. (1998), S. 12 ff.; *Wieland*, in: Dreier (Hrsg.), Grundgesetz, Bd. II, 2. Aufl. (2006), Art. 34 Rn. 38.
827 So die herrschende Meinung, BGHZ 110, 253 (254 f.), vgl.: *v. Danwitz*, in: v. Mangoldt/Klein/Starck, Grundgesetz, Bd. 2, 6. Aufl. (2010), Art. 34 Rn. 57; *Jarass*, in: Jarass/Pieroth, Grundgesetz, 11. Aufl. (2011), Art. 34 Rn. 8 f.; *Bonk*, in: Sachs (Hrsg.), Grundgesetz, 6. Aufl. (2011), Art. 34 Rn. 57 f.; *Maurer*, Allgemeines Verwaltungsrecht, 18. Aufl. (2011), § 26 Rn. 12; *Papier*, in: Maunz/Dürig, Grundgesetz (64. Akt., Jan. 2012), Bd. IV, Art. 34 Rn. 120 ff.; alle m.w.N.
828 *Bonk*, in: Sachs (Hrsg.), Grundgesetz, 6. Aufl. (2011), Art. 34 Rn. 51; *Wieland*, in: Dreier (Hrsg.), Grundgesetz, Bd. II, 2. Aufl. (2006), Art. 34 Rn. 41 f.; *Ossenbühl*, Staatshaftungsrecht, 5. Aufl. (1998), S. 26 ff. (28).
829 Vgl. ausführlich *Ossenbühl*, Staatshaftungsrecht, 5. Aufl. (1998), S. 12 ff.
830 *Bonk*, in: in: Sachs (Hrsg.), Grundgesetz, 6. Aufl. (2011), Art. 34 Rn. 57.
831 BGHZ 14, 319 (321).
832 *Wieland*, in: Dreier (Hrsg.), Grundgesetz, Bd. II, 2. Aufl. (2006), Art. 34 Rn. 38; OLG Hamb., DÖV 1971, 238 (239).
833 BGHZ 84, 292 (298 f.); 106, 323 (330); *Wieland*, in: Dreier (Hrsg.), Grundgesetz, Bd. II, 2. Aufl. (2006), Art. 34 Rn. 38; *Grzeszick*, in: Erichsen/Ehlers (Hrsg.), Allgemeines Verwaltungsrecht, 14. Aufl. (2010), § 44 Rn. 15.
834 BGHZ 11, 192 (197 f.).
835 Str., vgl. dazu statt aller *Ossenbühl*, Staatshaftungsrecht, 5. Aufl. (1998), S. 103 ff.; *Wieland*, in: Dreier (Hrsg.), Grundgesetz, Bd. II, 2. Aufl. (2006), Art. 34 Rn. 49 f.
836 Überblick zum Streitstand bei *Leimbrock*, Strafrechtliche Amtsträger (2009), S. 241 ff.
837 Z. B. Vorteilsannahme nach § 331 StGB oder Bestechlichkeit nach § 332 StGB.
838 Z. B. Körperverletzung im Amt, § 340 StGB oder Strafvereitelung im Amt, § 258a StGB.
839 Dazu ausführlich *Heinrich*, Amtsträgerbegriff (2001), S. 209 ff.; *Cramer/Heine*, in: Schönke/Schröder, StGB, 28. Aufl. (2010), vor § 331 Rn. 1.

tragsverhältnis eingebunden sind.[840] Maßgeblich war für den BGH insoweit das freie und politische Mandat des Ratsmitglieds, das ihm eine Sonderstellung gegenüber anderen Amtsträgern einräumt.[841] Im Ergebnis schlagen hier die beiden Funktionen kommunaler Selbstverwaltung auf das Strafrecht durch. Denn wenn das Ratsmitglied administrativ tätig wird, beispielsweise Handlungen als Mitglied des Aufsichtsrats eines kommunalen Versorgungsunternehmens vornimmt, soll der strafrechtliche Amtsberiff einschlägig sein.[842] Dagegen lässt die bürgerschaftlich-demokratische Dimension kommunaler Selbstverwaltung den strafrechtlichen Amtsbegriff grundsätzlich entfallen, wenn das Ratsmitglied im Gemeinderat seine ratsinternen Mitwirkungsrechte gebraucht. Denn auch die Abgeordneten in Bundestag und Landtagen fallen unstreitig und von vornherein nicht unter den strafrechtlichen Begriff des Amtsträgers.[843] Das Herauslösen des Ratsmitglieds aus dem Begriff des Amtsträgers im Sinne von § 11 StGB führt nun aber nicht dazu, dass sich ein Ratsmitglied in Ausübung seiner Tätigkeit nicht mehr strafrechtlich verantworten müsste. Anwendbar bleiben alle Straftatbestände, die nicht die Amtsträgereigenschaft strafbarkeitsbegründend voraussetzen, soweit nicht Abgeordnete oder Ratsmitglieder durch Indemnität besonders geschützt sind.

### 2.2.2.4 Rechte und Pflichten des Ratsmitglieds

Aus Amt und Mandat des Ratsmitglieds folgen seine Rechte und Pflichten,[844] die sich in zwei große Gruppen aufteilen lassen. Das Amt des Ratsmitglieds folgt insoweit den gleichen Strukturen, die auch bei sonstigen Amtsträgern existieren. Nach deren Herleitung werden die Rechte und Pflichten des Ratsmitglieds im Einzelnen dargelegt. Sie umfassen zunächst die Rechte und Pflichten des Ratsmitglieds „im" Gemeinderat, die den Informationsfluss von der Gemeindeverwaltung in den Gemeinderat sowie die aktive Mitarbeit in den Beratungen und den Einfluss der einzelnen Ratsmitglieder auf die Entscheidungsfindung sicherstellen sollen. Dazu kommen Rechte „außerhalb" des Gemeinderates, die das Ratsmitglied gegenüber Außenstehenden zur effektiven Wahrnehmung der mit dem Amt zusammenhängenden Aufgaben befähigen sollen.

#### 2.2.2.4.1 Amt im funktionellen und statusrechtlichen Sinne

Wie auch immer der Begriff des Amtes definiert wird, immer ist die Person mitgesetzt, der das Amt anvertraut ist.[845] Der Amtsträger als Funktionsträger des Staates verliert mit der Übernahme seines Amtes nicht seine Eigenschaft als natürliche Person.

Um die Trennung von Status und Funktion des Amtsträgers zu verdeutlichen, entwickelte *Ule* für die Beamten als größte Gruppe der Amtsträger die Unterscheidung von Grundverhältnis und Betriebsverhältnis, die bis heute fortwirkt.[846] Begrifflich scheint sich im Beamtenrecht allerdings die Differenzierung in das Amt im statusrechtlichen und funktionellen Sinne durchgesetzt zu haben.[847] Danach folgen aus dem Amt im statusrechtlichen Sinne bestimmte Rechte und Pflichten des Amtsträgers gegenüber seinem Dienstherrn. Diese knüpfen nur mittelbar an

---

840 BGHSt 51, 44 (49 ff.); vgl. auch BGH, NStZ 2007, 36 (36 f.); *Fischer*, StGB, 59. Aufl. (2012), § 11 Rn. 23 f.; *Heinrich*, Amtsträgerbegriff (2001), S. 657 ff.; *Eser/Hecker*, in: Schönke/Schröder, StGB, 28. Aufl. (2010), § 11 Rn. 22; je m. w. N.
841 BGHSt 51, 44 (51 f.); so auch *Nolte*, DVBl. 2005, S. 870 (871).
842 *Eser/Hecker*, in: Schönke/Schröder, StGB, 28. Aufl. (2010), § 11 Rn. 22; *Fischer*, StGB, 59. Aufl. (2012), § 11 Rn. 23a.
843 *Leimbrock*, Strafrechtliche Amtsträger (2009), S. 242 f.; vgl. auch BT-Drs. 7/550, S. 209.
844 Ausführlich zu einzelnen Rechten *Roth*, Verwaltungsrechtliche Organstreitigkeiten (2001), S. 657 ff.
845 *Köttgen*, in: Fg. f. Smend (1962), S. 119 (123).
846 *Ule*, VVDStRL 15 (1957), 133 (152); vgl. etwa *Battis*, Bundesbeamtengesetz, 4. Aufl. (2009), § 63 Rn. 11 f.
847 BVerwGE 65, 270; (272 f.); *Kluth*, in: Wolff/Bachof/Stober/Kluth, Verwaltungsrecht II, 7. Aufl. (2010), § 82 Rn. 185; *Schnellenbach*, Beamtenrecht, 7. Aufl. (2011), § 3 Rn. 10 f.; *Zentgraf*, in: Metzler-Müller/Rieger/Seeck/Zentgraf, Beamtenstatusgesetz, 2. Aufl. (2012), § 8 Erl. 1.4; vgl. aber auch *Maurer*, Allgemeines Verwaltungsrecht, 18. Aufl. (2011), § 9 Rn. 25; § 21 Rn. 41, der nur das „amtliche" vom „persönlichen" Verhältnis unterscheidet; *Steiger*, Organisationsrechtliche

## 2.2 | Das Ratsmitglied als Teil kommunaler Selbstverwaltung nach Artikel 28 GG

die von ihm wahrzunehmenden Aufgaben, sondern vielmehr an seinen Status als Amtsträger an. Diese Dimension des Amtes zeichnet sich letztlich durch die Zugehörigkeit des Beamten zu einem bestimmten Dienstherrn, einer bestimmten Laufbahn (mittlerer, gehobener, höherer Dienst) und Laufbahngruppe, die besoldungsrechtliche Einstufung, insbesondere das Endgrundgehalt, sowie die Amtsbezeichnung des Beamten aus.[848] Dagegen erfasst das Amt im funktionellen Sinne den Aufgabenkreis des Beamten und dessen daraus resultierenden Rechte, Pflichten und Kompetenzen, also die eigentliche Amtswahrnehmung gegenüber dem Bürger oder anderen Hoheitsträgern.[849] Dieses wird zumeist nochmals in das Amt im abstrakt-funktionellen Sinne und das Amt im konkret-funktionellen Sinne unterteilt.[850] Ersteres bezeichnet einen dem statusrechtlichen Amt abstrakt entsprechenden Aufgabenkreis des Beamten in (irgend-) einer Behörde, letzteres den konkret wahrgenommenen Aufgabenkreis bei einer bestimmten Behörde.[851]

Strukturell existiert diese Zweiteilung bei jedem Amtsträger, auch wenn sie gerade hinsichtlich der Beamten die größte Ausdifferenziertheit erfahren hat.[852] So dringt die Differenzierung zwischen persönlicher Rechtsstellung und Mitwirkungsrechten aus dem Mandat auch bei Volksvertretern immer wieder durch. Die insoweit bestehende Parallele zu anderen Ämtern wird aber meist nicht weiter erläutert – und wenn doch, so differieren die Bezeichnungen genau wie die Einzelheiten.[853] Als plastisches Beispiel für die in diesem Rechtsbereich fehlende dogmatische Durchdringung mag der Begriff der „Statusrechte" der Abgeordneten des Bundestages dienen. Diese sollen einerseits nur dessen parlamentarische Mitwirkungsrechte erfassen,[854] andererseits aber auch die Rechte aus Art. 46 bis 48 GG, also auf Entschädigung, Indemnität und Immunität sowie das Zeugnisverweigerungsrecht, die die Amtsausübung lediglich flankieren.[855]

Im Rahmen der vorliegenden Arbeit soll die Unterscheidung von funktionellem und statusrechtlichem Amt aus dem Beamtenrecht für das Amt des Ratsmitglieds übernommen werden. Denn dessen Anspruch auf Aufwandsentschädigung oder das kommunale Vertretungsverbot kann letztlich dem statusrechtlichen Amt zugeordnet werden. Dagegen betreffen die ihm für sein Handeln im Gemeinderat übertragenen Mitwirkungspflichten und -befugnisse seine eigentliche Amtsausübung und damit sein funktionelles Amt.[856] Das freie Mandat des Ratsmitglieds ist dann gleichsam die die beiden Dimensionen verbindende Klammer, aus der Rechtswirkungen sowohl für dessen Mitwirkungsrechte im Gemeinderat (funktionelles Amt) als auch sonstige Rechte außerhalb des Gemeinderats (statusrechtliches Amt) folgen.

---

Grundlagen des parlamentarischen Regierungssystems (1973), S. 71 ff. spricht von „Amtswalterverhältnis" und „Statusverhältnis".

848 Übersicht etwa bei *Kunig*, in: Schmidt-Aßmann/Schoch (Hrsg.), Besonderes Verwaltungsrecht, 14. Aufl. (2008), 6. Kap. Rn. 7 ff., 55 ff.; *Schnellenbach*, Beamtenrecht in der Praxis, 7. Aufl. (2011), § 3 Rn. 10.

849 Zum Ganzen: *Schnellenbach*, Beamtenrecht, 7. Aufl. (2011), § 3 Rn. 10 f.; *Zentgraf*, in: Metzler-Müller/Rieger/Seeck/Zentgraf, Beamtenstatusgesetz, 2. Aufl. (2012), § 8 Erl. 1.4.

850 Zum Ganzen: *Schnellenbach*, Beamtenrecht, 7. Aufl. (2011), § 3 Rn. 10, m.w.N.

851 *Schnellenbach*, Beamtenrecht, 7. Aufl. (2011), § 3 Rn. 11.

852 *Kluth*, in: Wolff/Bachof/Stober/Kluth, Verwaltungsrecht II, 7. Aufl. (2010), § 82 Rn. 185.

853 Für die Ratsmitglieder vgl. etwa *Barth*, Subjektive Rechte von Gemeinderatsmitgliedern im Kommunalverfassungsstreit (1997), S. 143 f.; *Geis*, BayVBl. 1992, S. 41 (43 f.); *Rennert*, JuS 2008, S. 119 (123); *Winkler*, in: Hendler/Hufen/Jutzi (Hrsg.), Landesrecht Rheinland-Pfalz, 6. Aufl. (2012), § 3 Rn. 117; für die Abgeordneten des Bundestages vgl. *Badura*, in: Schneider/Zeh (Hrsg.), Parlamentsrecht und Parlamentspraxis (1989), § 15 Rn. 60; *Steiger*, Organisationsrechtliche Grundlagen des parlamentarischen Regierungssystems (1973), S. 71 ff.

854 *Ingold/Lenski*, JZ 2012, S. 120 (121).

855 *Demmler*, Der Abgeordnete im Parlament der Fraktionen (1994), S. 50.

856 Zu den Rechten und Pflichten im Einzelnen sogleich, 2.2.2.4.2 bis 2.2.2.4.4.

Dabei besteht freilich die Gefahr, mit der Übernahme von Begrifflichkeiten vom Beamtenrecht unversehens auch materiell-rechtliche Gehalte mitzuziehen. Im Fall des Ratsmitglieds könnte im Windschatten der Terminologie beispielsweise auch die beamtenrechtliche Pflichtenbindung unversehens auf das freie Mandat der Ratsmitglieder einwirken oder Elemente administrativer Selbstverwaltung gegen deren bürgerschafltich-demokratische Dimension in Stellung gebracht werden. Infolge der Einbindung des Amtes des Ratsmitglieds in sowohl bürgerschaftlich-demokratische wie auch administrative Selbstverwaltung scheint dies jedoch nicht grundsätzlich unzulässig zu sein.

Ihre eigentliche Grundlage dürfte die Übernahme der Begriffe allerdings in dem oben dargelegten Amtsbegriff finden, der eben nicht auf den Beamten beschränkt ist, sondern jede Erfüllung einer öffentlichen Aufgabe für einen Hoheitsträger kraft besonderer Benennung erfasst. Die Abstraktion der dem Beamtenrecht entlehnten Unterscheidung von Amt im funktionellen und statusrechtlichen Sinne auf alle Amtsträger erscheint jedenfalls dadurch gerechtfertigt. Denn auf diese Weise kann die strukturelle Ähnlichkeit aller Ämter verdeutlicht werden, ohne die funktionellen Besonderheiten der unterschiedlichen Ämter einzuebnen. Denn das Amt ist nach wie vor entsprechend der Erfordernisse der unterschiedlichen Staatsgewalten im Rahmen der grundgesetzlichen Rechtsordnung auszugestalten. Auch mit einer allgemeinen Begriffsfindung bleibt es dabei, dass die konkrete Rechtsstellung der Beamten, Träger von Ehrenämtern und Mandatsträgern zunächst einmal den Erfordernissen des Teils der Staatsgewalt zu folgen hat, der das jeweilige Amt zuzurechnen ist.

Mit anderen Worten: Der (begriffliche) amtsrechtliche Überbau ändert zunächst einmal nichts am freien Mandat der Ratsmitglieder und der Einbindung der Beamten in ein hierarchisches Treue- und Fürsorgeverhältnis. Sofern aber hierdurch existierende Strukturen aufgezeigt werden, die eine Vergleichbarkeit ermöglichen und damit Gemeinsamkeiten hervorheben oder Unterschiede verdeutlichen, kann dadurch ein wissenschaftlicher wie praktischer Mehrwert geschaffen werden. Als eine solche, allen Ämtern gemeinsame Struktur erscheint dabei die Differenzierung von Funktion und Person, die mittels der dem Beamtenrecht entstammenden Begriffe verdeutlicht werden kann. Dadurch wird die Rechtsstellung der einzelnen Amtsträger nicht verändert. Im Falle des Ratsmitglieds kann dadurch aber seine – ohnehin bestehende – strukturelle Verwandtschaft mit den unterschiedlichen Amtsträgern erkennbar gemacht werden. Und darauf aufbauend können dann Parallelen und Unterschiede im Hinblick auf die vorliegend interessierende Frage der Grundrechte deutlicher herausgearbeitet werden.

### 2.2.2.4.2 Mitwirkungsrechte „im" Gemeinderat – funktionelles Amt

Zu den Rechten des Ratsmitglieds in seinem funktionellen Amt zählt grundsätzlich all das, was zu einer wirksamen und aktiven Mandatswahrnehmung im Gemeinderat erforderlich ist.[857] Die Mitwirkungsrechte reichen vom einfachen Rederecht, das von den meisten Gemeindeordnungen stillschweigend vorausgesetzt und nur im Einzelfall normiert ist,[858] über das Recht, Anträge zu stellen[859] bis hin zu den Unterrichtungs- und Kontrollrechten des Gemeinderats, also dem Recht, Fragen an den Bürgermeister bzw. Magistrat zu stellen und Akteneinsicht zu verlangen.[860] Einige dieser Rechte können von den Ratsmitgliedern allerdings nicht allein, sondern nur mittels eines Quorums von meist 20 bis 25 % der Ratsmitglieder oder einer Fraktion geltend gemacht werden. Dazu gehört das Recht, die Aufnahme bestimmter Tagesord-

---

857 Vgl. zur Formulierung SächsVerfGH, NVwZ-RR 2012, S. 89 (89).
858 Vgl. § 30 Abs. 3 BbgKVerf; Stober, Kommunalrecht, 3. Aufl. (1996), S. 187; OVG Nds., DVBl. 1990, 159.
859 Vgl. §§ 23 Abs. 4 KV MV; 56 NKomVG; 30 Abs. 4 GemO RP; 42 Abs. 3 GO LSA.
860 Zum Akteneinsichtsrecht vgl. *Eiermann*, NVwZ 2005, S. 43 ff.; Überblick bei *Pahlke*, BayVBl. 2011, S. 686 (690 f.).

## 2.2 | Das Ratsmitglied als Teil kommunaler Selbstverwaltung nach Artikel 28 GG

nungspunkte zu erzwingen,[861] genauso wie das Unterrichtungs- und Kontrollrecht gegenüber Bürgermeister und Gemeindeverwaltung.[862] Ebenfalls nur mittels eines Quorums geltend zu machen ist das Recht auf Einberufung des Gemeinderates.[863] Die Einzelheiten sind hier dann wieder vielfältig, so besteht nach bayerischem Landesrecht etwa kein Anspruch eines Bezirksrates die von ihm gestellten Anträge auch mündlich zu begründen.[864]

Ausdruck des freien Mandats ist auch das Recht der Ratsmitglieder auf Zusammenschluss zu Fraktionen.[865] Das freie Mandat der Ratsmitglieder geht mit der Bildung der Fraktionen aber nicht auf diese über, sondern verbleibt bei den einzelnen Mandatsträgern. Aus diesem Grund haben Fraktionsbeschlüsse, auch wenn sie die nachfolgende Abstimmung im Rat präjudizieren, rechtlich nur den Charakter unverbindlicher Empfehlungen. Trotz der zumeist geübten und vorhandenen Fraktionsdisziplin bzw. des daraus oft resultierenden faktischen Fraktionszwanges schließt dies nicht die Freiheit des einzelnen Mandatsträgers aus, den Beschluss seiner Fraktion nicht mitzutragen und anders als vorgeschlagen zu entscheiden. Daran darf er um seines freien Mandats willen weder von seiner Fraktion noch von Dritten gehindert werden.[866] Auch mittelbare Einflussnahme nach einem abweichenden Stimmverhalten wie etwa parteiinterne Sanktionen sind durch das freie Mandat verboten, wenn auch in der Praxis nur schwer verhinderbar. Über die Abstimmung im Gemeinderat insgesamt wird damit auch der demokratisch notwendige Minderheitenschutz gewahrt, sofern den sich in der Minderheit befindenden Ratsmitgliedern die Gelegenheit gegeben wird, ihren Standpunkt auch tatsächlich einzubringen.[867]

Streitig war demgegenüber eine Zeit lang die Frage, ob ein Ratsmitglied auch dann ein Recht auf Mitgliedschaft in einem Ausschuss hat, wenn es nicht vom Gemeinderat zum Ausschussmitglied gewählt oder bestimmt wurde. In Anlehnung an die Rechtsprechung des Bundesverfassungsgerichts zu der Stellung fraktionsloser Abgeordneter im Bundestag („Wüppesahl"),[868] versuchten immer wieder Ratsmitglieder, sich einen Sitz in einem Ausschuss zu erstreiten. Nach der Rechtsprechung einiger Oberverwaltungsgerichte und vor allem des Bundesverwaltungsgerichts besteht ein solcher Anspruch aber nicht.[869] Ein Ratsmitglied hat deshalb weder einen Anspruch auf Mitwirkung in (irgend)einem Ausschuss, noch in einem bestimmten und auch nicht auf ein Stimmrecht. Denn die Ausschüsse werden zumeist auf Vorschlag der Fraktionen durch Wahl des Gemeinderates gebildet, um so die Mehrheitsverhältnisse im Gemeinderat widerzuspiegeln. Das Bundesverwaltungsgericht ist insoweit der Ansicht, mit der Abweichung von den Mehrheitsverhältnissen zugunsten eines einzelnen Ratsmitgliedes würden dem Ratsmitglied in unzulässiger Art und Weise über Art. 28 Abs. 1 Satz 2 GG hinaus weitergehende Mitwirkungsrechte zugestanden.[870] Denn im Gegensatz zum Bundestag werde ein Großteil der Arbeit nicht in den Ausschüssen, sondern im Gemeinderat selbst erledigt. Im Rahmen der Arbeit im Plenum im Gemeinderat stünden dem Ratsmitglied außerdem viel umfangreichere Be-

---

861 Vgl. §§ 34 GemO BW; 35 BbgKVerf; 29 KV MV; 48 Abs. 1 GO NRW; 34 Abs. 5 GemO RP; 41 Abs. 1 KSVG SL; 36 Abs. 5 SächsGemO; 51 Abs. 5 GO LSA; 34 Abs. 4 GO SH; 35 Abs. 4 ThürKO.
862 Vgl. §§ 24 GemO BW; 34 KV MV; 55 GO NRW; 56 NKomVG; 33 Abs. 3, 4 GemO RP; 37 KSVG SL; 28 Abs. 4, 5 SächsGemO; 44 Abs. 5, 6 GO LSA; 36 GO SH; 22 Abs. 3 ThürKO.
863 Vgl. Art. 46 Abs. 2 BayGO; §§ 34 Abs. 2 BbgKVerf; 47 GO NRW; 59 Abs. 2 NKomVG; 34 Abs. 1 GemO RP; 41 Abs. 1 KSVG SL; 36 Abs. 3 SächsGemO; 51 Abs. 5 GO LSA; 34 Abs. 1 GO SH; 35 Abs. 1 ThürKO.
864 BayVGH, NVwZ 1990, 1197 (1197 f.).
865 BVerwGE 90, 104 (105) unter Verweis auf BVerfGE 43, 142 (149) – Fraktionsgröße; vgl. zu Fraktionen im Bundestag auch BVerfGE 70, 324 (362 f.) – Haushaltskontrolle der Nachrichtendienste; BVerfGE 84, 304 (324) – PDS/Linke Liste.
866 BVerwGE 90, 104 (105 f.).
867 Vgl. die Parallelwertung im Parlamentsrecht: BVerfGE 70, 324 (350 f., 363) – Haushaltskontrolle der Nachrichtendienste.
868 BVerfGE 80, 188 ff. – Wüppesahl.
869 BVerwG NVwZ-RR 1994, 109; OVG RP, AS 25, 103 (106 ff.); VGH BW, NVwZ 1990, 893 (893 f.); a. A. OVG Bremen, DÖV 1990, 751 (751 f.).
870 BVerwG NVwZ-RR 1988, 41 (42).

fugnisse und Möglichkeiten offen als dem Abgeordneten im Plenum des Bundestages. Der Mitwirkung des einzelnen Ratsmitgliedes im Rahmen eines Ausschusses bedürfe es deshalb nicht.[871] Die Argumente überzeugen nicht. Entscheidend muss sein, dass dem einzelnen Gemeinderat eine effektive Möglichkeit zur Mitwirkung und Realisierung seiner Rechte und Positionen eingeräumt wird. Fehlende Ausschusstätigkeit schadet also unter dem Strich nicht, wenn es sich nur um beratende Ausschüsse handelt. Denn in diesem Fall kann das fraktionslose Ratsmitglied im Plenum das Wort ergreifen und an der Entscheidungsfindung mitwirken. Bei beschließenden Ausschüssen ist eine solche Mitwirkung aber nicht möglich. Das Ratsmitglied hat in diesem Fall also weder im Ausschuss noch im Gemeinderat selbst die Möglichkeit, auf eine Entscheidung einzuwirken. Aufgrund seines freien Mandats muss das Ratsmitglied bei ernsthaftem Bekunden daher an der Aussprache im Ausschuss beteiligt werden.[872] Ein Stimmrecht im Ausschuss würde demgegenüber die Mehrheitsverhältnisse im Gemeinderat verschieben und ist daher unzulässig. Ein solcher Mittelweg wird einerseits der bürgerschaftlichen Selbstverwaltung und andererseits den Erfordernissen administrativer Selbstverwaltung im Sinne einer funktionierenden Selbstverwaltung gerecht.

### 2.2.2.4.3 Sonstige Rechte „außerhalb" des Gemeinderats – statusrechtliches Amt

Das wohl grundlegendste und „vorgelagerte" Recht des Ratsmitgliedes ist das Recht auf das Amt als solches. Mit der ordnungsgemäßen Wahl erlangt der Gewählte ein persönliches Recht *auf* das Amt und das Mandat.[873] Dieses Recht *auf* das Amt resultiert unmittelbar aus seiner Wahl zum Volksvertreter in der Gemeinde. Kraft der allgemeinen, unmittelbaren, freien, gleichen und geheimen Wahlen folgt der persönliche Anspruch des Gewählten zur Aufnahme *seiner* Amtstätigkeit. Dieses Recht auf das Amt soll darüber hinaus nicht nur bei der Wahl zum Ratsmitglied, sondern auch bei der Wahl von Ausschussmitgliedern entstehen. Auch diese sollen dann ein persönliches Recht *auf* die Stellung als Ausschussmitglied aus dem Recht *am* Amt des Gemeinderates haben.[874] „Außerhalb" des Gemeinderats und mit dem Ziel der Sicherung der Mandatsausübung haben die Ratsmitglieder eine Reihe von Rechten aus ihrem statusrechtlichen Amt. Dazu gehört etwa das Recht auf finanzielle Entschädigung für die für das Mandat aufgewendete Zeit. Je nach Ausgestaltung der einzelnen Gemeindeordnungen sind hier der Verdienstausfall, eine allgemeine Aufwandsentschädigung[875] sowie in einigen Gemeindeordnungen auch das Recht auf Fürsorge bei einem Dienstunfall[876] oder Kosten für Kinderbetreuung[877] erfasst. Auch sind in den Gemeindeordnungen zumeist dezidierte Regelungen getroffen, die die Stellung des Mandatsträgers zu seinem Arbeitgeber regeln. Sie enthalten etwa ein Diskriminierungsverbot wegen der Mandatsausübung, teilweise auch einen speziellen Kündigungsschutz und gewähren meist das Recht zur Freistellung von der Arbeit zur Mandatsausübung[878] sowie

---

871 OVG RP, AS 25, 103 (109); a. A. OVG Bremen, DÖV 1990, 751 (751 f.); so auch *Gern*, Deutsches Kommunalrecht, 3. Aufl. (2003), Rn. 416.
872 Wie hier *Schwerdtner*, VBlBW 1993, 328 (330); *Ladeur*, BayVBl. 1992, 387 (394); § 27 Abs. 1 ThürKO; a. A. VGH Baden Württemberg, NVwZ 1990, 893 (893 f.).
873 BVerfGE 78, 344 (347 f.); *Barth*, Subjektive Rechte von Gemeinderatsmitgliedern im Kommunalverfassungsstreit (1997), S. 128; *Roth*, Verwaltungsrechtliche Organstreitigkeiten (2001), S. 76.
874 *Roth*, Verwaltungsrechtliche Organstreitigkeiten (2001), S. 78 f.
875 Vgl. Art. 20a BayGO; §§ 32 Abs. 1 S. 1, 19 GO-BW; 30 Abs. 4 BbgKVerf; 35 Abs. 2 i. V. m. 27 HGO; 27 KV MV; 45, 46 GO NRW; 18 Abs. 4 GemO RP; 28, 51 KSVG SL; 21 SächsGemO; 33 GO LSA; 13 ThürKO.
876 Vgl. §§ 32 Abs. 4 GO-BW; 35 Abs. 5 SächsGemO; 33 Abs. 4 GO LSA.
877 Vgl. §§ 45 Abs. 3 GO NRW; 44 Abs. 1, 55 NKomVG.
878 Vgl. §§ 32 Abs. 2 GemO BW; 30 Abs. 2 BbgKVerf; 35a HGO; 27 Abs. 5, 6 KV MV; 44 GO NRW; 54 Abs. 2 NKomVG; 18a GemO RP; 35 Abs. 2 SächsGemO; 42 Abs. 2 GO LSA; 32 Abs. 3, 24 GO SH; nur eine Generalklausel enthält § 12 Abs. 1 S. 3 ThürKO.

## 2.2 | Das Ratsmitglied als Teil kommunaler Selbstverwaltung nach Artikel 28 GG

teilweise auch das Recht auf Sonderurlaub zu Fortbildungszwecken.[879] Zum Teil sind diese Schutzrechte der Ratsmitglieder auch durch die Landesverfassungen abgesichert.[880]

### 2.2.2.4.4 Pflichten

Der administrativen Dimension kommunaler Selbstverwaltung geschuldet ist ein ganzer Pflichtenkanon der Ratsmitglieder. Dieser soll das *„für die Selbstverwaltung erwünschte, aber auch prekäre Element des Entscheidens in geringer Distanz zum Sachvorgang rechtsstaatlich ausbalancieren".*[881] Aus diesem Grunde sind die Gemeinderäte zur Verschwiegenheit und zur uneigennützigen und verantwortungsbewussten Geschäftsführung verpflichtet.[882] Ferner darf nach dem kommunalen Vertretungsverbot ein Ratsmitglied Ansprüche und Interessen eines Dritten gegen die Gemeinde grundsätzlich nicht geltend machen, sofern er nicht als gesetzlicher Vertreter handelt.[883] Vor allem sind hier die zur Neutralität verpflichtenden kommunalen Befangenheitsvorschriften zu nennen, die in Anlehnung an die entsprechenden Vorschriften des VwVfG den Ausschluss von Ratsmitgliedern bei Abstimmung und Beratung vorsehen.[884] Zu einem Ausschluss kommt es, wenn dem Ratsmitglied oder Personen, zu denen eine enge Bindung besteht, also etwa Familie oder Arbeitgeber, durch die im Rat zu behandelnde Angelegenheit ein unmittelbarer Vor- oder Nachteil droht. Die Voraussetzungen und auch Rechtsfolgen eines Ausschlusses sind hier im Einzelnen oft schwierig festzustellen. Ausschlaggebend ist in der Summe aber wohl das Vorliegen eines individuellen Sonderinteresses.[885] Ferner kennen einige Gemeindeordnungen eine Pflicht zur Teilnahme an den Sitzungen des Gemeinderates.[886] Einige Gemeindeordnungen sehen sogar eine Offenlegungspflicht vor, nach der die Ratsmitglieder dem Vorsitzenden ihren Beruf sowie weitere vergütete oder ehrenamtliche Tätigkeiten mitteilen müssen, sofern dies für die Ausübung des Mandats von Bedeutung sein kann.[887] Darüber hinaus trifft das Ratsmitglied wie jeden Amtsträger nach Art. 20 Abs. 3 GG die Bindung an Recht und Gesetz. Im Falle der Verletzung von Amtspflichten aus ehrenamtlicher Tätigkeit sehen einzelne Gemeindeordnungen daher einen Schadenersatzanspruch der Gemeinde gegen das Ratsmitglied vor, der allerdings auf die Fälle von grober Fahrlässigkeit und Vorsatz beschränkt ist.[888] Die Gemeinde kann unter Umständen also Regress beim Ratsmitglied nehmen, sieht sie sich Amtshaftungsansprüchen Dritter ausgesetzt, die auf fehlerhaften Entscheidungen des Gemeinderats beruhen.

---

879 Vgl. §§ 32 Abs. 2 S. 3 GemO BW; 54 Abs. 2 NKomVG; 18a VI GemO RP.
880 Vgl. Art. 59 I LV RP; Art. 79 Hamb. Verf.
881 *Schmidt-Aßmann/Röhl*, in: Schmidt-Aßmann/Schoch (Hrsg.), Besonderes Verwaltungsrecht, 14. Aufl. (2008), 1. Kap. Rn. 60.
882 Art. 20 BayGO; §§ 17 Abs. 2, 35 Abs. 2 GemO BW; 31 Abs. 2 i.V.m. 21 BbgKVerf; 35 Abs. 2 i.V.m. 24 HGO; 23 Abs. 6 KV MV; 43 GO NRW; 54 Abs. 3 NKomVG; 20 GemO RP; 26 Abs. 3 KSVG SL; 19 Abs. 2, 37 Abs. 2 SächsGemO; 30 GO LSA; § 32 Abs. 3 GO SH; 12 Abs. 3 ThürKO; der Streit um die Verfassungsmäßigkeit dieser Regelung, insb. die Vereinbarkeit mit Art. 12 I, Art. 2 I, 3 I GG ist seit BVerfG, NJW 1988, 694 (694 f.) – Vertretungsverbot V, geklärt.
883 Vgl. §§ 17 Abs. 3 GemO BW; 31 Abs. 2 i.V.m. 23 BbgKVerf; 35 Abs. 2 i.V.m. 26 HGO; 26 KV MV; 43 Abs. 2 i.V.m. 32 GO NRW; 54 Abs. 3 i.V.m. 42 NKomVG; 21 GemO RP; 26 Abs. 2 KSVG SL; § 19 Abs. 3 SächsGemO; 30 Abs. 3 GO LSA; 32 Abs. 3 GO SH.
884 Vgl. Art. 49 BayGO; §§ 18 GO-BW; 31 Abs. 2 i.V.m. 22 BbgKVerf; 35 Abs. 2 i.V.m. 25 HGO; 24 KV MV; 43 Abs. 2 i.V.m. 31 GO NRW; 54 Abs. 3 i.V.m. 41 NKomVG; 22 GemO RP; 27 KSVG SL; 20 SächsGemO; 31 GO LSA; 32 Abs. 3 GO SH; 38 ThürKO.
885 Dazu statt aller *Schmidt-Aßmann/Röhl*, in: Schmidt-Aßmann/Schoch (Hrsg.), Besonderes Verwaltungsrecht, 14. Aufl. (2008), 1. Kap. Rn. 61; *Stober*, Kommunalrecht, 3. Aufl. (1996), S. 188 ff. je m.w.N.
886 Vgl. Art. 48 Abs. 1 BayGO; §§ 34 Abs. 3 GO-BW; 31 Abs. 1 BbgKVerf; 23 Abs. 3 KV MV; 33 Abs. 1 KSVG SL; 35 Abs. 4 SächsGemO; 52 Abs. 1 GO LSA; 37 ThürKO.
887 Vgl. §§ 31 Abs. 3 BbgKVerf; 25 Abs. 3 KV MV; 43 Abs. 3 GO NRW; 32 Abs. 4 GO SH.
888 Vgl. §§ 31 Abs. 2 i.V.m. 25 BbgKVerf; 43 Abs. 4 GO NRW; 54 Abs. 4 NKomVG; 12 Abs. 3 S. 4 ThürKO.

Die vorgenannten Pflichten des Ratsmitglieds können beide Dimensionen des Amtes betreffen. Während beispielsweise die Befangenheitsvorschriften die konkrete Amtsausübung anbelangen und damit dem funktionellen Amt zuzuordnen sind, gehören das kommunale Vertretungsverbot oder die Offenlegung von Beruf und ehrenamtlicher Tätigkeiten zum statusrechtlichen Amt und reichen teilweise weit in die persönliche Lebensgestaltung des Ratsmitglieds hinein.

### 2.2.3 Zusammenfassung

Die Wurzeln kommunaler Selbstverwaltung reichen zurück bis zur preußischen Städteordnung *v. Steins* aus dem Jahre 1808. Damals als Selbstverwaltung „von oben" mit dem Ziel konzipiert, die Bürger in die Erfüllung staatlicher Aufgaben einzubinden, wandelte sie sich im Laufe der Zeit zu Grundlage und Glied des grundgesetzlichen demokratischen Gemeinwesens. Kommunale Selbstverwaltung dient als administrative Selbstverwaltung selbstverständlich auch unter dem Grundgesetz der effektiven Erfüllung öffentlicher Aufgaben durch die hiervon unmittelbar Betroffenen. Und sie ist – im Gegensatz zur Paulskirchen- und Weimarer Reichsverfassung – auch nicht mehr als Grundrecht ausgestaltet, sondern nach Art. 28 Abs. 2 GG als institutionelle Garantie. Die Gemeinden sind dadurch aber nicht nur als dritte Verwaltungsebene der Exekutive der Länder zugeordnet, sondern gleichzeitig mit einer besonderen Rechtsstellung versehen. Denn der maßgebliche Grund für die verfassungsrechtliche Existenz und Absicherung kommunaler Selbstverwaltung im Grundgesetz ist nicht, dass die Betroffenenpartizipation eine besondere Effektivität bei der Erfüllung öffentlicher Aufgaben gewährleistet. Der eigentliche Grund für deren Existenz ist vielmehr die besondere Bedeutung der Kommunen im Rahmen der nach Art. 28 Abs. 1 Satz 2 GG gegliederten repräsentativen Demokratie, also die bürgerschaftlich-demokratische Dimension kommunaler Selbstverwaltung. Denn das Grundgesetz hat – in den Worten des Bundesverfassungsgerichts – das Spannungsverhältnis zwischen Verwaltungseffizienz und Bürgernähe zu Gunsten der Teilnahme der Bürger gelöst. Trotz ihrer formalen Einbindung in die Exekutive der Länder muss kommunaler Selbstverwaltung als Keimzelle der Demokratie daher ein effektiver Betätigungsraum verbleiben.

Das ändert freilich nichts daran, dass die Ratsmitglieder Inhaber eines öffentlichen Amtes sind und die Gemeindeordnungen die Ratsmitglieder dementsprechend als ehrenamtlich Tätige bezeichnen bzw. diesen gleichstellen. Die Eigenschaft, Amtsträger zu sein, kommt dem Ratsmitglied schon kraft seiner Eigenschaft als Volksvertreter zu. Insoweit wurde zwar in der Vergangenheit die Existenz eines Abgeordnetenamtes oder Amt eines Volksvertreters abgelehnt, weil dieser „frei" und nicht wie der Beamte in eine hierarchisches Treue- und Fürsorgeverhältnis eingebunden sei. Dies dürfte aber nicht auf dem Fehlen des Amtscharakters, sondern auf eine Überlagerung des Amtsrechts durch das Beamtenrecht im Sinne *Otto Mayers* zurückgehen (*„Kein Amt ohne öffentliche Dienstpflicht."*). Jedoch ist der Begriff des Amtes nicht auf den Beamten als „Idealtypus" des deutschen Amtsträgers beschränkt und hat auch der Volksvertreter ein Amt inne. Denn der Begriff des Amtes erfasst jede treuhänderische Erfüllung einer öffentlichen Aufgabe für einen Hoheitsträger, also die Erfüllung von Staatsfunktionen. Der Beamte ist daher genauso Amtsträger wie das Ratsmitglied als Volksvertreter – wenn auch beide mit unterschiedlichen Rechten und Pflichten ausgestattet sind. Während das Amt des Beamten durch die förmliche Ernennung des Amtsinhabers und dessen Einbindung in ein hierarchisches Treue- und Fürsorgeverhältnis charakterisiert wird, zeichnet sich das Amt des Volksvertreters durch seine Bestellung durch Wahl und seine besondere Unabhängigkeit in der Amtswahrnehmung durch sein freies Mandat aus.

## 2.2 | Das Ratsmitglied als Teil kommunaler Selbstverwaltung nach Artikel 28 GG

Als Folge der Entscheidung des Grundgesetzes für einen auf Selbstverwaltungskörperschaften ruhenden Staatsaufbau innnerhalb der Länder ist das Amt des Ratsmitglieds als Ausdruck bürgerschaftlich-demokratischer Selbstverwaltung funktional dem Amt der Abgeordneten in Bund und Ländern angeglichen. Denn durch Art. 28 Abs. 1 GG gilt das in Art. 20 Abs. 2 GG für die staatliche Ebene verankerte demokratische Prinzip auch für die Gemeinden und Kreise. Zwar ist Art. 38 GG, der insbesondere die Wahlrechtsgrundsätze und das freie Mandat der Abgeordneten garantiert, im Rahmen der Kommunalverfassungen weder direkt noch analog anwendbar. Über Art. 28 Abs. 1 GG, der die Wahlrechtsgrundsätze auch für Kommunalwahlen (objektiv-rechtlich) vorgibt und das freie Mandat des Ratsmitglieds mittelbar absichert, gelten aber für den Status der Volksvertreter auf Ebene von Bund, Ländern und Kommunen die gleichen Grundsätze. Zwar ist das freie Mandat der Ratsmitglieder nur einfachgesetzlich garantiert und werden die organschaftlichen Strukturen innerhalb einer kommunalen Vertretungskörperschaft insgesamt primär durch einfaches, nicht aber durch Verfassungsrecht geregelt. Als Folge der bürgerschaftlich-demokratischen Dimension kommunaler Selbstverwaltung sind aber die Rechte und Pflichten der Ratsmitglieder dem Parlamentsrecht entlehnt. So unterschiedlich daher die Rechtsquellen für das Amt der Volksvertreter sind, so sehr ähneln sich die einzelnen Rechte und Pflichten in den Volksvertretungen auf Ebene von Bund, Ländern und Kommunen. Infolge der administrativen Dimension kommunaler Selbstverwaltung ist die Rechtsstellung der Ratsmitglieder aber nicht mit der der Abgeordneten in Bund und Ländern identisch, sondern mit einigen Verpflichtungen versehen, die dem Amt des Abgeordneten fremd sind.

Neben der abstrakten Definition des öffentlichen Amtes als Erfüllung einer öffentlichen Aufgabe für einen Hoheitsträger verbindet alle Ämter eine strukturelle Zweiteilung ihres Amtes in einen statusrechtlichen und einen funktionellen Teil. Die aus dem Beamtenrecht stammende Unterscheidung des Amtes im funktionellen und statusrechlichen Sinne kann auf alle Amtsträger verallgemeinert und damit auch für das Ratsmitglied übernommen werden. Mit dieser Klassifizierung kann die bei jedem Amtsträger notwendige Differenzierung seiner persönlichen Rechtsstellung von der Wahrnehmung seiner Befugnisse aus dem Amt verdeutlicht werden. Das ändert nichts an den materiell-rechtlichen Unterschieden zwischen den jeweiligen Amtsträgern. Es bleibt dabei dass der Beamte in ein hierarchisches Treue- und Fürsorgeverhältnis eingebunden ist und der Abgeordnete durch sein freies Mandat besonderen Freiraum in der Amtsausübung genießt. Mit der begrifflichen Übernahme können jedoch insbesondere im Hinblick auf die Frage der Grundrechtsgeltung Gemeinsamkeiten und Unterschiede einfacher und deutlicher herausgearbeitet werden. Für die vorliegende Arbeit soll daher das statusrechtliche Amt die persönliche Beziehung des Ratsmitglieds zu seiner Gemeinde erfassen. Hierzu gehören etwa das Recht der Ratsmitglieder auf Aufwandsentschädigung, das kommunale Vertretungsverbot oder die Inkompatibilitätsvorschriften. Dagegen gestaltet das funktionelle Amt des Ratsmitglieds seine Mitgliedschaft im Gemeinderat aus. Das wohl wichtigste daraus entstammende Recht ist das Recht auf Mitwirkung an der gemeindlichen Willensbildung. Zu den Rechten des Ratsmitglieds zählt insoweit all das, was zu einer wirksamen und aktiven Mandatswahrnehmung im Gemeinderat erforderlich ist, also die Mitwirkungsrechte zur gemeindlichen Willensbildung „im" Gemeinderat.

Aus der dargestellten Einbindung des Ratsmitglieds in die kommunale Selbstverwaltung nach Art. 28 GG folgen weitere Bausteine zur Beantwortung der Frage, ob und inwieweit die Handlungen der Ratsmitglieder sich als grundrechtsgebundene staatliche Gewalt nach Art. 1 Abs. 3, 20 Abs. 2 GG darstellen oder unter dem Gesichtspunkt demokratischer Mitwirkung am Gemeinwesen eine materiell-rechtliche Verbindung zwischen Person und Funktion des Ratsmitglieds besteht. Dabei zeigt bereits die Rechtsstellung des Ratsmitglieds zwischen administrativer Aufgabenerfüllung und bürgerschaftlich-demokratischer Selbstverwaltung, dass eine pauschale Beantwortung der aufgeworfenen Frage kaum möglich sein dürfte. Die Rechtsstellung des Ratsmitglieds als Amtsträger mit freiem Mandat zeigt aber auf, dass und wie sich die Beantwortung der Frage an den für Abgeordnete von Bundestag und Landtagen bzw. Beamten geltenden Maßstäben orientieren kann.

## 3. Grundrechte und Amt des Ratsmitglieds

Mit den gefundenen Ergebnissen kann nun die Frage beantwortet werden, ob und inwieweit das Ratsmitglied im Rahmen seiner Amtstätigkeit als Teil staatlicher Gewalt nach Art. 1 Abs. 3, 20 Abs. 2 GG an die Grundrechte gebunden ist bzw. sich auf die ihm als natürlicher Person zukommenden Grundrechte berufen kann. Soweit es um Mitwirkungsrechte des Ratsmitglieds im Gemeinderat geht, ist die Frage entsprechend der für Abgeordnete des Bundestages entwickelten Lösungsvorschläge zu beantworten. Denn insofern ist das funktionelle Amt des Ratsmitglieds nach den Grundsätzen bürgerschaftlich-demokratischer Selbstverwaltung der Rechtsstellung der Volksvertreter im Bund nachgebildet.[889] Dagegen ist die Frage, ob das Ratsmitglied sich im Rahmen seines statusrechtlichen Amtes auf seine Grundrechte berufen kann, in Entsprechung der für Beamte geltenden Lösungsansätze zu beantworten. Denn in diesem Fall dürfte die Einbindung der Kommunen in die Exekutive der Länder als Element administrativer Selbstverwaltung den Lösungsweg determinieren.

## 3.1 Das Ratsmitglied als Teil staatlicher Gewalt

Ausdruck bürgerschaftlich-demokratisch kommunaler Selbstverwaltung ist die Stellung des Ratsmitglieds als Volksvertreter, dem ein dem Recht der Abgeordneten entsprechendes freies Mandat zukommt.[890] Dieses beruht zwar nicht auf Art. 38 GG sondern den jeweiligen Gemeindeordnungen, ist aber mittelbar über Art. 28 Abs. 1 GG abgesichert. Denn wie aufgezeigt folgen die kommunalverfassungsrechtlichen Strukturen im Gemeinderat und seinen Untergliederungen den demokratisch vorgegebenen Konzeptionen des Grundgesetzes.[891] Es ist daher zu überprüfen, ob sich die Mitwirkungsrechte der Abgeordneten des Bundestages als grundrechtsgebundene staatliche Gewalt im Sinne von Art. 1 Abs. 3, 20 Abs. 2 GG darstellen und ob die gefundenen Ergebnisse auf die Mitwirkungsrechte des Ratsmitglieds „im" Gemeinderat (funktionelles Amt) übertragen werden können.

### 3.1.1 Parallelwertung: Abgeordnete des Bundestages

Der Abgeordnete des Deutschen Bundestags ist *„Inhaber eines öffentlichen Amtes, Träger des freien Mandates und Vertreter des ganzen Volkes".*[892] Dabei folgt das Amt aus Art. 48 Abs. 2 GG und das freie Mandat aus Art. 38 Abs. 1 Satz 2 GG. Der hierdurch begründete verfassungsrechtliche Status eigener Art[893] stellt den Abgeordneten im Rahmen der repräsentativen Demokratie die Hauptaufgabe, als Volksvertreter im Parlament die Willensbildung des Staates

---

889 Die nachfolgenden Ausführungen dürften zudem auch für Abgeordnete der Landtage Geltung beanspruchen, sofern keine landesverfassungsrechtlichen Besonderheiten im Einzelfall vorliegen, vgl. etwa *Demmler*, Der Abgeordnete im Recht der Fraktionen (1994), S. 42 f.
890 Siehe 2.2.2.2; *Frowein*, DÖV 1976, S. 44 (45).
891 Siehe 2.2.1.3.2 und 2.2.2.1.3 sowie 2.2.2.1.4.
892 BVerfGE 40, 296 (314) – Abgeordnetendiäten; 118, 277 (324) – Nebeneinkünfte.
893 Vgl. BVerfGE 4, 144 (149) – Abgeordnetenentschädigung SH; 60, 374 (379 f.) – Abelein; 99, 19 (32) – Gysi III; hierzu allgemein etwa *Achterberg*, Parlamentsrecht (1984), S. 215 ff.; *Badura*, in: Schneider/Zeh (Hrsg.), Parlamentsrecht und Parlamentspraxis (1989), § 15 Rn. 9 ff., 58 ff.; *ders.*, in: Bonner Kommentar zum Grundgesetz (156. Akt., Feb. 2012), Art. 38 Rn. 58 f.; *Hölscheidt*, Das Recht der Parlamentsfraktionen (2001), S. 69 ff.

abschließend vorzunehmen und wo nötig, in Gesetzesform zu gießen.[894] Fraglich erscheint, ob bzw. in welchen Fällen die den Abgeordneten hierbei zukommenden Befugnisse als Ausübung staatlicher Gewalt im Sinne von Art. 1 Abs. 3, 20 Abs. 2 GG angesehen werden können. Dabei beschränkt sich die folgende Darstellung auf die Rechtsbeziehungen zwischen Abgeordneten und Parlament. Etwaige Rechsbeziehungen zu Partei und Fraktion sind grundsätzlich nicht Gegenstand der nachfolgenden Ausführungen.[895]

### 3.1.1.1 Amt und Mandat des Abgeordneten

Dass die Abgeordneten des Bundestages als Mitglieder des Parlaments ein Amt innehaben, zeigt bereits Art. 48 Abs. 2 Satz 1 GG, der ausdrücklich vom *„Amt des Abgeordneten"* spricht.[896] Hauptmerkmal des Amtes des Abgeordneten ist sein freies Mandat und die hieraus folgende Unabhängigkeit nach Art. 38 Abs. 1 Satz 2 GG.[897] Er schuldet im Gegensatz zum Beamten keine Dienste[898] und es besteht auch kein synallagmatisches Verhältnis zwischen seinen Pflichten und der nach Art. 48 Abs. 3 GG zu gewährenden Entschädigung.[899] Aus diesem Grunde wird teilweise bis heute angenommen, das Amt des Abgeordneten sei kein öffentliches Amt, weil der Abgeordnete „frei" und nicht wie der Beamte in ein hierarchisches System eingebunden ist.[900] Das Grundgesetz selbst kennt als Amtsträger indes sowohl die Abgeordneten bzw. Volksvertreter nach Art. 48 GG als auch in Art. 33 GG die Beamten. Denn maßgebliches Kriterium des Amtsbegriffes ist nicht die konkret wahrgenommene Aufgabe oder Ausgestaltung des Status. Grundidee des Amtes ist vielmehr seine Funktion als treuhänderische, gemeinwohlbezogene Aufgabenwahrnehmung für eine juristische Person des öffentlichen Rechts, also die Wahrnehmung von Staatsfunktionen. Das Amt im so verstandenen Sinne kann in verschiedenen rechtlichen Status entsprechend der Anforderungen des jeweiligen Teils der Staatsgewalt verwirklicht werden, ohne dass dadurch der Amtscharakter verloren ginge.[901] Wie bereits dargelegt, charakterisiert sich das Amt des Beamten dabei durch seine förmliche Ernennung und Einbindung in ein hierarchisches Treue- und Fürsorgeverhältnis, während sich das Amt des Volksvertreters durch seine Wahl und besondere Unabhängigkeit in der Amtswahrnehmung durch sein freies Mandat auszeichnet.

---

894  *Achterberg*, Parlamentsrecht, S. 91, 93.
895  Vgl. hierzu etwa *Arndt*, in: Schneider/Zeh (Hrsg.), Parlamentsrecht und Parlamentspraxis (1989), § 21; *Hamm-Brücher*, a. a. O., § 22; *Demmler*, Der Abgeordnete im Parlament der Fraktionen (1994); *Hölscheidt*, Das Recht der Parlamentsfraktionen (2001); *Pfeil*, Der Abgeordnete und die Fraktion (2008).
896  BVerfGE 20, 56 (103) – Parteienfinanzierung I; 40, 296 (314) – Abgeordnetendiäten; 44, 308 (315) – Beschlussfähigkeit des Bundestages; 56, 396 (405) – Agententätigkeit; 80, 188 (218) – Wüppesahl; *Badura*, in: Schneider/Zeh (Hrsg.), Parlamentsrecht und Parlamentspraxis (1989), § 15 Rn. 59; *Demmler*, Der Abgeordnete im Parlament der Fraktionen (1994), S. 41 f.; *Depenheuer*, in: Isensee/Kirchhof (Hrsg.), HStR III, 3. Aufl. (2005), § 36 Rn. 24; *Henke*, DVBl. 1973, 553 (559); *Hennis*, in: Hesse/Reicke/Scheuner (Hrsg.), FG f. Smend (1962), S. 51 (65); *Klein*, in: Maunz/Dürig, Grundgesetz (64. Akt., Jan. 2012), Bd. IV, Art. 38 Rn. 191; *ders.*: in: Isensee/Kirchhof (Hrsg.), HStR III, 3. Aufl. (2005), § 51 Rn. 1; *Köttgen*, in: Fg. f. Smend (1962), S. 119 (129 f., 136); *Magiera*, in: Sachs (Hrsg.), Grundgesetz, 6. Aufl. (2011), Art. 38 Rn. 52; *ders.*: Parlament und Staatsleitung (1979), S. 110; *Steiger*, Organisatorische Grundlagen des parlamentarischen Regierungssystems (1973), S. 69; *Stern*, Staatsrecht I, 2. Aufl. (1984), S. 1051; *Strunk*, DVBl. 1977, S. 615 (616); *Wiese*, AöR 101 (1976), S. 548 (548 f.).
897  Zur besonderen Nähe des so verstandenen Amtsbegriffes zur repräsentativen Demokratie vgl. *Hennis*, in: Hesse/Reicke/Scheuner (Hrsg.), FG f. Smend (1962), S. 51 ff.
898  BVerfGE 40, 296 (316) – Abgeordnetendiäten; 76, 256 (341) – Doppelversorgung; 118, 277 (326) – Nebeneinkünfte.
899  *Badura*, in: Schneider/Zeh (Hrsg.), Parlamentsrecht und Parlamentspraxis (1989), § 15 Rn. 63; *Geiger*, ZParl 1978, 522 (526); *Klein*, in: Maunz/Dürig, Grundgesetz (64. Akt., Jan. 2012), Bd. IV, Art. 48 Rn. 31.
900  *Achterberg/Schulte*, in: v. Mangoldt/Klein/Starck, Grundgesetz, Bd. 2, 6. Aufl. (2010), Art. 38 Abs. 1, Rn. 72; vgl. auch *Achterberg*, Parlamentsrecht, S. 215 f., 781 f.; *Leisner*, AöR 93 (1968), S. 161 (167); *Schröder*, Grundlagen und Anwendungsbereich des Parlamentsrechts (1979), S. 288 ff.; krit. auch *Isensee*, in: Isensee/Kirchhof (Hrsg.), HStR IV, 3. Aufl. (2006), § 71 Rn. 142.
901  Siehe 2.2.2.3.1.

## 3.1 | Das Ratsmitglied als Teil staatlicher Gewalt

Dieses freie Mandat ist für die Abgeordneten des Bundestages in Art. 38 Abs. 1 Satz 2 GG normiert. Danach sind die Abgeordneten Vertreter des ganzen Volkes, an Aufträge und Weisungen nicht gebunden und nur ihrem Gewissen unterworfen. Es verbürgt ihnen den für ihre Amtsausübung notwendigen Freiraum dabei sowohl gegenüber etwaiger Einflussnahmen des Staates, vor allem aber gegenüber einflussreichen Gruppen der Gesellschaft und der Partei bzw. Fraktion, der die Abgeordneten angehören.[902] Es schließt dabei auch den Grundsatz ein, dass alle Mitglieder des Parlaments einander formal gleichgestellt sind und das Recht haben, egalitär am Prozeß der parlamentarischen Willensbildung teil zu haben.[903] Im Gegensatz zu Beamten handeln sie daher gerade nicht als verlängerter Arm des Staates, sondern werden durch ihr freies Mandat von der dem Beamtenverhältnis immanenten hierarchischen Struktur entbunden. Der Abgeordnete ist zudem durch Indemnität und Immunität nach Art. 46 GG besonders gegen staatliche Einflussnahme geschützt.[904] Gegenüber der Gesellschaft gewährt das freie Mandat den Abgeordneten Schutz vor Demokratievorstellungen, nach denen der Abgeordnete mit seinen Wählern oder sonstigen Bevölkerungsgruppen durch eine konkrete Rechtsbeziehung der Beauftragung oder Interessenswahrnehmung verbunden sein könnte. Das Parlament soll nicht als ständische Vertretung mit an Instruktionen gebundener Vertretungsvollmacht verstanden werden. Das freie Mandat gründet damit letztlich auf der Ablehnung des basis- oder rätedemokratisch verstandenen „imperativen" Mandates und sichert die Stellung des Parlamentsabgeordneten als Repräsentant der Öffentlichkeit, der zugleich Subjekt und Objekt der demokratischen („öffentlichen") Willensbildung ist.[905] Dadurch soll sich jeder Einzelne des Staatsvolkes im Parlament repräsentiert sehen können, in dem die das Gemeinwesen betreffenden Entscheidungen getroffen werden.[906] Denn die Willensbildung im Staat muß zwar vom Volk hin zu den Staatsorganen erfolgen.[907] Der komplexe Integrationsprozess zur Bildung der öffentlichen Meinung und des politischen Willens fordert aber eine ständige Rückkopplung zwischen Staatsorganen (insbesondere der Volksvertretung) und den Bürgern, die sich nicht linear beschreiben lässt.[908] Insofern führt insbesondere die Einbindung der Abgeordneten in die von Ihnen gebildeten Fraktionen sowie den Parteien dazu, dass die Willensbildung im Parlament von mehr Faktoren abhängt, als dies der Begriff des „freien Mandats" suggeriert.[909] Innerhalb dieser vielfältigen Bezugspunkte soll das freie Mandat dem Abgeordneten die notwendige Unabhängigkeit für seine Entscheidungen sichern.

### *3.1.1.2 Grundrechte des Abgeordneten*

Von den dem Abgeordneten aus Amt und Mandat zufließenden Rechten sollen nun dessen Mitwirkungsrechte im Parlament daraufhin überprüft werden, wie sie sich zu seinen Grundrechten verhalten, die ihm als Person zukommen.

---

902 BVerfGE 40, 296 (313) – Abgeordnetendiäten; *Achterberg*, Parlamentsrecht (1984), S. 216 ff.; ausführlich *Badura*, in: Schneider/Zeh (Hrsg.), Parlamentsrecht und Parlamentspraxis (1989), § 15 Rn. 9 ff.; *Demmler*, Der Abgeordnete im Parlament der Fraktionen (1994), S. 49.

903 BVerfGE 84, 304 (325) – PDS/Linke Liste; *Badura*, in: Bonner Kommentar zum Grundgesetz (156. Akt., Feb. 2012), Art. 38 Rn. 56.

904 Hierzu ausführlich *Achterberg*, Parlamentsrecht (1984), S. 240 ff.; *Klein*, in: Schneider/Zeh (Hrsg.), Parlamentsrecht und Parlamentspraxis (1989), § 17 vor Rn. 1: *„Die Indemnität stellt den Abgeordneten frei von rechtlicher Verantwortung für Äußerungen im Parlament, die Immunität gewährt ihm Schutz vor – insbesondere strafrechtlicher – Verfolgung und vor jedweder Beschränkung seiner persönlichen Freiheit."*

905 *Häberle*, NJW 1976, S. 537 (539).

906 *Badura*, in: Schneider/Zeh (Hrsg.), Parlamentsrecht und Parlamentspraxis (1989), § 15 Rn. 14.

907 BVerfGE 20, 56 (97 ff.) – Parteienfinanzierung I.

908 Vgl. bereits *Häberle*, JuS 1967, S. 64 (67); *Hesse*, Verfassungsrecht, 20. Aufl. (1995), Rn. 145 ff. (149 ff.).

909 Zu den hier vertretenen Ansichten eines „rahmengebundenen", „pluralistischen" oder „parlamentgebundenen" Mandats statt aller *Hölscheidt*, Das Recht der Parlamentsfraktionen (2001), S. 69 ff., m. w. N.

### 3.1.1.2.1 Verhältnis von Grund- und Mitwirkungsrechten

Die den Abgeordneten kraft ihres freien Mandats nach Art. 38 Abs. 1 Satz 2 GG zugewiesenen Mitwirkungsrechte weisen mit dem Recht auf freie Rede im Parlament, Informationsrechten gegenüber der Regierung sowie der Unterworfenheit parlamentarischer Handlungen unter das Gewissen subjektiv, also aus Sicht des einzelnen Abgeordneten, durchaus Parallelen zu grundrechtlichen Freiheiten auf.[910] Insbesondere besteht eine gewisse Ähnlichkeit zwischen der Wahrnehmung von Mitwirkungsrechten im Parlament und dem Gebrauch der im *status activus* zusammengefassten demokratischen und politischen Grundrechte.[911] Denn die Abgeordneten sollen kraft eigener, durch Wahl erworbener Legitimation am Prozess parlamentarischer Willensbildung teilnehmen, ihre eigenen Vorstellungen zum überindividuellen Gesamwillen des Staates hinführen und verbinden und dabei zugleich an der Integration der einzelnen Bürger zum Staatsvolk mitwirken.[912] Rede und Gegenrede der Abgeordneten im Parlament sind dabei inhaltlich wie stilistisch de facto zumeist deckungsgleich mit den jeweiligen Pendants auf Parteitagen, Wahlkampfveranstaltungen und Diskussionsbeiträgen im Bereich der Gesellschaft. Insofern könnte angenommen werden, die freie (politische) Selbstbestimmung sei nicht nur als Recht des Individuums „grundrechtlich" geschützt, sondern setze sich am freien Mandat der Volksvertreter fort. Die grundrechtlich im status activus geschützte politische Meinungsbildung vom Volk hin zu den Staatsorganen erschöpfte sich dann nicht in den oben dargelegten Gewährleistungen des status activus, sondern fände ihre unmittelbare Fortsetzung, Artikulation und Rückkopplung in der parlamentarischen Diskussion in den Volksvertretungen.[913]

Gestützt wird eine solche Argumentation dadurch, dass die Abgeordneten als Mitglieder des Parlaments verfassungsrechtlich nicht selbst als „Organe" oder „Organteile" anzusehen sind.[914] Insofern sind ihnen ihre Mitwirkungsrechte kraft Art. 38 Abs. 1 Satz 2 GG persönlich zugewiesen. Sie werden zwar durch ein Amtsverhältnis vermittelt, sind den einzelnen Personen und Amtsträgern aber durch die Wahl persönlich zugeordnet und folgen aus dem Mandat als solchem.[915] Diese zugewiesenen Mitwirkungsrechte kann der Abgeordnete auch grundsätzlich ähnlich frei zur politischen Willensbildung einsetzen, wie ihm dies mit seinen Grundrechten auch außerhalb des Parlamentes möglich ist. Eine Einschränkung erfährt der Gebrauch der Mitwirkungsrechte freilich durch die Einbindung der Abgeordneten in die von ihnen gebildeten Fraktionen sowie der im Rahmen der Parlamentsautonomie erlassenen Geschäftsordnung, mit der sie in weiten Teilen erst in die Lage versetzt werden, ihre Mitwirkungsrechte wahrzunehmen. Dennoch bleibt es dabei, dass Mandatsträger gleicher wie unterschiedlicher politischer Couleur selten genug der gleichen Meinung sind und Mehrheiten sich unter anderem erst durch die Mediation von Fraktionen und parlamentarischer Arbeit finden. Es erscheint daher durchaus denkbar, dass mit dem freien Mandat auch die Individualität und Eigenständigkeit des jeweiligen Abgeordneten in Fortsetzung seiner Rechte des status activus gesichert werden soll. Die

---

910 Überblick über die Mitwirkungsrechte des Abgeordneten etwa bei *Achterberg*, Parlamentsrecht (1984), S. 259 f.; *Badura*, in: Schneider/Zeh (Hrsg.), Parlamentsrecht und Praxis (1989), § 15 Rn. 35 ff.; *Magiera*, in: Sachs (Hrsg.), Grundgesetz, 6. Aufl. (2011), Art. 38 Rn. 58 ff.
911 Zu den im *status activus* versammelten Grundrechten 2.1.2.2.
912 *Klein*, in: Maunz/Dürig, Grundgesetz (64. Akt., Jan. 2012), Bd. IV, Art. 38 Rn. 192.
913 Vgl. etwa *Stern*, Staatsrecht I, 2. Aufl. (1984), S. 615 ff., m. w. N.
914 *Achterberg*, Parlamentsrecht, S. 215 f.; *Klein*, in: Maunz/Dürig, Grundgesetz (64. Akt., Jan. 2012), Bd. IV, Art. 38 Rn. 190; *Steiger*, in: Schneider/Zeh (Hrsg.), Parlamentsrecht und Parlamentspraxis (1989), § 25 Rn. 1; *Stern*, Staatsrecht I, 2. Aufl. (1984), S. 1052; *Strunk*, DVBl. 1977, S. 615 f.; zum Organbegriff und der Organmitgliedschaft unten 4.2.1.
915 *Badura*, in: Schneider/Zeh (Hrsg.), Parlamentsrecht und Parlamentspraxis (1989), § 15 Rn. 3 f.; *Klein*, in: Maunz/Dürig, Grundgesetz (64. Akt., Jan. 2012), Bd. IV, Art. 38 Rn. 191; a. A. etwa *Magiera*, in: Sachs (Hrsg.), Grundgesetz, 6. Aufl. (2011), Art. 38 Rn. 54; *Stern*, Staatsrecht I, 2. Aufl. (1984), S. 1051 f.; anders noch *Steiger*, Organisatorische Grundlagen des parlamentarischen Regierungssystems (1973), S. 67 f.

## 3.1 | Das Ratsmitglied als Teil staatlicher Gewalt

Wahrnehmung der hieraus entstehenden Mitwirkungsrechte würde dann zwar durch Amt und Mandat auf die gewissenhafte Überzeugung des einzelnen Abgeordneten vom gemeinen Wohl verpflichtet.[916] Dennoch könnte die Willensbildung in den Parlamenten vor diesem Hintergrund auch subjektiv als Fortsetzung der Willensbildung im Volk angesehen werden. Der vom einzelnen Bürger aus bestehende gedankliche „Fortsetzungszusammenhang" zwischen Menschenwürde und freiheitlicher Demokratie[917] fände dann seinen Abschluss in der Willensbildung im Parlament. Wenn Art. 38 GG die Abgeordneten daher als nur ihrem Gewissen unterworfene Vertreter des ganzen Volkes definiert, dann könnte darin auch die Unaufgebbarkeit des Individuums auf parlamentarischer Ebene zum Ausdruck kommen. Das freie Mandat beschränkte sich in diesem Fall nicht darauf, einen Gegensatz zum imperativen Mandat zu bilden. Vielmehr könnte der Abgeordnete kraft seiner Stellung als Volksvertreter im Parlament – für das Volk – seine eigenen Erklärungen abgeben.[918] In einem materiellen Sinne wäre das freie parlamentarische Mandat damit ebenso Ausformung der Individualität, Personalität und politischen Meinungs- und Handlungsfreiheit seines Trägers aus Art. 1, 2 und 5 GG.[919] Als Grundmuster der parlamentarischen Demokratie folgte Art. 38 GG dann organisatorisch den gleichen Grundsätzen, die auch den politischen Grundrechten zugrunde liegen.[920] Mit einer solchen grundrechtsnahen Lesart parlamentarischer Mitwirkungsbefungisse würden die Parlamente und Volksvertretungen zum „echten" institutionellen Bindeglied zwischen Volk und Staat im Rahmen der repräsentativen Demokratie,[921] fordert diese doch gerade den Abgeordneten als „ganzen Menschen".[922] Der Abgeordnete bliebe dadurch auch bei Ausübung seines Amtes dem Grunde nach Staatsbürger.[923]

Problematisch an dieser „individuellen" Sichtweise ist jedoch, dass die Abgeordneten und Volksvertreter „objektiv" gerade an der Schnittstelle zwischen grundrechtlicher Freiheit, demokratischer Legitimation und Ausübung staatlicher Gewalt stehen. Sie sind durch Wahl, also einen Akt staatlicher Gewalt, demokratisch legitimiert und bestimmen letztlich darüber, welche Kompetenzen Hoheitsträger in welcher Form gegenüber den Bürgern ausüben dürfen. Die Volksvertreter sind dadurch von ihrer ihnen als Person zukommenden grundrechtlich-demokratischen Freiheit distanziert. Grundrechte dienen zwar wie aufgezeigt nicht nur als Abwehrrechte des Einzelnen gegenüber dem Staat, sondern in ihrem *status activus* auch der Mitwirkung des Einzelnen an der politischen Willensbildung.[924] Beim Streit um die Mitwirkungsrechte des Abgeordneten steht dieser dem Staat aber nicht mehr als ein grundrechtlicher „jedermann" gegenüber, der sich als Bourgeois gegen eine Verletzung seiner im status negativus gesammelten Grundrechte wehrt.[925] Hinzu kommt, dass er bei der Mitwirkung im Parlament auch nicht mehr als Citoyen im status activus an der politischen Willensbildung teilhat. Denn der Abgeordnete ist aufgrund seiner Wahl ein *„mit eigenen Rechten ausgestatteter Teil des Parlaments"*, dessen demokratisch legitimierte Befugnisse über grundrechtliche Gewährleistungen gerade hi-

---

916 Zu dieser Pflichtbindung *Badura*, in: Bonner Kommentar zum Grundgesetz (156. Akt., Feb. 2012), Art. 38 Rn. 62.
917 *Häberle* in: Isensee/Kirchhof (Hrsg.), HStR II, 3. Aufl. (2004), § 22 Rn. 66; zur Verbindung von Grundrechten, Demokratie und Menschenwürde vgl. oben, 2.1.1.2.
918 Vgl etwa *Achterberg*, Parlamentsrecht (1984), S. 216f.
919 *Oppermann*, VVDStRL 33 (1975), S. 43f.; in diesem Sinne auch *Troßmann*, JöR n. F. 28 (1979), S. 1 (94, 99f.), nach dem die Abgeordneten ihr Amt als freie Staatsbürger in eigener Veranwortung ausüben und sich der Abgeordnete hinsichtlich seines Rederechts auf Art. 5 GG und der Handhabung der Geschäftsordnung auf Art. 3 GG berufen können soll.
920 *Oppermann*, VVDStRL 33 (1975), S. 17f.
921 Vgl. etwa *Horn*, in: Depenheuer/Grabenwarter (Hrsg.), Verfassungstheorie (2010), § 22 Rn. 63ff.; vom Parlament als *„Zwischenbau zwischen Staat und Gesellschaft"* spricht *Köttgen*, in: FG F. Smend (1962), S. 119 (143).
922 BVerfGE 40, 296 (313) – Abgeordnetendiäten; 118, 277 (354) – Nebeneinkünfte.
923 BVerfGE 118, 277 (379, Sondervotum) – Nebeneinkünfte; *Troßmann*, JöR n. F. 28 (1979), S. 1 (94).
924 Siehe 2.1.2.1.1 und 2.1.2.2.
925 BVerfGE 43, 142 (148) – Fraktionsgröße; 64, 301 (312) – Abgeordnetenentschädigung BW.

nausgehen.⁹²⁶ Denn auch die politischen Grundrechte garantieren gerade nicht die Freiheit, politische Willensbildung jederzeit und an jedem Ort betreiben zu können. Die Grundrechtsausübung kann vielmehr eingeschränkt werden und enthält insbesondere keinen Anspruch auf Rede und Versammlung im Parlament. Recht und Pflicht der Abgeordneten fällt damit darin zusammen, dass er berufen ist, an der Arbeit des Bundestages, seinen Verhandlungen und Entscheidungen teilzunehmen.⁹²⁷ Diese Aufgabe kommt ihm nicht als individuellem Grundrechtsträger, sondern als gewähltem Repräsentanten zu. Es ist demensprechend Ausdruck seines freien Mandats, dass er nicht partikulare Sonderinteressen, sondern seine Überzeugung vom gemeinen Wohl zu verfolgen hat, was letztlich auch in seinem Status als Amtsträger zum Ausdruck kommt.⁹²⁸ Die Freiheit des Abgeordneten bedeutet daher letztlich die Freiheit bzw. Verbürgung von Selbstständigkeit in der Wahrnehmung öffentlicher Verantwortung.⁹²⁹ Das Amt des Abgeordneten begründet darum insoweit einen verfassungsrechtlichen Status eigener Art, so dass die Rechts- und Pflichtenstellung des Abgeordneten nicht unter Rückgriff auf die Grundrechte, sondern nur parlamentsrechtlich-funktionell bestimmt werden kann.⁹³⁰ Die mit dem Amt verbundenen Rechte und Pflichten sind daher – schon aus formalen Gründen – grundsätzlich nicht grundrechtsbasiert.⁹³¹

Dementsprechend will Art. 38 Abs. 1 Satz 2 GG mit dem Hinweis auf die Gewissensunterworfenheit des Abgeordneten zwar, an moralische Bindung appellierend, die subjektive und auf den einzelnen Abgeordneten bezogene Seite parlamentarischer Repräsentation ausdrücken. Andererseits soll hierdurch aber weder eine spezifische Gewissensfreiheit der Abgeordneten gewährleistet,⁹³² noch auf die Gewissensfreiheit des Art. 4 Abs. 1 GG zurückgegriffen werden.⁹³³ Vor dem aufgezeigten Hintergrund des freien Mandats geht es bei dem Begriff des „Gewissens" im Sinne von Art. 38 Abs. 1 GG vielmehr um die Verpflichtung des Abgeordneten, alle im Zusammenhang mit der Ausübung seines Mandats zu treffenden parlamentarischen Entscheidungen nach seiner eigenen politischen Überzeugung zu treffen.⁹³⁴ Der Schwerpunkt dürfte daher nicht auf der Unterworfenheit des Abgeordneten unter sein Gewissen, sondern auf der Ausschließlichkeit („nur") der Unterwerfung liegen.⁹³⁵ Die spezifische Gewissensfreiheit des Abgeordneten rekurriert dadurch weniger auf das Grundrecht der Gewissensfreiheit denn der Freiheit der Abgeordneten von Aufträgen und Weisungen.⁹³⁶

Auch die Redefreiheit des Abgeordneten stellt insoweit keinen Ausdruck der Meinungsäußerungsfreiheit im Sinne von Art. 5 Abs. 1 GG dar. Sie ist vielmehr eine in der Demokratie unverzichtbare Befugnis zur Wahrnehmung der parlamentarischen Aufgaben, die den Status des Ab-

---

926  BVerfGE 4, 144 (148 f.) – Abgeordnetenentschädigung SH; *Badura*, in: Bonner Kommentar zum Grundgesetz (156. Akt., Feb. 2012), Art. 38 Rn. 58.
927  BVerfGE 104, 310 (330) – Pofalla II; *Klein*, in: Maunz/Dürig, Grundgesetz (64. Akt., Jan. 2012), Bd. IV, Art. 38 Rn. 193; vgl. dazu bereits *Steiger*, Organisatorische Grundlagen des parlamentarischen Regierungssystems (1973), S. 75 f.
928  *Badura*, in: Bonner Kommentar zum Grundgesetz (156. Akt., Feb. 2012), Art. 38 Rn. 62.
929  *Klein*, in: Maunz/Dürig, Grundgesetz (64. Akt., Jan. 2012), Bd. IV, Art. 38 Rn. 191; vgl. auch BVerfGE 118, 277 (379) – Nebeneinkünfte (Sondervotum); *Achterberg*, AöR 104 (1979), S. 654 (655); *Klein*, in: Maunz/Dürig, Grundgesetz (64. Akt., Jan. 2012), Bd. IV, Art. 48 Rn. 31, wonach sich die Freiheit nur auf das „wie" und nicht das „ob" der Repräsentation beziehen soll.
930  BVerfGE 118, 277 (327 f.) – Nebeneinkünfte; *Klein*, in: Maunz/Dürig, Grundgesetz (64. Akt., Jan. 2012), Bd. IV, Art. 38 Rn. 193.
931  *Geis*, BayVBl. 1992, S. 41 (43); *Morlok*, JZ 1989, S. 1035 (1037 f.).
932  *Badura*, in: Schneider/Zeh (Hrsg.), Parlamentsrecht und Parlamentspraxis, § 15 Rn. 11.
933  *Hölscheidt*, Das Recht der Parlamentsfraktionen (2001), S. 77 ff.; die „*dogmatische Nähe*" zur Gewissensfreiheit betont indes *Achterberg*, Parlamentsrecht (1984), S. 241.
934  *Wefelmeier*, Repräsentation und Abgeordnetenmandat (1991), S. 166 f.
935  *Badura*, in: Bonner Kommentar zum Grundgesetz (156. Akt., Feb. 2012), Art. 38 Rn. 52.
936  *Klein*, in: Maunz/Dürig, Grundgesetz (64. Akt., Jan. 2012), Bd. IV, Art. 38 Rn. 195; so wohl auch *Steiger*, Organisatorische Grundlagen des parlamentarischen Regierungssystems (1973), S. 80; *Troßmann*, JöR n. F. 28 (1979), S. 1 (95 f.).

## 3.1 | Das Ratsmitglied als Teil staatlicher Gewalt

geordneten wesentlich mitbestimmt und damit unmittelbar der Erfüllung der in der Verfassung normierten Staatsaufgaben dient.[937] Die Redefreiheit ist in Art. 38 Abs. 1 Satz 2 GG gewährleistet und wird durch die Privilegien der Indemnität und Immunität flankiert. Letzteres hebt auch die Sonderstellung der Redefreiheit der Abgeordneten heraus, hat doch die Indemnitätsvorschrift des Art. 46 Abs. 1 GG kein Seitenstück im Recht der freien Meinungsäußerung nach Art. 5 GG.[938] In die Grundrechtsdogmatik eingepasst bedeutet das, dass bereits der Schutzbereich der Meinungsäußerungsfreiheit des Art. 5 Abs. 1 GG nicht eröffnet ist, wenn ein Abgeordneter im Bundestag das Wort ergreift:

> *„Die Redefreiheit des Abgeordneten im Parlament ist durch besondere Vorschriften und Grundsätze des Grundgesetzes geschützt. Sie unterfällt weder dem Schutzbereich des Art. 5 GG noch dem des Art. 2 GG; (...).Die Redefreiheit des Abgeordneten im Parlament ist nicht die Freiheit des Bürgers gegenüber dem Staat, wie Art. 5 Abs. 1 GG sie schützen will, sondern eine in der Demokratie unverzichtbare Kompetenz zur Wahrnehmung der parlamentarischen Aufgaben, die den Status als Abgeordneter wesentlich mitbestimmt. Die freie Rede des Abgeordneten dient mithin unmittelbar der Erfüllung der in der Verfassung normierten Staatsaufgaben."*[939]

### 3.1.1.2.2 Abgrenzungskriterien

Aus den vorstehenden Erwägungen wird zumeist der Schluss gezogen, dass die Abgeordnetenrechte der Art. 38, 46 ff. GG insgesamt die Amtstätigkeit, nicht aber die Privatperson schützten, weshalb im Rahmen dieser Rechte die Berufung auf Grundrechte ausscheiden solle.[940] Nur außerhalb dieser Rechte sollen die Grundrechte anwendbar bleiben und nach allgemeinen Grundrechtsätzen einschränkbar sein.[941] Es erscheint aber fraglich, ob diese Einteilung nicht möglicherweise zu kurz greift. Richtig ist zwar, dass zunächst einmal eine Trennlinie zwischen den parlamentarischen Mitwirkungsrechten, die dem Abgeordneten kraft seines Status zugewiesen sind, einerseits und grundrechtlicher Betätigung andererseits gezogen werden kann.[942] Auch hier sollte daher die oben hergeleitete Trennung des Amtes in einen funktionellen und statusrechtlichen Teil herangezogen werden. Mit Hilfe dieser Differenzierung dürften sich die Fragen der Anwendbarkeit der Grundrechte dogmatisch klar und sauber beantworten lassen. Denn auch die „organschaftlichen" Rechte der Abgeordneten lassen sich in einen funktionellen Teil, der ihre Mitarbeit im Parlament und einen statusrechtlichen Teil, der ihre persönliche Rechtsstellung betrifft, aufteilen.[943] Auf diese Weise könnte verdeutlicht werden, dass dem Abgeordneten beim Gebrauch seiner Mitwirkungsrechte im Parlament (Rede-, Antragsrecht, etc.), also dem funktionellen Amt, der Rückgriff auf die Grundrechte verwehrt, im übrigen aber erlaubt

---

937  BVerfGE 60, 374 (380) – Abelein; *Besch*, in: Schneider/Zeh (Hrsg.), Parlamentsrecht und Parlamentspraxis (1989), § 33 Rn. 4.
938  Vgl. BVerfGE 60, 374 (380) – Abelein.
939  BVerfGE 60, 374 (380) – Abelein; vgl. bereits BVerfGE 10, 4 (12 f.) – Redezeitbeschränkung.
940  BVerfGE 6, 445 (447 f.) – Mandatsverlust durch Parteiverbot; *Badura*, in: Schneider/Zeh (Hrsg.), Parlamentsrecht und Parlamentspraxis (1989), § 15 Rn. 35 f.; *Morlok*, in: Dreier (Hrsg.), Grundgesetz, Bd. II, 2. Aufl. (2006), Art. 38, Rn. 139; *Magiera*, in: Sachs (Hrsg.), Grundgesetz, 6. Aufl. (2011), Art. 38 Rn. 52; *Schreiner*, in: Schneider/Zeh (Hrsg.), Parlamentsrecht und Parlamentspraxis, § 18 Rn. 1.
941  Für die grundsätzliche Anwendbarkeit auch: *Badura*, in: Hufen (Hrsg.), FS f. Schneider (2007), S. 153 (156 f., 160 f.); *Häberle*, NJW 1976, S. 537 (540); *Klein*, in: Maunz/Dürig, Grundgesetz (64. Akt., Jan. 2012), Bd. IV, Art. 38 Rn. 236a; *Morlok*, in: Dreier (Hrsg.), Grundgesetz, Bd. II, 2. Aufl. (2006), Art. 38 Rn. 170; vgl. auch BT-Drs. 15/5671, S. 4; *Ingold/Lenski*, JZ 2012, S. 120 (125); a. A. etwa *Demmler*, Der Abgeordnete im Parlament der Fraktionen (1994), S. 49.
942  *Cremer*, Verfassungsauslegung (2000), S. 76; vgl. auch *Demmler*, Der Abgeordnete im Parlament der Fraktionen (1994), S. 42.
943  Zur Differenzierung des funktionellen und statusrechtlichen Amtes 2.2.2.4.1; a. A. BVerfGE 118, 277 (379) – Nebeneinkünfte (Sondervotum).

ist. Das bedeutet nun nicht, dass auch die Rechte und Pflichten im statusrechtlichen Amt, etwa die Entschädigung der Abgeordneten, auf grundrechtliche Positionen zurückgeführt werden könnte. Es bedeutet aber, dass dann, wenn nicht die parlamentarischen Mitwirkungsrechte im Raum stehen (funktionelles Amt), der Abgeordnete bei Maßnahmen, die in seine grundrechtlich geschützte Sphäre eingreifen, sich auf seine Grundrechte berufen kann. Im Hinblick auf sein Abgeordnetenamt kann er dann zwar anderen Einschränkungen unterworfen sein als der „jedermann". Er ist andererseits aber auch als Person durch sein freies Mandat, Indemnität und Immunität besonders geschützt. Entlang der Differenzierung könnte dann auch die ansonsten mitunter schwierige Abgrenzung zwischen verfassungsgerichtlichem Organstreit und Verfassungsbeschwerde der Abgeordneten verlaufen: Statthafter Rechtsbehelf ist grundsätzlich der verfassungsgerichtliche Organstreit. Schlagen aber die Rechte und Pflichten des Abgeordneten aus seinem statusrechtlichen Amt auf dessen Grundrechte durch, so ist die Verfassungsbeschwerde statthaft.[944]

Zur Erläuterung des Vorstehenden soll die Verpflichtung der Abgeordneten dienen, ihre Nebeneinkünfte offen zu legen. Insoweit meint das Bundesverfassungsgericht, dass die Grundrechte der Abgeordneten im Rahmen ihrer organschaftlichen Befugnisse und des aus Art. 38 Abs. 1 Satz 2 GG fließenden Abgeordnetenstatus im Rahmen der Abwägung zu berücksichtigen sein sollten, soweit Maßnahmen, die auf den Status zielen, zugleich in die grundrechtlich geschützte Privatsphäre eines Abgeordneten eingreifen.[945] Richtig scheint der umgekehrte Weg zu sein: Es sind die Besonderheiten des Abgeordnetenamtes und die Notwendigkeiten des Mandats im Rahmen der Abwägung zu berücksichtigen, ob ein Grundrechtseingriff gerechtfertigt ist. Denn es geht etwa im Falle der Offenlegung von Nebeneinkünften nicht primär um originäre Rechte und Pflichten der Abgeordneten gegenüber anderen Verfassungsorganen im Wettstreit um die Staatswillensbildung. Vielmehr steht der Abgeordnete in diesem Fall dem Gesetzgeber – zwar nicht wie ein jedermann – aber doch als Bürger und wie jeder Abgeordnete gegenüber und wird verpflichtet, einen Teil seiner außerhalb des Parlaments existierenden Rechtsverhältnisse offen zu legen.[946]

### 3.1.1.3 Amt und Mandat des Abgeordneten als Ausdruck staatlicher Gewalt?

Amt und Mandat der Abgeordneten entspringen damit einem verfassungsrechtlich eigenständigen Status, aufgrund dessen die Mitwirkungsrechte der Abgeordneten im Parlament nicht auf deren Grundrechte zurückgeführt werden können. Allerdings beantwortet das Grundgesetz die Frage, ob die Wahrnehmung dieser Mitwirkungsrechte sich auch bereits als grundrechtsgebundene staatliche Gewalt darstellt, nicht eindeutig. Denn im Vergleich mit Art. 1 Abs. 3 GG verkürzt Art. 20 Abs. 2 GG den Begriff der staatlichen Gewalt im Bereich der Gesetzgebung gerade auf deren „besondere Organe". Organe der Gesetzgebung sind nach ganz herrschender Meinung allerdings nur Bundestag und Bundesrat mit ihren Untergliederungen, insbesondere also Präsident und die Ausschüsse.[947] Bezogen auf den Bundestag sind die Abgeordneten demgegenüber als Mitglieder des Parlaments verfassungsrechtlich gerade nicht selbst „Organ" oder

---

944  In diesem Sinne bereits *Klein*, in: Maunz/Dürig, Grundgesetz, Kommentar (64. Akt., Jan. 2012), Bd. IV, Art. 38 Rn. 236a.
945  *Kühn*, Verhaltensregeln für Bundestagsabgeordnete (2011), S. 190 f., 214 ff., m.w.N.; vgl. auch BVerfGE 99, 19 (29) – Gysi III; 118, 277 (320, 327 f., 354) – Nebeneinkünfte.
946  Vgl. BVerfGE 108, 251 (266 f.) – Beschlagnahme in Abgeordnetenräumen; *Schulze-Fielitz*, in: Dreier (Hrsg.), GG Bd II, 2. Aufl. (2006), Art. 47 Rn. 4 f.
947  Statt aller *Achterberg*, Parlamentsrecht, S. VI, 122 ff.; *Steiger*, in: Schneider/Zeh (Hrsg.), Parlamentsrecht und Parlamentspraxis (1989), § 25 Rn. 6 f.; *Steiger*, Organisatorische Grundlagen des parlamentarischen Regierungssystems (1973), S. 105 ff. begreift auch die Fraktionen als Organe des Bundestages; *Hölscheidt*, Das recht der Parlamentsfraktionen (2001), S. 313 ff. (322 f.) m.w.N., spricht insoweit von „Organteilen" des Parlaments.

## 3.1 | Das Ratsmitglied als Teil staatlicher Gewalt

Organteil, sondern allenfalls Organwalter.[948] Fraglich erscheint daher, ob auch der einzelne Abgeordnete oder lediglich das Parlament und seine organschaftlichen Untergliederungen die vom Volk ausgehende Staatsgewalt im Rahmen der Gesetzgebung ausübt. Denn nur das Parlament als solches kann das Volk repräsentieren.[949] Mit anderen Worten: Der mehrheitlich gefasste Beschluss des Parlaments, seiner Ausschüsse oder parlamentarischen Untersuchungsausschüsse[950] kann ohne Weiteres als staatliche Gewalt im Sinne von Art. 1 Abs. 3, 20 Abs. 2 GG qualifiziert werden[951] und ein beschlossenes Gesetz unzweifelhaft in Grundrechte Privater eingreifen.[952] Dagegen erscheint es durchaus erörterungswürdig, ob Gleiches auch für die Handlungen der Volksvertreter im Vorfeld, also der Phase der Meinungsbildung im Parlament, gelten kann. Denn vor dem Parlamentsbeschluß kommt den Abgeordneten oder Volksvertretern zunächst einmal die Aufgabe zu, mit den ihnen übertragenen Mitwirkungsrechten den Willen des Parlaments und damit eines Teils des Staates zu bilden. Insofern kann der einzelne Abgeordnete nur gemeinsam mit den anderen Parlamentsmitgliedern das Volk insgesamt repräsentieren.[953] Durch deren Zusammenwirken im Rahmen der parlamentarischen Arbeit werden dann überhaupt erst die Voraussetzungen geschaffen, damit das Parlament seinen Aufgaben nachkommen kann. In Verbindung mit Art. 38 Abs. 1 GG, wonach *„die Abgeordneten Vertreter des ganzen Volkes"* sind, könnte also durchaus der Schluss gezogen werden, dass die Repräsentation des Volkes und damit Ausübung staatlicher Gewalt im Rahmen der Gesetzgebung nur durch die Abgeordneten in ihrer Gesamtheit, also kollektiv, erfolgt.[954] Denkbar erscheint daher, dass die Abgeordneten kraft ihres freien Mandates zwar in die staatliche Organisation eingebunden sind und sich bei der Amtsausübung nicht auf ihre Grundrechte berufen können, infolge ihres Status „eigener Art"[955] gleichzeitig aber auch – noch – keine grundrechtsgebundene staatliche Gewalt ausüben.

Zur Beantwortung dieser Frage ist auf die oben gefundenen Ergebnisse zurückzugreifen. Insoweit wurde dargelegt, dass der Begriff der staatlichen Gewalt die in Art. 1 Abs. 3, 20 Abs. 2 GG genannten Träger der Staatsgewalt nicht nur in einem formellen, sondern auch einem materiellen Sinne adressiert. Die Bindungswirkung der Grundrechte tritt daher ein, wenn entweder

---

948 *Achterberg*, Parlamentsrecht, S. 216f.; *Klein*, in: Maunz/Dürig, Grundgesetz (64. Akt., Jan. 2012), Bd. IV, Art. 38 Rn. 190; *Steiger*, in: Schneider/Zeh (Hrsg.), Parlamentsrecht und Parlamentspraxis (1989), § 25 Rn. 1; *Stern*, Staatarecht I, 2. Aufl. (1984), S. 1052; *Strunk*, DVBl. 1977, S. 615f.; zum Organbegriff und der Eigenschaft als Organmitglied ausführlich unten 4.2.1.

949 Vgl. **einerseits** *Achterberg*, AöR 104 (1979), S. 654 (655); *ders*: Parlamentsrecht (1984), S. 216; *Bruha/Möllers*, JA 1985, S. 13 (16); *Sachs*, in: Sachs (Hrsg.), Grundgesetz, 6. Aufl. (2011), Art. 20 Rn. 29, m.w.N.; *Magiera*, in: Sachs (Hrsg.), Grundgesetz, 6. Aufl. (2011), Art. 38 Rn. 52; so wohl auch *Dietlein*, in: Stern, Staatsrecht IV/2 (2011), S. 173; **andererseits** BVerfGE 44, 308 (316) – Beschlussfähigkeit des Bundestages; 56, 396 (405) – Agententätigkeit; 80, 188 (217f.) – Wüppesahl; 84, 304 (321) – PDS/Linke Liste; 102, 224 (237) – Abgeordnetenentschädigung Thüringen; 104, 310 (329) – Pofalla II; 118, 277 (324) – Nebeneinkünfte; *Badura*, in: Schneider/Zeh (Hrsg.), Parlamentsrecht und Parlamentspraxis (1989), § 15 Rn. 6; *ders.*: in: Bonner Kommentar zum Grundgesetz (156. Akt., Feb. 2012), Art. 38 Rn. 48f.; *Dreier*, in: Dreier (Hrsg.), Grundgesetz Bd. I, 2. Aufl. (2004), Art. 1 III Rn. 54ff.; *Hölscheidt*, Das Recht der Parlamentsfraktionen (2001), S. 73f.; *Klein*, in: Maunz/Dürig, Grundgesetz (64. Akt., Jan. 2012), Bd. IV, Art. 38 Rn. 230; *Steiger*, Organisatorische Grundlagen des parlamentarischen Regierungssystems (1973), S. 67ff., 81; *Wefelmeier*, Repräsentation und Abgeordnetenmandat (1991), S. 168; je m.w.N.

950 Zu Untersuchungsausschüssen vgl. BVerfGE 67, 100 (142) – Flick-Untersuchungsausschuss; *Glauben/Brocker*, Recht der Untersuchungsausschüsse, 2. Aufl. (2011), § 5 Rn. 154ff.

951 Zu schlichten Parlamentsbeschlüssen vgl. etwa *Stern*, Staatsrecht III/1 (1988), S. 1291f.; *Schmelter*, Rechtsschutz gegen nicht zur Rechtsetzung gehörende Akte der Legislative (1977), S. 109.

952 Vgl. BVerfGE 44, 308 (316) – Beschlussfähigkeit des Bundestages; aus der Literatur vgl. etwa *Höfling*, in: Sachs (Hrsg.), Grundgesetz, 6. Aufl. (2011), Art. 1 Rn. 91ff., m.w.N.

953 BVerfGE 56, 396 (405) – Agententätigkeit; 80, 188 (217f.) – Wüppesahl; 83, 60 (74) – Ausländerwahlrecht Hamb.; 102, 224 (237) – Abgeordnetenentschädigung Thüringen; *Badura*, in: Bonner Kommentar zum Grundgesetz (156. Akt., Feb. 2012), Art. 38 Rn. 49.

954 So etwa *Badura*, in: Bonner Kommentar zum Grundgesetz (156. Akt., Feb. 2012), Art. 38 Rn. 50; *Klein*, in: Maunz/Dürig, Grundgesetz (64. Akt., Jan. 2012), Bd. IV, Art. 38 Rn. 192; vgl. auch *Achterberg*, Parlamentsrecht (1984), S. 216.

955 Siehe 3.1.1.1.

## Grundrechte und Amt des Ratsmitglieds | 3

eine der drei Gewalten formell oder materiell in Wahrnehmung ihrer Staatsfunktionen tätig wird. Zum Begriff der staatlichen Gewalt zählt daher nicht nur alles amtliche Handeln mit Entscheidungscharakter, sondern darüber hinaus die gesamte Tätigkeit der Träger hoheitlicher Gewalt und ihrer Organe, unabhängig davon, welcher Rechtsform sie sich bedienen. Einendes Kriterium für die Grundrechtsverpflichtung ist letztlich, dass der Staat bei den entsprechenden Maßnahmen in „Reserve" steht und die Handlungen des Staates oder seiner Untergliederungen den Anspruch erheben, im Namen der Bürger zu erfolgen.[956] Insoweit dürfte sich das Handeln der Abgeordneten im Vorfeld förmlicher Beschlüsse, also etwa der Gebrauch von Rede-, Initiativ- und Fragerechten, unstrittig als Erfüllung einer Staatsaufgabe darstellen.[957] Hierfür spricht auch, dass das Grundgesetz die Abgeordneten wie dargelegt als Amtsträger konstituiert. Allerdings wird für den Bereich der Exekutive erwogen, rein vorbereitende oder konsultative Handlungen noch nicht als grundrechtsgebundene staatliche Gewalt anzusehen.[958] Fraglich erscheint, ob dieser Gedanke möglicherweise auf die ebenfalls „vorbereitende" parlamentarische Willensbildung im Parlament übertragen werden könnte. Denn es erscheint, angesichts der im Parlament zumeist anzutreffenden unterschiedlichen Positionen und Meinungen zu bestimmten Sachfragen im Vorfeld einer Entscheidung[959] des Plenums, durchaus fraglich, ob insoweit bereits – mit den Worten des Bundesverfassungsgerichts – *„Äußerungen und Handlungen"* vorliegen, *„die – auf den jeweiligen staatlichen Entscheidungebenen – den Anspruch erheben können, autorisiert im Namen aller Bürger getroffen zu werden".*[960] Denn in welcher Weise das Volk die Staatsgewalt durch sein Gesetzgebungsorgan ausübt, steht zweifelsfrei jedenfalls dann erst fest, wenn das Parlament seine Mehrheitsentscheidung getroffen hat.[961]

Gleichwohl wird – teilweise ohne nähere Begründung – vertreten, auch die Tätigkeit der Abgeordneten im Rahmen des freien Mandates[962] bzw. das organschaftliche Handeln von Verfassungsorganen insgesamt sei als Ausübung staatlicher Gewalt anzusehen.[963] Hierfür spricht, dass das Parlament als verkleinertes Abbild des Volkes dieses zwar grundsätzlich in seiner Gesamtheit repräsentiert, dies den einzelnen Abgeordneten aber nicht von einer eigenen Verantwortung gegenüber Volk entbinden kann.[964] Denn es schiene nur schwer erklärbar, den Parlamentsbeschluss als Entscheidung und Ausdruck staatlicher Gewalt nach Art. 1 Abs. 3, 20 Abs. 2 GG an den Grundrechten zu messen, die zu dem Beschluss hinführenden Beratungen im Parlament aber nicht. Dann nämlich bliebe unberücksichtigt, dass der Beschluss des Parlaments gerade auf den Überzeugungen der Mehrheit dessen Mitglieder beruht. Diese müssen eine etwaige Grundrechtsrelevanz der von ihnen zu fassenden Beschlüsse bereits im Vorfeld einer Entscheidung beachten. Es erscheint dann aber problematisch, die Abgeordneten im Stadium der Gesetzesberatungen noch nicht als grundrechtsverpflichtet anzusehen, weil eine Entscheidung noch nicht getroffen wurde. Erklärbar scheint das zwar vor der soeben dargestellten Gesamtrepäsen-

---

956 Zum Vorstehenden 2.1.3.4.
957 Ausdrücklich BVerfGE 60, 374 (380) – Abelein.
958 BVerfGE 47, 253 (273) – Gemeindeparlamente; 83, 60 (74) – Ausländerwahlrecht Hamb.; 91, 228 (244) – kommunale Gleichstellungsbeauftragte; hierzu *Jestaedt*, Demokratieprinzip und Kondominialverwaltung (1993), S. 255 ff. (261), m.w.N., allerdings unter dem Gesichtspunkt der in diesen Fällen dann geringeren erforderlichen demokratischen Legitimation.
959 Zum Kriterium der Entscheidung ausführlich *Jestaedt*, Demokratieprinzip und Kondominialverwaltung (1993), S. 255 ff. (257 f.), m.w.N.
960 BVerfGE, 128, 226 (244) – Fraport.
961 *Hölscheidt*, Das Recht der Parlamentsfraktionen (2001), S. 74.
962 Vgl. etwa *Sachs*, in: Sachs (Hrsg.), Grundgesetz, 6. Aufl. (2011), Art. 20 Rn. 29, m.w.N.; *Magiera*, in: Sachs (Hrsg.), Grundgesetz, 6. Aufl. (2011), Art. 38 Rn. 52; so wohl auch *Dietlein*, in: Stern, Staatsrecht IV/2 (2011), S. 173.
963 *Sachs*, in: Sachs (Hrsg.), Grundgesetz, 6. Aufl. (2011), Art. 20 Rn. 29.
964 *Klein*, in: Maunz/Dürig, Grundgesetz (64. Akt., Jan. 2012), Bd. IV, Art. 38 Rn. 192; vgl. auch *Bruha/Möllers*, JA 1985, S. 13 (16), die auch den einzelnen Abgeordneten als Repräsentaten des ganzen Volkes begreifen.

## 3.1 | Das Ratsmitglied als Teil staatlicher Gewalt

tation des Volkes durch den Bundestag bzw. seiner Untergliederungen als besondere Organe der Gesetzgebung. Dennoch erscheinen Fälle denkbar, in denen es angezeigt sein dürfte, nicht nur die gefassten Beschlüsse, sondern auch die dazu hinführenden Beratungen selbst an den Grundrechten zu messen. Denn im Rahmen der parlamentarischen Willensbildung zu einem Gesetz diskutieren die Abgeordneten immer auch über die mit dem Gesetz einhergehenden tatsächlichen wie wirtschaftlichen Auswirkungen. Es liegt nahe, dass – je nach Lage des Falles – die von dem zukünftigen Gesetz Betroffenen ihr Handeln bereits zu diesem Zeitpunkt am Inhalt des zukünftigen Gesetzes ausrichten. Der Schutzbereich der in diesen Fällen betroffenen Grundrechte ist daher auch schon vor dem jeweiligen Gesetzesbeschluss eröffnet, auch wenn zu diesem Zeitpunkt die Anforderungen an einen Grundrechtseingriff[965] noch nicht erfüllt sind bzw. sich das vorausschauende Verhalten der vom zukünftigen Gesetz Betroffenen sich aus grundrechtlicher Sicht noch als bloßer Rechtsreflex darstellt. Wenn dann in einer solchen Debatte darüber hinaus (ungerechtfertigte) Äußerungen, Warnungen oder Boykottaufrufe von Abgeordneten erfolgen, können diese im Einzelfall ähnliche faktische Wirkungen entfalten wie solche der Regierung.[966] Grundrechtseingriffe scheinen daher auch im Rahmen der parlamentarischen Willensbildung durch Abgeordnete möglich. Gleiches gilt für die (ungerechtfertigte) Verlautbarung von Geschäftsgeheimnissen im Parlament oder der Preisgabe von schützenswerten persönlichen Daten. Für herabsetzende Äußerungen in einem Gesetzgebungsverfahren wird das Vorliegen eines Grundrechtseingriffs insoweit bereits bejaht.[967] Jedenfalls im Einzelfall dürfte daher der Gebrauch der Mitwirkungsrechte der Abgeordneten in den Bereich staatlicher Gewalt im Sinne von Art. 1 Abs. 3, 20 Abs. 2 GG hineinwachsen können.

Gegen diese Annahme spricht auch nicht der Grundsatz der Indemnität nach Art. 46 Abs. 1 GG. Danach können die Abgeordneten wegen Äußerungen im Parlament oder einem seiner Ausschüsse nicht gerichtlich, dienstlich oder in anderer Weise außerhalb des Parlaments – auch nach Beendigung des Mandats – zur Verantwortung gezogen werden. Dies dürfte auch für den Fall einer Inanspruchnahme durch private Dritte, etwa einer Klage auf Widerruf oder Unterlassen einer Äußerung im Parlament, gelten.[968] Abgesehen vom Fall verleumderischer Beleidigungen, für die Abgeordnete nach dem Wortlaut der Vorschrift immer belangt werden können, können sie daher de facto auch im Falle etwaiger Grundrechtseingriffe grundsätzlich nicht in Anspruch genommen werden. Gleichwohl ändert die Indemnität nichts daran, dass Grundrechtseingriffe durch Abgeordnete insoweit möglich erscheinen. Denn die Indemnität nach Art. 46 GG verhindert als reine Rechtsfolgenregelung nur die Strafverfolgung, Disziplinarmaßnahmen oder die Inanspruchnahme vor Gerichten. Sie ändert aber materiell-rechtlich nichts am Vorliegen etwaiger Verletzungstatbestände. Im Falle strafbarer Handlungen schließt die Indemnität daher als persönlicher Verfolgungsausschlussgrund die Strafverfolgung aus, lässt den Tatbestand der Straftat aber unberührt.[969] Dementsprechend scheidet ein Eingriff in Grundrechte durch Inanspruchnahme der Mitwirkungsrechte der Abgeordneten aufgrund dessen Indemnität weder a priori aus, noch wäre ein solcher aus Gründen der Indemnität rechtfer-

---

965 Zu den Voraussetzungen statt aller *Hufen*, Staatsrecht II, 3. Aufl. (2011), § 8.
966 Zur Rechtsgrundlage und Eingriffsqualität amtlicher Warnungen etwa *Dreier*; in: Dreier (Hrsg.), Grundgesetz Bd. I, 2. Aufl. (2004), Vorb. Rn. 127; *Hufen*, Staatsrecht II, 3. Aufl. (2011), § 8 Rn. 3; *Sachs*, in: Sachs (Hrsg.), Grundgesetz, 6. Aufl. (2011), Vor Art. 1 Rn. 89; vgl. auch *Jestaedt*, Demokratieprinzip und Kondominialverwaltung (1993), S. 255 ff. (262); je m. w. N.
967 In diesem Sinne etwa *Herdegen*, in: Maunz/Dürig, Grundgesetz (64. Akt., Jan. 2012), Bd. I, Art. 1 Abs. 3 Rn. 93.
968 *Klein*, in: Maunz/Dürig, Grundgesetz (64. Akt., Jan. 2012), Bd. IV, Art. 46 Rn. 46 m. w. N.
969 Vgl. dazu statt aller *Achterberg*, Parlamentsrecht (1984), S. 240 ff.; *Magiera*, in: Bonner Kommentar zum Grundgesetz (156. Akt., Feb. 2012), Art. 46 Rn. 77 f.; jeweils m. w. N.

tigungsfähig. Ausgeschlossen wird lediglich die Verfolgbarkeit eines etwaigen Grundrechtseingriffs.

Es zeigt sich damit, dass – trotz fehlenden „Entscheidungscharakters" – die Wahrnehmung der Mitwirkungsrechte der Abgeordneten Auswirkungen auf grundrechtlich geschütze Positionen der Bürger haben kann. Vieles spricht daher dafür, nicht nur die Beschlüsse des Parlaments als Ganzem als demokratisch legitimierte staatliche Gewalt im Sinne von Art. 1 Abs. 3 GG i. V. m. Art. 20 Abs. 2 GG anzusehen. Denn wie aufgezeigt kann auch die Wahrnehmung der Mitwirkungsrechte der Abgeordneten im Rahmen ihres funktionellen Amtes jedenfalls in die Ausübung staatlicher Gewalt hineinwachsen. Im Ergebnis können die Abgeordneten sich daher nicht auf ihre Grundrechte berufen, soweit sie von ihren Mitwirkungsrechten im Parlament Gebrauch machen, sind aber bei deren Gebrauch auf den Schutz der Grundrechte Dritter verpflichtet.

### 3.1.2 Anwendung auf das Amt des Ratsmitglieds

Aus den gefundenen Ergebnissen zum Verhältnis von Demokratie und Grundrechten sowie der Bestimmung der Mitwirkungsrechte der Abgeordneten des Bundestages, kann nunmehr das Verhältnis der Grundrechte des Ratsmitglieds zu seinen Mitwirkungsrechten bestimmt werden. Bei diesen Mitwirkungsrechten handelt es sich um die oben als Rechte „im" Gemeinderat bezeichneten Befugnisse, wie etwa Rede- oder Antragsrecht, sowie die damit im Zusammenhang stehenden Pflichten des Ratsmitglieds in dessen funktionellem Amt.[970] Auch hier ist letztlich die Frage zu beantworten, in welchem Verhältnis die Mitwirkungsrechte des Ratsmitglieds im Gemeinderat zu seinen Grundrechten stehen und ob die Wahrnehmung der Mitwirkungsrechte als grundrechtsverpflichteter Akt staatlicher Gewalt nach Art. 1 Abs. 3, 20 Abs. 2 GG anzusehen ist.

Dabei können die für Abgeordnete des Bundestages herausgearbeiteten Grundsätze auch für die Ratsmitglieder grundsätzlich Geltung beanspruchen, müssen aber den Besonderheiten kommunaler Selbstverwaltung Rechnung tragen. Denn wie eingangs dargestellt kommt den Ratsmitgliedern ein den Abgeordneten des Bundestages nachgebildetes freies Mandat nach der jeweils einschlägigen Kommunalverfassung zu. Durch die Verpflichtung der Gemeinden und Kreise auf die repräsentative Demokratie aufgrund Art. 28 Abs. 1 Satz 2 GG in Verbindung mit Art. 20 Abs. 1 und 2 GG hat das Verfassungsrecht insoweit bestimmenden Einfluss auf die kommunale Selbstverwaltung und damit auch auf die Rechtsstellung der Ratsmitglieder.[971] Daraus folgen sowohl die Repräsentationsfunktion des Gemeinderates als dem obersten Willensbildungsorgan der Gemeinde als auch das freie Mandat der Ratsmitglieder.[972] Infolge dessen ist die Rechtsstellung der Mandatsträger in den Volksvertretungen in Bund, Ländern und Gemeinden funktional vergleichbar[973] und sind Rechte und Pflichten des Gemeinderates und seiner Mitglieder verfassungsrechtlich zulässig dem Parlamentsrecht entlehnt.[974]

---

970 Siehe 2.2.2.4.2 und 2.2.2.4.4.
971 BVerfG, NVwZ-RR 2005, 494 (494); BVerfGE 47, 253 (272) – Gemeindeparlamente; 83, 37 (53) – Ausländerwahlrecht SH.
972 BVerwGE 90, 104 (105); *Frowein*, DÖV 1976, S. 44 (45); *Stober*, Kommunalrecht, 3. Aufl. (1996), S. 185; 2.2.2.1 und 2.2.2.2.
973 Vgl. dazu ausführlich *Spiegel*, Parlamentsrechtliche Strukturmerkmale im Recht der kommunalen Volksvertretung (2005), S. 137 ff., 239 ff.
974 BVerfG, NVwZ-RR 2005, 494 (495); zum Ganzen ausführlich oben 2.2.1.3.2; 2.2.2.1.3; und 2.2.2.1.4; 2.2.2.2 und 2.2.2.4.

## 3.1 | Das Ratsmitglied als Teil staatlicher Gewalt

### 3.1.2.1 Amt, Mandat und Grundrechte des Ratsmitglieds

Bei der Übertragung der für Abgeordnete gefundenen Lösungen auf die Rechtsstellung des Ratsmitglieds sind aber die Besonderheiten kommunaler Selbstverwaltung zu berücksichtigen. Unabhängig vom faktischen Gleichlauf der funktionellen Ämter könnte insoweit dennoch ein verfassungsrechtlicher Spielraum bestehen, die Mitwirkungsrechte und das freie Mandat des Ratsmitglieds materiell-rechtlich von den Mitwirkungsrechten und dem freiem Mandat der Abgeordneten zu unterscheiden. Denn es bestehen Anhaltspunkte, die Mitwirkungsrechte des Ratsmitglieds als Fortsetzung der im status activus gesammelten Grundrechte der in den Gemeinderat gewählten Person ansehen zu können. Träfe die darauf gestützte Annahme zu, so wäre das Amt des Ratsmitglieds im Gegensatz zum Amt des Abgeordneten nicht amts-, sondern grundrechtsbasiert.

Dafür könnte sprechen, dass das Bundesverfassungsgericht das Amt des Ratsmitglieds als „staatsbürgerliches Recht" im Sinne von Art. 33 Abs. 3 GG und nicht öffentliches Amt qualifiziert hat.[975] Hinzu kommt, dass nach einigen Gemeindeordnungen die Ratsmitglieder noch nicht einmal ehrenamtlich tätig[976] sondern den ehrenamtlich Tätigen lediglich gleichgestellt sind.[977] Vor allem aber fehlt im Amt des Ratsmitglieds im Gegensatz zu den Abgeordneten eine ausdrückliche verfassungsrechtliche Kollisionsregel zwischen seinen Grund- und Mitwirkungsrechten. Denn während auf Ebene des Grundgesetzes die Mitwirkungsrechte der Abgeordneten durch Art. 38 GG verfassungsrechtlich eigenständig abgesichert sind, wurzeln die Mitwirkungsrechte der Ratsmitglieder im einfachen Recht, namentlich den Bestimmungen der Gemeindeordnungen. Weder das Grundgesetz noch die Landesverfassungen treffen für das freie Mandat der Ratsmitglieder insoweit ausdrückliche, dem Art. 38 GG entsprechenden Bestimmungen. Und diese Vorschrift soll ausdrücklich weder für die Mitwirkungsrechte der Ratsmitglieder noch für die von ihnen gebildeten Vereinigungen Geltung beanspruchen können – und das weder direkt noch analog.[978] Wenn aber die Landesverfassungen für die Ratsmitglieder ebenfalls keine Kollisionsregel für Grund- und Mitwirkungsrechte der Ratsmitglieder enthalten, dann könnte dies möglicherweise auch ein Indiz für die besondere Nähe von grundrechtlicher Freiheit und demokratischer Mitbestimmung im Amt des Ratsmitglieds sein. Augenscheinlich wird diese Nähe auch durch die räumliche Nähe der Ratsmitglieder zu den „vor Ort" zu treffenden Entscheidungen, die das Ratsmitglied als „ganzen Menschen"[979] und Staatsbürger[980] in besonderem Maße fordern. Auch aus diesem Grunde könnte es nahe liegen, im Rahmen des kommunalrechtlichen freien Mandats der Ratsmitglieder die subjektive Komponente besonders zu betonen.[981] Mit *Hufen* könnte daher davon ausgegangen werden, dass die Mitwirkungsrechte der Ratsmitglieder durch Grundrechtspositionen zumindest verstärkt werden.[982]

An diesem Punkt tritt das geschichtliche Kernproblem kommunaler Selbstverwaltung zu Tage. Denn wie eingangs aufgezeigt, streiten Geschichte und Funktionen kommunaler Selbstverwaltung von Anfang an darum, ob diese als Selbstverwaltung „von unten" gerade der Frei-

---

975 BVerfGE 79, 69 (75) – feierliche Beteuerung.
976 Art. 31 Abs. 2 S. 1 BayGO; §§ 32 Abs. 1 S. 1 GemO BW; 26 Abs. 1, 38 Abs. 1 BbgKVerf; 30, 18 GemO RP; 30 Abs. 1 KSVG SL; 35 Abs. 1 SächsGemO; 28 Abs. 1, 42 GO LSA; 24 Abs. 1 ThürKO.
977 §§ 10 bis 13 VerfBrhV; 35 Abs. 2 HGO; 54 Abs. 3 NKomVG; 43 Abs. 2 GO NRW; 32 Abs. 3 GO SH; keine Zuordnung trifft die KV MV.
978 2.2.2.2; BVerfGE 47, 253 (269) – Gemeindeparlamente; NVwZ-RR 2005, 494 (494 f.); NVwZ-RR 2012, 2 (2 f.); *Schnell*, Rederecht kommunaler Mandatsträger (1998), S. 72.
979 Vgl. BVerfGE 40, 296 (313) – Abgeordnetendiäten; 118, 277 (354) – Nebeneinkünfte.
980 Vgl. BVerfGE 118, 277 (379, Sondervotum) – Nebeneinkünfte.
981 Zur subjektiven Komponente des freien Mandats vgl. oben 3.1.1.2.
982 *Hufen*, Verwaltungsprozessrecht, 8. Aufl. (2011), § 21 Rn. 20.

heitausübung der Gemeindebürger dient oder diesen als Selbstverwaltung „von oben" die Möglichkeit zur Mitwirkung an öffentlichen Aufgaben gewährt wird.[983] Wird kommunale Selbstverwaltung also bürgerschaftlich-demokratisch begriffen, liegt eine grundrechtliche Fundierung oder Verstärkung der ratsinternen Mitwirkungsrechte nahe. Wird sie dagegen eher administrativ begriffen, scheidet eine solche Möglichkeit aus.

Insofern lässt sich eine unmittelbare Verbindung zwischen Grund- und Mitwirkungsrechten des Ratsmitglieds bzw. deren Verstärkung aber wohl weder aus der Geschichte noch besonderen Funktion kommunaler Selbstverwaltung begründen. Richtig ist insofern, dass die bürgerschaftliche Selbstverwaltung, also die Einbeziehung der in der Gemeinde wohnenden Bürger in die Steuerung des Gemeinwesens seit der preußischen Städteordnung des Freiherrn *vom Stein* Wesenselement kommunaler Selbstverwaltung ist.[984] Damals noch vom Staat „gewährt" („Selbstverwaltung von oben"), geht heute alle Macht des Staates vom Volke aus und wurzeln wie aufgezeigt auch die demokratischen Freiheiten in der Würde des Menschen. Im Mittelpunkt der deutschen Rechtsordnung steht nicht mehr wie früher die Macht des Staates, sondern die freie (auch politische) Selbstbestimmung der Person.[985] Das kann aber nicht darüber hinweg täuschen, dass die Gemeinden kraft Art. 28 GG in den staatlichen Aufbau einbezogen und als Teil der Exekutive der Länder konstituiert sind.[986] Die Rechtsstellung des Ratsmitglieds, dürfte daher schon aus diesem Grunde amts- und nicht grundrechtlich determiniert sein, soweit es um seine Mitwirkungsrechte in seinem funktionellen Amt geht. Denn insoweit greifen auch hier die bereits bei den Abgeordneten geäußerten Bedenken durch: Geht es um die Mitwirkungsrechte des Ratsmitglieds steht dieses seiner Gemeinde nicht mehr als ein grundrechtlicher „jedermann" gegenüber, der sich als Bourgeois gegen eine Verletzung seiner im status negativus gesammelten Grundrechte wehrt oder als Citoyen im status activus an der politischen Willensbildung teil hat. Aufgrund der Einbindung der Kommunen in die Exekutive der Länder hat auch das Ratsmitglied vielmehr teil an der – in den Worten des Bundesverfassungsgerichts – elementaren Unterscheidung zwischen freiem Bürger und gebundenem Staat.[987] Infolge der Kommunalverfassungen, die den Status der Ratsmitglieder als Ehrenamt bestimmen bzw. diese den ehrenamtlich Tätigen gleichstellen, ist deren Status damit – entsprechend der hinsichtlich der Abgeordneten gefundenen Lösung – zunächst einmal amts- und nicht grundrechtlich zu bestimmen.[988] Die demokratischen Grundrechte des Bürgers setzen sich daher auch bei Ratsmitgliedern nicht an deren Mitwirkungsrechten fort. Das durch Wahl vermittelte Amt des Ratsmitglieds und die ihm dadurch zukommende Möglichkeit, im Gemeinderat verbindliche Entscheidungen für die Gemeinde vorzubereiten und mit zu treffen, trennen die aus Sicht des einzelnen Mandatsträgers durchaus bestehende Verbindung etwa zwischen Meinungsäußerung in der Gemeinde und im Gemeinderat. Er hat als Volksvertreter zwar seine Entscheidungen vom gemeinen Wohl anhand seiner Überzeugungen zu treffen und dementsprechend im Gemeinderat zu handeln. Es ist aber nicht so, dass sich diese Entscheidungen als Fortsetzung der in der Menschenwürde wurzelnden freiheitlichen und demokratischen Grundrechte[989] darstellen. Denn mit der Wahl des Ratsmitglieds, also einem Ausdruck staatlicher Gewalt,[990] ist dieser Fortsetzungszusammenhang insoweit unterbrochen, als dessen funktionelles Amt ihm Mitwirkungsrechte im Gemeinderat verleiht. Denn dem

---

983 Siehe 2.2.1.
984 Siehe 2.2.1.1.
985 Siehe 2.1.1.2.
986 Siehe 2.2.1.2.
987 Siehe 2.1.3.4.
988 Siehe 3.1.1.2.
989 Siehe 2.1.2.2.
990 Siehe 2.1.2.3.

## 3.1 | Das Ratsmitglied als Teil staatlicher Gewalt

gewählten Ratsmitglied wie auch sonstigen gewählten Volksvertretern wird durch die Wahl eine öffentliche Aufgabe und zu deren Erfüllung Mitwirkungsrechte in der jeweiligen Volksvertretung anvertraut kraft derer sie im Rahmen der jeweiligen Zuständigkeit verbindlich entscheiden können und sollen. Der dadurch auf den verschiedenen Ebenen begründete Status unterscheidet sich deutlich von dem grundrechtlich-freiheitlich begründeten Status des Bürgers.

Der Unterschied zwischen Grund- und Mitwirkungsrechten wird anschaulich an ihrer jeweiligen Ziel- oder Schutzrichtung: Die Grundrechte stellen in erster Linie Abwehrrechte dar, mittels derer die persönliche Freiheitssphäre des Bürgers gegen Beeinträchtigungen von Hoheitsträgern behauptet werden kann. Zwar garantieren die demokratischen Grundrechte im Rahmen des *status activus* auch die Mitwirkung an der politischen Willensbildung. Allerdings zuvörderst durch das in Art. 28, 38 GG normierte Wahlrecht und nicht durch unmittelbar demokratische Elemente.[991] Und weder die „politischen Grundrechte" der Art. 5 Abs. 1, 8 und 9 GG[992] noch die für die Demokratie schlechthin konstituierende Meinungsfreiheit[993] geben den Bürgern einen Anspruch, politisch-demokratische Willensbildung uneingeschränkt zu jeder Zeit und an jedem Ort zu betreiben bzw. sich an jedem Ort und zu beliebiger Zeit zu versammeln: Die speziellen Mitwirkungsrechte in den Parlamenten und kommunalen Vertretungsorganen sind den gewählten Volksvertretern vorbehalten.[994] Äußert beispielsweise ein Zuschauer anlässlich einer Ratssitzung seine Meinung und beruft er sich dabei auf Art. 5 Abs. 1 GG, so kann ihm der Vorsitzende des Gemeinderates, gestützt auf sein Hausrecht und zum Schutz der Funktionsfähigkeit des Gemeinderates, das Wort entziehen. Und zwar unabhängig davon, ob der Zuschauer zu einem Tagesordnungspunkt sprechen möchte oder nicht. Er hat gerade keinen aus Art. 5 Abs. 1 GG erwachsenen Anspruch auf Meinungsäußerung im Rahmen einer Ratssitzung. Vielmehr stellt das in den Kommunalverfassungen normierte Hausrecht eine Grundrechtsschranke dar, die als allgemeines Gesetz im Sinne von Art. 5 Abs. 2 GG geeignet ist, eine Meinungsäußerung im Einzelfall zu unterbinden. Im Unterschied dazu handelt es sich bei den Mitwirkungsrechten der Ratsmitglieder um echte Ansprüche auf Mitwirkung und Einflussnahme auf die politische Willensbildung in der Gemeindevertretung. Dem Mandatsträger kommt – im Rahmen der der jeweiligen Kommunalverfassung – der Anspruch zu, in der Ratssitzung seine Meinung zu den in der jeweiligen Sitzung zu erörternden Belangen zu äußern. Gleiches gilt auch für das Informationsrecht und das Recht auf Abstimmung: Sie dienen nicht der Abwehr von Freiheitseingriffen seitens des Staates, sondern kraft Wahl des Ratsmitglieds der aktiven Mitwirkung im Gemeinderat und damit der Mitwirkung an der Willensbildung der Gemeinde.[995]

Die Mitwirkungsrechte der Ratsmitglieder gehen damit über das hinaus, was die Grundrechte dem Bürger an Ansprüchen zur Mitwirkung an der politischen Willensbildung zugestehen.[996] Den Mitwirkungsrechten, besser noch Mitwirkungsansprüchen der Ratsmitglieder, liegt die Entscheidung des Grundgesetzes zur repräsentativen Demokratie zugrunde, die durch Art. 28 GG auf die Ebene der Gemeinde übertragen ist.[997] Es ist daher nicht so, dass das gewählte Ratsmitglied eine schwächere Stellung inne hätte, als der „quivis ex populo".[998] Vielmehr hebt die Stellung als gewählter Volksvertreter mit verfassungsrechtlich abgesichertem freien Mandat das

---

991 Siehe 2.1.2.2.
992 Siehe 2.1.2.2.
993 BVerfGE 7, 198 (208) – Lüth.
994 Zu den in einigen Kommunalverfassungen existierenden Fragestunden vgl. statt aller *Mann*, in: Mann/Püttner (Hrsg.) HaKoWiP, Bd. 1, 3. Aufl. (2007), § 17 Rn. 15., m. w. N.
995 Zu den einzelnen Mitwirkungsrechten vgl. oben 2.2.2.4.2.
996 Siehe 2.1.2.2.
997 Siehe 2.2.1.2 und 2.2.1.3.2.
998 In diese Richtung *Geis*, BayVBl. 1992, S. 41 (45).

Ratsmitglied im Rahmen der bürgerschaftlich-demokratischen kommunalen Selbstverwaltung aus dem Kreis der übrigen Gemeindebürger heraus. Die demokratisch legitimierten Ratsmitglieder, nicht aber alle Gemeindebürger, sollen vordringlich den Willen der Gemeinde bilden.[999] Das bedeutet aus grundrechtlicher Sicht: Die Mitwirkungsrechte im Gemeinderat fallen nicht in den Schutzbereich der Grundrechte.[1000] Mit anderen Worten: durch die Wahl in die Volksvertretung der Gemeinde wandelt sich die grundrechtliche Meinungsäußerungsfreiheit des Bürgers zum Anspruch auf Meinungsäußerung des Ratsmitglieds im Gemeinderat. Grundrechte und Mitwirkungsrechte des Ratsmitglieds existieren damit nebeneinander, bauen aber nicht aufeinander auf. Auch der Status des Ratsmitglieds in seinem funktionellen Amt ist daher amts- und nicht grundrechtlich determiniert.

Es ist daher im Ergebnis richtig, wenn von der eingangs der Arbeit aufgeführten weit überwiegenden Meinung in Rechtsprechung und Lehre die Anwendung von Grundrechten insoweit verneint wird, als die Ratsmitglieder ihre Mitwirkungsrechte in Anspruch nehmen.[1001] Deren Argumente sind aber die Folge der soeben aufgezeigten verfassungsrechtlichen Grundentscheidung. Die eingangs der Arbeit dargestellten Überlegungen zur Organeigenschaft des Gemeinderats oder die Einstufung der ratsinternen Mitwirkungsrechte als Kompetenz und nicht als subjektives Recht können dagegen nicht selbst begründen, warum das Ratsmitglied sich bei seiner Amtsausübung nicht auf Grundrechte berufen kann. Sie können allenfalls die verfassungsrechtliche Unterscheidung von Grund- und Mitwirkungsrechten des Ratsmitglieds verwaltungsrechtlich ausgestalten.

### 3.1.2.2 Amt und Mandat des Ratsmitglieds als Ausdruck staatlicher Gewalt?

Wie im Falle der Abgeordneten stellt sich damit auch bei den Ratsmitgliedern die Frage, ob und inwieweit die Wahrnehmung derer Mitwirkungsrechte bereits als Ausdruck staatlicher Gewalt im Sinne von Art. 20 Abs. 2, Art. 1 Abs. 3 GG angesehen werden kann. Denn auch die Ratsmitglieder sind nicht selbst Organ oder Organteil des Gemeinderats, sondern dessen Mitglied.[1002] Und auch hier erscheint fraglich, ob die Willensbildung im Gemeinderat, die die Beschlüsse des Gemeinderats erst vorbereitet, bereits den Anspruch erheben kann, *„autorisiert im Namen aller Bürger"* zu erfolgen.[1003]

Hierfür spricht zwar, dass das Amt des Ratsmitglieds und die Wahrnehmung der hieraus fließenden Mitwirkungsrechte sich als Erfüllung einer Staatsaufgabe, also der Mitwirkung an der kommunalen Selbstverwaltung darstellen. Allerdings dürfte der Gedanke der Gesamtrepräsentation auch auf den Gemeinderat übertragbar sein: In welcher Weise das Gemeindevolk die ihm kraft der kommunalen Selbstverwaltung übertragene Staatsgewalt ausübt, steht zweifelsfrei erst fest, wenn der Gemeinderat seine Mehrheitsentscheidung getroffen hat. Denn wenn die Grundsätze repräsentativer Demokratie kraft Art. 28 GG auf die Gemeinden übertragen werden, dann dürfte dies auch insoweit gelten, als der Gemeinderat das Gemeindevolk „als Ganzes", also als Kollegium repräsentiert. Die von ihm ausgeübte staatliche Gewalt als besonderes Organ der vollziehenden Gewalt äußert sich damit zunächst einmal in seinen Beschlüssen bzw. den Beschlüssen seiner Untergliederungen.[1004] Fraglich ist demgegenüber, ob schon der Gebrauch

---

999 Zu den Elementen direkter Demokratie auf Ebene der Gemeinden etwa *Mann*, in: Mann/Püttner (Hrsg.), HaKoWiP, Bd. 1, 3. Aufl. (2007), § 17 Rn. 12 ff.; *Ipsen*, a. a. O., § 24 Rn. 16 ff., 300 ff.; jeweils m. w. N.
1000 Ähnlich *Ogorek*, JuS 2009, S. 511 (515).
1001 Siehe 1.2.2.1.
1002 Dazu nochmals sogleich, 4.2.1.
1003 BVerfGE, 128, 226 (244) – Fraport; 2.1.3.4.
1004 *Erlenkämper*, in: Erlenkämper/Zimmermann (Hrsg.), Praxishandbuch Kommunalrecht (2009), § 2 Rn. 64.

## 3.1 | Das Ratsmitglied als Teil staatlicher Gewalt

der Mitwirkungsrechte der einzelnen Ratsmitglieder ebenfalls staatliche Gewalt darstellt.[1005] In diesem Zusammenhang könnte zwar darauf abgestellt werden, dass etwa der haftungsrechtliche Amtsbegriff auch auf die Ratsmitglieder Anwendung findet und darum das Vorliegen staatlicher Gewalt indiziert. Insoweit ist etwa für Bebauungspläne anerkannt, dass eine fehlerhafte Abwägung durch die Ratsmitglieder Amtshaftungsansprüche der von der Satzung betroffenen Grundeigentümer auslösen kann.[1006] Da der haftungsrechtliche Amtsbegriff indes an eine Pflichtverletzung im Rahmen der Amtsausübung und nicht unmittelbar an die Ausübung staatlicher Gewalt anknüpft, dürfte dieses Argument allenfalls Indizwirkung haben. Diese Indizwirkung verdeutlicht indes die Paradoxie, dass das Ergebnis der Abstimmung im Gemeinderat, also etwa eine kommunale Abgabensatzung oder Gefahrenabwehrverordnung, in Grundrechte der Bürger eingreifen kann, das Ratsmitglied aber bei der Entscheidung über die Satzung nicht an genau diese Grundrechte gebunden sein sollte. Es erscheint daher auch und gerade im Fall der Ratsmitglieder möglich, dass die Wahrnehmung ihrer Mitwirkungsrechte grundrechtsrelevante Auswirkungen zeitigen kann. So können Äußerungen von Ratsmitgliedern im Gemeinderat ebenso wie bei Äußerungen von Abgeordneten im Bundestag Eingriffe in Grundrechte der Bürger auslösen. Der Boykottaufruf eines Ratsmitglieds im Gemeinderat ist daher zum Schutz des Gewerbetreibenden als Ausübung staatlicher Gewalt anzusehen. Anders als die Abgeordneten des Bundestages können sich die Ratsmitglieder allerdings auch Regressansprüchen ausgesetzt sehen. Denn in den meisten Kommunalverfassungen – abgesehen etwa von Art. 51 Abs. 2 BayGO – fehlt es an einer Art. 46 GG entsprechenden Indemnitäts-Regelung. Den Ratsmitgliedern kommt damit regelmäßig kein Indemnitätsschutz für Äußerungen im Gemeinderat zu. Denkbar erscheint daher die Gefahr, dass mit der hier vorgeschlagenen Lösung die Debattenkultur in den Gemeinderäten leiden könnte, weil Ratsmitglieder, aufgrund der Gefahr der Verletzung von Grundrechten der Bürger, keine oder weniger Wortbeiträge leisten könnten. Falls sich solche Hemmnisse tatsächlich nachweisen lassen sollten, und die Ratsmitglieder – von der Gefahr eines Regresses eingeschüchtert – von ihren Mitwirkungsrechten geringeren Gebrauch machen sollten, bleibt es dem Gesetzgeber unbenommen, Indemnitätsregelungen in den Kommunalverfassungen zu schaffen.

Im Ergebnis sprechen daher die besseren Argumente dafür, den Gebrauch der ratsinternen Mitwirkungsrechte entsprechend der Lösung bei Abgeordneten des Bundestages als Ausübung staatlicher Gewalt im Sinne von Art. 1 Abs. 3 GG anzusehen. Denn aufgrund der umfassenden Grundrechtsbindung der öffentlichen Gewalt nach Art. 1 Abs. 3 GG ist anzuerkennen, dass die Mitwirkungsrechte der Ratsmitglieder, in die Ausübung staatlicher Gewalt – auch in einem formellen Sinne – hineinwachsen können. Unter dem Strich handeln die Ratsmitglieder damit in Ausübung öffentlicher Gewalt und damit auch grundrechtsverpflichtet.[1007]

### 3.1.3 Zusammenfassung

Obwohl funktionell nicht mit dem Beamten vergleichbar, haben auch Abgeordnete ein Amt inne. Maßgeblich für das Vorliegen eines Amtes ist insoweit nicht die konkret wahrgenommeine Aufgabe, sondern die treuhänderische, gemeinwohlbezogene Aufgabenwahrnehmung für einen Hoheitsträger, also die Wahrnehmung von Staatsfunktionen. Je nach den Besonderheiten von gesetzgebender, vollziehender und rechtsprechender Gewalt ist das Amt dabei unterschiedlich ausgestaltet, ohne dass dadurch der Amtscharakter verloren ginge. Während sich etwa das Amt des Beamten durch seine förmliche Ernennung und Einbindung in ein hie-

---

1005 Zum Parallelproblem bei Abgeordneten 3.1.1.3.
1006 Siehe 2.2.2.3.3.
1007 BVerfG, NVwZ 1994, 56 (57); VerfG Brandeburg, LKV 2009, S. 27.

rarchisches Treue- und Fürsorgeverhältnis auszeichnet, ist das Amt des Volksvertreters durch seine Wahl und besondere Unabhängigkeit in der Amtswahrnehmung durch sein freies Mandat geprägt. Bei der Wahrnehmung der ihnen übertragenen Mitwirkungsrechte können sich die Abgeordneten dabei nicht auf ihre Grundrechte berufen. Zwar weist das freie Mandat nach Art. 38 Abs. 1 Satz 2 GG aus Sicht des jeweiligen Abgeordneten einige Besonderheiten auf, die es als mit den politischen Grundrechten verwandt erscheinen lassen. Das Grundgesetz gestaltet den Status des Abgeordneten indes amts- und nicht grundrechtlich aus, da das freie Mandat den Abgeordneten gerade nicht nur gegen Einflussnahme des Staates, sondern gerade auch gegenüber solcher aus dem Volk schützen soll. Der Abgeordnete soll als Repräsentant des Volkes zwar seine persönlichen Vorstellungen vom gemeinen Wohl, nicht aber partikulare Sonderinteressen verfolgen. Die ihm zur Mitwirkung im Parlament verliehenen Mitwirkungsrechte können daher nicht auf seine (demokratischen) Grundrechte zurückgeführt werden. Der durch Ausübung der Staatsgewalt durch das Volk begründete Status des Abgeordneten stellt vielmehr einen verfassungsrechtlichen Status eigener Art dar. Der Abgeordnete kann sich daher in Wahrnehmung seiner Mitwirkungsrechte (funkionelles Amt) nicht auf die ihm als Person zukommenden Grundrechte berufen. Vielmehr handelt er in diesen Fällen selbst grundrechtsverpflichtet und kann, etwa im Falle wahrheitswidriger Aussagen oder Beleidigungen, in Grundrechte des Bürgers eingreifen. Soweit allerdings nicht seine Mitwirkungsrechte im Parlament, sondern sonstige aus seinem Status fließende Rechte oder Pflichten in Rede stehen (statusrechtliches Amt), bleiben seine Grundrechte in vollem Umfang anwendbar. Diese können dann aber durch die Erfordernisse des Amtes eingeschränkt werden. Für die Frage der Berufung auf Grundrechte kommt es also nicht darauf an, ob organschaftliche Rechte und Pflichten vorliegen, sondern ob der Abgeordnete seine parlamentarischen Mitwirkungsrechte gebraucht, da (nur) diese eine besondere Form staatlicher Gewalt im Sinne von Art. 1 Abs. 3, 20 Abs. 2 GG darstellen.

Diese Erkenntnisse sind auf das Amt des Ratsmitglieds übertragbar. Aufgrund der bürgerschaftlich-demokratischen Funktion kommunaler Selbstverwaltung als Keimzelle der Demokratie müssen die in den Kommunalverfassungen vorgefundenen demokratischen und organisatorischen Strukturen in wesentlichen Punkten den auf Bundes- und Landesebene vorgefundenen entsprechen. Es macht daher keinen Unterschied, ob die Ratsmitglieder ehrenamtlich tätig oder den ehrenamtlich Tätigen gleichgestellt sind. Maßgeblich ist, dass infolge des in den Kommunalverfassungen gewährten freien Mandats, das seine mittelbare Absicherung durch Art. 28 GG erfährt, die hieraus fließenden Mitwirkungsrechte im Gemeinderat (funktionelles Amt) rechtlich genauso behandelt werden, wie die Mitwirkungsrechte der Abgeordneten. Im Ergebnis sind daher die Rechte des Ratsmitglieds aus dessen funktionellem Amt ebenfalls Ausübung einer Staatsaufgabe und damit staatliche Gewalt im Sinne von Art. 1 Abs. 3, 20 Abs. 2 GG einzustufen. Das Ratsmitglied kann sich daher bei Wahrnehmung seiner Mitwirkungsrechte im Gemeinderat nicht auf seine Grundrechte berufen und handelt grundrechtsverpflichtet.

Die eingangs aufgezeigten und zumeist auf Ebene des Verwaltungsrechts geführten Diskussionen um die Grundrechte des Ratsmitglieds wandeln sich damit zu Folgeproblemen einer verfassungsrechtlichen Grundentscheidung. Als Folge der Unterscheidung zwischen Grund- und Mitwirkungsrechten des Ratsmitglieds stellen sich erst die Fragen zum Status des Ratsmitglieds hinsichtlich Organstellung, Kompetenz und subjektivem Recht. Letztere Gesichtspunkte können aber nicht aus eigener Kraft die Frage beantworten, wie das Verhältnis zwischen Grund- und Mitwirkungsrechten der Ratsmitglieder zu bestimmen ist. Sie können lediglich die verfassungsrechtliche Grundentscheidung mit Mitteln des Verwaltungsrechts ausgestalten. Denn die verfassungsrechtliche Einordnung der Mitwirkungsrechte als staatliche Gewalt und nicht die

## 3.2 Das Ratsmitglied als Grundrechtsträger

daraus folgende Ausgestaltung des Status des Ratsmitglieds beantwortet die Frage, ob sich das Ratsmitglied bei Wahrnehmung seiner Befugnisse auf Grundrechte berufen kann oder nicht.

## 3.2 Das Ratsmitglied als Grundrechtsträger

Wenn das Ratsmitglied sich nach dem Vorstehenden nicht auf die ihm als natürliche Person zukommenden Grundrechte berufen kann, sofern seine Mitwirkungsrechte im Gemeinderat betroffen sind, bedeutet dies nicht, dass der Gemeinderat als solcher insgesamt als grundrechtsfreier Raum eingestuft werden müsste. Zwar wird oftmals die Wendung bemüht, die Grundrechte stünden dem Ratsmitglied nicht in seiner Eigenschaft als Amtswalter, sondern nur als Privatperson zu.[1008] Damit wird indes suggeriert, die Berufung auf Grundrechte schiede aus, soweit das Amt des Ratsmitglieds reiche. Dabei ist gerade fraglich, ob ein vollständiger Ausschluss der Grundrechte für das gesamte Amtsverhältnis des Ratsmitglieds vorliegen kann. Dies entspräche jedenfalls nicht den bei Beamten gefundenen Ergebnissen zu deren Grundrechtsfähigkeit. Und auch den Abgeordneten des Deutschen Bundestages ist die Berufung auf Grundrechte in den Fällen eröffnet, in denen es gerade nicht um die Wahrnehmung ihrer Mitwirkungsrechte geht, wohl aber Grundrechte betroffen sind.[1009] Richtig erscheint vielmehr, auf die oben herausgearbeitete Unterscheidung des Amtes im funktionellen und statusrechtlichen Sinne Bezug zu nehmen.[1010] Während dabei die Berufung auf Grundrechte wie dargelegt insoweit ausscheidet, als die Wahrnehmung seiner Mitwirkungsrechte im Raum steht (funktionelles Amt), dürfte die Frage im übrigen, also im Rahmen des statusrechtlichen Amtes, nach allgemeinen Regeln der Grundrechtsfähigkeit von Amtsträgern zu beantworten sein. Zwar wird das in dieser Arbeit zu behandelnde Problem vom Verhältnis der Grund- und Mitwirkungsrechte des Ratsmitgliedes gemeinhin nicht unter dem Stichwort Sonderstatusverhältnis diskutiert. Da die Rechtsstellung des Ratsmitglieds infolge der administrativen Dimension kommunaler Selbstverwaltung allerdings als Träger eines Ehrenamtes bzw. in Gleichstellung zu diesen festgelegt ist, erscheint es naheliegend, insofern die für andere Amtsträger existenten Lösungsansätze herauszuarbeiten und – nach Möglichkeit – anzuwenden.[1011]

### 3.2.1 Parallelwertung: Grundrechte im Amt des Berufsbeamten

Die (Grund)Rechtslage im Sonderstatusverhältnis des Beamten ist heute in weiten Zügen unstrittig. Auch der Beamte als Idealtyp des Amtsinhabers der deutschen Rechtsordnung kann Träger von Grundrechten sein. Sofern er nicht nur als bloßer Amtswalter die Verbandskompetenzen seines Dienstherrn wahrnimmt, sondern in seiner subjektiven Rechtsstellung betroffen ist, gelten die Grundrechte auch für ihn.[1012]

---

1008 Z. B. OVG NRW, NVwZ 1983, 485 (486); aus der Lit. statt aller *Ehlers*, in: Mann/Püttner, HaKoWiP Bd. 1, 33. Aufl. (2007), § 21 Rn. 127; *Erichsen/Biermann*, Jura 1997, S. 157 (160), je m. w. N.
1009 Vgl. hierzu 3.1.1.2.2.
1010 Siehe 2.2.2.4.1.
1011 So auch – ohne Begründung – *Trézoret*, Grundrechte im verwaltungsinternen Organstreitverfahren (2011), S. 71 ff., 87 ff.
1012 Statt aller: *Stern*, Staatsrecht Bd. III/1, (1988), S. 1376 ff.; vgl auch *Dreier*, in: Dreier (Hrsg.), Grundgesetz, Bd. I, 2. Aufl. (2004), Art. 1 III Rn. 64.

### 3.2.1.1 Vom allgemeinen Gewalt- zum Sonderstatusverhältnis

Unter Geltung der Weimarer Reichsverfassung war demgegenüber noch verbreitete Ansicht, Personen in besonderer Nähe zum Staat unterstünden einem „besonderen Gewaltverhältnis"[1013], das deren Grundrechtsfähigkeit ausschloss, bzw. innerhalb dessen ohne gesetzliche Grundlage in die Grundrechte eingegriffen werden konnte. Hierunter wurden ohne weitere Differenzierung der Strafgefangene genauso wie der Schüler oder der Beamte gefasst.[1014] Das besondere Gewaltverhältnis spezifizierte damit das allgemeine Gewaltverhältnis, das jedermann bezüglich seiner allgemeinen Rechte und Pflichten, insbesondere aber die Rechtsverhältnisse zwischen Bürger und Staat erfassen sollte.[1015] Dieses allgemeine Gewaltverhältnis korrespondierte wiederum mit einem Verständnis der Grundrechte als vom Staat gewährter Freiräume, mit der dieser seine prinzipiell uneingeschränkte staatliche Gewalt selbst beschränkte: Er band sich mit der Gewährung grundrechtlicher Freiheiten und subjektiver Rechte selbst, ohne dazu verpflichtet zu sein und räumte sich die Möglichkeit ein, diese Selbstbindung jederzeit wieder zu beseitigen.[1016] Dementsprechend war es möglich, im besonderen Gewaltverhältnis die Geltung der Grundrechte von vornherein auszuschließen oder zu beschränken.

Diese Trennung von allgemeinem und besonderem Gewaltverhältnis entsprach der traditionell-konstitutionellen Lehre der Trennung von Staat und Gesellschaft. Und auch heute wird noch vertreten, dass die Grundrechte die Unterscheidung von verfasster Staatlichkeit und Gesellschaft bewirken, deren Grenze insgesamt entlang der subjektiven öffentlichen Rechte verlaufen soll.[1017] Insbesondere *Isensee* sieht eine verfassungsrechtliche Fundamentalalternative zwischen grundrechtlicher und demokratischer Legitimation. Alle Lebensäußerungen des grundgesetzlichen Gemeinwesens müssten sich der einen oder der anderen Seite zuordnen lassen: *„Tertium non datur."*[1018] Damit solle die institutionelle Sphäre des Staates streng getrennt sein von der personellen Sphäre der Grundrechte, die als prototypische Ausprägung der Unterscheidung von Staat und Gesellschaft angesehen wird. Die Grundrechte markierten und sicherten die Grenze zwischen grundrechtlicher und demokratischer Freiheit und freiheitlichem bzw. organisatorischem Teil der Verfassung.[1019] Dem ist uneingeschränkt zuzustimmen, soweit es um Maßnahmen und Handlungen eines Hoheitsträgers gegenüber Bürgern geht, also durch die Legislative erlassene Gesetze, die durch Behörden vollzogen und durch Gerichte überprüft werden, mit anderen Worten: Ausübung staatlicher Gewalt im Sinne von Art. 1 Abs. 3 GG.

Bis heute wird aber auch vereinzelt vertreten, dass im staatlichen Innenbereich für Amtsträger überhaupt keine Grundrechte gälten. Denn Amtsinhaber übten Pflichten und Kompetenzen aus, aber keine Freiheiten. Sie könnten sich deshalb bei ihrer Amtstätigkeit nicht auf Grundrechte berufen.[1020] Erst die im Verwaltungsbinnenbereich geltende (Sonder-)Rechtsordnung schaffe mittels Statusrechten Freiheitsräume für Amtsträger, berücksichtige dabei aber deren Grund-

---

1013 Vgl. *O. Mayer*, Deutsches Verwaltungsrecht Bd. 1, 3. Aufl. (1924), S. 101.
1014 Kritisch zu Begriff und ausführlich zur Geschichte des besonderen Gewaltverhältnisses *Schnapp*, Amtsrecht (1977), S. 26 ff., 45 ff.
1015 *Hesse*, Verfassungsrecht, 20. Aufl. (1995), Rn. 323.
1016 *G. Jellinek*, System der subjektiven öffentlichen Rechte, 2. Aufl. (1905), S. 86; *Hesse*, Verfassungsrecht, 20. Aufl. (1995), Rn. 281.
1017 Vgl. *Schmidt-Aßmann*, in: Maunz/Dürig, Grundgesetz (64. Akt., Jan. 2012), Bd. III Art. 19 Abs. 4, Rn. 117.
1018 *Isensee*, Der Staat, 20 (1981), S. 161 (168).
1019 Vgl. dazu *Rupp*, in: Isensee/Kirchhof (Hrsg.), HStR II, 3. Aufl. (2004), § 31 Rn. 25 ff., m.w.N.
1020 Vgl. *Depenheuer*, in: Isensee/Kirchhof (Hrsg.), HStR III, 3. Aufl (2005), § 36 Rn. 19, 29.

## 3.2 | Das Ratsmitglied als Grundrechtsträger

rechte.[1021] Diese, das Amt im funktionellen Sinne betreffende und meist auf Beamte beschränkte Sichtweise, bestimmt den Begriff des „besonderen Gewaltverhältnisses".[1022]

Heute kann der historisch gewachsene Dualismus von Staat und Gesellschaft, der die staatliche Sphäre von der Individual- bzw. Gesellschaftssphäre abgrenzt, längst nicht mehr so trennscharf nachgezeichnet werden wie noch im 19. Jahrhundert.[1023] Die Trennung wurzelt letztlich im liberalistischen Denken des bürgerlichen Freiheitskampfes des 19. Jahrhunderts und entbehrt unter Geltung des Grundgesetzes aus mehreren Gründen einer Grundlage. Erstens, weil im modernen demokratischen Rechtsstaat die Macht des Staates nicht mehr von Gott abgeleitet oder als der Monarchie inhärent vorausgesetzt wird, sondern nach Art. 1 Abs. 3, 20 Abs. 2 GG vom Volk ausgeht und in der Würde des Einzelnen wurzelt. Letztlich ist der Staat in der Gesellschaft, im Gesellschaftsvertrag begründet, so dass seine Macht auch nur so weit reicht, wie das Volk sie ihm übergeben hat.[1024] Und zweitens handelt der Staat heute nicht mehr nur vorwiegend klassisch-hoheitlich, also in einem Subordinationsverhältnis gegenüber dem Bürger. Vielmehr bedient sich die öffentliche Hand vermehrt der Mittel des privaten Rechts, um ihre Aufgaben zu erfüllen. Das Bundesverfassungsgericht hat hierauf inzwischen reagiert und die Trennlinie zwischen Staat und Gesellschaft weit in den gesellschaftlichen Bereich hinein verschoben. Auch gemischt-wirtschaftliche Unternehmen, derer sich Hoheitsträger zur Erfüllung öffentlicher Aufgaben bedienen und die von diesen beherrscht werden, sind daher an die Grundrechte nach Art. 1 Abs. 3 GG gebunden. Heute ist daher nicht mehr zwischen Staat und Gesellschaft zu differenzieren, sondern die Frage zu beantworten, ob Staatsaufgaben wahrgenommen werden bzw. staatliche Gewalt ausgeübt wird oder nicht.[1025]

Auch das in der Vergangenheit bemühte Konfusionsargument verfängt aus diesem Grunde nicht. Natürlich scheint es zunächst einmal befremdlich, den Staat an Grundrechte gegenüber seinen Bürgern zu binden, dem Amtsinhaber als Teil des Staates dann aber die Berufung auf Grundrechte zu gestatten, Grundrechte also quasi gegen sich selbst zu wenden. Ausgehend von der Prämisse, dass nach Art. 20 Abs. 2 GG alle Macht vom Volke ausgeht, ist das aber die normale Situation: Das Volk als Inhaber staatlicher Gewalt gewährleistet jedem Einzelnen in seiner Mitte Grundrechtsschutz. Dieser ist nicht etwa als „Schutz vor sich selbst" zu verstehen, sondern der Erkenntnis geschuldet, dass die einmal auf staatliche Organe übertragene Macht des Volkes der Regulierung und Kontrolle bedarf. Aus diesem Grunde genießt im Rahmen des Sonderstatusverhältnisses auch der einzelne Amtsträger/Organwalter Grundrechtsschutz, solange er nicht als Repräsentant des Staates dem Volk gegenübertritt und selbst öffentliche Aufgaben erfüllt bzw. staatliche Gewalt ausübt.

Und schließlich ist schon aufgrund der umfassenden Bindungswirkung des Art. 1 Abs. 3 GG für jedwede staatliche Gewalt eine pauschale Ausnahme der Grundrechtsgeltung für Amtsträger und andere Personen im Sonderstatusverhältnis nicht haltbar.[1026] Kraft Art. 1 Abs. 3 GG ist die Frage heute nicht mehr, „ob" in Sonderstatusverhältnissen Grundrechte wirken, sondern „wie" sie es tun.[1027] Nicht umsonst haben bereits die Länderverfassungen vor Erlass des Grundgeset-

---

1021 So noch *Loschelder*, in: Isensee/Kirchhof (Hrsg.), HStR V, 2. Aufl. (2000), § 123, Rn. 13, 21, 37 ff.; der jetzt aber davon spricht, dass die Frage der Grundrechtsgeltumg im Sonderstatus „nicht mehr in Zweifel gezogen wird". Die Art und Weise der Grundrechtswirkung sei aber entsprechend der Sonderstatusverhältnisses zu differenzieren, *Loschelder*, in: Isensee/Kirchhof (Hrsg.), HStR IX, 3. Aufl. (2011), § 202 Rn. 9.
1022 *Schnapp*, Amtsrecht (1977), S. 25.
1023 Dazu statt aller *Rupp*, in: Isensee/Kirchhof (Hrsg.), HStR II, 3. Aufl. (2004), § 31.
1024 Siehe 2.1.1.2.3.
1025 Siehe 2.1.3.4.
1026 BVerfGE 33, 1 (10 f.) – Strafgefangene; st. Rspr., vgl. zuletzt BVerfGE 116, 69 (80) – Jugendstrafvollzug.
1027 Dazu statt aller, *Stern*, Staatsrecht III/1 (1988), S. 1202 ff., 1376 ff.

## Grundrechte und Amt des Ratsmitglieds | 3

zes als Reaktion auf die Weimarer Reichsverfassung neben Volkssouveränität, Demokratie und parlamentarischem Regierungssystem vor allem die Grundrechte gestärkt. Dadurch wurde in bewusster Abkehr von nationalsozialistischem Gedankengut eine Wertentscheidung dokumentiert: Der Staat ist um des Menschen willen da.[1028] Dass die Grundrechte auch im Sonderstatusverhältnis grundsätzlich Anwendung finden, ist darum heute allgemein anerkannt.[1029]

Voraussetzung für die Anwendbarkeit der Grundrechte auch im Sonderstatusverhältnis ist aber eine grundrechtstypische Gefährdungslage.[1030] Auch der Amtsträger muss sich in einer Situation befinden, in der seine grundrechtlichen Freiheiten in ähnlicher Weise gefährdet sind, wie die eines Privaten. Im Falle von Strafgefangenen, Schülern oder Studenten ist eine solche grundrechtstypische Gefährdungslage stets zu bejahen und es wird auf das Sonderstatusverhältnis meist gar nicht mehr eingegangen.[1031] Für den Amtsträger folgt daraus, dass es an einer grundrechtstypischen Gefährdungslage fehlt, wenn er im Rahmen seines funktionellen Amtes dem Bürger gegenüber tätig wird und öffentliche Aufgaben erfüllt bzw. Hoheitsgewalt ausübt. Denn hier nimmt er nicht eigene Kompetenzen bzw. Rechte wahr sondern als Organ bzw. Behörde diejenigen seines Dienstherrn.[1032] Diese nach außen gerichteten Handlungen Dritter gegenüber sind wohl in den meisten Fällen auch heute noch gemeint, wenn schlicht darauf verwiesen wird, der Amtsträger könne sich im Rahmen seiner Amtstätigkeit nicht auf Grundrechte berufen. Denn nur in diesem Zusammenhang können die grundrechtlichen Abwehrrechte des Bürgers den Staat, vertreten durch den Amtsträger, zu deren Beachtung verpflichten.[1033] Der Amtsträger kann sich aber im Verwaltungsbinnenbereich ähnlichen Freiheitsbeschränkungen ausgesetzt sehen wie ein Privater. Zum Beispiel wird seine persönliche Rechtsstellung auch dann berührt, sieht er sich hierarchischen Weisungen ausgesetzt.[1034] Es muss dann im Einzelfall festgestellt werden, ob auch insoweit eine grundrechtstypische Gefährdungslage besteht. Ist dies der Fall, kann sich der betroffene Amtsträger auf seine Grundrechte berufen.

Auch bei Vorliegen einer grundrechtstypischen Gefährdungslage kann sich die Person im Sonderstatusverhältnis aber nicht uneingeschränkt auf ihre Grundrechte berufen. *Hesse* macht anschaulich, dass es mit der Verpflichtung des Beamten zur Amtsverschwiegenheit unvereinbar wäre, könnte er sich uneingeschränkt auf seine Meinungsäußerungsfreiheit aus Art. 5 Abs. 1 GG berufen. Auch ist es sinnvoll, das Post- und Briefgeheimnis der Strafgefangenen aus Art. 10 GG auf gesetzlicher Grundlage einzuschränken.[1035] Trotz grundsätzlicher Anerkennung der Grundrechtsgeltung muss in Sonderstatusverhältnissen die freiheitssichernde Funktion der Grundrechte daher in vielen Fällen zurücktreten. Diese Freiheitsbeschränkungen müssen aber wie alle anderen Grundrechtsschranken auch im Grundgesetz wurzeln, so etwa in Art. 33 Abs. 4, 5 GG für die Beamten oder in Art. 7 GG oder Art. 5 Abs. 3 GG für Schule bzw. Universität.[1036] Darüber hinaus ist man sich auch weitgehend einig, Amtsträgern aufgrund ihrer Eingliederung in den Staatsaufbau, ihrer hoheitlichen Tätigkeit und der damit einhergehenden Bedürfnisse der Ver-

---

1028 *Frotscher/Pieroth*, Verfassungsgeschichte, 10. Aufl. (2011), Rn. 749; vgl. dazu auch oben 2.1.1.2.1.
1029 Statt aller *Böckenförde*, Zur Lage der Grundrechtsdogmatik (1990), S. 16 ff.; *Hufen*, Staatsrecht II, 3. Aufl. (2011), § 9 Rn. 3 ff.
1030 *Vitzthum*, in: Merten/Papier (Hrsg.), Handbuch der Grundrechte Bd. II (2006), § 48 Rn. 18 ff.
1031 Vgl. etwa BVerwG, NVwZ 2012, S. 162 (163).
1032 Zu diesem Funktionsvorbehalt vgl. etwa BVerfGE 108, 282 (315 ff.) – Kopftuch (Sondervotum); zum Begriff des Organs und der Behörde vgl. unten 4.2.1 und 4.2.2.
1033 Vgl. *Isensee*, in: Isensee/Kirchhof (Hrsg.), HStR IV, 3. Aufl. (2006), § 71 Rn. 137.
1034 Dazu sogleich, 3.2.1.3.2.
1035 *Hesse*, Verfassungsrecht, 20. Aufl. (1995), Rn. 324.
1036 *Hesse*, Verfassungsrecht, 20. Aufl. (1995), Rn. 326.

## 3.2 | Das Ratsmitglied als Grundrechtsträger

waltung stärkere Freiheitseinschränkungen als sonstigen Personen zumuten zu können.[1037] Weitaus differenzierter wird die Lage indes beurteilt, wie diese stärkeren Freiheitsbeschränkungen aussehen sollen. Trotz Überholung des besonderen Gewaltverhältnisses der Weimarer Reichsverfassung ist die Rechtslage hier daher auch heute noch klärungs- und systematisierungsbedürftig.[1038] Ziel muss auch hier die verhältnismäßige Zuordnung von Grundrechten und Sonderstatus sein, um beiden im Sinne praktischer Konkordanz zu möglichst optimaler Wirksamkeit zu verhelfen.[1039]

### 3.2.1.2 Grundrechte und statusrechtliches Amt

Beamte können sich danach zunächst einmal im Bereich ihres statusrechtlichen Amtes auf ihre Grundrechte berufen.[1040] Bei Maßnahmen in diesem Bereich gelten die Grundrechte in vollem Umfang. Der Beamte kann sich hier zum Beispiel auf die Meinungsäußerungsfreiheit nach Art. 5 GG, die Glaubensfreiheit des Art. 4 GG, die Vereinigungsfreiheit nach Art. 9 GG oder das allgemeine Persönlichkeitsrecht der Art. 1 Abs. 1 i. V. m. 2 Abs. 1 GG berufen.[1041] Das Bundesverfassungsgericht hat diesbezüglich ausgeführt, dass der Beamte zwar „im Staat" stehe und darum mit besonderen Pflichten belastet sei. Er sei aber zugleich Bürger, der seine Grundrechte gegen den Staat geltend machen könne. In ihm stießen also zwei Grundentscheidungen des Grundgesetzes aufeinander. Einerseits die Garantie eines für den Staat unentbehrlichen Beamtenkörpers nach Art. 33 Abs. 5 GG und andererseits die Garantie der individuellen Freiheitsrechte. Der Ausgleich könne darin gesucht werden, dass die Pflichten des Beamten die Wahrnehmung seiner Grundrechte einschränkten.[1042] Der Schutzbereich der Grundrechte ist also eröffnet, Eingriffe können aber über die in Verbindung mit Art. 33 Abs. 5 GG ergangenen Beamtengesetze gerechtfertigt werden. Aufgrund seiner Amtsträgereigenschaft hat der Beamte stärkere Einschränkungen seiner Grundrechte hinzunehmen als ein beliebiger Privater.[1043] So hat er zum Beispiel bei politischer Betätigung Zurückhaltung zu üben, um das Ansehen des Amtes nicht zu beschädigen.[1044] Art. 33 Abs. 5 GG enthält aber nicht nur Grundrechtsschranken, sondern räumt den Beamten darüber hinaus auch eigene subjektive Rechte ein.[1045] Ähnliches gilt auch für nur ehrenamtlich Tätige. Auch sie verlieren nicht ihre Grundrechtsfähigkeit, die Grundrechte können aber eingeschränkt werden. Dabei kann auch der Verlust des Amtes einen verfassungsrechtlich gerechtfertigten Eingriff in Grundrechte darstellen.[1046]

### 3.2.1.3 Grundrechte und funktionelles Amt

Geht es dagegen um das funktionelle Amt, also die Ausübung amtlicher Tätigkeit gegenüber Dritten, ist die Rechtslage differenzierter. Hier ist zunächst danach zu unterscheiden, ob der Beamte als Teil einer Behörde die Verbandskompetenzen seines Dienstherrn wahrnimmt oder

---

1037 Statt aller *Dreier*, in: Dreier (Hrsg.), Grundgesetz, Bd. I, 2. Aufl. (2004), Art. 1 III Rn. 64; *Hesse*, Verfassungsrecht, 20. Aufl. (1995), Rn. 321 ff.; *Hufen*, Staatsrecht II, 3. Aufl. (2011), § 9 Rn. 3.
1038 *Vitzthum*, in: Merten/Papier (Hrsg.), Handbuch der Grundrechte Bd. II (2006), § 48 Rn. 3.
1039 *Hesse*, Verfassungsrecht, 20. Aufl. (1995), Rn. 325.
1040 Zur Begriffsbildung vgl. oben 2.2.2.4.1.
1041 Dazu im Einzelnen etwa *Kunig*, in: Schmidt-Aßmann/Schoch (Hrsg.), Besonderes Verwaltungsrecht, 14. Aufl. (2008), 6. Kap. Rn. 169 ff.
1042 BVerfGE 39, 334 (366 f.) – Radikalenerlass; vgl. auch *Hesse*, Verfassungsrecht, 20. Aufl. (1995), Rn. 324 ff.
1043 *Stern*, Staatsrecht Bd. III/1, (1988), S. 1386 ff.
1044 *Kunig*, in: Schmidt-Aßmann/Schoch (Hrsg.), Besonderes Verwaltungsrecht, 14. Aufl. (2008), 6. Kap. Rn. 171, m. w. N.
1045 Dazu statt aller *Hufen*, Staatsrecht II, 3. Aufl. (2011), § 36 Rn. 15 f.
1046 BVerfG, DVBl. 2008, 906 (906 ff.) – ehrenamtlicher Richter beruft sich hinsichtlich des Musizierens in einer rechtsradikalen Band auf seine Kunstfreiheit.

nicht.[1047] Es ist also danach zu fragen, ob der Beamte „aktiv" einen Verwaltungsakt oder eine dienstliche Weisung gegenüber einem anderen Beamten erlässt oder ob er sich als Beamter solchen Maßnahmen ausgesetzt sieht.

### 3.2.1.3.1 *Wahrnehmung von Kompetenzen*

Sofern und soweit der Beamte für seinen Dienstherren Dritten oder anderen Beamten gegenüber handelt, scheidet eine Berufung auf Grundrechte von vornherein und vollumfänglich aus. Denn insofern tritt der Beamte schon nicht als eigene Rechtspersönlichkeit, sondern nur als Teil einer Behörde und damit als (Außen-)Organ des Staates auf.[1048] Für die Meinungsäußerungsfreiheit heißt dies etwa, dass der Beamte sich bei amtlichen Äußerungen Dritten gegenüber nicht auf Art. 5 I GG berufen kann.[1049] Hier ist der Schutzbereich der Grundrechte des Beamten bereits nicht eröffnet, da es an einer grundrechtstypischen Gefährdungslage mangelt.[1050] Denn in diesen Fällen geht es aus grundrechtlicher Sicht allenfalls um die Meinungsäußerung der Gemeinde bzw. des jeweiligen Dienstherren.[1051] Neben dieser eher formellen Begründung, liegt der sachliche Grund in der notwendigen demokratischen Legitimation der von den Beamten vorzunehmenden Maßnahmen und zu treffenden Entscheidungen.[1052] Da es sich hierbei um Ausübung staatlicher Gewalt handelt, hat sich der Beamte etwa bei Ermessensentscheidungen nicht an den ihm als natürliche Person zustehenden Grundrechten und Freiheiten zu orientieren, sondern an Recht und Gesetz bzw. am Gemeinwohl. An dieser Stelle ist das Amt *„Dienst, nicht Selbstverwirklichung".*[1053] Hier ist es nicht Gegenstand der Freiheit, sondern deren Voraussetzung: *„Wer verbindlich über die rechtlichen Bedingungen der Freiheit entscheidet, kann selbst nicht frei sein."*[1054] Beruft sich der Amtsträger dennoch auf seine Grundrechte, so verlässt er sein Amt, zu dessen Wahrung er verpflichtet ist und handelt als Privatmann: *si excessit, privatus est.*[1055]

Darum kann etwa der zuständige Beamte der Bauaufsichtsbehörde die Baugenehmigung für ein Gotteshaus nicht mit der Begründung verweigern, er könne dies nicht mit seiner negativen Glaubensfreiheit aus Art. 4 GG vereinen. Die Frage ist dabei nicht die der zulässigen oder unzulässigen Grundrechtsausübung im Amt, sondern ob ein Amt überhaupt noch wahrgenommen wird.[1056] Denn die Wahrnehmung hoheitlicher Befugnisse wie etwa die Erteilung einer Baugenehmigung ist Ausübung grundrechtsgebundener staatlicher Gewalt im Sinne von Art. 1 Abs. 3 GG. Es ist daher in solchen Fällen die Frage zu beantworten, ob sich das Handeln des Beamten noch als Ausübung amtlicher Befugnisse und damit staatlicher Gewalt oder bereits freiheitlicher Betätigung darstellt. Am praktikabelsten scheint es hier, funktional darauf abzustellen, ob der Beamte *„in Ausübung"* seines Amtes, oder nur *„bei Gelegenheit"* der Amtsausübung tätig wird.[1057] Handelt er in Ausübung seines Amtes Dritten gegenüber, so kann der Beamte sich nicht auf seine Grundrechte berufen und in obigem Beispiel die Baugenehmigung nicht mit Hinweis auf Art. 4 GG verweigern. Kann der Beamte diese Art der Amtsführung nicht mit sich als Privatmann vereinbaren, kann er sein Grundrecht aus Art. 4 GG indes seinem Dienst-

---

1047 Zum Behördenbegriff sogleich, 4.2.2.
1048 *Stern*, Staatsrecht Bd. III/1, (1988), S. 1386 ff.
1049 *Starck*, in: v. Mangoldt/Klein/Starck, Grundgesetz, Bd. 1, 6. Aufl. (2010), Art. 5 Abs. 1, 2 Rn. 188; *Herzog*, in: Maunz/Dürig, Grundgesetz (64. Akt., Jan. 2012), Bd. I, Art. 5 Abs. I, II, Rn. 106 f.
1050 *Vitzthum*, in: Merten/Papier (Hrsg.), Handbuch der Grundrechte Bd. II (2006), § 48 Rn. 41.
1051 Vgl. die Differenzierung bei *Schnell*, Rederecht kommunaler Mandatsträger (1998), S. 31 ff.
1052 *Depenheuer*, in: Isensee/Kirchhof (Hrsg.), HStR III, 3. Aufl. (2005), § 36 Rn. 21.
1053 *Isensee*, in: Knies (Hrsg.) FS f. Fromme (2002), S. 41 (50 f.).
1054 *Isensee*, in: Knies (Hrsg.) FS f. Fromme (2002), S. 41 (43).
1055 Vgl. *Schnapp*, Amtsrecht (1977), S. 281.
1056 Vgl. *Schnapp*, Amtsrecht (1977), S. 281.
1057 *Geis*, BayVBl. 1992, S. 41 (43 f.); *Vitzthum*, in: Merten/Papier (Hrsg.), Handbuch der Grundrechte Bd. II (2006), § 48 Rn. 40 ff.

## 3.2 | Das Ratsmitglied als Grundrechtsträger

herren gegenüber geltend machen. Dieser kann dann den Beamten gegebenenfalls zur Entscheidung anweisen, was einen über Art. 33 Abs. 5 GG i. V. m. den Beamtengesetzen verfassungsrechtlich gerechtfertigten Grundrechtseingriff in Art. 4 GG des Beamten darstellen dürfte. Sofern im Einzelfall die Grenze zwischen Handeln *in* Amtsausübung und Handeln *bei Gelegenheit* der Amtsausübung nicht eindeutig gezogen werden kann, erscheint es angebracht, in Zweifelsfällen ein Handeln „in Ausübung" des Amtes anzunehmen, um für den von der Amtshandlung betroffenen Bürger einen effektiven Grundrechtsschutz sicherzustellen.[1058]

### 3.2.1.3.2 Hierarchische Weisungen

Eine andere, bis heute nicht vollständig dogmatisch durchdrungene Situation besteht im binnenrechtlichen Teil des Amtes im funktionellen Sinne. Bereits oben wurde aufgezeigt, dass auch im Sonderstatusverhältnis des Beamten dieser sich auf seine Grundrechte berufen kann. Problematisch sind in diesem Bereich aber insbesondere hierarchische Weisungen hinsichtlich der Art und Weise der Amtsausübung. Diese haben oft auch Auswirkungen auf die persönliche Lebensführung der Beamten. Geradezu klassisch ist die Weisung an den Beamten, keinen Haarzopf oder Ohrring während der Amtsausübung zu tragen.[1059] Schulbeispiel ist auch die Anweisung, Akten in einer bestimmten Reihenfolge zu bearbeiten.[1060] Hierbei handelt es sich zwar um eine dienstliche Weisung, sie berührt gleichzeitig aber auch die persönliche Rechtsstellung des Beamten und damit seine Grundrechte.[1061]

Bis heute wird in diesem Bereich versucht, die Berufung der Beamten auf Grundrechte mit unterschiedlicher Begründung einzuschränken. So werde mit der Möglichkeit, sich auf Grundrechte zu berufen, die Weisungsgebundenheit innerhalb der staatlichen Verwaltung durchlöchert. Damit gehe ein Verlust an parlamentarischer Verantwortlichkeit und Kontrollmöglichkeiten einher, die die demokratische Legitimation der vom Beamten anzuwendenden Gesetze gefährde.[1062] Ursprünglich sollte den Beamten die Berufung auf Grundrechte in diesem Bereich daher vollständig versagt bleiben.[1063] Der Amtswalter sei als *„Glied der Verwaltung"*[1064] oder *„Glied des Staatsorganismus"*[1065] grundsätzlich nicht Zuordnungssubjekt von eigenen Rechten und Pflichten und damit im Verhältnis zu seiner Amtswaltung insgesamt nicht grundrechtsfähig. In dem Ausmaß und Zuschnitt, wie das Amtswalterverhältnis im Gesetz festgelegt sei, werde der Beamte zum bloß fungierenden Amtswalter und verliere gewissermaßen seine die Grundrechtsfähigkeit bestimmende Personalität.[1066] Im Rahmen der Amtswaltung bleibe der Amtswalter im Ergebnis nur insoweit grundrechtsfähig, als es um die Würde des Menschen gehe.[1067] Spätestens seit der Strafgefangenenentscheidung des Bundesverfassungsgerichts[1068] und seiner Entscheidung zum sog. Radikalenerlass[1069] kann dieser Argumentation aber nicht mehr gefolgt werden. Auch der staatliche Innenbereich ist anerkanntermaßen kein grundrechtsfreier Raum. Dies folgt letztlich aus Art. 1 Abs. 3 GG, der den Staat in vollem Umfang

---

1058 *Vitzthum*, in: Merten/Papier (Hrsg.), Handbuch der Grundrechte Bd. II (2006), § 48 Rn. 43.
1059 Vgl. OVG RP, NJW 1987, 340.
1060 Weitere Beispiele hierarchischer Weisungen etwa bei *Roth*, Verwaltungsrechtliche Organstreitigkeiten (2001), S. 216 f.
1061 *Vitzthum*, in: Merten/Papier (Hrsg.), Handbuch der Grundrechte Bd. II (2006), § 48 Rn. 18 ff., 44 ff., m. w. N.
1062 *Depenheuer*, in: Isensee/Kirchhof (Hrsg.), HStR III, 3. Aufl. (2005), § 36 Rn. 21.
1063 *Erichsen*, Verwaltungsarchiv 71 (1980), S. 429 (437).
1064 Vgl. BVerwGE 14, 84 (87).
1065 Vgl. *Bachof*, in: FS f. Laforet (1952), S. 285 (304 f.).
1066 *Erichsen*, Verwaltungsarchiv 71 (1980), S. 429 (437).
1067 *Rupp*, Grundfragen der Verwaltungsrechtslehre, 2. Aufl. (1991), S. 65 f.
1068 BVerfGE 33, 1 (10 f.) – Strafgefangene.
1069 BVerfGE 39, 334 (366 f.) – Radikalenerlass.

an die Grundrechte bindet. Darum wird heute die Grundrechtsgeltung auch im eigentlichen „Amtsbereich" grundsätzlich anerkannt.[1070]

Gleichwohl soll weiterhin zwischen solchen Weisungen unterschieden werden, die den bloßen Amtsbereich, also das funktionellen Amt, nicht verlassen und solchen Weisungen, die auch die persönliche Rechtsstellung des Beamten berühren. Früher[1071] wie heute[1072] hängt von dieser Einordnung wesentlich ab, ob und wie der Beamte Rechtsschutz erlangen kann.[1073] Denn für diesen Bereich besteht trotz grundsätzlicher Anerkennung der Grundrechtsgeltung gleichwohl weitgehend Einigkeit, dass hierarchische Weisungen, die sich lediglich im Amts- oder Betriebsverhältnis bewegen, nicht gerichtlich überprüfbar sein sollen. Ein solcher Rechtsschutz soll im Interesse der „Einheit der Verwaltung" grundsätzlich ausscheiden. Es bestehe ein Bedürfnis der Verwaltung nach Effektivität und Kontinuität, das durch gerichtliche Kontrollen rein hierarchischer Weisungen unterlaufen würde. Außerdem liefe eine gerichtliche Einflussnahme auf verwaltungsinterne Vorgänge dem traditionellen Bild der Verwaltung, ihrer Hierarchie sowie ihrer Abgrenzung zur Judikative zuwider.[1074] Dabei wird innerdienstlichen, hierarchischen Weisungen teilweise bereits deren rechtliche Qualität abgesprochen, weil der Beamte nur als Organ betroffen sei[1075] bzw. die Weisung nur die ohnehin bestehenden Pflichten aus dem Beamtenverhältnis konkretisierten.[1076]

Die Zuordnung einer Maßnahme zum amtlichen oder persönlichen Bereich ist nach *Roth* danach vorzunehmen, ob sie sich auf sein Privatleben auswirkt, also auf die Lebensführung außerhalb des Dienstes, oder auf sein soziales Ansehen.[1077] Nach anderer Ansicht ist maßgebliches Unterscheidungskriterium, ob die an den Beamten gerichtete Weisung in gleicher Form auch an jeden anderen beliebigen Beamten hätte gerichtet werden können. Dieser müsste also für die Zwecke der Weisung austauschbar sein.[1078] Beide Abgrenzungskriterien sind indes nicht recht tauglich. So weist *Roth* zu Recht darauf hin, daß die Anweisung, am Wochenende Dienst zu tun, jedem beliebigen Beamten gegenüber erfolgen kann und dennoch in die persönliche Rechtsstellung des einzelnen Adressaten eingreift.[1079] Denn er muss seine Freizeit um den Dienst herum planen. Genau dieses Argument macht indes auch das Unterscheidungskriterium *Roths* zunichte. Denn letztlich wirkt sich auch die typisch dienstrechtliche Maßnahme der Erstellung eines Dienstplanes auf das Privatleben des Beamten aus: Er muss seine privaten Aktivitäten um die dienstlichen Bedürfnisse „herum" gestalten. Die ganze Unterscheidung ist damit höchst abhängig von den jeweiligen Umständen, was *Roth* selbst zugesteht.[1080] In der Rechtsprechung wird demgegenüber darauf abgestellt, worauf die streitigen Vorgänge und Weisun-

---

1070 *Badura*, in: Maunz/Dürig, Grundgesetz (64. Akt., Jan. 2012), Bd. IV, Art. 33 Rn. 61; *Roth*, Verwaltungsrechtliche Organstreitigkeiten (2001), S. 228 f.
1071 Vgl. dazu exemplarisch *Bachof*, in: FS f. Laforet (1952), S. 285 (316).
1072 OVG RP, AS 27, 331 (334 ff.); wohl auch *Hufen*, Verwaltungsprozessrecht, 8. Aufl. (2011), § 14 Rn. 36; *Kunig*, in: Schmidt-Aßmann/Schoch (Hrsg.), Besonderes Verwaltungsrecht, 14. Aufl. (2008), Kap. 6 Rn. 181 f.; *Roth*, Verwaltungsrechtliche Organstreitigkeiten (2001), S. 219 ff.; *Schenke*, Verwaltungsprozessrecht, 13. Aufl. (2012), Rn. 390; *Stern*, Staatsrecht III/1 (1988), S. 1386; *Ule*, VVDStRL 15 (1957), S. 156 f.
1073 Instruktiv *Battis*, Bundesbeamtengesetz, 4. Aufl. (2009), § 63 Rn. 11 ff., m. w. N.
1074 *Roth*, Verwaltungsrechtliche Organstreitigkeiten (2001), S. 226 unter Hinweis auf PrOVGE 3, 345 (346 f.).
1075 *Roth*, Verwaltungsrechtliche Organstreitigkeiten (2001), S. 219 unter Verweis auf *Bethge*, DVBl. 1980, 309 (313 f.); *Herbert*, DÖV 1994, 108 (111) zu Organen; *Löwer*, Verwaltungsarchiv 68 (1977), S. 327 (339 ff.) zu Behörden; so auch schon *Bachof*, in: FS f. Laforet (1952), S. 285 (303 f.).
1076 *Schenke*, Verwaltungsprozessrecht, 13. Aufl. (2012), Rn. 390; ähnlich *Ule*, VVDStRL 15 (1957), S. 156 f.
1077 BVerwG, DÖV 1999, 695 (696); *Roth*, Verwaltungsrechtliche Organstreitigkeiten (2001), S. 223 f.
1078 *Maurer*, Allgemeines Verwaltungsrecht, 18. Aufl. (2011), § 9 Rn. 25; *Barth*, Subjektive Rechte von Gemeinderatmitgliedern im Kommunalverfassungsstreit (1997), S. 88.
1079 *Roth*, Verwaltungsrechtliche Organstreitigkeiten (2001), S. 222.
1080 *Roth*, Verwaltungsrechtliche Organstreitigkeiten (2001), S. 225.

## 3.2 | Das Ratsmitglied als Grundrechtsträger

gen ihrer Intention nach vorwiegend abzielen. Danach ist die Frage zu stellen, ob der Vorgesetzte final den Amtsträger in seiner Person oder in seiner Funktion ansprechen wollte.[1081] Dieses Kriterium entspricht in der Sache der für Mandatsträger bereits vorgeschlagenen funktionalen Abgrenzung, ob der Amtsträger *„in"* oder nur *„bei Gelegenheit"* der Amtsausübung handelt.[1082]

Die vorgeschlagenen Abgrenzungskriterien zeigen, dass eine eindeutige Zuordnung beamtenrechtlicher Regelungen zum Amt oder zur Person kaum möglich ist. Denn diese sind nicht strikt voneinander getrennt, sondern i. S. einer Konnexität aufeinander bezogen,[1083] weil mit dem Amt immer auch die Person mitgesetzt ist, der das Amt treuhänderisch anvertraut wird.[1084] Es erscheint daher fraglich, ob mit den vorgenannten Gründen, etwa der Auffassung von der rein faktischen Natur innerdienstlicher Weisungen deren fehlende Justiziabilität abstrakt generell begründet werden kann.[1085] Vorzugswürdig scheint daher, anhand der vorgeschlagenenen Kriterien (*„Finalität"*, *„in"* oder *„bei Gelegenheit"* der Amtsausübung) die Reichweite und Auswirkungen einer hierarchischen Weisung auf die Person des Amtsträgers zu bestimmen. Denn mit dieser funktionalen Abgrenzung kann am ehesten abgebildet werden, in welchen Fällen der Beamte in Amtsausübung, also bei der Wahrnehmung demokratisch legitimierter staatlicher Gewalt betroffen ist und in welchen Fällen nicht. Die Anweisung, am Wochenende Dienst zu tun oder Akten in einer bestimmten Reihenfolge zu bearbeiten, betrifft gerade die Wahrnehmung des Amtes gegenüber Dritten, so dass der Beamte hier „in" Amtsausübung, also gerade in seiner Funktion adressiert wird. Dagegen erfolgt die Weisung an den Beamten, keinen Ohrring oder Haarzopf zu tragen, regelmäßig bei Gelegenheit der Amtsausübung. Denn die ordnungsgemäße Wahrnehmung hoheitlicher Befugnisse gegenüber Dritten dürfte grundsätzlich nicht von der Existenz eines Ohrringes oder Haarzopfes abhängen. Ist der Beamte bei Gelegenheit der Amtsausübung betroffen, bedeutet das nicht, dass die Weisung per se rechtwidrig wäre. Vielmehr wird auch in vielen Fällen entweder ein Grundrechtseingriff abzulehnen oder ein Eingriff verfassungsrechtlich gerechtfertigt sein.[1086] Mit dieser Vorgehensweise könnten einerseits die Bedürfnisse der Verwaltung samt Charakteristika des Beamtenrechts und die in vielen Fällen sicherlich geringe Eingriffsintensität in die Schutzbereiche der Grundrechte sowie andererseits Bedeutung und Gewicht des betroffenen Grundrechts miteinander abgewogen werden. Die Mehrzahl innerdienstlicher Weisungen dürfte dabei entweder nicht die erforderliche Eingriffsintensität aufweisen oder einen gerechtfertigten Grundrechtseingriff darstellen. Schon aufgund der geringen Erfolgsaussichten dürfte diese Lösung daher nicht zu einer nennenswerten Steigerung von Klagen gegen hierarchische Weisungen führen.

### 3.2.2 Anwendung auf das Amt des Ratsmitglieds

Überträgt man die zu den Beamten gefundenen Ergebnisse auf das Amt des Ratsmitglieds, so folgt daraus, dass sich dieses auf seine Grundrechte berufen kann, soweit es nicht seine Mitwirkungsrechte im Gemeinderat in Anspruch nimmt. Denn während die aus dem Mandat fließen-

---

1081 OVG RP, AS 27, 331 (335); ebenso *Battis*, Bundesbeamtengesetz, 4. Aufl. (2009), § 63 Rn. 12 mit weiteren Nachweisen zur Rechtsprechung.
1082 *Geis*, BayVBl. 1992, S. 41 (43 f.); *Vitzthum*, in: Merten/Papier (Hrsg.), Handbuch der Grundrechte Bd. II (2006), § 48 Rn. 48 ff.
1083 OVG RP, AS 27, 331 (334).
1084 *Köttgen*, in: Fg. f. Smend (1962), S. 119 (123).
1085 So auch *Battis*, Beamtengesetz, 4. Aufl. (2009), § 63 Rn. 11.
1086 *Kunig*, in: Schmidt-Aßmann/Schoch (Hrsg.), Besonderes Verwaltungsrecht, 14. Aufl. (2008), Kap. 6 Rn. 47; *Schnapp*, Amtsrecht (1977), S. 275 ff.

den Mitwirkungsrechte in seinem funktionellen Amt von den Grundrechten zu unterscheiden sind, führt dies nicht zu einem Ausschluss der Grundrechtsfähigkeit im Übrigen. Sofern also keine Mitwirkungsrechte betroffen sind, kann sich das Ratsmitglied daher auch auf seine Grundrechte berufen.

### 3.2.2.1 *Grundrechtsgeltung in und außerhalb des Gemeinderats*

Da die Ratsmitglieder beinahe durchweg ehrenamtlich tätig[1087] bzw. den ehrenamtlich Tätigen gleichgestellt sind,[1088] können die Grundsätze, die im Rahmen des Amtsverhältnisses der Beamten bzw. in Sonderstatusverhältnissen insgesamt für die Berufung auf Grundrechte gelten, auch Anwendung auf das Amt des Ratsmitglieds finden.[1089] Die Anwendbarkeit der Grundrechte dürfte zum Schutz des Ratsmitglieds bereits deshalb geboten sein, weil im Gegensatz zum Beamten hier kein über Art. 33 Abs. 5 GG abgesichertes Treue- und Fürsorgeverhältnis existiert.[1090] Insofern kann also eine „grundrechtstypische Gefährdungslage" wie bei jedem anderen Amtsträger auch auftreten. Zwar ist das Rechtsinstitut der „grundrechtstypischen Gefährdungslage" ursprünglich im Zusammenhang mit der Grundrechtsfähigkeit juristischer Personen des öffentlichen Rechts entwickelt worden.[1091] Der Gebrauch des Terminus scheint jedoch gerechtfertigt, weil damit anschaulich vermittelt werden kann, dass die Übernahme des Amts des Ratsmitglieds nicht per se dessen Berufung auf Grundrechte ausschließt. Infolge des Amtsverhältnisses sind zwar unter Umständen stärkere Einschränkungen der Grundrechte gerechtfertigt, die Grundrechte sind aber zunächst einmal anwendbar. Daran ändert auch die Einordnung der Mitwirkungsrechte des Ratsmitglieds im Gemeinderat als grundrechtsverpflichtete staatliche Gewalt nach Art. 1 Abs. 3 GG nichts. Denn soweit diese dem Ratsmitglied verliehenen Mitwirkungsrechte *nicht* betroffen sind, ist der Status des Ratsmitglieds gerade anderen Trägern von Ehrenämtern gleichgestellt. Und insofern kann in und außerhalb des Gemeinderats eine grundrechtstypische Gefährdungslage auftreten. Die Grundrechte finden daher jedenfalls in ihrer klassischen Abwehrfunktion des *status negativus* Anwendung, wenn auch stärkere Einschränkungen aufgrund der Übernahme des Amtes gerechtfertigt sind. Für die Justizgrundrechte hat das Bundesverfassungsgericht deren Anwendbarkeit aufgrund ihrer objektiven Bedeutung bereits bejaht.[1092]

#### 3.2.2.1.1 *Statusrechtliches und funktionelles Amt*

Für das Amt im statusrechtlichen Sinne gilt dabei das zum Sonderstatusverhältnis und zu den Beamten bereits hergeleitete entsprechend.[1093] So greift beispielsweise die Verschwiegenheitsverpflichtung für ehrenamtlich Tätige in die allgemeine Handlungsfreiheit der Ratsmitglieder aus Art. 2 Abs. 1 GG ein und ist die Berufsfreiheit des Ratsmitglieds aus Art. 12 GG durch das kommunale Vertretungsverbot betroffen,[1094] soweit das Ratsmitglied dadurch gehindert wird, seiner Erwerbstätigkeit nachzugehen. Diese Eingriffe sind indes gerechtfertigt durch die Anfor-

---

1087 Art. 31 Abs. 2 S. 1 BayGO; §§ 32 Abs. 1 S. 1 GemO BW; 26 Abs. 1, 38 Abs. 1 BbgKVerf; 30, 18 GemO RP; 30 Abs. 1 KSVG SL; 35 Abs. 1 SächsGemO; 28 Abs. 1, 42 GO LSA; 24 Abs. 1 ThürKO.
1088 §§ 10 bis 13 VerfBrhV; 35 Abs. 2 HGO; 54 Abs. 3 NKomVG; 43 Abs. 2 GO NRW; 32 Abs. 3 GO SH; keine Zuordnung trifft die KV MV.
1089 Siehe 3.2.1; vgl. auch *Barth*, Subjektive Rechte von Gemeinderatsmitgliedern im Kommunalverfassungsstreit (1997), S. 122 ff.; 143.
1090 Siehe 2.2.2.3.
1091 Zum Begriff vgl. etwa BVerfGE 45, 63 (79) – Stadtwerke; *Dreier*, in: Dreier (Hrsg.), Grundgesetz, Bd. I, 2. Aufl. (2004), Art. 19 III Rn. 32.
1092 BVerfG, Beschl. v. 16.03.2005, 2 BvR 315/05 Rn. 17, zit. nach iuris; Passage fehlt in NVwZ-RR 2005, 494.
1093 Siehe 3.2.1.2.
1094 Dazu 1.2.1.5.

## 3.2 | Das Ratsmitglied als Grundrechtsträger

derungen einer effektiven und funktionsfähigen Verwaltung und mittels der in den Gemeindeordnungen normierten Schutzrechte der Ratsmitglieder gegenüber ihren Arbeitgebern entschärft. Auch die in einigen Gemeindeordnungen existenten Offenlegungspflichten für weitere vergütete ehrenamtliche Tätigkeiten stellen einen rechtfertigungsbedürftigen Eingriff in die Berufsfreiheit des Ratsmitglieds aus Art. 12 GG bzw. in dessen Recht auf informationelle Selbstbestimmung aus Art. 2 Abs. 1 i. V. m. 1 Abs. 1 GG dar.

Im Rahmen des funktionellen Amtes Sinne sind die Grundrechte dagegen nicht anwendbar. Denn bei deren Gebrauch handelt das Ratsmitglied wie soeben gezeigt grundrechtsverpflichtet. Das bedeutet aber nicht, dass eine Berufung auf Grundrechte im Gemeinderat, in dem das Ratsmitglied seine Mitwirkungsrechte benutzt, generell ausschiede. Denn auch während einer Ratssitzung verliert das Ratsmitglied nicht seine Grundrechtsfähigkeit. Insoweit folgt aus den am Beispiel der Beamten hergeleiteten Grundsätzen des Sonderstatusverhältnisses, dass sich das Ratsmitglied auch „im Amt" auf seine Grundrechte berufen kann.[1095] Das Ratsmitglied kann sich also auch innerhalb von Ratssitzungen auf die ihm als natürliche Personen zustehenden Rechte berufen, sofern nicht seine Mitwirkungsrechte aus dem funktionellen Amt betroffen sind.[1096] Denn in diesem Fall ist nicht die Funktion des Ratsmitglieds als Träger staatlicher Befugnisse und staatlicher Gewalt, sondern seine Person maßgeblich. Danach kann sich das Ratsmitglied im Schulfall des Rauchens im Gemeinderat auf seine körperliche Unversehrtheit nach Art. 2 GG oder im Fall des im Sitzungssaal hängenden Kruzifixes auf seine Glaubensfreiheit nach Art. 4 GG berufen. Auch ist eine private Meinungsäußerung des Ratsmitglieds nach Art. 5 Abs. 1 GG denkbar und kann das allgemeine Persönlichkeitsrecht der Ratsmitglieder nach Art. 2 Abs. 1 i. V. m. Art. 1 Abs. 1 GG Anwendung finden.

### 3.2.2.1.2 Abgrenzungskriterien zwischen Funktion und Person

Für das funktionelle Amt sind daher Abgrenzungskriterien zu entwickeln um zu unterscheiden, in welchen Fällen die Funktion und in welchen Fällen die Person des Ratsmitglieds durch eine Maßnahme oder Unterlassung betroffen ist. Es ist also beispielsweise zu differenzieren, ob eine Meinungsäußerung privat oder amtlich erfolgt. Die auf eine ungebührliche Meinungsäußerung folgende Ordnungsmaßnahme des Vorsitzenden trifft dementsprechend das Ratsmitglied entweder in seiner Funktion oder in seiner Person. Die Anwendbarkeit der Grundrechte des Ratsmitglieds hängt dabei maßgeblich davon ab, ob die (grundrechtsverpflichtete) Wahrnehmung von Mitwirkungsrechten in Rede steht oder nicht. Denn es ist gerade die Wahrnehmung demokratisch legitimierter staatlicher Gewalt, die es dem Amtsträger verwehrt, sich auf seine Grundrechte zu berufen.[1097] Soweit das Ratsmitglied dagegen keine staatliche Gewalt ausübt, bleibt ihm die Möglichkeit, sich auf seine Grundrechte zu berufen, offen.

Zur Abgrenzung zwischen Funktion und Person des Ratsmitglieds hat *Trézoret* jüngst vorgeschlagen, danach zu fragen, ob das Ratsmitglied die Auswirkungen einer Maßnahme bei objektiver Betrachtung auch noch in dem Moment träfen, in dem es seine Mandatsausübung zeitweise oder dauerhaft beende. Sei dies der Fall, so sei nicht mehr der innerorganiatorische Rechts- und Pflichtenkreis, sondern der personale Status des Ratsmitglieds betroffen. In diesem Fall könne das Ratsmitglied sich also auch auf seine Grundrechte berufen.[1098] Eine solche, an tatsächlichen Anhaltspunkten orientierte Entscheidung kann das herausgearbeitete verfassungs-

---

1095  Siehe 3.2.1.3.
1096  So auch *Barth*, Subjektive Rechte von Gemeinderatsmitgliedern im Kommunalverfassungsstreit (1997), S. 38 f.; *Kintz*, LKRZ 2011, S. 476 (479); ähnlich auch *v. Mutius*, Kommunalrecht (1996), Rn. 764 ff., 768.
1097  Siehe 2.1.3.4 und 3.1.2.2.
1098  *Trésoret*, Grundrechte im verwaltungsrechtinternen Organstreitverfahren (2011), S. 91 f.

rechtliche Kriterium „Ausübung staatlicher Gewalt" aber nur unzureichend abbilden. Denn wie eingangs bereits dargelegt existieren Fallgestaltungen, in denen die Auswirkungen einer Maßnahme das Ratsmitglied nur während der Mandatsausübung treffen, aber gleichwohl die Person und nicht die Funktion des Ratsmitglieds zum Ziel haben. Und umgekehrt können die Auswirkungen einer Maßnahme auch dann noch bestehen, wenn die Mandatsausübung zeitweise oder dauerhaft beendet ist, bei objektiver Betrachtung aber nicht die Person sondern Funktion des Ratsmitglieds betreffen.[1099] Um hier zu tauglicheren Ergebnissen zu kommen sollten daher funktionale Kriterien Anwendung finden. Dabei bietet es sich an, die zu den Beamten hergeleiteten Kriterien heran zu ziehen. Denn bei diesen stellt sich wie bei den Ratsmitgliedern als insoweit vergleichbaren Amtsträgern die Frage, in welchen Fällen die Ausübung demokratisch legitimierter staatlicher Gewalt gegenüber dem Bürger und in welchen Fällen die Person des Amtsträgers materiell-rechtlich betroffen ist. In Entsprechung der beamtenrechtlichen Kriterien[1100] sollte daher die Frage gestellt werden, ob mit einer Maßnahme *final* das Ratsmitglied in seiner Person oder in seiner Funktion angesprochen werden sollte[1101] bzw. bei Handlungen des Ratsmitglieds dieses *„in Ausübung"* seines Amtes, oder nur *„bei Gelegenheit"* der Amtsausübung handelt.[1102]

Grundrechte sind nach diesen Kriterien anwendbar, wenn Maßnahmen des Vorsitzenden gerade auf die Person des Ratsmitglieds zielen, diese also bei Gelegenheit der Amtsausübung betroffen wird. Demgegenüber sind Grundrechte nicht anwendbar, wenn das Ratsmitglied seine Mitwirkungsrechte im Gemeinderat in Anspruch nimmt, also *„in"* Ausübung seines Amtes handelt. In Zweifelsfällen sollte im Wege einer Schwerpunktsetzung den Grundrechten zur Wirksamkeit verholfen werden, weil Art. 1 Abs. 3 GG die hoheitliche Gewalt umfassend bindet. Bei Maßnahmen, die gegenüber dem Ratsmitglied ergehen und nicht eindeutig zuordenbar sind, sollte daher die Möglichkeit des Ratsmitglieds, sich auf Grundrechte zu berufen, bejaht werden. Behauptet das Ratsmitglied Mitwirkungsrechte im Gemeinderat, sollte demgegenüber im Zweifel und zum Schutz der Grundrechte Dritter dem Ratsmitglied die Berufung auf Grundrechte versagt und seine Handlungen an Art. 1 Abs. 3 GG gemessen werden.[1103] Eine solche Zweifelsregel gewährleistet, dass auch im Gemeinderat die Grundrechte umfassend Wirkung entfalten. Am Beispiel ehrverletzender Äußerungen zeigt sich, dass hierdurch eine schlüssige Auflösung der Grundrechtsproblematik erreicht werden kann. Bezeichnet etwa ein Ratsmitglied den Gemeinderat und damit die übrigen Ratsmitglieder als „kriminelle Vereinigung"[1104] ist problematisch, ob eine solche Äußerung noch „in Amtsausübung" oder schon „bei Gelegenheit" derselben getätigt wird. Denn die Beleidigung könnte auch als Exzess gewertet werden, der nicht mehr zur Amtsausübung gehört. Denkbar erscheint daher, Beleidigungsfälle sämtlich dem Zivilrecht zuzuordnen.[1105] Eine Beleidigung wäre dann also „bei Gelegenheit" der Amtsausübung ausgesprochen, so dass staatliche Gewalt im Sinne von Art. 1 Abs. 3 GG nicht vorläge und das beleidigende Ratsmitglied dementsprechend nicht an Grundrechte gebunden wäre. Die durch eine Beleidigung verletzten Ratsmitglieder wiederum könnten ihr grundrechtliches Persönlichkeitsrecht dem sie beleidigenden Ratsmitglied nicht entgegen halten. Ein etwai-

---

1099 Vgl. die Beispiele unter 1.2.3.
1100 Siehe 3.2.1.3.2.
1101 Vgl. OVG RP, AS 27, 331 (335).
1102 *Geis*, BayVBl. 1992, S. 41 (43 f.); vgl. auch *Vitzthum*, in: Merten/Papier (Hrsg.), Handbuch der Grundrechte Bd. II (2006), § 48 Rn. 40 ff.
1103 Vgl. *Vitzthum*, in: Merten/Papier (Hrsg.), Handbuch der Grundrechte Bd. II (2006), § 48 Rn. 43.
1104 VG Würzburg, Urt. v. 27. 11. 2002, W 2 K 02 828 (juris), Rn. 47 f., 51 ff., 111 f.; vgl. für das Verfahren im einstweiligen Rechtsschutz VG Würzburg, Beschl. v. 19.09. 2002, W 2 E 02 829 (juris); vgl. zum Ehrenschutz auch VG Oldenburg, Urt. v. 29. 09. 2005, 2 A 68/03 (juris), Rn. 21, 33.
1105 Beispiele dazu bei *Schoch*, Jura 2008, 826 (831).

## 3.2 | Das Ratsmitglied als Grundrechtsträger

ger Rechtsstreit wäre vor den Zivilgerichten auszufechten, obwohl die Verwaltungsgerichtsbarkeit die größere Sachnähe bieten dürfte. Fände in einem solchen Zweifelsfall allerdings die vorgeschlagene Zweifelsregel Anwendung, dann wäre die beleidigende Äußerung noch „in Amtsausübung" erfolgt, wäre das sich äußernde Ratsmitglied bei seiner Äußerung an die Grundrechte der übrigen Ratsmitglieder gebunden und könnten diese ihr allgemeines Persönlichkeitsrecht dem beleidigenden Ratsmitglied entgegen halten. Die Streitigkeit wäre vor dem sachnäheren Verwaltungsgericht gegebenenfalls zu klären und die Besonderheiten der Debatte im Rahmen bürgerschaftlich-demokratischer Selbstverwaltung wären bei der verfassungsrechtlichen Rechtfertigung etwaiger Eingriffe zu berücksichtigen.

Die so für anwendbar erklärten Grundrechte des Ratsmitglieds können zum Schutz kommunaler Selbstverwaltung dann aber eingeschränkt werden. Die aus Art. 28 Abs. 2 GG folgenden Bedürfnisse einer funktionsfähigen und effektiven kommunalen Selbstverwaltung wirken insoweit als verfassungsimmanente bzw. durch die Gemeindeordnungen konkretisierte Schranke für die Grundrechte des Ratsmitglieds. Die Grundrechte können darum in der Folge nach allgemeinen Grundsätzen eingeschränkt werden. Im Vergleich zu den Abgeordneten in Bundestag und Landtagen sind hier sogar stärkere Beschränkungen denkbar, da die Ratsmitglieder schon aufgrund der unterschiedlichen Zuständigkeitsbereiche und der staatsorganisationsrechtlichen Einbindung in die Staatsverwaltung der Länder[1106] stärker pflichtengebunden sind.[1107] Das Amt des Ratsmitglieds weist insoweit, etwa mit den möglichen Amtshaftungsansprüchen sowie besonderen Befangenheitsvorschriften immer noch einige Bindungen auf, die dem Status des Abgeordneten fremd sind.[1108]

### 3.2.2.2 Materiell-rechtliche Folgen

Die Möglichkeit der Ratsmitglieder, sich auf Grundrechte zu berufen, soweit sie keine Mitwirkungsrechte im Gemeinderat ausüben, hat zwar Auswirkungen auf die Kommunalverfassung und die Praxis in den Gemeinderäten. Die materiell-rechtlichen Folgen dürften aber mit den vorhandenen verfassungs- und verwaltungsrechtlichen Mitteln handhabbar sein.

Tendenziell schwieriger wird allerdings die notwendige Abgrenzung von amtlichem und persönlichem Handeln des Ratsmitglieds. Es kann nach den herausgearbeiteten Kriterien nicht mehr per se von der Betroffenheit von Amt und Mandat des Ratsmitglieds auf die Unanwendbarkeit der Grundrechte geschlossen werden. Notwendig ist vielmehr die Abgrenzung, ob grundrechtsverpflichtete Mitwirkungsrechte im Gemeinderat in Rede stehen oder nicht. So ist etwa bei dem Rederecht des Ratsmitglieds in Zweifelsfällen die Abgrenzung erforderlich ob „zur Sache" gesprochen wird oder nicht. Denn während dem Ratsmitglied kraft seiner Mitwirkungsrechte im Rahmen der Geschäftsordnungsautonomie des Gemeinderats ein Anspruch auf Meinungsäußerung zu den Themen der Ratsitzung zusteht, existiert ein solcher (grundrechtlicher) Anspruch auf private Meinungsäußerung gerade nicht.[1109] Diese Abgrenzung dürfte indes mit den vorgeschlagenen Kriterien („*Finalität*", Handeln „*in*" oder „*bei Gelegenheit*" der Amtsausübung) und Schwerpunktsetzung handhabbar sein.[1110]

---

1106  Siehe 2.2.1.2.
1107  Dazu *Dolderer*, DÖV 2009, S. 146 ff.
1108  Vgl. etwa die Möglichkeit der Amtshaftung, 2.2.2.3.3. oder die kommunalen Befangenheitsvorschriften, 2.2.2.4.4.
1109  Siehe 3.1.2.1.
1110  *Geis*, BayVBl. 1992, S. 41 (43 f.); *Vitzthum*, in: Merten/Papier (Hrsg.), Handbuch der Grundrechte Bd. II (2006), § 48 Rn. 48 ff.

Entlang dieser Abgrenzung verläuft nunmehr auch die Grenze von Innen- und Außenrechtsbeziehungen zwischen Ratsmitglied und Gemeinde(rat). Denn sofern keine Mitwirkungsrechte betroffen sind, das Ratsmitglied also „bei Gelegenheit" und nicht „in" Amtsausübung von einem Sachverhalt (z. B. Kruzifix) betroffen ist, geht es im Schwerpunkt nicht mehr um die Wahrnehmung von Mitwirkungsbefugnissen sondern privater Rechte.[1111] Die Grundrechte wirken zwar insofern in das funktionelle Amt hinein, als dass dieses wie aufgezeigt deren Anwendungsbereich nicht ausschließt. Streitigkeiten im Gemeinderat, etwa Handlungen des Vorsitzenden gegenüber einzelnen Ratsmitgliedern, verbleiben aber dann nicht mehr im Verwaltungsbinnenbereich, wenn Grundrechte des Ratsmitglieds betroffen sind. So berührt etwa die Weigerung des Vorsitzenden, ein Kruzifix abzunehmen auch das funktionelle Amt des betreffenden Ratsmitglieds und damit zumindest auch den organschaftlichen Funktionsablauf im Gemeinderat.[1112] Im Mittelpunkt der Auseinandersetzung steht aber die negative Glaubensfreiheit und damit ein Grundrecht, bei dem in besonderer Weise die Individualität und Subjektivität des Grundrechtsträgers betroffen ist.[1113] Ähnlich berührt die Ordnungsverfügung des Vorsitzenden gegenüber einem Ratsmitglied, private Meinungsäußerungen zu unterlassen, sowohl dessen Meinungsäußerungsfreiheit, beinhaltet aber auch die Aufforderung an das Ratsmitglied, seine Funktionen ordnungsgemäß wahrzunehmen. Vereinzelt wird daher vorgeschlagen, in diesen Fällen eine Außenrechtsbeziehung abzulehnen, weil die Maßnahmen des Vorsitzenden nicht darauf gerichtet seien, Außenwirkung im Sinne von § 35 VwVfG zu entfalten.[1114] Vorzugswürdig erscheint jedoch, im Falle der Grundrechtsbetroffenheit eine Außenwirkung anzunehmen, weil insoweit nicht mehr die Wahrnehmung von Mitwirkungsrechten und damit der organschaftliche Funktionsablauf als Ausdruck hoheitlicher Gewalt im Sinne von Art. 1 Abs. 3 GG im Mittelpunkt des Sachverhaltes steht.[1115] Das bedeutet freilich noch nicht, dass die Grundrechtsbetroffenheit eines Ratsmitglieds per se das Vorliegen eines Verwaltungsaktes im Sinne von § 35 VwVfG auslöst. Ein solcher läge erst dann vor, wenn auch die weiteren Voraussetzungen der Vorschrift gegeben sind. Insoweit erscheint insbesondere fraglich, ob etwa der Vorsitzende des Gemeinderates im Falle der soeben genannten Beispiele als „Behörde" im Sinne von § 1 Abs. 4 VwVfG handelt.

Beispielhaft lässt sich der Wechsel vom Verwaltungs(b)innenrecht zum Außenrecht am Ausschluss eines den Sitzungsablauf störenden Ratsmitgliedes zeigen. Wird ein Ratsmitglied von der Sitzung ausgeschlossen, so sind zunächst dessen Mitwirkungsrechte betroffen, die infolge des Sitzungsausschlusses nicht mehr ausgeübt werden können. Darüber hinaus wird das Ratsmitglied aber auch zu einem bestimmten Verhalten, nämlich dem Verlassen seines Platzes gezwungen, so dass ein – gerechtfertigter – Eingriff in dessen allgemeine Handlungsfreiheit nach Art. 2 GG vorliegt. Im Schwerpunkt geht es hier aber darum, dass dem Ratsmitglied mit dem Ausschluss die Möglichkeit verwehrt wird, seine Mitwirkungsrechte wahrzunehmen. Die Maßnahme ist also final auf die Funktion des Ratsmitglieds gerichtet, das hierdurch „in" und nicht nur „bei Gelegenheit" der Amtsausübung betroffen ist. Die Maßnahme verbleibt daher im Verwaltungsbinnenbereich und es liegt kein Verwaltungsakt vor. Hält sich das Ratsmitglied anschließend im Sitzungssaal als Zuschauer auf und stört es die Sitzung weiterhin, kann es als „normaler" Zuschauer aus der Ratssitzung ausgeschlossen werden. Erst dieser zweite Aus-

---

1111 Zur Abgrenzung von Innen- und Außenrecht sogleich unter 4.1.
1112 So etwa *Trésoret*, Grundrechte im verwaltungsrechtinternen Organstreitverfahren (2011), S. 94.
1113 *Hufen*, Staatsrecht II, 3. Aufl. (2011), § 22 Rn. 1, 8.
1114 *Barth*, Subjektive Rechte von Gemeinderatsmitgliedern im Kommunalverfassungsstreit (1997), S. 148; *Ehlers*, NVwZ 1990, S. 105 (106, insb. Fn. 12), m.w.N.; a. A. etwa *Bleutge*, Kommunalverfassungsstreit (1970), S. 159ff; *Gramlich*, BayVBl. 1989, S. 9 (10).
1115 Dazu *Kopp/Schenke*, VwGO, 17. Aufl. (2011), Anh § 42 Rn. 86f., der allerdings bereits bei Maßnahmen von Kontrastorganen unter teleologischen Gesichtspunkten die Außenwirkung bejaht.

## 3.2 | Das Ratsmitglied als Grundrechtsträger

schluss, der das Ratsmitglied als Zuschauer, also Privatperson trifft, dürfte Verwaltungsakt im Sinne von § 35 VwVfG sein. Insoweit dürfte der Vorsitzende des Gemeinderats als die das Hausrecht ausübende Behörde der Gemeinde gehandelt und mit dem bereits ausgeschlossenen Ratsmitglied auch ein Außenrechtssubjekt betroffen sein.[1116] Ebenfalls Verwaltungsaktqualität hat die Verhängung eines Ordnungsgeldes gegen ein Ratsmitglied. Denn hiermit soll zwar ein behauptetes ratsinternes Fehlverhalten gerügt werden. Das Ordnungsgeld ist insoweit allerdings nur die Folge einer Störung des organschaftlichen Funktionsablaufes und final gerade auf die Person des Ratsmitglieds gerichtet. Aufgrund der mit dem Ordnungsgeld verbundenen verbindlichen Setzung einer vermögensbelastenden Rechtsfolge, wird das Ratsmitglied mit einer über das mandatliche Binnenverhältnis hinausgreifenden Maßnahme belastet.[1117] Es ist daher im Schwerpunkt nicht „in", sondern „bei Gelegenheit" der Amtsausübung betroffen.

### 3.2.3 Zusammenfassung

Die für Beamte im Rahmen des „Sonderstatusverhältnis" gefundene Lösung kann auch für die Ratsmitglieder, die ehrenamtlich tätig bzw. den ehrenamtlich Tätigen gleichgestellt sind, herangezogen werden. Soweit das Ratsmitglied also nicht seine durch Wahl und freies Mandat vermittelten Mitwirkungsrechte in Anspruch nimmt (funktionelles Amt), kann es sich auf seine Grundrechte berufen. Dies bedeutet, dass die Grundrechte sowohl innerhalb der Beratungen im Gemeinderat und seinen Untergliederungen, als auch dann Anwendung finden können, wenn Pflichten aus dem Amt im statusrechtlichen Sinne, etwa Offenlegungspflichten oder das kommunale Vertretungsverbot, mit grundrechtlichen Freiheiten kollidieren. Die Grundrechte können dann aber aufgrund der Anforderungen einer funktionsfähigen kommunalen Selbstverwaltung und der daraus resultierenden Erfordernisse für das Amt des Ratsmitglieds eingeschränkt werden.

Als Grundmuster für die Rechtsanwendung gelten nach hier vertretener Auffassung damit die folgenden Kriterien: Das Ratsmitglied kann sich nicht auf Grundrechte berufen, soweit es um die Wahrnehmung seiner Mitwirkungsrechte im Gemeinderat geht, das Ratsmitglied also in seiner aus seinem freien Mandat fließenden Funktion tätig wird bzw. betroffen ist (funktionelles Amt). Denn dabei handelt es sich um die Ausübung öffentlicher Gewalt im Sinne von Art. 1 Abs. 3, 20 Abs. 2 GG. Das Ratsmitglied muss also insoweit die Grundrechte Dritter beachten.[1118] Sofern keine Mitwirkungsrechte betroffen sind, kann das Ratsmitglied sich dagegen auf seine Grundrechte berufen, so etwa etwa bei Maßnahmen oder Unterlassungen des Vorsitzenden.[1119] Grundrechte sind nach den herausgearbeiteten Kriterien dann anwendbar, wenn streitgegenständlich gerade die Person des Ratsmitglieds ist, Maßnahmen also etwa *final* auf diese zielen, und das Ratsmitglied nicht *„in"* sondern *„bei Gelegenheit"* der Amtsausübung betroffen wird.

Sind Sachverhalte diesen Fällen nicht eindeutig zuordenbar, sollte mit einer Schwerpunktsetzung versucht werden, einen effektiven Grundrechtsschutz zu erreichen. Sofern also das Ratsmitglied selbst aktiv wird und Zweifel bestehen, ob es noch von seinen Mitwirkungsrechten Gebrauch macht oder nicht, also etwa bei Meinungsäußerungen, sollte zum Schutz der Grundrechte der Bürger dem Ratsmitglied die Berufung auf eigene Grundrechte versagt und seine

---

1116 Vgl. dazu *Hufen*, Verwaltungsprozessrecht, 8. Aufl. (2011), § 21 Rn. 10 a. E.
1117 VG Düsseldorf, Urt. v. 14.08. 2009 – 1 K 6465/08 (juris), Rn. 98 ff.; nachgehend OVG NRW, NWVBl. 2010, S. 237 (238); für Abgeordnete ebenso *Ingold/Lenski*, JZ 2012, S. 120 (125).
1118 Siehe 3.1.2.2.
1119 Siehe 3.2.2.1.

Grundrechtsverpflichtung angenommen werden. Sieht sich das Ratsmitglied dagegen Handlungen oder Unterlassungen ausgesetzt, so sollte ihm die Möglichkeit, seine Grundrechte geltend zu machen, im Zweifel eröffnet werden, um zu seinen Gunsten einen möglichst umfassenden Grundrechtsschutz zu gewährleisten.

Mit der Möglichkeit des Ratsmitglieds, sich auf Grundrechte zu berufen, verläßt die betreffende Maßnahme den Innenbereich der Verwaltung, weil nicht mehr die Wahrnehmung von Mitwirkungsrechten und damit der organschaftliche Funktionsablauf im Gemeinderat im Mittelpunkt steht. Gleichwohl kann hieraus nicht per se, sondern erst dann auf die Existenz eines Verwaltungsaktes geschlossen werden, wenn dessen weitere Voraussetzungen nach § 35 VwVfG vorliegen. Die Rechtsnatur der jeweiligen Maßnahme ist daher im jeweiligen Einzelfall zu bestimmen.

## 3.3 Subsumtion der Fallgruppen aus der Rechtsprechung

Die Konsequenzen des vorstehenden Lösungsvorschlages lassen sich exemplarisch an den eingangs aufgezeigten Fallgruppen aus der Rechtsprechung festmachen. Dabei gilt dasselbe wie bei jeder Fallgruppenbildung: Sie dient der Veranschaulichung, der Systematisierung sowie der Verschaffung eines Überblicks, erhebt aber keinen Anspruch auf Vollständigkeit.

### 3.3.1 Rauchen im Gemeinderat

Für den Schulfall des Rauchens im Gemeinderat[1120] folgt aus dem vorstehenden Lösungsvorschlag, dass sich das vom Rauch beeinträchtigte Ratsmitglied auf sein Grundrecht auf Unverletzlichkeit seines Körpers nach Art. 2 Abs. 2 GG berufen kann. In diesem Fall üben weder das rauchende noch das sich hiergegen zur Wehr setzende Ratsmitglied Mitwirkungsrechte und damit staatliche Gewalt im Sinne von Art. 1 Abs. 3 GG aus. Die Ratsmitglieder sind vielmehr nur bei Gelegenheit der Amtsausübung durch den Rauch bzw. die Maßnahmen des Vorsitzenden betroffen. Insoweit können die Ratsmitglieder sich auch im Rahmen ihres funktionellen Amtes auf ihre Grundrechte berufen. Es besteht also eine grundrechtstypische Gefährdungslage, da die Gesundheit des nicht rauchenden Ratsmitglieds genauso gefährdet ist wie die Gesundheit des nicht rauchenden Zuschauers. Dem Vorsitzenden kommt insoweit in beiden Fällen eine Schutzpflicht zu. Mit Recht verweist *Martensen* diesbezüglich auf den Anspruch eines Beamten auf ein Rauchverbot am Arbeitsplatz. Auch dort sei die Rechtsprechung bereit, die an sich rein amtsorganisatorische Maßnahme angesichts der hiermit zwingend einhergehenden Auswirkungen auf die Person des Amtswalters an Art. 2 Abs. 2 GG zu messen.[1121] Ein etwaiges Rauchverbot in einer Ratssitzung greift damit auch ohne weiteres in den Schutzbereich der allgemeinen Handlungsfreiheit des Rauchers aus Art. 2 Abs. 1 GG ein, ist aber durch das Hausrecht des Vorsitzenden zum Schutz der Gesundheit der Nichtraucher gerechtfertigt.[1122] Die Rechtslage ist damit damit die Gleiche wie auch beim Rauchverbot in sonstigen Sonderstatusverhältnissen.[1123] Sofern der Vorsitzende des Gemeinderats dabei ein Rauchverbot ausspricht oder dieses in der Ge-

---

[1120] Siehe 1.2.1.1.
[1121] *Martensen*, JuS 1995, S. 1077 (1079) unter Hinweis auf OVG Münster, NJW 1987, 2952; VG Köln, NJW 1978, 2354; VG Freiburg, NJW 1987, 2352.
[1122] Vgl. insoweit auch VG Stade, NJW 1988, 790.
[1123] Vgl. zum Rauchverbot in Hochschulen OVG Berlin, NJW 1975, 2261 (2261 f.).

**3.3** | Subsumtion der Fallgruppen aus der Rechtsprechung

schäftsordnung des Rats festgeschrieben wird, sind die rauchenden und nicht rauchenden Ratsmitglieder im Schwerpunkt in ihrer Person, nicht aber ihrer Funktion betroffen.

### 3.3.2 Meinungsäußerungsfreiheit

Für das Grundrecht auf freie Meinungsäußerung nach Art. 5 Abs. 1 Satz 1 GG folgt aus den hergeleiteten Grundsätzen, dass das Ratsmitglied hiervon keinen Gebrauch macht, wenn es im Gemeinderat zu einem Tagesordnungspunkt das Wort ergreift. Denn das Rederecht im Gemeinderat zählt zu den Mitwirkungsrechten des Ratsmitglieds, deren Ausübung insgesamt als grundrechtsverpflichtete staatliche Gewalt im Sinne von Art. 20 Abs. 2, Art. 1 Abs. 3 GG anzusehen ist. Insoweit erwächst auch aus den Grundrechten selbst kein Anspruch auf Meinungsäußerung im Gemeinderat. Gleichzeitig verliert das Ratsmitglied andererseits auch während der Ratssitzungen nicht sein Recht auf freie Meinungsäußerung und kann sich im Falle privater Meinungsäußerungen hierauf auch während der Ratssitzungen berufen. Diese privaten Äußerungen können dann aber nach Art. 5 Abs. 2 GG durch das in den Gemeindeordnungen normierte Haus- und Ordnungsrecht des Vorsitzenden eingeschränkt werden. Insofern besteht damit nicht im Ergebnis, wohl aber in der Herleitung ein Unterschied zu den eingangs aufgeführten Entscheidungen der Rechtsprechung und Ansichten in der Rechtswissenschaft.[1124]

Wann eine Meinungsäußerung privat und wann in amtlicher Eigenschaft erfolgt, kann danach abgegrenzt werden, ob eine Meinungsäußerung „*in Amtsausübung*" oder nur „*bei Gelegenheit*" der Amtsausübung erfolgt. Als weiteres Kriterium kann dabei etwa berücksichtigt werden, ob sie final darauf gerichtet ist, im amtlichen oder privaten Bereich Wirkung zu entfalten. In Zweifelsfällen kann auch hier eine Schwerpunktsetzung nötig sein. Dabei dürfte – wie bei der Wahrnehmung von Kompetenzen durch Beamte – zum Schutz der Grundrechte im Zweifelsfall die Wahrnehmung staatlicher Gewalt angenommen werden. Beschränkt der Vorsitzende also eine Wortmeldung „in Amtsausübung" liegt dementsprechend kein Eingriff in Grundrechte vor, unterbindet er eine private Meinungsäußerung „bei Gelegenheit" der Amtsausübung, schon. Letzteres dürfte beispielsweise in den Fällen zu bejahen sein, in denen das Ratsmitglied bei Gelegenheit einer Ratssitzung seine Meinung zur Atomkraft durch Tragen eines Aufklebers zur Kenntnis bringt[1125] oder sonst zu Themen Stellung nimmt, die nicht mehr zu den Selbstverwaltungsangelegenheiten der Gemeinde zählen *(„Was ich schon immer mal sagen wollte, ...")*.[1126] In solchen Fällen dürfte eine Maßnahme des Vorsitzenden auch Außenwirkung im Sinne von § 35 VwVfG haben. Denn die Untersagung einer privaten Meinungsäußerung betrifft zwar als innerorganisatorische Maßnahme auch das Amt des Ratsmitglieds im funktionellen Sinne, richtet sich im Schwerpunkt aber gegen die Person des Ratsmitglieds. Weitere Grundrechtsbetroffenheiten sind auch in diesem Bereich möglich, so stellen zum Beispiel die Verschwiegenheitsverpflichtungen der Gemeindeordnungen einen gerechtfertigten Eingriff in die Meinungsäußerungsfreiheit der Ratsmitglieder dar.[1127]

### 3.3.3 Allgemeines Persönlichkeitsrecht/Ehrenschutz

Auch das Recht der persönlichen Ehre, verfassungsrechtlich abgesichert durch das allgemeine Persönlichkeitsrecht des Art. 2 Abs. 1 i. V. m. Art. 1 Abs. 1 GG, kann im Rahmen der

---

1124 Siehe 1.2.1 und 1.2.2.1.
1125 Vgl. 1.2.1.2.
1126 Zu den Beleidigungsfällen sogleich.
1127 Vgl. 2.2.2.4.4.

Amtsausübung betroffen sein.[1128] Auch hier ist danach zu fragen, ob eine beleidigende Äußerung *„bei Gelegenheit"* oder *„in"* Amtsausübung fällt, sie ein anderes Ratsmitglied also final in seiner Person oder Funktion zu treffen bestimmt ist. Damit ist zugleich die besondere Schwierigkeit im Bereich des Ehrenschutzes aufgezeigt, steht doch in diesen Fällen letztlich stets die Person des Ratsmitglieds im Zentrum der Auseinandersetzung. Daher stellt sich in diesen Fällen in besonderem Maße die Notwendigkeit, aber auch Schwierigkeit, amtliche von privaten Äußerungen abzugrenzen. Denn wird eine Beleidigung nur anlässlich oder bei Gelegenheit einer Ratssitzung abgegeben, weil sie gerade auf die Person und nicht Funktion des Ratsmitglieds zielt, ist sie als „privat" einzuordnen. Unbeschadet einer strafrechtlichen Verantwortlichkeit wurzeln die Widerrufs- und Unterlassungsansprüche des Beleidigten dann im Zivilrecht und es dürfte nicht einmal eine öffentlich-rechtliche Streitigkeit vorliegen. Ordnet man die Beleidigung andererseits der Amtsausübung zu, dann wurzeln die Widerrufs- und Unterlassungsansprüche des Beleidigten im öffentlichen Recht und es kann zu einem Verwaltungsrechtsstreit kommen.[1129]

Die Abgrenzung, ob eine amtliche oder private beleidigende Äußerung vorliegt, kann zwar letztlich nur am konkreten Einzelfall vorgenommen werden. Vieles spricht aber dafür, dass im Rahmen einer Ratssitzung gegenüber anderen Ratsmitgliedern getätigte Beleidigungen tendenziell nicht *„bei Gelegenheit"* sondern *„in Amtsausübung"* fallen. Denn zumeist entzünden sich derartige Äußerungen an konkreten Auseinandersetzungen im Gemeinderat. Beispielhaft sei hier der vom Bundesverfassungsgericht entschiedene Fall genannt, in dem ein Ratsmitglied während eines Redebeitrages ein anderes Ratsmitglied auf dessen Zwischenruf hin als „Dummschwätzer" tituliert hatte.[1130] Zwar sind oft persönliche Animositäten Hintergrund oder Motiv für beleidigende Äußerungen. Diese werden aber in der Regel nicht anlaßlos, sondern im Zusammenhang mit der Auseinandersetzung um Angelegenheiten kommunaler Selbstverwaltung relevant. Und dabei dürfte es zumeist auch darum gehen, den politischen Gegner gerade im Rahmen der politischen Auseinandersetzung im Gemeinderat, also *„in Amtsausübung"*, als Person und Amtsträger zu diskreditieren. In den wenigsten Fällen können beleidigende Äußerungen im Rahmen von Ratssitzungen daher nur als *„bei Gelegenheit"* eingestuft und dem privatrechtlichen Bereich zugeordnet werden. Würde in diesen Fällen die Wahrnehmung von Mitwirkungsrechten und damit das Vorliegen staatlicher Gewalt im Sinne von Art. 1 Abs. 3 GG verneint, wäre das beleidigende Ratsmitglied nicht an Grundrechte gebunden und müsste es die Grundrechte der übrigen Ratsmitglieder nicht beachten. Das entbände das Ratsmitglied zwar nicht von einer etwaigen strafrechtlichen Verantwortlichkeit wegen einer Beleidigung. Das „Opfer" einer Beleidigung könnte dann aber dem „Täter" auch nur sein zivilrechtlich begründetes Persönlichkeitsrecht entgegen halten Ein etwaiger Rechtsstreit auf Widerruf oder Unterlassung wäre vor den Zivilgerichten auszufechten, obwohl die Verwaltungsgerichtsbarkeit die größere Sachnähe bieten dürfte.[1131] Es sprechen daher gute Gründe dafür, die vorgeschlagene Zweifelsregel bei beleidigenden Äußerungen im Gemeinderat anzuwenden und diese grundsätzlich als *„in Amtsausübung"* einzustufen, sofern die Beleidigung anläßlich einer Ratssitzung erfolgt. Das sich äußernde Ratsmitglied *(„Täter")* wäre bei seiner Äußerung dann an die Grundrechte der übrigen Ratsmitglieder *(„Opfer")* gebunden. Diese könnten dann ihr allgemeines Persönlichkeitsrecht dem beleidigenden Ratsmitglied entgegenhalten. Die Situation ist damit letztlich derjenigen der juristischen Personen des Öffentlichen Rechts vergleichbar, die

---

1128 Vgl. 1.2.1.3.
1129 Beispiele dazu bei *Schoch*, Jura 2008, 826 (831).
1130 BVerfG, NJW 2009, 749 (749 f.). – Dummschwätzer.
1131 Zu den Organstreitigkeiten sogleich, 5.

### 3.3 | Subsumtion der Fallgruppen aus der Rechtsprechung

wie Rundfunkanstalten und Universitäten dem Staat eigene Grundrechte entgegen halten können, gleichzeitig aber zum Schutz der Grundrechte Dritter verpflichtet sind.[1132] Das einzelne Ratsmitglied hat also bei eigenen Äußerungen die Persönlichkeitsrechte der anderen zu achten, kann aber sein eigenes Persönlichkeitsrecht gegenüber Beleidigungen anderer Ratsmitglieder in Stellung bringen. Kommt es zu einer gerichtlichen Auseinandersetzung, so ist diese vor dem sachnäheren Verwaltungsgericht zu klären. Die Besonderheiten der Debatte im Rahmen bürgerschaftlich-demokratischer Selbstverwaltung können im Rahmen der verfassungsrechtlichen Rechtfertigung etwaiger Eingriffe dabei angemessen berücksichtigt werden. So könnten an etwaige Widerrufs- und Unterlassungsansprüche beispielsweise andere Anforderungen gestellt werden als unter Privaten und etwa auch der rhetorische „Gegenschlag" in der Gemeinderatsdiskussion gewürdigt werden.[1133] Im Übrigen ergäben sich dann auch keine Abgrenzungsschwierigkeiten mehr zum Schutz der Grundrechte Dritter, die als Besucher einer Ratssitzung – insbesondere bei in der Gemeinde strittigen Themen – im Einzelfall ebenfalls der Gefahr einer Beleidigung ausgesetzt sein können. Und umgekehrt ist mit der hier vorgeschlagenen Lösung der Vorsitzende des Gemeinderats berufen, sich im Falle von Beleidigungen durch Zuschauer nicht nur aus Gründen der Funktionsfähigkeit des Gemeinderats, sondern auch des Persönlichkeitsrechtsschutzes der Ratsmitglieder, vor diese zu stellen und nötigenfalls von seinem Ordnungs- und Hausrecht Gebrauch zu machen.

Geht es nicht um Beleidigungen, sondern Ton- und Bildaufnahmen durch Medienvertreter, ist dagegen das grundrechtliche Persönlichkeitsrecht grundsätzlich nicht berührt. Der Gemeinderat kann zwar zum Schutz seiner Funktionsfähigkeit Film- und Tonbandaufzeichnungen der Ratsdebatten durch Beschluss zu unterbinden. Denn durch die mit Aufzeichnungen einhergehenden psychologischen Hemmnisse bestehe gerade in ländlichen und kleinen Gemeinden die Gefahr, dass einzelne Ratsmitglieder schweigen, wo sie ansonsten geredet hätten.[1134] In diesen Situationen ist das Ratsmitglied aber gerade „in" Amtsausübung betroffen, da die Aufnahmen gerade zum Ziel haben, den Gebrauch der demokratisch legitimierten Mitwirkungsrechte als Ausdruck staatlicher Gewalt zu dokumentieren. Das Persönlichkeitsrecht der Ratsmitglieder kann also nicht gegen solche Aufnahmen in Stellung gebracht werden. Werden die Aufnahmen in der Folge aber nicht zur Berichterstattung verwendet sondern etwa in einer Satire-Sendung benutzt, kann es dazu kommen, dass nicht mehr die Funktion, sondern die Person des Ratsmitglieds in den Mittelpunkt rückt. Wenn aber nicht mehr die Mitwirkungsrechte des Ratsmitglieds als Ausdruck staatlicher Gewalt gegenständlich sind, so ist das Ratsmitglied dann nicht mehr „in", sondern „bei" Gelegenheit der Amtsausübung betroffen. In einem etwaigen Rechtsstreit könnte ein Gericht daher das allgemeine Persönlichkeitsrecht des Ratsmitglieds insoweit heran ziehen.

### 3.3.4 Glaubens- und Gewissensfreiheit

Nach den oben herausgearbeiteten Kriterien können sich die Ratsmitglieder auf ihre Glaubensfreiheit nach Art. 4 GG berufen, soweit sie keine Mitwirkungsrechte im Gemeinderat wahrnehmen. Für den Fall des im Sitzungssaal hängenden Kruzifixes[1135] bedeutet dies, dass die negative Glaubensfreiheit des sich beeinträchtigt fühlenden Ratsmitglieds Anwendung finden

---

1132  Siehe 2.1.3.3.
1133  Vgl. BVerfG NJW 2009, 749 (750) – Dummschwätzer; dazu statt aller *Hufen*, Staatsrecht II, 3. Aufl. (2011), § 25 Rn. 35 ff., m. w. N.
1134  BVerwGE 85, 283 (287 f.); ähnlich OVG SL, Beschl. v. 30. 08. 2010 – 3 B 203/10, Rn. 42 ff. (juris) = LKRZ 2010, 433 f. – Leitsatz.
1135  Siehe 1.2.1.4.

kann. Dieses nimmt objektiv (noch) keine Mitwirkungsrechte wahr, wenn es sich subjektiv gezwungen sieht, „unter dem Kreuz" seine Amtstätigkeit auszuüben. Denn vom Standpunkt eines verständigen Beobachters aus hindert ein Kruzifix ein Ratsmitglied nicht daran, seine Mitwirkungsrechte auch „unter dem Kreuz" sachgemäß wahrzunehmen.[1136] Im Kern ist daher nicht die Funktion, sondern stets die Person des Ratsmitglieds betroffen. Nach den oben herausgearbeiteten Kriterien ist die Beeinträchtigung des Ratsmitglieds damit als „bei Gelegenheit" der Amtsausübung einzustufen. Es ist insoweit auch davon auszugehen, dass das im Sitzungssaal hängende Kruzifix nicht allein die Amtsträger während der Ratssitzung, sondern alle im Ratssaal befindlichen Personen an die christlich-abendländische Tradition Deutschlands erinnern bzw. als „Demutsformel"[1137] staatliche Herrschaft als solche relativieren soll.[1138]

Fraglich und vom Einzelfall abhängig ist in diesen Fällen vielmehr, ob mit dem sichtbaren Kruzifix auch in den Schutzbereich der (negativen) Glaubensfreiheit eingegriffen wird. Ein Eingriff könnte zumindest für die Länder angenommen werden, in denen ein Zwang zur Teilnahme an den Sitzungen besteht.[1139] Die dann erforderliche verfassungsrechtliche Rechtfertigung des Kruzifixes im Sitzungssaal eröffnet die Möglichkeit einer verhältnismäßigen Zuordnung der widerstreitenden Rechtsgüter im Wege praktischer Konkordanz. Neben den von der Gemeinde zu nennenden Gründen für das Kruzifix, etwa besondere geschichtliche Bindungen der Gemeinde an eine der christlichen Kirchen, könnten auf diese Weise die Glaubensfreiheiten der Rats- oder Kreistagsmitglieder insgesamt miteinander in Ausgleich gebracht werden, ohne dass das eine oder andere Rechtsgut a priori zurücktreten müsste.[1140] Die Weigerung des Vorsitzenden, das Kruzifix abzunehmen, hat nach den herausgearbeiteten Grundsätzen auch Außenwirkung im Sinne von § 35 VwVfG. Denn sie betrifft zwar als innerorganisatorische Maßnahme auch das Amt des Ratsmitglieds im funktionellen Sinne. Im Schwerpunkt sind hier aber die Grundrechte und nicht Mitwirkungsrechte des Ratsmitglieds betroffen.[1141]

Dagegen kann sich das Ratsmitglied im Rahmen seines funktionellen Amtes, also der Wahrnehmung seiner Mitwirkungsrechte, nicht auf seine Gewissensfreiheit nach Art. 4 GG berufen. Wie bereits für den Fall des freien Mandats der Abgeordneten hergeleitet, schützt die „Gewissensfreiheit" des Abgeordneten insoweit dessen politische Überzeugungen, nicht aber das Gewissen im Sinne von Art. 4 GG.[1142] Zwar existiert für das Ratsmitglied keine verfassungsrechtliche Kollisionsregel zwischen Grund- und Mitwirkungsrechten wie mit Art. 38 GG für die Abgeordneten des Bundestages. Dennoch kann hinsichtlich der Mitwirkungsrechte des Ratsmitglieds nicht auf dessen Grundrechte zurückgegriffen werden, da es sich bei der Wahrnehmung der Mitwirkungsrechte des Ratsmitglieds um die Wahrnehmung von Staatsaufgaben und letztlich staatlicher Gewalt handelt. Insoweit steht damit die Funktion und nicht die Person des Ratsmitglieds im Mittelpunkt und kann sich dieses bei „Gewissensentscheidungen" im Gemeinderat nicht auf seine grundrechtliche Freiheit, sondern nur auf sein verfassungsrechtlich abgesichertes freies Mandat berufen.

---

1136 A. A. *Trésoret*, Grundrechte im verwaltungsrechtinternen Organstreitverfahren (2011), S. 94.
1137 *Dreier*, in: Dreier (Hrsg.), Grundgesetz Bd. I, 2. Aufl. (2004), Präambel Rn. 25 ff.
1138 Vgl. zur Präambel des Grundgesetzes statt aller *Murswiek*, in: Bonner Kommentar zum Grundgesetz (156. Akt., Feb. 2012), Präambel Rn. 202 ff.; m.w.N.; zum Kruzifix selbst etwa BVerfGE 93, 1 (23) – Kruzifix im Klassenraum, dazu *Hufen*, Staatsrecht II, 3. Aufl. (2011), § 22 Rn. 46, m.w.N.
1139 Vgl. Art. 48 Abs. 1 BayGO; §§ 34 Abs. 3 GO-BW; 31 Abs. 1 BbgKVerf; 23 Abs. 3 KV MV; 33 Abs. 1 KSVG SL; 35 Abs. 4 SächsGemO; 52 Abs. 1 GO LSA; 37 ThürKO.
1140 *Hufen*, Staatsrecht II, 3. Aufl. (2011), § 22 Rn. 46.
1141 Vgl. insoweit auch die Ausführungen unter 3.2.2.2.
1142 Siehe 3.1.1.2.

**3.3** | Subsumtion der Fallgruppen aus der Rechtsprechung

### 3.3.5 Kommunales Vertretungsverbot

Auch das kommunale Vertretungsverbot,[1143] das insbesondere Ratsmitglieder trifft, die den Beruf des Rechtsanwalts oder des Architekten ausüben, stellt einen Eingriff in deren Berufsfreiheit aus Art. 12 GG dar. Insoweit stehen nicht die Mitwirkungsrechte des Ratsmitglieds im Raum, sondern seine berufliche Lebensführung außerhalb des Gemeinderats. Das Ratsmitglied wird daher nicht „in", sondern „bei Gelegenheit" der Amtsausübung betroffen bzw. zielt das kommunale Vertretungsverbot gerade auf die Person und nicht die Funktion des Amtsträgers. Im Interesse einer unparteiischen und objektiven Amtsführung, die nicht durch private rechtsgeschäftliche Interessen beeinträchtigt werden soll, ist dieser Eingriff in die Berufsfreiheit des Ratsmitglieds indes gerechtfertigt.[1144]

### 3.3.6 Gleichheitsrechte

Für die Anwendung des Gleichheitssatzes[1145] gelten die gefundenen Ergebnisse entsprechend. Nimmt das Ratsmitglied Mitwirkungsrechte in Anspruch, kann es sich insoweit nicht auf Grundrechte, also auch nicht auf den allgemeinen Gleichheitssatz des Art. 3 GG berufen. Werden etwa die Redezeiten der Ratsmitglieder ungleich verteilt, Anfragen von Ratsmitgliedern ungleich zugelassen, oder Ratsmitglieder bei Bildung einer Fraktion ungleich behandelt, ist die grundrechtliche Gleichheit nicht einschlägig. Die formale Gleichheit der Ratsmitglieder dürfte indes genau wie diejenige der Abgeordneten unmittelbar durch deren kommunalverfassungsrechtliches freies Mandat abgesichert sein.[1146] Ein Rückgriff auf Art. 3 GG scheint daher weder möglich noch erforderlich. Soweit allerdings sonstige Ungleichbehandlungen „bei Gelegenheit" der Amtsausübung behauptet werden, dürfte Art. 3 GG in seiner subjektiv-rechtlichen Dimension anwendbar bleiben. Auch hier ist daher im konkreten Einzelfall eine etwaige Grundrechtsbetroffenheit dahin zu überprüfen, ob die Ungleichbehandlung im Zusammenhang mit der Wahrnehmung von Mitwirkungsrechten steht oder nicht.

Einen Sonderfall bildet dabei die für den Zugang zum Amt des Ratsmitglieds geltende Wahlrechtsgleichheit. Insoweit gelten die in Art. 28 Abs. 1 GG niedergelegten Grundsätze abschließend. Für einen Rückgriff auf Art. 3 GG ist schon darum kein Raum.[1147] Die Länder, denen die Gesetzgebungskompetenz für ihre jeweilige Kommunalverfassung zukommt, genießen zudem bei der Ausgestaltung von Wahlsystem und Wahlrecht Autonomie und können den Zugang zu ihren Parlamenten und kommunalen Volksvertretungen selbst regeln. Die in Art. 28 Abs. 1 GG niedergelegten Grundsätze entfalten daher nur objektiv-rechtliche Bindungen. Behauptete Verstöße sind nach der Rechtsprechung des Bundesverfassungsgerichts daher nur im Falle eines Gesetzes und dann mittels der (abstrakten oder konkreten) Normenkontrolle angreifbar. Subjektiver Rechtsschutz im Bereich des Wahlrechts bei politischen Wahlen ist daher durch das jeweilige Land in seinem Verfassungsraum zu gewährleisten.[1148]

---

1143  Siehe 1.2.1.5.
1144  BVerfG, NJW 1998, 694 (695).
1145  Siehe 1.2.1.7.
1146  Zur Gleichheit der Abgeordneten vgl. 3.1.1.1.
1147  BVerfGE 99, 1 (8 ff.) – Bay. Kommunalwahlen.
1148  BVerfG, NVwZ-RR 2012, 2 (3).

## 3.4 Ergebnis

Das Ratsmitglied, bereits treffend als „Chamäleon kommunalis" bezeichnet,[1149] kann sich nach den gefundenen Ergebnissen auf seine Grundrechte berufen, soweit seine Mitwirkungsrechte im Gemeinderat nicht betroffen sind. Denn nur bei Wahrnehmung seiner Mitwirkungsrechte übt das Ratsmitglied grundrechtsgebundene staatliche Gewalt aus. Da es als Amtsträger ehrenamtlich tätig bzw. den ehrenamtlich Tätigen gleichgestellt ist, gelten im Übrigen die allgemeinen Grundsätze des Sonderstatusverhältnisses, so dass Einschränkungen über die allgemeinen Grundrechtsschranken möglich sind. Die wohl wichtigsten Grundrechtsschranken finden sich dabei in den Gemeindeordnungen im Hinblick auf Art. 28 GG zum Schutz kommunaler Selbstverwaltung. Daneben kann sich das Ratsmitglied, zumindest wegen deren objektiver Bedeutung, immer auf die Justizgrundrechte des Grundgesetzes berufen.[1150]

Bei der Wahrnehmung seiner Mitwirkungsrechte, also im Rahmen seines funktionellen Amtes, besteht zwar aus Sicht des Ratsmitglieds eine innere Verbindung zwischen Grund- und Mitwirkungsrechten. Letztere gehen aber über die Wirkungen der Grundrechte hinaus und vermitteln dem Ratsmitglied durch Wahl erworbene und verfassungsrechtlich abgesicherte Ansprüche auf Mitwirkung im Gemeinderat an der staatlichen bzw. gemeindlichen Willensbildung. Grund- und Mitwirkungsrechte sind daher objektiv voneinander zu unterscheiden. Denn den demokratisch legitimierten Volksvertretern kommen kraft ihrer Mitwirkungsrechte Ansprüche zu, die mit der Möglichkeit, die Willensbildung in der Gemeinde im Gemeinderat vorzunehmen und durch Beschlüsse zu perpetuieren, über das hinausgehen, was die Grundrechte „jedermann" gewähren. Nicht nur der Beschluss des Gemeinderats als Organ der Gemeinde sondern auch der Gebrauch der Mitwirkungsrechte durch die Ratsmitglieder können sich daher – etwa im Falle eines ungerechtfertigten Boykottaufrufs oder einer Rufschädigung – als Grundrechtseingriff darstellen. Im Ergebnis sind daher die Mitwirkungsrechte des Ratsmitglieds im Gemeinderat nicht nur Ausübung einer Staatsaufgabe sondern auch staatliche Gewalt im Sinne von Art. 20 Abs. 2 und Art. 1 Abs. 3 GG. Das Ratsmitglied kann sich daher bei Wahrnehmung seiner Mitwirkungsrechte nicht auf seine Grundrechte berufen und handelt grundrechtsverpflichtet.

Da die Mitwirkungsrechte des Ratsmitglieds die Anwendung der Grundrechte ausschließen, muss dementsprechend differenziert werden, ob ein Ratsmitglied Mitwirkungsrechte oder Grundrechte geltend macht bzw. behauptet. Hier bietet sich die Differenzierung an, ob der streitgegenständliche Sachverhalt „in" oder nur „bei Gelegenheit" der Amtsausübung auftritt. Es ist damit die Frage zu beantworten, ob *final* die Funktion oder die Person des Ratsmitglieds im Mittelpunkt des jeweiligen Sachverhaltes steht. Im ersten Fall scheidet eine Berufung auf Grundrechte aus, im zweiten Fall nicht.

Für das Verhältnis der Mitwirkungsrechte zu den Grundrechten des Ratsmitglieds sieht sich die hier vorgeschlagene Lösung möglicherweise der Kritik ausgesetzt, sie unterscheide sich zwar in der Herleitung, in vielen Fällen aber nicht im Ergebnis von den eingangs aufgezeigten Lösungsvorschlägen. Denn auch diese trennen beispielsweise das Rederecht im Gemeinderat von der privaten Meinungsäußerung und lehnen die Anwendbarkeit der Grundrechte insoweit ab. Ein solcher Einwand wäre indes nur vordergründig berechtigt. Denn die eingangs von der überwiegenden Meinung dargestellten Überlegungen zur Organeigenschaft des Gemeinderates

---

1149 Begriff nach *Hien*, BayVBl. 1984, 203 (206).
1150 BVerfG, Beschl. v. 16. 03. 2005, 2 BvR 315/05 (juris), Rn. 17 = NVwZ-RR 2005, 494, Passage dort nicht abgedruckt; die Justizgrundrechte werden vom BVerfG aber teils nicht als individualschützende Grundrechte, sondern objektive Verfahrensgrundsätze angesehen, vgl. BVerfGE 61, 82 (104) – Sasbach.

## 3.4 | Ergebnis

sowie die Einstufung der Mitwirkungsrechte als Kompetenz und nicht subjektives Recht setzen sämtlich die – zumeist unausgesprochene – Annahme voraus, Handlungen der Ratsmitglieder seien Ausdruck staatlicher Gewalt im Sinne von Art. 20 Abs. 2, Art. 1 Abs. 3 GG. Genau diese Annahme und vor allem ihre Reichweite gilt es aber zu überprüfen, um die auf Ebene des Verwaltungsrechts geführten Diskussionen um die Rechtsstellung des Ratsmitglieds zu korrigieren oder zu bestätigen. Denn tatsächlich stellen sich die eingangs aufgezeigten und zumeist auf Ebene des Verwaltungsrechts geführten Diskussionen erst als Folgeprobleme einer verfassungsrechtlichen Grundentscheidung dar: Weil und soweit die Wahrnehmung der Mitwirkungsrechte der Ratsmitglieder als Ausdruck staatlicher Gewalt anzusehen ist, ist mit Mitteln des Verwaltungsrechts der rechtliche Status des Ratsmitglieds als Mitglied des Organs Gemeinderat sowie die Qualifizierung seiner Befugnisse als Kompetenz oder subjektives Recht zu beantworten. Aus diesem Grunde scheitern die eingangs genannten Lösungsvorschläge auch etwa im Fall des Rauchens oder des Kruzifixes im Gemeinderat an einer dogmatisch stringenten und nachvollziehbaren Grenzziehung zwischen Funktion und Person des Ratsmitglieds. Das führt dazu, dass Ratsmitgliedern die Berufung auf ihre Grundrechte in der Vergangenheit tendenziell pauschal verwehrt wurde und erst jüngere Gerichtsentscheidungen eine Nachsteuerung andeuten. Insoweit scheint das 1924 von *Otto Mayer* geprägte Wort *„Verfassungsrecht vergeht, Verwaltungsrecht besteht"*, Fernwirkungen bis heute zu entfalten.[1151] Die unter Geltung des Grundgesetzes kraft Art. 1 GG postulierte Gegenthese *F. Werners*, *„Verwaltungsrecht als konkretisiertes Verfassungsrecht"*, scheint sich dagegen noch nicht vollständig durchgesetzt zu haben.[1152] Denn es macht eben nicht nur dogmatisch einen Unterschied, ob sich das Ratsmitglied bei Wahrnehmung seiner Mitwirkungsrechte nun aus Gründen des Verfassungs- oder des Verwaltungsrechts nicht auf Grundrechte berufen können soll. Vielmehr können durch die verfassungsrechtlichen Erwägungen auch für die Praxis einigermaßen trennscharfe Abgrenzungskriterien für die Scheidelinie zwischen Funktion und Person des Ratsmitglieds gefunden und insbesondere der Tendenz entgegegewirkt werden, Grundrechte im Gemeinderat pauschal für unanwendbar zu erklären, sobald der Status des Ratsmitglieds betroffen ist. Denn die Grundrechte sind mit den hier gefundenen Ergebnissen gerade nur insoweit nicht anwendbar, als das Ratsmitglied kraft seiner Mitwirkungsrechte im Gemeinderat hoheitliche Gewalt ausübt. In allen anderen Fällen können die Grundrechte demgegenüber Anwendung finden. Soweit also „außerhalb" des Gemeinderats das Amt im statusrechtlichen Sinne betroffen ist oder „innerhalb" des Gemeinderats, also bei Gelegenheit der Ausübung des funktionellen Amtes eine grundrechtstypische Gefährdungslage vorliegt, kann sich das Ratsmitglied auch auf seine Grundrechte berufen. Wenn vor diesem Hintergrund bislang die Wendung bemüht wurde, die Grundrechte stünden dem Ratsmitglied nicht in seiner Eigenschaft als Amtswalter, sondern nur als Privatperson zu,[1153] muss es nach den hier gefundenen Ergebnissen vielmehr heißen:

*Die Mitwirkungsrechte im Gemeinderat stehen der Privatperson nur in ihrer Eigenschaft als Ratsmitglied zu.*

---

1151 *Mayer*, Deutsches Verwaltungsrecht Bd. 1, Vorwort zur 3. Aufl. (1924).
1152 *Werner*, DVBl. 1959, S. 527 ff.
1153 Z.B. OVG NRW, NVwZ 1983, 485 (486); aus der Lit. statt aller *Ehlers*, in: Mann/Püttner, HaKoWiP Bd. 1, 33. Aufl. (2007), § 21 Rn. 127; *Erichsen/Biermann*, Jura 1997, S. 157 (160), je m.w.N.

# 4. Bisherige verwaltungsrechtliche Lösungsansätze – Das Ratsmitglied zwischen Kompetenz und subjektivem Recht

Wie eingangs aufgezeigt, fand und findet die Diskussion um die Grundrechte der Ratsmitglieder bislang mehrheitlich nicht auf verfassungsrechtlicher, sondern verwaltungsrechtlicher Ebene statt. Insoweit scheint sich die gesamte Auseinandersetzung um das Ratsmitglied auf dessen funktionelles Amt zu konzentrieren. Die insoweit vorgeschlagenen Lösungsmuster sollen nunmehr auf ihre Vereinbarkeit mit der hier vorgeschlagenen verfassungsrechtlichen Unterscheidung von Grund- und Mitwirkungsrechten der Ratsmitglieder hin überprüft werden.

Die bislang zumeist auf Ebene des Verwaltungsrechts geführte Auseinandersetzung um das Verhältnis der Grund- und Mitwirkungsrechte im funktionellen Amt findet dabei im Wesentlichen unter zwei Gesichtspunkten statt. Zum einen blickt hier das Recht der Verwaltungsorganisation „von oben" auf die innere Struktur von Hoheitsträgern. Insoweit wird argumentiert, dass es sich bei den dem Ratsmitglied als Organteil zugeordneten Befugnissen um *„apersonale Zuständigkeiten"* oder *„organschaftliche Befugnisse"* handele, die nicht der Person, sondern dem Amt bzw. dem Organ zugeordnet seien und sich schon darum von deren Grundrechten unterschieden. Zum anderen herrscht Streit, ob die dem Ratsmitglied verliehenen Mitwirkungsrechte als im rein objektiven Interesse verliehene „organschaftliche" Kompetenzen oder echte subjektive Rechte des Amtes bzw. des Organes zu verstehen sind.[1154] Dabei wird rechtstheoretisch der Begriff des subjektiven Rechts des Bürgers gegenüber der Kompetenz des Staates in Stellung gebracht und dadurch versucht, Amt und Person vorn vornherein zu unterscheiden. Zur besseren Verständlichkeit der hier vertretenen Argumente erscheint es daher notwendig, zunächst noch einmal abstrakt und in der gebotenen Kürze die Unterscheidung von Innen- und Außenrecht der öffentlichen Hand darzustellen.

## 4.1 Die Unterscheidung von Innen- und Außenrecht

Im 19. Jahrhundert wurde der Staat in Ablösung des Absolutismus durch den frühen Konstitutionalismus als juristische Person anerkannt. Damit wurde der Streit zwischen Volk und Monarch um die Souveränität auf eine, dem Zugriff beider entzogene, höhere Ebene verlagert.[1155] Dieser Staat und seine Staatsgewalt waren damit aber abstrakt und losgelöst nicht nur vom Monarchen, sondern auch von einem Staatsverständnis, getragen von der Gemeinschaft aller Bürger.[1156] Durch die so gefundene einheitliche Staatsgewalt gerieten die komplexen innerstaatlichen rechtlichen Strukturen, die für die Handlungsfähigkeit des Staates notwendig sind, aus dem Blick.[1157] Und damit war wohl der Grundstein für die auf *G. Jellinek*[1158] und *Laband* zurückgehende Impermeabilitätstheorie gelegt. Wesentliche Aussage dieser Theorie ist, dass das Recht die Beziehungen zwischen Außenrechtssubjekten regelt. Nach *Laband* setzt Recht *„seinem Wesen nach eine Mehrheit von Willensträgern voraus, die miteinander kollidieren können"*. Dementsprechend könnten *„Verhaltungsregeln, die ein einzelner sich selbst gibt, (...)*

---

1154 Vgl. dazu die Nachweise unter 1.2.2.1 und die nachfolgenden Ausführungen.
1155 *Schnapp*, Rechtstheorie 9 (1978), S. 275 (278 f.).
1156 *Rupp*, Grundfragen der Verwaltungsrechtslehre, 2. Aufl. (1991), S. 104.
1157 *Schnapp*, Rechtstheorie 9 (1978), S. 275 (279).
1158 *G. Jellinek*, System der subjektiven öffentlichen Rechte, 2. Aufl. (1905), S. 194.

## 4.1 | Die Unterscheidung von Innen- und Außenrecht

*niemals Rechtsvorschriften sein"*.[1159] Die im Inneren eines Rechtssubjektes, insbesondere des Staates, existierenden Beziehungen waren demnach keine Rechtsbeziehungen.[1160] Durch diese „Impermeabilitätstheorie" war der Staat ein für das Recht undurchdringliches Gebilde und seine Organe dementsprechend nicht Adressat von Rechtssätzen.[1161]

Vor diesem Hintergrund gerät oftmals in Vergessenheit, dass auch die Vertreter der Impermeabilitätstheorie die Notwendigkeit erkannten, die innerhalb des Staates bestehenden oder auftretenden Konflikte, etwa zwischen seinen Organen, zu regeln.[1162] Auch die konstitutionelle Staatsrechtslehre ging davon aus, dass im Innenverhältnis des Staates objektive Rechtssätze existierten. Die Unterscheidung von Außen- und Innenbereich des Staates war damit entgegen einer noch heute landläufigen Meinung nicht die Unterscheidung zwischen Recht und Nicht-Recht, sondern betraf vielmehr die Unterscheidung zwischen objektiven Rechtssätzen und subjektiven Rechten, insbesondere Grundrechten, sowie der Möglichkeit subjektiver Rechtsstreitigkeiten.[1163]

Inzwischen hat sich (wieder) die Erkenntnis durchgesetzt, dass auch innerhalb des Staates verbindliche und einem Organ zugeordnete Rechtssätze existieren. Denn die Impermeabilitätstheorie diente letztlich „nur" dazu, den im Konstitutionalismus dem Monarchen abgetrotzten gesellschaftlichen Bereich dem Recht zuzuordnen und damit den staatlichen Zugriff auf die subjektiven Rechte Privater zu begrenzen. Es ging damals nicht darum, auch den innerstaatlichen Bereich zu verrechtlichen bzw. mit subjektiven Rechten zu versehen. Eine solche Sicherungs- und Abgrenzungsfunktion des Rechts ist heute aber nicht mehr nur unnötig, sondern sogar unmöglich.[1164] Schon die Existenz des verfassungsgerichtlichen Organstreits in Art. 93 Abs. 1 Nr. 1, Nr. 4 Var. 3 GG belegt, dass das Grundgesetz keine Impermeabilitätsvorstellungen mehr hat. Deshalb wird auch der staatliche Innenbereich heute als „Recht" anerkannt und die Impermeabilitätstheorie zu recht nicht mehr vertreten.[1165] Mit der Existenz von Rechtsbeziehungen auch innerhalb des Staates bzw. sonstiger Hoheitsträger ist darüber hinaus allerdings noch nichts über deren rechtliche Qualität gesagt. Die Einordnung in objektive Rechtssätze und subjektive Rechte sowie der Umfang von Rechten und Pflichten sind weiterhin streitig. Und hier, in der Diskussion um die Rechtsbeziehungen im staatlichen Innenbereich schwingen einzelne Aspekte der Impermeabilitätstheorie weiterhin mit.[1166]

Geblieben von der Impermeabilitätstheorie ist die Unterscheidung zwischen dem (B-)Innenrecht des Staates oder sonstiger Hoheitsträger einerseits und dem sonstigen „Außen"-Recht andererseits. Letzteres regelt die Rechtsbeziehungen zwischen verschiedenen Hoheitsträgern und sonstigen natürlichen wie juristischen Personen. Es wäre indes verfehlt, die Abgrenzung von „Innen"- und „Außenbereich" als *„leere Fassade einer längst versunkenen Staatsrechtslehre"*[1167] gänzlich aufzuheben. Denn aus dieser Unterscheidung können und müssen dogmatische und materiell-rechtliche Konsequenzen gezogen werden.[1168] Anzuerkennen ist, dass der staatliche In-

---

1159 *Laband*, Staatsrecht Bd. 2, 5. Aufl. (1911), S. 181.
1160 Vgl. statt aller *Roth*, Verwaltungsrechtliche Organstreitigkeiten (2001), S. 165 f., m.w.N.
1161 Vgl. *Mayer*, Deutsches Verwaltungsrecht Bd. 1, 3. Aufl. (1924), S. 103 ff.
1162 *G. Jellinek*, Allgemeine Staatslehre, 3. Aufl. (1914), S. 559 ff.
1163 *Diemert*, Innenrechtsstreit (2002), S. 45 ff.; dazu ausführlich *Roth*, Verwaltungsgerichtliche Organstreitigkeiten (2001), S. 165 ff., 189 ff.
1164 Vgl. *Rupp*, Grundfragen der Verwaltungsrechtslehre, 2. Aufl. (1991), S. 110.
1165 *Erichsen*, in: Erichsen/Hoppe/v. Mutius (Hrsg.), FS f. Menger (1985), S. 211 (214); *Schnapp*, Amtsrecht, (1977), S. 67; vgl. ausführlich *Roth*, Verwaltungsrechtliche Organstreitigkeiten (2001), S. 167 m.w.N.
1166 Vgl. dazu etwa *Bethge*, DVBl. 1980, S. 309 (310 f.), der von einem *„Impermeabilitätstrauma"* spricht (311).
1167 *Bleutge*, Kommunalverfassungsstreit (1968), S. 168.
1168 *Achterberg*, Rechtstheorie 9 (1978), S. 385 (398 ff.); *Bethge*, DVBl. 1980, 309 (314); *Erichsen*, in: Erichsen/Hoppe/v. Mutius (Hrsg.), FS f. Menger (1985), S. 211 (214).

nenbereich anderen Regeln und Rechtssätzen zu folgen hat als der Außenbereich im Verhältnis zu bzw. zwischen natürlichen Personen und sonstigen privatrechtlichen Rechtssubjekten. Denn die Innenbeziehungen müssen sich zwangsläufig an dem von dem Hoheitsträger verfolgten Zweck und seiner Aufgabe, also der Erfüllung öffentlicher Aufgaben und damit einhergehend der Ausübung staatlicher Gewalt, ausrichten. Aus diesem Grunde folgen die Innenrechtsbeziehungen materiell-rechtlich teilweise anderen Regeln als die Außenrechtsbeziehungen. Dies ändert aber nichts an der Existenz von Rechtsbeziehungen, sondern hat Auswirkungen auf deren Inhalt und Umfang. Ob und welche Rechtsbeziehungen auch im Innenbereich existieren, ist dann auch eine Frage der Rechtsfähigkeit bzw. Rechtssubjektivität.

Schwierig ist allerdings im Einzelfall oftmals die Unterscheidung, ob eine Fragestellung nach Innen- oder Außenrecht zu behandeln ist. Beide Rechtskreise gehen teilweise fließend ineinander über. Das zeigt sich schon an den teilweise identischen Rechtsquellen. Auch das Verwaltungsbinnenrecht ist zu großen Teilen in Gestalt formeller Gesetze, Rechtsverordnungen und Satzungen normiert. Außerdem existieren Regelungskomplexe, die beiden Rechtskreisen zugeordnet sind. *Maurer* nennt dafür als Beispiel, dass eine Zuständigkeitsvorschrift sowohl innenrechtlich die Aufgabenkreise der verschiedenen Verwaltungsorgane voneinander abgrenzen kann, gleichzeitig aber auch außenrechtlich das dem Bürger gegenüber entscheidungsbefugte Verwaltungsorgan festlegt.[1169] Zu den Rechtsvorschriften mit Doppelcharakter zählen im Falle der Gemeinde zum Beispiel auch die kommunalen Befangenheitsvorschriften, die innenrechtlich ein Ratsmitglied von Beratung ausschließen und bei einem Verstoß außenrechtlich die Unwirksamkeit einer gemeindlichen Satzung nach sich ziehen können.[1170] Nicht möglich scheint indes, den Außenbereich gerade mit der Existenz von subjektiven Rechten zu begründen, d. h. einen „Außenbereich" dann anzunehmen, sofern subjektive Rechte vorliegen. Denn mit dem Wegfall der Impermeabilität ist vielmehr gerade fraglich, ob sich lediglich der Außenbereich durch die Existenz subjektiver Rechte auszeichnet, oder ob nicht auch im staatlichen Innenbereich subjektive Rechte existieren.[1171] Sinnvoll erscheint deshalb, entsprechend *Rupp* zu differenzieren. Danach ist der Innenbereich durch den Inbegriff derjenigen Rechtsbeziehungen geordnet, die *„ausschließlich den organschaftlichen Funktionsablauf zwischen Organwalter, Organen und Organismus"* betreffen. Das Außenrechtsverhältnis betreffe demgegenüber den *„Komplex von Rechtsrelationen, durch welche das Verhältnis von Verwaltungsorganisationen (…) zu Subjekten, die nicht in der Wahrnehmung einer Organsfunktion begriffen sind"*[1172] bestimmt wird. Entscheidend ist damit der Adressat einer Rechtsnorm: Richtet sich die Regelung an ein Rechtssubjekt, das Organfunktionen wahrnimmt, liegt Innenrecht vor, anderenfalls Außenrecht. Übertragen auf die oben eingeführten Amtsbegriffe heißt das, es liegt Außenrecht vor, sofern das statusrechtliche Amt betroffen ist. Dagegen handelt es sich um Innenrecht, wenn das funktionelle Amt des Amtsträgers betroffen ist. Übertragen auf das Amt des Ratsmitgliedes sind die ihm verliehenen Mitwirkungsrechte im Gemeinderat dem Innenrecht und die ihm verliehenen Statusrechte dem Außenrechtsverhältnis zuzuordnen. Ist das Ratsmitglied als Person, also in seinen Grundrechten betroffen, liegt demnach ebenfalls eine Außenrechtsbeziehung vor, auch wenn eine solche Betroffenheit im Rahmen einer Ratssitzung auftritt.[1173] Die Abgrenzung zwischen den beiden Bereichen erfolgt anhand der Frage, ob das Ratsmitglied „in" Amtsausübung handelt – denn dann handelt es in Wahrnehmung demokratisch legitmierter

---

1169 *Maurer*, Allgemeines Verwaltungsrecht, 18. Aufl. (2009), § 21 Rn. 27.
1170 Vgl. zu den Befangenheitsvorschriften 2.2.2.4.4.
1171 Dazu sogleich mehr beim subjektiven Recht, 4.3.1.
1172 *Rupp*, Grundfragen der Verwaltungsrechtslehre, 2. Aufl. (1991), S. 34.
1173 Vgl. dazu bereits oben, 3.2.2.2.

**4.2 | Das Ratsmitglied als Organmitglied**

staatlicher Gewalt – oder bei Gelegenheit der Amtsausübung als Person betroffen ist. Mit dieser Abgrenzung ist dann aber noch nicht die Frage beantwortet, ob und welche subjektiven Rechte oder Rechtspositionen im Außen- und Innenbereich existieren. Die Abgrenzung führt aber dazu, die Maßstäbe, die an die Rechtspositionen anzulegen sind, zu bestimmen. Diese sind, je nach dem ob die Rechtspositionen im Außen- oder Innenbereich bestehen, notwendig verschieden.

## 4.2 Das Ratsmitglied als Organmitglied

Wie zu Beginn der Arbeit gezeigt,[1174] wird die Anwendbarkeit von Grundrechten bei Ratsmitgliedern unter anderem damit verneint, dass das Ratsmitglied als Teil des gemeindlichen Organs Gemeinderat sich als Organwalter der Gemeinde nicht auf die ihm als Person zukommenden Grundrechte berufen könne. Die dem Ratsmitglied als Organteil zugeordneten Befugnisse seien „apersonale Zuständigkeiten" oder „organschaftliche Befugnisse", d. h. nicht der Person, sondern dem Amt bzw. dem Organ zugeordnet.[1175] Bei der organisationsrechtlichen Betrachtung wird damit die natürliche Person, die als Organwalter das Organ ausfüllt, nicht berücksichtigt und ist deren Rechtsstellung noch nicht letztlich geklärt.[1176]

### 4.2.1 Das Organ

Die Existenz von Organen und Organwaltern ergibt sich notwendig bei jeglicher juristischer Person, Vereinigung oder sonstigen Form von Verwaltungsorganisation. Sie werden stets dann nötig, wenn sich eine Mehrzahl von Menschen oder Rechtssubjekten zusammenschließen, um gemeinsam eine Aufgabe zu erledigen. Die mit der „kommunalen Selbstverwaltung" zusammen hängenden Aufgaben der Daseinsorsorge wären beispielsweise ohne die juristische Person „Gebietskörperschaft" kaum zu erfüllen.[1177] Werden aber juristischen Personen, also beispielsweise Verein oder GmbH im Zivilrecht oder Bund, Länder oder Körperschaften im Öffentlichen Recht geschaffen, sind sie solange handlungsunfähig, wie sie nicht wiederum Organe haben, durch die sie handeln können. Juristische Personen haben darum bereits qua Gesetz oder jeweiliger Verfassung rechtlich verfestigte Organe,[1178] die den Willen dieser Vereinigung bilden und ausführen. Im Falle der Gemeinden sind Organe, je nach Kommunalverfassungsrecht, Gemeinderat und Bürgermeister bzw. Gemeindevorstand/Magistrat. Auch die Organe wiederum sind solange eine leere rechtliche Hülle, wie nicht durch Menschen, die als Organwalter fungieren, das Organ, „gelebt" wird. Handeln können nur Menschen.[1179] Jeder Verband wird erst handlungsfähig durch den Willen von Individuen, die als Organwalter die Organe ausfüllen und da-

---

1174 Vgl. die Nachweise unter 1.2.2.1.
1175 *Bauer/Krause*, JuS 1996, S. 512 (515); *Bethge*, in: Mann/Püttner (Hrsg.), HaKoWiP Bd. 1, 3. Aufl. (2007), § 28 Rn. 21; *Bleutge*, Kommunalverfassungsstreit (1968), S. 38 f.; *Hoppe*, Organstreitigkeiten (1970), S. 217 Fn. 38; *Roth*, Verwaltungsgerichtliche Organstreitigkeiten (2001), S. 913 f.; *Schnapp*, Verwaltungsarchiv 78 (1987), S. 407 (449); *Schoch*, JuS 2008, S. 826 (828); *ders*. JuS 1987, 783 (786, 790); *Trésoret*, Grundrechte im verwaltungsrechtinternen Organstreitverfahren (2011), S. 91 f.; *Tsatsos*, Organstreit (1969), S. 34 f. (Fn. 71, S. 39); *Wahl*, in: Schoch/Schmidt-Aßmann/Pietzner (Hrsg.), VwGO (22. Akt., 2011), Vorb. § 42 Abs. 2 Rn. 120; *Wahl/Schütz*, a. a. O., § 42 Abs. 2 Rn. 92 f.; *Wengenroth*, Gemeinderatsmitglieder in Baden-Württemberg (1996), S. 195.
1176 Vgl. den Überblick bei *Roth*, Verwaltungsrechtliche Organstreitigkeiten (2001), S. 21 ff.
1177 *Maurer*, Allgemeines Verwaltungsrecht, 18. Aufl. (2011), § 21 Rn. 1 ff. (8).
1178 *Roth*, Verwaltungsrechtliche Organstreitigkeiten (2001), S. 16 ff.
1179 *Roth*, Verwaltungsgerichtliche Organstreitigkeiten (2001), S. 22; *Schnapp*, in: Baumeister/Roth/Ruthig (Hrsg.), FS f. Schenke (2011), S. 1187 (1192); zitiert im Gedenken an *Guttenberg*, Verfassung und Verfassungsvertrag (2009).

durch sowohl den Willen der juristischen Person bilden als auch den gefundenen Willen ausführen.[1180] Der Organwalter ist damit die natürliche Person, die zur Wahrnehmung der Organfunktion berufen ist.[1181]

Will man den Begriff des Organs rechtlich fassen, so gelingt dies nur mittels einer äußerst sperrigen Abstraktion, die sich auch dem kundigen Leser erst nach und nach erschließt. Insoweit sind Organe, zurückgehend auf *Wolff*, durch organisierende Rechtssätze gebildete, selbständige institutionelle Subjekte von transitorischen Zuständigkeiten zur funktionsteiligen Wahrnehmung von Aufgaben einer juristischen Person. Als Subjekte transitorischer Wahrnehmungszuständigkeiten sind sie Durchgangssubjekte, nicht hingegen Endsubjekte rechtlicher Zuordnung; Endsubjekt rechtlicher Zuordnung ist stets die rechtsfähige oder teilrechtsfähige Organisation, der das Organ angehört.[1182] Einfacher ausgedrückt: Organe haben keine eigenen Rechte und Pflichten, sondern handeln für „ihren" Rechtsträger. Wenn der Bürgermeister als Organ der Gemeinde tätig wird, wird das Handeln der physischen Person „Bürgermeister" dem Organ Bürgermeister und hierüber unmittelbar der Gemeinde zugerechnet.[1183] Der Bürgermeister handelt damit nicht als Person für sich selbst. Daraus folgt, dass Organ und Organwalter nicht ihre eigenen Interessen, sondern die des Rechtsträgers verfolgen, also nur eine dienende Funktion haben.[1184] Denn nur die Gemeinde hat als juristische Person Rechtspersönlichkeit und ist insofern Träger von Rechten und Pflichten. Kennzeichen dieses sogenannten *„juristischen"* Organbegriffs ist also die Zurechnung von Verhalten vom Organ zu seinem Rechtsträger, weshalb die dem Organ zugeordneten Zuständigkeiten als „Wahrnehmungszuständigkeiten" oder „transitorische" Zuständigkeiten bezeichnet werden.[1185] Der Organwalter macht in diesem Sinne von seinen Zuständigkeiten sogar im doppelten Sinne nur transitorisch Gebrauch. Zum einen stehen die Kompetenzen nicht der Person, also dem Organwalter, sondern allenfalls dem Organ selbst zu. Diese sind dem Organ aber wiederum nur (transitorisch) zugewiesen und daher „apersonal". Auf Basis dieser Abstraktion wird durch das Wollen und Handeln des Organwalters lediglich der Rechtsträger, also die juristische Person berechtigt und verpflichtet.[1186] Diese Abstraktion des Organs von der natürlichen Person ist der eigentliche und bis heute aktuelle Kern der *Wolff'schen* Dogmatik.[1187] Die bereits vor Inkrafttreten des Grundgesetzes entwickelte Loslösung des Organs vom Organwalter durch *Wolff* diente dazu, die Kontinuität staatlichen Handelns über den Wechsel der Organwalter hinweg zu sichern und den Staat dadurch nach außen als Einheit auftreten zu lassen.[1188]

Diese, nur auf juristische Personen beschränkte Definition des Organs ist in der Folge aber selbst von *Wolff* nicht aufrechterhalten worden. Denn die Definition des Organs über das Merk-

---

1180 Vgl. bereits *G. Jellinek*, Allgemeine Staatslehre, 3. Aufl. (1914), S. 540; *Maurer*, Allgemeines Verwaltungsrecht, 18. Aufl. (2011), § 21 Rn. 19 ff.; zur Parallele im Zivilrecht vgl. *Beuthien*, NJW 1999, S. 1142 ff.
1181 Vgl. *Krebs*, Jura 1981, S. 569 (570); vgl. auch *Böckenförde*, in: Menger (Hrsg.) FS f. Wolff (1973), S. 269 (270); zu deren rechtlicher Stellung siehe sogleich 4.2.3.
1182 Vgl. *Wolff/Bachof*, Verwaltungsrecht II, 3. Aufl. (1970), S. 45 ff.; *Wolff*, Theorie der Vertretung (1934), S. 236 ff.; *Schnapp*, in: Baumeister/Roth/Ruthig (Hrsg.), FS f. Schenke (2011), S. 1187 (1192).
1183 Vgl. *Schnapp*, Amtsrecht (1977), S. 93 ff.
1184 *Bleutge*, Kommunalverfassungsstreit (1968), S. 39; *Erichsen*, in: Erichsen/Hoppe/v. Mutius (Hrsg.), FS f. Menger (1985), S. 211 (215); *Hoppe*, Organstreitigkeiten (1970), S. 170; *Rupp*, Grundfragen der Verwaltungsrechtslehre, 2. Aufl. (1991), S. 81 ff.
1185 Vgl. *Wolff/Bachof*, Verwaltungsrecht II, 4. Aufl. (1976), S. 14; *Schnapp*, Rechtstheorie 9 (1978), S. 275 (278 f.).
1186 *Kluth*, in: Wolff/Bachof/Stober, Verwaltungsrecht Bd. 3, 5. Aufl. (2004), § 83 Rn. 133; *Maurer*, Allgemeines Verwaltungsrecht, 18. Aufl. (2011), § 21 Rn. 19; *Schnapp*, Amtsrecht (1977), S. 94.
1187 Vgl. *Wolff*, Theorie der Vertretung (1934), S. 224 ff. insb. S. 230 ff., 242 f.; *ders.*, Verwaltungsrecht II, 3. Aufl. (1970), S. 45 ff. zum Parallelproblem im Zivilrecht vgl. *Beuthien*, NJW 1999, S. 1142 ff.
1188 Vgl. bereits *G. Jellinek*, Allgemeine Staatslehre, 3. Aufl. (1914), S. 544 ff., 559 ff.; *Böckenförde*, in: Menger (Hrsg.), FS f. Wolff (1973), S. 269 (271) m. w. N.; *Roth*, Verwaltungsgerichtliche Organstreitigkeiten (2001), S. 22 f. m. w. N.; *Schnapp*, Amtsrecht (1977), S. 95; zum Zivilrecht *Beuthien*, NJW 1999, 1142 (1144).

## 4.2 | Das Ratsmitglied als Organmitglied

mal der Zuordnung des Handelns zur juristischen Person ist nicht geignet, um alle innerhalb des Staates vorgefundenen Organisationsformen dogmatisch stringent zu erfassen. In der Folge wurde daher die Fähigkeit, Organe zu haben, nicht nur vollrechtsfähigen juristischen Personen, sondern auch sonstigen (teil-)rechtsfähiger Organisationsformen zuerkannt.[1189] So ist beispielsweise der Bundestagspräsident ein mit eigenen Rechten und Pflichten ausgestattetes Organ des Verfassungsorgans Bundestag. Seine Handlungen werden regelmäßig dem Bundestag, nicht aber der Bundesrepublik zugerechnet, sofern er nicht als Behörde gegenüber Bürgern tätig wird. Notwendige, aber hinreichende Voraussetzung für die Möglichkeit, Träger von Organen zu sein, ist daher die Rechtssubjektivität. Eine solche Rechtssubjektivität im Sinne einer Teilrechtsfähigkeit liegt vor, wenn nicht generell, sondern nur hinsichtlich bestimmter Rechtsgebiete oder auch nur bestimmter Rechtsnormen einem Rechtssubjekt Befugnisse oder Kompetenzen verliehen oder Pflichten auferlegt werden. Die Rechtsfähigkeit ist danach insofern relativ, als sie den auferlegten Rechten und Pflichten folgt und dementsprechend nicht – wie bei natürlichen oder juristischen Personen – grundsätzlich allumfassend ist.[1190] Auch insofern benötigt die teilrechtsfähige Organisation dann Organe, die für sie handeln.

Dabei kann im Öffentlichen Recht aufgrund der vielen unterschiedlichen gesetzlichen Organisationsformen und wegen der organisatorischen Wahlfreiheit der Verwaltungsträger nicht von einem numerus clausus (teil-)rechtsfähiger Verwaltungseinheiten gesprochen werden. Es ist vielmehr im jeweiligen Einzelfall anhand des einschlägigen positiven Rechts festzustellen, ob Teilrechtsfähigkeit vorliegt oder nicht.[1191] Voraussetzung ist insoweit die Zuordnung von Befugnissen oder Pflichten. Dementsprechend hat auch der Gemeinderat als Organ der Gemeinde mit seinem Vorsitzenden selbst ein Organ, das für den Gemeinderat gegenüber Dritten, beispielsweise dem Bürgermeister, handelt. Ebenso erlauben die Gemeindeordnungen dem Gemeinderat, Ausschüsse zu bilden, die dann als Unterorgan oder Organteil bzw. „Organ-Organ" des Gemeinderats fungieren.[1192] Soweit also Organen einer juristischen Person im Innenbereich ihres Rechtsträgers selbst Rechtspositionen als eigene zugewiesen sind, sind sie diesbezüglich Zurechnungsendsubjekt und damit im Verwaltungsbinnenbereich „ihrer" juristischen Person insoweit selbst teilrechtsfähig.[1193] Die Existenz von Organen ist heute daher sowohl im Innen- wie auch Außenrechtskreis anerkannt.[1194] Mit der Anerkennung dieses „*relativen"* Organbegriffes kann aber entgegen des „*juristischen"* Organbegriffes nicht mehr davon gesprochen werden, das Organ habe ausschließlich Wahrnehmungszuständigkeiten und sei lediglich ein „Durchgangssubjekt" der Kompetenzen seines Rechtsträgers.[1195] Denn entgegen des ursprünglichen Organbegriffs, der organschaftliches Handeln stets der juristischen Person zurechnete, können Organe im Verwaltungs(b)innenbereich auch selbst Zuordnungssubjekt von Rechtspositionen sein, deren Rechtsnatur dann aber streitig ist, dazu sogleich. Als Organeigenschaft bleibt die Zuordnung des Organhandelns zum Organ oder dessen Rechtsträger erhalten: Handlungen des Organwalters gelten als die seines Organes oder Rechtsträgers. Einzige Vorausset-

---

1189 *Wolff/Bachof*, Verwaltungsrecht II, 4. Aufl. (1976), S. 50.
1190 Dazu ausführlich *Roth*, Verwaltungsgerichtliche Organstreitigkeiten (2001), S. 507, 516 ff.
1191 *Maurer*, Allgemeines Verwaltungsrecht, 18. Aufl. (2011), § 21 Rn. 4 ff.
1192 Dazu *Kluth*, in: Wolff/Bachof/Stober, Verwaltungsrecht Bd. 3, 5. Aufl. (2004), § 83 Rn. 164 ff.
1193 *Achterberg*, Rechtstheorie 9 (1978), 345 (404 f.); *Bethge*, DVBl. 1980, S. 309 (314); *Bleutge*, Kommunalverfassungsstreit (1968), S. 66 f; *Buchwald*, Organstreit (1998), S. 146 f.; *Böckenförde*, in: Menger (Hrsg.), FS f. Wolff (1973), S. 269 (278); *Ewald*, DVBl. 1970, S. 237 (241 f.); *Roth*, Verwaltungsgerichtliche Organstreitigkeiten (2001), S. 518 f.; *Rupp*, Grundfragen der Verwaltungsrechtslehre, 2. Aufl. (1991), S. 81 ff.
1194 Vgl. bereits *Bleutge*, Kommunalverfassungsstreit (1968), S. 38 ff; *Schnapp*, Rechtstheorie 9 (1978), S. 275 (285); a. A. *Wolff/Bachof*, Verwaltungsrecht II, 4. Aufl. (1976), S. 49.
1195 Vgl. *Maurer*, Allgemeines Verwaltungsrecht, 18. Aufl. (2011), § 21 Rn. 22 f; *Kluth*, in: Wolff/Bachof/Stober, Verwaltungsrecht Bd. 3, 5. Aufl. (2004), § 83 Rn. 173 ff.

zung hierfür ist die Teilrechtsfähigkeit des Organs, also die Fähigkeit, zumindest Träger eines Rechts oder einer Pflicht zu sein.[1196]

Aufgrund der Relativität des Organbegriffs, wird das Organ in Fortentwicklung der oben genannten Prämissen heute im Bereich des Öffentlichen Rechts[1197] durch die beiden folgenden Merkmale definiert:[1198] *Institutionell* ist das Organ eine zwar dem Verwaltungsträger eingegliederte, aber organisatorisch selbständige Einrichtung. Die Verselbständigung geht aber nicht soweit, daß das Organ rechtlich selbständig wäre. Es ist nicht Rechtsperson, sondern Teil einer Rechtsperson und damit nur teilrechtsfähig. Es besteht unabhängig vom Wechsel seiner Inhaber und auch dann noch, wenn es keinen Inhaber hat. Je nach Anzahl der Organinhaber, der sogenannten Organwalter, bezeichnet man es als entweder monistisch, d. h. aus nur einem Organwalter bestehend oder pluralistisch oder kollegial, d. h. aus mehreren Organwaltern bestehend.[1199] *Funktionell* ist das Organ dann aber Zurechnungssubjekt von Rechtssätzen, nämlich der Kompetenzen und Zuständigkeiten aus den jeweiligen Gesetzen. Zu seinen Aufgaben gehören insbesondere die eigenverantwortliche Wahrnehmung von Funktionen für den Rechtsträger, vor allem dessen Willensbildung und dessen Ausführung.[1200]

Inhaber des jeweiligen Organs und damit der wahrzunehmenden Funktion ist der Organwalter oder Amtsträger. Diesbezüglich unterscheiden sich lediglich die Bezeichnungen: Während das Verwaltungsorgansiationsrecht „von oben" die staatliche Organsiation in den Blick nimmt und von den insitutionalisierten Organen ausgeht, blickt das Amtsrecht gleichsam „von unten", aus Sicht des einzelnen Amtsträgers, in diese hinein. Dementsprechend können die Begriffe Amtsträger und Organwalter synonym verwendet werden. Dagegen fallen Amt und Organ nicht immer ineinander sondern nur dann, wenn, wie etwa im Falle des Bürgermeisters, ein Organ monokratisch besetzt ist. Denn dann wird die Funktion des Organs, also die Staatsfunktion, durch nur ein Amt ausgeführt. Ist ein Organ kollektiv besetzt, besteht es also aus mehreren Mitgliedern wie etwa der Gemeinderat, so hat jedes Mitglied ein Amt inne. Dabei sollten diese nicht als Organteile, sondern als Organ*mitglieder* bezeichnet werden. Für das Beispiel der Ratsmitglieder werden zwar im Schrifttum die Bezeichnungen „Kollegen"[1201] oder auch Organteile[1202] verwendet. Vorzugswürdig erscheint aber die Bezeichnung als Organmitglied. Das folgt bereits aus der gesetzlichen Bestimmung Rats*mitglied* in nahezu allen Gemeindeordnungen[1203] und entspricht im Übrigen auch der Terminologie bei Abgeordneten des Bundestages.[1204] Der Begriff des Organteiles sollte dagegen den institutionalisierten Untergliederungen eines Organes, im Falle des Gemeinderats etwa des Vorsitzenden, Ausschüssen oder Fraktionen

---

1196 *Böckenförde*, in: Menger (Hrsg.), FS f. Wolff (1973), S. 269 (304); ausführlich dazu *Roth*, Verwaltungsrechtliche Organstreitigkeiten (2001), S. 500, 504 ff., 518 ff.
1197 Zum Organbegriff im Zivilrecht vgl. *Diemert*, Innenrechtsstreit (2002), S. 99 ff.
1198 *Maurer*, Allgemeines Verwaltungsrecht, 18. Aufl. (2011), § 21 Rn. 22 f.
1199 *Roth*, Verwaltungsrechtliche Organstreitigkeiten (2001), S. 29 f.
1200 *Böckenförde*, in: Menger (Hrsg.), FS f. Wolff (1973), S. 269 (274 f.); *Erichsen*, in: Erichsen/Hoppe/v. Mutius (Hrsg.), FS f. Menger (1985), S. 211 (215); *Hoppe*, Organstreitigkeiten (1970), S. 169; *Roth*, Verwaltungsrechtliche Organstreitigkeiten (2001), S. 27.
1201 *Hoppe*, Organstreitigkeiten (1970), S. 170.
1202 *Bauer/Krause*, JuS 1996, S. 512 (513); *Bleutge*, Kommunalverfassungsstreit (1968), S. 40, 50, 136 f.; *Hoppe*, Organstreitigkeiten (1970), S. 170; *Schoch*, JuS 2008, S. 826 (827); *Tsatsos*, Organstreit (1969), S. 39; *Wengenroth*, Gemeinderatsmitglieder in Baden-Württemberg (1996), S. 195; *Schnell*, Freie Meinungsäußerung (1997), S. 14.
1203 So auch *Diemert*, Innenrechtsstreit (2002), S. 195; vgl. § 25 Abs. 1 GemO BW; Art. 31 Abs. 1 BayGO; §§ 27 Abs. 1 GO BB; 57, 60 HGO; 54 NKomVG; 40, 42 GO NRW; 30 GemO RP; 30 KSVG SL; 34 SächsGemO; 36 GO LSA; 31 a GO SH; § 24 ThürKO; vgl. auch § 105 KV M-V.
1204 Siehe 3.1.1.1; vgl. auch § 45 NKomVG, der die Bezeichnung „Abgeordneter" als Oberbegriff für alle Mitglieder kommunaler Vertretungsorgane verwendet.

**4.2 | Das Ratsmitglied als Organmitglied**

vorbehalten werden.[1205] Amtsträger, die Behörden zugeordnet sind (zum Begriff sogleich), also im wesentlichen Beamte, sollten dagegen nicht als deren Mitglieder bezeichnet werden, da sie im Gegensatz etwa zum Gemeinderat in ein hierarchisches, weisungsgebundenes Dienstverhältnis eingebunden sind. Das ändert aber nichts am Vorliegen eines Amtes.

Bei aller dogmatischen Genauigkeit muss an dieser Stelle aber klargestellt werden, dass der Versuch, das jeweilige Beziehungsgeflecht zwischen den Organen sowie zwischen Organen und Organwaltern rein abstrakt-dogmatisch zu erfassen entweder wegen des zu hohen Maßes an Abstraktion zum Scheitern verurteilt ist, oder kaum einen Erkenntnisgewinn mit sich bringt.[1206] Bei jeder Diskussion um die Rechtsstellung von Organ und Organwalter muss daher zwar stets im Auge behalten werden, welches Rechtsverhältnis konkret betroffen ist. Dabei scheint es aber angebracht, weniger das theoretische Gerüst, denn das positive Recht in den Vordergrund zu stellen: Sofern in einer Beziehungsebene Befugnisse verliehen und/oder Pflichten auferlegt werden, besteht insoweit dann auch Rechtssubjektivität von Organ bzw. Organwalter.[1207]

### 4.2.2 Die Behörde

Die ursprüngliche *Wolff'sche* Organdefinition trifft heute im Wesentlichen „nur" auf einen Teil staatlicher Organe, die Behörden, zu. Diese sind letztlich das, was *Wolff* ursprünglich mit Organ bezeichnet hat: durch organisierende Rechtssätze gebildete, selbständige institutionelle Subjekte von transitorischen Zuständigkeiten zur funktionsteiligen Wahrnehmung von Aufgaben einer juristischen Person. Mit anderen Worten: Behörden sind nicht Träger von Rechten und Pflichten sondern nehmen die Kompetenzen ihres Rechtsträgers gegenüber anderen natürlichen oder juristischen Personen wahr und sind dementsprechend „Durchgangssubjekte" zugeordneter Rechtspositionen. Soweit ein Organ als Behörde handelt, erfüllt es also alle Definitionsmerkmale des ursprünglichen *Wolff'schen* Organbegriffs: Das Handeln der Behörde/des Organs berechtigt und verpflichtet unmittelbar den Rechtsträger, hier besteht der von *Wolff* entwickelte Zurechnungszusammenhang. Vereinzelt wurde darum vorgeschlagen, das Organ per Definition nur insoweit anzuerkennen, wie es für seinen Rechtsträger im Außenrechtskreis gegenüber Dritten tätig wird. Im Innenrechtskreis müsse dagegen von „*demjenigen Funktionssubjekt, das im Außenverhältnis Organqualität hat*", gesprochen werden.[1208] Diese Differenzierung erscheint aber unnötig kompliziert und hat sich soweit ersichtlich nicht durchgesetzt.[1209] Richtig ist, dass sich ein Organ zur Behörde wandelt, wenn es den Verwaltungsbinnenbereich verlässt und für den jeweiligen Rechtsträger gegenüber dritten Personen handelt, also dessen Verbandskompetenzen wahrnimmt. Infolge der Relativität des Organbegriffes kann ein und dasselbe Organ daher sowohl eigene Befugnisse haben wie auch als Behörde transitorisch Zuständigkeiten oder Rechte seines Rechtsträgers ausüben. So haben Gemeinderat und Bürgermeister eigene Kompetenzen einander gegenüber und gleichzeitig transitorisch gegenüber anderen Rechtsträgern. Der Bürgermeister etwa durch Erlass eines Verwaltungsaktes, der Gemeinderat zum Beispiel durch Annahme oder

---

1205 Zu den Untergliederungen des Gemeinderats 2.2.2.1.3.
1206 Vgl. zur Unterscheidung von Beamten, Organwaltern und Amtsträgern bspw. *Erichsen*, in: Erichsen/Hoppe/v. Mutius (Hrsg.), FS f. Menger (1985), S. 211 (217).
1207 Vgl. dazu *Achterberg*, Allgemeines Verwaltungsrecht, 2. Aufl. (1986), § 13 Rn. 11 ff. (14); § 20 Rn. 52 ff.
1208 Vgl. *Erichsen*, in: Erichsen/Hoppe/v. Mutius (Hrsg.), FS f. Menger (1985), S. 211 (216); vgl. dazu auch *Schnapp*, Amtsrecht (1977), S. 97.
1209 Vgl. *Diemert*, Innenrechtsstreit (2002), S. 98 f.; *Maurer*, Allgemeines Verwaltungsrecht, 18. Aufl. (2011), § 21 Rn. 26.

## Bisherige verwaltungsrechtliche Lösungsansätze | 4

Zurückweisung eines Bürgerbegehrens.[1210] Dementsprechend findet sich in Lehrbüchern der Satz, dass *„jede Behörde zugleich Organ, nicht jedes Organ aber auch Behörde"* ist.[1211]

Ähnlich dem Amts- und Organbegriff hat auch der Begriff der Behörde mehrere Bedeutungen. Behörden im *organisatorischen* Sinne sind die in die staatliche Verwaltungshierarchie eingegliederten Organe sowie die Vollzugsorgane der nichtstaatlichen Verwaltungsträger, wie etwa der Bürgermeister. Maßgeblich ist insoweit die Zuordnung zur Exekutive. Behörden im *funktionellen* Sinne sind alle Organe, wenn und soweit sie zur hoheitlichen Durchführung konkreter Verwaltungsmaßnahmen im Außenverhältnis berufen sind.[1212] Hierzu gehören alle Behörden im organisatorischen Sinne, aber auch sonstige Staatsorgane, wie etwa der Bundestagspräsident, ein Gericht oder auch der Beliehene.[1213] In diesem funktionellen Sinne ist auch die Legaldefinition des § 1 Abs. 4 VwVfG zu verstehen. Danach sind Verwaltungsbehörden durch Organisationsrecht gebildet, vom Wechsel des Amtsinhabers unabhängig und nach der einschlägigen Zuständigkeitsregelung dazu berufen, unter eigenem Namen nach außen eigenständig Aufgaben der öffentlichen Verwaltung wahrzunehmen.[1214]

### 4.2.3 Eigenzuständigkeiten des Organmitglieds

Ausgehend von der aufgezeigten Definition des Organes ist unter anderem *Roth* bis heute der Auffassung, die Mitwirkungsrechte des Ratsmitglieds (funktionelles Amt) seien nicht dem Organwalter bzw. Amtsträger als natürlicher Person, sondern dem Amt „Rats- oder Organmitglied" zugewiesen und damit „apersonal".[1215] Mit anderen Worten wird eine Abstraktionsebene zwischen Organ/Amt einerseits und Organwalter/Amtsträger andererseits eingezogen mittels derer die Funktion als Organwalter von der Eigenschaft als natürlicher Person getrennt wird.[1216] Die Richtigkeit dieser Ansicht unterstellt, wären die Mitwirkungsrechte als Ausdruck staatlicher Gewalt im Sinne von Art. 1 Abs. 3 GG, 20 Abs. 2 GG nicht an die Person des Ratsmitglieds, sondern das von ihm auf Zeit übertragene Amt geknüpft. Es erscheint möglich, dass hierdurch die oben hergeleitete verfassungsrechtliche Grundentscheidung zur Qualifikation der Mitwirkungsrechte des Ratsmitglieds verwaltungsrechtlich ausgestaltet werden könnte. Die Mitwirkungsrechte, die sich verfassungsrechtlich als Ausübung hoheitlicher Gewalt im Sinne von Art. 1 Abs. 3 GG darstellen, wären damit verwaltungsrechtlich von der Person des Ratsmitglieds losgelöst. Durch diese „Apersonalität" würde dann zugleich die Existenz subjektiv-

---

1210 Str., vgl. dazu *Neumann*, in: Mann/Püttner (Hrsg.), HaKoWiP, Bd. 1, 3. Aufl. (2007) § 18 Rn. 47f.; *Schmidt-Aßmann/Röhl*, in: Schmidt-Aßmann/Schoch (Hrsg.), Besonderes Verwaltungsrecht, 14. Aufl. (2008), 1. Kap. Rn. 91, jeweils m.w.N.; a. A. etwa OVG RP, NVwZ-RR 1995, 411 (412).
1211 *Burgi*, in: Erichsen/Ehlers (Hrsg.), Allgemeines Verwaltungsrecht, 14. Aufl. (2010), § 8 Rn. 29; vgl. auch *Kluth*, in: Wolff/Bachof/Stober, Verwaltungsrecht Band 3, 5. Aufl. (2004), § 83 Rn. 137f.; *Stober*, in: Wolff/Bachoff/Stober/Kluth, Verwaltungsrecht I, 12. Aufl. (2007), § 6 Rn. 33, § 45 Rn. 17.
1212 *Burgi*, in: Erichsen/Ehlers (Hrsg.), Allgemeines Verwaltungsrecht, 14. Aufl. (2010), § 7 Rn. 29.
1213 *Maurer*, Allgemeines Verwaltungsrecht, 18. Aufl. (2011), § 21 Rn. 32f.
1214 OVG NRW, OVGE MüLü 22, 267 (269); *Stober*, in: Wolff/Bachoff/Stober/Kluth, Verwaltungsrecht I, 12. Aufl. (2007), § 45 Rn. 18.
1215 *Roth*, Verwaltungsgerichtliche Organstreitigkeiten (2001), S. 913f.; vgl. auch *Bauer/Krause*, JuS 1996, 512 (515); *Bethge*, in: Mann/Püttner (Hrsg.), HaKoWiP Bd. 1, 3. Aufl. (2007), § 28 Rn. 21; *Bleutge*, Kommunalverfassungsstreit (1968), S. 38f., 136; *Hoppe*, Organstreitigkeiten (1970), S. 217 Fn. 38; *Schnapp*, Verwaltungsarchiv 78 (1987), S. 407 (449); *Schoch*, JuS 2008, S. 826 (828); *ders.* JuS 1987, 783 (786f.); *Trésoret*, Grundrechte im verwaltungsrechtinternen Organstreitverfahren (2011), S. 91f.; *Tsatsos*, Organstreit (1969), S. 34f. (Fn. 71, S. 39); *Wahl*, in: Schoch/Schmidt-Aßmann/Pietzner (Hrsg.), VwGO (22. Akt., 2011), Vorb § 42 Abs. 2 Rn. 120; *Wahl/Schütz*, a. a. O., § 42 Abs. 2 Rn. 91f.; *Wengenroth*, Gemeinderatsmitglieder in Baden-Württemberg (1996), S. 195; für Abgeordnete des Bundestages vgl. etwa *Steiger*, Organisatorische Grundlagen des parlamentarischen Regierungssystems (1973), S. 67ff.
1216 *Bleutge*, Kommunalverfassungsstreit (1968), S. 38f., 136f.; vgl. auch *Bethge*, DVBl. 1980, S. 824 (825); für Abgeordnete vgl. *Demmler*, Der Abgeordnete im Parlament der Fraktionen (1994), S. 50.

## 4.2 | Das Ratsmitglied als Organmitglied

öffentlicher Rechte[1217] von Organwaltern verneint und insbesondere die Grundrechte auf Ebene des Verwaltungsrechts von den Mitwirkungsrechten des Ratsmitglieds getrennt.[1218] Die rechtliche Existenz des Organwalters wäre darauf beschränkt, das Organ handlungs- und willensfähig zu machen: Bei ihm handele es sich um eine Erscheinung des Innenbereichs, die nicht Träger der im Außenrechtskreis angesiedelten persönlichen Rechte sein könne.[1219] Anderenfalls bestünde die – auf die Dogmatik der konstitutionellen Staatsrechtslehre zurückgehende – Gefahr, den betreffenden Hoheitsträger und damit den Staat insgesamt in eine Vielzahl von Personen aufzulösen, die gleichsam als Privatpersonen hoheitliche Rechte wahrnähmen.[1220]

Ausgangspunkt dieser Argumentation ist im Grunde die Organdefinition *Wolffs*. Deren Dreh- und Angelpunkt ist die Loslösung der Zuständigkeiten von den das Organ bildenden Menschen (Organwaltern). Die Handlungen und Betroffenheiten werden unmittelbar dem Organ und über dieses dem Rechtsträger zugerechnet.[1221] Dieser Ausgangspunkt bedeutet für den Begriff des Amtes, dass auch dieses als institutionalisierter Inbegriff von Wahrnehmungszuständigkeiten unabhängig von der Person des Amtsträgers bestehen und intersubjektiv und unverfügbar sein soll.[1222] Zwar gehe der Amtswalter mit der Übernahme des Amtes seinerseits die Verpflichtung ein, die mit dem Amt verbundenen Aufgaben und Befugnisse auch auszuüben. Diese solle der Amtswalter aber nur wahrnehmen, sie stünden ihm nicht als Person zu.[1223] Mit dieser Apersonalität zugewiesener Befugnisse vom Organwalter oder Amtsträger kann allerdings allenfalls die Rechtslage im Fall des für eine Behörde handelnden Amtsträgers, sprich eines Beamten, beschrieben werden. Hier nimmt der Beamte im Rahmen seines funktionellen Amtes regelmäßig die Verbandskompetenzen des seiner Behörde vorstehenden Rechtsträgers gegenüber Dritten wahr.

Fraglich erscheint aber, ob dieser Gedanke auch auf das Amt des Ratsmitglieds übertragen werden kann, das im Rahmen seines Amts im funktionellen Sinne gerade nicht als Teil einer Behörde Dritten gegenüber tätig wird. Auch hier sollen indes die Befugnisse des Ratsmitglieds als Organmitglied nicht der natürlichen Person, sondern dem institutionalisierten Funktionssubjekt „Organmitglied" zustehen und damit ebenso unabhängig von der natürlichen Person sein, wie auch die Institution „Ratsmitglied" von der natürlichen Person zu unterscheiden sei.[1224] Gleiches gelte für Organwalter monistischer Organe wie dem Bürgermeister.[1225] Nur auf diesem Wege sei der Bestand der organschaftlichen Handlungen über den Wechsel des Organwalters hinaus gesichert.[1226] Im Streitfall gehe es daher nicht um individuelle Rechte des Organwalters, sondern Zuständigkeiten des Organs.[1227] Schutzgut der vom Amtsträger auszuübenden Befug-

---

1217 Zum Begriff des subjektiven Rechts sogleich, 4.3.1. bis 4.3.3.
1218 *Bethge*, DVBl. 1980, 824 (825); *Schoch*, JuS 1987, S. 783 (786, 790).
1219 *Erichsen*, in: Erichsen/Hoppe/v. Mutius (Hrsg.), FS f. Menger (1985), S. 211 (221); *Rupp*, Grundfragen der Verwaltungsrechtslehre, 2. Aufl. (1991), S. 34 f.
1220 *Kiock*, Kommunalverfassungsstreitigkeiten (1972), S. 43; vgl. bereits *G. Jellinek*, Allgemeine Staatslehre, 3. Aufl. (1914), S. 562.
1221 Siehe 4.2.1.
1222 *Krüger*, Allgemeine Staatslehre, 2. Aufl. (1966), S. 256 f.; *Wolff/Bachof*, Verwaltungsrecht II, 4. Aufl. (1976), S. 29.
1223 Vgl. *Schnapp*, Jura 1980, S. 68 (75); *Wolff/Bachof*, Verwaltungsrecht II, 4. Aufl. (1976), S. 41.
1224 *Roth*, Verwaltungsgerichtliche Organstreitigkeiten (2001), S. 21 ff., 913 f.; *Wahl*, in: Schoch/Schmidt-Aßmann/Pietzner (Hrsg.), VwGO (22. Akt., 2011), Vorb § 42 Abs. 2 Rn. 120; *Wahl/Schütz*, a. a. O., § 42 Rn. 92.
1225 *Bauer/Krause*, JuS 1996, 512 (515); *Bleutge*, Kommunalverfassungsstreit (1968), S. 38 f., 42, 136; *Ewald*, DVBl. 1970, S. 237 (239); *Hoppe*, Organstreitigkeiten (1970), S. 217 Fn. 38; *Roth*, Verwaltungsgerichtliche Organstreitigkeiten (2001), S. 407, 449, 913 f.; *Schoch*, JuS 2008, S. 826 (828); *Wahl*, in: Schoch/Schmidt-Aßmann/Pietzner (Hrsg.), VwGO (22. Akt., 2011), Vorb § 42 Abs. 2 Rn. 120; *Wengenroth*, Gemeinderatsmitglieder in Baden-Württemberg (1996), S. 195.
1226 Vgl. *Roth*, Verwaltungsgerichtliche Organstreitigkeiten (2001), S. 22.
1227 *Hoppe*, DVBl. 1970, S. 845 (849); *Schnapp*, Verwaltungsarchiv 78 (1987), S. 407 (449); *Schoch*, JuS 1987, S. 783 (786, 790).

nisse seien nicht seine Interessen, Kompetenzen und Zuständigkeiten als Person, sondern diejenigen seines Rechtsträgers. Es gehe bei organschaftlichen Befugnissen daher nicht um die Abgrenzung von Willens- und Handlungssphären, die auf individuelle Freiheitsbereiche bezogen seien, sondern um die Zusammenordnung einzelmenschlichen Wirkens und Handelns zu einem einheitlichen Wirkungszusammenhang.[1228] Die natürliche Person Ratsmitglied sei an einem solchen Streit nur „mittelbar" beteiligt, weil sie nur als Organwalter die Kompetenzen des Organs bzw. Organmitglieds geltend mache.[1229] Das Ergebnis dieser Konstruktion: Eine Berufung auf Grundrechte durch Organwalter scheitert schon aus formalen Gründen, die Rechtsstellung der das Organ bildenden Person bleibt völlig außer Betracht.[1230]

Dogmatisch ist das so gefundene Ergebnis weder zwingend noch sachgerecht. Dies zeigt sich bereits daran, dass die *Wolff*'sche Definition des Organs darauf zugeschnitten ist, als Behörde Dritten gegenüber tätig zu werden.[1231] Es erscheint aber fraglich, ob diese Argumentation tatsächlich auch auf das Amt des Ratsmitglieds, das gerade nicht als Behörde Dritten gegenüber tätig wird, übertragen werden kann. Denn so richtig es ist, die Eigenschaft als Organmitglied und Amtsträger von der es ausfüllenden natürlichen Person rechtlich zu unterscheiden, so wenig rechtfertigt dies, die Befugnisse dem Amtsträger oder Organwalter per se als nicht persönlich zugeordnet anzusehen. Richtig ist zwar, dass Amt und Organ über den Wechsel des konkreten Amtswalters hinaus weiter existieren. Das bedeutet aber nicht, dass der Amts- bzw. Organwalter für die Dauer der Amtsausübung die von ihm wahrgenommenen Befugnisse nicht auch als ihm persönlich zugewiesen betrachten könnte. Denn das Amt und die mit ihm einhergehenden organschaftlichen Befugnisse sind für die Dauer der Amtstätigkeit ja gerade ihm als einer bestimmten natürlichen Person anvertraut.[1232] Gerade bei den kommunalen Organwaltern „Ratsmitglied" und „Bürgermeister" scheint es nicht gerechtfertigt, sie völlig abstrakt von der natürlichen Person zu sehen.[1233] Immerhin sind alle Ratsmitglieder vom Volk nach den Wahlgrundsätzen des Art. 28 Abs. 1 Satz 2 GG gewählt. Und auch die Bürgermeister werden von den Gemeindebürgern direkt gewählt. Die Ratsmitglieder sind darüber hinaus gerade auch wegen ihrer Persönlichkeit beauftragt worden, als Ratsmitglied im Organ der Gemeinde mitzuwirken und durch ihr freies Mandat in besonderem Maße unabhängig. Diese Mitwirkungsrechte sind daher ohne Zweifel auch der natürlichen Person „Ratsmitglied" zugeordnet, nicht aber ausschließlich der Institution „Ratsmitglied" oder gar dem Gesamtorgan Gemeinderat.[1234] Dieses Ergebnis folgt bereits aus der Funktion und Geschichte bürgerschaftlich-demokratischer Selbstverwaltung, nach der gerade der Bürger aus der Mitte der Gesellschaft zur bürgerschaftlich-demokratischen Mitwirkung am Gemeinwesen aktiviert werden soll.[1235] Das freie Mandat der Ratsmitglieder liefe letztlich leer, wenn diese die ihnen anvertrauten Befugnisse nicht als ihre eigenen begreifen könnten.[1236] Dabei handelt es sich auch bei einer personalen Anknüpfung der ratsinternen Mitwirkungsrechte nicht um höchstpersönliche Befugnisse der Ratsmitglieder. Denn aus der bürgerschaftlich-demokratischen Dimension kommunaler Selbstverwaltung folgt ganz klar, dass die Mitwirkungsrechte diesen nicht dauerhaft, sondern nur auf Zeit übertragen sind – für die Dauer der jeweiligen Wahlperiode aber zur persönlichen Wahrnehmung. Im Ergebnis können die Mit-

---

1228 *Böckenförde*, in: Menger (Hrsg.), FS f. Wolff (1973), S. 269 (303).
1229 *Ewald*, DVBl. 1970, S. 237 (239).
1230 Vgl. *Barth*, Subjektive Rechte von Gemeinderatsmitgliedern im Kommunalverfassungsstreit (1997), S. 123 f.
1231 Siehe 4.2.2.
1232 Vgl. für die Ratsmitglieder *Groß*, Kollegialprinzip (1999), S. 321 ff.; zum Verhältnis des Amtsträgers zu seinem Amt instruktiv *Diemert*, Innenrechtsstreit (2002), S. 207 ff.
1233 Zum Folgenden *Groß*, Kollegialprinzip (1999), S. 321 ff.
1234 *Hufen*, Verwaltungsprozessrecht, 8. Aufl. (2011), § 21 Rn. 17; *Papier*, DÖV 1980, S. 292 (297).
1235 Siehe 2.2.1.3.2.
1236 Zum freien Mandat der Ratsmitglieder vgl. 2.2.2.2.

## 4.2 | Das Ratsmitglied als Organmitglied

wirkungsrechte der Ratsmitglieder daher keineswegs per se als apersonal und von den einzelnen Organen und Personen losgelöst angesehen werden. Sie sind vielmehr gerade der Person des Amtsträgers mit der Maßgabe übertragen, sie zielgerichtet – und auf Zeit – auszuüben.[1237]

Entgegen *Roth* wird mit einer personalen Anknüpfung auch die Unterscheidung von Amt und Amtsträger nicht aufgehoben.[1238] Im Gegenteil, nähme man die apersonale Anknüpfung ernst und unterschiede man konsequent zwischen dem „Amt" und der das Amt ausfüllenden natürlichen Person, dann müsste im Streit um Mitwirkungsrechte im Gemeinderat eine gesetzliche Vertretung oder gar Prozessstandschaft angenommen werden: Der Amts- oder Organwalter klagte dann in amtlicher Eigenschaft die Befugnisse seines Amtes ein. Genauso beim Bürgermeister: Es klagte der Organwalter die Rechte des Organs ein. Und so weit geht dann auch bei *Roth* die Abstraktion nicht. Von einer „Vertretung des Organs durch den Organwalter", einer Beteiligtenfähigkeit des Amtsträgers „kraft Amtes" oder auch einer Prozessstandschaft ist auch bei ihm nicht die Rede.[1239] Erst diese Konsequenz offenbart den eigentlichen Effekt der propagierten „Apersonalität": Die Ratsmitglieder einerseits durch das Medium des Amtes in den Staat einzubeziehen, ihnen aber im gleichen Atemzug durch juristische Abstraktion vorzuenthalten, die übertragenen Mitwirkungsrechte „als eigene" anzusehen, verbrämt die bürgerschaftlich-demokratische Dimension kommunaler Selbstverwaltung zu einem Feigenblatt administrativer Aufgabenerfüllung.

Die Befugnisse der Ratsmitglieder sind damit deren persönlicher Rechtssphäre zuzuordnen,[1240] sie sind dadurch Zurechnungssubjekt zumindest von Innenrechtssätzen[1241] und können zugewiesene Mitwirkungsrechte zumindest als eigene Kompetenzen[1242] wahrnehmen. Insoweit hat auch das Bundesverwaltungsgericht inzwischen zu bedenken gegeben, dass es in einem Kommunalverfassungsstreit mehrerer Ratsmitglieder *„nicht um Zuständigkeitskomplexe, sondern um personale, wenn auch über ein Amtswalterverhältnis vermittelte Rechtspositionen geht"*.[1243] Die Rechtsfigur der „Apersonalität" ist damit nicht geeignet, die oben hergeleitete verfassungsrechtliche Grundentscheidung, nach der sich die Mitwirkungsrechte der Ratsmitglieder im Rahmen dessen funktionellen Amtes als Ausdruck staatlicher Gewalt darstellen, verwaltungsrechtlich auszugestalten.

### 4.2.4 Zusammenfassung

Der Organbegriff ist relativ. *Institutionell* ist das Organ eine zwar dem Verwaltungsträger eingegliederte, aber organisatorisch selbständige Einrichtung. Es ist nicht Rechtsperson, sondern Teil einer Rechtsperson und damit nur teilrechtsfähig. *Funktionell* ist das Organ Zurechnungssubjekt von Rechtssätzen, nämlich der Kompetenzen und Zuständigkeiten aus den jeweiligen Gesetzen. Zu seinen Aufgaben gehören insbesondere die eigenverantwortliche Wahrnehmung von Funktionen für den Rechtsträger, so etwa dessen Willensbildung (z. B. Gemeinderat) sowie

---

1237 *Böckenförde*, in: Menger (Hrsg.), FS f. Wolff (1973), S. 269 (278); vgl. auch *Erichsen*, in: Erichsen/Hoppe/v. Mutius (Hrsg.), FS f. Menger (1985), S. 211 (216).
1238 *Roth*, Verwaltungsgerichtliche Organstreitigkeiten (2001), S. 22, 913 f.
1239 *Roth*, Verwaltungsgerichtliche Organstreitigkeiten (2001), S. 914; diese Konsequenz findet sich allein bei *Hoppe*, Organstreitigkeiten (1970), S. 181, 187, 191, 195, 219, 238; *ders.* NJW 1980, 1017 (1019); *ders.*, DVBl. 1970, S. 845 (849).
1240 Vgl. auch *Kiock*, Kommunalverfassungsstreitigkeiten (1972), S. 69; *Papier*, DÖV 1980, S. 292 (297).
1241 Vgl. *Rupp*, Grundfragen der Verwaltungsrechtslehre, 2. Aufl. (1991), S. 4, 34, 76; *Hoppe*, Organstreitigkeiten (1970), S. 172 f.
1242 Vgl. *Achterberg*, Rechtstheorie 9 (1978), 385 (404 f.); *Buchwald*, Organstreit (1998), S. 146; *Erichsen*, in: Erichsen/Hoppe/v. Mutius (Hrsg.), FS f. Menger (1985), S. 211 (215 f.); *Ewald*, DVBl. 1970, S. 237 (241 f.); *Rupp*, Grundfragen der Verwaltungsrechtslehre, 2. Aufl. (1991), S. 85 ff.; *Schnapp*, Rechtstheorie 9 (1978), S. 275 (285).
1243 BVerwG, Beschl. v. 7. 3. 1980 – 7 B 58/79 (juris), Rn. 6; Beschl. v. 30. 3. 2006 – 2 B 8/06 (juris), Rn. 2 f.

das Handeln für diesen gegenüber Dritten (z. B. Bürgermeister bzw. Stadtverwaltung). Handelt ein Organ für seinen Rechtsträger gegenüber anderen natürlichen oder juristischen Personen, so wandelt es sich zur Behörde dieses Rechtsträgers. In diesem Fall nimmt es, ganz im Sinne der ursprünglichen Definition des Organs, dessen Rechte und Pflichten, das heißt dessen Verbandskompetenz, „transitorisch" wahr. Dagegen können Organe eigene Kompetenzen, „Organkompetenzen", im Innenbereich ihres Rechtsträgers gegenüber anderen Organen desselben Rechtsträgers haben. Dementsprechend ist aus der Perspektive des Organwalters wie folgt zu unterscheiden: Handelt er als Organ seines Rechtsträgers Dritten gegenüber, nimmt er dessen Verbandskompetenzen (transitorisch) wahr. Seine Handlungen werden dem Rechtsträger zugerechnet, für den er Organ(walter) ist. Bei der Ausübung dieser zumeist hoheitlichen Befugnisse spielt die Person des Organwalters keine Rolle. Im Innenbereich des Rechtsträgers können dem Organ(walter) demgegenüber Befugnisse zur eigenen Wahrnehmung übertragen und zugeordnet sein. Hier stellen die Befugnisse eines Organ(walter)s gegenüber anderen Organen bzw. innerhalb eines Kollegialorgans keine apersonalen Befugnisse, sondern personale, über ein Amtsträgerverhältnis vermittelte Rechtspositionen dar. Im Fall des Ratsmitglieds sind dies die ihm kraft Wahl vermittelten Mitwirkungsrechte seines funktionellen Amtes im Gemeinderat. Diese sind ihm infolge seines kraft Wahl erworbenen freien Mandats persönlich zugeordnet.

Aus diesem Grund ist die für das Ratsmitglied vorgeschlagene Apersonalität seiner Mitwirkungsrechte nicht geeignet, deren verfasungsrechtliche Einstufung als Ausdruck grundrechtsgebundener staatlicher Gewalt im Sinne von Art. 1 Abs. 3, 20 Abs. 2 GG verwaltungsrechtlich auszugestalten. Die insoweit vorgeschlagene Abstraktionsebene zwischen Organ/Amt einerseits und Organwalter/Amtsträger andererseits wird insbesondere der bürgerschaftlich-demokratischen Dimension kommunaler Selbstverwaltung nicht gerecht. Denn die Rastmitglieder sind gerade wegen ihrer Persönlichkeit beauftragt worden, im Rahmen ihres freien Mandats im Gemeinderat mitzuwirken. Bei ihren Mitwirkungsrechten handelt es sich daher nicht um Zuständigkeitskomplexe, sondern um personale Rechtspositionen.

## 4.3 Das Ratsmitglied zwischen Kompetenz und subjektivem Recht

Der zweite Schwerpunkt in der bisherigen Auseinandersetzung um das Verhältnis von Grund- und Mitwirkungsrechten der Ratsmitglieder betrifft die Rechtsnatur letzterer. Insoweit wird unter anderem vertreten, die Mitwirkungsrechte der Ratsmitglieder seien als im öffentlichen Interesse verliehene „Organrechte",[1244] „wehrfähige Innenrechtspositionen"[1245] oder eben „Mitwirkungsrechte"[1246] anzusehen, die zur eigenständigen Wahrnehmung übertragen und darum von den Grundrechten der Ratsmitglieder zu unterscheiden seien.[1247]

Das hinter der Vielzahl an Meinungen stehende prozessuale Problem ist § 42 Abs. 2 VwGO, der den verwaltungsgerichtlichen Organstreit grundsätzlich nur dann eröffnet, wenn der Kläger geltend machen kann, in seinen Rechten verletzt zu sein.[1248] Das vorgelagerte materiell-recht-

---

1244 Vgl. *Roth*, Verwaltungsrechtliche Organstreitigkeiten (2001), S. 697.
1245 Vgl. *Erichsen*, in: Erichsen/Hoppe/v. Mutius (Hrsg.), FS f. Menger (1985), S. 211 (225 ff.); *Erichsen/Biermann*, Jura 1997, S. 157 (159); *Kopp/Schenke*, VwGO, 17. Aufl. (2011), § 42 Rn. 80.
1246 Vgl. *Hufen*, Verwaltungsprozessrecht, 8. Aufl. (2011), § 21 Rn. 17.
1247 Vgl. BVerwG, NVwZ 1989, 470; *Bethge*, in: Mann/Püttner (Hrsg.), HaKoWiP, Bd. 1, 3. Aufl. (2007) § 28 Rn. 62; *Hufen*, Verwaltungsprozessrecht, 8. Aufl. (2011), § 21 Rn. 18 f.; Übersicht bei *Roth*, Verwaltungsrechtliche Organstreitigkeiten (2001), S. 302, m. w. N.
1248 Dazu sogleich, 5.1.3.4.

## 4.3 | Das Ratsmitglied zwischen Kompetenz und subjektivem Recht

liche Problem ist dabei allerdings die Frage, ob aus den Mitwirkungsrechten der Ratsmitglieder *subjektive bzw. subjektiv-öffentliche* Rechte erwachsen können. Denn spätestens seit Ende der Impermeabilitätstheorie ist zwar die Existenz *objektiven* Rechts auch innerhalb des Staates unstreitig anerkannt. Obwohl keine eigene Rechtspersönlichkeit besitzend können Organe von Hoheitsträgern daher heute unstreitig Adressaten von Rechtssätzen sein und sind insoweit teilrechtsfähig.[1249]. Streitig ist aber bis heute, ob und unter welchen Voraussetzungen diese Rechtssätze als einklagbare subjektive Rechte klassifiziert werden können. Teleologisches Grundproblem der hier geführten Auseinanderetzung ist, dass subjektiv-öffentliche Rechte in der Tradition *Otto Mayers* und *Georg Jellineks* bis heute weithin nur im Verhältnis zwischen Staat und Bürger anerkannt werden. Lehnten diese subjektive Rechte für den Binnenbereich noch mit dem Argument ab, der Begriff des „subjektiven Rechtes" beinhalte von vornherein eine Begrenzung, die Macht des Staates sei dagegen unbegrenzt,[1250] stellt sich heute demgegenüber die Frage, ob die Bezeichnung „subjektives Recht" dem Bürger-Staat-Verhältnis vorbehalten bleiben und als Scheidelinie zwischen Staat und Gesellschaft dienen sollte.[1251] Dadurch würde verdeutlicht, dass subjektive Rechte der Bürger zumeist auf grundrechtliche Positionen zurückgeführt werden können und der „Gefahr" vorgebeugt, mit der Anerkennung subjektiver Rechte im Verwaltungsbinnenbereich eine zu große Nähe zu den Grundrechten herzustellen.[1252] Diese Argumentation könnte daher geeignet sein, die in dieser Arbeit hergeleitete verfassungsrechtliche Grundentscheidung, nach der die Mitwirkungsrechte der Ratsmitglieder sich als grundrechtsgebundene staatliche Gewalt im Sinne von Art. 1 Abs. 3, 20 Abs. 2 GG darstellen, auszugestalten.

### 4.3.1 Das subjektive öffentliche Recht

Rechtshistorisch wurzelt das subjektive Recht im Zivilrecht. Hier wurden mittels der Rechtsordnung dem Einzelnen durch Gesetze „Rechte" gegenüber anderen Zivilpersonen eingeräumt. Nach der klassischen Definition *Rudolf von Iherings* (1872) zeichneten sich subjektive Rechte dadurch aus, dass sie (1.) rechtlich geschützte Interessen sind, die (2.) einklagbar sein müssen.[1253] In der Tradition des Römischen Rechts wurden diese subjektiven Rechte schließlich im BGB kodifiziert.[1254] Nach heute gängiger Definition handelt es sich um subjektive Rechte, wenn Gesetze einer Person eine Rechtposition einräumen, die dieser die rechtliche Möglichkeit gewährt, von einem anderen ein Tun, Dulden oder Unterlassen zur Wahrung schutzwürdiger Individualinteressen zu fordern.[1255] Wesens- und Funktionsmerkmal subjektiver Rechte ist die dem Einzelnen zwecks Befriedigung seiner Bedürfnisse oder zur Verfolgung seiner rechtlich

---

1249 Vgl. nur BVerwG, DVBl. 1988, 790; OVG RP, AS 9, 335 (344f.); *Rupp*, Grundfragen der Verwaltungsrechtslehre, 2. Aufl. (1991), S. 20ff.; vgl. auch *Roth*, Verwaltungsrechtliche Organstreitigkeiten (2001), S. 167 m.w.N.
1250 Vgl. *Mayer*, Deutsches Verwaltungsrecht Bd. 1, 3. Aufl. (1924), S. 104f.; *G. Jellinek*, Das System der subjektiven öffentlichen Rechte, 2. Aufl. (1905), S. 193 ff.
1251 *Wahl*, in: Schoch/Schmidt-Aßmann/Pietzner (Hrsg.), VwGO (22. Akt., 2011), Vorb § 42 Abs. 2 Rn. 49; vgl auch *Schmidt-Aßmann*, in: Maunz/Dürig, Grundgesetz (64. Akt., Jan. 2012), Bd. III, Art. 19 Abs. 4, Rn. 117.
1252 *Kluth*, in: Wolff/Bachof/Stober, Verwaltungsrecht Bd. 3, 5 Aufl. (2004), § 83 Rn. 177.
1253 Zur geschichtlichen Entwicklung ausführlich *Roth*, Verwaltungsgerichtliche Organstreitigkeiten (2001), S. 329ff.; 343ff.; *Röhl/Röhl*, Allgemeine Rechtslehre, 3. Aufl. (2008), S. 356ff.
1254 *Röhl/Röhl*, Allgemeine Rechtslehre, 3. Aufl. (2008), S. 358; zur rechtstheoretischen Begründung des „Rechtsbegriffs" etwa *Röhl/Röhl*, a. a. O., S. 353 – 406.
1255 Vgl. BVerfGE 96, 100 (115) – Rechtsschutz gegen Überstellung, zu Art. 19 Abs. 4 GG; *Happ*, in: VwGO, 12. Aufl. (2006), § 42 Rn. 83; *Hufen*, Verwaltungsprozessrecht, 8. Aufl. (2011), § 14, Rn. 61f., 71f.; *Kopp/Schenke*, VwGO, 17. Aufl. (2011), § 42 Rn. 78; *Schenke*, Verwaltungsprozessrecht, 13. Aufl. (2012), Rn. 496; *Schmidt-Kötters*, in: Posser/Wolff, VwGO (2008), § 42 Rn. 143.

geschützten Interessen[1256] durch die Rechtsordnung verliehene Willensmacht[1257] oder Rechtsmacht.[1258]

Subjektiv-öffentlich ist das Recht dann, wenn Rechtspositionen Rechte gerade gegenüber dem Staat eingeräumt werden.[1259] Heute wie damals muss die Frage, ob ein subjektiv-öffentliches Recht vorliegt, stets im Einzelfall durch Auslegung der einschlägigen Rechtsvorschriften bestimmt werden.[1260] Neben der Abgrenzung des „Rechts" von bloßen „Interessen", „Rechtsreflexen" oder faktischen Vorteilen muß es auch gerade dem jeweiligen Betroffenen zugeordnet sein.[1261] Die hier relevante Schutznormtheorie besagt, dass eine öffentlich-rechtliche Norm dann ein subjektiv-öffentliches Recht vermittelt, wenn sie nicht nur öffentlichen Interessen, sondern zumindest auch Individualinteressen zu dienen bestimmt ist und derjenige, der sich auf die Norm beruft, zum geschützten Personenkreis gehört.[1262]

Ursprünglich waren neben subjektiv-öffentlichen Rechten Privater gegenüber dem Staat auch subjektive öffentliche Rechte des Staates gegenüber Privaten[1263] unproblematisch anerkannt. Deren „Begründer" *Georg Jellinek* und *Ottmar Bühler* widmeten diesen weit über hundert Druckseiten[1264] bzw. verneinten die Frage, ob nicht auch die Machtbefugnisse des Staates gegenüber den Privaten den Namen subjektives Recht verdienten,[1265] nicht durchweg. Das subjektiv-öffentliche Recht wurde seinerzeit als im Einzelfall bestehender Anspruch des Untertanen gegenüber dem Staat oder des Staates gegenüber dem Untertanen verstanden. Dort also, wo der Staat direkt oder indirekt erlaubend, befehlend, gewährend und versagend in die Rechtssphäre der ihm Subjizierten eingreife, stelle sich dies als Rechtsverhältnis dar. Dort seien subjektive öffentliche Rechte, sowohl des Staates, als auch des Subjizierten, möglich. Dagegen waren die Rechtsbeziehungen innerhalb des Staates hiervon nicht erfasst. Die dort existierenden rechtlichen Beziehungen sollten als objektive Rechtssätze dem Begriff des subjektiv-öffentlichen Rechts entzogen sein.[1266]

Ähnlich wurde unter Geltung der Weimarer Reichsverfassung die Existenz subjektiver Rechte des Staates nicht von vornherein verneint.[1267] Die ersten Formen subjektiver Rechte stellten dabei die im 19. Jahrhundert aufkommenden Grundrechte dar, die etwa im Grundrechtekanon der Paulskirchenverfassung ihren Niederschlag fanden.[1268] Die Staatsrechtslehre des

---

1256 Vgl. *Böckenförde*, in: Menger (Hrsg.), FS f. Wolff (1973), S. 269 (302); *Bonk*, Organstreitigkeiten (1966), S. 92; *Rupp*, Grundfragen der Verwaltungsrechtslehre, 2. Aufl. (1991), S. 246 f.
1257 Vgl. *Bleutge*, Kommunalverfassungsstreit (1968), S. 95; *Böckenförde*, in: Menger (Hrsg.), FS f. Wolff (1973), S. 269 (302); *Buchwald*, Organstreit (1998), S. 104.
1258 Vgl. *Barth*, Subjektive Rechte von Gemeinderatsmitgliedern im Kommunalverfassungsstreit (1997), S. 25, 38; *Hoppe*, Organstreitigkeiten (1970), S. 134; *Krebs*, Jura 1981, S. 569 (574 f.); *Maurer*, Allgemeines Verwaltungsrecht, 18. Aufl. (2011), § 8 Rn. 2; *Schenke*, Verwaltungsprozessrecht, 13. Aufl. (2011), Rn. 496; zum Ganzen *Roth*, Verwaltungsrechtliche Organstreitigkeiten (2001), S. 343 ff., m.w.N.
1259 *Bühler*, Die subjektiv öffentlichen Rechte (1914), S. 224; dazu ausführlich *Roth*, Verwaltungsgerichtliche Organstreitigkeiten (2001), S. 329 ff., 461 ff., m.w.N.; vgl. auch *Maurer*, Allgemeines Verwaltungsrecht, 18. Aufl. (2011), § 8 Rn. 2; *Sodan*, in: Sodan/Ziekow, VwGO, 3. Aufl. (2010), § 42 Rn. 382.
1260 *Röhl/Röhl*, Allgemeine Rechtslehre, 3. Aufl. (2008), S. 349 f.
1261 *Hufen*, Verwaltungsprozessrecht, 8. Aufl. (2011), § 14 Rn. 71 ff.; *Maurer*, Allgemeines Verwaltungsrecht, 18. Aufl. (2011), § 8 Rn. 6 ff.; vgl. zum Rechtsreflex bereits *G. Jellinek*, Das System der subjektiven öffentlichen Rechte, 2. Aufl. (1905), S. 67 ff.
1262 Statt aller *Hufen*, Verwaltungsprozessrecht, 8. Aufl. (2011), § 14 Rn. 72 ff.; instruktiv auch *Sodan*, in: Sodan/Ziekow, VwGO, 3. Aufl. (2010), § 42 Rn. 386 ff.
1263 Hierzu instruktiv *Bauer*, DVBl. 1986, S. 208 (208 f.).
1264 *G. Jellinek*, System der subjektiven öffentlichen Rechte, 2. Aufl. (1905), S. 193 ff.
1265 *Bühler*, Die subjektiven öffentlichen Rechte (1914), S. 6 f.
1266 *G. Jellinek*, System der subjektiven öffentlichen Rechte, 2. Aufl. (1905), S. 193 ff.; zur Trennung von Innen- und Außenrecht vgl. auch bereits oben, 4.1.
1267 *W. Jellinek*, Verwaltungsrecht, 3. Aufl. (1931), S. 203 f.
1268 Dazu *Hufen*, Staatsrecht II, 3. Aufl. (2011), § 2 Rn. 14 f; zur Paulskirchenverfassung 2.2.1.1.2.

## 4.3 | Das Ratsmitglied zwischen Kompetenz und subjektivem Recht

Kaiserreichs wollte diese Rechte zwar im Interesse der Souveränität des Staates lange Zeit nur als objektive, abstrakte Rechtssätze über die Ausübung der Staatsgewalt ansehen.[1269] Dies setzte sich bis hin zum Grundrechtsverständnis der Weimarer Reichsverfassung als „Programmsätze" fort.[1270] Dahinter stand vor dem damals herrschenden Staatsverständnis letztlich das Konfusionsargument, der Staat könne nicht zugleich Schöpfer, Gegner und Richter dieser Rechte sein.[1271] Dennoch wurde mit den „Grundrechten" der Untertan erstmals als Rechtssubjekt anerkannt und ihm die Möglichkeit vermittelt, gegenüber dem Staat die Einhaltung der Gesetze zu verlangen.[1272]

Neben der Entwicklung der Grundrechte spielte auch die Herausbildung des Staates als juristischer Person, die als Träger einer einheitlichen Staatsgewalt dem Untertanenverbund gegenübergestellt wurde, eine gewichtige Rolle bei der Entwicklung des subjektiven Rechts.[1273] Diese Entwicklung ist eingebunden in einen im 19. Jahrhundert stattfindenden grundlegenden Wandel des Staats- und Rechtsgefüges, zu dem unter anderem auch die Entwicklung liberalrechtsstaatlicher Prinzipien und die Rechtswegspaltung mit der Möglichkeit der Anrufung der Verwaltungsgerichte gegen Maßnahmen staatlicher Gewalt gehören.[1274]

Auf dieser – freilich verkürzt dargestellten – verfassungsrechtlich, historisch und rechtstheoretisch vorgedachten Grundlage entstand in der Folge der bis heute zu den Grundfesten des Verwaltungsrechts zählende Begriff des subjektiv-öffentlichen Rechts. Anerkannte subjektive Rechte des Einzelnen entwickelten sich dabei zunächst nur auf verwaltungs- und nicht verfassungsrechtlicher Ebene. Hintergrund war die aus dem dargestellten Staatsverständnis folgende Lehre vom allgemeinen Gewaltverhältnis, nach dem Bürger und Staat gerade nicht gleichberechtigt gegenüberstanden.[1275] Der Bürger war vielmehr dem Staat grundsätzlich unterworfen und Pflichtensubjekt. Dementsprechend mussten etwaige subjektive öffentliche Rechte des Bürgers diesem erst durch den Staat „gewährt", „verliehen" oder zuerkannt werden.[1276] Die klassische Definition *Bühlers* von 1914 fasst unter das subjektive öffentliche Recht vor diesem Hintergrund daher

*„diejenige Stellung des Untertanen zum Staat, in der er auf Grund eines Rechtsgeschäftes oder eines zwingenden, zum Schutz seiner Individualinteressen erlassenen Rechtssatzes, auf den er sich der Verwaltung gegenüber soll berufen können, vom Staat etwas verlangen kann oder ihm gegenüber etwas tun darf".*[1277]

Die Verletzung subjektiv-öffentlicher Rechte in der Definition *Bühlers* wurde in der Folge zur Voraussetzung für eine verwaltungsgerichtliche Klage, als sich die Verletztenklage gegenüber einer objektiv-rechtlichen gerichtlichen Kontrolle durchsetzte.[1278] Es war dann maßgeblich *Otto Mayer* mit seinem Lehrbuch „Deutsches Verwaltungsrecht", der – entgegen der Tradition *G. Jellineks*[1279] - den Begriff des „subjektiven öffentlichen Rechtes" auf die Rechtsverhältnisse des Bürgers gegen den Staat begrenzte:

---

1269 *Laband*, Staatsrecht Bd. 2, 5. Aufl. (1911), S. 181.
1270 *Anschütz*, WRV, 14. Aufl. (1933), Zweiter Hauptteil, vor Art. 109, S. 511, 517.
1271 *Röhl/Röhl*, Allgemeine Rechtslehre, 3. Aufl. (2008), S. 373.
1272 Vgl. statt aller *Maurer*, Allg. VerwR, 18. Aufl. (2011), § 8 Rn. 4; zu den Grundrechten vgl. oben 2.1.2.1 und 2.1.2.2.
1273 Vgl. *Bauer*, DVBl. 1986, S. 208 (209), m.w.N.
1274 Zum Ganzen ausführlich *Bauer*, Grundlagen des subjektiv öffentlichen Rechts (1986); instruktiv *ders.*, DVBl. 1986, S. 208 (209), je m.w.N.
1275 Zum Allgemeinen und Besonderen Gewaltverhältnis vgl. oben 3.2.1.1.
1276 *Bauer*, DVBl. 1986, 208 (210f.), m.w.N.
1277 *Bühler*, Die subjektiven öffentlichen Rechte (1914), S. 224.
1278 Dazu *Hufen*, Verwaltungsprozessrecht, 8. Aufl. (2011), § 2 Rn. 12ff.
1279 *G. Jellinek*, System der subjektiven öffentlichen Rechte, 2. Aufl. (1905), S. 193ff.

*"Von den Rechten des Staates ist ungemein viel die Rede. Die Lehrbücher wimmeln davon. Das ist die Art, wie sie die Machtfülle dieses Rechtssubjektes zum Ausdruck bringen wollen. Allein ein richtiges Verständnis der rechtlichen Allmacht des Staates wird in ihr eher ein Hindernis sehen für solche Aufzählungen in Scheidemünze. Das subjektive Recht ist immer etwas Begrenztes; beim Staat aber schlägt das dahinter stehende Unbegrenzte immer durch. Das wird nicht anders dadurch, dass man seiner Einzelerscheinung den Namen eines Rechtes beilegt."*[1280]

Trotz bereits damals bestehender anderer Ansichten[1281] setzte sich terminologisch diese Auffassung durch und begrenzte den Begriff des subjektiven öffentlichen Rechts auf die Rechte des Bürgers gegenüber dem Staat. Denn die Macht des Staates sei unbeschränkt, im Begriff des Rechtes aber bereits eine Beschränkung enthalten. Zwar wurde zunächst noch teilweise versucht, auf Grundlage des Verständnisses des Staates als einer Rechtspersönlichkeit, eine wechselseitige Beziehung zwischen Staat und Bürger auf der Basis von Rechten und Pflichten – ohne freilich den staatlichen Herrschaftsanspruch zu negieren – zu entwickeln.[1282] Vertreter dieser Ansicht sahen noch die *"ganze Struktur"* des öffentlichen Rechts *"an allen Punkten von dem Geflechte subjektiver Rechte durchzogen"*.[1283] Gleichwohl setzte sich die Definition Otto Mayers durch. Ganze Komplexe bis dato anerkannter subjektiver Rechte (des Staates) fielen dadurch aus der Lehre vom subjektiven öffentlichen Recht heraus,[1284] bzw. werden seither weithin schlicht nicht als solche bezeichnet oder thematisiert. Wenigstens aber umfasste die so gefundene Definition des subjektiven Rechts nach jahrzehntelanger Diskussion wohl auch, zumindest aber teilweise, die Grundrechte. Diese wurden zwar weithin auch in der Weimarer Republik als „Programmsätze", also Leitlinien für den Gesetzgeber verstanden, die er bei der Gesetzgebung zu berücksichtigen hatte. Es existierten aber auch unstritig geltende Grundrechte wie etwa Justizgrundrechte und die Garantie des Eigentums.[1285] In diesem Zusammenhang erwies sich dann aber weniger die Definition als subjektives Recht oder Programmsatz als problematisch. Verhängnisvoll war vielmehr die dem die Grundrechte gewährenden Staat verfassungsrechtlich eingeräumte Dispositionsmöglichkeit, alle Grundrechte durch ein formell rechtmäßiges Gesetz abzuändern.

Festzuhalten ist insofern, dass bis heute subjektiv-öffentliche Rechte gegenüber dem Staat auf Grundlage der oben genannten Einheitsdefinition *Bühlers* definiert werden.[1286] Seine Definition hat durch Austausch des *Untertanen* durch den *Bürger* oder die *Zivilperson* nahezu unverändert Eingang in die deutsche Rechtsordnung unter dem Grundgesetz gefunden.[1287] Dazu mag beigetragen haben, dass *Bühler* selbst seine Definition nach Inkrafttreten des Grundgesetzes fortgeführt und damit nach Ansicht *Bauers* einen Brückenkopf zwischen Weimarer Reichsverfassung und Grundgesetz geschlagen hat. Ob dadurch ältere, dem Begriff des subjektiven Rechts anhaftende Vorstellungen fortgeführt worden sind, die zu einem Dualismus von Grundrechtslehre und Lehre vom subjektiv öffentlichen Recht geführt haben,[1288] soll an dieser Stelle aber dahingestellt bleiben.

---

1280 *Mayer*, Deutsches Verwaltungsrecht, Bd. 1, 3. Aufl. (1924), S. 104.
1281 Vgl. *W. Jellinek*, Verwaltungsrecht, 3. Aufl. (1931), S. 203 f.
1282 Überblick hierzu bei *Bauer*, DVBl. 1986, S. 208 (210) mit ausführlichen Nachweisen.
1283 *G. Jellinek*, System der subjektiven öffentlichen Rechte, 2. Aufl. (1905), S. 8.
1284 *Bauer*, DVBl. 1986, 208 (210 f.), m. w. N.
1285 *Anschütz*, WRV, 14. Aufl. (1933), Zweiter Hauptteil, vor Art. 109, S. 511, 517.
1286 *Bauer*, Geschichtliche Grundlagen der Lehre vom subjektiv öffentlichen Recht (1986), S. 134.
1287 *Wolff/Bachof*, Verwaltungsrecht I, 9. Aufl. (1974), S. 327.
1288 *Bauer*, Geschichtliche Grundlagen der Lehre vom subjektiv öffentlichen Recht (1986), S. 129 ff. 134; *ders.*, DVBl. 1986, 208 (212).

4.3 | Das Ratsmitglied zwischen Kompetenz und subjektivem Recht

### 4.3.2 Kompetenzen und Befugnisse

Nachdem maßgeblich *Otto Mayer* den Begriff des subjektiven Rechts auf die Ansprüche des Bürgers gegen den Staat beschränkte, wurde eine Bezeichnung für die Befugnisse des Staates notwendig. Als *„staatliche Grundkategorie par excellence"* wird hierzu heute der Begriff der Kompetenz herangezogen.[1289]

#### 4.3.2.1 Begriffsbestimmung

Obwohl nahezu jedem Rechtswissenschaftler geläufig, taucht der Begriff der Kompetenz weder im Grundgesetz noch in den Landesverfassungen auf.

Auf einfachgesetzlicher Ebene ist der Begriff vereinzelt vorhanden, dort allerdings verknüpft mit einer inhaltlichen Komponente, wonach eine staatliche Begünstigung an eine Fähigkeit (Kompetenz) geknüpft oder zu deren Erreichung eingesetzt wird.[1290] Ähnlich sollen im Schulrecht Kompetenzen im Sinne von Fähigkeiten vermittelt werden.[1291] Im Rahmen der Staatsorganisation wird der Begriff im positiven Recht dagegen nicht verwendet.

Sofern es um die Befugnisse von Hoheitsträgern geht, verwendet das Grundgesetz den Begriff der Kompetenz dagegen nicht – kennt nach Art. 93 Abs. 1 GG, hier die Nr. 1., Nr. 3. und Nr. 4b., wohl aber Rechte und Pflichten von Staatsorganen, Bund und Ländern. Soweit es um die Verteilung der Staatsaufgaben geht, spricht das Grundgesetz in Art. 24 GG von „Hoheitsrechten", in Art. 70 GG vom „Recht zur Gesetzgebung", von „Gesetzgebungsbefugnissen" und in Abs. 2 von der „Zuständigkeit" zur Gesetzgebung. Art. 30 GG beinhaltet dann wiederum den Begriff „Befugnisse", ähnlich Art. 105 Abs. 2a GG.

Diese wenig einheitliche positive Vorgabe mag ein Grund dafür sein, dass die Rechtswissenschaft mit dem Begriff der Kompetenz einen Oberbegriff zu finden versucht, mittels dessen die im positiven Recht wurzelnden Differenzen und Deutungen erfasst und systematisiert werden können.[1292] Daneben steht wohl der Versuch, die historisch überkommene Begrenzung des subjektiven öffentlichen Rechts auf Rechte gegenüber dem Staat von dessen eigenen Befugnissen abzugrenzen: Hier die subjektiven Rechte des Bürgers, dort die objektiven Kompetenzen des Staates. Allein, Allgemeingültigkeit wird auch mit Festlegung eines „Kompetenzbegriffes" kaum zu erreichen sein, weil nun einmal in unterschiedlichen Rechtsgebieten – teils auf gesetzlicher Grundlage – unterschiedliche Gebrauchsweisen für die Begriffe „Kompetenz", „Recht" und „Befugnis" vorherrschen.[1293] Um hier begriffliche Klarheit zu schaffen, scheint zumindest weitgehend Einigkeit dahin zu bestehen, die Vorgabe des Grundgesetzes, das ausweislich des Art. 70 Abs. 1, 93 GG „Rechte" des Staates kennt, **nicht** zu übernehmen. Der Begriff des (subjektiven) Rechtes soll danach dem Verhältnis zwischen Privaten oder zumindest Staat und Bürger vorbehalten bleiben.[1294]

---

1289 Vgl. *Stettner*, Grundfragen einer Kompetenzlehre, 1983, S. 31 ff., 145; *Stettner*, in: Dreier (Hrsg.), Grundgesetz, Bd. II, 2. Aufl. (2006), Art. 70 Rn. 17.
1290 Vgl. beispielsweise § 33 Abs. 6 Nr. 5 SGB IX oder § 37 Abs. 3 SGB XI.
1291 Vgl. etwa § 10 Abs. 7 SchulG RP.
1292 In diesem Sinne etwa *Heintzen*, in: Bonner Kommentar zum Grundgesetz (156. Akt., Feb. 2012), Art. 70 Rn. 49; *Schmitt*, Verfassungslehre (1928), S. 102 f.
1293 So etwa *Pieroth*, AöR 114 (1989), S. 422 (433 f.).
1294 Vgl. *Stettner*, Grundfragen einer Kompetenzlehre, 1983, S. 64 ff.; *Stettner*, in: Dreier (Hrsg.), Grundgesetz, Bd. II, 2. Aufl. (2006), Art. 70 Rn. 17.

## Bisherige verwaltungsrechtliche Lösungsansätze | 4

Gemeinhin wird der Begriff der Kompetenz daher synonym mit der Befugnis, dem Recht oder der Zuständigkeit zur Erledigung einer hoheitlichen Aufgabe gleichgesetzt.[1295] Im Kern wird mit der Frage nach der Kompetenz die Frage beantwortet, wer unter mehreren eine bestimmte Angelegenheit oder Aufgabe zu erledigen hat.[1296] Dementsprechend regeln Art. 70 ff. GG die Kompetenzverteilung bei Erlass und Art. 83 ff. GG die Kompetenzverteilung bei der Ausführung der Gesetze zwischen Bund und Ländern.[1297]

Aus der Zuständigkeit, eine bestimmte Aufgabe zu erledigen, folgt dann aber auch die grundsätzliche Berechtigung, auf diesem Gebiet zu handeln. Denn mit der Zuweisung einer bestimmten Aufgabe in die Zuständigkeit eines staatlichen Organes werden diesem auch die Machtbefugnisse anvertraut, die zur sachgemäßen Warhnehmung der dem Organ obliegenden Aufgaben erforderlich sind. Es werden mit der Zuständigkeit Kompetenzen begründet, kraft derer im Rahmen der jeweiligen Zuständigkeit *„der Gesetzgeber verbindliche Regelungen treffen, die vollziehende Gewalt verbindlich gebieten und verbieten und die rechtsprechende Gewalt autoritativ entscheiden kann.“*[1298] Die so definierte Kompetenz wird dann gemeinhin aufgeteilt in die Verbandskompetenz und die Organkompetenz. Während die Verbandskompetenz die Zuständigkeit der jeweiligen juristischen Person des Öffentlichen Rechtes (Bund, Länder, Gemeinden, etc.) regelt, erfasst die Organkompetenz die Zuständigkeit des jeweiligen Organs innerhalb des jeweiligen Hoheitsträgers.[1299] Daher kann letztlich offen bleiben, ob die Kompetenz lediglich als Synonym für den Begriff der Zuständigkeit benutzt wird,[1300] aus der Zuständigkeit folgt und damit als Handlungsbefugnis zu verstehen ist[1301] oder als Oberbegriff zu den staatlichen Befugnissen und den gedanklich vorauszusetzenden staatlichen Aufgaben verstanden werden muss.[1302] Denn im Ergebnis folgt aus der Zuständigkeit für eine Aufgabe grundsätzlich auch eine Handlungsmacht für staatliche Stellen und Organe, das heißt eine grundsätzliche Befugnis zum Erlass von Hoheitsakten.[1303]

Interessanter als die Frage nach dem Kompetenzbegriff ist oftmals die Frage, ob und wann eine Kompetenz vorliegt und wie weit diese inhaltlich reicht. Die Zuweisung von Kompetenzen erfolgt letztlich durch das positive Recht. Als Beispiel mag hier wieder die Zuweisung der Gesetzgebungs- und Verwaltungskompetenzen nach Art. 70 ff., 83 ff. GG dienen.[1304] Die „Kompetenz" zur Erfüllung von Selbstverwaltungsangelegenheiten verweist Art. 28 Abs. 2 GG dann wiederum an die Gemeinden und Gemeindeverbände.[1305] Aber auch die Organkompetenz, das heißt die Aufgaben- und Zuständigkeitsverteilung innerhalb des jeweiligen Hoheitsträgers folgt regelmäßig aus dem positiven Recht, wie etwa für die Bundesregierung aus Art. 62 ff. GG und für Bürgermeister und Gemeinderat aus der jeweiligen Gemeindeordnung. Wie weit eine Kompetenz inhaltlich reicht, ist dabei im Einzelfall zu bestimmen. Die Frage der Reichweite hängt aber nicht von der rechtstheoretischen Definition der Kompetenz ab, sondern vielmehr von der

---

1295 *Heintzen*, in: Bonner Kommentar zum Grundgesetz (156. Akt., Feb. 2012), Art. 70 Rn. 49.
1296 Vgl. bereits *Krüger*, Allgemeine Staatslehre, 2. Aufl (1966), S. 104 f.
1297 Grundlegend hierzu BVerfGE 12, S. 205 (243 ff.) – 1. Rundfunkurteil.
1298 *Hesse*, Verfassungsrecht, Rn. 490 f.; *Stettner*, Grundfragen einer Kompetenzlehre, S. 31 ff., 35.
1299 *Maurer*, Staatsrecht I, 6. Aufl. (2010), § 6 Rn. 22.
1300 Vgl. *Heintzen*, in: Bonner Kommentar zum Grundgesetz (156. Akt., Feb. 2012), Art. 70 Rn. 49; *Stettner*, in: Dreier (Hrsg.), Grundgesetz, Bd. II, 2. Aufl. (2006), Art. 70 Rn. 17.
1301 So wohl *Hesse*, Verfassungsrecht, Rn. 491.
1302 *Heintzen*, in: Bonner Kommentar zum Grundgesetz (156. Akt., Feb. 2012), Art. 70 Rn. 4; *Pieroth*, in: Jarass/Pieroth, Grundgesetz, 11. Aufl. (2011), Art. 30 Rn. 3; *Pieroth*, AöR, 114 (1989), 422 (434).
1303 *Stettner*, Grundfragen einer Kompetenzlehre, S. 31 ff.
1304 Zu den ungeschriebenen Kompetenzen des Bundes kraft Natur der Sache, Sachzusammenhang und Annex vgl. statt aller *Stettner*, in: Dreier (Hrsg.), Grundgesetz, Bd. II, 2. Aufl. (2006), Art. 70 Rn. 17.
1305 Vgl. zu Rechtsnatur und Reichweite dieser institutionellen Garantie oben, 2.2.1.2 und 2.2.1.3.

## 4.3 | Das Ratsmitglied zwischen Kompetenz und subjektivem Recht

jeweils zu erfüllenden Aufgabe sowie den in den Grundrechten wurzelnden Anforderungen des Vorbehaltes des Gesetzes. Von der Existenz einer Kompetenz kann darum etwa nicht auf die Befugnis zu Eingriffen in die grundrechtlich geschützte Sphäre Privater geschlossen werden. Hier ist stets neben der formellen Zuständigkeit und Handlungsbefugnis auch materiell zu bestimmen, ob die Anforderungen des Gesetzesvorbehaltes, der Bestimmtheit und des Übermaßverbotes beachtet sind.[1306] Auf der anderen Seite beinhalten Kompetenzen, so sie einmal begründet wurden, vereinzelt auch die Verpflichtung zu deren Gebrauch, sofern es die dahinter stehende Aufgabe erfordert. Nach neuerer Rechtsprechung haben beispielsweise die Gemeinden nicht nur die Aufgabe, Selbstverwaltungsangelegenheiten zu erledigen, sondern sollen auch auch eine Pflicht zur Aufgabenwahrnehmung haben. So sollen sich Gemeinden nicht im Wege der Privatisierung ihrer gemeinwohlorientierten Handlungsspielräume begeben dürfen, wenn das zum Verlust einer wirksamen Ausübung von Selbstverwaltungsangelegenheiten führt.[1307] Gleiches gilt auch für die Verwaltungskompetenzen der Länder nach Art. 83 ff. GG. Diese sind nicht nur berechtigt, sondern auch verpflichtet, die ihnen übertragenen Kompetenzen auszuüben und die Bundesgesetze – in eigener Verantwortung – auszuführen.[1308]

### 4.3.2.2 *Parallelen zum subjektiven Recht*

So klar die Unterscheidung scheint, – hier die subjektiven Rechte des Bürgers mit seinen Grundrechten als *„subjektive Rechte par excellence"*[1309] und dort die objektiven Befugnisse des Staates mit der Kompetenz als *„Grundkategorie par excellence"*[1310], sie ist letztlich eine qualitative Unterscheidung. Es ist der materiell-rechtliche Gehalt, der die Kompetenz des Staates vom subjektiven Recht des Bürgers unterscheidet, nicht aber deren Struktur.

Unverkennbar bestehen rechtstechnisch teilweise frappierende strukturelle Ähnlichkeiten zwischen Kompetenz und subjektivem Recht. Deutlich wird diese Parallelität beispielsweise bei den Gesetzgebungskompetenzen des Grundgesetzes. Danach ist dem jeweils berechtigten Hoheitsträger nicht nur die grundsätzliche Freiheit eingeräumt, „ob" eine gesetzliche Regelung geschaffen werden soll, sondern auch die grundsätzliche Freiheit, „wie" diese im Rahmen der freiheitlich-demokratischen Grundordnung des Grundgesetzes auszugestalten ist.[1311] Genau wie dem subjektiven Recht wohnt auch der Kompetenz insoweit ein „fakultatives" Element inne.[1312] Denn mit der jeweiligen Kompetenz hat der jeweilige Hoheitsträger die (subjektive) Befugnis im Sinne eines Anspruches, von den Bürgern oder anderen Hoheitsträgern ein Tun, Dulden oder Unterlassen zu fordrn. Diese müssen an den Staat Steuern zahlen, Strafvorschriften beachten und ihre Lebensverhältnisse an den Gesetzen ausrichten. Gleiches gilt für andere Hoheitsträger, die ihr Verhalten ebenfalls sowohl an den ihnen verliehenen Kompetenzen als auch den Grenzen der Kompetenzen anderer Hoheitsträger ausrichten können und müssen. Dabei stellen sowohl die „Kompetenz" als auch das „subjektive Recht", das Ausnutzen der Befugnisse vielfach in das Belieben des jeweiligen Inhabers.

---

1306 Dazu statt aller *Hesse*, Verfassungsrecht, 20. Aufl. (1995) Rn. 201, 508 (Vorbehalt des Gesetzes), 206 (Bestimmtheitsgebot), 185, 317 ff. (Verhältnismäßigkeit).
1307 Siehe 2.2.1.3.1.
1308 BVerfGE 37, 363 (385) – Zustimmungsgesetz; 55, 274 (318) – Berufsausbildungsabgabe.
1309 So *Schmitt Glaeser*, Der freiheitliche Staat des Grundgesetzes (2008), S. 51.
1310 *Stettner*, Grundfragen einer Kompetenzlehre, 1983, S. 145.
1311 *Pieroth*, AöR 114 (1989), 422 (436).
1312 Vgl. *Stettner*, Grundfragen einer Kompetenzlehre, 1983, S. 64 ff.; *Stettner*, in: Dreier (Hrsg.), Grundgesetz, Bd. II, 2. Aufl. (2006), Art. 70 Rn. 17 Fn. 51.

Zwar ist im Gegensatz zum subjektiven Recht die Kompetenz materiell-rechtlich ungemein stärker pflichtengebunden und weniger freiheitlich. Das Bundesverfassungsgericht spricht wie dargelegt im Zusammenhang mit Art. 1 Abs. 3 GG von einer elementaren Unterscheidung zwischen der prinzipiellen Freiheit der Bürger und der prinzipiellen Bindung des Staates. Seine Aktivitäten verstünden sich nicht als Ausdruck freier Überzeugungen in Verwirklichung persönlicher Individualität, sondern blieben in distanziertem Respekt vor den verschiedenen Überzeugungen der Staatsbürger und würden dementsprechend von der Verfassung umfassend und unabhängig von der Art der staatlichen Aktivität gebunden.[1313] Aus diesem Grund muss beispielsweise von bestimmten Kompetenzen Gebrauch gemacht werden, und kann aus grundrechtlichen Schutzpflichten eine Handlungspflicht des Gesetzgebers folgen.[1314] Das Fehlen der Möglichkeit, auf die Ausübung einer Kompetenz zu verzichten bzw. bei deren Gebrauch rechtlichen Grenzen unterworfen zu sein, ändert aber nichts an der grundsätzlichen Strukturgleichheit zwischen Kompetenz und subjektivem Recht. Denn auch subjektive Rechte Privater sind teilweise unverzichtbar bzw. in der Ausnutzung beschränkt, ohne dass damit ein subjektives Recht entfiele.[1315] Sowohl subjektives Recht als auch Kompetenz zeichnen sich damit dadurch aus, dass dem jeweils Berechtigten eine Willens- oder Rechtsmacht zur Befriedigung seiner Bedürfnisse oder zur Verfolgung seiner rechtlich geschützten Interessen eingeräumt werden. Sind es hier private Interessen, handelt es sich dort um Gemeinwohlinteressen. Dabei sind „die" Gemeinwohlinteressen unterschiedlicher Hoheitsträger genauso wenig deckungsgleich wie die Interessen privater Dritter: Der täglich zu beobachtende Interessenwiderstreit zwischen Bund, Ländern und Kommunen zeigt deutlich, dass „das" Gemeinwohlinteresse nicht existiert und unterschiedliche Hoheitsträger jeweils „ihre" Gemeinwohlinteressen verfolgen.[1316] Und zur Verfolgung dieser Interessen ist der zuständige Hoheitsträger auch gerade kompetent, mit anderen Worten berechtigt, regelnd einzugreifen.

Inhaltlich, das heißt qualitativ oder materiell-rechtlich unterscheiden sich subjektive Rechte des Privaten und (subjektive) Kompetenzen von Hoheitsträgern damit stark. Der Unterschied besteht materiell-rechtlich in der Art der geschützten Interessen. Das zwingt aber nur dazu, Kompetenz und subjektives Recht gerade aufgrund ihrer unterschiedlichen Zielrichtung voneinander zu scheiden.[1317] Dagegen kann unter dem Grundgesetz nicht mehr mit *Otto Mayer* die Existenz subjektiver Rechte des Staates mit dem formalen Argument abgelehnt werden, die grundsätzlich unbegrenzte staatliche Macht einerseits und die Begrenztheit subjektiver Rechte andererseits führe zu einer materiellen wie begrifflichen Unterscheidung von Kompetenz und subjektivem Recht. Denn schon das Grundgesetz setzt der Kompetenzausübung des Staates mit den Grundrechten der Bürger, der bundesstaatlichen Kompetenzverteilung, Art. 79 Abs. 3 GG und der Möglichkeit zur Überprüfung der „Rechte und Pflichten" der Staatsorgane sowie des Bundes und der Länder nach Art. 93 Abs. 1 Nr. 1 und Nr. 3 GG durch das Bundesverfassungsgericht eindeutige Grenzen. Die Kompetenzen des Staates werden unter dem Grundgesetz damit sowohl durch subjektiv-öffentliche Rechte Privater als auch (subjektive) Kompetenzen anderer Hoheitsträger begrenzt. Vermittels der freiheitlich demokratischen Grundordnung unter dem Grundgesetz sind heute sämtliche Beziehungen zwischen Hoheitsträgern wie auch zwischen Staat und Bürger in Rechtsverhältnissen erfasst,[1318] über deren Grundsätze der verfas-

---

1313 BVerfGE 128, 226 (244 f.). – Fraport.
1314 Zur objektiven Schutzpflicht vgl. 2.1.2.1.2; zum pflichtigen Gebrauch einer Kompetenz 4.3.2.
1315 Unverzichtbar im Zivilrecht ist beipielsweise das elterliche Sorgerecht nach Art. 6 Abs. 2 GG, § 1626 Abs. 1 BGB; zum Ganzen etwa *Roth*, Verwaltungsgerichtliche Organstreitigkeiten, (2001), S. 462 ff. (480 ff.), m.w.N.
1316 So auch *Roth*, Verwaltungsgerichtliche Organstreitigkeiten, (2001), S. 462 ff. (480 ff.), m.w.N.
1317 *Roth*, Verwaltungsgerichtliche Organstreitigkeiten, (2001), S. 462 ff. (464 ff.), m.w.N.
1318 *Röhl/Röhl*, Allgemeine Rechtslehre, 3. Aufl. (2008), S. 352 f.

**4.3 | Das Ratsmitglied zwischen Kompetenz und subjektivem Recht**

sungsändernde Gesetzgeber kraft Art. 79 Abs. 3 GG nicht verfügen kann.[1319] Völlig selbstverständlich spricht daher Art. 93 Abs. 1 Nr. 1 GG von Rechten und Pflichten oberster Bundesorgane oder anderer Beteiligter und in Nr. 3 von Rechten und Pflichten des Bundes und der Länder.

Die strukturelle Ähnlichkeit von subjektiv-öffentlichen Rechten einerseits und Kompetenzen des Staates andererseits wird zumeist dadurch verschleiert, dass subjektive Rechte von der Rechtsschutz-, also von der Pflichtenseite her definiert werden. Die Frage, *„Wer will was von wem und woraus?"* stellt sich aber in der Sache genauso, wenn die Öffentliche Hand vom Bürger ein Tun, Dulden oder Unterlassen per Gesetz oder Verwaltungsakt fordert oder gegenüber anderen Hoheitsträgern ihre (subjektiven) Kompetenzen einfordert. Dementsprechend werden verschiedentlich auch subjektive öffentliche Rechte des Staates ohne weiteres anerkannt.[1320]

Der Hauptunterschied zwischen Kompetenz des Staates und subjektivem Recht des Bürgers liegt damit nicht in deren rechtstheoretischer Struktur, sondern der unterschiedlichen Zielrichtung und materiell-rechtlichen Reichweite von Kompetenz und subjektivem Recht. Denn während sich zahlreiche subjektiv-öffentliche Rechte des Einzelnen auf dessen Grundrechte zurückführen lassen, ist die öffentliche Hand beim Gebrauch ihrer Kompetenzen unter anderem nach Art. 1 Abs. 3 GG zur Beachtung der Grundrechte des Einzelnen verpflichtet.[1321] Der materiell-rechtliche Unterschied zwischen Kompetenz und subjektivem Recht dürfte daher nicht in der strukturellen Verschiedenheit, sondern darin liegen, dass der Bürger mittels subjektiver Rechte grundsätzlich zur Verfolgung individueller Interessen berechtigt, der Staat mit den ihm überantworteten Kompetenzen treuhänderisch zur Verfolgung gemeinwohlbezogener Ziele verpflichtet ist.[1322]

### 4.3.3 Die Diskussion um subjektive Rechte des Ratsmitglieds

Ausgehend von der Definition des subjektiven Rechts als einer Rechtposition, die die Möglichkeit gewährt, von einem anderen ein Tun, Dulden und Unterlassen zur Wahrung schutzwürdiger Individualinteressen zu fordern, lassen sich die Mitwirkungsrechte der Ratsmitglieder scheinbar unproblematisch als subjektive Rechte einordnen.[1323] Denn mittels ihrer Rechte im Gemeinderat können diese beispielsweise vom Vorsitzenden ihr Rederecht und ihren Einfluss auf die Tagesordnung und vom Bürgermeister Unterrichtung über die Verwaltungtätigkeit der Gemeinde verlangen. Auch sind die Mitwirkungsrechte den Ratsmitgliedern „als eigene" für die Dauer der Amtsausübung überantwortet und keine „apersonalen" Befugnisse.[1324] Fraglich ist insofern aber, ob die Mitwirkungsrechte der Ratsmitglieder aufgrund ihrer verfassungsrechtlichen Bindung an die Grundrechte der Bürger nach Art. 1 Abs. 3 GG nicht als subjektive Rechte, sondern pflichtgebundene Kompetenzen eingestuft werden müssen.[1325]

---

1319 Dazu statt aller *Dreier*, in: Dreier (Hrsg.), Grundgesetz, Bd. II, 2. Aufl. (2006), Art. 79 III Rn. 14ff.; *Hain*, Die Grundsätze des Grundgesetzes (1999), S. 66f, 72ff., 211ff.; je m. w.N.
1320 *Bauer*, DVBl. 1986, 208 (215); *Kopp/Schenke*, VwGO, 17. Aufl. (2011), § 42 Rn. 80; *Roth*, Verwaltungsgerichtliche Organstreitigkeiten, (2001), S. 462ff. (484) m.w.N.; *Röhl/Röhl*, Allgemeine Rechtslehre, 3. Aufl. (2008), S. 378f.; vgl. auch *G. Jellinek*, System der subjektiven öffentlichen Rechte, 2. Aufl. (1905), S. 193ff; *Bühler*, Die subjektiven öffentlichen Rechte (1914), S. 6f.
1321 Siehe 2.1.3.4.
1322 Vgl. BVerfGE 128, 226 (244f.) – Fraport.
1323 Zur Definition vgl. oben 4.3.1.
1324 Siehe 4.2.3.
1325 Siehe 3.1.2.2.

Diesbezüglich ist in Rechtsprechung und Schrifttum die Ansicht weit verbreitet, Organe bzw. deren Teile und Mitglieder hätten keine subjektiven Rechte.[1326] Ähnlich viele Stimmen in der Literatur bejahen demgegenüber die Existenz subjektiver Rechte.[1327] Die Begrifflichkeiten reichen hier von *„wehrfähigen Rechts- bzw. „Innenrechtspositionen"*[1328], *„wehrfähigen Kompetenzen"*[1329] über *„organschaftliche Rechte"*,[1330] *„wehrfähige*[1331] *Organrechte"*,[1332] bis hin zu *„Mitgliedschafts-"*[1333] oder *„Mitwirkungsrechten"*[1334], die dem Organ oder Organteil zur eigenständigen Wahrnehmung übertragen sind.[1335] Da allerdings – mit unterschiedlicher Begründung – die Mitwirkungsrechte der Ratsmitglieder nach allen Ansichten im Rahmen eines verwaltungsgerichtlichen Organstreites gerichtlich geltend gemacht werden können, verharrt die Auseinandersetzung im Wesentlichen – abgesehen von dem Werk *Roths*[1336] – seit über zwei Jahrzehnten im Stillstand. Die Diskussion um den Begriff des subjektiven Rechts überlagert allerdings wie eingangs aufgezeigt die eigentliche – verfassungsrechtliche – Frage, ob und inwie-

---

1326 Sächs. OVG, DVBl. 1997, 1287 ff.; OVG Berlin, LKV 2000, 453; OVG NRW, OVGE MüLü 42, 214 (219); *Bauer/Krause*, JuS 1996, S. 512 (513 f.); *Becker-Birck*, Insichprozess (1966), S. 48 ff. (50); *Böckenförde*, in: FS f. Wolff (1973), S. 269 (302 f.); *Bonk*, Organstreitigkeiten (1966), S. 87 ff. (92 f.); *Bracher*, NWVBl. 1994, S. 409 (410); *Buchwald*, Organstreit (1998), S. 158; *Erichsen*, in: Erichsen/Hoppe/v. Mutius (Hrsg.), FS f. Menger (1985), S. 211 (226); *Erichsen/Biermann*, Jura 1997, S. 157 (159), Fn. 33; *Fehrmann*, NWVBl. 1989, S. 303 (305); *Forsthoff*, Verwaltungsrecht, 10. Aufl. (1973), S. 449; *Fuß*, WissR 1972, S. 97 (110 ff.); *Herbert*, DÖV 1994, S. 108 (110); *Hoppe*, Organstreitigkeiten (1970), S. 181, 187, 191, 219, 238; *ders*. NJW 1980, 1017 (1019); *ders*. DVBl. 1970, S. 845 (848); *Kingreen*, DVBl. 1995, 1337 (1338 f.); *Krebs*, VerwArch 68 (1977), S. 189 (192 f.); *ders*. Jura 1981, 569 (574 ff.); *Lange*, in: Baumeister/Roth/Ruthig (Hrsg.), FS f. Schenke (2011), S. 959 (963); *Martensen*, JuS 1995, S. 989 (989 f.); *Ogorek*, JuS 2009, S. 511 (514); *Pietzner/Ronellenfitsch*, Assessorexamen, 12. Aufl. (2010), § 14 Rn. 6.; *Rennert*, in: Eyermann, VwGO, 13. Aufl. (2010), § 40 Rn. 16; *Rupp*, Grundfragen der Verwaltungsrechtslehre, 2. Aufl. (1991), S. 99; *Schmidt-Aßmann/Röhl*, in: Schmidt-Aßmann/Schoch (Hrsg.), Besonderes Verwaltungsrecht, 14. Aufl. (2008), 1. Kap. spricht in Rn. 83 von „subjektiven Rechten im weiteren Sinne" und in Rn. 84 von „wehrfähigen Innenrechtspositionen"; *Schneider*, NWVBl. 1996, 89 (94); *Stettner*, Grundfragen einer Kompetenzlehre (1983), S. 68 f., 71; *Wächter*, Kommunalrecht, 3. Aufl. (1997), Rn. 409; *Wahl*, in: Schoch/Schmidt-Aßmann/Pietzner (Hrsg.), VwGO (22. Akt., 2011), Vorb § 42 Abs. 2 Rn. 118 ff; *Wahl/Schütz*, a. a. O., § 42 Abs. 2 Rn. 92 f.

1327 OVG RP, AS 17, 170 (171); OVG NRW, NVwZ-RR 2002, 135 (135 f.); NVwZ-RR 2003, 376 (376 f.); *Barth*, Subjektive Rechte von Gemeinderatsmitgliedern im Kommunalverfassungsstreit (1997), S. 38 f.; *Bethge*, Die Verwaltung Bd. 8 (1975), S. 459 (465); *ders*. DVBl. 1980, 309 (312, 314); *ders*., in: Mann/Püttner (Hrsg.), HaKoWiP, Bd. 1, 3. Aufl. (2007) § 28 Rn. 59; *Bleutge*, Kommunalverfassungsstreit (1968), S. 107, 197; *Dolde*, in: Erichsen/Hoppe/v. Mutius (Hrsg.), FS f. Menger (1985), S. 423 (439 f.); *Ehlers*, in: Mann/Püttner (Hrsg.), HaKoWiP, Bd. 1, 3. Aufl. (2007) § 21 Rn. 126; *Ewald*, DVBl. 1970, S. 237 (242); *Frömel*, VBlBW 1994, 38, 77; *Fromm*, Kommunalverfassungsstreitverfahren (1980), S. 30 ff.; *Geis*, Kommunalrecht, 2. Aufl. (2011), § 25 Rn. 3, 16 f.; *Happ*, in: Eyermann, VwGO, 13. Aufl. (2010), § 42 Rn. 142; *Hufen*, Verwaltungsprozessrecht, 8. Aufl. (2011), § 21 Rn. 17 f; *Jockisch*, Prozessvoraussetzungen (1996), S. 28; *Kiock*, Kommunalverfassungsstreitigkeiten (1972), S. 67; *Kisker*, Insichprozess (1968), S. 49; *Knemeyer*, Bayerisches Kommunalrecht, 12. Aufl. (2007), Rn. 212 f.; *Kopp/Schenke*, VwGO, 17. Aufl. (2011), § 42 Rn. 80; *Müller*, NVwZ 1994, S. 120 (120); *Papier*, DÖV 1980, 292 (293 f., 297); *Roth*, Verwaltungsrechtliche Organstreitigkeiten (2001), S. 485 ff. (539); *Schenke*, Verwaltungsprozessrecht, 13 Aufl. (2012), Rn. 387 ff. (391); *Schmidt-Aßmann*, in: Schoch/Schmidt-Aßmann/Pietzner (Hrsg.), VwGO (22. Akt., 2011), Einl., Rn. 18; *Schmidt-Kötters*, in: Posser/Wolff, VwGO (2008), § 42 Rn. 143, 149; *Schnapp*, Amtsrecht, S. 143, 211; *ders.*, Verwaltungsarchiv 78 (1987), S. 407 (424 ff.); *Schröder*, NVwZ 1985, 246 (246); *Schwarplys*, Gestaltungsklage (1996), S. 56; *Tsatsos*, Organstreit (1969), S. 43 f.; *Wengenroth*, Rechtsstellung Ratsmitglieder in BaWü, S. 197; *Kluth*, in: Wolff/Bachof/Stober, Verwaltungsrecht Band 3, 5. Aufl. (2004), § 83 Rn. 176 f.

1328 Statt vieler: *Erichsen*, in: Erichsen/Hoppe/v. Mutius (Hrsg.), FS f. Menger (1985), S. 211 (225 f.); *Erichsen/Biermann*, Jura 1997, S. 157 (159).

1329 *Martensen*, JuS 1995, 989 (991), der in derselben Veröffentlichung zusätzlich noch von „klagefähigen Innenrechten" (989) und „klagefähiger Wahrnehmungszuständigkeit" (990) spricht.

1330 BVerwG, DVBl. 1988, 792 (793).

1331 Vgl. *Ogorek*, JuS 2009, S. 511 (514).

1332 Vgl. *Roth*, Verwaltungsrechtliche Organstreitigkeiten (2001), S. 697.

1333 *Papier*, DÖV 1980, S. 292 (297).

1334 *Hufen*, Verwaltungsprozessrecht, 8. Aufl. (2011), § 21 Rn. 17.

1335 BVerwG, NVwZ 1989, 470; *Bethge*, in: Mann/Püttner (Hrsg.), HaKoWiP, Bd. 1, 3. Aufl. (2007) § 28 Rn. 62; *Hufen*, Verwaltungsprozessrecht, 8. Aufl. (2011), § 21 Rn. 17 ff.; Überblick über eine Vielzahl weiterer weiterer Bezeichnungen bis hin zu „quasi-subjektiv öffentlichen Rechten" bei *Roth*, Verwaltungsgerichtliche Organstreitigkeiten (2001), S. 302 f. m.w.N.

1336 *Roth*, Verwaltungsrechtliche Organstreitigkeiten (2001).

**4.3 | Das Ratsmitglied zwischen Kompetenz und subjektivem Recht**

weit die Ratsmitglieder bei Wahrnehmung ihrer Mitwirkungsrechte staatliche Gewalt im Sinne von Art. 1 Abs. 3, 20 Abs. 2 GG ausüben. Die hier angebotenen Lösungsansätze sollen daher – in der gebotenen Kürze – ebenfalls auf ihre Eignung hin überprüft werden, die Einordnung der ratsinternen Mitwirkungsrechte als staatliche Gewalt auszugestalten.

### 4.3.3.1 Der (unzutreffende) Einwand des Individualinteresses und der Pflichtgebundenheit

Wichtigster Grund für die Ablehnung subjektiver Rechte im Verwaltungsbinnenbereich ist wohl die historisch gewachsene zivilrechtliche Herkunft subjektiver Rechte und die Abwehr- bzw. Leistungsfunktion subjektiv-öffentlicher Rechte des Bürgers gerade gegenüber dem Staat oder anderen Hoheitsträgern.[1337] Insoweit wurden mit dem bekannten Konfusionsargument subjektive Rechte des Staates und seiner Untergliederungen ursprünglich teilweise gänzlich abgelehnt. Der Staat könne nicht zugleich Schöpfer und Inhaber dieser Rechte sein, weil die Rechtsordnung sich als Macht gegenüber dem Einzelnen darstelle. Regeln, die sich ein Einzelner gebe, könnten daher keine Rechtsvorschriften sein.[1338] Der Innenrechtskreis des Staates folge außerdem anderen Regeln und Eigengesetzlichkeiten, weshalb hier auch keine subjektiven bzw. subjektiv-öffentlichen Rechte existieren könnten.[1339] Staatliche Organe handelten außerdem pflichtgebunden und orientiert am Allgemeinwohl als dem übergeordneten Interesse, nicht aber freiheitlich und nach ihren individuellen Interessen.[1340] Das subjektiv-öffentliche Recht solle dagegen Ausdruck von Individualität und Personalität sein und deshalb gerade in der Freiheit der Person gegenüber dem Staat wurzeln.[1341] Aus organisationsrechtlicher Sicht wird angeführt, die Zuweisung einer Kompetenz gehöre der institutionellen, staatlichen Sphäre an, der subjektive Rechte unbekannt seien.[1342] Während die Ausübung subjektiv öffentlicher Rechte im Belieben des Rechtsinhabers stehe, zeichne sich die Ausübung organschaftlicher Rechte durch ihre Pflichtenorientierung aus. Die Kompetenzzuweisung diene gerade nicht dem Schutz des Amtsträgers, sondern der Erledigung öffentlicher Aufgaben und insbesondere der Gewährleistung eines reibungslosen Verwaltungsablaufes.[1343] Auch aus der Existenz des verfassungsrechtlichen Organstreites könne nicht auf die Existenz subjektiver Rechte der Organe geschlossen werden. Letztere seien nur pflichtgebunden und der verfassungsrechtliche Organstreit zur Wahrung dieser Pflichten geschaffen.[1344]

Im Gegensatz dazu seien das subjektive wie das subjektiv-öffentliche Recht inhaltlich auf die Abgrenzung von Willens- und Handlungssphären individueller Freiheitsbereiche bezogen. Beide unterschieden sich damit grundlegend von Rechtspositionen, die die „Zusammenordnung einzelmenschlichen Wirkens und Handelns zu einem einheitlichen Wirkungszusammenhang" bezwecken sollen.[1345] Letzterer Wirkungszusammenhang soll zum Beispiel im Gemeinderat gegeben sein, in dem alle Ratsmitglieder gemeinschaftlich den Willen der Gemeinde

---

1337 *Bühler*, Die subjektiv öffentlichen Rechte (1914), S. 224; dazu ausführlich *Roth*, Verwaltungsgerichtliche Organstreitigkeiten (2001), S. 329 ff., 461 ff.; *Böckenförde*, in: Menger (Hrsg.), FS f. Wolff (1973), S. 269 (302 f.).
1338 *Laband*, Staatsrecht Bd. 2, 5. Aufl. (1911), S. 181.
1339 *Erichsen*, in: Erichsen/Hoppe/v. Mutius (Hrsg.), FS f. Menger (1985), S. 211 (226); *Forsthoff*, Verwaltungsrecht, 10. Aufl. (1973), S. 447 ff.vgl. auch *G. Jellinek*, System der subjektiv-öffentlichen Rechte (1905), S. 231.
1340 *Böckenförde*, in: Menger (Hrsg.), FS f. Wolff (1973), S. 269 (302 f.); *Bonk*, Organstreitigkeiten (1966), S. 87 ff.
1341 *Wahl*, in: Schoch/Schmidt-Aßmann/Pietzner (Hrsg.), VwGO (22. Akt., 2011), Vorb § 42 Abs. 2 Rn. 120.
1342 *Forsthoff*, Verwaltungsrecht Bd. 1, 10. Aufl. (1973), S. 449.
1343 So schon *Becker-Birck*, Insichprozess (1966), S. 50.
1344 *Rupp*, Grundfragen der Verwaltungsrechtslehre, 2. Aufl. (1991), S. 99 f.
1345 *Böckenförde*, in: Menger (Hrsg.), FS f. Wolff (1973), S. 269 (303); *Krebs*,VerwArch 68 (1977), S. 189 (192 ff.); *Stettner*, Grundfragen einer Kompetenzlehre (1983), S. 64 ff.; *Rupp*, Grundfragen der Verwaltungslehre, 2. Aufl. (1991), S. 99 f.; *Erichsen*, in: Erichsen/Hoppe/v. Mutius (Hrsg.), FS f. Menger (1985), S. 211 (226 ff.).

bilden. Die verfolgten Interessen unterschieden sich damit grundsätzlich: Verfolge die Privatperson mittels subjektiver Rechte ihre Individualinteressen, so verfolge das Organ Allgemeinwohlinteressen.[1346] Aufgaben und Kompetenzen seien im Interesse des Gemeinwohls übertragen, damit aber weder individuell noch subjektiv.[1347] Organschaftliche Rechte seien daher keine subjektiv-öffentlichen Rechte im Sinne von § 42 Abs. 2 VwGO und genössen auch nicht den Schutz von Art. 19 Abs. 4 GG.[1348] Andererseits seien die Organe wegen ihrer treuhänderischen bzw. organisationsrechtlichen (Wahrnehmungs-) Zuständigkeiten innerhalb der juristischen Person diesbezüglich Zurechnungsendsubjekte von Innenrechtssätzen.

Diese Argumente überzeugen nicht, da im Kern das Definitionsmerkmal „Individualinteresse" mit dem „menschlichen" Interesse verwechselt.[1349] Deutlich wird dies an den den Ratsmitgliedern zugewiesenen Mitwirkungsrechten. Wenn insoweit deren Qualifikation als subjektive Rechte mit der Begründung verneint wird, diese dienten nicht der Verfolgung individueller Interessen, sondern den Interessen des jeweiligen Rechtsträgers, verkennt das die Reichweite des freien Mandats der Ratsmitglieder. Denn die den Ratsmitgliedern übertragenen Mitwirkungsrechte dienen gerade nicht ausschließlich der Gewährleistung eines reibungslosen Verwaltungsablaufes. Richtig ist zwar, dass Hoheitsträger und ihre Organe ihr Handeln insgesamt am Gemeinwohl auszurichten haben. Bei der Entscheidungsfindung haben die Kommunalverfassungen den Ratsmitgliedern infolge ihrer demokratischen Legitimation aber die Freiheit eingeräumt, die gemeindliche Willensbildung auch anhand ihrer individuellen Vorstellungen und Interessen vom Gemeinwohl zu betreiben.[1350] Dazu ist insbesondere das freie Mandat der Ratsmitglieder bestimmt, das sie gerade von einzelnen Wünschen, Begehrlichkeiten und Forderungen der Bürger, aber auch der Gemeinde entbindet.[1351] Bei der Ermittlung des Gemein(de)wohls soll nach dem Willen des Gesetz- und auch Verfassungsgebers im Sinne einer bürgerschaftlich-demokratischen Selbstverwaltung und in der Tradition der *Stein'schen* Städteordnung gerade auf die Person des Ratsmitgliedes zurückgegriffen werden können.[1352] Freilich hat sich das Ratsmitglied als Amtsträger bei der Ausübung seiner Mitwirkungsrechte dabei stets auch gewissenhaft zu fragen, wie es mittels seiner Rechte dem Gemeinwohl am besten dienen kann.[1353] Das kann aber nicht die Existenz eigener Interessen des Ratsmitglieds per se verhindern, sondern nur inhaltliche Richtschnur für deren Ausübung bieten.

Neben diesen teleologischen Argumenten zwingt auch dogmatisch der Begriff des subjektiven Rechts nicht dazu, entsprechend des Inhaltes der verfolgten Interessen über die Existenz subjektiver Rechte zu entscheiden. Denn insoweit unterscheidet wie dargelegt nicht die Bezeichnung, sondern die Gemeinwohlorientierung die Kompetenzen von Hoheitsträgern von subjektiven Rechten Privater.[1354] Eine begriffliche Unterscheidung von subjektiv-öffentlichen Rechten einerseits und hoheitlichen Kompetenzen andererseits erscheint daher zwar zweckmäßig. Den anerkennenswerten Eigengesetzlichkeiten der Verwaltung, ihrem Bedürfnis nach Effektivität und Kontinuität kann aber ebenso durch die inhaltliche Ausgestaltung und Reichweite subjektiver Rechte Rechnung getragen werden wie durch eine begriffliche Unterscheidung. Die

---

1346 *Buchwald*, Organstreit (1998), S. 148.
1347 Vgl. etwa *G. Jellinek*, System subjektiv-öffentlicher Rechte, 2. Aufl. (1905), S. 231; *Wahl/Schütz*, in: Schoch/Schmidt-Aßmann/Pietzner (Hrsg.), VwGO (22. Akt., 2011), § 42 Abs. 2 Rn. 92 f.
1348 *Schmidt-Aßmann*, in: Maunz/Dürig, Grundgesetz (64. Akt., Jan. 2012), Bd. III, Art. 19 Abs. 4 Rn. 148.
1349 *Schnapp*, in: Baumeister/Roth/Ruthig (Hrsg.), FS f. Schenke (2011), S. 1187 (1194).
1350 Vgl. dazu Bleutge, Kommunalverfassungsstreit (1970), S. 107; *Tsatsos*, Organstreit (1969), S. 18 ff., 42 f.
1351 Siehe 2.2.2.2.
1352 Siehe 2.2.1.3.2.
1353 Vgl. zu Abgeordneten *Isensee*, in: Isensee/Kirchhof (Hrsg.), HStR IV, 3. Aufl. (2006), § 71 Rn. 142; vgl. auch die Ausführungen zum Amtsbegriff, 2.2.2.3.1.
1354 Siehe 4.3.2.2.

**4.3** | Das Ratsmitglied zwischen Kompetenz und subjektivem Recht

Eigenschaft als subjektives Recht kann den Mitwirkungsrechten der Ratsmitglieder ferner nicht deshalb abgesprochen werden, weil die Ratsmitglieder nicht frei über sie verfügen könnten.[1355] Denn es existieren sowohl unverfügbare subjektive Rechte Privater[1356] als auch das Ermessen von Hoheitsträgern, trotz Pflichtenbindung über Kompetenzen zu verfügen.[1357] Die Mitwirkungsrechte der Ratsmitglieder sind insofern strukturgleich mit subjektiven Rechten privater Dritter.[1358] Funktionell unterscheiden sich die Mitwirkungsrechte, seien sie „Kompetenzen", „wehrfähige Innenrechtspositionen" oder „subjektives Recht" benannt, daher kaum.[1359] Die Trennlinie verläuft allenfalls materiell-rechtlich entlang der Ziel- oder Schutzrichtung des Rechts bzw. der Kompetenz: Während subjektiv-öffentliche Rechte grundrechtlich geschützte Private gegenüber dem Staat berechtigen, berechtigen Kompetenzen Hoheitsträger gegenüber anderen Hoheitsträgern und – insoweit grundrechtsverpflichtet – Privaten.[1360]

Dementsprechend machen viele Gesetze kein großes Aufheben um die Begrifflichkeiten: Die Gemeindeordnungen sprechen an verschiedenen Stellen von „Rechten" der Ratsmitglieder, die sowohl deren Amt im funktionellen[1361] wie auch statusrechtlichen Sinne betreffen.[1362] Darüber hinaus benutzt der Gesetzgeber oftmals zwar nicht den Terminus „Recht", sondern das einzelne Ratsmitglied „kann" oder „darf", bzw. etwas „ist" auf Antrag eines oder mehrerer Ratsmitglieder zu tun.[1363] Die hiermit eingeräumten Befugnisse unterscheiden sich dann aber nicht von den im Übrigen ausdrücklich eingeräumten „Rechten". Vor dem Hintergrund des Rechtsstaatsprinzips handelt es sich dabei weder um eine unzulässige Rechtsfortbildung[1364] noch handelt es sich bei der Gewährung subjektiver Rechte an Organe, Organteile und ihre Untergliederungen juristischer Personen des Öfentlichen Rechts um einen Rückfall in die Epoche vorstaatlicher Zeiten.[1365] So richtig und wichtig die überkommene Auffassung vom Inhalt des „subjektiv-öffentlichen Rechts" im Gegensatz zur „Kompetenz" eines Hoheitsträgers ist: Der offene Gesetzeswortlaut und die Strukturgleichheit organschaftlicher Kompetenzen und subjektiver Rechte rechtfertigen deren rechtstheoretische Gleichsetzung. Die Mitwirkungsbefugnisse der Ratsmitglieder können daher – mit Fug und Recht – als deren Mitwirkungsrechte bezeichnet werden.[1366]

### 4.3.3.2 *Die Herleitung subjektiver Rechte über die Kontrastorgantheorie*

Vor dem aufgezeigten Hintergrund bejaht die derzeit wohl am weitesten verbreitete Meinung die Existenz subjektiver Rechte von Gemeindorganen und Ratsmitgliedern auf Grundlage der Kontrastorgantheorie, ohne dass die Vertreter dieser Theorie diese immer explizit als solche bezeichnen.[1367]

---

1355 So noch *Ringe*, DVBl. 1966, 813 (815); vgl. auch *Dagtoglou*, Kollegialorgane und Kollegialakte (1960), S. 63 f.
1356 Zur Unverfügbarkeit von Grundrechten statt aller *Dreier*, in: Dreier (Hrsg.), Grundgesetz, Bd. I, 2. Aufl. (2004), Vorb., Rn. 129 ff.; Art. I 1 Rn. 151 ff.
1357 Zum Begriff des Ermessens statt aller *Maurer*, Allgemeines Verwaltungsrecht, 18. Aufl. (2011), § 7; *Stober*, in: Wolff/Bachof/Stober/Kluth, Verwaltungsrecht I, 12. Aufl. (2007), § 31 Rn. 35 ff.
1358 *Buchwald*, Organstreit (1998), S. 148 f.
1359 *Kluth*, in: Wolff/Bachof/Stober, Verwaltungsrecht Bd. 3, 5. Aufl. (2004), § 83 Rn. 177.
1360 Vgl. bereits die Ausführungen zum Begriff der Kompetenz, 4.3.2.2.
1361 z. B. §§ 30 Abs. 3 BbgKVerf;; 43 GO NRW; 30 GemO RP; 42 Abs. 3 und 4, 43 GO LSA; 30 GO SH; 23 Abs. 4 KV MV.
1362 Z. B. §§ 32 Abs. 4 GemO BW; 35 Abs. 3, 5 SächsGemO; 27 KV MV; 13 Abs. 1 ThürKO.
1363 Z. B. §§ 24 Abs. 4 GemO BW; 46 Abs. 2 BayGO; 50 Abs. 2 56 Abs. 1, 58 Abs. 5 HGO; 37 Abs. 1, 41 KSVG SL; 28 Abs. 5, 35a SächsGemO; 25 ThürKO.
1364 *Roth*, Verwaltungsrechtliche Organstreitigkeiten (2001), S. 520 ff.; vgl. auch *Schenke*, Verwaltungsprozessrecht, 13. Aufl. (2012), Rn. 387.
1365 So aber *Pietzner/Ronellenfitsch*, Assessorexamen, 12. Aufl. (2010), § 14 Rn. 3.
1366 *Hufen*, Verwaltunsprozessrecht, 8. Aufl. (2011), § 21 Rn. 17.
1367 Vgl. *Bauer/Krause*, JuS 1996, S. 512 (514 f.); *Dolde*, in: Erichsen/Hoppe/v. Mutius (Hrsg.), FS f. Menger (1985), S. 423 (439 f.); *Jockisch*, Prozessvoraussetzungen (1996), S. 28; vgl. auch *Ehlers*, in: Mann/Püttner (Hrsg.), HaKoWiP, Bd. 1, 3. Aufl. (2007) § 21 Rn. 126; *Ogorek*, JuS 2009, S. 511 (514 ff.).

## Bisherige verwaltungsrechtliche Lösungsansätze | 4

Zurückgehend auf *Kisker* werden mit Kontrastorgan die Organe einer juristischen Person beschrieben, die im gegenläufigen Zusammenwirken den Willen und das Handeln dieser juristischen Person bilden und bestimmen.[1368] Die insgesamt von der juristischen Person nach außen zu erledigenden Aufgaben (z. B. Selbstverwaltungsangelegenheiten der Gemeinde) werden intern auf verschiedene Organe verteilt. Dazu wird ein der staatlichen Gewaltenteilung nachgebildetes System von sich gegenüberstehenden Organen errichtet. Im Falle der Gemeinden soll durch dieses System von „checks and balances"[1369] nach dem Willen des Gesetzgebers der demokratischen bürgerschaftlichen Selbstverwaltung Rechnung getragen werden.[1370] Durch die so geschaffene Gegenläufigkeit und die Zuweisung einer Rolle, etwa „Bürgermeister", „Vorsitzender" oder „Ratsmitglied", soll die ursprünglich im Gemeininteresse stehende Aufgabe (also z. B. die Erledigung von Selbstverwaltungsaufgaben) vom jeweiligen Organ oder Organteil nunmehr im Eigeninteresse und gerade gegenüber anderen Organen bzw. –teilen wahrgenommen werden.[1371] Zwischen den Organen besteht dabei kein hierarchisches Verhältnis, sondern grundsätzlich eine Ebene der Gleichordnung, etwa zwischen Gemeinderat und Bürgermeister, aber auch zwischen den einzelnen Ratsmitgliedern.[1372] Durch diese Rollenverteilung entstünde dann ein Spannungsverhältnis und dadurch Interessenkonflikte zwischen den Organen. Die Funktion eines subjektiven Rechts sei es nun aber gerade, Interessen gegenüber einer aus einer anderen Willens- oder Interessenssphäre kommenden Beeinträchtigung zu sichern. Es sei also nur konsequent, bei solchen Kompetenzen eines Organes auch von subjektiven Rechten auszugehen, die von der Rechtsordnung gewollt in einem Spannungsverhältnis zu anderen Organen stehen.[1373] Voraussetzung ist aber auch hier, dass ein Anspruch, ein Tun oder Unterlassen fordern zu können, nach den relevanten organisationsinternen Regelungen ein Rechte- und Pflichtenverhältnis gerade zwischen den beteiligten Organen begründet.[1374]

Dieses Kontrastorganverhältnis besteht letztlich auch innerhalb des Gemeinderates zwischen den einzelnen Ratsmitgliedern und anderen Organteilen. Die übertragenen Befugnisse können den Organen, Organteilen und Organmitgliedern mangels eines Subordinationsverhältnisses auch grundsätzlich nicht entzogen, sondern sollen im Rahmen des Organisationsgefüges eigenverantwortlich ausgeübt werden. Die Kompetenzen etwa des Gemeinderates sind damit keine der Gemeinde, sondern seine eigenen, die er gegenüber seinen Untergliederungen und dem Bürgermeister zu wahren hat.[1375] Und auch die Mitwirkungsrechte des Ratsmitglieds dienen neben dem reibungslosen Funktionsablauf innerhalb der Gemeindeverwaltung in erster Linie den Ratsmitgliedern zur Erfüllung der ihnen obliegenden Aufgaben.[1376] Das Ratsmitglied unterscheidet sich insofern deutlich von anderen Amtsträgern wie etwa Beamten.[1377]

Ähnliche „Kontrastorganverhältnisse" existieren auch in anderen Selbstverwaltungskörperschaften wie Rundfunkanstalten oder Universitäten.[1378] Dabei ist bei Kollegialorganen allerdings stets darauf zu achten, ob die Befugnisse dem Organ oder dem Organmitglied verliehen

---

1368 *Kisker*, Insichprozeß (1968), S. 38 ff.
1369 *Kisker*, Insichprozeß (1968), S. 39 f.
1370 Siehe 2.2.1.3.2; in diesem Sinne auch *Bethge*, DVBl. 1980, 309 (312 f.); ders., DVBl. 1980, S. 824 f.; vgl. auch *Bleutge*, Kommunalverfassungsstreit (1968), S. 101 ff.
1371 Vgl. *Dolde*, in: Erichsen/Hoppe/v. Mutius (Hrsg.), FS f. Menger (1985), S. 423 (439 f.).
1372 Vgl. *Ehlers*, in: Mann/Püttner (Hrsg.), HaKoWiP, Bd. 1, 3. Aufl. (2007), § 21 Rn. 126.
1373 *Kisker*, Insichprozess (1968), S. 39; ders. JuS 1975, 704 (708); ähnlich *Tsatsos*, Organstreit (1969), S. 18 ff.; *Fromm*, Kommunalverfassungsstreitverfahren (1980), S. 31.
1374 *Ewald*, DVBl. 1970, S. 237 (242).
1375 *Böckenförde*, in: Menger (Hrsg.), FS f. Wolff (1973), S. 269 (278).
1376 *Barth*, Subjektive Rechte von Gemeinderatsmitgliedern im Kommunalverfassungsstreit (1997), S. 38 f.
1377 Vgl. zur Unterscheidung von Beamten, Organwaltern und Amtsträgern bspw. *Erichsen*, in: Erichsen/Hoppe/v. Mutius (Hrsg.), FS f. Menger (1985), S. 211 (217).
1378 *Hufen*, Verwaltungsprozessrecht, 7. Aufl. (2008), § 21 Rn. 1.

**4.3** | Das Ratsmitglied zwischen Kompetenz und subjektivem Recht

sind. Denn die Kompetenzen des Gemeinderates als solchem – etwa gegenüber dem Bürgermeister oder den Fraktionen – können nur von den Ratsmitgliedern gemeinsam (als Kollegium) geltend gemacht werden und unterscheiden sich dadurch von den Mitwirkungsrechten des einzelnen Ratsmitglieds. Es kann daher nicht schon von organschaftlichen Befugnissen, d. h. vom Organ abgeleiteten Rechten, auf Befugnisse des Ratsmitglieds geschlossen werden.[1379]

#### 4.3.3.3 *Abstrakt-formelle Definition subjektiver Rechte*

So nachvollziehbar die Argumente der „Kontrastorgantheorie" sind, so sehr wird hier vom Ergebnis her gedacht. Denn die Frage, *ob* sich Organe in einem Kontrastverhältnis gegenüberstehen, beantwortet zwar, in welchen Fällen subjektive Rechte anzuerkennen sind. Sie liefert aber keine ausreichende Begründung dafür, *warum* subjektive Rechte im Innenverhältnis der Verwaltung überhaupt existieren, ja setzt dies begrifflich voraus. Derartige Spannungen existieren in vielen Bereichen, ohne dass daraus sofort subjektive Rechte konstruiert werden könnten.[1380] Der dogmatische Ausgangspunkt der Gegenauffassung, wonach subjektiv-öffentliche Rechte rechtsdogmatisch und historisch gerade gegenüber dem Staat existieren, wird dabei nicht widerlegt, sondern letztlich umgangen.

Im Vordringen befinden sich darum Auffassungen, die zur Begründung subjektiver Rechte für Organe und Organteile keine materielle, sondern eine rein formell-abstrakte Betrachtungsweise vorschlagen.[1381] Insbesondere *Roth* definiert das subjektive Recht als die durch eine Rechtsnorm zugewiesene subjektive Zuständigkeit zur grundsätzlich ausschließlichen Ausübung und Geltendmachung des betreffenden Rechts, wobei sich der ausübungsfähige Gehalt eines Rechts nach der ihm zugrundeliegenden Rechtsnorm und seinen etwaigen weiteren Entstehensgründen bestimmt.[1382] Ein subjektives Recht entsteht also dann, wenn ein Gesetz die Definition des subjektiven Rechts erfüllt.

Der materielle Gehalt des subjektiven Rechts, also die Verwirklichung des Willens des Rechtsinhabers, Wahrung seiner Interessen oder Erzwingbarkeit des Inhaltes, ist dann nicht aus dem subjektiven Recht selbst, sondern dem Gesetz oder den Gesetzen zu entnehmen.[1383] Diese formell-abstrakte Definition des subjektiven Rechts kann dadurch sowohl im Verwaltungsbinnenbereich wie auch dem Außenbereich Anwendung finden. Darum hat *Roth* keine Schwierigkeiten, auch Organen oder Organteilen von juristischen Personen subjektive Rechte zuzuordnen. Insbesondere schade auch die Teilrechtsfähigkeit der Organe nicht, da die Rechtsordnung auch an anderen Stellen Vereinigungen subjektive Rechte zuordne, ohne dass sie eine juristische Person wären.[1384]

Alle subjektiven Rechte entstammen damit letztlich den Gesetzen.[1385] Im Ergebnis macht es für den Begriff des subjektiven Rechts also keinen Unterschied mehr, ob es sich um Rechte

---

1379 *Barth*, Subjektive Rechte von Gemeinderatsmitgliedern im Kommunalverfassungsstreit (1997), S. 126 f.; *Czybulka*, in: Sodan/Ziekow, VwGO, 3. Aufl. (2010), § 61 Rn. 37.
1380 Vgl. *Barth*, Subjektive Rechte von Gemeinderatsmitgliedern im Kommunalverfassungsstreit (1997), S. 127.
1381 *Barth*, Subjektive Rechte von Gemeinderatsmitgliedern im Kommunalverfassungsstreit (1997), S. 38 f.; *Hufen*, Verwaltungsprozessrecht, 8. Aufl. (2011), § 21 Rn. 17 ff.; *Kopp/Schenke*, VwGO, 17. Aufl. (2011), § 42 Rn. 80; *Roth*, Verwaltungsrechtliche Organstreitigkeiten (2001), S. 485; *Schenke*, Verwaltungsprozessrecht, 13. Aufl. (2012), Rn. 387 f. (391); *Schmidt-Kötters*, in: Posser/Wolff, VwGO (2008), § 42 Rn. 149; *Schnapp*, Verwaltungsarchiv 78 (1978), 407 (424 ff.).
1382 *Roth*, Verwaltungsrechtliche Organstreitigkeiten (2001), S. 485; ebenso schon *Schnapp*, Verwaltungsarchiv 78 (1978), 407 (424 ff.).
1383 *Roth*, Verwaltungsrechtliche Organstreitigkeiten (2001), S. 420.
1384 *Roth*, Verwaltungsrechtliche Organstreitigkeiten (2001), S. 504 ff., 518 ff.
1385 *Roth*, Verwaltungsrechtliche Organstreitigkeiten (2001), S. 427 f., 445.

eines Privaten oder eine Rechtsposition aus öffentlichem Interesse handelt.[1386] Mit der so gefundenen Definition können subjektive Rechte sowohl im Verhältnis Staat – Bürger, zwischen Hoheitsträgern als auch zwischen Organen eines Hoheitsträgers bestehen. Das Attribut „öffentlich" definiert damit nicht mehr ausschließlich subjektive Rechte gegenüber dem Staat, sondern subjektive Rechte im Bereich des Öffentlichen Rechts in Abgrenzung zu subjektiven Rechten im Bereich des Privaten Rechts. Die materiell-rechtliche Unterscheidung zwischen grundrechtsbasierten subjektiv-öffentlichen Rechten Privater und grundrechtsverpflichteten Kompetenzen des Staates wird dadurch aber nicht aufgelöst. Sie wandelt sich vielmehr in eine begriffliche Unterscheidung, die den materiell-rechtlichen Inhalt subjektiver Rechte verdeutlicht: Hier die freiheitlichen Rechte des Bürgers, dort die gebundenen Rechte des Staates. Die Unterscheidung zwischen Kompetenz und subjektivem Recht ändert aber nichts an der dogmatischen Zuordnung der Kompetenz als subjektivem Recht eines Hoheitsträgers. Letztlich sind damit die Kompetenzen der Organe gegenüber anderen Organen deren „subjektive Organrechte"[1387] und die Mitwirkungsrechte der Ratsmitglieder deren subjektive Mitwirkungsrechte.[1388] In welchem Umfang und unter welchen Voraussetzungen subjektive Organrechte entstehen, kann im Falle der Rechte der Ratsmitglieder bzw. des Gemeinderats dann durch die Kontrastorgantheorie als Mittel der Gesetzesauslegung beantwortet werden.

### 4.3.4 Zusammenfassung

Der Begriff des subjektiven (öffentlichen) Rechts ist abstrakt-formell zu bestimmen. Subjektiv-öffentliche Rechte bestehen daher nicht nur gegenüber dem Staat oder einem Hoheitsträger, sondern auch zwischen Hoheitsträgern und können auch im Binnenbereich eines Hoheitsträgers existieren. Ein subjektives öffentliches Recht liegt danach vor, wenn Gesetze einer natürlichen oder juristischen Person bzw. Organen und Organteilen juristischer Personen eine Rechtsposition einräumen, die die rechtliche Möglichkeit gewährt, von einem anderen ein Tun, Dulden und Unterlassen zur Wahrung schutzwürdiger Individualinteressen zu fordern. Wesens- und Funktionsmerkmal subjektiver Rechte ist danach die durch die Rechtsordnung verliehene Willensmacht oder Rechtsmacht zur Verfolgung individueller Bedürfnisse oder rechtlich geschützter Interessen. Ob ein subjektives Recht vorliegt, welchen Inhalt und welche Reichweite es hat, ist demnach anhand der Rechtsordnung, das heißt dem positiven Recht, zu bestimmen. Auch die Kompetenzen von Hoheitsträgern gegenüber Bürgern oder anderen Hoheitsträgern können daher als deren subjektive Rechte bezeichnet werden – der Gesetzgeber differenziert hier zumeist ohnehin nicht. Allerdings unterliegen die Kompetenzen – als subjektive Rechte von Hoheitsträgern – im Gegensatz zu subjektiven Rechten Privater stärkeren Bindungen, etwa im Hinblick auf die Grundrechtsverpflichtetheit der Hoheitsträger nach Art. 1 Abs. 3 GG.

Ob subjektive Rechte im Rahmen der Kommunalverfassungen existieren, ist im Wege der Auslegung zu ermitteln. Subjektive Rechte können nach der insoweit einschlägigen Kontrastorgantheorie vorliegen, wenn sich Organe und Organteile, der bürgerschaftlich demokratischen Funktion kommunaler Selbstverwaltung folgend, in einem Interessenwiderstreit gegenüberstehen. Die Ratsmitglieder dürfen insofern ihre Mitwirkungsrechte im funktionellen Amt grundsätzlich nach ihren Interessen und Überzeugungen vom Gemeinwohl einsetzen und ausüben.

---

1386  So auch *Kopp/Schenke*, VwGO, 17. Aufl. (2011), § 42 Rn. 80; *Schmidt-Kötters*, in: Posser/Wolff, VwGO (2008), § 42 Rn. 149.
1387  OVG NRW, NVwZ-RR 2002, 135 (135 f.); NVwZ-RR 2003, 376 (376 f.); *Roth*, Verwaltungsrechtliche Organstreitigkeiten (2001), S. 697.
1388  Vgl. *Hufen*, Verwaltungsprozessrecht, 8. Aufl. (2011), § 21 Rn. 17 ff. (19).

## 4.3 | Das Ratsmitglied zwischen Kompetenz und subjektivem Recht

Es bestehen dann ähnliche Konfliktlagen, wie sie in der Sache auch bei subjektiven Rechten im Außenbereich existieren: unterschiedliche Rechtssubjekte verfolgen unterschiedliche (Individual-)Interessen. Auch die Mitwirkungsrechte der Ratsmitglieder stellen daher subjektive Rechte dar.

Durch die Anerkennung der ratsinternen Mitwirkungsrechte der Ratsmitglieder als subjektive Rechte kann auch das Verhältnis der Mitwirkungsrechte zu den Grundrechten der Ratsmitglieder verwaltungsrechtlich ausgestaltet werden. Die Mitwirkungsrechte des Ratsmitglieds unterscheiden sich als Ausdruck staatlicher Gewalt nach Art. 1 Abs. 3 GG verfassungsrechtlich von dessen Grundrechten. Auf Ebene der Kommunalverfassung stellen die im funktionellen Amt bestehenden Mitwirkungsrechte des Ratsmitglieds damit subjektive Rechte dar, die *„an der Grenze der Gemeindeordnung"* enden. Geht es dagegen nicht um durch die Gemeindeordnung verliehene Mitwirkungsrechte im Gemeinderat (funktionelles Amt), stellt die Ausübung der sonstigen Rechte keine staatliche Gewalt dar (statusrechtliches Amt). Zwar können auch die Rechte des Ratsmitglieds aus seinem statusrechtlichen Amt nicht auf grundrechtliche Positionen zurückgeführt werden. Soweit aber nicht die Wahrnehmung von Mitwirkungsrechten im Raum steht, kann sich das Ratsmitglied auch im Rahmen seiner Amtstätigkeit auf seine Grundrechte berufen. Hier ist damit nach den oben herausgearbeiteten Kriterein zu unterscheiden, ob der gegenständliche Sachverhalt schwerpunktmäßig oder final auf die Person oder Funktion des Ratsmitglieds zielt, dieses also „in" oder nur „bei Gelegenheit" der Amtsausübung tangiert ist.[1389] In beiden Fällen können aber subjektive Rechte des Ratsmitglieds als Funktionsträger oder als natürliche Person existieren. Denn die maßgebliche Trennlinie verläuft nicht entlang der Grenze des subjektiven Rechts, sondern der Frage, ob das Ratsmitglied nach Art. 1 Abs. 3 GG grundrechtsverpflichtet oder grundrechtsberechtigt handelt. Entscheidend ist insoweit also der materiell-rechtliche Gehalt des subjektiven Rechts, nicht aber die Frage, ob ein solches vorliegt.

---

1389 Siehe 3.2.1.3.2 und 3.2.2.1.2.

# 5. Prozessuales

Es gilt nun abschließend, die im Rahmen dieser Arbeit gefundenen materiell-rechtlichen Ergebnisse in die verwaltungsprozessuale Dogmatik einzuordnen. Bereits vorab kann hierzu festgestellt werden, dass die Möglichkeit des Ratsmitglieds, sich auch im Verwaltungsbinnenbereich auf seine Grundrechte zu berufen, vorwiegend im Bereich der Zulässigkeit bzw. auf Ebene der Sachentscheidungsvoraussetzungen einer verwaltungsgerichtlichen Klage Auswirkungen zeitigt.[1390] Die Begründetheit der Klagen verläuft demgegenüber nach allgemeinen Regeln. Sie richtet sich nach den jeweiligen materiellen Regelungen der Kommunalverfassungen der Länder, gegebenenfalls in Verbindung mit Grundrechten, Art. 28 GG sowie den oben herausgearbeiteten Grundsätzen.

## 5.1 Das Ratsmitglied im verwaltungsgerichtlichen Organstreit

Die aus der Rechtsstellung des Ratsmitglieds resultierenden verwaltungsgerichtlichen Streitigkeiten sind heute unstreitig anerkannt. Im Detail ranken sich um die auch als Kommunalverfassungsstreit bezeichneten gerichtlichen Auseinandersetzungen aber zahlreiche, zum Teil grundsätzliche Probleme. Insbesondere ist bis heute im Einzelnen stark umstritten und teilweise auch ungeklärt, welche Zulässigkeitsvoraussetzungen die Klage eines Ratsmitglieds oder eines Organs der Gemeinde im Detail erfüllen muss.[1391] Die VwGO trifft hierzu keine expliziten Regelungen, so dass die dort bestehenden allgemeinen Vorschriften entsprechend ausgelegt bzw. analog angewendet werden müssen. Den hier eröffneten Auslegungsspielraum haben Rechtsprechung und Lehre genutzt und ein breites Spektrum an Lösungsvorschlägen für die nicht explizit geregelten Organstreitigkeiten unterbreitet.

### 5.1.1 Anerkennung von Innenrechtsstreitigkeiten

Grundproblem der Organstreitigkeiten ist, daß deren Streitgegenstand im Verwaltungsbinnenbereich liegt. Es streiten nicht Bürger und Staat etwa um die Rechtmäßigkeit hoheitlichen Handelns. Insoweit ist unstrittig, dass die in der VwGO vorgesehenen Klagearten zunächst einmal auf Streitigkeiten zwischen verschiedenen Rechtsträgern, insbesondere zwischen Bürger und Staat zugeschnitten sind.[1392] Im Fall des Ratsmitglieds stehen aber zumeist dessen Mitwirkungsrechte, also das Innenrecht der Gemeinde, im Zentrum der Auseinandersetzungen.[1393] Der rechtliche Charakter von solchen Innenrechtsstreitigkeiten wurde früher teilweise bereits mit der Begründung verneint, innerhalb einer juristischen Person des Öffentlichen Rechts könne es keine Rechtsbeziehungen geben.[1394] Nach der „Impermeabilitätstheorie" war der Staat ein für das Recht undurchdringliches Gebilde und seine Organe dementsprechend nicht Adressat von Rechtssätzen.[1395] Inzwischen hat sich (wieder) die Erkenntnis durchgesetzt, dass auch innerhalb

---

1390 Zur begrifflichen Differenzierung vgl. *Hufen*, Verwaltungsprozessrecht, 8. Aufl. (2011), § 10 Rn. 1 ff.
1391 Übersicht etwa bei *Hufen*, Verwaltungsprozessrecht, 8. Aufl. (2011), § 21; *Schoch*, Jura 2008, S. 826 ff.; *Trézoret*, Grundrechte im verwaltungsinternen Organstreitverfahren (2011), S. 106 ff.
1392 Vgl. *Hoppe*, Organstreitigkeiten (1970), S. 33.
1393 Zur Abgrenzung von Innen- und Außenrecht ausführlich 4.1.
1394 Vgl. OVG Nds., OVGE MüLü 5, 418 (420 f.).
1395 Siehe 4.1.

## 5.1 | Das Ratsmitglied im verwaltungsgerichtlichen Organstreit

des Staates verbindliche Rechtssätze existieren. Der Rechtscharakter von Innenrechtsstreitigkeiten ist anerkannt und die Impermeabilitätstheorie wird nicht mehr vertreten.[1396]

Die Auseinandersetzung verlagert sich dementsprechend auf die Frage, inwieweit die Rechtssätze des Verwaltungsbinnenrechts von Organen oder Organteilen juristischer Personen des Öffentlichen Rechts subjektiv geltend gemacht werden können.[1397] Diesbezüglich findet sich die Feststellung, die VwGO sei zunächst einmal auf Außenrechtsstreitigkeiten zugeschnitten, zuerst bei *Hoppe* (1970) – und zwar zehn Jahre nach Inkrafttreten der VwGO. Zu diesem Zeitpunkt wurde aber bereits – was *Hoppe* auch feststellt – die Zulässigkeit von Klagen auch in Innenrechtsstreitigkeiten von den Verwaltungs- und Sozialgerichten als unbestritten möglich anerkannt.[1398] Trotz des prinzipiell abschließenden Charakters der VwGO[1399] und obwohl zumindest vor dem Hintergrund von Art. 19 Abs. 4 GG keine verfassungsrechtliche Notwendigkeit für ein verwaltungsrechtliches Organstreitverfahren besteht[1400] sind verwaltungsrechtliche Organstreitigkeiten heute unstrittig anerkannt, weil weder die VwGO[1401] noch Art. 19 Abs. 4 GG die Schaffung einfach-gesetzlicher Rechte bzw. weitergehender Klagemöglichkeiten verbieten.[1402] Denn insbesondere Art. 19 Abs. 4 GG will zwar vorrangig Rechtsverletzungen des Bürgers durch die öffentliche Gewalt erfassen und keinen *„Kampfplatz für Behördenkriege"* eröffnen. Er verschließt ihn aber auch nicht.[1403]

Infolge der grundsätzlichen Anerkennung passten Rechtsprechung und Wissenschaft, nicht aber der Gesetzgeber[1404] die VwGO an Kommunalverfassungsstreitigkeiten und Innenrechtsstreitigkeiten in anderen Selbstverwaltungskörperschaften, wie etwa Universitäten, an.[1405] Ein Rechtsschutzbedürfnis zumindest für Organstreitigkeiten im Kommunalverfassungsrecht ist im Grunde auch anzuerkennen. Dieses folgt nicht zuletzt aus den Besonderheiten der kraft Art. 28 Abs. 2 GG festgelegten bürgerschaftlich-demokratischen Selbstverwaltung[1406] vor dem Hintergrund der (grund-)gesetzlich geregelten Organstreitigkeiten im Verfassungsprozessrecht.[1407] Insoweit soll die Verwaltungsgerichtsbarkeit neben der Gewährung von Rechtsschutz für den Bürger auch dazu dienen, die Verwirklichung der Gesetze durch staatliche Organe sicherzustellen.[1408] Die folgenden Ausführungen konzentrieren sich zwar auf den Kommunalverfassungsstreit, gelten aber entsprechend auch für sonstige verwaltungsgerichtliche Organstreitigkeiten.[1409]

---

1396 Dazu ausführlich *Rupp*, Grundfragen der Verwaltungsrechtslehre, 2. Aufl. (1991), S. 20 ff.; vgl. auch *Roth*, Verwaltungsrechtliche Organstreitigkeiten (2001), S. 167 m.w.N.
1397 Vgl. dazu die Ausführungen in 4.3.3.
1398 So *Erichsen*, in: Erichsen/Hoppe/v. Mutius (Hrsg.), FS f. Menger, S. 211 (220); vgl. *Hoppe*, Organstreitigkeiten (1970), S. 25, 33, 239; vgl. auch BVerfGE 8, 122 (130) – Atomwaffen Volksbefragung (Hess.).
1399 Vgl. BVerfGE 20, 238 (248 f.) – Aufsichtsklage; *Kopp/Schenke*, VwGO, 17. Aufl. (2011), Vorb. § 40 Rn. 5 m.w.N.
1400 Dazu *Roth*, Verwaltungsrechtliche Organstreitigkeiten (2001), S. 104 ff. (111); a. A. etwa *Schwarplys*, Gestaltungsklage (1996), S. 56 f.
1401 *Schoch*, Jura 2008, 826.
1402 Vgl. für den verwaltungsgerichtlichen Organstreit *Wahl/Schütz*, in: Schoch/Schmidt-Aßmann/Pietzner (Hrsg.), VwGO (22. Akt., 2011), § 42 Abs. 2 Rn. 92 f.; nach *Schwarplys*, Gestaltungsklage (1996), S. 56 f. erfasst Art. 19 Abs. 4 VwGO auch Organrechte.
1403 *Bettermann*, Der Schutz der Grundrechte in der ordentlichen Gerichtsbarkeit, in: Die Grundrechte III/2, Bettermann/Nipperdey/Scheuner (Hrsg.), Berlin 1959, S. 779 (787) insb. Anm. 31; zit. nach *Buchwald*, Organstreit (1998), S. 16.
1404 Vgl. dazu *Bethge*, DVBl. 1980, 824 f.; *Hoppe*, NJW 1980, S. 1017 ff.
1405 Vgl. dazu *Fuß*, WissR 5 (1972), S. 97 ff.
1406 Siehe 2.2.1.3.2.
1407 Vgl. allgemein *Hufen*, Verwaltungsprozessrecht, 8. Aufl. (2011), § 21 Rn. 1; Überblick über den Meinungsstand auf dem Höhepunkt der wissenschaftlichen Auseinandersetzung über die grundsätzliche Zulässigkeit etwa bei *Bethge*, Die Verwaltung Bd. 8 (1975), S. 459 ff.; *ders*. DVBl. 1980, 309 ff.
1408 *Buchwald*, Organstreit (1998), S. 21 f.
1409 So zum Hochschulverfassungsstreit ausdrücklich BVerwG, NVwZ 1985, 112 (113).

## 5.1.2 Insichprozess, Organ- und Amtsträgerstreitigkeiten

### 5.1.2.1 Insichprozess und Organstreit

Strikt zu trennen ist der nach den vorstehenden Ausführungen zulässige Organstreit von dem die Einheit der Verwaltung gefährdenden unzulässigen Insichprozess.[1410] Beide haben zwar gemein, dass sie innerhalb derselben juristischen Person auftreten. Der Unterschied sind indes die Beteiligten eines solchen Streites: Im Rahmen des Organstreites streiten (teil-)rechtsfähige Organe oder deren Untergliederungen um die ihnen zugewiesenen Rechte,[1411] etwa das Ratsmitglied mit dem Vorsitzenden über das Rederecht und den Ordnungsruf. Im Rahmen eines sog. Insichprozesses streitet demgegenüber entweder eine juristische Person des Öffentlichen Rechts, vertreten durch eine Behörde gegen sich selbst, vertreten durch eine andere Behörde, oder es will eine Behörde eines Verwaltungsträgers gegen diesen bzw. gegen eine andere Behörde desselben Rechtsträgers klagen.[1412] Während also beim Organstreit Organe einer juristischen Person oder Mitglieder eines Organs die ihnen zugewiesenen Befugnisse gegen andere Organe oder Organteile verteidigen, sind beim Insichprozess der Träger des geltend gemachten Rechts und der streitigen Pflicht identisch. Denn Behörden zeichnen sich gerade dadurch aus, dass sie keine eigenen Rechte haben, sondern lediglich die Rechte und Kompetenzen ihres Rechtsträgers ausüben.[1413] Dieser enge Begriff des unzulässigen Insichprozesses stellt auf die Rechtsträgerschaft und darauf ab, ob die streitenden Stellen eine gemeinsame Aufsichtsinstanz haben.[1414] Denn wenn das streitige Recht bzw. die streitige Pflicht dem gleichen Rechtssubjekt zugeordnet ist, besteht kein Grund zu einer gerichtlichen Austragung des Streites. Bereits nach der Gesetzesbegründung zur VwGO besteht kein Anlass, für Behörden desselben Rechtsträgers durch die Verleihung der Parteifähigkeit die Möglichkeit zur Führung von Verwaltungsprozessen gegeneinander zu schaffen.[1415]

Ohne Auswirkungen auf die Zulässigkeit einer verwaltungsgerichtlichen Klage wird in der rechtswissenschaftlichen Literatur teilweise noch terminologisch zwischen einem *Inter*organstreit und einem *Intra*organstreit differenziert. Während bei einem Interorganstreit sich die Organe als Ganzes gegenüberstehen, findet der Intraorganstreit innerhalb eines Kollegialorgans statt. Dieses besteht aus mehreren Personen bzw. Organwaltern, die erst zusammen das Organ ausmachen. Streiten diese um die ihnen innerhalb des Organs zustehenden Rechte und Pflichten, liegt ein Intraorganstreit vor.[1416]

### 5.1.2.2 Organ- und Amtsträgerstreit

Wesentliche weitere Konsequenz der oben gefundenen Ergebnisse ist die Unterscheidung der eigentlichen Organstreitigkeiten von den Organwalter- oder Amtsträgerstreitigkeiten.[1417]

Bei den „echten" Organstreitigkeiten, etwa zwischen Ratsmitglied und Ratsvorsitzendem über Ordnungsruf und Rederecht, geht es um die Mitwirkungsrechte des Ratsmitglieds an der

---

1410 BVerwGE 45, 207 (208); *Dolde*, in: Erichsen/Hoppe/v. Mutius (Hrsg.), FS f. Menger (1985), S. 423 (435).
1411 Zum Begriff des subjektiven Rechts 4.3.3.3.
1412 Vgl. *Hufen*, Verwaltungsprozessrecht, 7. Aufl. (2008), § 21 Rn. 1; *Schenke*, Verwaltungsprozessrecht, 13. Aufl. (2012), Rn. 528; *Schoch*, Jura 2008, 826 (827); instruktiv *Löwer*, Verwaltungsarchiv 68 (1977), S. 327 (332).
1413 Dazu 4.2.2.
1414 *Bethge*, DVBl. 1908, 309 (314); *Hoppe*, Organstreitigkeiten (1970), S. 218; *Ogorek*, JuS 2009, S. 511 (511 f.).
1415 BR-Drucks. 7/53; BT-Drucks. I/4278, S. 39 zu § 64; vgl. auch BR-Drucks. 33/54; BT-Drucks. II/462.
1416 Dazu und zu weiteren Unterscheidungen *Roth*, Verwaltungsrechtliche Organstreitigkeiten (2001), S. 51 ff.
1417 Differenzierung entsprechend *Papier*, DÖV 1980, 292 (296 f.); *Roth*, Verwaltungsrechtliche Organstreitigkeiten (2001), S. 75 ff. (m. w. N.); vgl. auch *Hufen*, Verwaltungsprozessrecht, 8. Aufl. (2011), § 21 Rn. 10; *Trézoret*, Grundrechte im verwaltungsinternen Organstreitverfahren (2011), S. 106 ff.

## 5.1 | Das Ratsmitglied im verwaltungsgerichtlichen Organstreit

Willensbildung und Entscheidung im Gemeinderat. Hier streiten im Verwaltungsbinnenbereich Organe oder Organteile einer juristischen Person miteinander um die ihnen gewährten Rechte und Kompetenzen bzw. den innerorganisatorischen Funktionsablauf.[1418] Sie erfassen aus Sicht des Ratsmitglieds sein funktionelles Amt, also seine Mitwirkungsrechte im Gemeinderat als diejenigen Rechte und Pflichten, die mit der Ausübung staatlicher Gewalt einhergehen.

Geht es dagegen um das statusrechtliche Amt des Ratsmitgliedes, also etwa die Frage des Rechts auf das Mandat oder der Höhe der Aufwandsentschädigung,[1419] steht das Ratsmitglied der Gemeinde ähnlich gegenüber wie ein „normaler Bürger". Nach den oben gefundenen Ergebnissen kann sich das Ratsmitglied insoweit auch unproblematisch auf seine Grundrechte berufen. Hier liegt nach überwiegender Meinung daher kein Fall eines Organstreits, sondern eine gewöhnliche verwaltungsrechtliche Streitigkeit vor. Rechtsakte in diesem Bereich können unproblematisch Außenwirkung haben und sind bei Vorliegen der weiteren Voraussetzungen eines Verwaltungsaktes als „normale" Anfechtungs- oder Verpflichtungsklage anerkannt.[1420] Gerichtet sind diese Klagen, wie im Verwaltungsprozessrecht üblich, denn auch meist gegen den Rechtsträger, d. h. nicht gegen den Vorsitzenden des Gemeinderats oder den Bürgermeister, sondern die Gemeinde selbst.[1421] Insofern bietet es sich an, von Organwalter- oder Amtsträgerstreitigkeiten zu sprechen.

Die Abgrenzung, zwischen Organ- und Amtsträgerstreit erfolgt anhand der oben herausgearbeiteten Kriterien. Geht es um die Mitwirkungsrechte im Gemeinderat, ist das Ratsmitglied also „*in*" Amtsausübung betroffen oder zielt eine Maßnahme final hierauf, liegt ein Organstreit vor. Denn insoweit steht das funktionelle Amt des Ratsmitglieds und damit die Ausübung grundrechtsverpflichteter staatlicher Gewalt im Mittelpunkt der Auseinandersetzung, Ist das Ratsmitglied dagegen „*bei Gelegenheit*" der Amtsausübung in seinen Rechten aus dem statusrechtlichen Amt betroffen, liegt ein Amtsträgerstreit vor. Hierhin gehört auch der Fall, dass „bei Gelegenheit" der Amtsausübung die Grundrechte des Ratsmitglieds betroffen sind. In diesem Fall verläßt der ursprünglich organschaftliche Sachverhalt den Verwaltungsbinnenbereich. Es liegt dann auch Außenwirkung im Sinne von § 35 VwVfG vor, weil das Ratsmitglied insoweit als eigener Rechtsträger betroffen ist. Ein Organstreit kann sich dann zu einem Amtsträgerstreit, also einen Außenrechtsstreit, wandeln.[1422] Sind im Streitfall sowohl Mitwirkungsrechte des Ratsmitglieds aus seinem funktionellen Amt als auch sonstige Rechtspositionen betroffen, kann ein Fall der Klagehäufung vorliegen.[1423]

### 5.1.3 Zulässigkeitsvoraussetzungen eines Organstreits

Der verwaltungsrechtliche Organstreit muss als Innenrechtsstreit grundsätzlich die gleichen Zulässigkeitsvoraussetzungen erfüllen wie ein normaler Außenrechtsstreit zwischen Staat und Bürger oder zwischen zwei Hoheitsträgern.

---

1418 Statt aller *Hufen*, Verwaltungsprozessrecht, 8. Aufl. (2011), § 21 Rn. 1; *Hüttenbrink*, in: Kuhla/Hüttenbrink, Verwaltungsprozess, 3. Aufl. (2002), D Rn. 262; *Kopp/Schenke*, VwGO, 17. Aufl. (2011), Vorb. § 40 Rn. 6; vgl. zur Abgrenzung von Innen- und Außenrecht 4.1.
1419 *Ogorek*, JuS 2009, S. 511 (511).
1420 *Barth*, Subjektive Rechte von Gemeinderatsmitgliedern im Kommunalverfassungsstreit (1997), S. 148; *Erichsen/Biermann*, Jura 1997, S. 157 (160); *Hufen*, Verwaltungsprozessrecht, 8. Aufl. (2011), § 21 Rn. 10; zum Problem der statthaften Klageart bei (Ab)Wahl bzw. (Ab)Berufung eines Ratsmitgliedes aus einem Ausschuss ausführlich *Roth*, Verwaltungsrechtliche Organstreitigkeiten (2001), S. 78 ff.
1421 *Bethge*, DVBl. 1980, 824 (825); zum Ganzen ausführlich *Roth*, Verwaltungsrechtliche Organstreitigkeiten (2001), S. 75 ff.
1422 *Rennert*, JuS 2008, 119 (123).
1423 *Trézoret*, Grundrechte im verwaltungsinternen Organstrietverfahren (2011), S. 121 f.

### 5.1.3.1 Verwaltungsrechtsweg

Hinsichtlich der Zulässigkeit des Organstreites herrscht noch Einigkeit darüber, dass der Verwaltungsrechtsweg nach § 40 Abs. 1 Satz 1 VwGO und nicht der Zivilrechtsweg eröffnet ist, da Streitigkeiten im Kommunalverfassungsrecht zum spezifisch Öffentlichen Recht gehören. Hier stellen sich Abgrenzungsschwierigkeiten allerdings beispielsweise in den Fällen einer ehrverletzenden Äußerung im Gemeinderat, die ein Ratsmitglied durchaus auch als „Privatmann" abgeben kann. In diesen Fällen kann dann kein Verwaltungsrechtsstreit, sondern eine zivilrechtliche Streitigkeit vorliegen.[1424] Nach hier vertretener Auffassung dürften indes die Mehrzahl der anläßlich von Ratssitzungen auftretenden „Beleidigungsfälle" als öffentlich-rechtliche Streitigkeit einzustufen sein. Für die restlichen oben dargestellten Fallgruppen ist der Verwaltungsrechtsweg jedenfalls eröffnet.[1425]

### 5.1.3.2 Beteiligtenbezogene Voraussetzungen

Keine Besonderheiten ergeben sich im Rahmen der beteiligtenbezogenen Voraussetzungen, ist das statusrechtliche Amt des Ratsmitglieds betroffen. In diesem Fall klagt das Ratsmitglied als natürliche Person und nicht in amtlicher Eigenschaft. Diese Konstellation wurde oben als Amtsträgerstreit bezeichnet, und es findet § 61 Nr. 1 VwGO – genau wie im Falle beamtenrechtlicher Streitigkeiten – Anwendung. Das klagende Ratsmitglied ist dann als natürliche Person beteiligtenfähig. Gleiches gilt für den Fall einer Grundrechtsbetroffenheit „bei Gelegenheit" der Amtsausübung. Denn in diesem Fall liegt nach den gefundenen Ergebnissen mangels Betroffenheit des organschaftlichen Funktionsablaufes ebenfalls eine Außenrechtsbeziehung zwischen Gemeinde und dem Ratsmitglied als Grundrechtsträger vor. Für derartige Klagen dürfte daher das Ratsmitglied ebenfalls als natürliche Person nach § 61 Nr. 1 VwGO beteiligtenfähig sein.[1426]

Sind Streitgegenstand dagegen die Mitwirkungsrechte des Ratsmitglieds aus seinem funktionellen Amt, geht es also um den organschaftlichen Funktionsablauf, liegt ein Organstreit vor. In diesem Fall besteht heftiger Streit darüber, nach welcher Vorschrift das klagende Ratsmitglied als beteiligtenfähig i. S. v. § 61 VwGO anzusehen ist: Denn es klage ja nicht als natürliche Person, sondern Mitglied des Gemeinderats. *Roth* zählt hier 14 (!) verschiedene dogmatische Konstruktionen auf, die von einer unmittelbaren Anwendung von § 61 Nr. 1 und 2, deren analoger Anwendung über differenzierende Lösungen bis hin zu einer von § 61 VwGO unabhängigen unspezifischen richterlichen Rechtsfortbildung reichen.[1427] Dabei wird nach wohl überwiegender Meinung § 61 Nr. 2 VwGO direkt oder analog, bzw. in „*systemimmanenter Rechtsfortbildung*"[1428] angewendet, weil das Ratsmitglied nicht als Person, sondern in seiner Eigenschaft als Mitglied des Organs Gemeinderat klagt. Das Ratsmitglied ist dann Teil einer (sonstigen) Vereinigung im Sinne von § 61 Nr. 2 VwGO, der ein Recht zustehen kann.[1429] Da die Rechte des Ratsmitglieds diesem jedoch persönlich zugewiesen sind spricht meines Erachtens vieles

---

1424 *Hufen*, Verwaltungsprozessrecht, 8. Aufl. (2011), § 21 Rn. 4; *Schoch*, Jura 2008, S. 826 (831); dazu oben 3.3.3.
1425 Siehe 1.2.1 und 3.3.
1426 *Kintz*, in: Posser/Wolff, VwGO (2008), § 61 Rn. 9; *ders.*, LKRZ 2011, S. 476 (479).
1427 *Roth*, Verwaltungsrechtliche Organstreitigkeiten (2001), S. 908 ff., m.w.N.
1428 Vgl. *Erichsen*, in: Erichsen/Hoppe/v. Mutius (Hrsg.), FS f. Menger, (1985), S. 211 (223 f.); *Lange*, in: Baumeister/Roth/Ruthig (Hrsg.). FS f. Schenke, S. 959 (963).
1429 *Hufen*, Verwaltungsprozessrecht, 8. Aufl. (2011), § 21 Rn. 6; *Kintz*, in: Posser/Wolff, VwGO (2008), § 61 Rn. 9; *ders.*, LKRZ 2011, 476 (479); *Ogorek*, JuS 2009, S. 511 (516); kritisch hierzu bereits *Dolde*, in: Erichsen/Hoppe/v. Mutius (Hrsg.), FS f. Menger, (1985), S. 423 (427 f.).

## 5.1 | Das Ratsmitglied im verwaltungsgerichtlichen Organstreit

dafür, § 61 Nr. 1 VwGO ebenfalls unmittelbar anzuwenden.[1430] Angesichts der Tatsache, dass eine Klage allerdings nach allen Ansichten zulässig sein soll, scheint eine weitere Auseinandersetzung an dieser Stelle jedoch entbehrlich.

Auch die Frage, gegen wen eine solche Klage zu richten ist, beantwortet die VwGO, die auf das Rechtsträgerprinzip abstellt, nur für die Amtsträgerstreitigkeiten. Insoweit steht das Ratsmitglied aufgrund seiner persönlichen Betroffenheit im statusrechtlichen Amt oder seinen Grundrechten „außerhalb" der Verwaltungsorganisation und ist eine Klage gegen die Gemeinde als solche zu richten. Handelt es sich um einen echten Organstreit streiten dagegen Rechtssubjekte innerhalb ein und desselben Rechtsträgers miteinander. Klagegegner ist in diesem Fall nicht die Gemeinde, sondern der Funktionsträger, dessen Handeln bzw. Unterlassen angegriffen wird. Bei Streitigkeiten innerhalb des Gemeinderates ist dies derjenige Funktionsträger, demgegenüber die behauptete Rechtsposition bestehen soll, also zumeist der Bürgermeister, gegebenenfalls als Vorsitzender des Gemeinderates, oder der gewählte Ratsvorsitzende, zuweilen auch der Gemeinderat selbst.[1431]

### 5.1.3.3 Statthafte Klageart

Ist das Ratsmitglied als Organwalter bzw. Amtsträger betroffen, d. h. im Rahmen seines statusrechtlichen Amtes, liegt eine Außenrechtsstreitigkeit vor. In diesem Fall kann eine seitens der Gemeinde ihm gegenüber ergangene Handlung oder Maßnahme Außenwirkung im Sinne von § 35 VwVfG haben. Bei Vorliegen der weiteren Voraussetzungen der Vorschrift kann dann ein Verwaltungsakt gegeben sein, so dass hier Anfechtungs- und Verpflichtungsklagen möglich sind. Daneben kommen aber auch, je nach Begehren des Klägers, die anderen Klagearten der VwGO in Betracht. Im Falle einer solchen Amtsträgerstreitigkeit liegt im Ergebnis also eine „normale" verwaltungsrechtliche Streitigkeit vor.[1432] Gleiches gilt für den Fall einer Grundrechtsbetroffenheit, sei es im Rahmen des Amtes im statusrechtlichen oder funktionellen Sinne, sofern diese „bei Gelegenheit" der Amtsausübung erfolgt. Da nach den oben gefundenen Ergebnissen eine Außenrechtsbeziehung gegeben ist, wenn das Ratsmitglied in Grundrechten betroffen ist, kann bei Vorliegen der weiteren Voraussetzungen auch hier ein Verwaltungsakt im Sinne von § 35 VwVfG vorkommen. Es kommen also, je nach Klagebegehren, sämtliche Klagearten der VwGO in Betracht.

Liegt dagegen eine Organstreitigkeit um das funktionelle Amt vor, streitet das Ratsmitglied also um die Reichweite seiner Mitwirkungsrechte, scheiden Anfechtungs- und Verpflichtungsklage mangels Außenwirkung schon begrifflich aus.[1433] Statthafte Klageart für derartige Streitigkeiten zwischen Ratsmitgliedern und dem Gemeinderat bzw. dem Vorsitzenden ist nach wohl überwiegender Meinung in diesem Fall entweder die allgemeine Leistungsklage oder auch die Feststellungsklage, je nachdem, ob das Begehren des Klägers auf Leistung oder Feststellung gerichtet ist. Nicht durchgesetzt haben sich dagegen Vorschläge, eine Klageart sui generis anzu-

---

1430 Siehe 4.2.3; so auch *Groß*, in: Hermes/Groß (Hrsg.), Landesrecht Hessen, 7. Aufl. (2011), § 4 Rn. 208.
1431 *Hüttenbrink*, in: Kuhla/Hüttenbrink, Verwaltungsprozess, 3. Aufl. (2002), D Rn. 271; *Hufen*, Verwaltungsprozessrecht, 8. Aufl. (2011), § 21 Rn. 8; *Ogorek*, JuS 2009, S. 511 (515 f.); *Schoch*, Jura 2008, 826 (838) m.w.N.; anders nur in Bayern, wo nach h. M. die Klage stets gegen die Gemeinde zu richten ist, dazu *Geis*, Kommunalrecht, 2. Aufl. (2011), § 25 Rn. 19.
1432 So etwa auch *Ogorek*, JuS 2009, S. 511 (515).
1433 *Hufen*, Verwaltungsprozessrecht, 8. Aufl. (2011), § 21 Rn. 10; *Sodan*, in: Sodan/Ziekow, VwGO, 3. Aufl. (2010), § 42 Rn. 231 f.; a. A. etwa *Kopp/Schenke*, VwGO, 17. Aufl. (2011) Anh. § 42 Rn. 88; *Schenke*, Verwaltungsprozessrecht, 13. Aufl. (2012), Rn. 228.

nehmen.[1434] Eine allgemeine Gestaltungsklage wird aber für die Fälle befürwortet, in denen der Organstreit auf unmittelbare Rechtsänderung gerichtet ist, etwa die Aufhebung eines Ratsbeschlusses.[1435] Da ein rechtswidriger Ratsbeschluss aber, anders als ein Verwaltungsakt, schon per se unwirksam bzw. nichtig ist, besteht für eine solche Annahme kein Rechtsschutzbedürfnis. Ausreichend ist daher auch in diesen Fällen die Annahme einer Feststellungsklage.[1436]

Sofern in einem Fall das Ratsmitglied sowohl in seiner Funktion als auch seiner Person betroffen ist, kann ein Fall der objektiven Klagehäufung vorliegen.[1437]

### 5.1.3.4 Klagebefugnis

Die im Rahmen kommunaler Organstreitigkeiten wohl umstrittenste Voraussetzung ist die Klagebefugnis. § 42 Abs. 2 VwGO setzt voraus, dass soweit gesetzlich nichts anderes bestimmt ist, die Klage nur zulässig ist, wenn der Kläger geltend macht, durch den Verwaltungsakt, seine Ablehnung oder Unterlassung in seinen Rechten verletzt zu sein. Die Vorschrift bereitet allerdings nur dann Anwendungsprobleme, stehen die Mitwirkungsrechte des Ratsmitglieds im Gemeinderat, also seine dem funktionellen Amt entspringenden Rechte aus dem freien Mandat, im Streit. Im Falle der Grundrechtsbetroffenheit des Ratsmitglieds oder bei seinen Rechten aus seinem statusrechtlichen Amt ist die Vorschrift demgegenüber nach den üblichen Regeln anwendbar. Denn insoweit liegt kein Organ-, sondern ein Amtsträgerstreit vor.

Im Rahmen der Zulässigkeit „echter" verwaltungsrechtlicher Organklagen bereitet die Vorschrift Rechtsprechung und Lehre im Wesentlichen zwei dogmatische Probleme. So ist unabhängig von Organstreitverfahren zunächst umstritten, ob die Klagebefugnis, wie vom Wortlaut der Vorschrift vorausgesetzt, nur auf Anfechtungs- und Verpflichtungsklagen oder auch auf Leistungs- und Feststellungsklagen Anwendung findet. Hinsichtlich der allgemeinen Leistungsklage wird diese Frage weithin bejaht,[1438] hinsichtlich der Feststellungsklage ist dies dagegen streitig. Nach überwiegender Meinung, insbesondere der Rechtsprechung, findet § 42 Abs. 2 VwGO zumindest für den Kommunalverfassungsstreit Anwendung. Da hier mangels Außenwirkung keine Verwaltungsakte existieren, könnte anderenfalls die Subsidiaritätsklausel des § 43 Abs. 2 VwGO umgangen und die Feststellungsklage entgegen der Konzeption der VwGO für Popularklagen geöffnet werden.[1439] Die Klagebefugnis ist damit auch in den Organstreitigkeiten zu prüfen, da die Stellung als Organ, Teil oder Mitglied eines solchen Organs kein Recht zur Popularklage verleiht.[1440]

Einmal für anwendbar erklärt, bereitet dann die nach § 42 Abs. 2 VwGO notwendige mögliche Rechtsverletzung des Klägers Probleme. Streitig und bis heute nicht letztverbindlich geklärt ist, ob die dem Ratsmitglied zugestandenen Mitwirkungsrechte als subjektive Rechte im

---

1434 *Hüttenbrink*, in: Kuhla/Hüttenbrink, Verwaltungsprozess, 3. Aufl. (2002), D Rn. 262, 266; *Hufen*, Verwaltungsprozessrecht, 8. Aufl. (2011), § 21 Rn. 9–14; pro Gestaltungsklage noch OVG NRW, OVGE MüLü 28, 208 (210); OVG Nds., OVGE MüLü 27, 35.
1435 *Hufen*, Verwaltungsprozessrecht, 8. Aufl. (2011), § 21 Rn. 14; zum Ganzen *Schwarplys*, Gestaltungsklage (1996).
1436 *Erichsen/Biermann*, Jura 1997, S. 157 (162).
1437 *Trézoret*, Grundrechte im verwaltungsinternen Organstrietverfahren (2011), S. 121 f.
1438 Statt aller vgl. *Ehlers*, NVwZ 1990, S. 105 (109 f.); *Hufen*, Verwaltungsprozessrecht, 8. Aufl. (2011), § 16 Rn. 12, § 17 Rn. 8.
1439 BVerwGE 111, 276 (279); NVwZ 1989, 470; vgl. dazu instruktiv *Möstl*, in: Posser/Wolff, VwGO (2008), § 43 Rn. 20 ff.; *Hufen*, Verwaltungsprozessrecht, 8. Aufl. (2011), § 18 Rn. 17; a. A. *Sodan*, in: Sodan/Ziekow, VwGO, 3. Aufl. (2010), § 42 Rn. 373 f.; je m.w.N.
1440 Vgl. BVerwG, NVwZ-RR 1994, 352 f.; *Bethge*, in: Mann/Püttner (Hrsg.), HaKoWiP, Bd. 1, 3. Aufl. (2007) § 28 Rn. 59; *Hufen*, Verwaltungsprozessrecht, 8. Aufl. (2011), § 21 Rn. 15–20.

## 5.1 | Das Ratsmitglied im verwaltungsgerichtlichen Organstreit

Sinne von Art. 42 Abs. 2 VwGO anzusehen sind.[1441] Bei allem Streit um den Begriff des subjektiv-öffentlichen Rechts herrscht dabei im Ergebnis heute Einigkeit, dass auch Organe und ihre Teile, und damit auch Ratsmitglieder, Rechte oder Rechtspositionen im Organstreit geltend machen können. Organstreitigkeiten sollen nicht an § 42 Abs. 2 VwGO scheitern. Die Ratsmitglieder können sich darum im Ergebnis gegen Verletzung der ihnen durch die Gemeindeordnungen verliehenen Mitwirkungsrechte gerichtlich zur Wehr setzen.[1442] Weitgehend übereinstimmend wird aber vorausgesetzt, dass es sich hierbei um „Organrechte",[1443] „wehrfähige Innenrechtspositionen"[1444] oder „Mitwirkungsrechte"[1445] handelt, die dem Organ oder Organteil zur eigenständigen Wahrnehmung übertragen sind.[1446]

Derzeit werden zur Bejahung der Klagebefugnis insbesondere in der Literatur allerdings unterschiedlichste verwaltungsprozessuale Argumentationsstränge angeboten, um den von der VwGO nicht explizit vorgesehenen Organstreit mit deren Vorgaben überein zu bringen. Je nach Lösungsansatz wird § 42 Abs. 2 VwGO dabei direkt, analog oder auch überhaupt nicht angewendet. Die folgende Darstellung beschränkt sich dabei unter a) bis c) bewusst auf einige wesentliche Argumentationsstrukturen und stellt diesen unter d) einen Lösungsvorschlag gegenüber.

### 5.1.3.4.1 Organstreit in Prozessstandschaft

Ursprünglich wurde mittels eines juristischen Kunstgriffes versucht, das im Organstreit geltend gemachte Recht oder Interesse der juristischen Person als solcher zuzuordnen. Den Organen und Organteilen selbst kommen dann keine eigenen Rechte zu. Nur die juristische Person habe ein Interesse an der Zusammenordnung aller organschaftlichen Handlungen zu einem einheitlichen Wirkungszusammenhang. Im Interesse ordnungsgemäßer Aufgabenerfüllung „nach außen", also gegenüber der Allgemeinheit, bestünde für die juristische Person „nach innen" ein Interesse an einem ordnungsgemäßen Funktionsablauf. Die juristische Person selbst habe damit einen innerorganisatorischen Erfüllungs- und Störungsbeseitigungsanspruch gegenüber ihrem eigenen Organ oder Organteil, das den Funktionsablauf störe. Dieses intrapersonale Recht werde von dem Organ oder Organteil geltend gemacht, dass durch die Störung eines anderen Organs oder Organteils in seinem Funktionsablauf gestört werde. Dieser materiell-rechtlichen Wahrnehmungszuständigkeit entspreche dann wiederum eine organschaftliche Prozessstandschaft. Subjektiv-öffentliche Rechte der Ratsmitglieder sind auf diese Weise entbehrlich.[1447]

Diese, den *Wolff'schen* Organbegriff konsequent zu Ende denkende Ansicht hat sich allerdings nicht durchgesetzt.[1448] Denn sie beruht auf der Annahme, dass der Eingriff eines Organs in den Zuständigkeitsbereich eines anderen Organs die Aufgabenerfüllung der juristischen Person, der beide angehören, störe. Denn beide Organe seien ja nur Durchgangssubjekte transitorischer Zuständigkeiten ihres Rechtsträgers. Deshalb habe der Rechtsträger einen Störungsbeseitigungsanspruch gegen das (eigene) störende Organ. Bei der Geltendmachung dieses Anspruches soll der

---

1441 Dazu ausführlich oben 4.3.3.
1442 BVerwG, DVBl. 1988, 790 (790f.); *Hufen*, Verwaltungsprozessrecht, 8. Aufl. (2011), § 21 Rn. 15–20.
1443 Vgl. *Roth*, Verwaltungsrechtliche Organstreitigkeiten (2001), S. 697.
1444 Vgl. *Erichsen*, in: Erichsen/Hoppe/v. Mutius (Hrsg.), FS f. Menger (1985), S. 211 (225 ff.); *Erichsen/Biermann*, Jura 1997, 157 (159); *Kopp/Schenke*, VwGO, 17. Aufl. (2011), § 42 Rn. 80.
1445 Vgl. *Hufen*, Verwaltungsprozessrecht, 8. Aufl. (2011), § 21 Rn. 17.
1446 Vgl. BVerwG, NVwZ 1989, 470; *Bethge*, in: Mann/Püttner (Hrsg.), HaKoWiP, Bd. 1, 3. Aufl. (2007) § 28 Rn. 62; *Hufen*, Verwaltungsprozessrecht, 8. Aufl. (2011), § 21 Rn. 17 ff.; Übersicht bei *Roth*, Verwaltungsrechtliche Organstreitigkeiten (2001), S. 302 m.w.N.
1447 *Hoppe*, Organstreitigkeiten (1970), S. 181, 187, 191, 195, 219, 238; *ders.* NJW 1980, 1017 (1019); *ders.*, DVBl. 1970, S. 845 (849).
1448 Zum Organbegriff nach *Wolff* oben 4.2.1 und 4.2.2.

180

Rechtsträger dann von dem beeinträchtigten Organ vertreten werden. Problematisch ist insoweit, dass einerseits die Kompetenzen bei der juristischen Person selbst liegen sollen, diese aber keine Möglichkeit haben soll, diese Kompetenz gegenüber dem eigenen Organ einzufordern. Vielmehr wird das die Kompetenz verletzende Organ als so verselbständigt angesehen, dass es Anspruchsgegner können sein soll.[1449] Warum aber nur das störende Organ, nicht das Organ, in dessen Zuständigkeitsbereich eingegriffen wird, rechtlich selbständig sein soll, scheint nicht plausibel.

### 5.1.3.4.2 Prozessuale Unanwendbarkeit

Teilweise wird versucht, mit rein prozessualen Mitteln § 42 Abs. 2 VwGO zu umgehen. Diese Ansicht stützt sich darauf, die Klagebefugnis, unabhängig vom Vorliegen eines Organstreites, bei Leistungs- und Feststellungsklagen weder direkt noch analog anzuwenden. Es genüge die allgemeine Prozessführungsbefugnis, die immer dann gegeben sei, wenn der Kläger nach seiner Behauptung ein eigenes Recht geltend mache. Die Herleitung dieser eigenen Rechte erfolgt dann nicht anhand des Tatbestandsmerkmals „subjektives Recht" i. S. v. § 42 Abs. 2 VwGO, sondern im Rahmen der Beteiligtenfähigkeit. Das Erfordernis einer „wehrfähigen Innenrechtsposition" wird an § 61 Nr. 2 VwGO analog bzw. in systemimmanenter Rechtsfortbildung festgemacht. Denn diese Vorschrift spreche gerade davon, dass Vereinigungen beteiligtenfähig seien, *„soweit ihnen ein Recht zustehen kann"*. Die Mitwirkungsrechte der Ratsmitglieder müssten auf diesem Wege dann nicht mehr als „subjektiv-öffentlich" eingeordnet werden.[1450] Warum aber das in § 61 Nr. 2 VwGO enthaltene „Recht" kein „subjektiv-öffentliches" Recht sein soll, das in § 42 Abs. 2 VwGO enthaltene „Recht" aber schon, wird mit diesem Vorschlag nicht erklärt. Denn schon nach dem Wortlaut spricht auch letztere Vorschrift nur von Rechten, nicht aber subjektiv-öffentlichen Rechten des Klägers. Der Sinngehalt des „Rechts" in beiden Vorschriften dürfte daher identisch und der propagierte Ausweg über die „allgemeine Prozessführungsbefugnis" nur vordergründig ein solcher sein.

### 5.1.3.4.3 § 42 Abs. 2 VwGO (analog)

Ausgehend von der Prämisse, Organe und ihre Organteile besäßen keine subjektiv-öffentlichen Rechte im eigentlichen Sinne wird in der Mehrzahl der Fälle die Ansicht vertreten, § 42 Abs. 2 VwGO solle analog Anwendung finden. Voraussetzung sei, dass im Rahmen der Kommunal- oder Hochschulverfassung Rechtspositionen durch Gesetz gewährt würden, die die Organe gegenüber anderen Organen oder Organteilen derselben juristischen Person durchzusetzen hätten. Die „Rechte" der Organe, Organteile oder im vorliegenden Fall der Ratsmitglieder, werden damit, sofern sie eine Durchsetzungsmacht von Interessen, z. B. gegenüber Gemeinderat, Vorsitzendem oder Bürgermeister gewähren, zwar nicht als subjektiv-öffentliche Rechte, aber als sonstige Rechtspositionen, auf die § 42 Abs. 2 VwGO entsprechend Anwendung finde, qualifiziert.[1451]

### 5.1.3.4.4 unmittelbare Anwendung von § 42 Abs. 2 VwGO

Nach den in dieser Arbeit gefundenen Ergebnissen handelt es sich bei den Mitwirkungsrechten des Ratsmitglieds dagegen um echte subjektive Rechte im Bereich des Öffentlichen Rechts. Aus diesem Grunde findet § 42 Abs. 2 VwGO nach hier vertretener Ansicht auf die Mitwir-

---

1449 Vgl. dazu auch *Böckenförde*, in: Menger (Hrsg.), FS f. Wolff (1973), S. 269 (279, Fn. 34).
1450 *Erichsen*, in: Erichsen/Hoppe/v. Mutius (Hrsg.), FS f. Menger (1985), S. 211 (221 ff.); *Erichsen/Biermann*, Jura 1997, S. 157 (159 f., 162).
1451 Sächs. OVG, DVBl. 1997, 1287 ff.; OVG Berlin, LKV 2000, 453; *Pietzner/Ronellenfitsch*, Assessorexamen, 11. Aufl. (2005), § 14 Rn. 6; *Rennert*, in: Eyermann, VwGO, 13. Aufl. (2010), § 40 Rn. 16; *Wahl/Schütz*, in: Schoch/Schmidt-Aßmann/Pietzner (Hrsg.), VwGO (22. Akt., 2011), § 42 Abs. 2 Rn. 92 f.

## 5.2 | Verfassungsbeschwerde

kungsrechte der Ratsmitglieder unmittelbar Anwendung.[1452] Denn der Begriff des subjektiven Rechts ist nach auch hier vertretener Ansicht formell-abstrakt zu definieren und damit nicht auf Rechtsverhältnisse zwischen Privaten und Staat beschränkt. Vielmehr können auch im Verwaltungsbinnenbereich bzw. zwischen Hoheitsträgern subjektive Rechte vorliegen. Sofern solche Rechte existieren, muss der jeweilige Hoheitsträger bei deren Gebrauch aber aufgrund von Art. 1 Abs. 3 GG die Grundrechte Privater beachten und können diese Rechte daher nicht auf grundrechtliche Positionen zurückgeführt werden.[1453] Denn letztlich stellt § 42 Abs. 2 VwGO bereits nach seinem Wortlaut nicht explizit auf *subjektiv-öffentliche Rechte*, sondern nur auf die *„Rechte des Klägers"* ab. Die Vorschrift ist daher gerade allgemeiner gefasst als etwa Art. 19 Abs. 4 GG, der immerhin von einer Rechtsverletzung *„durch die öffentliche Gewalt"* spricht.[1454] Eine Rechtsverletzung kommt daher auch in Betracht, wenn sich ein Ratsmitglied nicht auf seine Mitwirkungsrechte, sondern seine Grundrechte beruft. Das ist nach den oben gewonnenen Erkenntnissen möglich, soweit das Ratsmitglied „bei Gelegenheit" der Amtsausübung in seinen Grundrechten betroffen ist[1455] – es liegt dann allerdings nach hier vertretener Auffassung kein verwaltungsgerichtlicher Organstreit, sondern eine Amtsträgerstreitigkeit und damit prozessual eine „normale" verwaltungsgerichtliche Streitigkeit vor.[1456] Auch hier ist § 42 Abs. 2 VwGO direkt anwendbar. Sofern ein Rechtsstreit schließlich die Rechte des Ratsmitglieds aus seinem statusrechtlichen Amt zum Gegenstand hat, also ebenfalls ein Amtsträgerstreit vorliegt, ist die Frage einer rügefähigen Rechtsposition nach allgemeinen Maßstäben zu beantworten und § 42 Abs. 2 VwGO ebenfalls unmittelbar anwendbar.

Insgesamt verlagert sich die prozessuale Problematik des Organstreits nach hier vertretener Auffassung daher insgesamt weg von Fragen der Klagebefugnis. Die eigentlichen Probleme dürften nurmehr bei der Frage der Beteiligtenfähigkeit sowie der statthaften Klageart liegen.

## 5.2 Verfassungsbeschwerde

Neben den verwaltungsgerichtlichen Rechtsbehelfen kann das Ratsmitglied bei Verletzung seiner Grundrechte Verfassungsbeschwerde nach Art. 93 Abs. 1 Nr. 4a GG i. V. m. § 13 Nr. 8a, 90 ff. BVerfGG erheben. In verfassungsprozessualer Hinsicht ergeben sich hier keine Änderungen im Vergleich zu anderen Amtsträgern, insbesondere Beamten.

Die Verfassungsbeschwerde ist möglich bei der Verletzung von Grundrechten, nicht aber von Mitwirkungsrechten des Ratsmitglieds, da sich deren Wahrnehmung nach den oben gefundenen Ergebnissen als Ausübung staatlicher Gewalt im Sinne von Art. 1 Abs. 3 GG darstellt. Das Ratsmitglied steht in diesen Fällen dem Staat nicht als „jedermann" gegenüber.[1457] Eine Grundrechtsverletzung kann aber auch im Gemeinderat erfolgen, sofern das Ratsmitglied *„bei Gelegenheit"* der und nicht *„in"* Amtsausübung in seinen Grundrechten betroffen ist.[1458] Im Falle des Rauchens im Gemeinderat macht es keinen Unterschied, ob die Gesundheit des Zuschauers

---

1452  Wie hier *Roth*, Verwaltungsrechtliche Organstreitigkeiten (2001), S. 697 ff.; eine Analogie kommt allerdings im Hinblick auf die Anwendbarkeit der Vorschrift bei Leistungs- oder Feststellungsklagen in Betracht.
1453  Siehe 2.2.3.4 und 4.3.2.2.
1454  In diesem Sinne auch *Schmidt-Aßmann/Röhl*, in: Schmidt-Aßmann/Schoch (Hrsg.), Besonderes Verwaltungsrecht, 14. Aufl. (2008), 1. Kap. Rn. 83; zu Art. 19 GG statt aller *Sachs*, in: Sachs (Hrsg.), Grundgesetz, 6. Aufl. (2011), Art. 19 Rn. 113 ff., 126 ff.
1455  Siehe 3.2.2.1.
1456  So auch *Ogorek*, JuS 2009, S. 511 (515).
1457  Siehe 3.1.2.2 und 3.2.2.1.
1458  Zu den Abgrenzungskriterien siehe 3.2.2.1.2.

oder des Ratsmitglieds berührt wird.[1459] Ebenso wird im Streit um das Kruzifix die Glaubensfreiheit des Ratsmitglieds genauso berührt wie die des Zuschauers: Beide können während der Ratssitzung dem Kruzifix nicht ausweichen, so dass ein dem Staat zurechenbarer Eingriff in deren Grundrechte vorliegen kann.[1460] Die Grundrechte bleiben dem Ratsmitglied in ihrer abwehrrechtlichen Dimension also erhalten. Aufgrund der Rechtsstellung des Ratsmitglieds als Inhaber eines Amtes sind allerdings auf Ebene der verfassungsrechtlichen Rechtfertigung stärkere Freiheitsbeschränkungen möglich als bei Bürgern, so etwa zur Sicherung der Funktionsfähigkeit des Gemeinderates.[1461] Aus diesem Grund kommt eine Verfassungsbeschwerde grundsätzlich in Betracht, wenn sich ein Ratsmitglied bei Gelegenheit einer Ratssitzung als Privatmann und nicht in amtlicher Eigenschaft äußert und ihm der Vorsitzende daraufhin die Meinungsäußerung verbietet. Bei Vorliegen der weiteren Voraussetzungen kann das Ratsmitglied insoweit, gestützt auf eine behauptete Verletzung von Art. 5 GG, eine Verfassungsbeschwerde erheben.[1462] Stets rügefähig sind ohnehin die Justizgrundrechte des GG.[1463] Hinsichtlich der in den Landesverfassungen garantierten Grundrechte kommt auch die Anrufung der Verfassungsgerichte der Länder in Betracht.[1464]

Für Streitigkeiten im Zusammenhang mit dem Zugang zum Mandat scheidet eine Verfassungsbeschwerde wegen der Verletzung von Wahlrechtsgrundsätzen vor dem Bundesverfassungsgericht allerdings aus. Insoweit vermitteln Art. 28 Abs. 1 Satz 2 GG nach der Rechtsprechung des Bundesverfassungsgerichts (auch nicht in Verbindung mit Art. 2 Abs. 1 GG oder Art. 3 Abs. 1 GG) keine subjektiven Rechtspositionen.[1465] Rechtsschutz im Falle der Verletzung von Wahlrechtsgrundsätzen oder Grundrechten in Verbindung mit kommunalen Wahlen kann daher nur vor den Landesverfassungsgerichten gesucht werden. Soweit die Länder einen solchen Rechtsschutz nicht vorsehen, folgt nach Ansicht des Bundesverfassungsgerichts aus Art. 19 Abs. 4 GG hierauf auch kein Anspruch, so dass es auch nicht subsidiär angerufen werden könnte.[1466]

Steht dagegen einzig eine Verletzung der Mitwirkungsrechte der Ratsmitglieder aus deren funktionellem Amt im Streit, ist eine Verfassungsbeschwerde nicht möglich. In diesem Fall steht das Ratsmitglied nicht wie „jedermann" dem Staat gegenüber, sondern stellt sich der Gebrauch seiner Mitwirkungsrechte als Ausübung staatlicher Gewalt im Sinne von Art. 1 Abs. 3, 20 Abs. 2 GG dar.[1467] Mit der Beeinträchtigung von Mitwirkungsrechten geht deshalb keine Grundrechtsverletzung des Ratsmitglieds einher, so dass die Möglichkeit der Verfassungsbeschwerde ausscheidet. Das wird zwar vereinzelt als unbefriedigend empfunden und gefordert, zum Schutz des materiellen Verfassungsrechts und eingedenk ihres auch objektiven Zwecks die Verfassungsbeschwerde zuzulassen.[1468] Das scheint aber weder möglich noch erforderlich. Denn die Mitwirkungsrechte im Gemeinderat gewähren den Ratsmitgliedern nun einmal

---

1459 Siehe 3.3.1.
1460 Siehe 3.3.4.
1461 Siehe 3.2.2.1.2.
1462 Zu deren Voraussetzungen statt aller *Schlaich/Korioth*, Das Bundesverfassungsgericht, 8. Aufl. (2010), Rn. 206 ff.; *Pestalozza*, Verfassungsprozeßrecht, 3. Aufl. (1991), S. 169 ff., je m.w.N.
1463 BVerfG, Beschl. v. 16.03. 2005, 2 BvR 315/05 (juris), Rn. 17 = NVwZ-RR 2005, 494, Passage dort nicht abgedruckt; die Justizgrundrechte werden vom BVerfG aber teils nicht als individualschützende Grundrechte, sondern objektive Verfahrensgrundsätze angesehen, vgl. BVerfGE 61, 82 (104) – Sasbach.
1464 *Schlaich/Korioth*, Das Bundesverfassungsgericht, 8. Aufl. (2010), Rn. 349 ff.; *Ruppert*, in: Umbach/Clemens/Dollinger (Hrsg.), Bundesverfassungsgerichtsgesetz, 2. Aufl. (2005), § 90 Rn. 163 ff.
1465 Siehe 1.2.1.8; BVerfG, NVwZ 2009, 776 (777) – passives Wahlrecht.
1466 BVerfG, NVwZ 2009, 776 (777) – passives Wahlrecht.
1467 Siehe 3.1.2.2.
1468 *Lechner/Zuck*, BVerfGG, 5. Aufl. (2006), § 90 Rn. 49.

## 5.2 | Verfassungsbeschwerde

Rechte, die nicht aus den üblichen Grundrechtsfunktionen erwachsen, sondern darüber hinausgehen. Und wie die Praxis zeigt, gewähren die Verwaltungsgerichte insofern ausreichenden Rechtsschutz. Ob für diese Fälle darüber hinaus die Einführung eines besonderen Organstreitverfahrens vor dem Bundesverfassungsgericht oder den Verfassungsgerichtshöfen der Länder zulässig oder gar geboten sein könnte, soll an dieser Stelle aber nicht weiter erörtert werden.

## 6. Fazit

Vorstehend wird ein Vorschlag unterbreitet, wie Person und Funktion im Amt des Ratsmitglieds voneinander differenziert und etwaige Rechtsverletzungen in den beiden Bereichen gerichtlich geltend gemacht werden können. Dabei kann die Rechtsstellung des Ratsmitglieds zwischen Verfassungs- und Verwaltungsrecht beschrieben werden, ohne die Besonderheiten kommunaler Selbstverwaltung zu vernachlässigen. Denn das Amt des Ratsmitglieds ist aufgrund der bürgerschaftlich-demokratischen Dimension kommunaler Selbstverwaltung mit seinem freien Mandat einerseits den Volksvertretern in Bund und Ländern verfassungsrechtlich nachgebildet. Andererseits lasten auf dem Amt des Ratsmitglieds Verpflichtungen, die aus der Einbindung der Kommunen in die Exekutive der Länder und der damit einhergehenden administrativen Dimension kommunaler Selbstverwaltung resultieren. Im Hinblick auf die Grundrechte des Ratsmitglieds ist es nun aber nicht so, dass gerade die demokratische oder die administrative Seite kommunaler Selbstverwaltung den Ausschlag dafür gäbe, ob und inwieweit Grundrechte Anwendung finden können. Maßgeblich ist vielmehr, dass die Ratsmitglieder durch ihr Handeln und Wirken im Gemeinderat eine öffentliche Aufgabe erfüllen und mit ihren Mitwirkungsrechten im Gemeinderat hoheitliche Gewalt ausüben. Soweit diese Mitwirkungsrechte reichen, also in ihrem funktionellen Amt, handeln die Ratsmitglieder nach Art. 1 Abs. 3 GG grundrechtsverpflichtet und nicht grundrechtsberechtigt. Obwohl die Mitwirkungsrechte eine subjektive, den politischen Grundrechten im status activus nachgebildete Komponente beinhalten, steht hinter den Mitwirkungsrechten der Ratsmitglieder genau wie bei den Mitwirkungsrechten anderer Volksvertreter die Herrschaftsbefugnis des Staates und nicht die grundrechtliche Freiheit der Person. Auf der anderen Seite zeigt der Vergleich mit Abgeordneten und Beamten als verwandten Amtsträgern, dass Grundrechte immer dann Berücksichtigung finden können, wenn nicht mehr die Wahrnehmung hoheitlicher Befugnisse, sondern die Person des Amtsträgers im Mittelpunkt steht. Das Ratsmitglied kann sich also immer dann auf seine Grundrechte berufen, soweit nicht seine Mitwirkungsrechte im Gemeinderat streitgegenständlich sind. Das ist der Fall, wenn die Person *(„final")* im Mittelpunkt steht, das Ratsmitglied also *„bei Gelegenheit"* und nicht *„in"* Amtsausübung in seiner persönlichen, grundrechtlichen Rechtsstellung betroffen ist.

Das bedeutet freilich nicht, dass alle sonstigen aus dem Amt des Ratsmitglieds fließenden Rechtspositionen, etwa der Anspruch auf Entschädigung oder Freistellung, sich auf grundrechtliche Positionen zurückführen ließen. Es bedeutet aber, dass das Amt des Ratsmigleds die Anwendbarkeit der Grundrechte nicht sperrt und sich das Ratsmitglied, sieht es sich bei Gelegenheit der Amtsausübung einer grundrechtstypischen Gefährdungslage ausgesetzt, auf seine Grundrechte berufen kann.

Die bislang vorherrschenden Argumentationen eines *„Rechtskreis"* des *„Amtes"* Ratsmitglied, das sich als Teil des *„Organs"* Gemeinderat nicht oder nur auf bestimmte auf *„subjektive Rechte"* berufen dürfe, werden dadurch zu verwaltungsrechtlichen Folgefragen einer auf Ebene der Verfassung getroffenen Entscheidung. Da die Möglichkeit des Ratsmitglieds, sich auf seine Grundrechte zu berufen, schon von Verfassungs wegen ausscheidet, wenn es seine Mitwirkungsrechte aus seinem funktionellen Amt wahrnimmt, kann der Begriff des subjektiven Rechts oder die Einordnung des Ratsmitglieds in das kommunalverfassungsrechtliche Organisationsgefüge die Lösung nicht determinieren, sondern nur ausgestalten. Denn aus Sicht der Grundrechte ist es letztlich irrelevant, welche Rechtsnatur die dem Ratsmitglied auf Ebene der Gemeindeordnung

## 6 | Fazit

verliehenen Mitwirkungsrechte haben. Wenn aber die Anwendbarkeit der Grundrechte an der verwaltungsrechtlichen Rechtsstellung des Ratsmitglieds bemessen wird, so ist das nicht nur der dogmatisch falsche Ansatz, sondern bewirkt auch die de facto (noch) vorherrschende Tendenz, dem Ratsmitglied die Berufung auf seine Grundrechte „im Amt" tendenziell vollständig zu versagen – und sei es nur, weil dessen persönliche Rechtsstellung schlicht aus dem Blick gerät. Die ausufernden Diskussionen um den Begriff des subjektiven Rechts verwaltungsinterner Organe dürften die wesentliche verfassungsrechtlich Frage, in welchen Fällen das Ratsmitglied grundrechtsverpflichtet handelt, schlicht verschleiert haben.

Unbeschadet dessen dürfte es zutreffen, dass der Begriff des subjektiven Rechts heute gerade nicht mehr an das Vorliegen einer Berechtigung gerade gegenüber dem Staat geknüpft ist. Vielmehr handelt es sich auch bei den Mitwirkungsrechten im funktionellen Amt, etwa dem Rederecht im Gemeinderat, um echte subjektive Rechte des Ratsmitglieds. Sie können aber gerade nicht auf dessen Grundrechte zurückgeführt werden, da es sich dabei um eine besondere Form staatlicher Herrschaftsbefugnis handelt. Ist das Ratsmitglied aber „bei Gelegenheit" der Amtsausübung oder „final" als Person und nicht in seiner Funktion betroffen, so kann ihm die Berufung auf seine Grundrechte weder mit materiell-rechtlichen noch mit prozessualen Erwägungen verwehrt werden. Dazu braucht an der Feststellung, dass der verwaltungsgerichtliche Organstreit nicht dazu da sei, persönliche Rechte geltend zu machen, nicht gerüttelt werden. Denn ist das Ratsmitglied im Streitfall (auch) als Person betroffen, liegt kein verwaltungsgerichtlicher Organstreit, sondern eine „normale" Außenrechtsstreitigkeit vor. Geht es in einem Streitfall sowohl um Mitwirkungsrechte „in" Amtsausübung als auch Grundrechte „bei Gelegenheit" der Amtsausübung, kann ein Fall der Klagehäufung vorliegen. Nicht richtig ist es aber, wie sich seit der Leitentscheidung des OVG Nordrhein-Westfalen in vielen Köpfen festgesetzt zu haben scheint, Grundrechte völlig außen vor zu lassen. Denn die Grundrechte stehen dem Ratsmitglied zwar nicht in seiner Eigenschaft als Amtsträger, also in seinem funktionellen Amt, sondern nur als Privatperson zu.[1469] Klarer scheint aus grundrechtlicher Sicht aber die umgekehrte Feststellung: *Die Mitwirkungsrechte im Gemeinderat stehen der Privatperson nur in ihrer Eigenschaft als Ratsmitglied zu.*

---

1469 Z.B. OVG NRW, NVwZ 1983, 485 (486); OVG RP, Beschl. v. 27. 02. 1987, 7 A 78/86; aus der Lit. statt aller *Ehlers*, in: Mann/Püttner, HaKoWiP Bd. 1, 33. Aufl. (2007), § 21 Rn. 127; *Erichsen/Biermann*, Jura 1997, S. 157 (160), je m.w.N.

# Stichwortverzeichnis

**A**

Abgeordnete
  Amt 87, 103, 109
  freies Mandat 84, 102, 104
  Gewissensfreiheit 107
  Grundrecht 105
  Grundrechte 108
  Mandat 109
  Mitwirkungsrecht 105
  Redefreiheit 107
  staatliche Gewalt 106, 109
  Status 102, 107, 109
  Statusrechte 94, 105
  Wahl 106
Allgemeines Persönlichkeitsrecht 10, 136
Amt
  Abgeordnete 87, 103
  Amtsdelikt 92
  Amtshaftung 91
  Amtsträger 86
  Aufgabenerfüllung 88
  Beamter 86, 89
  Begriff 86, 88, 93
  Ehrenamt 89
  Ehrenbeamter 89
  Funktion 86, 93
  Grund- und Betriebsverhältnis 93
  Grundrechte 121
  grundrechtstypische Gefährdungslage 123
  öffentliches 87
  Ratsmitglied 87
  Status 93
  Volksvertreter 90
Amtsdelikt 92
Amtshaftung 91
Amtsträger 86, 149, 151
  Eigenzuständigkeit 151
Außenrecht 143
  Abgrenzung Innenrecht 145

**B**

Beamte
  Kompetenzwahrnehmung 125

Beamter 89
  Amtsträger 86
  Ernennung 89
  Grund- und Betriebsverhältnis 93
  Grundrecht 121, 124, 126
  Sonderstatusverhältnis 121, 126
  Weisungen 126
Behörde 150
Bühler, Ottmar 157–158
Bundesstaat 70
Bürgermeister 77, 79

**D**

Demokratie 33
  Begriff 26
  Demokratieprinzip 24–25
  Freiheit 28, 33, 37, 40
  gegliedert 62
  Gleichheit 28
  Legitimation 26, 31, 59
  Menschenwürde 31, 33, 37, 40
  Monismus 25, 28, 31
  Parlamentarischer Rat 33
  Pluralismus 25, 28, 31, 37, 40
  Selbstverwaltung 74
  Teilhabe 37, 40
  und Grundrechte 24
  Volk 28, 31, 37, 40
  Volkssouveränität 24, 26, 28, 37, 40

**E**

Ehrenamt 89, 91
  politisches 63
  Ratsmitglied 91
Ehrenbeamter 89
Ehrenschutz 137
Ewigkeitsklausel 33

**F**

Fraktion 80, 96, 140
  Grundrechte 11
Freies Mandat 102, 104, 167

**Stichwortverzeichnis**

Freiheit 28, 33, 37, 40
freiheitlich-demokratische Grundordnung 37

**G**

Gefährdungslage
  grundrechtstypische 123
Gefährdungslage, grundrechtstypische 129
Gemeinderat
  Aufgaben 78
  Ausschüsse 80
  Fraktionen 80
  Geschäftsordnung 79
  Kompetenzen 78
  Organ 16, 77
  Organisation 79
  Parlamentscharakter 81
  Ton- und Bildaufnahmen 138
  Vertretungskörperschaft 78
  Volksvertretung 81
  Vorsitzender 79
  Wahl 79
  Willensbildung 78, 82
  Zusammensetzung 78
Gemeindevertreter 4
Gewalt
  staatliche 17, 24, 33, 50, 57
Gierke
  Otto von 67
Gleichbehandlung 13, 140
  Gleichheitssatz allgemein 14
  Wahlgleichheit 13, 15, 28
Gneist, Rudolf v. 66
Gneist, Rudolf von 74
Grundgesetz
  freiheitlich demokratische Grundordnung 37
  Kompetenzverteilung 161
  Menschenbild 35, 37
  objektive Wertordnung 35
  Wertsystem 35
Grundrecht
  Abgeordnete 105, 108
  Abgrenzung zu Mitwirkungsrecht 18, 19, 21, 130
  Beamter 121, 124

Berechtigung 57
Bindung 52, 54, 57–58, 110, 122
demokratisch 47, 105
Einrichtungsgarantie 45
Freiheit 31, 35
Grundrechtsfunktionen 42
Grundrechtsthorien 42
grundrechtstypische Gefährdungslage 123
Kompetenzwahrnehmung 125
Menschenwürde 35
Mitwirkung 47, 105
objektive Schutzpflicht 45
objektive Wertordnung 45
politisch 47
Prinzipientheorie 43
Privatrechtliches Verwaltungshandeln 54
Ratsmitglied 129–130
Sonderstatus 121
Sonderstatusverhältnis 126
status activus 44, 47, 105
status negativus 44
und Demokratieprinzip 24
Weisungen 126
Wesentlichkeitstheorie 53
Grundrechte
  Werttheorie 43

**I**

Impermeabilitätstheorie 143, 173
Innenrecht 143
  Abgrenzung Außenrecht 145
Integrationslehre 43, 75
Interessentheorie 166

**J**

Jellinek, Georg 143, 156–157
Justizgrundrechte 15

**K**

Kompetenz
  Abgrenzung zu subjektivem Recht 160
  Begriff 160
  Berechtigung 161
  und subjektives Recht 162
  Zuständigkeit 161

# Stichwortverzeichnis

Konfusionsargument 122

Kontrastorgantheorie 168

Kruzifix 11, 138

## L

Laband, Paul 143

## M

Mayer, Otto 86, 156, 158

Meinungäußerungsfreiheit
    Beleidigung 10

Meinungsäußerungsfreiheit 8, 116, 136

Menschenbild 35, 37

Menschenwürde 28
    Demokratie 31, 33, 37, 40
    Grundrecht 35
    Objektformel 35
    Selbstbestimmung 35
    Staatsgrundsatz 35

Mitwirkungsrecht 95, 105
    Abgrenzung zu Grundrecht 18–19, 21, 130
    Interessentheorie 166
    Rechtsnatur 17, 164
    subjektives Recht 155, 164

## N

Naturrecht 33

## O

Objektformel 35, 38

Öffentliche Unternehmen
    Grundrechtsbindung 55

Organ 146
    Begriff 147, 149
    Behörde 150
    Gemeinderat 16
    Staatsorgan 31

Organstreit 109, 173
    Begriff 175
    Insichprozess 175
    Zulässigkeitsvoraussetzungen 176

Organwalter 146, 149
    Eigenzuständigkeit 151
    Ratsmitglied 16

## P

Parlament 81

Parlamentarischer Rat 33

Paulskirchenverfassung 65, 68, 157

Preuß, Hugo 69

## R

Ratsmitglied
    Abgeordnete 84
    Amt 85, 87, 114
    Amtsdelikt 92
    Amtshaftung 91
    Ausschussmitgliedschaft 96
    Befangenheit 98
    Begriff 4
    Ehrenamt 85, 91
    Ehrenschutz 137
    Fraktion 96
    freies Mandat 83, 96, 102, 114, 167
    funktionelles Amt 94, 129
    Grundrecht 130
    Grundrechte 113
    Grundrechtsträger 114, 129
    Grundrechtsverpflichteter 117
    Kommunale Selbstverwaltung 114
    Meinungsäußerungsfreiheit 136
    Mitwirkungsrecht 17, 95, 116, 153, 164
    Mitwirkungsrechte 113, 117
    Organstreit 173
    Organwalter 16, 149
    Pflichten 98
    Rauchverbot 135
    Rederecht 8
    Staatliche Gewalt 117
    statusrechtliches Amt 94, 97, 129
    Stimmenthaltungsverbot 13
    subjektive Rechte 155
    Verfassungsbeschwerde 14, 182

Rauchverbot 7, 135

Rechtssubjektivität 148

# Stichwortverzeichnis

Rederecht
  Gemeinderat 8

## S

Schutznormtheorie 157
Selbstverwaltung
  bürgerschaftlich 74
Selbstverwaltung kommunale
  Begriff 62
Selbstverwaltung, kommunale 62
  Aufgabenerfüllung 72
  Demokratie 74
  Dezentralisierung 73
  Exekutive 69
  Geschichte 63
  Grundrecht 65, 68
  institutionelle Garantie 68
  subjektives Recht 70
  Subsidiarität 72
Smend, Rudolf 75
Sonderstatusverhältnis 121, 126
  Weisungen 126
Staat
  und Gesellschaft 121
Staatliche Gewalt 57, 106, 110, 117
  Begriff 58, 122
  Entstehung 50
  Kompetenz 125
Staatsvolk 28, 31
Stadtrat 4
Stadtverordneter 4
Stein
  Lorenz von 67
Stein, Freiherr vom 63, 74
subjektiv-öffentliches Recht 157–158
  Abgrenzung zu Kompetenz 160
  Abgrenzung zu Kompetenzen 162

Kontrastorgantheorie 168
Schutznormtheorie 157
Subjektives Recht 155
  Begriff 156, 170
Subordinationsverhältnis 122

## T

Teilrechtsfähigkeit 147
Ton- und Bildaufnahmen 138

## V

Vereinigung
  kriminelle 10
Verfassungsbeschwerde 14, 182
Vertretungsverbot 12, 98, 140
Verwaltungsprivatrecht 54
  Bedarfsdeckungsgeschäfte 55
  Erwerbswirtschaft 54
Volk 28, 37, 40
Volkssouveränität 24, 31, 33
Volksvertreter 4, 90, 102
Volksvertretung 81

## W

Wahl
  Gemeinderat 79
Wahlen 50, 106
Wahlrecht 31
Weimarer Reichsverfassung 68, 157
Weimarer Republik 67, 69
Wesentlichkeitstheorie 53, 82
Wolff, Hans-J. 147
Würde
  des Menschen 28